探寻法治的岁月

——上海市法学会 50 年

TANXUN FAZHI DE SUIYUE

上海市法学会◎编

探寻法治的岁月

——上海市法学会五十年

韩杼滨

上海人民出版社

《探寻法治的岁月》编辑委员会

序

中共上海市委副书记　刘云耕

五十度风雨，五十载春秋。上海市法学会走过了不平凡的五十年征程，值得庆贺。法学会负责人提出纪念活动不图热闹，要着力做些推进学术研究的事，我很赞成。这次法学会广泛发动，集中人力、精力，翻箱倒柜，搜寻和抢救史料，经过不长时间的努力，一本长达70万字的编著——《探寻法治的岁月：上海市法学会五十年》终于完成了。这本书的价值尚待专家和读者们评价，至少就其资料翔实性、准确性和对研究工作的便利性而言，无疑对今人和后人都很有参考作用。

历史是一面镜子。1956年12月，上海市法学会正式成立。在党的"百花齐放、百家争鸣"方针激励下，由老一辈法学家和著名法律工作者倡导，法学会初期开展过一系列在上海乃至全国都有一定影响的法学热点问题的学术讨论。到了50年代末60年代前期，由于连续的政治运动，法学会的活动受到影响，直至文化大革命，则实不存名也亡了。阳光总在风雨后，党的十一届三中全会给上海法学会带来了新的春天。随着我国改革开放和民主法制建设的步伐不断加快，学术活动日益繁荣，法学会在实施依法治国方略的伟大事业中发挥着不可或缺的作用。从某种意义上说，上海市法学会五十年的历史，正是建国以来我国法学理论和法制建设几经坎坷的侧面写照，也是上海法治建设曲折发展的一个缩影。

我想，重温历史，面对未来，可能有这么几点是值得人们深思和记取的。

其一，法学工作者、法律工作者要以推进法治事业为己任。依法执政，建设社会主义法治国家，这是我们党总结执政经验、把握执政规律作出的正确选择，而民主法治进程又受制于社会经济文化发展水平,我国法治建设必然经历一个相当漫长的过程。上海法学(法律)工作者应当像前辈那样,既坚定不移,有强烈的社会责任感,又坚韧不拔,有持之以恒的耐心,不因环境和条件的变化而变化,不屈不挠,不离不弃,追求不息。

其二,法学理论研究要密切联系实际。不能异想天开,也不能生搬硬套,一切要从我们的国情、市情出发,在思考和破解当下的重大经济社会问题中力求创新。做学问要扎扎实实,甘于坐冷板凳,耐得住寂寞;著书立说也要敢于人先,有独到见解,有自己的语言。这种理论品质和治学作风,应该继承和发扬。

其三,法学会要形成和发挥不可替代的核心竞争力优势。通过整合学术资源、搭建学术平台,把法学研究的各路人才集聚起来,提供必要的支持和服务,推动上海法学研究的活跃和繁荣,正是法学会组织的功能所在。50年来,特别是改革开放20多年来的实践证明,法学会不愧为党和政府联系法学界、法律界的纽带和桥梁,在推进上海法治建设方面是可以很有作为的。

本届上海法学会在过去历届的基础上,工作很活跃,领导满意,学者们有好评,实务工作部门的同志也很肯定。我希望上海法学会能以这次纪念活动为契机,进一步把各方面的工作推上新台阶,努力围绕上海经济社会发展的大局和中心,不断为提高党和政府的决策水平、维护市民百姓的合法权益,提供更多更好的法学理论支持。我也希望法学会作为法学工作者、法律工作者之家,进一步加强自身建设,不断提升凝聚力和吸引力,共同为推进法治建设、维护社会稳定作出应有的更大贡献!

是为序。

2006年10月

目 录 CONTENTS

序 刘云耕 / 001

———————————— 回 眸 篇 ————————————

一、综绪 / 003

上海市法学会 50 年 / 003

二、寄语 / 021

加强法学理论研究是法学会工作的中心 杨 堤 / 021

在征途上前进的法学会 王 鉴 / 024

为社会实践服务的法学会 石祝三 / 026

努力使上海的法学研究取得更大的进展 倪鸿福 / 029

法学会能够发挥其他组织不可替代的作用 王力平 / 031

加强领导班子，找准工作定位，是做好法学会工作的关键 吴志明 / 033

三、见证 / 035

充分发挥法学会的功能作用 王 兴 / 035

学会事，大家办 王文正 / 041

脚踏实地，多办实事 陈天池 / 044

香港回归前后宣讲《基本法》 李昌道 / 048

法学会与法院的良好互动 傅长禄 / 051

手足之情 王立民 / 055

重在为实践服务 顾肖荣 / 058

回顾而成的怀念 .... 张　中 / 060

难以忘怀的几件事 .... 杨　峰 / 067

回忆"合作"中的几件事 .... 徐达权 / 072

敢为天下先 .... 曹昌桢 / 074

岁月悠悠思绵绵 .... 尤俊意 / 076

培育法制观念,推进依法治国 .... 沈宗汉 / 079

宪治征程多璀璨 .... 浦增元 / 083

社会治安综合治理研究会成立的缘起 .... 杨良表 / 087

在实践中体现理论研究的意义和价值 .... 肖建国 / 090

回眸行政法研究会的历程 .... 李宗兴 / 094

在"一国两制"指导下开拓港澳台法律研究 ..... 赵炳霖 / 098

"集中民智"显成效 .... 缪林凤 / 103

难忘的怀念 .... 庄金锋 / 105

一项课题研究的回忆 .... 袁忠民 / 108

在法学会的屋顶下 .... 吴　弘 / 112

难以磨灭的记忆 .... 徐　飒 / 114

值得回忆的一次论坛 .... 孙育玮 / 116

"青年法学沙龙"纪事 .... 江翔宇 / 118

群策群力,艰苦创业——上海市法学会会址变迁纪事 ... 王木根 / 121

法学会二三事 .... 史德保 / 124

不辱使命,继往开来 .... 沈国明 / 129

成　就　篇

学会成立 50 年来上海法学界主要的重大学术议题及成果 / 187

一、学术研究 / 188

1957～1958 年关于国际法体系问题的讨论 / 188

1958 年关于刑事犯罪和民事违法行为的矛盾性质的讨论 / 193

1959 年关于两类社会矛盾问题的座谈 / 196

1959 年关于研究我国人民民主法制史问题的讨论 / 198

1959 年年会学术研讨 / 200

1961 年年会学术研讨 / 203

1962 年关于《空中空间和宇宙空间的法律地位》的研讨 / 205

1962 年"关于我国社会主义阶段法的性质和作用问题"的座谈 / 207

1962 年年会关于法律理论与实务的研讨 / 210

1964 年纪念《论人民民主专政》发表 15 周年座谈会 / 213

1979 年上海政法工作 30 年的座谈 / 214

1979 年关于恢复和健全律师制度的座谈 / 217

1980 年关于《律师暂行条例》的座谈 / 220

1980 年年会综述 / 223

1982 年关于《民事诉讼法（试行）》的讨论 / 231

1983 年有关全国人大常委会"两个决定"的学术座谈会 / 233

1983 年的"刀把子"风波 / 235

1983 年年会学术研讨 / 239

关于于双戈案件定罪问题的讨论 / 241

关于"盗窃罪司法解释适用"的专题研讨会 / 244

关于名誉侵权案例的研讨 / 249

1984 年纪念"和平共处五项原则"诞生 30 周年座谈会 / 252

1984～1986 年青年法学理论与实务研究的概述 / 253

20 世纪 80 年代初开始的社会治安综合治理的研究 / 256

20 世纪 80～90 年代邓小平法制思想研讨 / 264

20 世纪 80～90 年代利用外资经济法律的研讨 / 267

20 世纪 80～90 年代关于社会主义市场经济与法制建设的研讨 / 270

20 世纪 80～90 年代关于香港、澳门回归与"基本法"的研究 / 273

20 世纪 90 年代初开始的沪台经贸法律理论与实务研讨会 / 276

1994 年浦东新区法制建设 8 个课题的系列研究 / 280

1998 年"加强政法机关反腐倡廉"的调研 / 282

1999 年关于毒品问题的研讨 / 288

2001 年关于"加入 WTO 对政法工作的影响与对策"的调研 / 291

2002 年关于诉讼法理论与实务的研讨会 / 297

2003 年关于《城市生活无着的流浪乞讨人员救助管理办法》的调研 / 300

2003 年城市规划管理法律研讨 / 302

2004 年首届"长三角法学论坛" / 304

2004 年促进司法公正与维护司法权威的研讨 / 307

2004 年世博会与上海法治化论坛 / 310

学会学术研究课题管理制度化 / 314

2005 年关于社会主义和谐社会的系列研讨 / 318

2005 年依法执政理论与实践研讨会 / 321

2005 年上海循环经济法制建设论坛 / 322

2003～2005 年关于金融法律问题的系列研讨 / 324

2005 年和谐社会与监狱工作的讨论会 / 327

2005 年关于劳动法研讨活动 / 329

2006 年"西法东渐与上海近代法文化"学术研讨会 / 332

2006 年"攻克八大治安顽症,推进上海平安建设"理论座谈会 / 334

二、对外交流 / 336

利用外资学术研讨会 / 336

现代犯罪对策国际研讨会 / 340

参加和协办亚太法协大会 / 344

2005 年第三届环境纠纷处理中日韩国际学术研讨会 / 346

大西洋畔传友情——记中国法学会代表团访问比利时、英国 / 349

三、法制宣传 / 354

"普法"纪事 / 354

《法学》的由来 / 360

《民主与法制》的诞生及社会影响 / 365

前进中的《上海法学研究》 / 372

《东方法学》纪事 / 375

《上海法学文库》纪事 / 377

《法讯》的足迹 / 379

"上海法学网"www. sls. org. cn 纪事 / 384

法学会讲坛 / 386

四、法律服务 / 388

我国第一家民营性质的经济法律咨询机构

    ——诞生于改革开放之初的振兴经济法律咨询公司 / 388

第七律师事务所 / 393

上海市涉外经济法律咨询中心 / 396

————————————— 组 织 篇 —————————————

一、会员 / 401

二、历届理事会 / 402

三、学会机构设置示意图 / 409

四、学术委员会 / 410

五、学科研究会 / 411

法理法史研究会　宪法研究会　民法研究会　行政法研究会　刑法研究会
诉讼法研究会　国际法研究会　海商法研究会　法律文书研究会　信息法律
研究会　科技法知识产权法研究会　港澳台法律研究会　社会治安综合治理
研究会　未成年人法研究会　金融法研究会　商法研究会　农村法制研究会
环境与资源法研究会　仲裁法研究会　劳动法研究会　生命法学研究会
外国法与比较法研究会　银行法律实务研究中心　经济法研究会

六、上海的法学院、系、研究机构一览 / 446

七、各高校主要法学研究机构一览 / 451

**八、上海市法学界人士在全国专业学会中担任会长、副会长（执行会长）、常
务理事职务一览 / 455**

人 物 篇

一、学会领导 / 461

　　为民主与法制奋斗终生——雷经天会长的理想与信念 / 461

　　关心学会发展的会长——谢邦治 / 465

　　勇于开拓创新的徐盼秋会长 / 466

　　真抓实干的李庸夫会长 / 470

　　情系百姓的倪鸿福会长 / 475

　　勤恳耕耘的曹漫之秘书长 / 479

　　承前启后创未来——访现任会长沈国明 / 482

二、著名法学家(按姓氏笔画排列) / 485

　　卢　峻　　丘日庆　　江　庸　　齐乃宽　　向哲濬　　张汇文　　张志让　　杨兆龙
　　徐开墅　　韩述之　　裴劭恒　　潘念之　　魏文达

三、中青年法学家(按姓氏笔画排列) / 542

　　丁　伟　　刘　华　　孙　潮　　吕国强　　关保英　　寿　步　　沈　晖　　肖中华
　　张乃根　　张　驰　　何勤华　　周汉民　　林荫茂　　郑鲁宁　　殷啸虎　　顾功耘
　　龚柏华　　龚培华　　黄祥青　　谢佑平　　董茂云

四、法学学科专家(按姓氏笔画排列) / 608

　　丁　予　　马　锐　　王　飞　　王午鼎　　王　兴　　王树泉　　毛瑞康　　冯尔泰
　　朱济民　　吕绳庆　　任　彦　　戎思宜　　许培星　　李国光　　李思根　　余源浩
　　沈宗汉　　沈濬哲　　张志陶　　张声华　　何品伟　　何道敏　　陈仁良　　陈　旭
　　陈志春　　杨星华　　杨惠基　　易庆瑶　　林青山　　周　虞　　赵　坚　　徐达权
　　柳忠良　　顾长浩　　钱富兴　　袁友根　　倪维尧　　常耀有　　黄　石　　梁瑞麟
　　谢玉和　　傅长禄　　端木宏峪　　漆世贵　　颜锦章

【附　录】

大事记(1956 年 2 月～2006 年 6 月) / 626

学会历届章程 / 722

后记 / 744

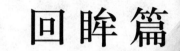

·回眸篇·

变 迁 学会办公楼从开始借用学校教室,租用民房、旅店,到自己造办公小楼,直至现在宽敞的办公楼,这一变迁,也反映了学会成长发展的进程。

上海市法学会在中共上海市委的领导下，团结上海法学界、法律界人士，为发扬社会主义民主、健全社会主义法制，为上海的法制建设，历经了 50 个春秋。

为了记述学会成长、壮大的历程，我们将党的十一届三中全会以后历届中共上海市委有关领导及 28 位会员从不同层面、不同角度，以具体事例写成的回忆文章，作为本书的开篇——回眸篇。

一、综绪

作为人民团体、群众团体和学术团体,政法战线重要组成部分的上海市法学会,成立50年来,是如何曲折发展过来的,做了些什么有意义的事,在学术繁荣和法制建设中起了什么作用,有哪些基本经验和教训,本书这一开篇,想作一比较全面和概略式的回答,标题定为"综绪"。

上海市法学会 50 年

上海法学界、法律界人士自己的群众性社会团体——上海市法学会(以下简称"学会")自1956年12月30日诞生,至今已整整50年了。我们回顾这50年的历程,瞻望未来,思绪万千,心潮澎湃,喜悦满怀。

沿革 上海市法学会有着令人崇敬而不平凡的经历。50年前,时任华东政法学院院长的雷经天、市高级人民法院院长魏明与社会知名人士王造时为了实现繁荣法学和推进法制建设的宏愿,根据当时国家制定的发展社会科学的规划,及时提出组建全市从事法学学科研究活动组织的倡议。在中共上海市委的关心支持下,经过3个月的紧张筹备,有368名法学教授、讲师、政法机关的处级以上干部成为法学会首批会员。12月30日召开了第一次会员大会,选举了第一届理事会,推举雷经天为会长,曹漫之为秘书长,通过了"团结上海市法学教育、研究工作者和法律工作者,在马克思列宁主义指导下进行法学研究"为宗旨的学会《章程》。从此,在党的"百花齐放,百家争鸣"的方针指引下,全市有组织的法学研究活动蓬勃兴起,先后举办了有关"法律科学的真理性"、"法学的科学性与阶级性"、"宪法与民主"、"巩固与发展人民民主专政"、"关于犯罪与两类矛盾性质的研究"、"无罪推定论"、"国际法体系及其阶级属性"等专题研讨会,学术报告会频频举办,各项活动开展得相当活跃。编辑出版了《法学》杂志。

由于"左"的思想影响,特别是法律虚无主义思潮的干扰,学会的学术活动时断时续。1959 年 8 月,雷经天会长病逝,学会选举时任中共上海市委秘书长的谢邦治同志为会长。理事会适时地分析了当时上海法学界的形势,讨论了如何加强学会工作,整顿会员队伍,并组织会员运用各种形式,积极开展了学术活动。1962 年 1 月,学会召开第二届会员大会,产生了第二届理事会,学会更名为"上海市政治法律学会",把"开展马克思主义政治法律学科研究,促进政治法律科学的发展,为社会主义革命、建设服务"确定为学会的宗旨。此后,学会贯彻"百花齐放,百家争鸣"的方针,法学研究又重现勃勃生机。

不幸的是,"文化大革命"十年浩劫使学会的领导以及热心于学会工作的人士备受迫害,学术活动被迫停顿。然而,在这场无法无天、践踏法制的历史劫难中,法学界、法律界人士追求法治的意志和心愿没有动摇,这为日后的学会重建和发展打下了可贵的思想基础。

中国共产党的十一届三中全会的春风吹拂着祖国的大地,也给上海法学界、法律界人士带来了前所未有的希望,拓展了如花似锦的前程,为法学研究带来了无限生机。1978 年 11 月,时任中共上海市委书记的夏征农同志出席了上海市政治法律学会理事扩大会,出席这次会议的有上海各政法机关的领导以及从事法学研究、新闻出版等各界的专家学者。夏征农同志在会上传达了党中央关于"拨乱反正"的指示,提出了恢复学会活动的意见。1979 年 5 月,学会适时地召开第三次会员大会,学习了邓小平同志关于"没有法制就没有民主"等一系列指示,学会更名为"上海市法学学会"。随后,经夏征农、关子展、潘念之、曹漫之、韩述之、徐盼秋等老同志积极推动,学会举办了"发展社会主义民主、健全社会主义法制"的系列讲座。学会创办的《民主与法制》杂志,发行量超过 120 万份,在全国产生了重大的影响。随着党和国家"一个中心,两个基本点"基本路线的确立,学会的学术研究活动犹如雨后春笋般蓬勃发展。

1983 年,根据党中央关于加强法学会工作的文件精神,组建了学会工作机关,日常工作有了保障。学会不仅组织专家学者学习和宣传《中华人民共和国宪法》《刑法》《刑事诉讼法》等法律,还逐步重组了宪法、法理与法制史、刑法、民法、国际法、法律文书、行政法研究会等 7 个学科研究组织,开始承接国家社科研究任务,更有效地促进了学术组织的扩展和学科学术活动的活跃,并开始向会员编发会刊《情况交流》。

1984 年 11 月，为了适应国民经济转轨、深入改革开放的形势要求，学会在会员队伍不断壮大的基础上召开了第四次会员代表大会，修改了学会章程，恢复了"上海市法学会"的名称，调整充实了学会的领导成员，聘请了学会顾问；各学科研究会围绕改革开放积极地开展专项学术交流活动，或举办系列讲座，对推进经济体制改革和法制建设起了积极作用。学会根据国家社科课题研究规划，专门组织力量，对上海社会治安综合治理进行调查研究，组织讨论司法实践中的"疑难案例"，组织拍摄了普法教育电影《三桩讼事》，在全国各地发行，观众达到 3.2 亿人次。学会还组建了第七律师事务所，法学研究与法律服务相互结合、相互推动有了较好的发展。

1987 年 6 月，学会召开了第五届会员代表大会，组成了第五届理事会和常务理事会，选举李庸夫为会长，副会长马锐兼任秘书长，聘请了 22 名学会顾问，法学家潘念之为名誉会长。新的学会章程规定学会宗旨："为建设具有中国特色社会主义民主法制、为改革开放和四化建设服务。"在此期间，学会还组建了以曹漫之、裘劭恒教授为正副主任的学术委员会，把"巩固和发展人民民主专政"、"上海社会治安综合治理"、"社会主义经济转轨"确定为重点研究课题。完成了普法读物《法律常识要览》的撰编，彭真委员长专门为这本书写了书名并题词。还配合《行政诉讼法》的颁布，组织了全市 100 名专家、学者编成了工具书《中国行政法辞典》。学会还多次组织了法学家和企业家、科技界的专家座谈对话，共同探索法律跨学科的相关课题的研究工作。在市政府支持下，学会凯旋路的会馆于 1988 年年底落成。学会的各项活动，步入了蓬勃发展的轨道。

80 年代中后期，党中央以及上海市委作出关于繁荣法学研究、推进依法治国和进一步加强民主法制建设等一系列的重要指示，为学会的学术研究和各项活动开辟了金光大道。为了紧跟这个大好形势和抓住有利时机，学会先后于 1991 年 8 月、1996 年 12 月以及 2003 年 7 月召开了第六、第七、第八届会员代表大会，不断地充实和加强了学会领导，并根据形势和任务的变化及时修订学会《章程》，为进一步团结、组织和推动广大会员共同为新时期的法学研究与法律实务改革而努力奋斗。在此期间，学会的凝聚力不断增强，学会的兴旺和发展产生了新的丰硕成果。会员们也在学会发展、壮大的过程中得到了锻炼和提高。

回顾学会走过的50年,特别是改革开放以来近30年的历程,我们深深体会到学会的命运是和我们国家的法治建设紧密相连的。

50年来,学会始终把建设一支具有活力的法学研究队伍作为主要工作目标。围着这一目标,学会通过各学术研究组织和各项学术活动把全市法学教育教授、法学研究学者和实践经验丰富的专家凝聚、团结在一起,组建成为人才荟萃、学科齐全、有水平、有活力的法学学术研究队伍。作为学会的核心——理事会不断扩大,学科研究组织日益增多,学科带头人成倍增加。学会第一届理事会理事为39名,第二届理事为26名,第三届理事为39名,第四届理事为58名,第五届理事为70名,第六届理事为100名,第七届理事为98名,加上特邀理事为126名,第八届为127名。这些理事来自本市10个系统,73个部门单位。他们中间既有资深的专家学者和政法部门的老领导,也有年轻的具有较高学历的法学工作者,经验丰富的中青年教授、研究员,还有资深的高级法官、检察官、律师、经济师。他们都是上海法学界、法律界的佼佼者,是学会的骨干和学会活动的积极分子。

随着我国法制建设的加强和法学研究领域的拓展,学会创建之初仅有国家与法的理论、刑法、民法、审判法、国际法、海商法等6个学科研究组织。经过逐步调整、重组、新建,现在已扩展成法理与法制史、宪法、刑法、民法、行政法、诉讼法、经济法、国际法、法律文书、科技法、港澳台法、社会治安综合治理、未成年保护法、金融法、商法、劳动法、农村法制、信息法律、环境与资源法、仲裁法、海商法、外国法与比较法、生命法学等23个研究会和银行法律实务研究中心,使学会学术活动更能适应形势发展和现代化建设的客观需要,推动了研究工作的深化,提高了研究水平和质量,更加有效地为实践服务。

学会会员队伍随着学术研究和学会活动的拓展而不断壮大。学会会员从建会之初仅有的368人,逐步扩大到今天的3 609人,增加了10倍之多。在现有的会员中,分布在政法实务部门1 516人,法学科研、教育部门1 175人,其他有关部门和单位879名。会员中,博士169人,硕士769人,教授、研究员、高级工程师、经济师551人。会员队伍的发展壮大,特别是中青年会员的增加,为学会注入了新的力量,为学会学术活动增添了新的活力。

学会一直把学术活动作为生存和发展的根基。学会成立至今开展了多少学术活动已经无法完整统计,仅据1984年至2003年20年间的不完整记录,学会及各学科研究会组织的各种形式的、不同层次的、主题鲜明、内容丰富的学术研讨会就有604场(次),平均每月2.1场(次),参加的专家学者和法律工作者共计33 260人(次);学会及各学科研究会组织的专题讲座、专业培训班有1 000多次,参加人数达5万余人(次)。学会还积极参加了立法讨论活动,对司法实践中出现的疑难案例开展研讨,为司法部门提供服务。从1986年起,全国人大法工委就把上海市法学会列为立法(草案)征求意见的定点单位。仅据1993~1995年、1998年及2000~2001年5年的统计,学会先后组织了600余人(次)的专家学者,分别讨论了全国的或上海市的立法草案58项,提出了各种意见或建议500余条,有1/4左右已为有关立法部门吸纳,还先后组织、推荐46名专家学者直接参加有关法律、法规的起草工作。有些公、检、法单位或律师把一些争议的疑难案例提到学会,学会组织相关学科的教授、研究员同实践部门的专家一起,从法理上进行剖析,寻找疑难的症结,从学术上探讨求得依法解决的方案或建议,破解了不少疑难案件,为当事人排忧解难,促进了社会和谐。

开展国内外学术交流是学会经常性工作的内容。自改革开放以来,学会承办全国性的各学科年会和国际性学术会议百余次,全国31个省、直辖市、自治区和港、澳、台地区的专家学者2.3万人(次)先后来沪分别出席了这些会议。学会每年接待的国外学者、法律界人士10批至20批不等,人数每年都达七八十人,其中包括美国、英国、澳大利亚、法国、俄罗斯、日本、德国、印度、朝鲜、韩国、越南、菲律宾、马来西亚、印尼、新加坡等国家的朋友。这些与国内外同行一起开展的学术活动和交流,对上海法学、法律界人士开拓视野,丰富学识、深化研究、增进友谊、扩大影响,都起到了积极作用,也有力证明了学会存在的价值和作用,大大推进了上海市法学研究繁荣和发展,为上海市依法治市作出了贡献。学术研究和学术交流活动,带动了学会其他各项工作和活动,也推动了学会的自身建设。

50年来,学会的成长、壮大和发展,源于党的领导,社会各方面的关心、帮助,领导班子的尽职尽责和广大会员的热情支持。在我们纪念学会50周年华诞之际,我们无限怀念和感谢历任会长。第一任会长雷经天,是位早年参加革命、长期从事司法工作的领导干部,正是他的崇高威望凝聚了当时老一辈法学、法律界的专家学者和知名人士,开创了有组织的法学研究活动。谢邦治会长是位热心政法工作的老同志,在雷经天会长逝世后,他时任市委秘书长,工作十分繁忙,仍不辞辛劳、不负众望地担任了学会第二届会长,与会员同心同德,一起度过了国家经济困难时期。徐盼秋教授是一位早年参加革命、驰骋在政法战线上的老同志,学会成立之初就担任了学会理事,在党的十一届三中全会后,凭着他有较深的法学理论根基和组织发动团结群众的经验,奔走呼号,与许多老领导、老学者积极地推进恢复法学会的活动,在第三届、第四届理事会上两次被推选为会长。李庸夫会长也是我党政法战线上的老同志,凭着他对党的事业忠诚,在他担任市委政法委副书记时,就对学会工作倾注了大量心血,从 1987 年起,连续 3 届被选为学会会长。他在团结老一辈法学家开展学术活动、推进学会参与立法、为司法实践服务等方面做了大量工作。倪鸿福会长当选后针对当时的情况提出了学会工作继往开来的要求和为民主与法制建设服务的工作目标,积极参加了各种学术活动。在病重之际,他还为学会的工作活动奔波操劳。2003 年,担任市人大常委会法制工作委员会主任、上海社科院副院长的中年法学家沈国明教授接受了第八届会员代表大会的重托,出任会长。他像以往老会长一样,把学会工作视为党和人民赋予的重要工作,把自己的精力倾注在加强法学研究、促进法学繁荣这项崇高的事业上。学会正是有这一任又一任的忠于党和人民、尽心尽责的会长,以及常务理事和理事们的共同认真履责,才得到了不断发展,不断创造出新的成绩。

我们怀念为学会作过重要贡献的顾问们。学会先后聘请了严佑民、杨堤、王力平、王鉴、秦昆、石祝三、朱达人、丁升烈、陈庭槐、王兴、王凌青、李继成、陈天池、林道生、顾念祖、潘念之、徐盼秋、裴劭恒、韩学章、丘日庆、林我朋、卢峻、徐开墅、袁成瑞、韩述之、杨时、黄履中、王肇远等 28 位同志为顾问。他们都是上海法学界、法律界的老前辈、老专家、老学者,有的担任过政法部门的领导,有的是学会领导岗位退下来的老同志,他们视"法治"为兴国之道,十分关心支持学会的成长、发展、壮大,他们始终如一地关爱学会,指导和积极参加学会工作和活动。他们中间有的同志已经离开了我们,但他们热爱法学研究事业,大力支持学会发展的精神将永远载入学会的史册。我们深深地感谢他们为学会所作的贡献,永远怀念和铭记他们,我们也希望至今年事已高仍然健在的顾问们继续关心、指导和支持学会,在"依法治国"中再添新章。

我们还应感谢学会那些忠诚而热心的学科带头人,他们对学会的学术研究发挥了积极而可贵的作用。如王召棠、沈宗汉、李昌道、苏惠渔、赵炳霖、杨良表、韩来璧、杨敬忠、李宗兴、浦增元、董世忠、顾肖荣、尤俊意、曹昌桢、卢剑青等，他们数十年如一日，在自己从事的学科研究和学科组织活动中率先垂范，以身作则，潜心致志地做学问，默默无闻地作奉献。尤其可贵的是，他们甘为人梯，言传身教，带出了一批又一批作风好、业务精、敢创新的学科组织的年轻接班人和青壮年学科带头人，为学会继往开来作了贡献。由于他们的这种无私奉献的精神、严谨的科学态度和以身作则的表率作用，增加了学会的凝聚力，促进着更多的法学、法律工作者团结一起，为学会宗旨的实现而共同奋斗。

党委和政府领导的重视和支持，是学会发展的保证。学会成立之初，经市委组织部、宣传部商定，在市社联党组内分设市法学会党组，作为党领导法学会工作的组织，以后，市委、市委政法委领导都十分关心、支持学会工作。在学会历次换届中对学会党组都及时进行了调整和加强，保证了学会的学术活动和日常工作有着正确的政治方向。1979年学会召开第三届会员代表大会时，市委书记、市社联主席夏征农同志亲自出席并就学会的恢复和工作作了重要讲话。1987年在学会召开的第五次会员大会上，市委副书记杨堤同志作了《努力开创法学研究的新局面》的讲话。1991年学会第六次会员代表大会，时任市委副书记倪鸿福同志作了《为振兴上海繁荣法学共同奋斗》的讲话。1996年学会第七次会员代表大会，市委副书记孟建柱同志到会讲话。1997年学会建会40周年时，全国人大有关领导、中国法学会、市委和政法部门领导纷纷发来贺信以示祝贺，时任市委副书记的王力平同志到会并作了讲话。2003年学会第八次会员代表大会，市委常委、市委政法委书记吴志明到会作了讲话，市委副书记刘云耕同志还专门发来贺信。市委领导充分肯定了学会在不同时期作出的成绩和贡献，要求学会进一步坚持坚定正确的政治方向，明确工作任务，以高度的历史使命感和政治责任心，以刻苦钻研、与时俱进、勇于创新的精神迎接新的挑战，为建设社会主义法治奉献力量和智慧。

在学会的日常工作中，市委领导和市委政法委要求政法部门积极支持学会的各项活动，帮助学会解决实际困难，市政法各部门从各方面给予了支持。1983年11月中央政法委员会、劳动部、财政部联合下发的各省市自治区法学会编制方案的通知，时任市委常委、政法委书记的王鉴同志亲自组织落实，使市法学会编制、财务归属等问题迅速得到解决。1987年6月，为了解决法学会的办公用房问题，时任市委常委、政法委书记的石祝三同志十分重视，经报时任副市长叶公琦同志批示市财政局拨款解决。事隔 10 余年之后，因市政建设需要，学会要搬迁，学会倪鸿福会长亲自向市委、市政府领导报告，有关领导批示有关部门落实，从而使学会拥有了 2 500 平方米的新会址。这些都充分说明了党对法学研究的重视，上海市法学会的发展离不开上海市委和市委政法委领导对学会工作的关心、支持。不仅如此，上海市的各政法院校，各法学、法律研究单位，各级人民法院、人民检察院、公安机关以及市政府各部门、各相关单位对法学会在发展会员、组建法学研究队伍、开展学术活动以及解决学会活动条件上都很关心，提供了很多具体的帮助。广大会员为实现"依法治国"这一崇高目标，在完成自己岗位工作、任务的同时，积极热情地支持、参加学会各项活动。所有这些都说明：党的领导、社会各方的关心、帮助、支持和会员的努力，保障了学会的发展壮大。

50 年来的经历表明：上海市法学会的建立和发展，凝聚了几代人的努力和耕耘，成绩斐然，来之不易。上海市法学会成长的轨迹，是与我国社会主义法治建设的起伏、发展和兴旺相合拍、相同步的。随着我国法学研究事业的进步而走向繁荣，随着我国法治建设的加强而壮大，她是一个经历过严峻考验的学会，是一个为党和国家，为社会和人民所信赖并作出了贡献的学会，是一个符合时代要求和社会进步的学会。

经验 50 年来，学会一直认真贯彻办会宗旨和指导思想，对学会的职责任务、会员的权利和义务、机构设置、领导管理体制和工作方式方法进行了积极探索，力求使学会能够体现党和人民的意志和要求，符合我国国情，形成具有自身特色的工作方法，从而使学会工作和活动能与时俱进，不断在创新和改革中有所前进和发展。我们把这些探索所取得的经验及时总结写入学会的章程之中。学会以自己的实际行动，体现了法学研究工作者和法律工作者应尽的责任，积极担负和完成了时代和历史赋予的使命。这些经验主要有：

一、牢记职责，服务会员，使学会成为党和政府联系法学界、法律界和相关社会科学人士的桥梁和纽带。几十年来，学会总是遵循着党中央方针政策和指示，根据中共上海市委、市政府作出的重大决定，结合学会实际，开展各项活动。1978 年党的十一届三中全会胜利召开，学会刚刚恢复活动，就立即召开了常务理事会、理事扩大会传达中央指示，及时组织会员和法学界、法律界人士认真学习邓小平同志重要讲话,深入讨论如何正确认识民主和法制、民主与专政、人治与法治的关系,讨论如何贯彻和加强法律宣传问题。1979年,全国人大通过并颁布了刑法等7部新法律,学会立即召开各种会议,并通过新闻媒体,表示坚决拥护,提出这是具有从人治进入法治的划时代意义的大事,要求会员既要使自己成为遵守法律的模范和表率,又要运用法律武器特别是新刑法,同刑事犯罪作斗争,巩固人民民主专政,保卫社会主义制度。学会还积极建议和参与恢复律师制度,保护当事人的合法权益。1982年,新宪法颁布,彭真同志在1983年新宪法实施1周年时发表了重要讲话,这时学会主动与市政法部门共同研究新宪法和七部法律贯彻实施的意见和措施,并共同举办学习班12次之多。在全市开展"严打"斗争中,学会还组织专家学者和律师参与检查案件和执行政策情况,保证案件质量。1986年,学会积极参加了全市普法活动,成立普法讲解团,举办讲座100余次,为16个局级单位近5 000名干部,系统讲授"九法一例"。学会还与新闻单位联合举办2次大规模的法律知识比赛,并组织61名学者,撰写了36万字的法律工具书《法律常识要览》,组织拍摄了电影《三桩讼事》,在全国放映。1987年,"中发(1987)1号文件"以及中央政治局扩大会议后,学会常务理事会邀请新闻界参加学习文件和会议精神,坚持四项基本原则,澄清了法学界某些模糊观点,维护了安定团结和社会稳定,维护了党和国家的利益。1989年6月北京发生的政治风波,学会领导亲自召开常务理事会和法学界有关人士会议,坚决拥护党中央和国务院的重大决策,维护法制,提出保证上海的稳定是上海法学界、法律界的首要任务和神圣职责,并对影响上海社会稳定的若干重大问题从法律的角度进行了研讨。1992年4月,学会召开了全体会员大会,学会领导亲自向参加会议的500余名会员传达邓小平同志南巡讲话精神,要求会员以及法学界、法律界人士解放思想、更新观念,研究如何更好为改革开放和经济建设服务。在此期间,中央和市委作出开发开放浦东的重大决策,学会组织了40余名专家学者成立涉外经济法律小组,超前研究浦东开发开放的有关法律问题。1993年8月,学会又与上海市司法局、浦东新区法制办共同以"浦东新区法制建设"为题,组织理论界和实际部门的专家学者共80余人,分选8个课题,经历1年多,完成了23万字的课题项目报告。经35位专家评审,有3个课题获得优秀成果奖,其中1个课题获上海决策咨询研究成果提名奖。1996年根据市委、市政府提出把上海建成"一个龙头,三个中心"和率先建立市场经济的要求,学会组织会员和法学、法律工作者一起脚踏实地,开展调查研究,先后召开"市场经济与刑法"、"市场经济与社会治安综合治理"等系列研讨会,撰写论文 96 篇,参加研讨的有 570 余人次。

2002 年,江泽民同志的"七一"讲话,以及中央领导同志为中国法学会 50 周年的题词,给大家以极大的鼓舞。学会及时组织会员学习江泽民同志讲话和中央领导的题词,深刻领会"三个代表"重要思想的精神实质,进一步解放思想,勇于探索,积极开展学术活动,并提出要把贯彻中央依法治国的指示、市委关于依法治市以及政治文明建设的要求作为学术研究和学会工作的主要任务。为此,学会先后召开了"依法治市与宪法实施"、"依法治市与行政执法"、"政治文明与法治文明"、"政治文明与依法治国"、"政治文明与宪法发展"等理论和学术研讨会。2001 年 3 月,学会召开了 500 人参加的会员大会,就"繁荣法学,依法治国"问题组织专家学者作专题发言,要求会员抓住这个主题,开展学术研究。当市委、市政府提出要把上海建设成为四个中心的目标,以及开展长江三角洲的经济合作,筹办 2010 年世博会等任务时,学会将这些中心任务,作为自己研究和工作的目标,开展了各种学术活动。2003 年 8 月,学会召开了城市规划管理法律研讨会,30 位专家学者对上海房地产发展和城市管理和规划提出了建议。2004 年 2 月,学会召开了上海发展战略与上海法治环境研讨会,30 余位专家参加讨论,对市委提出的促进司法公正、维护司法权威的要求,从法理上予以论证,并提出了许多积极对策性建议。2004 年 5 月,召开了世博会与上海法治化论坛,有 500 余位专家学者参加。论坛就如何为世博创造良好的法治环境,依法办博,从城市管理、知识产权保护、基建和融资以及市民素质的提高等方面,开展了全面的讨论,取得了丰硕的成果,产生了积极的社会影响。2004 年,由学会发起,并得到江苏、浙江法学会的响应,在上海举办了 3 省市法学、法律界和政府有关部门参加的"长三角法学论坛",对地区法制协调进行了全面、深人的讨论。中国法学会对此高度重视,在全国予以推广。

此外,学会还在 1997 年召开了"上海法学界法律界迎接香港回归"的大型研讨会,参加者有 100 余人,在此之前,学会还组织学者就香港基本法进行研讨,香港《大公报》以两个整版发表了研讨内容。1998 年,学会还组织有关单位联合举办"澳门回归论坛",70 余名专家学者参加,此前还参加与澳门刑法学者就澳门刑法进行的研讨。学会还组织国际法专家与新闻单位一起对一些重大国际事件,如美国飞机轰炸我驻南使馆事件,进行座谈,表明本市法学界、法律界的鲜明立场。

几十年的实践证明:学会充分发挥桥梁、纽带作用,把法学界、法律界人士凝聚在党的周围,围绕国家和政府的重大决策和任务,开展多种学术活动,沿着正确的政治方向开展工作。同时,它又适时地反映了法学界、法律界的观点、意见和建议,成为党和政府的桥梁和纽带,体现并完成了法学界、法律界群众团体应尽的责任。

二、坚持理论联系实际,围绕大局开展学术研究活动,使学会成为领导部门的法学智囊和法制建设的参谋。50 年来,学会坚持以马克思主义作为理论研究的指导思想,努力探索具有中国特色的法学理论。1983 年 3 月,学会召开了马克思逝世 100 周年座谈会,研讨了马列主义的法学理论精髓,并征集 40 余篇论文汇编成集。1993 年,召开了毛泽东同志诞辰 100 周年座谈会,学习研讨毛泽东同志的伟大贡献。1995 年,在市委政法委的支持下,经过几个月的筹备,学会与司法局等有关部门共同召开了邓小平同志法制思想理论研讨会,250名专家学者参加会议,并将撰写的论文汇编成《邓小平法治思想论文集》,市委领导参加会议并作了讲话。2005 年,对科学发展观,对依法执政,和谐社会建设进行了多次系列讨论,从法治角度阐释和研究科学发展观的内涵。

几十年来,学会的各项学术活动,坚持理论与实践相结合,面向实际,服务大局。学会的各项研究既注意实用价值,也重视理论提高,既注意当前社会热点,也兼顾超前开拓,特别注重学术研究成果的转化,使之为社会实际服务。就以"社会治安综合治理"这一社会长治久安工程为例,学会在 1984 年就组建课题小组,开始了市内的全面调研,1985 年又组织会员分别进行了对外开放城市的社会治安的调查。1986 年 12 月,针对当时社会治安形势严峻的情况,学会与市社会治安综合治理联席会议办公室一起召开了"上海市社会治安综合治理理论研讨会"。在这次会议上,市委、市人大、市政府、政法部门、学会领导等100 多人参加,100 余篇论文参与交流。会议就改革开放与当前治安形势、综合性防治、配套措施进行了热烈的讨论,市委、市政府领导在会议结束时作了讲话,对会议予以高度评价。1987 年,又再次组织专家学者在本市和外地进行调查研究,编写成调研报告。1994 年,学会和有关各方再度组织课题组进行研究调查和研讨,经过 4 年反复研讨,终于在 2000 年 12 月完成了《城市长治久安之策——上海市社会治安综合治理实践与展望》这一专著。中央综治办陈翼平主任题写了书名,市委刘云耕副书记写了前言。该书全面回顾和总结了上海20 年综合治理工作的经验,提出了预测和有针对性的建议,受到市、区、县综治办的欢迎。与此课题相关的毒品防治问题、防治青少年犯罪问题,学会也下力气研究,围绕青少年保护这个中心,不断深入基层进行多项调研。1988年 4 月召开"青少年犯罪状况与矫治对策"专题研讨会,各区综治办、政法院校有关领导参会,40 余位专家学者摆情况,找原因,论对策,提建议,收到了很好的效果。

学会对宪法的研究始终是持之以恒的,20 余年从不停顿。1989 年 8 月学会与市人大法制委员会、市委宣传部、市司法局联合提出建议,经市人大常委会通过,每年在宪法颁布日(12 月 4 日)在全市开展宪法宣传周活动,至今已连续举办了 15 个年头。研讨活动每年围绕宪法选择不同的专题,邀请市、区人大和法学专家学者一起讨论,研讨中提出的不少意见和建议,被有关部门采纳。在纪念新宪法颁布 20 周年之际,学会又组织了几十位专家学者编写了 30 万字的论文集《宪治征程》,深受有关方面的好评。

1988 年,针对社会主义初级阶段人民民主专政对象和专政机关职能问题的状况存有不同的观点和认识,学会召开了"人民民主专政理论实践问题研讨会"。一些专家学者对新时期巩固和发展人民民主专政,保障改革开放,发表了见解,明确提出政法机关不仅具有专政的职能,还应具有保障人权和服务社会的职能,这一观点引起了与会者的关注。随后,学会还对当时土地实行批租、经济活动中的佣金回扣、债权与债务、反腐倡廉、廉政法制化建设、疏导和缓解社会群体矛盾、社区法制建设等各方面反映较多的热点难点问题,组织各学科专家进行讨论,并将意见和建议报告给有关领导参考。

为了适应改革开放的需要,从 1984 年起,学会就开始组织对引进和利用外资的理论、政策和法律的研讨,探讨引进外资的方法和途径。1986 年 8 月,学会举办了"法制与改革"研讨会,市府有关部门领导、法学专家学者以及全国的一些改革家、企业家出席了会议。会议围绕改革与法制的关系这一中心议题,结合法制建设在经济政治体制中的地位、作用,以及改革实践中出现的法律问题,进行了较为深入的研讨。一些专家学者就法制与改革问题提出了一些新的观点和见解,引起了有关部门的重视。1988 年 4 月,学会与市外商投资企业协会联合举办"上海市引用外资经济法律研讨会",收到论文 58 篇,法学界、外经贸界的专家学者、三资企业的业主、政府有关部门的负责人 150 余人参加会议,取得了很好的效果。1992 年,上海出现"股票热"、"房地产热",学会与有关部门合作举办"股票债券市场与法律"、"当前土地批租和房屋经营活动中律师的作用问题"等研讨会,还与香港的律师所联合举办"沪港融资与证券研讨会",讨论项目贷款、抵押贷款、担保与反担保,以及我国加入关贸总协定会给上市股票带来的影响等问题。2000 年 5 月,学会举办了有关"WTO 争端解决机制"、"WTO 与反倾销"等研讨会、报告会。2001 年 4 月,学会与市委政法委共同组织法学专家学者以"加入 WTO 对上海政法工作部门的影响和对策"为题,进行了 3 次研讨,并就加入 WTO 后的政治、经济、社会安全等问题开展了前瞻性研究,写成了书面报告,向有关领导汇报。2004 年 8 月,学会针对民营企业的发展,邀请专家学者与 20 余位民营企业家一起,就民营企业发展涉及的法律进行了座谈。

　　学会在学术活动中坚持为社会实践,为司法实践提供服务,维护司法公正。多少年来,学会一直把组织理论部门的学者和司法、行政执法机关的专家,对实践中提出的重大疑难问题进行探讨,作为学会研究工作的一项任务。1988 年至 1996 年的 9 年里,先后组织了 1 696 人次就有关方面提出的损害赔偿、合同诈骗、投资权益纠纷、监护人责任、名誉侵权、经济体制转制、防止国有资产流失、保护股东权益、合资企业、"国民待遇"、委托中的委托、受托人的权益保护、继承等 90 个疑难案件,邀请法学界专家学者就相关案例法律适用等进行了分析研讨,并将意见提供有关部门参考。学会还就司法改革问题,组织专家学者进行了调研,提出了一些极有价值的意见和建议。

　　2003 年年底开始至 2006 年上半年,学会围绕上海要建成国际金融中心这一目标,开展了金融法制的系列研讨,有一定影响的研讨活动达 20 余次,如金融混业经营、国有银行股权多元化改革、房贷风险、股权分置改革等等,取得了一些研究成果,许多观点和意见受到有关方面的重视和采纳。

　　这些学术研究活动,都是理论部门和实际部门的专家学者共同完成的。由于理论与实践的有机结合,使研究工作能从多层面、多角度进行探讨,有一定深度和质量,提出了一些符合国情、符合实际的新的观点和可操作的建议,并被有关部门所采纳。

三、运用民间团体的优势，加强国内外交流，使学会成为上海法学界、法律界开展对外交流的一个窗口。学会恢复活动之初，仅 1983 年一年中即配合有关单位接待了英、美、日、加拿大等 11 个国家的团体和国际友人。随着进一步对外开放，对外交流进一步扩大，学会从主要接待来访，发展到接待与组团出访考察结合。1992 年，学会与市司法局领导以学会的名义组团访问香港，短短的几天时间，走访了 11 家外国和香港的律师机构，考察律师管理制度和工作情况。1995 年，又与市委政法委、市综治办组团赴美国、加拿大，考察当地刑事犯罪和社会管理情况。学会还派员参加中国法学会代表团出访，考察法国行政法的立法状况、比利时保护消费者权益和英国金融监管法制等情况。出访的一些专家学者向会员作了专题报告，有的撰写文章在有关刊物上发表，扩大了影响。

学会利用上海大型跨国公司较多的优势，经常与这些公司中的法律专业人员进行交流。1991 年 5 月，学会邀请了菲利浦、西门子、杜邦、欧莱雅等公司的法律顾问和部分院校的学者举办座谈会，研究和借鉴跨国公司法律顾问工作的模式，探索如何搞好我国企业的法律顾问工作。在深入研究我国加入 WTO 后面临的新情况、新问题，分析法律服务市场的新机遇后，整理出有见地的报告被市社联年鉴选用。学会还通过参加有关部门研讨会，研究国际犯罪状况，2000年，我们通过中美国际犯罪问题研讨会，了解现代犯罪的表现和特点，撰写相关报告上报，并在有关刊物刊登，引起了有关方面的重视。

学会与有关部门联合举办国内、国外较大型学术研讨、交流会。其中有全国性法理学年会、诉讼法学年会、民法经济法研究会年会、刑法学研究会年会、中国法制史研究会年会、反对经济地方保护主义研讨会等等。学会还主办或协助举办国际性的学术交流会议，如中日刑法学术交流会、日本刑法科技成果保护与预防理论研讨会、中美科技立法中法律问题研讨会、中法关于环境保护法律研讨会、中法行政法研讨会、上海'94 国际知识产权保护研讨会、亚太法协和中国法学会主办的亚太法协自由贸易区法律问题研讨会、东亚行政程序法研讨会、中日韩环境纠纷处理研讨会等。

学会努力推进两岸经贸交流的扩展。自 1991 年始，与台湾同行联合主办了在上海、台北轮流召开的"沪台经贸法律理论和实务研讨会"，至今已持续 15年之久。已先后开了 8 次，每次都有一个主题，研讨两岸经贸交流中突出的一两个问题，对推进学术交流，增进共识，促进祖国统一起到了积极的作用，并且形成了两岸法学法律界交流中学术研究的一个品牌。1993年12月24日,第二次沪台经贸法律理论与实务研讨会时,海协会汪道涵会长还会见了台湾的学者和律师,他充分肯定了会议的意义和成果。

在以上这些内外交往中,学会充分利用自身的优势,通过学术讨论,表明了法学界、法律界的主张和观点,明确是非,增进友谊,起到了较好的作用。有一年,一位国际人权观察组织的人员来访,因涉及人权问题,学会会长和副会长亲自接待。他们运用自己参加过抗日战争、抗美援朝战争以及在西藏工作的经历,以亲身目睹的事实批驳了某些国家诬蔑和歪曲我国人权状况的谬论。还有一次,某国的专家学者来访,谈及我国在该国一项历史性财产问题,学会的国际法专家明确指出,不应以司法独立为由违背国际法原则,吞没我国固有的历史财产,据理力争,针锋相对,辩论了5个小时之久。所有这些表明,积极利用上海所处的地位和特点,主动开展国内外的学术交流,也是学会一项重要的任务。尤其是对外交流,不仅可以借鉴学习国外和境外经验,也可以广交朋友,宣传我国法制建设的成就,实际上也是开展民间外交的一条途径。

为了有利于开展会员之间和国内外的学术交流活动,为会员,为法学界、法律界构筑学术交流的平台,学会创办了多个刊物。早在1957年,学会成立的第一届第一次理事会上就议定与华东政法学院合办《法学》双月刊杂志,由曹漫之为主编,洪文澜、潘念之为副主编。1979年4月,学会出版《民主与法制》月刊,由徐盼秋、潘念之负责。1984年,办学会内刊《情况与交流》,随后又与民主法制研究部合办了《法讯》。1988年经市出版局、市委宣传部、市社联批准,创办《上海法学》,后又改名为《上海法学研究》。同年,学会将《法讯》改名为《法的信息》,并于1993年与市委政法委研究室合编,再改名为《法讯》,其中很多内容引起了有关领导和中国法学会的重视,为推进法学研究办了实事。2006年,学会与《中国法学》杂志社联合,公开出版了《东方法学》。这是立足上海、面向全国的连续出版的学术性书刊。

四、不断发掘、聚集、培育人才,使学会成为法学人才库。几十年来,学会的许多学术研究活动和成果都是在老中青学者齐心协力下共同完成的。学会在尊重和依靠老一辈法学家的同时,注意培养中青年优秀专家学者。2000年,徐盼秋、裘劭恒等5位同志经学会推荐,被中国法学会授予全国老法学家光荣称号。学会推荐的曹建明、何勤华2位同志先后被中国法学会授予全国中青年法学家称号。学会还于 2000 年和 2003 年先后 2 次评选周汉民等 20 位同志为全市中青年优秀法学家,并召开了大会表彰他们的研究成果。近年来,学会对青年法学、法律工作者寄予极大的希望,支持他们的研究热情,鼓励他们打好扎实的功底,潜心做学问。2004 年开始,青年法学家沙龙吸引了一大批青年学者和实务工作者参加,他们及时探讨一些社会热点法律问题,受到媒体的广泛关注和报道。学会在评选优秀法学家的同时,还特别注意发掘和评选政法等实际部门的法学、法律专家。经过 1990 年 1 月、1992 年 11 月和 1995 年 3 月的 3 次评审,授予丁予、王飞、沈宗汉、傅长禄等 44 位同志为法学学科的专家。时任学会学术委员会主任的曹漫之教授对此极为重视,亲自与有关部门研究评选实际部门专家学者的必要性,并直接主持此项工作。在颁发证书的大会上,他满怀热情地说:这些被评选的同志在政法部门多年,不仅有着丰富的实践经验,还有着较为厚实的法学理论基础,独特的工作实绩,在工作中有所建树。他认为评定这些专家是一种造就法学和法律人才的新探索。

学会支持专家学者的学术研究。通过成果评定,调动他们学术研究的积极性。1984 年和 1986 年,开展了青年法学优秀论文的评选活动,编辑出版了《上海青年优秀法学论文选》。1988 年,学会举办了优秀法学论文评选,2003 年,学会又举办了优秀著作评选。1994 年,学会还将一批专家学者分别向市人大和市政府法制办推荐为立法咨询顾问。学会领导还经常与青年法学家座谈,听取他们的意见,成立了青年法学家联谊会和青年法学家沙龙,编纂出版《上海法学文库》,资助青年法学工作者出专著。

50 年来的实践证明:学术立会,智力兴会,关键在于尊重知识,尊重人才,逐步构建法学专业人才的高地,充分发挥法学会的人力资源库的作用。只有加紧人才的发掘、培养,依靠并通过他们团结广大会员和法学法律工作者,提供共同参与学会工作和活动的平台,才能使得学会获得可持续发展的生机和活力。

五、充分运用自身的资源优势,开展多种形式的服务,使学会成为替社会、为百姓办实事的服务机构和会员之家。几十年来,学会在如何运用社会学术团体的功能和优势,服务于社会的问题上进行了积极的探索和实践。1985 年,创办了振兴法律咨询公司和振兴比较法进修学院,1986 年,在创办了上海市第七律师事务所之后,又成立了上海市老年法律咨询中心,1988 年,组建了上海涉外经济法律服务咨询中心,并与有关单位合办上海正典法律信息有限公司,开展和建立法律法规数据库,之后该中心又与香港企业合资成立上海昌盛投资咨询顾问有限公司,1992年,成立了上海尚发实业公司,1998年,与市邮电局声讯服务公司组建开通了160法律声讯专家学者服务台。在中国法学会的支持下,设立了中国法学研究基金会上海分会。这些机构和实体在当时的历史条件下发挥了应有的作用。它们不仅为学会建造办公用房、举办学术活动提供了资金,还为学会实现理论研究与实践的结合、开展各项工作提供了方便,并取得了较好的社会效果。如老年咨询中心为老年人提供了维权的服务,一周就接待老年人150余人;声讯服务台开通后,参加咨询服务的28位法学专家学者接待咨询者3 500人次。美国前副总统蒙代尔的来访,也是由涉外经济法律咨询服务中心发出邀请的。在沪期间,他受到朱镕基市长的会见。他非常感谢上海法律界同行,并高度赞扬我国法制建设的成就,表示要为上海的对外开放作贡献。美国默何东集团总裁来访也是由昌盛公司安排和接待,在沪时受到市委黄菊书记的接见。尽管由于政策和有关规定,这些机构大多已经转制或改变了隶属关系。但在当时情况下,这些机构的建立对学会的发展、壮大所作的努力,对所有参与这些服务机构的会员所作出的贡献应当予以肯定。作为一个学术性、社会性的群众团体的功能来看,运用学会的资源和优势,办一些适合学会特点,并为会员和为社会提供所需的服务是必要的。

多少年来,许多专家学者,在学会学术研究中形成了勇于探索、相互借鉴、共同切磋的好风气。在学会的各项活动中,不论领导、专家学者、普通会员及工作人员之间,形成了相互尊重、相互关爱、和谐相处的关系,也形成了共同为学会的兴旺、法学的繁荣而献计献策的好风尚。许多会员在做好本职工作的同时,为学会的工作尽心尽责,只要学会提出要求,他们有求必应。有的同志离休、退休了,还不计报酬地为学会工作奔忙。有一次会员大会,一位身患疾病的专家,坐着轮椅来参加会议,并交纳会费,情景十分感人。学会顾问徐开墅教授逝世,他的丧事原来由某中学退管会操办,学会的几位理事主动组织起治丧小组,为他出了一本悼念的小册子,全国人大常委会李鹏委员长送来了花圈,在下大雨发大水的情况下,300余人为他送行,充分体现了师生之间、会员与学会之间难能可贵的真情。总之,学会正是通过发挥自身优势和有利条件,使学会建成为会员、为社会、为人民群众办实事的服务机构和会员之家。

期盼 五十春秋虽一瞬，百千实事总感人。

学会在这半个世纪中历经不少曲折、磨难，却仍不断地发展、壮大，留下了平凡又永不磨灭的业绩，为实现"依法治国"的崇高目标，为社会主义的民主法制建设作出了可贵的贡献。它再一次证明：群策为之则无不成，群力举之则无不胜。

我们为过去高歌、庆贺，也期盼未来更加辉煌。

我们坚信：在党和政府的关怀和支持下，第八届理事会必定按照学会的章程，依靠、带领全体会员，团结全市广大法学、法律工作者，共同奋斗，创造出更新的业绩，让学会工作更上一层楼。

今年是我国"十一五"规划开局之年，为我们展现了大好形势和新的机遇，肩负繁荣法学研究、推进依法治国的伟大历史使命的法学会也承担着实施"十一五"规划、构建和谐社会、推进经济社会发展和进步的繁重任务。

我们学会全体会员一定会继往开来，遵循胡锦涛总书记提出的科学发展观和建设创新型国家的要求，按照市委的指示，埋头苦干，勇于攀登，不断推进理论创新、学术繁荣，努力发挥思想库和智囊团作用，在推进中国特色的法学理论方面做出新的成绩。

我们学会将努力在研究活动中注重前瞻性，创造性和开拓性地完成国家和社会需要的课题项目，使学会在学术活动和其他工作中做得更好，打造更多的精品和拳头产品，催生优秀成果。

我们学会将努力在对外法学交流、法制宣传方面取得新的进展，在会员队伍建设方面有新的壮大和发展，聚集和培养更多的法学法律人才，特别是中青年法学人才，适应进一步提高学术研究水平，不断更新知识的需要。

我们学会将努力运用和整合自身的资源和优势，构建好法学、法律界的服务平台，采取多种形式，为会员为社会和人民群众提供优质的服务，更好地体现法学会存在的价值和作用。学会机关要按照群众组织的特点和规律开展工作，成为深受群众欢迎和会员爱戴的会员之家。

岁月如梭，时光如隙。愿我们抓住机遇，迎接新的挑战，奋勇向前，创造新的成就，待到 2016 年学会 60 周年生日的时候，共庆她的再度辉煌。

二、寄语

党的领导是法学会在国家法治事业中取得一定成绩的根本保证。党的十一届三中全会以来，上海市法学会逐步走向兴旺，全赖于市委的重视和领导。这部分内容，由改革开放以来市委历届分管政法工作和法学会工作的领导，讲述了他们亲历的，对法学会工作的一些重大原则性和指导性的处理意见。今天读来，仍然是十分亲切、十分重要的。标题定为"寄语"，不是一般性的勉励之词，而是我们需要继续遵循的工作依据和原则。

加强法学理论研究是法学会工作的中心

杨 堤①

上海市法学会历史比较悠久，在上海法学界、法律界和社会各界有着广泛的影响。上世纪 80 年代中期，我在市委分管政法工作期间，与学会领导徐盼秋、曹漫之、王兴、李庸夫和马锐等同志常有接触，还参与了学会的一些活动。1987 年 6 月，学会召开第五次会员代表大会，我曾到会，作了题为《努力开创法学研究工作的新局面》的讲话。在尔后的多年中，我仍然关注着法学会的工作和发展。我认为，法学会与一般群众组织有所不同，它是政治性、组织性很强的

---

① 杨堤，曾任中共上海市委副书记、市委政法委员会书记。本会顾问。

人民团体,同时又是一个法学界、法律界广泛参与的学术团体,承担着推进依法治国的重任。多年来,上海市法学会适应改革开放的形势,在党的领导下,团结全市法学、法律工作者,在积极宣传社会主义民主与法制,组织推动法学理论研究,参加国内国际的学术交流等方面,做了许多有益的工作。自从党提出依法治国的方略以后,特别是近年来,法学会勇于开拓创新工作更加活跃,取得了不少理论和实践的成果。从我多年来对法学会的了解、观察和思考,法学会的工作有以下几点是很重要的:

一、加强法学理论研究是社会主义法制建设的一项重要的迫切的任务。

我国还处在社会主义初级阶段,建设具有中国特色的社会主义,一个很重要的问题就是要有健全的社会主义法制作保障。加强社会主义法制建设,推进民主制度化、法律化,是我国社会制度和政治制度的根本要求。经济建设与法制是相辅相成、互相促进的。搞好经济建设需要有一个安定的社会环境,离不开法制的保障,而且随着改革的深化,经济体制的改革需要更多地运用经济的、法律的手段。加强法学理论研究,用马克思主义的立场、观点、方法,解决法制建设中的实际问题,用理论来指导实践,不仅是摆在法学、法律工作者面前的一项繁重的任务,而且对加强社会主义法制建设,促进改革和经济建设的顺利进行具有十分重要的意义。在这方面,上海的法学理论界和实际工作部门多年来作了很大努力,取得了一定成绩,但从总体上看,与上海经济、社会的发展还很不适应。前年,我听法学会的同志讲,学会学术研究的现状,不少学科的研究水平不高,比之北京,甚至武汉等有些地区都有差距。我市的法学会要更好地团结上海的广大法学、法律工作者,要急起直追,深入实际加强调查研究,把法学理论研究工作抓上去。

二、坚持理论和实际相结合的原则,深入开展法学理论的研究。

法学是上层建筑,是由经济基础决定的,又反过来为经济基础服务。社会发展了,经济基础发展了,法学也要随着发展。法学理论又是一门政治性很强的学科,它同政治、经济和社会生活的关系非常密切。法学理论只有同改革和建设的实际紧密结合,同立法、司法、执法、守法等各个方面的实践紧密结合才能有很强的生命力。加强法学理论研究工作,不单是一个学术问题,更重要的是关系到党的路线贯彻实施的重大问题。要开创上海法学理论研究工作的新局面,就要坚持理论联系实际的原则,从调查研究、总结实践经验入手,运用马列主义原理,科学地阐明我国现阶段社会主义法制建设的基本特点及其规律,从而指导实践,促进改革和建设。是否适应建设中国特色社会主义的总要求,是否有利于发展社会主义生产力,这应当是检验法学理论研究工作方向是否正确、工作是否有成效的一个最基本的标准。要防止和克服从书本到书本、从概念到概念那种脱离实际的研究方法和作风,提倡到广阔的改革和建设的天地中去,提出有分量的研究成果,并把它带到实际生活中去检验,使法学理论研究更好地为推进依法治国,建设社会主义法治国家服务。

三、进一步贯彻"百花齐放,百家争鸣"的方针,繁荣法学理论。

在学术研究上贯彻"双百"方针,提倡不同见解的自由争论,以便有所比较、有所鉴别,集思广益,同时研究探讨外国法律制度、法学研究的动态和成果,吸取对我们有益的东西,这些都是有利于社会主义法学繁荣和发展的。在深化改革和加强法制过程中,对于学术问题,对于立法和制定政策过程中正在探讨的问题,都应提倡不同意见的探讨争论,大家摆事实讲道理,以理服人。不成熟的意见也可以作为内部交流,这样才能使真理愈辩愈明。

四、充分发挥法学会的桥梁、纽带作用,壮大法学理论研究队伍。

上海法学界人才集中,学科门类也较齐全。市法学会及其各学科研究会都要充分重视和发挥这一优势,通过自身的工作,把本市的法学教学、科研单位、立法、执法、司法部门的力量充分调动起来,紧密结合上海经济、文化、科技和社会发展的实际,推动广大会员共同探讨一些重要课题。通过专题攻关、理论研讨、学术交流、举办讲座、专家学者讲学等多种形式,活跃理论研究活动,为现实斗争和经济、社会发展出谋献策。上海市法学会在这方面完全有条件,也应当多发挥一些作用。法学研究、教学和政法各部门都要积极支持法学会的工作,为他们开展工作多创造一些条件,给予一些方便。

作为政法部门的老同志,我对学会勇于开创新局面、取得新成就感到由衷的高兴和喜悦。在学会成立50周年之际,特以上述看法与法学会各位会员共勉。

在征途上前进的法学会

王 鉴①

上海市法学会成立 50 周年，非常值得纪念。上海市法学会始建于 1956 年，在十年"文革"期间，遭到严重冲击，停止一切活动。1978 年末，在邓小平、彭真同志的倡导下，法学会恢复了活动。由于法学、法律工作者的艰苦努力，克服了种种困难而逐步发展壮大。在学会恢复之初，重点开展法制宣传。法学活动只在法理、宪法、刑法等少数学科领域进行，做些群众急需的法律咨询。随着社会主义现代化建设和改革开放的发展，以及党和国家强调民主法制建设，学会步入了蓬勃发展的新时期，法学活动范围，由原来少数学科发展到 20 多个学科，增加了法制史、民法、诉讼法、商法、国际法、行政法、劳动法等学科。并在立法、执法、司法等不同层面上，进行法律学术研究，提供法律咨询和前瞻性的法律建议，组织和参与国际学术交流，传播我国在改革开放中如何加强法制建设，在广大的范围内开展法制宣传。学会的成员由开始几百人，发展到现在 3 000 多人。许多精通法学的专家学者，专心致志，孜孜不倦，为加强法制建设作出努力。所有这些，在繁荣法学研究、推进依法治国，为社会主义经济建设，为改革开放作出了重大贡献。可以看出，上海法苑之花，正在浦江大地上盛开。当年我在工作时，市委政法委对法学会的工作虽然讨论不多，但还是比较重视的，在日常工作中注意听取法学会意见，发挥法学会的积极作用，按照中央的要

① 王鉴，曾任中共上海市委常委、市委政法委员会书记，上海市人民代表大会常务委员会副主任。本会顾问。

求,解决学会的组织建设和机关编制,以推动学会工作的开展。

我曾经对当时主持法学会工作的领导讲过,法学会的法学研究工作,基础理论研究要搞点,但主要是应用理论的研究。因为法学同经济学、政治学一样,同属于上层建筑,是经济基础的反映,必然要为经济基础服务,在现阶段就是要为中国特色社会主义现代化建设服务。党的十五大确立建设社会主义法治国家的基本方略,要求加强民主法制建设。党和国家已经在不断加强立法,要求严格执法,号召全国人民守法。但是,所有这些法制建设和法制活动,在实施过程中,由于形势变化和各种因素的影响,往往会产生出这样那样的问题,提出新的要求需要,开拓新的立法领域,因此法学研究活动,应该与这种客观需要相适应。法学研究的一切学术活动必须与实际相结合,不断总结新的经验,找出可行的结合点和切入点,搭建活动的平台,使法学学术活动再上新台阶。通过法制研究、法律咨询、法制培训、国际国内学术交流,开展法制宣传和法律服务。总之,要运用自身的优势和条件,调动一切法律资源,为中国特色社会主义经济、政治、文化和社会建设,为国家长治久安,为构建社会主义和谐社会服务。

值此纪念上海市法学会成立 50 周年之际,祝愿学会在依法治国的征途中,与时俱进,努力实践,再创佳绩,为上海市的国际化、市场化、信息化、法治化建设,作出新的贡献。

为社会实践服务的法学会

石祝三①

兹值学会成立 50 周年之际，追忆我在主持市委政法委员会工作期间，同市法学会一起操办的事，深感法学会是党和政府联系法学、法律界人士的重要桥梁和纽带。法学会坚持学术研究为社会实践服务的方向，是推动实现依法治国的一支重要力量。在此，回忆两件事，以示对学会 50 周年的纪念。

一、积极筹办全市性的"社会治安综合治理"大型研讨会。

经过 1983～1985 年的 3 年"严打"战役，抑制了当时刑事犯罪重大案件急剧增长的势头，对社会治安实施全面综合治理已经提到重要议事日程。经过市委同意，建立了上海市社会治安综合治理联席会议制度，由时任市委副书记杨堤、副市长刘振元和我负责召集，市政法、经济、宣传、文教、工青妇群众团体等十几个有关部门参加。鉴于社会治安出现的问题比较复杂，既有历史遗留问题，更有大量新问题。针对改革开放新时期的诸多新情况、新形势，需要进行大量的调查研究，透过现象看本质，从根本上找原因，正确判断发展趋向，才能果断采取治理措施。综合治理是一门多学科多视角的社会综合性科学，必须调动社会各方面学术研究力量探寻科学严谨的依法治理理念和方法。因此，我们确定要在全市范围内，在调查研究的基础上开展一次社会治安综合治理大型研讨会，并委托上海市法学会组织筹办。当时法学会徐盼秋、曹漫之等同志都非常重视，充分调动学会各学科会同政法院校、社科院有

---

① 石祝三，曾任中共上海市委常委、市委政法委员会书记、上海市政协副主席。本会顾问。

关研究机构,组织专家学者和各政法机关的实际工作者一起,进行专题调研,落实课题,反复研讨,对本市社会治安问题的历史、现状、成因、对策、规律、措施等建言献策,使上海第一次全市性的社会治安综合治理大型研讨会得以在1986年按时顺利召开。经过深入研讨,涌现了一批有质量的学术论文,由法学会结集出版。这次研讨,既为上海的社会治安综合治理提供了法理支持,从理论与实践结合上为探索在新形势下城市长治久安之策,提供了良好的开端,又加强了理论学术研究工作者与各实际工作部门人员之间的沟通和交流,为推进上海的社会治安综合治理工作的有序推进,打下了较好的基础。

二、加强青少年保护工作研究。

青少年违法犯罪是一个全球性的问题,我国也不例外。"严打"后,一度有较大幅度下降的青少年犯罪,从1986年后又呈现"稳中有升"的态势。在建设有中国特色社会主义的进程中,如何运用我国社会优势,加强青少年保护,引导青少年健康成长,是一项重要的"系统"工程,也是社会治安综合治理需要重点解决的突出问题。1986年7月,我应邀与市法学会的几位同志一起去无锡参加了一个全国性的青少年违法犯罪问题的学术研讨会,大家都认为对青少年的违法犯罪问题应当从教育保护着眼,在预防和矫治两个方面多下工夫。随后,我请法学会对此进行研究,一方面要积极参与当时上海市人大常委会准备制定的《上海市青少年保护条例》地方立法工作,充分发挥法学、法律专家学者在参与起草过程中论证建言作用,从法理和可操作性上使这一全国率先制定的地方性法规臻于完善;另一方面要组织学科研究会的力量,深入司法实践,帮助总结防范和矫治青少年违法犯罪的经验,发扬社会学、犯罪心理学、教育学等方面综合矫治的好方法。长宁区人民法院首创"少年法庭"试点,这一新生事物出现后,法学会的青少年法学研究会、华东政法学院青少所即与长宁区法院合作,在市高级人民法院的支持下,使这一做法在各区逐步推开,并带动了公安、检察、法院配合和协调,建立了少年犯罪的预审、起诉、审判"一条龙"体制。又后来,法学会的青少年学科研究会与教育局、青保办一起,通过对工读学校的深入调查研究,帮助总结工作中的经验教训,根据特殊教育的需要改进完善工读学校的规章制度和管理方法,为规范工读学校办学起了参谋作用。1988年,法学会还专门召开了一次"当前青少年犯罪状况和矫治对策"的专题研讨会,对青少年违法犯罪的成因、特点、预防、控制的法律、对策、措施等提出了颇有见地的设想，为以后开展有关青少年权益保护和预防、减少违法犯罪的深入探索迈出了良好的步伐。

　　仅以上事例，就可见证上海市法学会以其拥有许多知识渊博的专家学者和有丰富法律实践经验的法律工作者的条件和优势，认真地为社会实践服务，有效地推进理论与实践的结合，这也是学会多年来形成的一个优良传统。衷心祝愿法学会继承和发扬好传统，在新的形势下，继续为上海的建设作出新的更大的贡献。

努力使上海的法学研究
取得更大的进展[①]

倪鸿福[②]

　　理论联系实际,是我党的三大作风的第一条。实践是理论的基础,理论来源于实践,又指导和推动实践的发展。法学研究要为政治服务,为党的基本路线"一个中心,两个基本点"服务。我们要出好的科研成果,就必须做到理论联系实际。符合中国国情,这是一条重要原则,也是理论工作的根本方向。法学会是法学理论工作者和政法实际工作者两部分会员组成的,它在沟通法学界与实际工作部门的联系上,有许多有利条件。我们要充分发挥这一优势,使理论研究与实际工作紧密结合起来,让做理论工作的同志多参加立法和司法的社会实践,深入调查研究,了解新情况、新问题,参与咨询和决策。同时,也要推动做政法实际工作的同志更加重视理论对实际的指导作用,积极参与法学理论研究,使实际经验上升为理论。当前,我们国家政治稳定、经济稳定、社会稳定。进一步维护稳定是我们面临的一个最大实践,它既是全党、全社会的努力目标,也是我们法学理论研究的源泉和动力。因此,从事法学理论研究的同志要到社会实践中去,到群众中去,同从事执法、司法的同志结合起来,深入地做好调查

----

　　① 1991年8月15日,时任中共上海市委副书记的倪鸿福同志在市法学会第六次会员代表大会上作了《为振兴上海、繁荣法学共同奋斗》的讲话。他在讲话中代表市委对法学会工作提出了三点要求。在纪念市法学会成立50周年之际,特将他这次讲话以"努力使上海的法学研究取得更大的进展"为题,摘要收入本书。

　　② 倪鸿福,曾任中共上海市委副书记、市委政法委员会书记、上海市人民检察院检察长、上海市法学会会长。

研究工作。从目前情况来看,无论是在改革开放和现代化建设方面,还是在健全社会主义民主与法制,加强政法工作,维护国家安定,促进长治久安等方面,都有大量的实际问题期待着理论的研究和指导,为科学决策提供依据。例如,如何认识阶级斗争在一定范围内存在,坚持人民民主专政? 如何加强基层政权建设? 如何强化宪法与法律在政治生活、经济生活、文化生活和社会生活各个领域的权威和作用? 如何动员和依靠社会各方面力量,加强社会治安综合治理? 怎样通过法律服务来保障改革、开放、开发浦东的顺利进行? 这许多问题都急需我们从理论上作出说明,进行科学论证。我们应该面向实际,抓住现实生活中的重大问题,认真研究,大胆探索,使上海的法学研究取得更大的进展,开创新的局面。

上海法学界可以说是人才济济,既有从事理论研究造诣较深的专家学者,又有长期从事政法工作积累了丰富经验的老同志,这是我们上海搞好政法工作,繁荣法学研究的一支非常重要的队伍。市法学会要进一步发挥这支队伍的作用,多出一些题目,多做些调查研究,既繁荣法学研究,又推动实际工作。

法学研究工作同司法实际部门的工作是紧密联系的,要相互配合,积极支持。在这方面,上海已经有了比较好的基础,我们许多法学研究课题都是在政法部门的大力支持下完成的。同时,政法部门在实际工作中遇到一些疑难问题,法学研究部门也主动进行研讨,积极出谋献策。这些好的做法应该继续保持和发扬。各级政法部门要一如既往地支持法学会的工作,积极为推动法学研究创造必要的条件,尽可能帮助法学会解决实际工作中的困难。并注意发挥在本部门工作的法学会会员的作用,支持他们参加法学会的学术研究活动。法学会也应珍惜各有关部门的支持,充分发挥上海法学研究部门人才比较集中,理论和实际部门之间比较协调,信息传递迅速等优势,坚持贯彻"百花齐放,百家争鸣"的方针,进一步解放思想,努力创造勇于探索创新的好风气。

法学会能够发挥其他组织
不可替代的作用

王力平①

上世纪 90 年代，我较多地接触、了解法学会，那时李庸夫同志当会长，学会的工作有板有眼，很有起色，很活跃。记得江泽民总书记在一次中国法学会代表大会上作了很重要的即席讲话，说法学会要繁荣法学研究，推进依法治国。从我那一段时间与学会的联系，包括我参加过法学会的一些活动看，法学会在推进依法治国、建设社会主义法治国家的进程中，的确可以起很大的作用，可以起其他组织不可替代的作用。

首先，法学会可以成为政法工作、法制工作的思想库和理论工作部。政法实际工作部门，忙于日常工作和办案，往往忽略对法制理论的研究，特别是随着社会矛盾、纠纷的增加，更是疲于应付，超负荷运作。而法学会比较超脱，而且人才济济，既有教授、学者，也有法律实务专家，能够对中国社会主义法治理论，对当前法治实践中碰到的现实问题，加以研究、解析，进行升华、概括，提出新的理论观点和指导实践的意见。当年，学会有几次比较重要的研讨，至今影响深刻。一次是 1995 年 4 月，学会开展了对邓小平法制思想的研究，还与市委政法委一起召开了"邓小平法制思想研讨会"，我在会上作了一个发言，题目是《邓小平法制思想是指导政法工作和法学研究的锐利武器》。我觉得这次讨论抓住了根本。小平同志的法制思想恢宏、精深，它是在社会大变动中，深刻总结了党的历史经验，特别是"文化大革命"的教训以后

① 王力平，曾任中共上海市委副书记、市委政法委员会书记。本会顾问。

提出的。小平同志主张要扩大民主,民主要制度化,这种制度不因领导人的改变而改变,不因领导人注意力的改变而改变;他对新时期立法、司法、政府法制和法制教育,提出了一系列根本的方向和原则。这次研讨会上专家学者各抒己见,在理解、阐述邓小平法制思想的基础上,联系我国法学研究的任务,提出依法治国是法学研究的总目标,从制度上、法律上保障社会主义民主的实现是法学研究的主课题,依法行政,民主、科学决策是法学研究的重点。1996 年,中央提出要把上海建成一个龙头、三个中心。我同法学会的同志几次谈到,上海的经济发展走在全国前列,上海的法制建设如何与之相适应?学会随即组织力量,开展多方面的调查,开了一系列的理论和实务研讨会,如"市场经济与法制建设"、"市场经济与依法行政"等等。我曾出席过一次"市场经济与社会治安综合治理研讨会"。会上发言踊跃,为搞好社会治安综合治理提出许多好的设想和建议,开得很有成效。

其次,法学会是法学界、法律界共同的学术民主的大讲台。我历来赞成广开言路,学术自由,讨论问题畅所欲言,把事情说清说透。学会的主要功能正好在于组织、推动学术研究,为学者们提供平台,创造自由、平等、民主的学术研究、学术争鸣的氛围。因此,在我主持政法工作期间,我多次参加法学会的活动,很愿意与法学会的同志们在一起,听听法学界人士的声音,了解他们的观点和意见。1996 年 12 月,学会召开第七届会员大会,很遗憾,我因公出访,与孟建柱同志商量,请他出席会议并讲话。1997 年,学会建会 40 周年,我出席了庆祝活动,向老法学家颁发了优秀法学家证书,向中青年法学家发了奖,喜看新老法学家齐聚一堂,后继有人,十分兴奋。

再次,法学会还是对外交流、联络的窗口。我印象很深的是学会筹办的"沪台经贸法律理论与实务研讨会",可说是一个创举,从 1992 年开了第一次后,至今在上海和台湾已轮流开了 8 次。讨论了许多两地经贸中的法律问题,很为台商和其他台胞们看好,实际上也是一项很成功的对台工作。这项活动,受到汪道涵老市长的看重,他亲自参加和接见了台湾代表,我也曾 3 次出席这个研讨会,发表过一些浅见。广泛开展这样的交流,正是法学会的一项职能,也是法学会的一个长处。

上海市法学会已经走过 50 个春秋,在此谨表祝贺,并期望今后步子迈得更快、更扎实!

加强领导班子，找准工作定位，
是做好法学会工作的关键

吴志明①

在探索中前进，在曲折中发展，伴随着共和国的法治进程，上海市法学会走过了不平凡的50年。

2003年7月，时值市法学会换届，我有幸参与了换届的筹备工作和对学会人事安排的审定，并在第八次会员代表大会上代表市委和市委政法委作了讲话。近年来，又几次到学会调研，了解学会的工作情况。总体上看，做好法学会的工作，发挥法学会在推进依法治国、建设社会主义法治国家中的作用，有两个方面的工作非常重要。

一是要加强学会的领导班子。法学会的最大优势是基础广泛、人才荟萃，如何发挥这一优势，合理的领导班子配备很关键。在这次学会换届中，我们在班子配备上作了一些新的尝试，由时任上海社会科学院副院长、市人大常委会法工委主任的沈国明研究员担任会长。之所以选择学者型的年轻同志担任学会领导，一方面是为了充分体现学会的研究功能，一方面也是为了广泛团结上海法学界的专家、学者，调动他们参与学会工作的积极性。同时，在副会长人选中我们考虑了多位长期从事政法工作和法律实务工作的老同志，包括现任常务副会长、主持学会日常工作的史德保同志。这样，相互配合，相互补充，有利于加强学会的组织、协调工作，也有利于推动学会的法学研究和法律实践。这一

---

① 吴志明，现任中共上海市委常委、市委政法委员会书记、市公安局局长。

届的理事、常务理事和正副会长中,既有法学法律界的老同志、老专家,又有一批优秀中青年法学法律工作者,既有一贯从事理论研究的学者,又有长期主持实务工作的领导,可以说充分体现了法学会的群众性、学术性。从实际运作情况看,这样的班子配备是成功的,领导班子团结、民主,学会工作规范、有序,各项活动开展得有声有色,得到了各级领导和广大会员的普遍认可和充分肯定。

二是要找准学会的工作定位。社会转型、经济社会发展的形势和任务,既为法学的繁荣发展提供了难得的机遇,也对法学研究提出了更高的要求。地方法学会怎样开展好工作,发挥好自身的作用? 很重要的一点,就是要立足实际,服务当地,紧紧围绕党和政府的中心工作,找准切入口,体现时代性;应用性研究和基础理论研究要相辅相成,都要抓好,不可偏废;要特别重视对现实法律问题的研究,充分利用上海处在改革开放前沿、"试验田"多的这一优势,把应用性研究做实做强。这些年来,市法学会按照这一思路,以基础理论研究为依托,以应用法学理论研究为重点,围绕上海改革、稳定、发展的大局,开展课题研究和学术研讨,取得了良好成效。例如,为促进《城市生活无着的流浪乞讨人员救助管理办法》的实施,学会及时组织课题研究,写出了《关于〈救助管理办法〉及相关问题的法律思考》的调研报告,提出的观点和意见有一定参考价值。又如,为配合市委"促进司法公正、维护司法权威"干部会议精神的落实,学会适时召开了"上海发展战略与法制环境研讨会",许多专家、学者发表了有见地、可借鉴的观点。"世博会与上海法制化论坛"开得也很成功,为依法办博作了铺垫。最近进行的"攻克八大顽症、推进上海平安建设"理论研讨,也是理论工作者关心、参与上海社会治安工作的一次良好实践。事实证明,服务法治建设的实际需要,注重理论研究的成果转化,法学研究就有生命力,法学会就有社会影响力。

总之,在建设社会主义法治国家的进程中,法学会已经并将继续发挥其他组织所不可替代的作用。我衷心地希望市法学会在今后的工作中,进一步加强自身建设、发挥职能作用,为"繁荣法学研究、推进依法治国"作出更大的贡献。

这部分由 20 多位法学会会员，包括学会的有些领导，把他们在法学会工作中的所见所闻，他们亲自经历过的事情，他们付出的辛劳和才智，忠实地记录下来，从各个角度印证了法学会 50 年历史的某个段落、某个方面，使我们这部史料性的书更充实、更丰富。

充分发挥法学会的功能作用

王　兴①

我是 1978 年至 1988 年在法学会兼职并参与学会的实际工作的，整整 10 年，深感法学会有独特的优势。它是依法治国中一个不可少的社会团体，它云集了政法界老领导和著名专家学者，会员渗透到各行各业，有覆盖面广，由市政法委直接领导，有专门编制、有专项财政这四大优势。因而学会搞理论研究、法律宣传，推动全社会提高法律意识，增强法的观念，是非常有利的。在国际交往中，一些政府或公检法机关不便出面，或不好办的事情，学者们、专家们可以通过学会这个民间组织去联系、讨论、辩论，宣传社会主义民主和法制更为有效。法学会在这些方面的作用是任何政法机关替代不了的。因此，我在接受重建市检察院任务的同时，把恢复、建设法学会的工作也视为党交给我的光荣任务。

---

① 王兴，1982 年任本会秘书长，第三、四、五届副会长兼秘书长，曾任上海市人民检察院检察长、上海市人民政协副主席。本会顾问。

一、恢复学会组织，聚集稳定骨干队伍

在"文革"期间，法学会和其他组织一样受到严重的破坏，原政治法律学会中一批从事法学研究和法学教育的学者、专家被戴上了"反动学术权威"等帽子，相继被下放劳动，身心受到严重摧残。"文革"结束后，要恢复法学会活动，首先就得将这些法学会骨干聚拢起来，把原先的会员重新聚集在一起。于是，我和学会的其他领导一起分工逐一走访法学会的老专家、老学者，如王造时、陆政、魏文达、裘劭恒、黄逸峰等人，请他们重新出山参加法学会理事的工作。当时在"两个凡是"的禁锢下，这些老专家学者都有一些怨气，心有余悸，个别老专家谈到要他重新搞理论研究工作时有点"谈虎色变"，担心说不定什么时候又被戴上反动学术权威的帽子。随着"拨乱反正"的深入和"实践是检验真理的唯一标准"大讨论的开展，尤其是传达了小平同志发表的一系列讲话后，大部分专家学者疑虑冰释。上海法学界的"三之一章"即潘念之、韩述之、曹漫之、韩学章都认为：我们国家、我们党会大有希望、大有前途，相信"文革"这种民族悲剧不会重演，虽然过去受到了"左"倾的迫害，但毕竟过去了，还留着这副骨架，就应该为国家做点事情。这些老专家、老学者的积极性很快调动起来，成为法学研究和法制建设的骨干。根据当时形势，于1978年十一届三中全会召开前夕，学会召开了一次"上海市法学界'民主与法制'座谈会"。随后学会又邀请了市高院、市检察院、市公安局、市委党校等部门的相关人士座谈了"法制与群众运动的关系"问题，组织老专家学者、老同志在政法系统举办"民主与法制"的系列讲座，发挥他们的主力军和主心骨作用。1979年1月，学会召开了理事扩大会议，增补了理事，因会长谢邦治同志奉调出国任职，一致推举徐盼秋同志任会长，杨时、袁成瑞为副会长。5月召开了第三届会员大会，在这次会上通过了新的学会章程，并经过民主选举，产生30多名理事，选举徐盼秋为会长，杨时、陈文彬、陈庭槐、李继成、张汇文、袁成瑞、曹漫之、韩学章、潘念之为副会长，我为秘书长，高呈祥、杨峰、王连登为副秘书长。会议还决定恢复国家与法、刑法、审判、民法、国际法、海商法、经济法、法医学等8个学术研究组。市委在这次会议上宣布徐盼秋、袁成瑞、杨时、屈成仁、陈庭槐等5位同志为法学会党组成员。这就是说，"文革"

结束后，经过 3 年的时间，恢复了学会的组织，聚集稳定了骨干队伍，为学会的发展打下了坚实的基础。

二、完善机制，加强学会自身建设

为了更好地发挥学会的作用，加强了学会的自身建设，经市委批准，市法学会机关的编制为 20 人，这是上海社会团体中少有的。从 1983 年起，我同徐盼秋会长一起到公、检、法各机关和华东政法院等处商调人选。经过一年多努力，到 1984 年底，先后从机关、学校调配了 17 人，搭起了学会的办公室、调研室、法律服务部的架子，明确了市法学会归市委政法委领导，是市直机关的一个单位；组建了学会机关的党支部，归市直机关党委管理；确立了办公地址及财务关系，由市财政单列财务账户，保障学会经费。1984 年 10 月召开的第四届会员大会上通过了法学会新章程，根据中央决定，由法学学会更名为上海市法学会。接着在四届一次会议上，徐盼秋连任会长，我任副会长兼秘书长。同年，法学会下属的法理法史研究会、法律文书研究会、民法研究会、宪法研究会相继成立。1985 年刑法研究会成立。1986 年国际法研究会成立，法学会机关内部也设立了调研部，增设了编辑部等部门。1987 年 10 月组建了以曹漫之为主任的学术委员会。学会的机关及人员配置基本趋于完整。与之相应的是法学会内部的各种规定也相继出台并逐步完善。法学会章程、会员申请入会的条件及批准手续、学会发展会员及会籍管理细则、学会党组活动守则、会长常务副会长工作职责、学会机关各部门职责范围试行规定、学术委员会组织和工作细则等有关规定，相继纳入学会的组织管理工作中。一整套服务于会员和学术研究的机制健全起来了。为了加强对法律实务的研究，使研究工作更贴近实际，学会还着重在市政府、法院、检察院、公安局、司法局等机关的干部当中发展会员，把对法学有研究兴趣和有一定研究能力的同志吸收到学会中来；还从工商、税务、外贸、审计等部门发展了一批会员。到 1987 年时，从原先的三四百名会员发展到 2 000 多名，同时建立了会员之间的联络员制度。

学会在恢复和组建中，始终把推进"民主与法制建设"作为己任，特别是在普法教育中，向广大群众做了广泛深入、容易接受的法制教育，并创办了《民主与法制》月刊,发行面覆盖全国,成为群众接受民主思想、获取法律知识的一个重要信息来源。接着创办《情况交流》,加强会员之间的学术交流与理论探讨,构筑了思想交汇的平台,后来在 1988 年更名为《上海法学》,进一步推动了上海法学研究的繁荣。每一届年会的召开,都是一次展示上海法学研究成果、汇集法学学者智慧的重要契机。每次年会后都出版《年会论文选辑》,同时出版《青年法学论文选》,以鼓励更多的青年学者加入法学研究的队伍。为全民普及法律知识,学会发动和组织会员编写完成了综合性的《法律常识要览》,以适应普法教育的需要。学会还与团市委合作举办法律知识竞赛,与科技电影制片厂合作组织编写和摄制了我国最早一部普法教育电影《三桩讼事》,创造了科教影片的发行纪录,观众达二三亿人数之多。当时的全国人大常委会副委员长陈丕显同志在上海调阅此片后,中央电视台在连续几年的春节年初三下午都安排播放此片,在全国各地产生较大反响。学会还促进和推动新华书店开设《法学书局》,并请张友渔同志题写了店名;同时与司法局一起组织普法宣讲团深入学校、工厂、社区、农村进行实地宣传,举办各种法律进修班、法律讲座,设立法律咨询服务处等。这些活动的展开,为普法教育增添了实效。同时,学会还积极拓展对外学术交流,在我任秘书长期间,学会先后接待过英国、美国、日本、印度、加拿大、澳大利亚、泰国、德国、南斯拉夫、朝鲜、比利时、匈牙利、法国、土耳其、新加坡、尼泊尔等国的高校教授、法律方面的协会和组织代表、高级律师、高级法官、参议员、跨国公司总裁等法律界人士,交流探讨的议题涉及法律领域的方方面面,如审判制度、律师制度、对外贸易制度、仲裁制度、预防犯罪措施、法学教育、投资政策等,并就加强相互合作进行磋商。同时,学会与香港地区的法律界也加强联系,香港法律界人士多次来学会进行业务访问和演讲活动。通过这些交流,大大开阔了会员们的理论视野,激发了会员们的学术研究、交流热情。

三、紧密围绕党和国家的中心工作, 开展学会活动

法学会是推进民主法制建设的理论研究阵地,必须围绕党和国家的中心工作开展活动。1986 年胡耀邦同志在党的十二届六中全会上的政治报告中指

出：我们社会主义发展中的主要历史教训，一是没有集中力量发展经济，二是没有切实建设民主政治。作为学会工作者，其责任是为民主法制的实现鸣锣开道。学会恢复工作初期，主要是冲破"两个凡是"的束缚，深刻反思"文革"中种种破坏法制的现象，从而吸取教训，有针对性地开展工作。为此，学会把研究和探讨的重点放在法治与人治、法制与党的领导、民主与集中、法制与群众运动之间的关系上。党的十一届三中全会以后，小平同志提出"两手抓，两手都要硬"思想：一手抓改革开放，一手抓惩治腐败；一手抓经济建设，一手抓打击犯罪。学会在邓小平民主法制思想的指引下，组织法学界、法律界专家学者，解放思想，实事求是，以饱满的政治热情和开拓精神，积极投身于改革开放和立法、司法、执法的实践。围绕法律怎样能更好地服务于经济建设，服务于改革开放展开学术研究和交流，并加大了对国际法、海商法、中外合资经营法、外资企业法的研究力度，为上海乃至全国经济的发展提供法律服务。同时学会将预防犯罪、打击犯罪，特别是经济领域的犯罪作为重要课题研究。这一时期是我国法制建设的重要时期，基本法律相继制定出台。在刑法、刑事诉讼法、选举法以及政府、法院和检察院组织法等法律的起草期间，法学会会员付出了艰辛劳动，就相关主题多次召开研讨会，对于法条草案中的一些措辞反复推敲，力求做到表达无误，提出的很多建议被全国人大采纳。1982年12月4日，新时期宪法的颁布，是我国民主法制进程中的一件大事，全体会员都踊跃参加新宪法的学习、讨论、宣传，为民主法制深入人心尽心尽责。80年代中后期，学会组织会员参与了对全民所有制工业企业法、义务教育法、民法通则等法律以及环境、文物保护、档案管理等法规、条例草案进行了讨论。进入90年代，在建立社会主义市场经济体制的过程中，法学专家们又提出了"社会主义市场经济是法制经济"的理念，并为构建社会主义市场经济法律体系献计献策。这些都充分说明，法学会的各项工作都是围绕党和国家的中心工作进行的，在民主法制建设过程中起到了积极作用。当前我们党正带领全国人民建设小康社会、和谐社会，法学会作为法学精英聚集的团体，将继续扮演着重要角色。

我作为上海市法学会的老会员，亲身经历并且参与了她的恢复、成长和发展历程，我对她是有着难以割舍的深厚感情。在实施依法治国、推进依法治市的今天，上海市法学会已经发展成为上海市社会科学界规模比较大的学术社团,成为一个具有实力的法律智囊团。她的作用、她的影响在上海市经济发展、政治民主、社会进步、法制健全、人民富裕等方面留下了深刻的"印记"。我相信,上海市法学会在市委政法委的领导下,在沈国明会长的主持下,在全体会员的努力下,一定会越办越好,再创辉煌。

学会事，大家办

王文正①

上海市法学会走过了 50 个春秋，50 年经历了许多事，总让人难以忘记。其中，我感受最深的是：法学会的不断发展壮大离不开大家的共同努力，学会的事大家办，才能办好。

学会作为学术性、群众性社会团体，肩负着团结全市法学、法律工作者，组织、推动法学研究和交流，推进法学理论创新，为建设社会主义法治国家提供理论支持和法律服务的崇高任务，离不开广大会员的共同努力，离不开党政各方面领导和各行业的关心帮助，也离不开各研究机构、司法实践部门的专家学者、法官、检察官、律师的共同努力。

大家都晓得，没有理论的实践是盲目的实践，而未经实践的理论是苍白无力的。只有做到理论联系实际，理论与实践结合起来才能变成一种力量，学术研究才有生命力。学会成功的主要经验之一，就是依靠各方、依靠广大会员，坚持理论联系实际，将法学理念、法学研究的理论成果渗入到社会实践的领域去。我参加过多次有关立法的学术讨论和专题研讨会，也参加了一些疑难案件的讨论，都是大家在深入调研和实践的基础上，确定主题，运用法学理论对实践中遇到的各种新情况和新问题进行剖析，通过讨论达成共识，从思想认识上获得升华而提出切合中国实际，能真正解决问题的立法或执法建议。这样做，不仅使实际工作者与理论研究者在交流、切磋后共同提高，而且直接服务于社会，对立法和执法均有助益。20 世纪 80 年代，我参加过几个由法学会组织举办的涉外经济法律研讨会，出席的有外贸专家、管理、经营人，也有法学家、律师、法官，有的是国内的，也有国际友人，分别对土地批租、关税、补偿贸易、投资环境等相关

① 王文正，曾任上海司法局副局长、市律师协会会长，1980 年起任本会第三、四、五、六、七届副会长。

问题展开了学术探讨,而且对法律实务也提出了不少真知灼见,在当时产生了较大的影响,对推动上海招商引资,发展"三资"企业起到了一定作用。后来,还促进了"上海对外经济贸易法律咨询中心"的建立,为改革开放提供了直接的服务,作出了应有的贡献。

学会不是行政机关,作为一个学术性的社会团体,是一个较松散的群众组织,它自身没有权力而要起桥梁和纽带作用,靠什么?主要靠搭建法学研究和交流的平台。这个平台能不能办好,取得什么样的成果,得靠广大会员发挥各自的优势、积极参与、付出辛勤劳动。通俗点讲,就是大家为了"法学研究的繁荣,推进依法治国"这一目标,凝聚在一起,"有钱的出钱,有力的出力",共同把学会办好。几十年来,正是法学会广大会员的共同努力,才使法学会成功地开展了一次又一次的活动,也推动了学会自身的发展和壮大。如:上世纪 80 年代初,法学会在恢复发展中曾遇到各种各样的困难,缺人缺钱又缺房,开展学会活动困难不少。我当时担任司法局副局长兼着联络法学会工作。司法局局长和学会会长要我多关心学会,为学会出点力。我就尽自己所能,为学会多出点主意。我积极支持法学会组建一个律师事务所,既有益于理论与实践的结合,也能为学会筹集点经费。在司法局、律师协会等各方的大力支持下,半个月时间就组建成立第七律师事务所。随即,我又同局领导商议,应该给这个由学会干部兼职为主的律师事务所一些必要的、特殊的宽松政策,促使其健康成长,发展壮大。这些在政策、法律许可范围内,又符合改革开放精神的事,我当尽力促成。事实证明,这样做对第七律师事务所顺利运作是有利的,对于解决当时法学会经费上的困难、推进学会学术活动,起到了很大的作用。

1988 年,法学会购置了凯旋路 1616 号民宅,但该房年久失修,需要改建,方可办公。房屋改建过程中,把上级拨来的 40 万元购房款用去了 25 万元,因此,无法把全部购房款付给卖房的人,而卖房人急着要钱。我只好请律师事务所、咨询中心七拼八凑付给房主,同时提出了一个申请免征建筑税的建议。学会机关即向有关部门打了报告,我也通过熟人从中周旋,免征了 7 万元的税款,从而保障了房屋改建顺利进行。随后,李庸夫同志又动员司法局属的有关单位向法学会捐点家具、桌椅等等,M&D 咨询公司在结束了与学会的长期合作关系时,也把价值 16 950 元人民币的办公用品捐赠给了学会,列入了学会的固定资产。这样,大家共同努力、各方支持,到 1988 年底便有了独立的院子和办公楼,结束了到处"流浪"的日子。以上几个例子说明:学会的发展离不开大家共同努力、社会各界的支持。上海市委政法委、司法局、各新闻单位、政法各机关和不少企事业单位的支持就更多,在此不再赘述。

总之,学会50年的光辉业绩是上海市各界各方和广大会员以及学会机关工作人员共同努力的结晶。作为学会的一名老会员,我真心地感谢为学会作出过贡献的每一个人。我相信:在今后的岁月里,广大会员和社会各界也一定能发扬"学会事,大家办"的优良传统,支持法学会发展、壮大。

脚踏实地，多办实事

陈天池①

1984年春，根据组织的需要和安排，我参加了法学会工作，任法学会党组书记兼任常务副会长，从1984年春到1986年秋，在法学会工作期间，深深体会到了法学会在国家法制发展进程中的重要作用。一转眼20多年过去了，如今时常与法学会的老同事、老会员在一起谈论法学会的过去，回忆起在法学会工作的日子，往事历历在目。今年是我们法学会的50年华诞，是我们法学会"回顾过去，重塑未来"的重要契机。能有幸同大家来纪念这个学会历史上具有重大意义的日子，兴奋和喜悦的心情难以言表。于是，怀着激动的心情回忆自己在法学会工作时同大家一起走过的探寻法治的岁月。

一、组织专家积极参与立法起草，
为法制发展"添砖加瓦"

法学会是由一批从事法学研究的专家学者和从事法律实务的公检法司等机关人员组成的群众团体，她聚集了法律界的优秀人才和精英分子，把这些法律专家组织起来参与国家和地方的立法工作，是法学会发挥作用的重要途径。20世纪80年代中期改革开放步伐加快，也进一步要求健全法制，上海市在国家经济发展中的特殊地位决定了上海在法制建设工作上要加快进程。当时学会组织了一批专家参与上海市《青少年保护条例》、《老年人权益保护条例》等的立法起草工作，而且学会多次与国外的法学教授探讨立法思路、立法模式等相关议题，记忆较深的是1984年曾与英国剑桥大学教授就行政法、地方政府法、

---

① 陈天池，任本会第四、五届副会长，党组书记，曾任华东政法学院院长、上海市人民代表大会法制委员会委员。

市政规划法等法律的制定展开讨论,参与讨论的学会会员都深感受益匪浅。1986 年我们组织上海的法学工作者与当时的中国法学会会长王仲方同志座谈如何创建具有中国特色的社会主义法制体系问题。同年,中国法学会召开的一次代表大会期间,我与全国人大法工委的岳祥同志商谈上海市法学会可以组织专家参与立法,他十分支持,就商定将国家的法律草案交给法学会组织研究讨论,征集意见。此后,就作为制度确立下来。在那一年,全国人大就先后把《全民所有制工业企业法》、《外资企业法》、《义务教育法》、《民法通则》、《治安管理处罚条例》等法律草案发给我们法学会,我们按通知要求召集各大专院校法律系教学科研人员、政府有关机关工作人员、社科院法学所研究人员、公检法司等机关工作人员分别进行座谈,展开热烈讨论,收集、整理出七八十条建议,上报全国人大法制工作委员会。通过这一渠道,使得国家制定的多部法律里都吸收了上海学者的意见和建议,也使得法学会在法制发展中发挥了"添砖加瓦"的作用。

二、组织专家积极参与执法讨论,
为执法活动"出谋献策"

上海是我国的一个特大城市,是国家经济和贸易中心,在社会生活和经济发展中会遇到各种各样的新问题、新情况,因此对于执法活动也是极大的考验。作为上海市法学研究者和法律工作者组成的社会团体,法学会积极参与执法活动的讨论,组织专家就执法的思路、方式以及如何应对突发事件等问题发表看法,提出建议,为执法活动"出谋献策"。1984 年学会派苏惠渔等同志参加中国法学会在四川成都召开的"争取社会治安根本好转法律问题讨论会",与国内同行交流看法。在与国外专家开展讨论交流方面,同年,曾与美国艾森豪威尔基金会主席讨论调解制度、预防犯罪、改造犯人以及政府机关如何在预防犯罪和改造犯罪之间协调配合等问题,与美国哈佛大学教授讨论司法实际工作。同年,还同有关政法实践部门联合举行了"疑难案件学术研讨会",沟通法学界同司法实践部门的联系,为司法实践起智囊和参谋作用。1985 年,在市委政法委领导下,学会承接了组织召开全市社会治安综合治理研讨会的准备工作任务,写出了"南方五个对外开放城市社会治安综合治理的调查情况",先后召开了

"防范犯罪与保障公民人身自由权利"、"社会治安综合治理的部门分工与协调"、"将打击、教育、改造罪犯贯穿于审判全过程"等专题研讨会,参与近百篇研讨会论文审编,保障了 1986 年准时召开全市社会治安综合治理理论研讨会。这次会议不仅在理论上提高了认识,而且在具体落实社会治安综合治理的措施、加强各有关职能部门之间的横向协调、律师在社会治安综合治理中的作用和地位等方面,提出了许多可操作的建议,使这次会议取得了丰硕的成果。

三、组织专家积极参与普法活动,
为普法教育"身先士卒"

开展普法活动,提高人民的法制观念是法学会的重要职责。法学会会员人数多、学科齐全,运用这一优势,组织专家积极参与全市的普法宣传工作,并且成立普法讲师团,一些老专家、老教授都"身先士卒",不顾年迈体弱甚至带病也登上讲台,走入田间,给群众宣传国家刚刚开始实施的法律法规,目的就是扩大法制的影响,让老百姓感受到法治的好处,提高老百姓的法制观念。在 1984 年到 1986 年的 3 年当中,大大小小的普法讲座举行了 100 多次,并在市人大的共同努力下,把"宪法宣传周"的活动固定下来,形成制度定期举行。1984 年,促进和推动新华书店开设法学书局,与团市委、上海电视台、上海法制报联合举办法律知识竞赛,通过媒体的形式开展法制宣传。1985 年,为全民普及法律知识,发动和组织会员编写综合性的工具书《法律常识要览》。1987 年组织编撰《中国行政法词典》;1986 年由曾毓准同志编写、请上海科技影片厂摄制的普法宣传片《三桩讼事》在全国放映,收到了良好的社会效果,使学会的工作得到了兄弟省市法学会以及中国法学会的肯定和赞赏。

四、组织专家积极参与法律服务,
为法律实践"开辟渠道"

法学会在组织开展理论研究工作和为执法部门充当好"智囊团"角色的同时,也积极以自身的力量"另辟蹊径",独立开展法律服务工作,成为法律实践活动中的一支特殊队伍,为法律服务领域注入了新鲜血液。1984 年,学会召开了举办法律咨询公司为经济开放服务座谈会，法学界人士就筹办上海法律咨询公司进行谈论。专家一致认为应该运用学会力量，组建一个法律咨询公司从事法律咨询业务，尤其是涉外经济方面的法律问题，以维护国家的权益，以适应上海作为全国经济、贸易中心发展的需要，并于1985年成立了"振兴经济法律咨询公司"，又在法学书局内设立了法律咨询服务处接待室，为社会与外商提供法律服务。1986年，公司改为法学会内设的法律咨询服务部；设立了振兴比较法进修学院，开展办学活动，开始了正规的法律教育工作。同时在市司法局大力支持下，成立了上海市第七律师事务所，人员以兼职和离退休同志为主，当时有徐盼秋、曹漫之、陶怀龙、杨承康等同志和我加入，目的是加强理论联系实际，为社会提供法律服务，促进学会各项活动的开展。在对外交流方面，与美国企业界高级律师访华团联系，就我国在对外贸易方面的法律制度、外国公司在华投资、贸易仲裁、合资企业、税收等问题开展交流。1986年，与美国威士康辛州最高法院大法官座谈"中美两国律师培训及律协组织"，积极吸取国外成功的法律实践途径，以提高上海的法律服务水平。

回忆这3年的工作，可以看到：上海市法学会始终以组织全体会员积极投身民主与法制建设为己任，留下了一条脚踏实地、团结奋进的光彩熠熠的轨迹。

依旧是那句老话：脚踏实地，多办实事。祝愿上海市法学会永远年轻！

香港回归前后宣讲《基本法》

李昌道①

　　1997 年 7 月 1 日,中国政府恢复对香港行使主权。中华人民共和国香港特别行政区正式成立,鲜艳的五星红旗和特别行政区区旗在香港冉冉升起,600多万香港同胞回到伟大祖国的怀抱。神州大地,一片欢腾,全国人民的这个百年期盼终于实现了。在这中华民族发展史上产生的重大事件的前后,上海市法学会围绕"一国两制"的实践开展了大量的学术研究活动,并安排我一个光荣而艰巨的任务——在香港回归前后宣讲《香港特别行政区基本法》。现作一简要回顾,以庆贺法学会成立 50 周年。

　　香港被割让、租借和回归的漫长历史过程中,表现出中华民族为自己的独立和解放、统一和繁荣而抗争、拼搏的民族精神,体现了无与伦比的爱国主义精神力量。我国政府处理香港问题的总方针就是"一国两制"。这是邓小平同志从维护祖国和全民族的根本利益出发,尊重历史和现实,提出的创造性构想,为我们完成祖国统一大业指明了正确道路。我们按照这个构想,通过外交谈判成功解决了香港回归道路,从而也为国际社会以和平方式解决国家间的历史遗留问题与国际争端提供了新的范例。

　　小平同志 1987 年曾指出,"一国两制"这个新事物,"不是美国提出来的,不是日本提出来的,不是欧洲提出来的,也不是苏联提出来的,而是中国提出来的,这就叫做中国特色"。这个构想是从中国的实际情况出发提出来的,是尊重历史和现实的实事求是的科学态度的体现。按照这一方针,中英双方通过谈判签署了中英联合声明,后来,全国人民代表大会又成立了香港特别行政区基本法的起草委员会,经过 4 年零 8 个月的努力,完成了基本法起草工作,从而以法

①　李昌道,复旦大学教授,曾任复旦大学法学院院长,1984 年起任本会第四、五、六、七、八届副会长。

律形式把我国政府对香港一系列方针政策明确规定下来。

在中英联合声明签署后，香港进入过渡期，标志着"一国两制"方针由构想变为实践之际，我从复旦大学被借调到港澳工委，并派驻新华社香港分社，参加基本法制定工作，一直到1990年基本法公布后回校。在这一长段时期里，我在香港亲身参与了基本法的制定，切身体验了这部法律文件的历史意义和国际意义。4年多来，内地香港两地草委辛勤工作，广泛咨询意见，集思广益。基本法是理智的胜利，合作的成果，它照顾了香港这个多元社会各个不同阶层的要求，均衡地反映了香港各方面的利益，它是1997年后香港的一部基本大法，每位港人都应了解、熟悉。为此，我抓住在港工作的机会，收集大量第一手资料，包括各界动态、观点争议、法理分歧、公开报告、国外报道等，系统地予以分类归纳，分析综合、精心梳理。终于在基本法颁布后7个月——1990年12月，撰写成《基本法透视》，由中华书局（香港）出版，这在香港是最先推出系统介绍基本法的专著，因其资料完整，构思独特而富有重要的参考价值，至今仍为不少部门参用。

基本法由全国人民代表大会通过，是一部全国性的基本法律，不仅香港居民要遵守，全国人民都要遵守它。因此，我结束在新华社香港分社工作返回学校后，即在复旦开设《香港基本法》、《香港法律》课程，出版教材《香港政制与法制》，以及《香港教师认识基本法》、《香港政治体制研究》、《创造性杰作——解读中华人民共和国香港特别行政区基本法》等专著，并不断撰写大量论文，如《香港基本法系列谈》、《"一国两制"构想的伟大实践》、《基本法对中国传统法学的影响初探》、《"一国两制"下的香港法治》、《香港居民国籍问题探讨》等。我还不断关注香港政局，以澄清某些人对时局的模糊认识，揭穿港英当局伎俩，分析当时香港政局争执点，展望香港前景，如《今日香港政局》、《香港"人权法"评析》、《香港回归后的法律及其发展趋势》、《香港终审法院风波》等。这些论著在法学界得到高度评价，在上海开创研究香港基本法的先河，周围渐渐会聚了一批研究香港法的学者，为促进两地法制交流、经贸发展起了积极作用。

随着1997年的临近，市法学会港澳台法律研究会组织《基本法》研究更加深入，活动也更频繁了。我在可能情况下尽量参加其活动外，还应市委、市政府、政协等部门，公司、企业、学校等单位，及有关省市、驻港部队的邀请，举办了《基本法》的专题讲座，讲解基本法精神、内容、法学理念、宗旨及其适用等。共有七八十场之多。

基本法不仅为香港、内地人士关心，也得到国外关注。1995 年，我受日本名古屋大学、大阪大学法学院等邀请赴日讲学。日本方面要求增加"九七后香港法律诸问题"的讲座，我欣然应诺，并从几方面论述香港基本法是香港繁荣的保证、论证基本法的特征、基本法对中国传统法律的影响、国际法律冲突。不少日本师生十分关心基本法在香港的实施，纷纷前来听讲。其后，曾赴美国（1996年）、加拿大（1997 年）、韩国（2004 年）等有关大学作过"一国两制"和《基本法》的讲座。

香港回归后，我仍在为香港基本法作宣讲，但其重点是香港基本法的实施。自香港回归，中央一直信守承诺，严格执行"一国两制"，实行《基本法》。但是，香港时有争执，围绕人大释法，如居留权问题、《基本法》第 23 条立法问题、香港政制发展问题，分歧很深。我到有关单位作过《香港回归一年来的基本法》、《香港回归六年来的基本法》的讲演。2005 年 11 月，上海浦东干部学院受中央委托举办由港人参加的《香港政制》研讨班，应他们要求，我分析了回归至今的基本法实施，拓宽了他们的思路，扩充了他们的知识。

由于各种原因，香港还将会驶入一条难以避免震荡的航道，大家务必关注，坚持"一国两制"，坚持实施《基本法》，维护香港繁荣稳定。宣传"一国两制"的国策任重而道远，我愿同法学会一起继往开来，为此而继续努力。

法学会与法院的良好互动

傅长禄①

今年是上海市法学会的 50 年华诞。在这 50 年当中，法学会在推进我们上海法制建设和法治实施进程中发挥了重要作用，作出了不可磨灭的贡献。作为一个长期从事司法实务工作的法学会老会员，在 30 多年的工作中，亲身体会到了法学会的特殊作用，尤其是结合自己在审判部门的工作实践，深深体会到法学会和法院功能的互相补充，工作的互相支持，理论与实践的良好互动，在共同推动"法治上海"实现的过程中发挥了重要作用。借着这次与各位会员一道庆贺市法学会成立 50 周年的机会，回忆法学会和法院之间的良好互动，以纪念我们学会成立 50 周年这个喜庆日子。

一、法学会是推进司法改革的"理论智囊团"

法学会从 1956 年成立以来一直秉承"繁荣法学研究，推动法律为社会主义实践服务"的宗旨，把上海市从事法学理论和法律实践研究的学者、专家组织起来，聚集在一起，为他们提供理论研究、交流和创新的平台，使他们充分发挥聪明才智，紧密结合上海发展的实际，把理论成果尽早转化为推动实践部门完善执法体系，提高执法能力的重要力量。20 世纪 80 年代初，我国的改革开放刚刚起步，社会、经济、生活等领域中的各种新情况、新问题时有发生，尤其是地处改革开放前沿阵地的上海，在这些领域遇到的各种棘手问题更为突出，如何合理解决这些争议、纠纷？既不能影响经济的发展，又要妥善地解决纠纷和争议、维护正常的社会秩序。而要解决这些前进中的问题，仅靠上海市人民法院系统

① 傅长禄，1987 年起任本会第六、七、八届常务理事兼诉讼法研究会总干事，曾任上海市第一中级人民法院副院长、高级人民法院副院长，现为久事公司副总经理兼党委副书记。

自己的力量和人员的智慧是困难不少的。面对这个实际,坚持"围绕大局,为实践服务"的上海市法学会充分发挥其功能优势,主动积极地组织各大法律院校、研究所的教授、专家,以及公检法的专家们多次举办市场经济下司法实践各类问题的系列研讨会,还对一些典型的疑难案件展开剖析、研讨,通过集体的智慧,为实践部门提供理论支持,提出解决司法实践中适用法律、程序的合理建议,为实践部门献计献策。如当时就法院如何审理投资、技术贸易、专利以及打击经济犯罪等方面的案件,法学会组织专项研讨后归纳出的有理论依据、有具体操作方法并有超前性的建议、意见,成为法院工作决策的参谋,起着理论指导实践的作用。到了90年代,学会的专家沈宗汉、吕绳庆、马锐、赵坚等都成为市高级人民法院的顾问。1995年,学会同法院、律师协会一起召开的"执法与司法制度改革"专项学术研讨会,较为集中地讨论民事审判制度改革的基本思路、民事审判实践中面临的问题及其对策。1997年,副会长苏惠渔教授主持召开了"学习与实施新刑法座谈会",围绕"新旧刑法的衔接"、"罪刑法定"、"死刑"、"单位犯罪"、"滥用职权"等问题开展讨论,法院系统的许多同志到会听取了专家学者提出的清理司法解释、完善监督机制等各方面的建议后,形成了新思路,有效地推进了法院的审判工作和审判方式改革。2000年以后,法院系统对法学会"理论智囊团"和"执法参谋"作用的体会进一步加深,也主动与法学会共同组织相关学者专家先后就《行政复议法》实施以来遇到的"执行难"问题,刑法修改后适用中的单位犯罪、国家工作人员认定、国有企业的认定、共同犯罪等问题,当前软件侵权诉讼案件面临的问题,司法公正与效率在诉讼程序上的体现问题,简易程序问题,刑事、民事、行政诉讼证据规则及其运用等问题分别开展专项研讨,在学术上进行了交流,在法律适用上互相探索,专家们的真知灼见有效地推动了司法改革的深化、执法机制的改进和执法人员业务素质水平的提高。

二、法院是法理升华的"资源库",也是法学会开展研究的出发地和归宿

法院从事审判实务,在法治进程中扮演着非常重要的角色。法院在审判工作中碰到的大量新问题、新情况,就成为法学会组织会员进行研究的最直接客

体和第一手资料,这样法院也就成为法学会开展研究工作、获得理论升华必不可少的"资源库"。法学研究最终要服务于实践,要对解决司法、执法的实际问题有所帮助,在当前和未来的实践中需要什么,就应该研究什么,研究课题来源之一就是法院的司法实践。如:在民事审判中出现了"空壳公司"的民事责任如何承担问题,有个法院竟判决由有钱的单位、有钱的他人清偿。为什么会出现这种有悖于法律、法理的判决?如何防止此类错误不再发生?专家提出进行"资本金到位"、检查责任和不干涉企业的经营自主权的合理界限等等,又如:贪污受贿及经济犯罪中对干部公款私分行为的定性、"非法所得罪"的认定、违法婚姻的特点、产生的原因、制止违法婚姻的对策与法律的适用、涉外违法婚姻的处理等问题,法学会都曾组织专家学者到法院进行专题调研,组织座谈,获得第一手资料,研究出有质量的成果,为司法改革深化、实现法治作出实际的贡献。这里还应该说一说的是,许多外国法学、法律访华团来沪访问时,法学会与法院都是相互配合,安排他们旁听审判,并就司法实践中遇到的问题进行交流,开展讨论,不仅开拓了学者和法官的眼界,同时也宣传了我国司法实践中的民主与法制,对繁荣法学起了推波助澜的作用。总之,理论研究离不开实践,理论来源于实践,法院在这个方面为法学会组织法治理论研究创设了条件,成为理论升华的"资源库"。

三、法学会和法院在良好的互动中
推动上海法治进程

我长期在法院工作,又是法学会的老会员,并曾经有幸被选为学会第六、七、八届的理事,担任过诉讼法研究会的总干事。因此比较深刻、切实地体会到法学会和法院的良好互动对上海法治进程的巨大推动作用。法学会和法院在工作中互相合作、互相配合,不仅充分发挥各自的独特优势,而且充分发挥"集体智慧",共同践行"法治上海"的目标。这也许就是法学会 50 年来能够较快发展壮大的一个重要原因。现在,法学会的会员中 48% 是各个司法、执法部门的同志,法院系统有 200 多名同志已经加入法学会,成为法学会的会员,有的同志还在法学会担任着一些学科研究会的总干事、干事等学术职务,一些法学教学、研究机构的教授、学者(他们都是法学会会员)被一些法院聘请为顾问,这种模式本身就是法学会和法院良好互动的体现。因为法学会和法院有这些良好互动的传统条件,不仅为理论研究设立课题、组织攻关、开展调研创设了条件,而且也为理论研究部门提供了平台。我们曾就贯彻执行最高人民法院关于行政诉讼证据制度解释的基本精神、行政诉讼中有关法律问题、民事诉讼时效的有关问题、司法担保会、保障司法权威若干问题组织过专项讨论,学会与法院还联合组织过相关人员就"强制执行立法若干问题研究"、"上海市少年刑事诉讼程序"等课题一起攻关,并取得了成果。这些都充分说明法学会和法院良好互动的传统应继承、发展和深化,使法院离不开法学会,法学会离不开法院,共同将上海的法治进程开入"加速道",为实现依法治国再谱佳章。

手 足 之 情

王立民①

华东政法学院与上海市法学会具有手足之情。多年以来,大家互相理解、支持和帮助,同舟共济,携手为上海乃至中国的法学事业努力、奋斗。这种情义在 50 年中逐渐形成,已经走过 50 年的历程,也经过 50 年的考验。如今回忆起来,真是感慨万千。

华东政法学院与上海市法学会结成这样的情义,有其一定的基础。长期以来,华东政法学院是上海乃至华东地区最大的、综合实力最强的法学院,具有较为完备的法学学科基础和大量的专职法学教师,法学优势十分明显。上海市法学会是上海地区惟一的法学学术团体,以法学研究为其主要职能,集合了上海的法学院、法院、检察院、司法行政系统等方面的法学理论界和实务界的力量,具有综合性的法学研究能力。华东政法学院与上海市法学会的合作是一种强强合作。法学是这两者合作的基础。在合作中,双方逐渐产生并发展了手足之情。

自 1956 年上海市法学会成立至 1984 年,上海市法学会与华东政法学院就共处华东政法学院校园内,一起办公,同在一个屋檐下为法学而工作。尽管有段时间华东政法学院的房屋比较紧张,学院领导们还在帐篷里办公,可是仍旧腾出房间给上海市法学会的同志们,使他们有个工作的地方,以便开展工作。于是,大家朝夕相处,有商有量,配合默契。这为双方加深了解、发展友谊,提供了极为便利的条件。以后,上海市法学会不断发展壮大,条件也有了很大的改善,搬迁到了校外的独立场所,可是日积月累的情义仍然不断相传,没有中断。

华东政法学院的领导、老师和校友不断在上海市法学会中担任领导职务,这为两个单位的沟通、合作、互助提供了决策的便利。1956 年 12 月上海市法

---

① 王立民,华东政法学院副院长,教授,博士生导师。本会理事。

学会召开全体会员大会,1957年1月选举产生学会的领导班子。其中,华东政法学院院长兼党委书记的雷经天同志当选为会长,科研处主任曹漫之同志为秘书长。1979年,院长徐盼秋同志任上海市法学会会长,直至1987年。1984年华东政法学院党委书记刘少傺同志任上海市法学会的副会长。1991年上海市法学会召开第六次会员代表大会,华东政法学院的院长史焕章和科研处处长苏惠渔两位同志都当选为副会长,原党委书记刘少傺和院长徐盼秋两位同志被推荐为顾问。在现任上海市法学会的领导班子成员中,史焕章和苏惠渔两位同志仍为副会长,院长何勤华同志任常务理事。另外,史德保常务副会长和已去世的易庆瑶、薛明仁副会长等都是华政的校友。他们在上海市法学会的领导岗位上,可为融合上海市法学会和华东政法学院两个单位的资源,互相协调,提供了有利的条件。

华东政法学院的许多教职工都是上海市法学会的会员。当前,上海市法学会的会员共有3 609人,其中华东政法学院的教职工就有266人,是会员人数最多的一个会员单位。这样,上海市法学会会员中便有了许多华东政法学院的教职工。他们就有了双重身份,即既是华东政法学院的教职工,同时又是上海市法学会的会员。他们所从事的法学研究,一方面有利于华东政法学院的教学与科研,另一方面也有利于上海市法学会研究工作的开展,具有双重作用。

事实也是如此。华东政法学院的会员们在完成学校教学科研任务的同时,还积极参与上海市法学会的学术研究活动,承担了不少研究课题。仅在2004和2005两年中,华东政法学院的教师就承接了8项上海市法学会的课题,其中包括《西方民法史》、《国有资产授权经营的法律问题》、《环境执法难点及法律对策研究》、《人权保障与法治建设》、《股东投票权信托法律问题研究》等等。这些课题的总经费达14万多元。它们的研究不仅推进了法学的发展,也直接有助于解决我国的一些实际问题,促进和谐社会建设。

华东政法学院会员的许多科研成果质量比较高,在上海市法学会进行的优秀论文评奖中,常有好成绩。这里先以1988年的评奖为例。这年的5月,上海市法学会组织了20位专家教授对论文进行评选,又经学会的学术委员会确定,共选出一等奖3个,二等奖17个,三等奖20个。其中,华东政法学院的会员获得一等奖1个,二等奖5个,三等奖2个。一等奖中曹建明同志的《论我国允许外商租用土地与经营房地产业的对策与法律调整》一文获得很高的评价。评委专家认为，此文勇于探索，具有新意，冲破了"土地批租"问题的禁区，引起了有关领导的重视，在法学界和经济界都具有一定反响。他为华东政法学院和上海市法学会争得了双重的荣誉。以后，仍有不少华东政法学院的会员在上海市法学会的评奖中获奖。据 2003 和 2004 两年的统计，他们还获得了 13 项成果奖。其中，一等奖 1 项，二等奖 2 项，三等奖 6 项，优秀奖 4 项。

华东政法学院与上海市法学会还在召开学术研讨会方面有过许多合作，而且都比较成功。1986 年，由华东政法学院与上海市法学会等联合举办的外国法制史第四届学术研讨会就是其中之一，而且还载入了华东政法学院的大事记，至今都难以忘却。这年的 11 月 18 日，此讨论会在华东政法学院召开，会期为 6 天。全国高校、科研机构等单位共有 40 多个单位的 60 多位专家学者出席了这次会议。大会共收到 40 多篇论文，提出了许多有益于外国法制史学科发展的建设性意见，为推动这一学科的发展发挥了积极作用。

法学至今仍是我国的显学，而且随着我国法治建设的发展还会不断发展。可以相信，以法学为基础建立起来的华东政法学院与上海市法学会的手足之情，一定会代代传承，不断加深。

重在为实践服务

顾肖荣①

上海市法学会历经风雨 50 年,进入新世纪,正在为实现依法治国的崇高目标奋进。忆昔抚今,我深刻地认识到法学会的生命就在理论密切联系实际,重在为实践服务上。

我是 20 世纪 80 年代初投入法学研究领域的一名专职人员,从那时起,开始参加法学会的各项活动。20 多年来,深感法学会不仅是法学、法律工作者的一个活动舞台,而更重要的是法学会为我们法学理论工作者联系实际,为司法实践服务搭建和提供了一个很好的平台,正是这个平台所创设的条件使我们能在研究理论的过程中密切联系实际,坚持研究为实践服务,使研究内容具有时代意义。我也从一个知之不多的后生逐步成长为比较成熟的法学研究人员,成了一个受到实践部门欢迎的理论工作者。正因为这样,我对于市法学会有特殊的情结,并愿就理论与实践结合这一点上作一简要回忆,以庆贺学会成立 50 周年。

在 20 世纪 80 年代,我国经济体制开始转型,社会上的新情况、新问题层出不穷,法律不甚完善,甚至空缺,在司法战线上就出现了许多棘手的难点、热点、焦点问题,法学会为了及时反映和解决这些难点、热点、焦点问题,就邀请了一位长期从事政法工作多年的严俊超同志主持创办了一份内刊,先叫《法讯》后改为《法的信息》。当时,这份刊物及时地反映了全国各地司法实践中提出的各种各样鲜活的法律理论与实务问题,针对实践提出的问题,学会利用刊物或组织开展专题讨论,或请专家学者作出解释,或者以案说法,供大家思考、研究,供领导决策时参考。有时一周出两期,一个月能出五、六、七、八期不等,刊发频繁,及时地把焦点、热点、难点问题,组织专项研讨会,把讨论的结果及时地反映到中央和市委政法委有关部门,得到了领导的重视、学者专家的关注、实际工作同

---

① 顾肖荣,上海社会科学院法学研究所所长,研究员,博士生导师,本会第五、六、七、八届副会长。

志的欢迎。因为《法讯》刊出稿件的广度遍及全国，其适时和质量不仅受到领导层的赞誉、研究者的支持，而且全国各地政法系统、基层的实际工作者和理论工作者都十分关爱，纷纷投稿或参与专题讨论会，全国法学研究单位、著名学者高铭暄、马克昌、周道鸾、丁慕英等都积极参加，在全国法学研究单位、司法实践部门产生了一定的影响，也为解决司法实践中的实际问题、完善立法、执法操作等提供了许多有益的启迪。我是进行刑法研究的，从中获益匪浅。

市场经济基本建成的 90 年代，法学会又将《法的信息》恢复为《法讯》，并同政法委研究室合办。《法讯》在坚持"理论与实践结合、研究为实践服务"上更为突出，它提出了学会研究"围绕大局，服务实践"的方针，并把重点放在为"完善立法、改善执法、优化司法、创设良好法制环境、解决疑难案例"等实务上，进一步密切了研究部门与实际部门的关系，也使研究工作者更了解实际工作的脉搏。这对我们法学所深入研究实际，服务实践确有很大教益。

进入新世纪后，法学会领导将《法讯》的"围绕大局，服务实践"作为传统，更进一步发扬光大，成为司法实践的哨兵，完善立法的吹鼓手，也成为理论联系实际的号角。根据不断发展的社会实际需求，及时提出解决问题的新思路，有的放矢地深入专项研究。学会还通过课题研究、专题调查等方式组织我们理论工作者深入实际，或到学会听取市政法部门领导同志对法学研究提出的要求，或听取他们的专题报告，明确形势，领会政策，接受某项研究任务，特别鼓励我们围绕上海法治建设和"四个中心"建设，认真地参加、准备和组织各种类型、不同层次的理论研讨会，为我们理论工作者提供了投身实践、促进理论与实际相结合的条件和机会。今后，我作为一个从事法学理论研究的老会员，只有更好珍惜学会所创设的条件，切实地坚持理论与实际的结合，重在为实践服务，研究出更多成果，迎接学会未来更辉煌的 50 年。

回顾而成的怀念

张 中①

经历半个世纪的上海市法学会有很多很多的人与事，令人怀念。其中有两三件事迄今仍萦回在我的心中。

一、160 法律咨询专线开通前后

20 世纪 90 年代中期，电话已进入千家万户，在人们的日常生活与社会活动中发挥着前所未有的功能与作用，日益显示其特有的迅速、方便的优势。与此同时，随着市场经济的建立与法律普及，越来越多的人认识到用法律来维护自己的合法权益与规范一切行为的必要性，人们对法律知识、法律帮助的需求越来越多，越来越迫切。时任市法学会副会长的马锐同志与我商议：能否利用声讯直接让专家学者接受百姓的咨询？我和时任声讯公司法律顾问的刘造时即与声讯服务公司和邮电局的领导联系，提议上海市法学会与市声讯服务公司携手合作，由公司提供 160 电话专号，由法学会拟出专家名单，共同开通法律专家热线，实施快捷、低价、有效、有偿的服务。服务分民事、刑事、行政诉讼、婚姻家庭继承、经济、房产、知识产权、商标工商登记、金融、证券、保险、涉外贸易、投资、国外仲裁和国内仲裁、劳动争议、海事海商、资产评估、公证、英语法律咨询等二十多条法律咨询专线。声讯公司通过转移呼叫专号，直接接通各类专家的电话进行咨询服务。若用户在电话咨询后仍需当面咨询或委托代理法律案件的，可再约期接待。

此项声讯服务从 1998 年 3 月 1 日开始到 1999 年 5 月，持续了一年多，通

---

① 张中，资深律师。1980 年起任本会第三、四、五、六、七届理事，曾任上海市律师协会秘书长、副会长，现为律师协会顾问。

过声讯服务专线先后接待了 3 500 人次咨询。因接待时按专业分科,由资深的法学专家或律师接受咨询,解答法律疑难问题,针对群众和企业的咨询提出的专门性问题,有针对性地作出解答。这既方便了群众,也为企业排忧解难开辟了一条法律服务的渠道。如:专家在咨询中发现,有的故意伤害致死的案件被作为侵占案件处理,有的被定为贪污的主体资格不相符,有的应由上级司法机关管辖却不管辖等等。接待咨询的专家学者将这些问题及时反映给学会,向有关部门汇报,作了妥善的解决,既维护了法律的严肃性,又使群众的合法权益得到保护,各方都比较满意。

有一位王先生在电话中述说:"我与刘氏兄弟二人各投资 20 万元,合伙开办一家火锅店,生意做得红红火火。刘氏兄弟俩看到生意兴隆,利润丰厚,起了肥水不流外人田的念头,就给我一份通知,将我除名。我当然不服,想找他们兄弟论理,但不知法律是怎样规定的。"专家即告之:刘氏兄弟俩发给你的通知,是一份强制退伙书。根据《合伙企业法》第五十条规定:合伙人有以下情况的可以强制其退伙:(1) 不履行出资义务;(2) 因故意或重大过失给合伙企业造成损失;(3) 执行合伙事务时有不正当行为;(4) 合伙协议约定的其他事由。刘氏兄弟以你'不懂经营'为由,强制你退伙,是不符合法律规定的。按照法律规定,你可以在接到除名通知之日起 30 日内向法院起诉,请求法院确认这个除名通知无效,就可以保护你的合法权益。此次咨询过了几个月,王先生专门给接待咨询的专家打来电话说:法院已经判决该项除名通知无效,对专家深表谢意。

又有黄某,不幸病逝,其妻拿其银行存折去银行取款,银行要其拿出证明,其妻不明白什么原因,来电话咨询。专家告知:作为夫妻共有财产,妻子只有存折中的一半,还有一半应同子女共同继承。因此,你去提取你已逝丈夫的存款,必须先到银行所在地的公证处申请办理继承权的公证书,存款银行见到公证书后才会办理过户或支付手续。黄某依此咨询办法去办理,顺利地解决了问题,十分高兴地向接待她咨询的专家再三地表示感谢。

声讯专家热线有着特有的优势,在一般的马路、广场上进行的法律咨询中,专家们只能泛泛而谈,遇到较复杂的案例,只好请咨询人另约时间面谈。而声讯专家热线,因由专家接受咨询,对咨询的专业问题作专门的解答,既有专业性,又有针对性,因此,群众通过咨询电话可以得到针对咨询问题的专门解决办法,对此十分满意,受到各界的支持和欢迎,取得了良好的社会效果,因而获得各方的高度评价。《劳动报》、《新民晚报》、《上海法制报》等对此都曾先后作了报道。

后来，随着全国16000148免费法律服务专用电话的开通，上海的160法律咨询服务台也完成了它的历史使命。但法学会与160声讯服务公司合作，组织法学专家，急群众所急，方便群众，直接与群众、企业对话，向百姓提供专业、有效的法律服务，为人民排忧解难的这段历史，却值得我们永远回忆。

二、呼吁加速民主法制建设的《法讯》

在20世纪80年代改革开放之初，为了及时反映情况，推进法学研究，加速民主与法制建设的步伐，法学会创办了《情况交流》。此后，1984年由《民主与法制》杂志支持组建了《法讯》编辑室，由严俊超同志任主编，1989年改称为《法的信息》。1996年与市委政法委研究室合办，再改名为《法讯》。尽管名称更换，但它"急百姓之急"的服务宗旨不变，成为一个内部性的，有效推进立法、司法、执法工作的好刊物。它在很长的一段时间里是由老干部严俊超同志主持编发，严逝世后，则由马锐、曾毓淮同志亲自编发。其信息量大，发行遍及祖国各地，从最北的哈尔滨、吉林，到南边的深圳、海南，从东南沿海福建到西北边陲新疆，只要有新的、难的法信息，它都能及时汇集。因此，司法实践中的难点、热点、重点都能很快在《法讯》中反映出来。刊物还利用学会人才资源优势，联系各地政法部门和各地政法院校，针对法律一个或两个问题，集中在此刊内开展探讨、研究。形成学术探索的风气，使它不仅成为开展上海法学研究的得力助手，而且成为我国民主法制建设的吹鼓手。在资深学者和政法界领导中留下了较为深刻的印象。

例如20世纪80年代中期，"回扣"、"佣金"是否合法成为法学研究的热点问题。司法实践中"佣金"、"回扣"成为许多案件罪与非罪的关键问题。《法的信息》及时刊发了专家、教授、法官、检察官在这方面的法理论述，及适用实体法的说明。在讨论中，大家的意见趋于同一：随着商品经济发展，回扣、佣金的出现是正常的，尤其是经纪人，以中介牵线搭桥的方式，帮助买卖双方签订合同，实现其经济目标，付出了一定的劳动，应该得到一定的报酬，佣金的存在是合法的，但应如实入账。至于回扣，应区分正当的回扣和具有贿赂性质的回扣，正当的回扣是以明示方式给予,并如实入账的;具有贿赂性质的回扣是在账外暗中给予的,是非法的。学会利用《法的信息》组织各地政法院校和政法部门积极参加这个问题的探讨,引起了全国各地的关注,有效地催生了《经纪人管理办法》,同时制约了非法活动,有效地推进了市场经济的法制建设。

又如在经济改革潮流中,当典当行兴起之时,人们惊奇、疑虑、褒贬纷纭,有人认为典当是高利盘剥,是富人榨取穷人财富的手段。《法的信息》及时组织调研,从调查与社会实践中加以考证,引起各地法律工作者的讨论,结论是:"典当"是社会公民、企业集团融资、发展经济之有效途径,重组典当行业十分必要。接着《法的信息》又开展推进了典当的规范建设,讨论有关典当的法律问题。

80年代末,受贿、行贿异常猖獗,严重扰乱了市场经济秩序,败坏了党风,破坏了社会风气。《法的信息》组织的调查显示:在60几个受贿行贿案件中,只有打击受贿者的记录,而对行贿者都未作处理,群众中议论不少,说"受贿者戴手铐,行贿者放鞭炮"。这说明对行贿犯罪行为不加追究,或追究不力,既有损各政法部门执法的严肃性,又放纵了犯罪,其后果势必助长贿赂犯罪的继续发生。《法的信息》及时提出:在一定意义上说,行贿者是官员产生腐败的重要源头之一,从源头打击行贿行为,是反腐斗争的一个重要方面。

《法的信息》为了交流各地法庭公开审判的经验,研究探讨法庭审判、辩论中一些常见的疑难案件和问题的处理,还开辟了"疑难案例处理"专栏,开展较长时间的交流和讨论,发表了许多好文章。其中许多精辟的辩论言辞,真可编写一本《诉辩集成》专辑。《法的信息》还特辟专栏刊登很多法庭的审判案例,得到各地审、检、律师一致好评,大家认为:这不仅学习、交流了宝贵的司法审判经验,而且直接推进了各地公、检、法部门实事求是、认真调研、深入研究的风气的形成,《法的信息》做了一件大好事。

《法的信息》还起到了哨兵的作用。随着商品经济的发展,民间出现了小额低息的"标会"。标会之利,在于先用"会员"第一个月的"会额",以后每月只偿还"本金",不付利息。会员之间若有急于用款者,从投标形成的会款标额,即为承付的利息。这种"标会"是调动和集中社会闲散的资金,促进农村商品生产的一种融资形式,应该允许和保护。《法的信息》对标会进行了专门调查,在调查中发现:一些投机者打着"民间投资"的幌子,或以高额利息作诱饵,利用他人"急于求富"的心理,引人上钩,骗取会款后卷逃或款账不交,造成倒闭,或转手交利盘剥,牟取暴利,将"标会"引向邪路,破坏社会主义市场经济秩序和金融秩序,直接危害群众。为了维护金融、社会、经济秩序,《法的信息》及时向有关部门提供资料、建议,促使这些违法行为迅速被依法惩处,亦可说是提供信息的尖兵。

三、组织立法研讨

学会是法学与司法实践者的活动平台,也是帮助立法,推进执法的主要阵地。我参加了这方面的不少活动,记忆犹新。例如:人大发来《著作权法(草案)》征求意见,法学会即与出版学会联合组织了系列讨论,分别讨论了:(1) 著作权、版权与作品权;(2) 关于职务作品的版权程序;(3) 美术作品版权保护与商标保护的关系;(4) 设计图的著作权的保护;(5) 关于电影著作权的保护;(6) 关于舞蹈作品著作权保护的几个问题等专题。从基础理论概念开始到法律实务,都开展了深入的研讨。学会汇集了许多好的意见或相反、对立的意见,为有关方面提供了十分有益的启示及参考。

如:持有著作权的作者问题。有的地图、影视作品、工作经验总结等,是由法人组织创作并对之负责的,实际上属于法人作品,不能说是某人或某几个自然人创作的,法条上应当有法人可以成为作者的,但也有人认为,作者是有思维能力的自然人,法人是组织,后者没有思维能力,根本不能进行创作并成为作者。大家又从法理上说,法人是可以组织和进行创作的,有"法人意志",故法人能在法律上"视为作者",但又有人认为既然是《专利法》规定法人不能成为发明人,版权法也应如此。

关于职务作品的范围及其著作权的理解。一些专家认为:只要本职工作中依工作任务创作的作品,不论是否体现法人的意志,法人是否提供物质条件,均应视为法人职务作品。对于著作权归属问题,有人认为体现法人意志,由法人提供一定物质条件的,著作权归法人;体现个人意志,而由法人提供物质条件而成的著作,其著作权应归个人。也有人认为,单位有偿或无偿使用作品不必由法律统一规定,可由单位与个人约定。

关于影视作品著作权的归属问题。有人认为,从整体上应归制片人享用,但导演、演员、音乐、舞美、摄影著作者可以有署名权和单独使用作品的署名权。

也有人认为,影视作品的著作权应归导演,他是作品的总指挥——作者,也有人主张导演和主演演员、音、美、舞、摄等人员共有。

关于著作权、版权和作品权问题。有的出版商在书中称"有著作权,翻印必究",有的声明"版权所有,翻印必究"。我国民法通则中规定"公民、法人享有著作权(版权)"。这就是说,我们法律赋予著作权与版权具有相同的内涵,著作权就是版权,有人提出使用"作品权"不仅意义准确,且通俗易懂。

关于舞蹈作品著作权保护的问题。著作权法中的舞蹈作品指舞蹈或其他要素组成的整体,那么舞蹈作品的编导自然成为舞蹈作品的著作者。但是编导只能对其创作人部分享有权利,而不能对包括音乐、舞美成分在内的整台演出享有著作权。

《法的信息》就著作权归属问题及版权相关系列问题的讨论,引起各地政法院校教授、政法部门的执法者和律师的高度重视,引发了一系列的大讨论,为《著作权法》的完善作出了有益的贡献。

《法的信息》还根据各地讨论的立法建议或文章归纳,直接向立法机关提出许多建议。我记忆所及的就有:(1)对原全国法律中担保方式只有定金和保证,无留置的规定,《法讯》提出新法律应增加留置规定,建议已经被采纳。(2)原《刑法》第一百一十七条投机倒把犯罪,没有明确规定具体罪状,使审判机关不好掌握,甚至有的由于掌握不好,处理不当,影响到改革开放。因此,《法的信息》明确此法条规定必须进行修改的建议,新刑法中已作了修改,把投机倒把罪取消了。(3)法人犯罪问题,过去我国在刑法和其他单行法中,都没有规定法人犯罪,法人触犯刑律的,只对其人员和直接责任人员依法处罚,《法的信息》也提出刑法是应该有对法人犯罪有所规定的建议,新刑法已经采纳了此建议。(4)20世纪80年代早期,上海法学界就有人提出,反革命罪是个政治概念,不是严格的法律概念,《法的信息》归纳了各方意见,正式建议将反革命罪,改为危害国家安全罪,这项建议新刑法也已经吸纳。不仅如此,《法的信息》还向新华社等各报、各内刊申报了一些冤假错案材料转发给有关的公、检、法单位,为这些案件复查、纠错、改判提供了有益的参考,也为完善我国立法提供了有价值的参考资料,其功德无量,也令我难忘。

总之,从市法学会始办《情况交流》到《法讯》、《法的信息》,再恢复《法讯》,20多年来,虽然名称不同,但其宗旨不变。它不仅吸纳了全国各地的法学研究和司法实践信息，还在法学界、法律界结交了许多朋友，扩大了学会的知名度，对上海以至全国的法学研究、法学繁荣起了很大的作用。

在 2000 年前，《法讯》每期都给我一份，我将其装订成册，每次翻阅仍闻到法的信息的芳香，回顾起来，无限怀念。

难以忘怀的几件事

杨　峰①

　　1986 年 11 月，时任市司法局局长的李庸夫同志找我谈话，告知市法学会已办起一个上海市第七律师事务所（以下简称"七所"），党的关系和日常工作由法学会管，业务领导与财务监督由司法局负责，现在需要一个有水平的专职领导。李庸夫同志说"你是学会几届的副秘书长，你去最合适了"。他还嘱我，去"七所"既要注重社会效益和经济效益，又要从经济上支持法学会。当时主持学会日常工作的副会长马锐同志也亲自来我家，希望我尽早到学会负责法律服务方面的相关工作。就这样，我"走马上任"，全身心地投入到学会工作，为学会办了些实事。现择其几件录此，以示庆贺学会成立 50 周年。

探索研究与实践结合的较佳模式

　　为了使学术研究活动更好结合实际，为百姓排忧解难，服务实践，学会在1986 年 3 月创建了"七所"，办公室就设在学会楼下一个汽车间里，由一位退休的老律师值班。律师多数是兼职的、特邀的，全部分散在各自单位，缺少管理规范和办案制度，多数情况下只凭律师的知识、良心去办案，比较松散。对此情况，我觉得很棘手，但想想这是学会事业，是学会探索研究与实际结合模式的一个实验，也是支撑与壮大学会的主要措施，就鼓足勇气，尽自己力所能及，根据学会创建"七所"的宗旨、要求、目标，坚持"七所"既为百姓排忧解难，做好法律服务，又使学会研究活动能够更密切地结合实际，开始了工作。我依靠全所所有专、兼职律师，制定出有关规章制度、律师执业规范，并依法申报编制、列入国家编制序列。经过几番努力、发展，至 1988 年 9 月，"七所"拥有专职、特邀、兼

---

　　①　杨峰，本会第一至六届副秘书长，曾任上海市政法管理干部学院副院长。

职律师及兼职律师工作者共 150 名,其中正副教授和高级讲师 25 名。有常年法律顾问单位 91 家。除所本部而外,还分设有 3 部、1 处、5 室,即以外贸学院教师兼职律师为主的国际部、以市供销社法制处兼职律师为核心的商事法律事务部、以工业党校兼职律师为核心的工业经济法律部;以上海市公安专科学校兼职律师为主的办事处;市商业二局、铁道学院、海关专科学校、锦江饭店、浦东地区 5 个接待室。所有兼职、专职律师都依章办案,按程序规范操作行事。业务很快地拓展起来,成了全市颇有影响的律师事务所之一。由于"七所"的律师多数在法律教学、研究岗位上,根据客户需要由所、部、室安排从事律师咨询接待、接受委托诉讼代理、担任辩护人等律师事务。这样推进了教学、科研与实际的结合,促进了教研与实践的互补,对推动学会组织力量,寻找研究主题,开展活动也十分有益。在办理涉外案件中我们树立了良好形象。如中美合资的企业——凯斯特软件公司在 1988 年 1 月选派了中方 6 名技术人员去旧金山培训,抵美国后,其中有个孙××擅离培训基地,出走 4 个月拒不返回。孙的家长苏××(也是保证人)向公司要人,美方副董事长罗伯特·拉森从旧金山紧急来沪,到"七所"聘请律师。"七所"便指派律师接受委托代理,依法向徐汇区人民法院起诉,指出该公司培训的中方人员出国前均订有协议,有保证人和保证金,协议经过公证,应受法律保护。由于孙的出走,使该公司的培训计划受挫,不得不另派他人,在经济上受到一定损失,请求赔偿,法院依法作出判决:孙××违反协议,保证人苏××应承担赔偿违约金人民币 2 万元的责任。《解放日报》报道了审判情况。美方罗伯特·拉森回国后称赞说:"中国的法律是可以信赖的,上海的投资环境是良好的。"

涉外案件较多,"七所"的法律服务不仅有很好的社会效益,也有较好的经济效益。据统计,"七所"存在的 15 年中,为国家创税利数千万元之巨。多年来,"七所"都按照学会五届二次常务理事会作出的关于"七所"收入按规定上缴司法局的管理费和事务所的日常开支之外,其余部分主要用于支持法学会的研究活动的决定,有力地在经济上支持了学会。学会有的领导曾高兴地说过,如此发展可以"以所养会"了。

不仅如此,经过一段时间的实践,学会还组建起两个"中心",即"上海市老年法律咨询中心"和"上海市涉外法律咨询服务中心"。"老年中心"是由"七所"和上海市老龄委的"老年生活服务总社"联合组建的,其宗旨是为上海市 60 岁以上的老年人提供法律服务，保护老年人的合法权益。我们请了当时负责老龄工作的副市长宋日昌同志为"中心"题写了牌名，同"七所"牌子并挂一起。1988年6月10日在艺术剧场召开成立大会，市公、检、法、司和律协的领导同志和律师界同行等都参加了会议。会议情况见报后，社会反应良好。开张第一周，就有来访老人150余人，最多一天40余人。来咨询者中80岁以上的老人11人。在市法律援助中心尚未成立的情况下，当时实际上起着老人法援中心的作用。

"涉外中心"是在深化改革对外开放中外企业急需法律服务的状况下，为创设良好的投资法律环境的重要举措，是学会专门为促进国际交流，维护国内外企业单位和个人的合法权益提供各种法律咨询、代理服务的机构。市外经贸委批准将"涉外中心"列为"涉外法律咨询代理见证单位"，公布于外经贸委"投资指南"中，为当时28家咨询代理单位之一，并为全市惟一的"涉外法律"咨询代理见证单位。"中心"成立大会在锦江小礼堂召开。应邀出席的有有关领导、同行和部分企业单位负责人，还有美、法、奥、加几国驻沪领馆的参事参加了会议。几年中，"涉外中心"办理了大量投资、贸易、金融、房地产开发、税务、市场推广等项目。同时又择其中的热点、难点，组织专家学者开展专题座谈研讨，大大丰富了学会研究活动的内容，也获得实际的社会效益和经济效益，大家都深深感到这是研究与实际结合较好的一个模式。

美国前副总统蒙代尔律师来访

涉外法律咨询服务中心成立后，委派学会副秘书长、"中心"副主任徐天锡常驻香港或去美国拓展业务，同时代表学会和"中心"做些涉外经济法律学术交流。在工作过程中，徐得知美国多赛·惠特尼律师事务所高级合伙人、执行主席蒙代尔（前美国副总统）有意访华。徐天锡同志即报告这一消息，并建议"中心"发出邀请函。我认为这是重大事情，便同他一起直接向有关领导作了汇报。经同意，便以"中心"主任名义发出邀请信，蒙代尔欣然应邀，率高级律师及金融界人士七人组成了访华团，于1989年4月18日至20日来沪访问3天。访沪期间，李庸夫同志会见和宴请了该团。"中心"安排他们考察了浦东新区的开发，还就投资问题和高技术项目开发问题与有关人员进行了洽谈。在锦江小礼堂与我市法律界和金融界人士进行了学术交流和座谈。蒙代尔律师同我"中心"及上海涉外律师开展了交流对话。当有人提出对最惠国待遇美国是否两个标准的问题时,他幽默地说"我要逃了",并婉转地作了解答。他们还拜访了朱镕基市长和有关领导,出席了"中心"聘请外国法律专家的受聘仪式。在受聘仪式上学会宣布聘请美国商业法律事务所的麦汉宁、朱跃铭,香港何跃棣律师事务所的何跃棣等律师和日本关西日中法律交流协会理事长佐佐木静子为"上海市涉外经济法律咨询中心"的法律专家,我代表"中心"向他们发了聘书。

蒙代尔回国后于 1989 年 4 月 26 日给我来信称:"我很荣幸地看到我的合伙人朱跃铭和麦汉宁先生被聘为你们中心的国际(美国)法律咨询顾问。我认为这是重要的一步,是你对我们事务所的信任和支持,这种新的关系,将会结出双方互利的硕果。希望在我下一次访问上海时再见到您。"

1988 年 9 月,我代表学会参加全国"法学会系统法律服务工作经验交流会",我在会上对我会法律服务工作情况作了介绍,得到中国法学会领导的肯定。

考察团和组建昌盛公司

1992 年 5 月,应香港廖绮云律师事务所的邀请,由司法局副局长史德保,法学会副会长马锐、徐天锡和我以及振兴比较法进修学院教授马裕民(兼翻译)5 人组成的考察团,于 5 月 17 日至 30 日赴港考察,受到廖绮云律师事务所、香港律师会、高伟绅律师行、的近律师行、李建国方和律师行、凯寿美国律师事务所、美国商业法律事务所、中国法律服务(香港)有限公司等单位的热情接待。考察团就香港的律师制度、组织、人员培养、业务开展情况与香港律师和专家进行座谈、考察、交流,还就中国律师同国际接轨问题交换了意见。他们赠送我们许多参考资料,并委托我们代理他们申办设立"香港李建国方和律师行办事处"的事务。

考察团还同高伟绅律师行达成双方在沪举行讨论会的意向,同李建国方和律师行达成进一步落实由上海市涉外经济法律咨询中心代他们申办在沪办事处和共同在沪合资组建"投资咨询顾问有限公司"协议的意见,我们圆满地完成了考察任务。

回沪后,我们将协议合资建立"上海昌盛投资咨询顾问有限公司"的事报司法局后报市外资委和市有关领导。外资委批复同意建立，经营范围是为中外企业及个人提供投资和贸易方面的咨询服务，报经国家工商行政管理局登记注册核准，于1992年8月发给企业法人营业执照。公司聘请市府顾问汪道涵和中国法学会会长王仲方为名誉顾问。

公司于1992年11月31日在希尔顿饭店举行开业典礼。市有关部委、局领导，法学界、律师界专家，在沪的部分中外企业负责人应邀出席。司法部长蔡诚专程来沪参加这次典礼表示祝贺，还为"中心"题写了牌名，副市长刘振元到会致辞祝贺。

会议情况见报后，社会上反应强烈。《上海法制报》称这一公司为经济、法律"头脑公司"，评述"它的成立标志着沪港法律界、律师界的合作进入了一个新的阶段，将对法律为经济建设服务迈上新台阶产生积极影响"。

1992年，我已将临70岁了，又办了离休，但学会副秘书长职务始终没免，仍为"七所"顾问、"中心"的法人代表和顾问。到2002年，根据上级指示，"中心"和"七所"转制。至2003年，我已78岁，才完成在法学会工作的历史任务，开始赋闲。

我是法学会首批会员之一，对学会有深厚的感情。学会给予我一个服务的平台，自己也做了一些力所能及的工作。但我知道，没有领导的关怀和同志们的支持与共同努力，是难以办成事情的。在工作过程中我也深深地体会到要办一件事说来容易，要真办成却很难。因此，法学会已成就之事，我们都应该珍惜。

我国的"十一五"规划蓝图已绘就，上海正在为建成"四个中心"的国际化城市作出"四个率先"而奋发努力。因之法学会研究活动的天地更加宽广了。我衷心地祝愿我们学会创造出更多有益于百姓、有益于国家的业绩。

回忆"合作"中的几件事

徐达权

上海法学会已经走过了 50 年,其发展壮大,"功在上海法学界、法律界,利在国家、人民",可庆可贺。

在 20 世纪 80 年代初,我担任中国国际经贸仲裁委员会上海分会秘书长兼上海"贸促会"法律部部长。同时作为法学会会员、理事,协助"贸促会"陆国贤会长和市法学会一起为推进改革开放、改善上海投资法律环境而多次进行"合作",因此,将在"合作"中印象较深的事记录几件,作为献给法学会 50 周年的礼物。

20 世纪 80 年代初,我国刚刚走上改革开放之路,作为改革开放前沿阵地的上海,应该怎么办? 当时负责上海贸促会工作的陆国贤会长同法学会徐盼秋会长商议:应共同为上海对外开放、引进外资的规模和力度走在全国前列办点实事。面对新问题、新情况,贸易秩序显得有些混乱,很多相应的规则和法规还处于空白的现状和外资、外企"要法律、要规范"的情况,作为推动上海对外贸易事业发展的社会团体——上海市贸易促进委员会,与推动上海法治进程的社会团体——上海法学会积极合作,于 1984 年 3 月在上海展览馆召开了《对外开放与法律研讨会》,会议由曹漫之同志主持,陆国贤、徐盼秋两位会长分别作了主题发言,国内外专家、投资者 200 多人出席了会议,集中讨论了如何抓紧完善引进外资相关的法律、法规,这次会议对引进外资工作的顺利开展起到了积极的推动作用,也为上海法学会开展专门的涉外经济法律咨询服务吹响了号角。

1989 年,为了进一步改善上海投资的法律环境和庆贺改革开放十周年,在市府法制办牵头下,法学会与贸促会、外资委等单位联合主办了"利用外资经济法律研讨会",当时与会的有市经贸委、外资委、司法局、外汇管理局、土地管理局等各方面的专家、学者和企业家 150 多位,讨论了相关政策、法律,并探索、寻求利用外资的新思路、新途径,会议就"三资"企业、高新技术投资、股份制企业、国际仲裁以及经济法律咨询等多项领域进行了充分的研讨，提出了上海市"优化投资环境"的措施建议，推进了上海外商投资相关法规的进一步完善，有效地促进了"三资"企业的健康发展。

1989年秋天，法学会邀请从美国副总统位上退下来的蒙代尔律师和由他率领的美国企业、金融界律师代表团来访，在锦江小礼堂进行交流和讨论，蒙代尔发表了题为《中美经济合作远景》的演讲，学会当时指定我以法学会理事和贸促会任职的身份，作对应发言，当时我心里压力是很大的，为了做好这次接待，我就勉为其难，简要介绍了上海投资法律环境概况，对蒙代尔提到的上海投资环境、浦东开放等相关情况，也如实地做了回答，引起了中美两方律师们的较大兴趣，开展了热烈的讨论，与会者都一致认为：改善中国商事法律是增进外商投资和扩大贸易规模的重要条件，服务经济、推动经济发展是法律的重要职责。这次交流和接待讨论对推动中美经贸法律同行之间的合作，促进中美经贸的发展有着良好的作用。

"贸促会"、"仲裁委"和法学会一起共同为推进上海经济发展、扩大上海对外开放而进行的"合作"很多，我讲的只是一小部分，就足以说明：社会团体之间合作的舞台是很大的。这种"合作"在推进上海早日实现小康社会、和谐社会发挥的作用是其他方面不可替代的，我希望这种合作不要因人变而亡，应该更好地长期"合作"下去。

敢 为 天 下 先

曹昌桢[1]

为了贯彻邓小平同志关于社会主义的根本任务是解放和发展生产力,科学技术是第一生产力,"四个现代化"的关键是科学技术现代化等指示的精神,上海市法学会在时任会长李庸夫同志的积极支持下,于 1988 年 5 月组建了科技法研究会,其宗旨是推进科技工作纳入法制化轨道,运用法律手段推动科技进步。兼任该研究会总干事的学会副会长薛明仁同志指出:科技法学是 1984 年刚起步的法学与科技学的交叉学科,是我国的一个新学科,应当有"敢为天下先"的精神开展研究活动,创出研究成果。

上海市法学会科技法研究会一成立,就将本市各高等院校、各有关科技法制工作部门(上海市人大教科文卫委员会及上海市科委、信息化委、技术监督局、知识产权局等政府部门的法规处)的学者、专家团结在一起,发挥集群作用,坚持理论研究与为国家及地方科技法制建设服务并举的方针,在短短的 16 年间取得了丰硕的成果。如在全国有较大影响的 6 部科技法学理论著作中,4 部出自上海;在 1988 年至 2004 年的 16 年中,研究会先后承接与完成的国家科委、科技部、全国人大科教文卫委员会、上海市决策咨询的课题项目有《上海市中长期科技立法规划咨询研究》、《中国科技进步法制研究》、《上海市近期科技立法计划编制研究》、《上海市技术市场条例立法研究》、《上海市科技进步条例立法研究》、《促进科技成果转化法立法研究》、《上海市促进民营科技企业发展立法研究》、《国家科技计划项目的知识产权归属与管理制度研究》、《WTO 规则对上海市科技行政管理制度影响的评估研究》等。这些课题在全国来说都是首先开展的,这样,这些成果被有关立法机关或政府部门采用时,便有了优先的

---

① 曹昌桢,任本会第六、七、八届副会长,中国科技法学会副会长,曾任上海政法干部管理学院副院长,教授。

机遇。为了扩展科技成果进一步推进深入研究,2002年起由中国科技法学会、上海市法学会及上海政法学院连续3届联合举办了"科技法学论坛",吸引了全国大多数省、自治区、直辖市的代表以及国家科技部、全国人大教科文卫委员会的代表参加。由于上海市法学会科技法研究会的实绩,引起了全国的关注。研究会的2名干事在2003年被国家中长期科技发展规划领导小组办公室聘为国家中长期科技发展规划战略的第18专题组(即科技发展的法制与政策研究专题组)的研究骨干,于2004年7月被授予"荣誉证书",表彰他们作出的"重要贡献"。此外,20世纪80年代中期,在由国家科技部和全国人大教科文卫委员会牵头成立的中国科技法学会第一届理事会选举中,上海仅有2名理事,在第二届选举中增至9名,其中2人被选为常务理事(1人当选副会长);至2005年10月第三届理事会选举时,上海市法学会科技法研究会的干事和学术秘书共11人全部被选为理事,6人被选为常务理事,1人继续当选副会长。可见,在"敢为天下先"的科技法研究会,不仅研究有成果,而且研究队伍也不断发展壮大。

岁月悠悠思绵绵

尤俊意①

1956年上海市法学会成立时,我与她之间互不相识,毫无关系,因为那时我还在浙江温州念高中。

我与法学会的单向关系(即"我认得伊,伊勿认得我")始于1958年。那时我随复旦大学法律系并入上海社会科学院,在当时院址(现华东政法学院的校园内)我买了一本封面上写着繁体篆书《法学》的杂志,是由法学会与华政合编的,我曾经很宝贵地保存了20多年。到了20世纪80年代初我重返社科院工作时,由于蜗居局促,搬家累赘,才不得不割爱,将它与同样珍贵的《文艺月报》、《文史哲》、《哲学研究》等一起卖给了旧书摊。如今住房宽敞了,每念及此,不免隐隐作痛。

我与法学会的双向关系(即相识相知阶段)始自于1981年我到法学所工作期间。那时法学会仍称"法学学会",在社联机关内,同社科院同一幢大楼,它在底楼西首,法学所在三楼。我清晰地记得,在法学会办公的是一位中年同志,慈眉善目,慢条斯理,说话不紧不慢、不慌不忙、抑扬顿挫,待人热情,处事老练成熟,手中经常夹着烟。他就是高呈祥同志,驻会副秘书长。那时,法学学会编辑出版了全国闻名的《民主与法制》,我常拜读他发表在该杂志的论文,获益匪浅,启迪颇多。此后,由于两单位近在咫尺,常常碰面,不乏交流,也常受他邀请参加了法学会举办的一系列研讨会、座谈会或笔谈会。当时可能人手不足、编制有限,他聘请了两位老同志作为帮手,一位是周鲲,另一位是朱丰全,我经常看见他俩为法学会写会议通知,寄发一大撂信件。可以说,我在法学所工作期间,除了法学所的栽培,还得益于法学会,包括我熟悉而钦佩的老高同志。至今,我

① 尤俊意,本会第四至八届理事,现为本会法理与法制史研究会总干事、上海社会科学院法学研究所《政治与法律》编委会副主任,研究员。

心中仍在牵挂着他……

我同法学会接触最频繁的阶段，恐怕要算马锐、曾毓淮等同志驻会主管研究工作之时。那时法学会在凯旋路上有一幢独立的小楼房，小巧玲珑，小型学术活动、工作会议常在那里举行，我同老曾的接触与交流也就最多。他是高我几届的校友，有一种老同学、老大哥的亲切感，他为人诚恳、憨厚、随和，所以我们的关系处理得很轻松、随意、友好。我对他的召唤是召之即来、随叫随到；他对我的需求也是有求必应、尽量满足。此外，由于《上海法学研究》稿务关系，我同编辑部的李燕生同志打交道也较多，她是一位认真细致、温文尔雅、言谈谨慎、处事低调的好同志。我从心里感谢他们对我的帮助。

再往后，我同于秀阳同志打交道较多。一是因为他在司法局主管法制宣传工作时，我俩就已熟悉了；二是因为他主管法学会刊物，因此我同他是旧交兼新谊，另有一层情。我不会忘怀，我随当时司法局法宣处的于秀阳、包迪生等同志每年到野马浜政法干部学院集体编写法宣教材或参加其他著作活动时那种同甘共苦、其乐融融的情景……

如今，新一届法学会在沈国明会长、史德保常务副会长等新班子带领下，各方面都有了新的发展和开拓，学术活动空前活跃。如果说新老领导之间有何不同的话，我的体会是：老领导一般都是老干部，尽管他们多么平易近人，如倪鸿福会长同我有过一次促膝交谈，非常亲切，但毕竟同我还是领导与被领导的关系，我对他们是尊敬有余，未敢交往；而新一届领导是学者型干部或干部型学者，过去又都是老同事或老同学，故而较能平等、平视、平和、平心地交谈与交往，内心也较为放松、轻松，尽管我对他们仍很尊重、服从，但绝无那种小心翼翼、谨小慎微地自我约束之必要，因此学术的平等性和自由度也就更其显现了。

法学会成立已经50周年了，我同它交际相处也有25年了，几任老会长徐盼秋、李庸夫、倪鸿福也已先后作古，几位老友也已退休或另谋高就，我自己也早已从"小尤"变为"老尤"，迫近古稀之年了。抚今追昔，感慨万千，岁月悠悠，思绪绵绵。我同徐、李、倪等几位前辈会长并无私交，但在学术研讨会上，或会前会后的间隙时间里，都曾有过几次关于学术观点、学术动态、会议主题等方面的交流，其情其景，音容笑貌，宛如前昨，历历在目。尤其令人遗憾的是，由于我主观上的怠惰与延宕，始终未能完成一个夙愿，将上海法学界的耆老"三之"——潘念之、曹漫之、韩述之的法学人生，一一介绍给社会大众（为此，我两次上门拜访了韩老），使我时在自责之中。逝者既乘鹤，生者当自励啊！

想起法学会的提携与奖掖，无以为报，谨撰小文，以纪念法学会诞生50周年，悼念故去的老会长们，怀念曾经友好合作的故交旧友，感念在新一届法学会工作的朝气蓬勃、奋发有为的新朋知交，道一声："你们辛苦了！"

培育法制观念,推进依法治国

沈宗汉[1]

我是上海市法学会会员,经上海市法学会评为首届民事诉讼法学学科专家,曾被法学会作特邀理事,现为法学会金融法研究会顾问。参与学会的许多活动后,深深感到提高法制观念是推进依法治国的基础。就以此为题,回顾参与学会工作的几件事,以纪念上海市法学会成立 50 周年。

党的十一届三中全会确立了"有法可依,有法必依,执法必严,违法必究"的法制原则,从此我国走向社会主义法治化,发扬社会主义民主,健全社会主义法制之路。而立法、执法、守法、护法是民主法制建设的整体工程,需要人们知法、懂法,共同努力贯彻,才能实现"法治目的"。作为担负着"繁荣法学研究,推进依法治国"的光荣任务的法学会,要求会员要各尽所能,奉献社会,报效人民,理所当然。根据学会和有关方面的安排,自 20 世纪 80 年代中期开始,我主要以讲课、编著、法律咨询服务等三种方式为提高法制观念努力。

我向市级四套领导班子讲过民事诉讼法;向市人大常委会机关干部讲过民法通则和民事诉讼法,印发了两法提要;对虹口区四套领导班子宣讲民事诉讼法两期;对全市民事审判干部讲授民事诉讼法立法精神、基本原则、总则和分则,把相关条文融会贯通,解答了咨询的 83 个问题;行政诉讼伊始,为公安机关培训过应诉人;还为东海舰队、市环卫局培训过干部。

为了更大范围地宣传《民事诉讼法》,华东政法学院设了主会场和分会场,让全体师生听取我作的《民事诉讼法》起草的 12 个大问题的报告,华政还根据录音印制了讲课全文。继而向复旦大学原法律系和复旦分校的师生也作了讲解,为上海市经济法培训中心 400 多名学员讲授民事诉讼法,还为司法部培训公证员讲了继承法,并为市司法局培训律师讲了证据法多期。

我还积极地参与社区普法教育,直接面向社区群众。我为北站街道老年学校讲课 3 次,听众约 150 人;为南星小区讲课多次,选题是"老年人权益的法律保护",涉及的法律有刑法保护、行政法保障、民事法律保护,解释老年人人身权和财产权方面诸如婚姻自由权、房屋所有权和使用权、健康权、立遗嘱等问题。我还参加北站街道"牢记党的宗旨,坚持为民服务"大型义务咨询活动 4 次;参加南星小区义务法律咨询服务队轮值接待服务,为民辨法析理,释疑解惑。还应邀到闸北区芷江西路街道苏家巷小区和徐汇区振兴块向社区干部宣讲"人民调解工作"和"证据与人们的关系",适应社区建设需要。我还参与北站街道南星小区义务法律咨询服务队,不断接待本街道群众和本区群众,接待来自浦东、闵行、长宁、虹口等区赶来咨询的群众;不但有来人咨询,也有来信咨询。我觉得群众的需求,就是我们提供法律服务的义务。

为了进行广泛的法制宣传,市司法局录制了我讲的民法原理、婚姻法、继承法和民事诉讼法,通过电视台播放;《文汇报》连续刊载我的民事诉讼法讲话系列文章 15 篇,涵盖了全法的基本内容,通俗易懂,便于群众学法。围绕民事诉讼法,我写了《诉讼权与审判权》、《审判监督与法律监督》、《防止矛盾激化,维护社会治安》等论文,刊登于《上海司法》、《政治与法律》、《人民司法》等杂志。我还为《工业企业法》课程撰写了"法律责任"一章,为地区普法撰写了《寓普法于社区教育》一文,编入闸北区北站街道文明办的文集。

对不同层面的干部群众采取讲法理或者讲案例的宣讲方法,适应听众的理解能力,是讲求普法效果的课题,不同对象不同讲法,我在上述各项宣讲活动中作了有益的尝试和探索。

一是以案说法,辨法析理。

法律术语和法学理论的专业性强,要使社区干部和群众听得懂、弄明白,就要给予辅导,这是普法工作者的任务。普法宣传的主要对象是社区干部和群众,所以我在探索和改进宣传的方法时,核心是贯彻胡锦涛主席强调的"辨法析理,一心为民"。"辨法析理"要有政治思维和政治责任,讲求政治效果与法律效果的辩证统一。"辨法析理"应当说法说理。崇尚法律,更要宣传法律,释明法律,使群众知法懂法守法护法,这样才能发挥法的作用。所以,我们会员既要从事高层次的法学研究,结出丰硕的学术成果,也要有"普及型"的研究,广泛开展法制宣传,发动群众,依靠群众,团结群众,努力奋斗,建设民主法治、文明有序、和谐平安的社会。

二是深入社区，构建和谐。

法进社区，是社区精神文明建设的重要课题。社区需要更多的法律志愿者，学会会员在社区有广阔的天地。据我所知，有不少会员在社区施展才能，为民服务。我从事社区法律志愿者历时12年多，感到社区干部和群众需要我们。

向社区干部、群众要讲得通俗易懂，就要从媒体报道、法院判决、群众咨询、社会热点中的事例，把它归纳为若干问题，从案例谈起，提出问题，再用法释义，引起听众的兴趣、注意，在愉悦中获得法律知识。

案例剖析要注意提高干群证据观念，讲清程序及当事人权利义务，使干群明白：证据是老百姓享有民事权利和履行民事义务的依据。人们在家庭关系、相邻关系、社会活动方面都会产生各种各样的民事法律关系，有些是法定的民事权利和民事义务，而大量的是当事人之间约定的，也有一些是侵权行为引起的。因此用证据来证明法律事实、法律关系性质和民事权利义务及民事责任，保全证据与运用证据就显得尤为重要。通过事例说明取得证据，或者保管好证据对于辨明是非的必要性，以及保全证据的各种方法。

三是晓之以法，化解矛盾。

民间调解是群众工作，调解组织是社会治安综合治理的重要力量。做好人民调解工作，发挥民间调解组织宣传法律，是防微杜渐，疏导化解，防止矛盾激化的重要方面。我在几个社区宣讲了人民调解工作的重要意义和调解干部的使命，介绍了自己指导过民间调解工作的经验体会，传授了调解的工作方法，听者反响十分强烈，都热烈鼓掌。

民间纠纷不仅有证据问题、是非问题、法律问题，而且有伦理道德、心理状态、情感深浅等问题。调解工作方法是：晓之以法，喻之以理，动之以情，导之以行的"晓"、"喻"、"劝"、"导""四字诀"。对于不同的纠纷、不同的人，还要采取一把钥匙开一把锁的方法，就是发动和依靠当事人的知心人做当事人的思想疏导工作。有个青年妇女，儿子10岁，丈夫有外遇，规劝无效，询问怎样打离婚官司。我听后，对她分析利弊，劝她"要拉，不要推"，要把丈夫的心"拉"回家。她受到启发，改变对丈夫的态度，说"情感"动之以情，终于使丈夫回"心"转意。她见到我总是不断地道谢。这是"导之以行"的效果。群众有纠纷，在迷茫的时候，需要有人指点迷津，此时调解干部就是"及时雨"，这可是滋润当事人的心田,唤起他们的良知。

司法、公安、法院、房管、街道等机关要建立联席会议制度,共商民间调解大事,立足于防,以防为主,加强宣传,防微杜渐,防止激化。要使"矛盾不上交",务必对调解干部"加强培训和指导"。从宏观看,这些机关干部的耗时费力,换得的是矛盾"不上交"或者减少上访,不仅有利稳定,而且节省资源,减轻机关的压力。加强人民调解工作需要通力协作:一要健全调解组织;二要组织志愿者队伍;三要建立"调解员"网;四要结合本机关业务与社区发生的"常见病"、"多发病"进行研究,加强调解指导;五要把"顽症"作为重点研究,尽可能地把矛盾解决于社区,防止激化;六要总结表彰民间调解工作先进人物,调动他们的积极性,增强凝聚力,发展壮大人民调解队伍,为社会和谐平安增光添辉。

胡锦涛主席号召:"开拓创新,与时俱进","以人为本,关注社会民生"。我们会员要从提高法制观念入手,切切实实地参加力所能及的公益性普法宣传服务活动,使法的阳光照亮更多群众的法律心灵之窗。

宪治征程多璀璨

浦增元①

作为上海市法学会最早的会员之一,在学会成立 50 周年之际,谨就本人长期从事的宪法教学和研究工作,联系参加法学会活动的实践,回顾若干往事,以志纪念。

一、为宪法学研究会工作尽心尽力

上海市法学会宪法学研究会成立于 1984 年 12 月 25 日。干事会几经换届,我一直担任总干事,直至 2003 年 11 月换届时,我已 75 岁,才改任顾问。在这 19 年中,值得一提的是,在每年 12 月纪念现行的 1982 年宪法颁行的日子里,特别是从 1989 年开始的上海市宪法宣传周中,宪法学研究会在上海市法学会的领导和市人大法制委员会、市委宣传部、市司法局等有关部门的指导和协助下,连续举办了一年一度的学术讨论会或者座谈会。宣传周的主题先后有捍卫宪法、维护社会稳定,人民代表大会制度是我国的根本政治制度,建立和完善社会主义市场经济体制是宪法赋予的历史使命,贯彻宪法精神、促进依法治理,高举邓小平理论伟大旗帜、建设社会主义法治国家,贯彻依法治国方略、推进依法治市进程,等等。在 1989 年上海市首届宪法宣传周之际,为了搞好全市性的宪法知识竞赛,我和一些宪法学者在编写《宪法基本知识问答》(上海人民出版社 1989 年出版)和在电视台进行宪法知识竞赛决赛担任评委工作中也花了不少心血。为纪念 1982 年宪法颁行 10 周年,宪法学研究会组织部分理论工作者和实际工作者撰写了由我主编的《宪法十年理论与实践(1982—1992)》一书,于

---

① 浦增元,研究员,硕士生导师。曾任上海社会科学院法学研究所副所长,本会第三至七届理事,1984～2003 年任本会宪法学研究会总干事。现任国际宪法学协会执委、中国法学会宪法学研究会顾问、本会学术委员会委员。

1993 年 4 月由上海市法学会内部发行。特别需要指出的是,我主持并完成了通过上海市法学会承担的中国法学会 2002 年研究课题——"宪法理论与实践研究"。它的成果《宪治征程》(论文集)在 2002 年 11 月由中国法制出版社出版。该书在 12 月 5 日上海市法学会和上海市法制建设研究会(后改名上海市法治研究会)合办的纪念现行宪法实施 20 周年理论研讨会上首批分发。接着又在 12 月 27 日在上海交通大学法学院承办的它和中国法学会宪法学研究会、华东政法学院《法学》月刊社等单位合办的"十六大后中国的宪法与法制发展"专题研讨会上分送给了不少专家学者。全书 40 万字,它既回顾了现行宪法实施 20 年来的光辉历程,又展现了宪法学研究的创新成果,探讨了依法治国首先是依宪治国中的理论和实际问题。以《宪治征程》为书名,反映了本市法学、法律界人士对上述问题的许多共识。

二、参加法学会的国际学术交流

我们的法学研究需要立足本国,面向世界。上海市法学会在 1990 年 4 月组团(团长齐乃宽、顾问裴劭恒、秘书长马锐)参加了在北京举行的第十四届世界法律大会;1995 年 8 月组团(团长马锐、副团长李国光、秘书长曾毓淮)参加了在北京举行的第十四届亚太法协大会。我不仅参加了这两次大会及其分组会,而且在 1989 年 12 月作为中方专家组宪法小组成员,先期赴京参加了世界法律大会专题研讨会,为我方参加世界法律大会做好相应的准备。这个小组共五人,京外的仅我一人,深感责任重大。在这两次国际会议上,中外专家学者,旧友新知,济济一堂,百花齐放,相互交流,对我国的法学研究具有积极作用。此外,我还在上海市法学会参加接待过一些外宾,有的就是由我牵线搭桥的。记得 1992 年 1 月,澳大利亚刑法学家麦基洛普(Bron A. McKillop)访问上海市法学会,座谈刑事诉讼程序问题。他是我在前一年去澳大利亚悉尼大学参加比较宪法研讨会和讲授中国宪法时认识的。1993 年 10 月,美国律师卡林纳(David Carliner)在美驻沪总领事馆副总领事苏佩秋和新闻文化领事马琳陪同下访问上海市法学会,座谈美国的司法制度和美国宪法及有关案例。当时苏佩秋看了我的名片后说,她知道我就是《人权:虚幻与现实》一书的作者。因为美领馆曾经搞到过这本由沈国明和我等合著的小册子(该书作为市委宣传部组织编写的《挑战与回答》丛书之一，1992 年由上海社会科学院出版社出版）。1994
年 10 月，挪威外交部人权大使耶尔德（Haakon B. Hjelde）访问上海市法学会，
进行座谈。我外交部国际司、市府外办和市司法局都有人陪来。以上几次，都
是由马锐副会长主持接待的。2000 年 10 月，国际宪法学协会主席、美国的罗
森菲尔德（Michel Rosenfeld）访问上海市法学会，由薛明仁副会长主持座谈。
他是我在前一年参加国际宪法学协会第五届世界大会并当选为执委后，由中国
法学会邀请这位换届后新任的主席访问中国时来到上海的。在此，我还要感谢
上海市法学会在 2000 年以来为我出国参加国际宪法学协会圆桌会议和执委会
会议分担了部分经费。后来几次会议虽因种种原因没有去成，但上海市法学会
为我在办理出国手续方面也给予了不少帮助。

三、为维护宪法的崇高权威努力不懈

　　1980 年 12 月出版的《上海市法学学会 1980 年年会论文选辑》收入了我的
《维护宪法的崇高权威》一文。那时施行的宪法是 1978 年宪法，"文化大革命"
的流毒尚未肃清，违反宪法特别是国家机关领导人不按宪法办事的情况并不少
见，有的还相当严重。我在文章里举了一些中央一级领导人在这方面的事例，
并且分析了它的原因，其中包括宪法没有规定有效的监督制度等。维护宪法的
崇高权威是每个公民的光荣职责，作为宪法学工作者更是责无旁贷。我以此为
法学会年会论文的题目，实际上奠定了我一生为此而奋斗的坚定信念。从这篇
文章开始，我发表过有关这个主题的大小文章不下一二十篇。如收入《宪法研
究》第一卷（中国法学会宪法学研究会编，法律出版社 2002 年出版）的《三论依
法治国必须确立宪法的权威》、《上海法学研究》2005 年第 6 期的《漫话宪法宣
传教育》等。今后我仍将继续为维护宪法的崇高权威而努力不懈。

　　总之，我从青年到中年到老年的学术生涯，是同上海市法学会 50 年的光辉
历程分不开的。去年 10 月，在济南举行的中国法学会宪法学研究会 2005 年年
会暨成立 20 周年纪念大会上，我获得了中国法学会宪法学研究会授予的"新中
国宪法学发展贡献奖"。这是对我的莫大鼓舞和鞭策。这"贡献奖"其实也包含
了上海市法学会及其宪法学研究会对新中国宪法学发展所作的贡献。我在上
述大会闭幕时吟诵了两首七绝，其中有"宪治征程多璀璨"一句，特以此作为本

文的标题。因为它寓意深长,而且也不仅是对宪法学研究来说的。我们要依法治国首先是依宪治国。但愿我们的法学会和法学工作者能继往开来,与时俱进,在"繁荣法学研究,推进依法治国"的征程中作出更大的贡献。

社会治安综合治理研究会成立的缘起

杨良表[①]

　　1993 年 1 月，上海市法学会增设了社会治安综合治理研究会，这是在法学领域传统的专门学术研究机构外的一个突破与创新之举，也是具有中国特色的社会治安综合治理形势发展的必然。

　　自从 1981 年中共中央转发《中央政法委员会关于北京、天津、上海、广州、武汉五大城市社会治安座谈会纪要》中，正式提出了"搞好社会治安必须各级党委来抓，全党动手，实行全面综合治理"，到 1991 年中共中央、国务院和全国人大常委会相继作出两个《关于加强社会治安综合治理的决定》。经历了 10 个年头的实践与探索，证明社会治安综合治理是解决社会治安问题的根本途径，成为具有法律地位的党和国家的基本对策。

　　上海在市委、市政府的领导下，认真贯彻有关社会治安综合治理的方针、政策和措施。在 1983～1985 年进行集中力量，严厉打击严重刑事犯罪分子的三个战役的基础上，全面开展了综合治理社会治安的各项工作。1985 年 8 月建立了由市委、市政府分管领导为召集人的政法、经济、宣传、文教等 19 个部门参加的上海市社会治安综合治理联席会议制度，统一部署，分工负责，落实条块结合的各项工作措施。1986 年召开了由政法院校、法学法律界人士、群众团体和"综治"各工作部门参加的大型研讨会，就治安形势与对策，综合治理的体制、机制、法制等问题，展开热烈的讨论，提出了许多好的建议与设想，也推动了对"综合治理"的学术研究。

　　1991 年在联席会议的基础上正式成立了上海市社会治安综合治理委员会，设立了办事机构，加强了对全市社会治安综合治理的统一领导，并制定了

---

　　① 杨良表，1987 年起任本会社会治安综合治理研究会总干事，曾任中共上海市委政法委员会副秘书长。

《上海市社会治安综合治理五年(1991—1995)规划纲要》,使综合治理工作有规划、有检查、循序渐进,落实下去。该纲要中要求加强对综合治理的理论与实践相结合的科学研究,提出"先在上海市法学会组建社会治安综合治理研究会"。因此,开展社会治安综合治理的理论、政策和法律研究提到了议事日程。社会治安综合治理的多年实践需要理论升华,而综合治理的各项工作的落实又更需要理论的指导,建立一个由综合治理涉及的多学科专家学者与实务工作者相结合的研究机构就成了社会治安综合治理形势发展的必然。

法学会的许多专家学者和政法实际工作者结合自己的工作,早已参与了社会治安综合治理的政策、法制研究工作。部分会员还参加了市综治办组织的山东、江苏和南方开放城市的两次综合治理工作调研,结合上海实际,提出了学习外地加强综合治理的意见。1987 年市人大常委会率先制定的全国第一个《青少年保护条例》以及随后颁布的《上海市社会治安防范责任条例》、《上海市暂住人口管理规定》等地方法规,都充分吸取了法学界人士的意见。学会在实践中已经逐步形成了一支有志于综合治理理论与对策研究的队伍,使得研究机构的成立有了可能。

在筹建综合治理研究会过程中,市法学会承担了两项任务:一是与市综合治理委员会办公室一起筹备召开第二次全市大型的"市场经济与社会治安综合治理研讨会";二是编写了上海市社会科学"八五"研究规划重点课题之一"城市社会治安综合治理"。这都促进了研究会的成立。

1993 年 1 月 12 日上海市法学会社会治安综合治理研究会正式成立,来自政法机关、院系所、经济、科教、文化、工青妇群众团体等方面有志于社会治安综合治理研究的专家学者和实务工作者 68 人参加了聚会。市法学会副会长马锐主持,市委政法委秘书长王肇远到会并讲话。从此,社会治安综合治理纳入了市法学会的研究轨道。

13 年来,综合治理研究会坚持学术研究为实践服务的前提,与市综治办紧密结合,开展了决策理论、应用理论与实务研究,综合运用法学、犯罪学、社会学、心理学、经济学、教育学等多学科力量,调研总结实际工作经验,提出实用性、可操作性与前瞻性相结合,可以转化为综合治理效益的建设性的意见,取得了一定的成果。诸如:1993 年 7 月与市综治办联合举办了"市场经济与社会治安综合治理研讨会",政法院校、社科研究所、综治委等有关部门研究机构,区县综治办和各级政法机关等 80 余人参加。市委分管领导王力平、朱达人和法学会的几位副会长都到会与大家共商建立和完善与市场经济发展相适应的社会治安机制、管理方式等问题。会议收到 36 篇论文,会后法学会将论文与发言结集出了增刊。

研究会组织课题组,采取日常工作与重点调研、座谈相结合,到 30 多个单位和地区,与包括著名社会学家邓伟志,经济管理学家苏东水,华东政法学院武汉、苏惠渔、徐建教授和法学会学科专家易庆瑶、端木宏峪在内的许多专家学者近 200 人座谈、研讨。历时 5 载,几易其稿,又经市法学会学术委员会部分委员和相关专家学者评审鉴定,通过了八五、九五社科研究课题的终端成果,于 2001 年 9 月出版发行了《城市长治久安之策——上海市社会治安综合治理实践与展望》专著。该书由马锐同志和我任主编,由中央社会治安综合治理委员会办公室主任陈冀平同志题写书名,上海市委副书记刘云耕同志写了序言。他在序言中充分肯定"书中不仅对上海改革开放以来社会治安综合治理工作进行全面的回顾和总结,而且对未来社会治安趋势作了预测,对做好今后社会治安综合治理工作提出了颇有见地的建议"。该书被评为首批市法学会学术著作二等奖。

研究会还多次配合市综治办筹备组每年定期举行的社会治安综合治理的专题研讨会,编辑论文集等,对推进打击、防范、教育、管理、建设、改造等工作和相关法律、规章的制定都起到良好的作用。

社会治安综合治理是一个新的研究课题,尤其是在为创建和谐社会和开展平安建设服务中,有很重要的现实意义。法学会有着法学、法律界和实际部门的人才优势。在纪念市法学会成立 50 周年的时候,期望社会治安综合治理研究会在新一届干事会的精心组织下,充分发挥人才资源的作用,拓展先进的社会治安综合治理理念、管理模式和运作方法的研究,为创建这一门多学科交融的新型学科做出进一步的努力。

在实践中体现理论研究的意义和价值

肖建国①

　　今年是市法学会成立 50 周年，这使我想起了《上海市青少年保护条例》出台、市青少年犯罪防治研究会成立等有关青少年权益保护、违法犯罪防治方面的一些事情。

　　1984 年春天，在由市法学会主持，市公安局、市人民检察院、市人民法院、市人大法工委、团市委负责同志和部分专家学者等共 20 多人出席的一次青少年犯罪防治问题研讨会上，全国青少年犯罪学会会长曹漫之教授说：为了切实维护未成年人的合法权益，有效预防未成年人违法犯罪，保证未成年人的健康成长，必须将未成年人保护纳入法律和制度的轨道。此后，在市法学会的召集和组织下，以华政青少年犯罪研究所为主体，以人大法工委为依靠，以市委政法委为后盾，上海法学界积极开展了关于保护青少年合法权益，预防青少年违法犯罪等方面的法学研究。回顾上海建立和完善未成年人保护法律体系和依法保护未成年人的工作过程，可以举出许多宝贵的经验和有效做法：《上海市青少年保护条例》开创了我国依法保护未成年人之先河；上海长宁区法院少年法庭的建立夯实了我国少年司法制度的科学基石；上海工读学校成为我国工读教育的主要集中地和改革领头羊；上海社区青少年工作探索了我国未成年人法律保护新体制。所有这些成绩的取得，都显示出法学理论研究的重要性，并渗透着法学研究者辛勤劳动的汗水。

　　我们知道，未成年人的法律保护是建立在实践基础之上的，没有长期实践经验的创造、总结和积累，就不可能产生出独具中国特色的未成年人保护的法律法规，就不可能有未成年人法律保护的科学经验和成功做法。然而，我们也

---

　　① 肖建国，华东政法学院教授，《青少年犯罪问题》杂志主编，中国青少年犯罪学会副会长，本会未成年人法研究会总干事。现任上海海关高等专科学校副校长。

应当清醒地看到,无论是未成年人保护立法还是不断发展中的未成年人法律保护实践,都离不开科学理论的指导。

早在 1985 年,在社会的强烈呼吁和中央的指示精神下,上海市人大决定把起草上海市青少年保护法规列入立法规划,并于次年年初成立了上海市青少年法规起草办公室。由于当时我国青少年法律是个"空白",起草办公室确定了从调查研究着手寻找立法突破点的做法。大家通过广泛的调查研究,了解和掌握上海青少年所处的社会环境特点及发展趋势;总结家庭、单位、学校、社会对青少年教育、保护的经验和问题;认真分析青少年违法犯罪的特点、趋势和主客观因素;征集社会各界对青少年保护法的立法建议、设想等。这为起草工作打下扎实的理论和现实基础,同时也为上海未成年人法的立法、司法和法律保护工作开了一个好头。

上海在未成年人法律保护工作中,始终坚持理论与实际相结合原则。无论是少年法庭的建立和发展,还是工读学校摆脱困境,实施改革,乃至于社区青少年工作新体制的建立,凡是涉及上海未成年人法律保护的立法及重大决策,都首先经过调查研究,组织专题研讨会,征求上海法学界和实际部门的意见和建议,在反复研讨科学论证的基础上方才形成和推出。法学理论研究在其中起到了非常重要的作用。上海的实践证明,未成年人法律保护工作光靠领导的意志和行政命令手段是不行的,必须适合市场经济的社会条件和依法治国的伟大方略,必须根据未成年人身心发展的特点,必须在对策措施上不断开拓发展,这些都需要理性的思考,都离不开科学理论的指导。此外,大量的工作经验和做法虽然是极其宝贵的,但如果没有理论的论证和指导,这些工作经验和做法还无法在更大范围内铺开,很难上升为国家的制度和法律,并以此来规范和指导实践中的工作。由此可以看出,未成年人法律保护的理论研究正是顺应了社会发展的客观需要。

对未成年人法律保护的理论研究需要社会方方面面的关注和支持,需要有人来支持,有人去组织,需要有一大批专业人士来关心和参与。从 20 世纪 70 年代后期开始,上海市法学界就有一大批同志出于强烈的社会责任心,专心于未成年人违法犯罪和未成年人法律保护的研究,他们始终关注实践、研究实践,为实践提供科学的理论指导,并在实践中体现出了自身的价值。为了将这部分人员组织起来,形成研究合力,提高研究的效率,1997 年上海市法学会成立了青少年法制教育研究会,主要围绕青少年的法律保护、法制教育和违法犯罪预防开展卓有成效的研究活动。2003 年青少年法制教育研究会召开了换届会议,正式改名为未成年人法研究会。研究会的宗旨是按照社会发展的需要和依法治国的方略,探究新形势下未成年人的生理、心理特征和成长特点,关注未成年人的身心健康,优化未成年人的法律法规,加强未成年人的法制教育,完善未成年人的司法制度,推动未成年人的法律保护,以切实维护未成年人的合法权益,预防未成年人的违法犯罪,促进未成年人在德育、智力、体质等方面的全面发展,把未成年人培养成为有理想、有道德、有文化、有纪律的社会主义事业的建设者和接班人,为未成年人健康成长奉献自己的力量。从此,上海未成年人法律保护的理论研究迈上一个新的台阶。

在上海市未成年人法律保护史上,许多同志高度重视理论研究、积极参与理论研究,给我留下了难忘的印象。《上海市青少年保护条例》立法的主要倡导者和领导者,时任上海市人大法制委员会副主任委员的陆明以及起草办的三位副主任柳忠良(市人大法制委员会办公室副主任)、柴俊勇(团市委宣传部部长)和徐建(华东政法学院老师),带头调查研究,精心推敲,十余次易稿,保证了法规的科学性和有效性。原长宁区法院副院长李成仁为创建少年法庭,多少个深夜与法院同志和华政老师一起,设计、规划和论证少年法庭的建设,为少年法庭呕心沥血,积劳成疾,过早离开了我们。在市法学会未成年人法研究会成立后,杨敬忠、朱济民、徐建等老同志担任研究会顾问,法学会领导薛明仁、史德保等经常过问研究会工作,杨永明、王敏、李吉力、樊荣庆、陈建明、金大陆、姚建龙等,坚持理论研究与实际相结合,积极参与研究会的具体工作,在上海未成年人法律保护的实践和立法、决策工作中,不断提出问题,解决问题,丰富理论,完善理论,指导实践。可以这么说,上海未成年人法律保护工作所取得的成绩,是与这么多具有强烈社会责任感的同志的无私奉献分不开的。

从一定意义上说,上海未成年人法律保护的过程,就是不断实践、不断总结、不断提高的过程,就是使科学的实践经验和成功的做法措施逐步升华为理论的过程。当然,作为未成年人法研究会,在实践中也应该体现出自身的理论价值,这就对我们的研究工作提出了更高要求,也是上海未成年人法研究会今后努力的方向。未成年人法研究会要继续倡导理论研究为现实服务,围绕着为依法维护未成年人的合法权益和保障未成年人健康成长,来选择课题和重点,来评价研究成果的社会价值；要组织好学术研究工作，拿出有分量的研究成果，为繁荣学术气氛、倡导学术争鸣、开展学术研究发挥应有的作用；要在优化研究和提高研究成果质量的同时，更多地研究和解决研究成果转化和价值实现的途径、方法，消除转换中的障碍和阻力，使研究成果发挥出最大的效能，同时也进一步体现出理论研究的意义和价值。

　　总之，市法学会成立 50 周年，引起了我对过去一些事情的回忆。总结起来就是理论研究要紧紧围绕实践展开，要在实践中体现理论研究的意义和价值。祝愿法学会会员及关心青少年成长的人士，在从事理论研究中，能够秉承这一原则，不断地取得更大的进步。

回眸篇

回眸行政法研究会的历程

李宗兴①

在上海市法学会成立 50 周年之际,回顾行政法研究会成立以来我与会员共同奋斗历程中的一些感受,以志庆祝!

历史告诉我们:一个法律学术研究会的产生及其兴旺总是同它相关法律部门的兴衰紧密联系在一起的;一个研究会的成效优劣程度总是与社会实际需求是否紧密结合相联系的;一个研究会工作的开展活跃与否总是与能否取得实际部门和广大会员的积极支持和配合是紧密联系在一起的。行政法研究会从诞生到成长发展的全过程就是一个鲜明的例证。

在建国以后一段漫长的时期里,行政法在法律虚无主义的笼罩下,一直被人漠视和遗忘,在党的十一届三中全会"加强社会主义民主和社会主义法制"的号令下,促使我国沉睡了十多年的法制和法学获得了新生,行政法学也在我国获得了独立生存发展的无限活力。

继中国法学会行政法研究会 1985 年 8 月成立和上海市行政管理学会的行政法研究会 1987 年 2 月成立后,1987 年 6 月上海市法学会正式成立行政法研究会。会上通过的《上海市法学会行政法研究会活动规划》规定广泛欢迎研究行政法学、有志于共同来振兴行政法学事业的人士,报名参加研究会的有 200 余人。为了有助于开展学术研究,研究会分设行政立法、行政执法、行政诉讼三个研究组。根据上海市行政管理学会领导的希望和要求,就将两个学会的行政法研究会的各种学术活动采取合并的方式举行,这样做有利于会员间进行学术交流和沟通,便于理论联系实际。这一活动形式持续坚持到今。

研究会成立之后,为普及行政法学知识,研究会举办了全市性行政法学系

---

① 李宗兴,上海社会科学院法学研究所研究员,1984 年至 2000 年任本会行政法研究会总干事,现为该研究会顾问。

列讲座,为国家推进行政法制建设作了一些基础性的铺垫工作。

1988年8月,我与张世信、阎仁斌教授等提议由研究会组织力量来解决上海高校面临缺乏行政法学教材的困难,于是,从1988年末起至1989年初组织了高校14位老师和实际部门的钱富兴、周林法、周虞等3位同志共同来参加编书,前后花了半年时间就完成了《行政法学概论》,于1989年9月正式出版,从而解决了上海高校两年的教学用书问题。

1989年初,为了做好迎接《行政诉讼法》的制定和实施前的思想准备工作,研究会决定由我担任主编,组织会员和市级及中央在沪国家机关中具有丰富法制工作实践经验的学者和实际工作者57人,参与共同编写理论与实际紧密结合的《行政诉讼基本知识》一书。书中集中阐明行政法基本法律知识,同时针对当时行政机关工作人员中怕当被告的抵触思想和错误认识,大力宣传行政诉讼的作用和意义。此书的出版可以说是及时解决了当时国家法制建设前进过程中的一大紧迫问题。

80年代中期,研究会集中力量组织、主持和发动会员编选出《行政法学概论》、《行政诉讼基本知识》、《中国行政法辞典》、《行政诉讼法》教材、《行政诉讼问答与案例》等一系列有关行政法和行政诉讼法的专著和教材,均在《行政诉讼法》颁行前后面世。接着于1989年8、9月间举办了一期行政诉讼法专题讲座,聘请我会专业会员和实际部门具有丰富法制经验的同志来讲解,直接为迎接《行政诉讼法》的实施培养了干部,做好了实施前的必要准备工作。可见行政法研究会为振兴行政法学事业付出了辛勤的劳动,作出了贡献。

1990年《行政诉讼法》实施后,研究会每年总要举行多次报告会和专题研讨会,介绍法院行政诉讼的执行情况或提出需要研究的新问题,以推进该法的执行,参加研究会活动的人非常踊跃,有时达到二三百人之多。

在1991年《行政诉讼法》实施1周年时,在市人大常委会法工委的支持下,研究会在人民广场举办了一次纪念咨询宣传活动。在事前约请《解放日报》总编室先发布了一个预告,是日杨鸿训副会长亲临现场指导,市人大、市三级法院行政庭庭长、市法制办和法学会马锐副会长等领导都亲自前来担任接待工作。前来咨询法律问题的群众非常踊跃,约有二百余人,接待的同志非常认真细致地回答群众提出的问题,群众非常满意。

我们为了帮助广大会员解决在《行政诉讼法》实施中遇到的各种问题,还经常不断组织邀请各方面的专家来作报告。如请当时高级法院行政庭周虞庭长、中级法院行政庭袁启忠庭长作行政诉讼证据专题研究报告,请当时上海海关办公室主任谢玉和作海关在行政诉讼中遇到的新问题报告,请市土地局法制处长储继明作土地执法问题报告,请市规划局法制处黄钧德处长作规划执法问题报告。同时,为加深会员对行政执法和行政诉讼执法情况的理解,还安排参观卖淫妇女劳动教养所和市收容遣送站了解执法情况;参观监督检查滥捕鳗鱼苗的渔政执法活动;参观屠宰检疫、动物出入市境检疫执法活动;参观浦东生活垃圾焚烧发电厂,深入现场参观执法活动,会员们反映印象深刻,效果极好。

"民告官"的法律制度确立,在我国几千年来是史无前例的,《行政诉讼法》的制定对我国来说具有深远的里程碑意义。我始终把《行政诉讼法》作为工作的重点,每年都有一些纪念活动,如1995年10月16日与市律师协会联合举行《行政诉讼法》颁布5周年纪念座谈会,2000年9月21日又与市律师协会联合举行颁布《行政诉讼法》颁布10周年纪念研讨会,2001年4月22日举行《行政诉讼法》实施10周年座谈会。在《行政诉讼法》颁行10周年前夕,我带领两名在读硕士研究生,用了四个月左右的时间,奔赴市三级法院、检察院、律师事务所、市府法制办、海关、公安局、工商局等二十多个单位,听取他们对行政诉讼法实施以来的情况介绍和提出的各种问题及有关修改、建议等各种意见,搜集有关资料,经过整理和反复讨论修改,最后写成了2.3万字题为《〈行政诉讼法〉在上海实施10年情况的调查报告》及一份对该法修改的建议稿。次年,将这份调查报告专门报送全国人大常委会、上海市人大常委会、最高人民法院和市高级人民法院,提供给他们作决策参考。

在20世纪90年代初,国家初建公务员制度,拟起草试行《国家公务员暂行条例》,国家人事部提出要在国家行政机关工作人员中开展岗位培训,研究会积极响应,编写了岗位培训系列丛书《行政法学》教材,先后出了两版,印刷了近万册,大量使用于市区县三级国家机关行政干部的培训和考试。

1995年上海市作出"两级政府、三级管理"的新决策后,研究会组织了多次的学习和讨论,最后于1996年2月16日即农历除夕,在马锐副会长的亲自参加下,由复旦大学浦兴祖教授执笔起草。经反复修改,最后以市法学会和市行政管理学会的名义撰写了论文《关于"两级政府、三级管理"的法律思考》,连夜送市委、市政府供领导决策参考。

《行政复议法》制定后，研究会于2000年3月24日组织部分会员学习领会《行政复议法》内容，同年8月10日召开《行政复议法》与《行政诉讼法》如何衔接的专题研讨会，通过讨论使政府法制部门与法院之间的认识取得沟通，在法律的衔接上取得协调，从而使该法在本市顺利付诸实施。

2002年3月5日组成"城市社区法制建设研究课题组"，先后访问了市民政局社区工作处，卢湾区民政局，浦东新区司法局，杨浦、黄浦、长宁区委政法委、综治委以及几个街道和基层居委会、业主委员会及先进调解员等，取得大量资料。经10次修改，于2003年7月14日完成有1.4万字的《加强城市社区法制建设的思考与探索——关于社区法制建设状况的调查研究》，分送市委、市人大、市民政局研究决策参考，于2004年7月17日还登上了"依法治市综合法学网"（www. yfzs. gov. cn），提供给民众查阅。

总之，研究会年复一年为推进行政诉讼法的实施，作出了应有的贡献。事实证明：任何一种法律制度的确立和实行，不经过广大民众的努力，要取得成功和社会效益是不可想象的。这些年来，研究会在各级执法部门和各级领导的大力支持和帮助下，为帮助会员们学习掌握新法律的内容做了一些有益的工作，没有辜负会员们的委托，我作为这个研究会工作人员也感到特别欣慰。

在"一国两制"指导下开拓
港澳台法律研究

赵炳霖①

上海市法学会成立 50 周年之际，谨就在"一国两制"指导下开拓港澳台法律研究的几件事作一回顾。

研究会名称之选择

在海峡两岸隔绝 30 年之后的 1979 年，叶剑英委员长发表《告台湾同胞书》，受到全国人民的拥护与欢迎。台湾各界人民强烈要求台湾当局调整对大陆的隔绝政策，松动两岸关系。但台湾当局直到 1987 年才宣布于 11 月 2 日起，开放台湾同胞赴大陆探亲；另一方面，中英和中葡在分别进行关于香港、澳门问题的谈判后发表了中英、中葡《联合声明》，明确香港和澳门将分别于 1997 年 7 月 1 日和 1999 年 12 月 20 日回归祖国。在这些重大历史性变化推动下，两岸四地人民的往来日益增加，从探亲、旅游发展到文化、经济交流日益密切。两岸四地人民交往频繁，必然衍生出诸多法律问题亟待解决。为此，祖国大陆各个有关单位纷纷成立台湾法律研究会，中国法学会成立了海峡两岸法律研究会，而在台湾方面的"法务部"也于 1988 年成立了"海峡两岸法律问题研究委员会"。在此情势下，上海市法学会也成立一个筹备组研究成立专门学术组织，以适应两岸四地人民交往之需要。对于这一问题，筹备组一些人认为应成立台湾法研究会或两岸法律研究会，但更多的同志认为："一国两制"首先是针对解决台湾问题而提出的，但同样也适用于香港和澳门，特别是中英、中葡两国政府关

---

① 赵炳霖，上海社会科学院法学研究所副研究员，党委副书记，研究生导师，曾任港澳台法律研究会总干事，现为该研究会顾问。

于我国收回香港、澳门的谈判已经成功,我国政府已宣布了收回香港、澳门后根据"一国两制"的构想所实行的各项方针政策,并已分别着手制定香港基本法和澳门基本法。因此,法学界必须适应"一国两制"基本国策实施与香港、澳门特别行政区和台湾法律制度、两岸四地人民交往中的法律问题研究。

从上海法学界实际情况来看,自 20 世纪 50 年代以来,上海法学界的教学、科研单位,或者政法有关的实务部门,都在各自的工作中涉及港澳台的相关法律问题,作过一些探讨和研究。到了 80 年代以后,上海法学界有关同志又分别到香港、澳门新华社法律部专门从事香港、澳门法律的研究和实务工作,当时全国法学界很少涉及有关澳门问题,上海法学界中却有同志进行专门研究。因此,学会成立"港澳台法律研究会",团结和组织相关的专家学者和实务部门的同志,开拓港澳台法律研究的新领域,是完全有条件的。以"一国两制"来指导两岸四地法律研究有必要,也有可能。市法学会常务理事会研究这些意见后认为,为了适应实施"一国两制"基本国策,完成祖国完全统一的神圣职责,决定成立涵盖港澳台法律研究领域的港澳台法律研究会。

香港、澳门《基本法》之研究与宣传

1990 年 6 月 15 日港澳台法律研究会成立时,正值全国人民代表大会于 1990 年 4 月 4 日通过、公布《香港特别行政区基本法》,随后又于 1993 年 3 月 31 日通过、公布《澳门特别行政区基本法》。因此,研究会成立伊始,在整个 20 世纪的 90 年代,面对的最大课题就是要深入研究这两个基本法,在此基础上,适应社会各界之需要,广泛而持续地宣传两个基本法。

因此,在香港、澳门回归的过渡时期内,法学会的港澳台法律研究会每年都要举行一次座谈会。在这些座谈会上,上海的有关专家学者都认为两个基本法是以法律的形式对"一国两制"的条文化、具体化,是香港、澳门和全国人民共同制定的具有中国特色的法律,是香港、澳门和全国人民的共同行为规范,是香港、澳门和全中国繁荣昌盛的可靠保证。1996 年 4 月 4 日,上海市法学会同香港《大公报》驻上海办事处在上海召开了香港基本法颁布 6 周年座谈会,上海有关专家学者的发言要点及时地在香港《大公报》上刊登。

特别应当提出的是,在香港和澳门回归前夕,上海各界人士,对香港和澳门特别关注,尤其是急于了解两个基本法的序言以及各个主要章节规定之内容,包括回归之历史背景、中央与特别行政区之关系、特别行政区的法律制度及其特点、特别行政区行政长官的法律地位等当时港澳回归中社会关注的热点、难点。为此,上海市政协和市法学会于香港、澳门回归前夕,分别于 1997 年和 1999 年在市政协礼堂召开了香港回归和澳门回归的系列讲座,上海各界人士 300 余人参加,对于迎回归、了解基本法、执行基本法起了很好作用。

沪、台法学交流平台之建立

自从 1987 年两岸隔绝状态被打破以后,台湾同胞前往大陆络绎不绝,从探亲访友开始,逐步发展到经济、文化方面交流,台湾法学界包括教授、律师、法律工作者均纷纷到上海来参访,沪台法学界交流逐步展开。在这一交流过程中,市法学会港澳台法律研究会坚持经贸交流中之法律理论与实务这一主题,搭建起轮流在沪台两地举办的"研讨会"作为学术交流活动的一个平台。

1990 年上海市法学会港澳台法律研究会成立之初,台胞对上海的投资还处在一个探索的阶段,从 1984 年第一家台资企业落户上海算起,到 1991 年,上海批准的台资企业有 157 家,但都属中小企业。当时的市法学会领导考虑到:从长远看,两岸同胞同宗同文,血脉相连,在经济方面的资源、技术、人才和市场等方面均具有互补性,两岸经贸交流存在着深厚之基础,而且国务院在 1988 年 7 月 6 日就颁布了《关于鼓励台湾同胞投资的规定》,较为系统地就台胞投资祖国大陆的优惠、便利以及合法权益作出了明确规范,必将推动两岸经贸关系的迅速发展;就上海而言,上海本属祖国大陆东南沿海经济大城市,在实施改革开放以后,较早地建立了闵行技术开发区、漕河泾新兴技术开发区和虹桥经济技术开发区,特别是随后全面启动的浦东开发和上海实施全方位开放,引起了世界各国、各地区包括台湾地区的高度关注,上海的投资环境的逐步改善,必将吸引外资和台资到上海投资的增加。本研究会部分研究人员为此还编写了《上海投资司法行政环境概览》一书于 1995 年 7 月在台湾出版发行,就上海的投资环境、浦东新区开发开放、外商和台胞申请投资程序与服务机构以及律师、公证、司法审判机关等方面作了系统阐述,大大方便了台胞到上海投资贸易等经贸交流的进行。据此,市法学会确定沪台法学界交流之主题应该是两岸经贸交流之法律理论与实务。研究会成立以后的 10 多年来,始终坚持这个主题,以两岸经贸中之法律理论与实务为核心展开两岸法学界之交流与探讨,从初期的台商资格认定、台资企业法律特性、内地合资主体选定与认真签订好合资合同等,逐步发展为银行、证券等金融领域和出版、专利、商标等知识产权领域的理论和实务,再后更是涉及审判、仲裁以及民事裁判之认可与执行等等。这既可满足沪台法学界、法律界所亟须探讨、解决的迫切问题,又避免了两岸间在政治领域方面之争议,使沪台法学界之交流一直在法学学术的浓厚氛围下进行,沪台双方都十分满意。

法学会的港澳台法律研究会为了与台湾相关方面人士相互之间经常性交流不断拓展,使两岸法律界人士或代表团参访,个案的咨询、协助、委托以及论文专著的出版业务日益频繁,人次不断增多。1992 年 6 月间,上海市法学会召开了为期 3 天的沪台第一次经贸法律理论与实务研讨会,台湾方面有 10 位学者专家等相关人士参加。就在这次研讨会上,当时的市法学会会长李庸夫同志鉴于两岸经贸交流必将日益发展,沪台法学界交流也必相应频繁之趋势,郑重地在会议上提出:市法学会今后每年举办一次两岸经贸法律理论与实务研讨会,得到与会的沪台学者、专家的热烈赞同,后为市法学会和台湾的两岸经贸交流权益保障促进会的领导共同定为一固定的制度。据此,市法学会每年或隔一年举行一次两岸经贸法律理论与实务的研讨会,集中研讨当时在两岸贸易投资中之问题。在历年的几次研讨会进行的过程中,两岸的专家学者均感到,两岸经贸交流中的法律实务问题要想妥善解决,涉及两岸的相关部门和人士,这类研讨会宜在沪台两地轮流举行为最佳选择。为此,市法学会与台湾相关方面进行郑重协商,达成一致,确定两岸经贸法律理论与实务研讨会,每年或隔一年在沪台两地轮流举行,使沪台法学界交流平台切实地建立起来。1998 年 9 月间,沪台间的经贸法律理论与实务研讨会,亦即第五次沪台经贸法律理论与实务研讨会首次在台北市举行,取得了相应的效果。

回顾沪台法律界交流平台之建立,特别是在沪台两地轮流举行,取得了比单纯在上海进行交流更好的效果。首先,围绕相对确定之主题而形成连续性的研讨会这种两岸法学界专业性的交流形式,对随着形势的变化而探讨两岸经贸交流中涉及法律层面的理论和实务问题的处理是十分有益的。但是,如果这种研讨会仅在上海举行,台湾方面的参加人总是有限,就不能收到集思广益的应有效果。1998 年 9 月间在台北市举行的第五次沪台经贸法律理论与实务研讨会,除了上海及相关省派出 21 人参加,台湾方面参加者约有 60 人左右,包括法律理论界和从事法律实务方面的相关人士,更多的台湾学者、专家表达了对相关问题的见解,并探讨解决之途径和办法,有益于经贸交流中权益的保护。其次,由于研讨会在台湾召开,台湾同行参加者的面较广,祖国大陆学者的发言能够直接面对台湾学者阐述大陆相关法律法规对台湾的贸易投资者的保护,使广大台湾同行对大陆相关法律法规的认知更加深刻。这方面值得提出的是,我最高人民法院《关于人民法院认可台湾地区有关民事判决的规定》(以下简称《规定》)在台北市举行的沪台第五次经贸法律理论与实务研讨会上受到广泛关注。在这次于台北举行研讨会时,正值我最高人民法院上述《规定》颁布并实施不久,上海的与会者即在研讨会上作了详尽介绍,直接而明确地向台湾同行和广大台胞指出,经人民法院认可的台湾民事判决和仲裁裁决所确定的各项民事权利同样在大陆相关省市产生法律效力,如有被执行财产在相关省市的,可依法申请强制执行,台胞的民事权益在祖国大陆得到及时、公正和有效的法律保护。与会的台湾学者、专家对我最高人民法院的这一《规定》十分赞赏,给予充分的肯定评价。更有台湾学者在会上发言或在提供的论文中与台湾相关法律法令作了比较,其结论认定:大陆之规定"显然较为详尽",而台湾地区仅在《两岸人民关系条例》有一条原则规定"显然较为简陋",最高人民法院《规定》中许多涉及程序和实体上的详尽规定,在台湾地区"完全付之阙如,实有遗憾"。台湾的论者认定,祖国大陆的这一规定的施行,对两岸人民相关权益的保护跨进一大步,并明确提出今后两岸相关的法律实务希能抛开政治问题,让法律归于法律解决,期更能保障人民之权益。台湾学者这一认知,完全达到了我们建立沪台法学界交流平台建立之初衷和目的。最后,研讨会在台湾召开,还可顺道与两岸经贸法律理论与实务相关联的单位如法院、仲裁机构、律师事务所以及企业单位等参访,探讨相关问题,这在上海交流都是不可能做到的。

"集中民智"显成效

缪林凤①

法学会 50 年,办了很多好事、实事,这里我只说一件。前不久,我在翻阅材料时不经意地看到了 1997 年 9 月 3 日《法讯》第 23 期题目为《司法解释及规则不应悖于新刑诉法》的文章,使我想起了上海市法学会曾做了一件很有意义的事情。

1997 年 1 月 1 日新修订的《中华人民共和国刑事诉讼法》(以下简称《刑诉法》)实施,其中明确规定了涉及律师办案的内容,即新刑诉法第三十六条规定:"辩护律师自人民检察院对案件审查起诉之日起,可以查阅、摘抄、复制本案的诉讼文书、技术性鉴定材料,可以同在押的犯罪嫌疑人会见和通信。其他辩护人经人民检察院许可,也可以查阅、摘抄、复制上述材料,同在押的犯罪嫌疑人会见和通信。辩护律师自人民法院受理案件之日起,可以查阅、摘抄、复制本案所指控的犯罪事实的材料,可以同在押的被告人会见和通信。其他辩护人经人民法院许可,也可以查阅、摘抄、复制上述材料,同在押的被告人会见和通信。"

该条款明确两点:一、律师可以提前介入刑事案件;二、辩护律师与其他辩护人的权利不一样,即辩护律师不需要经检察院及法院的许可即可以查阅有关诉讼文书及材料,可以同在押人员会见和通信,而其他辩护人则需经人民检察院或人民法院许可。可是有些司法部门在制定关于执行刑诉法的有关解释或规则时,扩大了自身的许可、审批等权限,限制了律师的权利。这一不当做法在一定程度上反映了部分制定解释、规则的机构及人员对律师在社会上的功能、作用理解不够,也反映了我国在执法中存在的一些较严重的问题,影响了法制的健康发展。

---

① 缪林凤,上海市政协委员,中华全国女律师协会副会长,1988 年起任本会第五、六、七、八届理事。

为此，我写了一篇题为《谈悖于新刑诉法的司法解释及规则对律师办案的影响》的文章，阐述了法律和解释、规则的区别，罗列了律师办刑案的过程，从中分析存在的阻力，阐明了自己的观点。我将这篇文章交到上海市法学会的《法讯》。记得当时主持《法讯》的曾毓淮同志告诉我：文章观点鲜明，论述符合法理，对于准确地理解和实施刑诉法很有启示意义，措辞及文章形式上作了一些变动，但主要内容未变。我表示没有异议。不久，该文章就以《司法解释及规则不应悖于新刑诉法》的题目刊登在第 23 期《法讯》上，这期《法讯》报到中国法学会后，中国法学会又将此文刊入《要报》报送党中央政法委。由于当时全国各地对有些司法部门制定的关于执行刑诉法的有关解释和规则反响强烈，有不少人同意此文的观点。因此，由中央政法委牵头，最高人民法院、最高人民检察院、公安部、国家安全部、司法部、全国人大常委会法制工作委员会于 1998 年作出了《关于刑事诉讼法实施中若干问题的规定》。这一规定在很大程度上纠正了有些司法部门原来不正确的解释或规则。

这件事情给我感触很深，也使我深深体会到，上海市法学会确实是广泛联系法学、法律界人士，集中民智，为推动民主法制建设做了很有价值的工作。在纪念上海市法学会建会 50 周年活动之际，我作此回顾让人们更加了解法学会，也使我们会员今后能在法学会创设的各个平台上，进一步做好我们为民主法制建设方面想做的实事。

难忘的怀念

庄金锋①

上海市法学会已经走过了 50 年的光辉历程,不仅为依法治国、经济繁荣、确保国家长治久安作了积极的贡献,也为促进祖国和平统一大业做了许多有益的工作。特别是港澳台法律研究会的成立及其开展的相关活动,至今仍令我思念无穷。

20 世纪 80 年代,我国政府分别同英国、葡萄牙政府一起发表关于香港、澳门问题的联合声明,使我国恢复行使港、澳两地主权问题先后得以顺利解决;同时,海峡两岸同胞思合之心愈切,要求祖国和平统一的呼声愈高,1987 年 10 月,台湾当局终于作出了开放民众回大陆省亲的决定,迈出了两岸关系史上转折性的一步。为了促进“一国两制”与祖国和平统一的实现,市法学会经过一年多的筹备,于 1990 年 6 月 15 日至 16 日召开了港澳台法律研究会成立大会暨学术研讨会。参加会议的有来自本市科研单位、高等院校的专家和有关实际部门的同志,以及福建、浙江、苏州市法学会的代表共 100 多人。会议收到论文 20 多篇,其内容涉及港澳台法律三个“法域”,其中多数论文论述了台湾现行法律和海峡两岸交往中衍生的法律问题。市政协副主席王兴同志、市委政法委副书记、市法学会会长李庸夫同志、市委政法领导小组办公室、市社联、市政府台湾事务办公室负责同志出席了会议并作重要讲话。大会审议通过了 18 位同志组成本会港澳台法律研究会第一届干事会,选举赵炳霖为总干事,张国全、吴光嘉、庄金锋、唐荣智为副总干事。学术秘书由庄、唐兼任。

在时任市法学会常务副会长马锐同志的关心和支持下,同年 10 月,《上海法学》出版了增刊(3)《台湾、香港、澳门法律研究论文选编》。这个增刊是从港

① 庄金锋,教授,现任中国小城镇发展研究院院长、中国法学会法理学研究会常务理事、中国台湾法律研究会理事、本会港澳台法律研究会顾问。

澳台法律研究会在筹备和成立过程中所举办的 3 次专题学术研讨会所收到120 多篇论文中选择 27 篇编辑成册而出版的,在国内港、澳、台法律研究的起步阶段,产生了一定的影响和作用。不久,应四川省政协和省法学会的邀请,本会港澳台法律研究会的赵炳霖、李国机、庄金锋、曾毓淮,前往成都参加有关两岸法律问题学术研讨会,并向大会提交了《台湾、香港、澳门法律研究论文选编》一书,在大会上作了发言,受到好评。其间,笔者还应四川省政府台湾事务办公室和《海峡两岸》杂志社之约,为该刊撰写了《台湾同胞来大陆涉及的法律问题》和《大陆同胞赴台湾涉及的法律问题》两组系列文章,陆续连载在《海峡两岸》上共 18 期,颇受读者欢迎,为扩大两岸民间交流办了一件有益的事。

1991 年由本会港澳台法律研究会和海峡两岸法律研究会组织编写的《海峡两岸民间交流政策与法律》一书,由上海社会科学院出版社出版。全国人大副委员长雷洁琼题词。此书出版后深受社会各界人士欢迎。上海钻石楼餐厅(台资企业)还为此书联袂举行首发式。不久,此书的修订本由台湾永然出版社在台湾出版发行,好评如潮。次年,由赵炳霖、庄金锋、唐荣智、黄来纪等人编著的《两岸经贸交流之法律理论与实务》一书也在台湾问世。这是两岸经贸文化交流之初我国法学研究工作者在台湾出版的首批著作之一。与此同时,由笔者主编的《台湾法制四十年大事记》一书也在内部发行。此书也是本会港澳台法律研究会的最初研究成果之一,并荣获上海社会科学学会联合会 1988～1991年度学术成果奖。

1992 年 8 月,笔者移居香港后,直接参与港澳台法律研究会活动的机会大大减少。但作为研究会的一个成员,笔者仍然认真履行自己应尽的义务,利用工作之余,潜心研究香港基本法、宣传基本法,批评末代港督彭定康的"政改方案"。先后在香港《星岛日报》、《信报财经月刊》、《亚洲研究》、《中国评论》、《大公报》发表几十篇论文。还应时任香港首席大法官杨铁梁爵士的邀请,到当时香港最高法院(现为高等法院)作有关基本法的报告,受到好评,开始与香港法律界人士建立联系。尤其是在香港、澳门回归祖国的重要时刻,发挥了沟通两地信息的使者作用,到上海、福建、江苏的党政机关、学术研究单位和多所高等院校作了 10 多场演讲,介绍港澳当时形势发展趋向,宣传基本法和"一国两制"的伟大构想,深受各界人士欢迎,为港澳回归与祖国和平统一大业贡献了一个学者应有的力量。记得当时在市政协、市法学会宣讲时,市政协副主席、本会副会长俞云波同志亲自主持会议,并作重要讲话,给笔者留下深刻印象。1997年由笔者主编的《海峡两岸土地法律制度比较》一书,由香港社会科学出版社公开出版发行,在业内有一定影响。2003年,本会港澳台法律研究会换届选举,黄来纪同志被选为总干事,马锐、赵炳霖和笔者任顾问。从那年起,我每年都为研究会作一次有关香港政制发展与基本法相关问题的报告,普遍反映结合香港政制发展的现实问题,对深入学习、研究基本法有积极意义。

市法学会作为上海法学、法律界开展学术活动的平台,为专家学者创造了许多机会,使港澳台法律研究在促进祖国和平统一的大业中发挥的作用是功不可没的。

一项课题研究的回忆

袁忠民①

1986 年,市法学会会长徐盼秋教授邀美国加利福尼亚州立大学社会学系教授成露西女士出资和我们上海市法学会合作,开展"中国经济合同"课题研究。在市场经济刚刚萌动、全国经济体制尚未转轨的社会背景下提出这一课题研究是非常超前的,这体现了老一辈的法学家扎实的理论功底和颇具前瞻性的学术眼光,体现了他们对上海乃至全国的经济发展与法学研究事业的关心。这个课题很快列为上海社会科学"七五"规划的研究课题之一。从 1986 年 2 月开始讨论大纲,到 1987 年 2 月结束,前后共花了一年的时间。当时,我刚大学毕业不久,在上海市工商行政管理局合同处工作,有幸被邀参加了这个课题组的研究,并担任合同的变更、解除和合同的管理这两章的撰稿人,记忆深刻难忘。值此学会成立 50 周年之际,简要回顾录此,以示对学会在改革开放初期学术合作和交流闪光亮点的庆贺。

加强沟通,寻找共性,研究差异

1986 年 3 月 26 日上午,徐盼秋会长在坐落于淮海中路湖南路交界处一幢小洋楼里的学会会议室里召开了课题组会议。参加课题组的成员有:华东政法学院的彭万林、蒋济、虞禅教授,高级人民法院的审判员梁瑞麟、阮石平、林家举,市公证处的蒋文娟、徐传薇同志,第三律师事务所陈泽政律师,法学会的曾毓淮同志和我。除我一个尚未成学会会员而外,其他几位都是法学会的老会员了。徐老指出:改革开放要前进,市场经济必然出现,学会应为我们国家的经

① 袁忠民,高级经济师,中国法学会会员,本会会员,上海仲裁委员会仲裁员,现任上海市工商行政管理局虹口分局副局长。

济转轨做些有益的实事。市场经济中，合同是必不可少的，所以，要组织研究《中国经济合同法》，这是一个重大的课题。徐老还说，中国的改革开放，外国人很关注，也很希望了解中国怎么搞市场经济。因此，美国加州大学教授愿私人出钱和我们合作，我们也好利用他们出钱，办好我们自己的事，使我们的市场经济在合同法的支撑下更规范些。因此，我们组织学会的新、老会员一起来搞好这项研究。搞好这项研究不仅于我们国家有用，对成露西教授在美国讲课，正确地宣传我国的改革开放也有好处。根据徐老这些指示，课题组便认真地开展了讨论，拟定了研究计划，拟撰出研究大纲稿。同年 6 月 7 日课题组成员便与合作者美国教授成露西及其丈夫罗思德教授在学会进行了多次座谈、讨论，围绕课题研究大纲稿的内容，重点讨论了合同与合同法、法人主体资格、委托、合同的履行、违约责任、合同管理、格式合同统计报表等等。还对这项课题研究的价值评价、中国和美国对合同的观念、管理、态度等问题开展了座谈，对中美两国的合同进行了比较、探讨，获得了有益启示。座谈讨论的结果确定了这项课题的研究大纲，明确了研究方向、研究内容的要求。此次座谈讨论结束的 6 月 11 日晚上，上海市法学会由会长徐盼秋、副会长曹漫之在国际饭店宴请成露西、罗思德教授，课题组成员作陪。席间，曹漫之教授对合作研究提出了"双方加强沟通，寻找共性，研究差异，保证质量水平"的要求，课题组即按研究计划组织实施。

深入调研，拓展视野

在此次座谈讨论后，为了完善课题，确保研究成果领先优势，课题组决定第一步深入调查研究。因为大家都不脱产，身上有许多事，这样，组织去调研的成员只有林家举、阮石平、徐传薇、蒋文娟、蒋济、虞禅和我一行 7 人，于 1986 年 6 月 28 日出发，赴广东深圳、珠海、汕头和福建厦门 4 个经济特区考察，同时进行座谈交流和研讨活动。

在广州期间，课题组先后到广东省法学会、省工商局、广州市工商局、广州市中级人民法院和广东省律师协会，与相关部门座谈交流。主要讨论研究了确认无效合同、裁决后由法院执行、诈骗和纠纷区别与处理、无效合同有规避法律行为、使用信用证可以解决拖欠货款、外商的欺诈和业务部门的失误、法律冲突、经济案件增多、横向联营多、进口商业失控等问题。有关同志介绍了广州地区合同存在的问题,如合同违约大部分不通过诉讼途径解决、合同用词不规范、利用合同从事违法交易等现象。其中印象最深的是在与广东省律师协会座谈时,谈到当地合同纠纷解决适用法律冲突的情况。他们举了个例子,当时是计划经济,广东规定三级品兔毛可以自由流通,安徽规定三级品兔毛不能自由流通,安徽人和广东人签订了兔毛买卖合同发生纠纷,同样一份合同在广州被认为是有效的,而到了安徽则认为它违反了国家计划,合同是无效的。这样就造成了同一标的物、同样的当事人由于地方规定不同,产生两种截然不同的结果。在这次座谈会上,在澳门回归后担任首任检察长的岑浩辉律师也发表了对许多课题研究内容很有帮助的真知灼见。

7月5日到9日,课题组在深圳先后走访了深圳市法学会、工商局、司法局、中级人民法院、公证处,主要讨论定金、部省文件在判例中的应用、公证、承包合同存在的问题及公证合同的困难,包括公证合同金额大,当事人遍及全国和世界,调解工作困难等问题。座谈中了解到特区合同的特点,包括具有法人资格多种经济实体的形式同时存在、同时竞争,合同种类多、数量大、合同标的额大、交易和合作方式与内地的区别、商品价格与货币结算以外币较多、合同的时效较长等情况。

接着课题组又去了厦门,走访了厦门市法学会、中级人民法院、公证处,主要讨论"三资"企业合同、"三资"企业存在问题、影响"三资"企业共事的问题以及公证的范围、不公证的内容。在厦门期间,课题组还参加"厦门市法学会关于经济犯罪的法律问题"座谈会,主要讨论区分经济犯罪和经济纠纷的界限、经济犯罪案件的趋势。

通过这次考察,课题组的成员开拓了眼界,了解了整个沿海特区在经济领域特别是在合同领域里最新的动态、最新的问题,特区合同与内地合同、特区企业与内地企业的区别,悟出了计划经济体制与市场经济体制下合同的异同,汲取了许多新的养分、知识,不仅对完成这项课题研究起着特大作用,而且对以后的教学、司法实践工作都有很大的帮助。特别是对我而言,我本身就是从事合同管理工作的,对我这个初出茅庐的年轻人完成这个课题,起到了很好的保障作用。

记忆深刻，铭记在心

课题组七人考察，历时 20 多天，共计只花费 3 900 多元，而课题组多数成员都是年近花甲的法学老前辈，东奔西走搞调研，不辞辛劳，每到一地先安排好工作，白天访问、座谈，晚上就讨论研究，当时的旅途辛苦是可以想象的。在调查结束后，课题组成员回到上海各自的岗位，任务都很重，只能用业余时间对课题的内容进行思考，利用星期天开展讨论研究，根据课题分工，利用业余时间进行撰稿，在不到半年时间里共完成 25 万字左右的专著——《中国经济合同》。

虽然过去 20 年了，但对我来说却铭记在心，因为我经过这次课题研究的活动对我此后指导合同管理工作、如何防止利用合同犯罪、如何对待地方法规冲突问题、无效合同的确认、合同仲裁以及对我国合同条件的成立等等问题的处理都有很大的教益，并从中获得启迪。

我把这段经历告诉大家，一是因为当时在我们课题组的几位法学会老会员已经谢世，知道这段历史的人已经不多了；二是我能有幸参加这一课题研究，既说明了当时的学术氛围，也反映了当年法学会以老带新，为年轻的法学、法律工作者是如何创设平台、创造条件及环境的；三是当时开展研究相当艰苦，但为了法制、为了人民，不怕辛劳、不计报酬的精神是难能可贵的。这都是值得回味和大家深思的。

作为一个会员，我衷心地祝愿学会在今后的发展过程中越来越好、越来越兴旺！

在法学会的屋顶下

吴　弘①

　　在我国社会主义市场经济高速发展之际,迎来了上海市法学会成立 50 周年。我作为一名会员,有幸目睹了改革开放以来市法学会的快速成长;也通过担任金融法研究会的总干事,亲历了在市法学会服务法制建设的伟大实践。不论是凯旋路口的小楼,还是昭化路口的大楼,市法学会的屋顶下始终聚集着繁荣上海法学的主力队伍。能在市法学会的屋顶下,参与并促进法学研究、感悟并享受法学研究,自己感到十分庆幸。

　　我们有幸处在一个经济转型、社会变革、民主进步、法制发展、法学研究充满生机活力的新时期。在法学会,有理性争论、思想交锋、智慧碰撞;有许多的研究课题被提出、被探讨、被评审,因而也形成了更多的法治理念、思路、方案。法学会是法学界思想解放、理论创新、与时俱进的大讲堂,也是法学研究结硕果、出新人、显实效的大工厂。我感到,作为一名法学教授,参加法学会的各项活动,是增加了一条发挥法学知识特长的途径,添上了一份为依法治国添砖加瓦的责任。因为有空间、有感悟,所以我主动、频繁地出入在法学会的屋顶下。

　　法学是应用性科学,法学专业人员需要紧密联系和积极参与社会实践,将理论研究成果转化为生产力,并通过提供智力服务直接参加市场经济建设。法学会为我们提供了一个充分发挥聪明才智的实验室,一个联系实际、服务社会的渠道,一个参与改革、投身市场的阵地。法学会组织的各种咨询服务、案例讨论、实务研究,使我感到这里更能检验学术理论成果的成败,更能体现个人学识、见地、能力、修养的价值。我们金融法研究会的一系列活动,也更能直接服务市场经济大局、更能有效发挥法制的作用。当经过自己的努力工作,我们的

① 吴弘,教授,华东政法学院博士生导师,现为本会民法研究会副总干事、金融法研究会总干事。

研讨会引起媒体广泛报道、市场普遍关注时，我就会心怀满足感；当自己的观点能为人们所赞同、接受，为具体法律问题的解决提供路径时，我同样会有成就感。我会为社会、为市场经济做了一件实事而内心充满自豪与喜悦。因为有用武之地、有成功的享受，所以我们会自觉、自愿地出入在法学会的屋顶下。

对法学深怀眷爱的专业人士，自然就珍爱理论研究的环境氛围。我们争相来到法学会的屋顶下，是因为这里有更宽松和谐的人文环境、超脱功利与人事羁绊的学术氛围。法学会的屋顶下集聚着一大批法学专家学者，他们有着高超的理论水平和实践能力，具有高尚的社会公德和道德水准。法学会的屋顶下，能感受到轻松宽容、互相尊重的气氛，坚持真理、不断追求的精神，刻苦钻研、求真务实的执着。人们一起交流知识、学问、经验和心得，我从中学到了很多东西，也使我丰富了课题素材，开阔了理论研究的思路。受同行的信任，我担任了金融法研究会总干事的工作，为大家的学术活动提供服务，虽然在繁忙的本职工作之外又增加了一定的劳累，但我感到乐在其中。因为有快乐、有收获，所以我们会不计得失、不计报酬地出入在法学会的屋顶下。

我愿意继续在法学会的屋顶下，与大家一起实践，为进一步繁荣发展上海的法学研究而不断地努力。

难以磨灭的记忆

徐 飒①

  上海市法学会法学的学术活动在我的心中烙下了难以磨灭的记忆。在学会成立 50 周年喜庆日子里,历历往事涌现眼前,述其一二,以示庆贺和纪念。

  几十年来,上海市法学会以推进中国法治现代化为己任,紧紧围绕经济建设这个中心,服务于改革开放、发展、稳定这个大局,积极地开展各项活动,我与公司的同仁作为会员也参与其间,深为众多法学、法律工作者、学会领导的忘我的奉献精神所感动、吸引。于是,我们立足公司,在从事国企改革、资产重组、兼并收购、资本运营等评估实务操作的同时,积极参加由市法学会牵头或立项的课题研究。1993 年,我负责承接了浦东新区法制建设研究 8 个重点课题中的一个,六位课题组成员,团结一心、深入实际,经过半年的调查研究,在一年中组织了五次专题研讨会,较好地实现了课题的研究目标,终端成果——《浦东新区规划与城建管理法制化研究》,也于 1995 年刊入《浦东发展》杂志的法制建设论文专辑,对当时刚刚组建的浦东新区的城建、环保管理规范化,体现"小政府、大社会"的法治模式起到了一定的参考作用,受到了当时浦东新区城建、环保局领导李佳能同志及工作人员多次赞赏、表扬。这一课题的研究成功及其成果在实践中所起的作用,给我极大鼓舞和慰藉。1995 年我又邀约了科技法、民法研究会的一些专家、教授承接了上海市社会科学重点研究课题——《无形资产评估管理法制化研究》,在经济学家厉无畏教授,国资办主任、市法学会理事陈步林同志,建伟律师事务所主任朱树英律师等人的支持帮助下,召开了大小规模的专题研讨会 5 次,课题组深入到 30 多个单位作了调研、座谈,获得了大量的研究素材、资料及数据,丰富了开展研究的内容、层面,从而较顺利地写出了专题

---

  ① 徐飒,中国法学会会员,上海市法学会会员,上海市法学会科技法与知识产权研究会干事,上方无形资产评估公司董事长。

报告,准时地在 1996 年 12 月完成了任务,拿出了研究的终端成果。1997 年荣获了上海市决策咨询研究成果奖。1998 年,我和公司的同志又承接了上海社会科学"九五"计划重点研究课题——《国有企业资产重组规范研究》。在市法学会的领导下,在上海市高级人民法院傅长禄同志的关心、支持、帮助下,与政府有关部门协作,在 1998 年的一年里就组织召开了 3 次较大型的"上海市无形资产权益保护研讨会"、"商业企业的无形资产价值功能运用与保护研讨会"、"上海市防范国有资产流失的对策研讨会",不仅深化了学术研究的内容、提升了学术研究的质量,而且在推动经济体制转换、资产重组方面也起到了积极作用,获得了当时国有资产管理局长陈步林同志与有关方面的好评,为依法管理国有资产提供了有益的参考。

参加学会研究活动 20 多年和社会上的许多例证,使我逐步明白:社会变革、经济体制转换、市场经济的大潮不可避免地使人们心理产生了多元化的影响,因而,人们的社会公益观、道德观、生活观、价值观和价值取向五彩斑斓,一旦心理失衡,就有可能转化为危害社会的犯罪动因,这不仅是摆在社会学、心理学、教育学、医学界人士面前的新课题,也是法学界人士必须去研究和解决的新课题。于是 2005 年,在法学会领导史德保同志和科技法与知识产权研究会的关心、支持和帮助下,我公司成功地举办了 3 期"心理咨询师"培训班,结业的学员 120 多人已走向社会,不少人已成为心理援助的志愿者,为调节、矫治异常的心理、正确对待各种社会现象、缓解人们心理压力、择定价值取向、防治犯罪、保障社会稳定与安宁起着积极作用。我也因此更坚定了继续做好司法心理咨询培训的各项准备,做些力所能及的事,为法学会活动添上新章。

从我参加学会的几项研究活动,使我和法学会结下了不解之缘。我进一步体会到:有法学会创造的条件、有学会搭建的学术活动平台,就能把自己为实现"依法治国"这一崇高目标的心愿融入学会学术研究活动之中,发挥出团队力量,集思广益,为社会和经济发展作出一点有益的贡献,这就是我难以磨灭的记忆。

在庆祝学会成立 50 周年喜庆的日子里,我再一次深深地祝福学会更上一层楼。

值得回忆的一次论坛

孙育玮①

  2004 年 5 月 8 日，由上海市法学会和上海世博会事务协调局联合举办的"世博会与上海法治化论坛"，是一次非常成功的论坛。记得论坛开会的那天，天虽然下着雨，但赶来参加论坛的领导、专家学者、学界前辈、律师、在校研究生以及媒体的记者等多达五六百人，不但坐满了光大会展中心会堂的所有位子，还临时增加了许多座位，整整一天，气氛十分热烈。我觉得，这次论坛值得回忆的还不单单是它的盛况，更首先是在于它的内容和内涵。这次论坛，瞄准了上海当下发展最需要关切的大事，找准了"世博会与上海法治化"的对接口，围绕与世博会紧密相关的法律问题，展开了十分丰富、现实而迫切的内容，汇聚各方智慧、深入研讨和建言献策。这次论坛，从筹备到召开，再到后续文集的出版，体现了市法学会和世博局携手合作的开拓意识和求真务实的良好作风，为学会工作的不断进取积累了宝贵的经验。从当时和事后的反响看，这次论坛博得了社会各界的广泛好评，对推动世博会的相关准备和上海的法治化建设起到了十分积极的促进作用。

  这次论坛之所以值得回忆，另一个原因是它给我和我们的研究生提供了一次难得的学习机会，使我们都从中得到了锻炼和提高。我本人通过应邀参加论坛筹备阶段的座谈论证、承担一个问题的演讲任务和参加论坛征文的评审，特别是通过论坛本身的交流，从许多专家学者那里学到了很多东西，补充了自己以往知之不多、了解不透的方面，对于今后的教学研究和社会实践都大有帮助。我们的研究生不但通过聆听论坛专家的演讲，获取了大量的信息，开阔了知识的视野，而且通过积极参与论坛的征文活动，有 7 位硕士研究生的 5 篇论文，经

---

① 孙育玮，上海师范大学法政学院教授，法与社会发展研究所所长，本会法理法史研究会副总干事。

过反复地加工修改被选入论坛文集发表，使得他们在把专业理论知识运用于改革建设的实际和增强论文写作的能力方面都有了明显的提高和进步。这次学习机会取得的收获，对于我们今后如何通过努力提高导师自身和通过把研究生带到理论与实践对接的前沿，来提高研究生培养的质量，有着重要的启示意义。

　　总之，首次举办的"世博会与上海法治化论坛"，不但在市法学会50年的历程中留下了可书的一笔，而且在我和我们学生的个人经历中也留下了难忘的一页，它值得我们去回忆。

"青年法学沙龙"纪事

江翔宇①

从 20 世纪末开始,上海的法学院校和公检法司等部门引进了大量的高层次法学人才,据不完全统计,上海的青年法学博士已经近百位,但是他们相互之间的联系很少。学会领导认为法学会作为人民团体,应该为青年人搭建相互认识和交流的平台,如此可以提高学会的凝聚力,进而振兴上海的法学研究。常务副会长史德保同志特别要求机关的青年干部把这个平台尽快搭建起来,并给予了充分的关心和支持,多次与会勉励大家。

2003 年 12 月 29 日晚上,学会组织了第一次上海青年法学法律工作者联谊活动,近 40 位青年法学博士等参加。当时气氛十分热烈,青年学者们进行了充分的沟通和交流,大家都认为法学会搭建的这个平台十分必要而有益。2004 年,学会又组织了赴新昌的第一次短途集体联谊活动,有近 30 位各院校、单位的青年骨干参加。从 2005 年开始,我们开始组织青年法学沙龙,迄今已经组织了 7 次活动,取得了良好的成效。

青年法学沙龙组织的活动形式迄今为止主要有:

1. 纯联谊的聚会。如新年聚会等,参加人数一般在 40 人以内,主要是为大家提供一个相互认识的机会,促进学术上合作,同时使大家对法学会的情况有较深入的认识;学会可以借此机会介绍学会每年的工作情况和工作计划,听取青年人对法学会工作的意见和建议。学会 2005 年的青年课题即是采纳了青年学者的建议,一定程度解决了广大青年学者申报课题难的问题。

2. 短途集体活动。每年组织一次,每次 30 人以内,人员基本上不重复。对青年人,短途活动是最能增强凝聚力的活动,组织一些青年法学精英进行这种活动能够在很短的时间让大家对法学会形成归属感,同时如果能够结合一些

---

① 江翔宇,法学硕士,本会研究部干部。

有意义的主题效果就会更好。2005年7月,结合抗战胜利60周年,我们组织了20位法学博士到南京瞻仰大屠杀纪念馆,听取国际法专家的讲座,并得到媒体的支持。

3. 青年学术沙龙。学术沙龙以我为主,经常和研究会或者其他院校、实务部门联合,抓住热点问题讨论。如与商法研究会共同组织,以"转型时期政府在商法运作过程中的定位和作用"为题进行讨论;与上海世博会事务协调局法律部联合组织了"世界博览会标志保护中的法律问题"学术沙龙;与律师协会等联合组织"世博会标志许可经营法律问题研究"学术沙龙;与交通大学法学院联合组织"松花江污染法律问题研究"学术沙龙;与外贸学院法学院联合组织"国有商业银行股份多元化法律问题研究"学术沙龙等。新闻媒体的青年记者也踊跃参加。每次活动都吸引了上海相关领域的几乎全部青年专家,搞一次沙龙就是一个专业的青年精英会,对他们今后开展学术合作帮助很大;同时每次沙龙都邀请了相关学科的权威学者或者研究会总干事,如顾功耘、吴弘、张梓太、陶鑫良等著名专家都曾与会指导。大家对沙龙和实际部门联合反映也很好,既为青年学者提供了一手资料,又为实际部门提供了思路和理论支撑。另外,实务部门也解决了沙龙的部分经费问题。

青年法学沙龙定位于发挥法学会的学术团体优势,凝聚上海的青年法学精英,搭建相互了解、联系的平台,促进上海广大青年法学法律工作者之间的学术交流和互动,反映青年群体对国家社会重大问题的关注和声音,繁荣法学研究,推进依法治国。具体来说,就是要通过搭建平台的方式,达到4个促进目的:

1. 促进青年法学法律工作者之间的交流。近年来,上海法学法律界培养、引进了大量法学博士、硕士以上的高层次人才。据不完全统计,上海的法学博士已达数百位,广泛分布于院校、公检法司、律师界、企业界,但由于各种原因,他们相互间的交流和沟通比较少。青年法学沙龙要促进他们之间的沟通和交流,并在此基础上繁荣法学研究。

2. 促进青年学者和实际部门、新闻媒体的沟通交流。政府部门和政法部门有大量的具体问题需要法学研究的理论支撑,而青年学者都有较强的研究能力和相对充裕的时间,但是青年法学学者往往囿于自身年轻,参与研究机会不多,青年法学沙龙提供了两者互动的平台。同时,青年法学沙龙注重寻求新闻媒体的支持,各种活动都主动邀请新闻媒体参加,尤其是新闻媒体的青年记者。

这样,第一可以让他们更加了解法学会,在此基础上充分报道法学会的活动;第二为新闻媒体提供了大量有价值的新闻点,很多学术沙龙都被与会记者主动报道;第三为新闻媒体和青年学者之间提供交流渠道,特别是为青年学者提供一个和公众互动的宣传机会。

3. 促进青年法学法律工作者围绕正确的研究方向开展研究。青年是法学研究的未来、繁荣兴旺的希望,法学会作为一个人民团体有责任把大家团结凝聚在正确的指导思想下开展法学研究。上海从事法学法律工作的青年人至少有几千位,但是其中的骨干或有号召力的精英主要是几百位博士层次的青年专家学者,法学会抓住他们,就可以凝聚号召一大批青年法学法律工作者。目前青年联谊会活动的主要参加者是这批精英,同时我们兼顾各方面的青年法律工作骨干。

4. 促进青年法学法律工作者更加关注社会的热点、焦点问题。作为一个群体,拥有数量庞大的高层次人才,他们有着自己独到有益的法律观点和意见,他们对一些国家和社会以及法学法律界的重大问题进行研究,发出应有的声音,一定会起到呼吁、帮助的正面作用。目前学术沙龙的主题均不是纯理论的问题,都是紧密与社会的热点、焦点问题结合,因而受到了各方的欢迎。

青年法学沙龙作为一个新生事物,在学会领导的大力支持下,在具体组织者的精心策划下,在上海广大青年法学法律工作者的培育下,正在茁壮成长,受到各方的肯定,很多青年学者主动要求参加。著名法学家江平教授在了解“青年法学沙龙”的活动之后,欣然题词勉励,使组织者甚为欣慰。借此文,恳请各方能一如既往地关心、爱护青年法学沙龙,使她为繁荣上海的法学研究作出更多的贡献。

群策群力，艰苦创业

——上海市法学会会址变迁纪事

王木根[1]

上海市法学会成立时，办公地点设在华东政法学院，1960年迁往淮海路市社联院内，1982年又迁回华东政法学院，1984年在淮海西路中南新村内借了3间房子，不久，房东天天逼着要学会退房。李庸夫同志担任学会会长后，对学会办公用房问题十分关心，于是，他亲自带着学会其他领导找房源，先后看了淮海西路、陕西南路、复兴中路多处房屋，但终因要价太高，无法谈成。之后，他又指示马锐同志写报告请示市财政局同意在徐家汇天华招待所租用了3间房屋，作为临时办公之用。一天，李庸夫会长在找房过程中看中了凯旋路1616号一幢西班牙式小平房，房主是位老法学界前辈遗孀，房屋破旧不堪，房主提出要求得款人民币40万元，其中20万元是现金，另20万元为她购买3套两室一厅的住房，并提出自己年事已高，要设法为她去外地的儿子和儿媳调回上海并报进户口。当时学会的同志深感困难很大，40万元在当时不是一个小数，解决户口和工作又是一个难题。但李庸夫会长一口允诺，他一方面要学会报请市委政法委购买此房，另一方面亲自落实置换房源。不久他告诉学会领导仙霞路已有两套房屋，每套两室一厅，人民币6万元一套，另一套请有关单位帮助解决；户主儿子的工作问题也已安排妥当。接着，市委政法委领导石祝三同志对学会购房的申请作了批示，认为学会办公用房困难是明摆的事实，经报请时任副市长的叶公琦同志同意后，由市财政局作为特殊问题予以解决。李庸夫同志要求学会立即帮助房主搬迁，并在办妥手续后立即拆除予以重建，争取在1989年一季度完成。学会同志一方面感到鼓舞，另一方面又觉

---

① 王木根，本会副秘书长兼办公室主任。

得犯难。短短几个月，学会本身人手就这几个，又没有懂得造房子的人。经与市检察院商量，借调了该院许根生同志前来帮忙。李庸夫同志又请来了为政法干部管理学院设计房屋的王茂松工程师进行新办公房的设计并指导施工。

诚然，在短短的 3 个月内要完成一幢三层楼的新办公用房，困难是不少的。但由于李庸夫会长直接关心，大家信心倍增，学会机关也积极努力。经杨浦区检察院有关领导帮助，很快搞来了本来需要几个月预定才能买到的水泥预制板；通过有关部门从某船厂无偿借来了大吊车；买房款刚到位，但造房款却分文全无，学会的陶怀龙、陈申等同志拿出了他们兼职律师办案的收入支付各种造房费用；当时正逢春节，工地民工回家过年，不能按时回沪上班，马锐同志亲自与许根生同志驱车去溧阳，挨家挨户动员民工回城。但是麻烦还是一个接着一个，隔壁居民认为房屋影响他们采光，阻止施工。一场大雨又淹没了工地。学会领导和干部不论白天黑夜赶赴现场协调。为了省钱，马锐同志带领干部还亲自拉劳动车运送建筑材料。汗水湿透了羽绒衫也在所不惜。经过大家共同努力和各方支援，有 600 余平方面积和一个小院的办公用房终于在 1989 年 3 月落成了，挂上了上海市法学会会馆铜牌。学会向检察院借来了一部大卡车，机关的男女老少一起上阵，花了半天时间把学会的资料、办公用品全部都搬进了新的会馆。

1989 年 4 月，学会第一次在自己的会馆里举行了常务理事会。随后，李庸夫会长也在新的办公楼接待了美国前副总统蒙代尔律师率领的美国律师事务所代表团。此后，学会各学科研究会的活动也频频在新会馆举办，学会的大部分活动都在这里进行，会员们高兴地说："现在，学会真正有了自己的家啦！"

1998 年因市内轻轨交通建设，会馆划入动迁红线，进行市政动迁，学会搬到何处去呢？倪鸿福会长不顾自己身体不好，为解决学会的新址而东奔西走，经过一番努力，学会以原房置换出 450 余万元，加上市委领导批准拨款等，就购置了学会现有昭化路 2 500 平方米的五层新会馆，建设起开展学会活动的新场所。

回顾学会办公用房和会址变迁的经历，我们深深感谢市委、市府、市政法委领导对我们学会的关心、支持，感谢各部门的无偿支援。忘不了李庸夫、倪鸿福会长的魄力和支撑，也忘不了以前在学会机关工作的领导和干部艰苦创业的精神。经历 50 年的变化，原几处办公用房也许已不存在，但学会上下齐心协力、艰苦创业的精神，却给后来者留下了美好的回忆，给后来者以鞭策和鼓舞。

法学会二三事

史德保[1]

2003年7月,市法学会换届,我继续担任法学会副会长,并主持法学会的日常工作,至今已整整3年了。在这3年中,在市委和市委政法委的领导、市司法局的关心下,学会领导班子和机关全体同事,协力同心,在沈国明会长的带领下,工作局面有新发展。现把我在学会经历的二三事记述如下,便于大家了解事情的来龙去脉,从而把这些带机制性的工作坚持和发展下去。

1. "世博会与城市法治化"论坛。2003年第四季度,经过几个月的调查和思考,我们在会的几个同志有一个共识,学会一年要抓几件有影响的大活动,多抓不行,看准了抓它二三件。几经斟酌,认为2010年上海世博会是攸关上海的一件大事,法制的配套十分重要。最后确定以"世博会与上海城市法治化"为题,在2004年举办一次大型论坛,并很快着手拟订了论坛讨论问题的初步提纲。为求得世博举办当局的认同,我们找了世博执行局副局长周汉民教授,一拍即合,得到周的首肯。然后,我与易庆瑶同志又约见副市长、世博执行局局长周禹鹏。他无保留地表示支持,世博局可以出力出钱,还当着在座的几位世博局领导说,办世博不光是政府的事,我们要善于运用和支持社会各方的积极性,上海法学会这一建议就是很好一例。经过半年的紧张筹备,动员了上海法学界、法律界诸多学科骨干和专家的参与,2004年5月4日,论坛在光大会议中心亮丽登场。我用"亮丽"这个词,无非想说这次论坛是成功的,它规模大,500个座位的会场,挤满了近600人;规格高,中国法学会会长韩杼滨、上海市委副书记刘云耕、副市长周禹鹏都到会并讲话,上海诸多知名教授、学者、律师、法官都到会并踊跃参与论坛专题的讨论;准备充分,从会场布置、会议资料到会议用

---

[1] 史德保,曾任中共上海市委政法委员会秘书长、上海市人大内务司法委员会副主任委员,现任上海市法学会常务副会长。

的一支笔、一张纸,都透出精心设计、周密安排的用心,法学会机关人员全体出动,经受了一次办大型活动的锻炼;更重要的是,这次论坛的学术含金量较高,特别是关于世博标志保护的立法建议受到了领导部门的高度重视,不到一年,国务院出台了相关行政法规,世博不搞特事特办,要依法办博等许多新观点,得到 70 多家媒体(包括部分境外媒体)长达 3 个多月的连续报道。

2. 课题。为了制定 2004 年的工作计划,2003 年底,我与薛明仁、易庆瑶、钱富兴四人,各带几位同志,分头到政法部门、政府有关部门调查研究,听取意见。最终,集中了 30 多个问题,为制定 2004 年工作计划奠定了基础。与此同时,考虑到法学会也是个学术团体,为了调动广大会员学术研究的积极性,学会拿出一点资金,组织课题研究是必要的、值得的。沈国明同志提出可以公开招标。这样,以调查后集中的几十个问题为主,制定了招标课题。经学术委员会讨论,最后确定了 17 个课题。2004 年初,经过公开招标,确定了 17 个课题的中标人,召开了隆重的开标大会,签订了课题中标协议。从此,每年年初发布研究课题,成了法学会的一项工作惯例。2005 年确定 6 个重点课题、10 个青年课题(青年课题自选课题内容,亦经学术委员会评审立项);2006 年确定 5 个重点课题、10 个青年课题。

3. 订单课题。课题研究的成果,往往洋洋数万字,有一定的学术价值和实用价值,但不少偏于空洞,言之少物。在研究 2006 年的工作安排时,我提出要搞订单课题。这对法学会来说,也算一个新理念,其实不算新,农业不是有订单农业嘛!我想,深入实务部门,请他们提出需要解决的问题,把这作为研究课题,组织学者和实务部门的同志一起研究,写出课题研究报告,或许针对性、实用性更强些,还可得到一定的经费支持,应该是个多赢的事。2006 年得到初步落实,从市委政法委、政法部门、人大法工委和政府有关部门拿到一些课题。此事方向不错,但在实践中还有待坚持和发展。

4. 上海法学家论坛。时下论坛繁多,真正有较高学术水平、又能解决现实问题的,可能不是多数。我考虑可以专设一个相对固定的"上海法学家论坛",其初衷有三:一是推动上海法学研究的学术水平,论坛设置的底线比较高,要有一定学术价值的论题,或者有较强应用价值的内容,同时,着眼打破上海法学界缺少与外界沟通的某种自闭倾向,提出论坛要有外省市,甚至境外、国外的同行参加。二是调动各研究会的积极性,论坛内容基本上由他们提出,法学会给予适当经费支持,采取评审立项的原则,确定论坛举办单位。三是立足于创新一种法学会牵头的研究机制,真正起到学会组织、推动法学研究的作用。从已经举行的 2 次论坛看,一次内容为上海近代法文化,一次为土地问题,分别由比较法研究会和农村法制研究会具体筹备,举办得都相当成功,达到了预设的要求。

5.《东方法学》。这一届学会工作从起步始,我们的工作日程上就有一项重点的事,即申办一本公开的法学刊物。尽管我们尽了九牛二虎之力,但很难如愿,至今看不到希望。在此情况下,我们想另辟蹊径,搞以书代刊。经过几度设想和研磨,最后定下搞一本《东方法学》。2005 年下半年开始筹备,直至 2006 年 5 月初,终于出了第一期。这本书定位定得高,要立足上海、面向全国,办成有较高学术水平的全国性法学读物,为了实现这个宗旨,保证名家的稿源十分重要,这需要有外力的支持。为此我们曾经浪费了一段时间,法学会的几位领导,曾经分头与全国相关学者联系,向他们约稿,结果成效甚微。后来逼着我跳出一个念头,何不就近取材,把中国法学会的《中国法学》杂志拉进来,与我们合作办《东方法学》。我去了一趟中国法学会,十分顺利,中国法学会的会长和几位副会长都支持我们与《中国法学》杂志合作。后来与《中国法学》杂志两位主编、副主编一谈,也很投机,不久便签下了合作协议书。从《中国法学》杂志来说,多了一个品种,又不花钱;从我们说,有了稿源的支持和办刊经验,是一种双赢的事。从第一期《东方法学》的内容看,各方反应看好,品位高、起点高,问题是如何持续、如何办出特色。

6.《上海法学文库》。在北京召开中国法学会常务理事会期间,华东政法学院院长何勤华同志向我建议,法学会要为青年法学研究工作者出专著提供方便和资助,他还以自己第一次出书得到资助的深刻感受加以印证。这对我是个启示,希望在青年,上海法学研究水平的振兴,长远看更应看重青年。于是,我们决定办《法学文库》,为青年法学工作者出书提供平台。做好这件事是值得的,我们也有条件做,虽然经费不宽裕,每年挤出十多万元钱来办这一专著丛书还是可能的。在商议这件事时,也有不同看法和担心,上海社科基金中有笔钱专门用于支持青年作者出书,我们这样做有必要吗? 但经再三考虑认为,法学在社科基金中不是一个重点,而且专著水平的提高有个过程,我们如果认真提倡、引导,坚持做下去,也可能带动起上海学者,特别是年轻学者沉下心来做学问的兴趣。实践在先,评价在后。2005年《法学文库》发出征文启事后,第一年出了8种,总体水平可以,有些属填补国内研究空白。遗憾的是青年人还少,但出了社科院法学所刘长秋这样的青年典型,他一口气出了专著和合著4种。2006年申报者比较踊跃,经评定,符合要求的也有8种。

7. 青年法学沙龙。在多次座谈会上,年轻人特别是从北京等外地"移民"来的,对上海法学研究某些方面的风气颇有微词,感到互相很少往来,缺少沟通、交流。我到法学会工作之初,发现法学会办公楼底层有个会员沙龙,条件不错,但几个月没见有人使用。我萌发一个念头,何不动员青年人来活动,一二十人,围成圈子,喝杯清茶或咖啡,自由地作些交流,也可就一个热点问题开展不拘程式的讨论,既是学术漫谈,也是青年联谊。这一想法,首先得到江翔宇等机关年轻人的呼应。他们动作很快,不几天就组织了类似活动,二三十人,坐满一屋,气氛热烈,参加者有院校青年博士、硕士,有政法和其他实务部门的法官、律师、机关工作人员等。现在,这一活动已有青年法学家联谊,发展为青年法学沙龙;活动内容也从一般联谊到有所准备地议论一个法学专题,特别是近期法律热点,活动中形成的学术火花和成果,屡屡见诸报章。可以说,这一新事物已经受到上海滩上青年法学、法律工作者普遍的欢迎,成为法学会活动的一个品牌项目。

8. 借助外脑。法学会机关20个编制,人力有限,而且在我们现有队伍中,真正精通法学又有组织能力的极少,这往往使我们在组织和评价有关学术研究活动时感到尴尬。我想,请几个学有所长、又热心法学会活动的同志来机关兼个职,譬如担任副秘书长,主要在学术上为我们出点子,把个关,应该是于我于他都会有益处的。与有关院校领导商量后,他们都很赞成,并慷慨地推荐了人选,就是上海政法学院的汤啸天和华东政法学院的井涛,从2004年起,来法学会兼任副秘书长。几年下来,我们尝到了甜头,大大弥补了我们学识和能力的不足,他们也与法学会结下了感情。此后,我们又增添了市检察院刘晓明、市委政法委王福明等同志来机关担任副秘书长,也使我们如虎添翼,加强了领导力量。

9. 配强领导班子。学会经常到会工作的副会长,大多是已经从工作岗位退下来的老同志,这样结构的领导班子与工作要求很不适应。2004年,中央政法委下发了一个加强地方法学会建设的文件,要求加强法学会领导班子,中国法学会为此还专门行文,很具体地提议要有 2～3 名局级驻会副会长。2005 年 8 月,刘云耕、吴志明同志视察法学会,我们提出要配强法学会领导班子,他们很支持。随后,市委政法委向市委打了报告,云耕同志很快作了明确的批示,王安顺同志也批示责成组织部、人事局有关领导研究处理。但一晃半年过去了,不见音讯,而且据传,有关部门在研究中看法不一,我想,虽然市委有关领导和市委政法委等领导十分重视和关心,但如果这样下去可能形成久拖不决,甚至不了了之的结局。抱着对事业负责、对后人负责的态度,我们再次向有关部门反映,以至我与钱富兴同志以我们个人的名义,向市委组织部主要领导和市委领导写信,申述法学会应该配备局级驻会副会长的理由。给市委领导的信是在 2006 年春节前的小年夜发出的。春节过后不久,终于得到解决的回应。经市委常委会讨论,市委在 2006 年 2 月 28 日发出了关于任命徐庆镇同志任上海市法学会专职副会长的批复。市委组织部在为市委代拟批复时,本有一句话,"今后市法学会设局级专职副会长一名"(大意),后考虑行文的规范,这句话拿掉了。市委政法委同志告诉我,市委组织部同志在电话中说明,这一意见仍有效。故立此存照。

不辱使命,继往开来

沈国明①

2003 年,在上海市法学会第八次会员代表大会上,我当选会长。任会长之职,我感到很荣幸,但是,更感到责任重大。在我之前,历任会长或是经历过战争洗礼的老革命或是统领全市政法工作的负责干部,他们德高望重,是我崇敬的前辈。与他们相比,我真没什么可骄傲的资本,因此,唯有认真履职,做好学会工作,才能不辜负党组织以及广大会员的信任和期望。

市委副书记刘云耕,市委常委、市委政法委书记吴志明等领导与学会八届会长、副会长座谈合影

作为一名法学工作者,我的知识结构和经历使我对我国的法制建设现状有一定的了解,也怀有法治的理想,希望自己能够为推动我国的法治进程尽一份

①　沈国明,上海社会科学院副院长,上海市人民代表大会法制委员会副主任委员、常务委员会法制工作委员会主任,本会会长。

力。正是出于这样的想法,我接受组织的安排,走出社科院去直接从事地方立法工作。我的主要工作岗位在市人大常委会下的法制工作委员会。当年彭真同志主持国家立法工作时,他觉得,要搞好立法,需要一个专业性强一些的"苦力"班子,法工委就是这样一个"苦力"班子。我在人大曾经给我们这个机构的同志定位,我说,法工委的同志是专业工作人员、幕后工作人员。大家都认可这样的定位,对于加班加点习以为常,对于名利看得较淡。有些人曾问起我,你怎么来法工委工作? 我说,这工作不是我挑选的;能对法治建设起点作用。其实,承担法学会的工作,也是本着这种想法。不过,对于做好学会的工作,似乎自信心更足些。

我说有自信心是有依据的。首先,有各级领导的支持。这两年,学会围绕贯彻落实科学发展观、构建和谐社会、循环经济、世博会、亚太法学交流等专题,组织过多次大型的学术会议,韩正、龚学平、刘云耕、吴志明、周禹鹏、厉无畏、朱晓明、周太彤、严隽琪、谢丽娟等市委、市人大、市政府、市政协领导分别出席了这些会议,给会议以很大支持,他们的发言对促进学者思考问题、深化研究很有作用。市领导也对学会上报的一些研究成果和信息作批示,使得学术成果能发挥更大的作用。市委和市委政法委的领导对学会工作非常关心和支持,对学会的实际困难都千方百计加以解决。刘云耕、吴志明以及政法系统的领导都曾来学会视察、调研,对学会的工作做指示,并解决学会发展中的问题。我清楚地记得,市委副书记刘云耕同志在听取我代表学会做的工作汇报后,提出两个问题:法学会发展的瓶颈是什么? 法学会的核心竞争力是什么? 虽然这两个问题所涉及的内容,我和几位副会长都不会一点都没有考虑,但是,当时我对这两个问题的回答并不系统。事后,我们作了认真的梳理,因为大家认识到,回答好这两个问题,对于学会的发展太重要了。对学会自身认识不清,所作的决策就可能有误,"以其昏昏,使人昭昭"是不可能的。各级领导还为学会解决了一些具体困难。就拿最近确定专职副会长的职级一事来说,如果没有市委领导和市委政法委领导的明确指示,这个问题的解决还将延宕。熟悉行政学的同志都会理解这个问题的解决对于确立学会地位的重要性,以及解决这个问题的难度。

其次,有中国法学会的支持。这两年中,中国法学会会长韩杼滨、党组书记刘飏几次来学会视察、检查工作,为学会的发展提出了很明确的意见,并帮助解决了一些学会发展中遇到的问题,还促成了我们与《中国法学》的合作,使《东方法学》顺利出版。中国法学会副会长罗烽、孙在雍、宋树涛等都来学会指导过工作。一些大型学术会议以及国际会议的成功举行、长三角法学论坛的制度化、学会机关建设的进步,都是与中国法学会的支持与帮助分不开的。韩杼滨会长对我们加强应用法学研究给予肯定,他同时希望我们按照民主法治、公平正义、诚信友爱、充满活力、安定有序、人与自然和谐相处的要求,切实做好有关构建和谐社会方面的课题,并把推进长三角法治协调发展,放到国家改革开放大格局的高度加以认识。所有这些,对提高学会工作水平和工作质量是有重要意义的。

第三,有老前辈的支持和帮助。过去,上海法学界在全国同行中的地位是很高的,这与前辈法学家、政法工作者的贡献分不开。至今,上海政法界的老前辈,对上海的法学研究和政法工作仍怀有深厚的感情,对法学会也关怀备至。前年初,我们向老同志报告工作时,杨堤同志问起上海法学在全国的地位。我说比不过北京,有很多方面还比不过武汉等地方,与上海经济在全国的地位并不相称。杨堤同志很仔细地听后,要求我们认真组织力量研究一下原因,一定要把上海的法学理论研究搞上去。尽管感到压力很大,但是听到老领导的嘱咐,我们还是很受鼓舞。事后,我们组织力量对这个问题进行了分析。目前,情况正在朝好的方向发展。其他老同志只要遇到我们,也都会问及学会的情况。他们的关心,使我们很感亲切和温暖,也感到是在不断地增加动力。

第四,有学会领导成员的真诚合作。学会党组成员、各位副会长都是一方"诸侯",大都有叱咤风云的经历,但是,在学会,他们都表现出积极的合作精神。相对于其中的很多人,我是后辈,但是,他们对我有足够的尊重,让我在这个环境里能充分施展、心情舒畅。大家的愉快合作,使我们确确实实地做成了很多事,推进了学会工作的开展。对于这一点,我想,广大会员是会认同的。我要特别感谢史德保同志。他作为党组副书记、常务副会长,坚持坐班,处理学会的日常事务,为解决一些难事,不顾劳顿,四处奔走,可谓践行"三个代表"重要思想,真正体现了共产党员先进性。在他的主持下,学会工作人员的工作质量有很大提高,他们承担的事务性工作,保证了学会的日常运行和各种活动的开展,几次大型活动都受到各方的好评。易庆瑶副会长带头搞社会救助问题的调查研究,薛明仁副会长为启动长三角法学会的合作,繁忙地奔走于苏浙各相关城市之间,每想到他们两位的去世,我内心都有愧疚之感,总觉得当时对他们的关心不够。

第五，有广大会员的参与和支持。我概括一下，学会至少有如下作用：学会是进行学术交流的平台，是展示研究成果的窗口，是汇集学术动态的信息源，是连接院校与实务部门的纽带，是开展对外交往的渠道，是促进沟通和理解的会员之家，同时，还是党和国家机关的智库。但是，我们也认识到，如果没有会员的参与，上述作用一个都不可能发挥。因此，我们注意发挥会员的作用。从制定年度工作计划，到举行规模不等的会议，都注意会员的参与程度。现在，每年的工作计划，在汇集各专业研究会意见的基础上，都要听取和吸收理事及部分会员的意见和建议，通过民主的方式，加强了计划的科学性和可行性。我们的总体思路是，每年集中办好几项大的学术活动；充分发挥专业研究会的积极性；对于好的创意，只要条件许可，都尽可能采纳并给予支持。现在的上海法学家论坛、各专业研究会的学术活动已经趋于日常化，并有了一定的社会影响，会员的参与程度也是很高的，有几次会议都是临时加位子才满足需要的。

第六，社会对法学和法律有着旺盛的需求。法制建设与国家的前途命运休戚相关。国家要实现长治久安，法制必须健全并得到有效执行。建国50多年的历史，从正反两方面证明了这一点。现在，我国的社会主义法律体系已经基本建成，有力地保障了改革开放和经济社会的全面发展。为了实现"依法治国，建设社会主义法治国家"这个目标，还需要创建一些新的制度，并对现有的一些具体制度进一步完善。因此，法学工作者和法律实务工作者还有许多课题需要研究；此外，如何使法律都得到有效执行，更是法学研究永恒的主题。因此，广大法律工作者有着广阔的研究空间和施展的舞台。只要我们以国家兴旺为己任，牢记执政党的使命，直面社会、直面矛盾，就会有做不完的题目、做不完的事。

汪道涵同志病重时，社科院的领导班子成员去看望他，也祝贺他的90寿辰。那天，他对着这几位同志说，我是过气之人，你们是过渡之人。我觉得，他对自己的评价过谦了，因为他直到生命的最后一刻，仍对台湾海峡两岸关系产生着重要影响。而他对我们这班人（其实是我们这代人）的评价却是很到位的。

我们这代人成长于法学重建和恢复的时期。20世纪70年代末，图书馆里只有50年代前期的法学类教材，鲜有可称得上专著的新中国的作品；专业工作者中，受过系统法学教育的也不多。记得80年代初，上海社科院法学所编译的

12 本《国外法律知识译丛》,虽然只是介绍了国外法律基本知识和基本理念,但是对法学界却产生了振聋发聩的启蒙作用。这说明,当时的法学已经与时代、与世界脱离得太久远了。如今,法学图书汗牛充栋,能直接阅读国外文献的学者也不在少数,从事法学专业工作资格门槛越来越高,法学的飞速进步由此可见一斑。

21 世纪的中国,将是法治的时代,新一代中国人将用对现实社会的理解来丰富社会主义法治理念,并将法治理念用来改造世俗的社会生活。在过去的 20 多年里,我们这样做过,取得了一定的成绩。作为"过渡之人",我希望从老一辈手里承接的事业能够延续,也希望自己能踏着时代的节拍,与时俱进,不断开拓创新,为全面建设小康社会、构建社会主义和谐社会贡献一份力量。我对前景持乐观的态度,我相信,我们的事业还将持续,我们的后继者基于他们的代际责任,一定会造就更多的发展和进步。

· 成就篇

平台 学会以论坛、研讨、书刊等多种形式，吸引、凝聚会员，培养、锻炼人才，为繁荣法学研究搭建平台。

1956 年，我国生产资料私有制方面的社会主义改造基本完成，中国共产党第八次全国代表大会发出了加强人民民主法制的号召，确定了"百花齐放，百家争鸣"的方针，吹响了向科学进军的号角。上海市法学会应运而生，并投入工作，团结全市法学界、法律界人士开展的各项学术研究活动蓬勃兴起。然而，好景不长，反"右派"及反"右倾"运动接踵而至，"左"的思潮、法律虚无主义泛滥，致使方兴未艾的法学研究遭受沉重的打击。1966 年开始，一度重现生机的法学学术研究活动也被"文革"这场浩劫打压殆尽。值得庆幸的是，"野火烧不尽，春风吹又生"，在经历了十几年的磨炼之后，上海法学界、法律界人士，在党的十一届三中全会的春风吹拂下，更坚定了探寻法治的决心和勇气，趁着改革开放的大好时机，大踏步地前进。学会和各学科研究会为了法学理论的发展和创新，坚持理论联系实际，坚持服务大局，围绕"发展社会主义民主、健全社会主义法制"和实现依法治国的主题，勤奋地探索、创新，结出了累累硕果。

　　为了反映这一成就，本书将《学会成立 50 年来上海法学界主要的重大学术议题及成果》、学会的学术研究、对外交流、法制宣传、法律服务四个方面的主要活动纪实编纂起来，从中可以清晰地看到：学术研究活动的深化和发展是同我国法治的进程同步的；学会的生存和壮大是同法学学术研究活动的繁荣联系在一起的。

学会成立 50 年来上海法学界主要的
重大学术议题及成果[①]

自 1956 年 12 月上海法学会成立至今的 50 年期间，上海市法学、法律界人士对一些重大法学学术议题进行讨论和研究，取得了一系列成果。主要有：

1. 关于法的阶级性和继承性的争论

1956 年 12 月，杨兆龙先生在《华东政法学报》第 3 期发表《法律的阶级性和继承性》一文，首先提出"并非一切法都有阶级性"的观点，认为任何法律的形成和发展都有不可分割的联系。该文发表以后，以京沪为主要阵地引起了全国性的大讨论。上海法学会为此专门召开两次学术讨论会。中国政治法律学会在北京也召开了 3 次讨论会，并分组进行研究，参加的有著名法律学者 60 多人。复旦大学、北京大学、北京政法学院（后改名为中国政法大学）等高校也组织了专门的热烈讨论。《法学》、《政法研究》、《政法》双周刊、中央政法干校《教与学》、《新建设》、《教学简报》、《新闻日报》等都陆续刊登了关于法律的阶级性与继承性讨论的论文。先后参与讨论的文章有：李良的《"百家争鸣"和法律科学》、刘焕文的《在"百家争鸣"中谈旧法思想》、陈文彬的《在"百家争鸣"中谈两个问题》、韩学章的《新法学不是"旧法学"的简单继承者》、周原冰的《如何对待法学遗产》、洪文澜的《把"旧法"和"旧法"思想区别开来》、王治安等的《难道"旧法"思想可以吸收吗》、孙晓楼的《关于中国法学遗产问题的看法》、杨峰的《关于法学遗产和接受"旧法"思想问题的看法》、俞承修的《对在法学中贯彻"百家争鸣"的一些意见》、张晋藩的《关于法的阶级性和继承性的意见》等。大家争论的问题主要有：[②]

（1）关于法和经济基础的关系问题。一种观点认为，法律是受经济基础最

① 本文系由穆中杰写出初稿后，经《岁月》编纂组整理而成。穆中杰，华东政法学院法律史专业 2005 级博士研究生。

② 参见梅耐寒：《关于"法的阶级性和继承性"的讨论》，载《法学》1957 年第 2 期第 28～30 页。

终决定的,但政治、文化等因素对法律所起的作用很大;法律和经济基础的关系是互相制约、互相影响的,在某种历史情况下新的统治阶级是先建立了统治权以后才建立了它的经济制度;法律在其表面上看来,是经济制度的产物,但从实质上看它是在新的经济制度建立以前就早已有其思想根源的。另一种观点认为,政治与法律都是由经济基础决定的;法是被奉为法律的统治阶级的意志,它是由统治阶级的物质生活条件所决定,当这个阶级在经济上和政治上占据统治地位时,为了维护本阶级的利益,便将本阶级的意志通过国家制定为具有普遍约束力的法,以维护统治秩序;革命胜利的阶级根据社会发展的要求,有着摧毁旧经济制度、建立新经济制度的意志,在政权建立后就制定自己的法律来建立、保障、巩固和发展这一基础,但人们的意志和要求仍然是一定的经济关系和经济条件所决定的。

(2) 关于什么是法的阶级性和是否存在没有阶级性的法律。一种观点提出,法律规范按其性质来看,可以分为主导性的和辅佐性的两种,主导性规范往往只能用于某一个特定阶级社会,而辅佐性规范却可以用于各种不同性质的社会,如社会主义国家关于共有财产制的法律规范是主导性的,而关于保护共有财产制的方法的规范是辅佐性的;如果将前者废除或加以基本改变,则社会主义的法律将失去其社会主义的特点,如果将后者删去或吸取资本主义国家法律规范以代替之,则就不一定发生这么大影响。另一种观点不同意这种看法。这种观点认为,考察法律的阶级性不仅应该从统治阶级制定的法律条文上去看,而且还应从一个法律的内容、制定和执行的整个过程来看;法律不能脱离社会阶级关系的各种因素来看,它的阶级性只能从它在当时社会中是用来对付谁和保护谁的利益来体现;如果认为只有主导性的法律规范才有阶级性,而辅佐性的法律规范没有阶级性,那就很难说明制定法律的任务。

(3) 关于法的阶级性是不是单一的。一种观点认为,法律的阶级性在绝大多数情况下是单一的,但在不同的历史条件下由于国家统治权掌握在几个不同阶级手中,而这几个不同的阶级力量的对比也可能是不相上下的,这就可能出现有代表几个阶级性的法律规范。另一种观点则认为,同一个国家的法律只有一个阶级性,即使法国资产阶级时期出现了三级议会的妥协形式,它所制定的法律也是受当时的资产阶级的意志所支配的。

(4) 关于在资产阶级社会里有没有代表无产阶级的法律。一种观点认为,在资本主义国家,垄断资本家虽然占领导地位,但劳动人民的觉悟一天天提高起来,反抗反动统治的力量一天天壮大,这时资本家被迫让步,因此就出现了一些对进步人民比较有利的法律,而这些法律是反映进步人民立场的,被统治阶级意志表现的程度要比统治阶级意志表现的程度强得多,因而在体系上虽然属于资产阶级法律的一部分,但在实际作用上它们反映着被统治阶级的阶级性。另一种观点不同意这种看法。他们认为,在资产阶级统治的社会中,法律绝没有以保护全体人民利益为目的的,更不可能有反映无产阶级的意志和保护无产阶级利益的无产阶级的法律,资产阶级被迫制定的一些对劳动人民有利的法律完全是为了本阶级的长远利益打算;资产阶级在宪法中虽也写上一些冠冕堂皇的话,但在实施中总是用其他法令来限制它、取消它,那些貌似正义的于劳动人民有利的法律是出于统治阶级的战略,其阶级性仍然是一致的。

(5)关于新旧法律、新旧法律思想和新旧法律科学的继承问题。这里的意见分歧比较大。第一种观点认为,资产阶级法律规范中有许多是可以被社会主义国家吸收或继承来为新社会服务的。第二种观点认为,新旧法律思想是有联系的,而且法律思想虽然是反映经济基础的,但它本身却不是没有自己的历史的,如果否认了新旧法律有内在的思想联系,那无疑是否定了历史唯物主义的原理。第三种观点认为,法律文化中是有"遗产"的,可以"继承",对"继承"的涵义要作比较宽的理解,对旧的法律资料的整理、研究、批判本身就包含着继承的意义。第四种观点认为,新旧法律不可能有继承关系,新旧法律思想也不可能有内在的联系,旧法中只有一些知识元素是可以为新社会吸收利用的。第五种观点认为,把继承和遗产这两个概念适用在新旧法的关系中是不够妥当的。这种观点认为,遗产总是基本上有用的东西,继承总得基本上接受过来,包含有"一脉相承"的意义,新旧法律在本质上是对立的,作为旧法规范来说,绝对没有什么"遗产"可以被"继承"的,对于旧统治阶级的法律思想和法律科学也同样不能继承过来。旧时代的法律资料中有遗产可以继承的话,那仅是旧时代中被统治阶级对于法律的思想和主张,和在人民起义时所制定的纲领、制度和法令。旧时代统治阶级的法律、法学中只有一些知识、经验可以吸收利用,但绝不可能如母子继承的关系存在。

但是,由于人们对我国当时社会阶级结构的变化和政治形势的认识不够清楚,尤其是受"左"的思潮的影响,对于我国社会主义法的性质的认识停留在"是工人阶级意志的反映"和"阶级专政的工具"方面,随着反"右派"斗争的开展,这场率先从上海开始的学术争鸣被迫中途停止。

2. 关于刑法科学中的因果关系的讨论

1956年6月,梅泽浚在《华东政法学报》第1期上发表《哲学上的因果关系及其在刑法中的运用》一文,引发了一场关于刑法因果关系的讨论。随后参与讨论的文章主要有:姜焕宸的《什么是刑法科学中的因果关系问题》(载《华东政法学报》1956年第2期),元丁、余人、余末、叶景荪、许锡珂等的《读者对刑法科学中的因果关系问题的意见摘要》(载《华东政法学报》1956年第3期)等。学报编辑部还编发了三个方面的讨论提示:(1)怎样把马克思列宁主义关于因果性、必然性、偶然性的原理运用到刑法科学中,来解决社会危险行为与社会危害结果之间的因果关系?(2)什么是刑法科学中的因果关系?怎样判明社会危害行为与危害结果之间的因果关系?(3)刑法科学中的因果关系有没有偶然的与必然的之分?① 学报编辑部还邀请了上海市法学界和哲学界人士40余人座谈"刑法科学中的因果关系问题"。《法学》1957年第1期还开辟"讨论"专栏,发表了杨兆龙的《刑法科学中因果关系的几个问题》、周原冰的《如何把哲学上的因果范畴应用到刑法科学中来》、马克的《如何解决刑法科学中的因果关系》等3篇论文,把这一问题的讨论推向了高潮。

杨兆龙认为,因果关系在刑法科学中占有重要地位,所谓"把马克思列宁主义关于因果性、必然性、偶然性的原理运用到刑法科学中来",就是结合刑法科学中因果关系问题的特点,适当地将马克思列宁主义的经典著作中关于这方面的一般原理或基本论点,运用到刑法科学中来。关于刑法科学中因果关系的原理和哲学及其他科学中关于因果关系的原理是否一致,他认为,刑法与其他科学都是在马克思列宁主义哲学的一般原理的基础上结合该科学中问题的特点具体发展起来的,它们关于因果关系的原理,在实际运用上有其自身的特点,主要是:(1)将人的行为(包括作为和不作为)在因果关系中突出。何种行为构成犯罪是刑法科学所研究的最主要问题之一,确定某种行为是否构成犯罪,不但要研究这种行为是否为某种结果的原因,并对这种行为作政治上、道德上的评价,更重要的是考虑行为人对行为结果的事先的认识及态度。(2)因果律的

---

① 见《华东政法学报》1956年第3期第64页。

运用,受到行为人主观条件的某些限制。刑法科学在运用因果律时,不能仅仅根据事物的客观情况寻出因果关系,还要进一步研究行为人对自己的行为和某种结果的因果联系是否在事先已经、可能或应该预见到。①

周原冰认为,哲学是可以运用到刑法科学中去的,就像法学能够应用到刑法、民法这些部门科学中一样,否则哲学就失去了普遍的意义。但普遍性不能代替特殊性,哲学上的一切范畴,都要按照刑法科学中的具体的特殊性来应用于刑法科学才有意义,不应当生吞活剥地硬搬。在因果关系问题上,他主张,首先,把哲学上的因果问题应用到刑法科学中的时候,不要神秘化,即在审理案件的时候,一定既要考察犯罪结果,还要考察造成这种犯罪结果的原因,要把发生这一案件的前因后果都查清楚,加以全面的考虑,得出处理的结论;其次,把哲学上的因果关系应用到刑法科学中的时候,不要庸俗化,即哲学上的一切原理,都需要通过具体事物才可以说明,在把哲学上的一切原理,应用来说明具体事物的时候,就不仅要对哲学上的这些原理作认真的研究,还要对这一具体事物作周密的考察,如果生搬硬套,那就会歪曲了哲学上的原理;再次,把哲学上的因果关系应用到刑法科学中时,不要绝对化和简单化。他还特别指明,在刑法科学中应用哲学上的因果问题,只是作为指导审理案件和对案件作出决定前的一种分析案情和考虑问题的思想方法,而不能误认为哲学上的因果问题运用到刑法科学中,就要能像法律条文那样作出判决。②

梅尔和认为,刑法上的因果关系有必然性与偶然性之分。因为必然与偶然是一个事物的过程,必然性是要通过偶然性来表达它的,如果摒弃了必然与偶然之分,在实际审判工作中就难于恰当地分析案情。徐顺教等认为,不能把刑法中的因果关系分为必然与偶然的,如果把它们分开了,就等于把事物的联系简单化了,既是因果关系就是它的必然性,各个不同事件的偶然凑合,不能认为就是偶然的因果关系。此外,大家认为因果关系可作为分析刑事案件的方法,但不能简单机械地应用,即使因果关系查清了,也不能就根据这一点来判罪。因为犯罪除了行为的必然结果外,还有故意、过失、目的、企图、行为责任、危害

① 参见杨兆龙:《刑法科学中因果关系的几个问题》,载《法学》1957年第1期第61~63页。
② 参见周原冰:《如何把哲学上的因果范畴应用到刑法科学中来》,载《法学》1957年第1期第64~66页。

轻重及刑事政策等其他各种条件。①

3. 关于国际法体系及其阶级性等问题的讨论

1956 年 12 月,杨兆龙发表的《法律的阶级性和继承性》论述国际法的阶级性问题时认为,承认国际公法有阶级性的看法是正确的。国际公法乃是从各国之间合作与斗争中成长起来的,它的规范是国际合作与斗争的一种结果。国际公法是国际社会里各国统治阶级在国际合作及斗争的过程中意志一致的表现。在论述国际私法的阶级性问题时,他认为,可以肯定地说,国际私法是有阶级性的,其主要理由是国际私法与国内法及国际公法有局部共同之点,我们既然不否认国内法与国际公法有阶级性,当然应该承认国际私法有阶级性。参与讨论者基本同意这个说法,但不同意某些论证。他们认为,国际法和其他部门的法律一样是有其阶级性的,但它与国内法不同,它所表现出来的阶级意志不是一个国家的统治阶级的意志,而是社会经济制度不同的两个或两个以上国家的统治阶级的意志。这些意志的协调和意志所形成的法律规范,并不直接地和社会经济性质不同的国家中现存生产关系发生联系,而是通过国际联系发生关系;这种经济关系其本身并不是一种经济制度,而只不过是不同社会制度国家之生产关系的联系,把它当作是一种单独的经济基础而说国际法公认规范建筑在它上面,是错误的。但有观点认为,在两大阵营对立的情况下,阶级性是不可能处于平衡状态的,其中必定有一个阶级的意志是居于主导的地位。另有观点认为,在两大阵营对立的情况下,不可能制定出一个单一性的国际法规范,而这个国际法规范的阶级性只能是多重性的。②

1957 年 5 月,上海国际法学者就国际法的性质、体系、基本原则等问题进行了一次学术讨论,提出了一些不同看法。后来,丘日庆发表《现阶段国际法的体系》、周子亚发表《现代国际法的性质问题》等文章,引起较大反响。与此同时,《法学》1958 年第 3 期发表了丘日庆的《再论现阶段国际法体系》、刘家骥的《有关国际法的性质与体系的几个问题》、杨殿陞的《关于国际法体系的几点意见》、胡文治的《略论现阶段三种国际法体系》、耿福成的《谈目前国际法的体系》。同年《法学》第 4 期发表了张汇文的《现阶段只有社会主义国际法体系》、

---

① 参见《"刑法科学中的因果关系问题"座谈会》,载《法学》1957 年第 1 期第 67 页。

② 参见梅耐寒:《关于"法的阶级性和继承性"的讨论》,载《法学》1957 年第 2 期第 28～30 页。参见《上海国际法学者讨论国际法的阶级性和体系问题》,载《法学》1957 年第 3 期第 26 页。

江海潮的《现阶段有三种国际法的体系》、平明的《现在有社会主义与资本主义两种国际法体系》等论文。1958 年 2 月 15 日和 23 日，上海法学会、华东政法学院和《法学》编辑部举办了两次专题讨论会，邀请丘日庆、周子亚、江海潮、向哲濬、何海宴、胡文治、刘家骥、杨殿陞、耿夫成、刘民钧、叶芳炎等上海国际法研究者与学习者，对国际法体系展开探讨。

关于国际法体系大体上有 6 种观点：（1）第一种观点认为，现阶段存在着两种体系的国际法，即社会主义国际法和共同的国际法；（2）第二种观点认为，现阶段存在着 3 种国际法体系，即彼此对立的社会主义国际法、资产阶级国际法和以两种制度和平共处为基础的共同国际法；（3）第三种观点认为，第二次世界大战后存在着社会主义国际法和资产阶级国际法两个体系，但承认资产阶级国际法的存在，不等于承认它是合理的；（4）第四种观点认为，只存在社会主义的国际法体系；（5）第五种观点认为，国际法还没有一个体系，因为资本主义体系正在瓦解，社会主义体系正在形成；（6）第六种观点认为，当时的国际法既不是社会主义国际法，也不是资产阶级国际法，而是在过渡时期两大体系和平共处的国际法。大家比较一致地认为：（1）社会主义国际法体系已经形成；（2）讨论现阶段国际法体系，必须了解目前国际形势和外交政策。但是，对当时资本主义国际法体系是否存在、有没有共同的国际法体系问题存在重大分歧。①

4. 关于无罪推定原则的争论

从 20 世纪 50 年代后期开始到现在，无罪推定原则一直备受关注。《法学》1957 年第 2 期发表了黄道的《略论刑事诉讼中的无罪推定原则》，揭开了对无罪推定原则进行讨论的序幕。该文对无罪推定的概念及其由来、无罪推定原则的意义进行了述说，提出并论证了由无罪推定原则引申出来的 3 条诉讼规则：一是不能以被告人对侦察人员和审判人员的态度表现不好，就作有罪的结论；二是不能以被告人的沉默作为他有罪的根据，同时也无权强迫被告人陈述；三是不能以被告人的虚伪陈述，作为他有罪的根据，被告人对虚伪陈述，只要未构成诬告罪，是不负刑事责任的。② 接着，杨兆龙在 1957 年 5 月 27 日复旦大学

---

① 参见《上海法学界热烈讨论现阶段国际法的体系问题》，载《法学》1958 年第 3 期第 39 页。

② 在这次论争中，学者们普遍赞同无罪推定原则引申出的这三条诉讼规则。见沈国明、王立民主编：《二十世纪中国社会科学（法学卷）》，上海人民出版社 2005 年版，第 362～363 页。

举行的第四次科学报告会上,作了题为《刑事法律科学中无罪推定与有罪推定的问题》的法学专题报告。

杨兆龙的报告共分三大部分:第一部分为无罪推定和有罪推定的一般性质及理论;第二部分为无罪推定和有罪推定的历史发展;第三部分为无罪推定的具体运用。他认为,无罪推定就是任何刑事被检举人,在他的有罪未被依照对于他的基本权利(包括诉讼权利在内)有合理保障的法律原则或规定及法定程序证明前,不能认为有罪。关于无罪推定的基本涵义,他认为,在内容方面包括 6 点:(1)有罪的举证责任属于侦查、检察及审判机关人员;刑事被检举人对自己的无罪有举证的权利,但无举证的义务;任何机关或人员,不得强制他对自己的无罪提出证据,也不得因他不提或不能提出这种证明而认为有罪。(2)在犯罪的调查、侦讯、追诉及审判(包括上诉审理)程序中,调查、侦讯、追诉及审判机关及人员应该全面地、多方地调查事实、搜集证据,并主动地考虑足以证明被检举人无罪的各种事实及证据(包括被检举人所未主张或提出的在内)。(3)被检举人在一切刑事的调查、侦讯、追诉及审判程序中享有合法诉讼保障,在未被证明有罪前,他作为一个无罪公民所应该享有的基本权利不应该遭到不必要的限制;不合理的法定证据制度应予废除;刑讯、逼供、骗供、诈供、套供、疲劳讯问等采证方法须绝对禁止,拘捕羁押等强制措施也不可滥用,讯问证人时不得有威胁利诱及套诈等情事,应让它们客观地、自由地反映事实,以免发生故意或被迫诬陷被检举人等情事。(4)被检举人的无罪,必须有充分无疑的有罪证明才可以推翻,如果对于被检举人的有罪尚不无疑议,应认为被检举人无罪,为无罪的判决。(5)关于被检举人有罪的主张或认定(包括检举及起诉的决定和有罪判决在内),必须做到或争取做到具有绝对的真实性,即不以"概然的"或"相对的"真实为根据,而以"绝对的"、"客观的"真实为根据。(6)在被告的有罪未经充分证明前,侦查、追诉及审判机关不得有被告有罪的确信,并不得用检举及起诉的决定和有罪判决的方式将这种无根据或无充分根据的确信表达出来。谈到无罪推定的根据,杨兆龙认为,无罪推定的主要根据是事实推定和法律政策,即在事实方面,它以一般公民忠诚守法的推定为基本出发点,在法律政策方面,它有和证据上的实质真实的要求及刑事诉讼程序中尊重被检举人的诉讼防卫权及诉讼保障的原则有着不可分割的关系;次要根据有刺激真实的发现,解除被检举人证明自己无罪的困难及不能证明自己无罪的后果。①

《法学》1958 年第 1 期上发表了张子培的《驳资产阶级"无罪推定"原则》，《学术月刊》1958 年第 3 期发表了吴耀辉的《揭穿杨兆龙的"刑事法律学中无罪推定与有罪推定的问题"一文的反动本质》等。到 70 年代末 80 年代初，以 1979 年《刑事诉讼法》的起草和颁布为契机，法学界进一步探讨了无罪推定原则对我国的适用等问题，上海地区的主要文章有黎培等人的《无罪推定原则的积极意义》(载《法学》1980 年第 3 期)、高呈祥的《我国刑诉原则与无罪推定根本不同》(载上海《社联通讯》1982 年 9 月)等。80 年代末 90 年代初，主要围绕无罪推定原则的具体内容展开讨论。在 1996 年《刑事诉讼法》颁布前后，争论的重心为刑诉法是否以及应否确立无罪推定原则以及有关无罪推定原则入宪的问题。

5. 建国初期关于要不要及时制定法典的争论

1957 年 5 月 9 日，《新闻日报》发表了杨兆龙《我国重要法典何以迟迟还不颁布》一文。该文共分 3 部分。在第一部分"立法和社会主义建设的关系"中，杨兆龙提出社会主义建设包括物质建设和非物质建设两种。就非物质建设而言，"特别值得注意的是社会主义的法治和社会主义的民主"。这二者不可分割，构成一个有机的统一体，"它们是一事的两面"。他认为，"社会主义法治和社会主义民主的这种有机联系及统一，乃是社会主义国家法律和政治制度的一个基本特点"。"在实践中，社会主义民主的建立和发扬，在许多场合，是非靠法律不可的。它要靠法律的制定，将民主的原则变为具有强制性的行为规范；它要靠法律的执行，将法律中所包含的民主原则贯彻到实践中去。在这个意义上，社会主义法治的这一面往往显得更重要。"作者特别提出，适应各方面需要的最快最有效的方法主要是立法，立法在社会主义建设中占有特别重要的地位。在第二部分"苏联及欧洲人民民主国家立法的经验"中，他总结了这些国家建立之初的立法经验，借此说明他们都在条件许可的情况下加紧新的立法工作。在第三部分"对我国立法应有的基本认识"中，他肯定立法工作有一定的成绩，但立法"实在跟不上实际的要求……这就使得我国法律制度的建设，在整个

---

① 参见杨兆龙:《刑事法律科学中的无罪推定与有罪推定问题》，载杨兆龙著，艾永明、陆锦璧编:《杨兆龙法学文集》，法律出版社 2005 年版，第 600～622 页。

的社会主义建设中,变成了最薄弱的一环"。他认为,国内发生的一些无根据的控告和不应有的错捕、错押、错判的情况与此有关。那么我国立法工作进展缓慢的主要原因有哪些呢? 杨兆龙认为,主要原因是对立法工作存在着一些不正确的或片面的看法,这些看法他归结为10种:(1)认为自己有一套(如老解放区的那一套),只要将这一套搬用一下就行,不必有什么大的改革,因此不必急急乎立法。(2)认为中国的情况特殊,别的国家,甚至如苏联等国的立法可供参考之处很少,必须靠自己创造出一套经验来作立法的根据,在这经验未创造出以前,不应该轻易立法。(3)认为主张立法,尤其主张及早系统地立法,就是"旧法"或"六法"观点,甚而至于就是立场有问题。(4)认为只要懂得"政策",有了正确的"立场、观点、方法"就可以解决法律问题;司法及一般政府机关如果有了可靠的干部,虽无法律,也没有关系;因此应先培养干部,晚进行立法。(5)认为中国正在大的变化过程中,尚未定型,不妨等到发展得更完备些,即情形比较稳定些的时候,再加紧立法,借收一劳永逸之效。(6)认为在国内外现阶段的动荡局面中政府应该有可能灵活地应付各种局面;现在如果制定一套完密的法律,难免限制政府机关的应付事情的灵活性。(7)认为中国从老解放区那种立法水平发展到现在这样的立法水平,已经跨了一大步了,我们应该表示满意,不应该要求过高。(8)认为中国缺乏能胜任法律起草工作的法学家,老的既有旧法观点,新的又未完全成熟,最好等待一个时期再开展立法工作。(9)认为在较短期间不可能将各种重要法律都制定出来。(10)认为立法工作过去既然已经拖延了好几年,现在不必着急,不妨再拖延几年,将工作做得彻底些。①

该文发表后,"受到读者及有关方面的广泛注意"。② 1957 年 5 月 21,《新闻日报》邀请法学工作者举行座谈会,后将他们的发言记录陆续刊载。这些发言主要有:王造时的《进一步建立民主法制秩序》、张汇文的《要加强法治,首先要树立法治观念》、徐均的《无法可依,工作难做》、王容海的《在社会的巨大变革时期要制定完备的法律大不易》、陈文藻的《确切保障公民权利,必须制定法典、法规》、洪文澜的《应有完备的成文法,要事事按照法律办事》、

---

① 上述引文均见杨兆龙:《我国重要法典何以迟迟还不颁布》,载《新闻日报》1957 年 5 月 9 日第 2~3 版。

② 见《新闻日报》1957 年 5 月 22 日第 1 版报道。

李国机的《不能仅凭政策、指示办事，制定完备法律刻不容缓》、向哲浚的《谈法治必须要有法律，建立社会主义没有法治不行》、魏文翰的《重要法典迟迟不予颁布有政策原因也符合发展规律》、何济翔的《立法为了保障民主，对调整人民内部关系有好处》、叶克信的《法律问题岂能行政解决，颁布法典条件已经成熟》、孙晓楼的《三个主义影响法制，法律科学不能不重视》、李树棠的《矛盾客观存在，法律不是万能》、杨兆龙的《我谈几点意见》、高炀的《立法工作不能生搬硬套，旧法条文不能赋予新意义》等。大家争论的主要集中在 4 个方面的问题：（1）我国某些重要法典未及时完成、颁布是否有其政策上的原因或是否合乎一定的规律；（2）我国某些重要法典未及时完成、颁布在何种程度上可以归责于客观原因；（3）我国某些重要法典未及时完成、颁布是否由于立法要求过高；（4）我国某些重要法典未及时完成、颁布，会不会成为制造不安与矛盾的一个重要因素。[①] 但随后发生的反"右派"运动，导致了这场正常争论的终结。

6. 关于犯罪与两类矛盾性质的讨论

1958 年，为纪念毛泽东《关于正确处理人民内部矛盾问题》发表 1 周年，上海法学界人士对犯罪与两类矛盾性质进行了探讨。《法学》杂志连续发表王文昇等人的《从两类社会矛盾看犯罪的矛盾性质》（载《法学》1958 年第 5 期）、罗素全的《关于对犯罪的矛盾性质的商讨》（载《法学》1958 年第 7 期）、杨一平的《两类矛盾学说对刑法学科学的指导意义》（载《法学》1958 年第 7 期）、尤全昌等人的《在司法工作中如何正确区分和处理两类不同性质的矛盾》（载《法学》1958 年第 8 期）、叶军的《从刑事犯罪中看人民内部矛盾的转化问题》（载《法学》1958 年第 8 期）、赖传祥的《不能说一切刑事犯罪都是敌我矛盾的性质》（载《法学》1958 年第 9 期）等论文。这些论文赞同将两类矛盾学说引入刑法学研究领域，并认为在司法工作中应当区分两类不同性质的矛盾，分歧在于对刑事犯罪矛盾性质认识不同。主要有两种意见：一种意见认为，一切犯罪都属于敌我矛盾的范畴，一切犯罪分子都是专政的对象；另一种意见认为，只有反革命罪属于敌我矛盾性质的犯罪，除此以外的其他犯罪，都是人民内部矛盾。

---

① 这些发言分别刊载在《新闻日报》1957 年 6 月 1、2、3 日第 2 版、6 日第 3 版。

在50年代讨论的基础上,1979～1982年又对犯罪与两类矛盾问题展开了讨论。这次讨论的重点是司法工作要不要区分两类不同性质矛盾的犯罪,存在3种意见。第一种意见直接反对将两类矛盾学说引入刑法研究领域,认为引入是混淆法学与政治的界限。第二种意见承认客观存在两类不同性质矛盾的犯罪,但是认为这是立法问题,在司法工作中不应区分矛盾性质。第三种意见认为区分两类性质矛盾的犯罪是我国刑法的特点。①

7. 关于《唐律疏议》的制作年代等问题的研究

· 20世纪30年代,日本学者结合敦煌出土的唐代法律文献残卷,考定《唐律疏议》非《永徽律疏》,而是玄宗开元二十五年新颁行《开元律》的《律疏》,其后在唐后期、五代、宋、元有文字的修改和增减,最终以今天的形态呈现出来。此说影响甚大,中国学者在70年代末之前没有提出有说服力的辨证。② 1978年,杨廷福在《文史》第5辑上发表了《〈唐律疏议〉制作年代考》,从7个方面考证出《唐律疏议》当为《永徽律疏》,而不是日本学者所认为的《开元律》,其制作年代在永徽年间。他的理由是:(1)长孙无忌撰《唐律疏议》在《旧唐书·经籍志》和《新唐书·艺文志》中都有原始的文献征录,从唐至清末的专家著作与公私书目著录来看,一致认定《唐律疏议》系由长孙无忌所撰。日本学者"仅仅根据敦煌写本《律疏》残卷李林甫等'刊上'字样和因后世传抄、刊行时的'疏文'与'注文'的错杂以及由于避当时'讳'的追改,并习用当时的职官、地名或沿用旧称等关系,就断定《唐律疏议》是李林甫等撰的《开元律疏》",③结论似乎下得太快。(2)就敦煌写本《律疏》残卷而言,"敦煌所出唐写本《律疏》固为原始文献,但仅是些极其零星的残卷,总共还不到今本《唐律疏议》的二十五分之一",④如果"只据《名例律疏》第二卷卷末'开元廿五年六月廿七日,知刊定……'六行文字,就断定'刊定'即为'撰定',而不及其余地认为《律疏》为李林甫等所'撰上',今

---

① 《上海社会科学志》,上海社会科学院出版社2002年版,第448页。

② 如在1962年上海政治法律学会年会上,李良提交的《唐律疏议制作问题》一文,从永徽、开元时期的资料、敦煌发现的资料、避讳的情况以及律条的数目等五个方面论证出唐律疏议是长孙无忌所制作,制作的年代是唐高宗永徽四年,而所疏议的就是当时颁行的永徽律文。

③④ 见杨廷福:《〈唐律疏议〉制作年代考》,载《文史》第5辑,中华书局编辑部编,中华书局1978年版,第33～34页。

本《唐律疏议》就是《开元律疏》，还是值得研究的"。① （3）就《唐律疏议》的刊本与长孙无忌的《进律疏表》而言，《开元律》"即使有其书在唐末五代已失传，而《永徽律》籍其《律疏》却流传着，后世的传抄、刊行，也只有以它为唯一的依据"。② "宋刊本、元刊本、明钞本的卷首都题作'唐太尉扬州都督监修国史上柱国赵国公长孙无忌等撰'，并冠有《进律疏表》，而《名例律》卷末并无开元二十五年李林甫等刊定的记载。以此可以推知，这些刊本最早所用的底本与敦煌所出《律疏》残卷，并非同一传抄本"。③接着他分析了《进律疏表》并非宋元人伪造，而是永徽四年所上，其所疏解的必为当时的《永徽律》。（4）就开元时所修撰的法典而言，开元年间并无修撰《律疏》之事，李林甫所修撰的是《开元新格》和《格式律令事类》，他只是在奉诏"复删缉旧格式律令及敕"时，对于《律》和《律疏》重作"刊定"而已。在刊定过程中，对若干忌讳、地名、职官进行改动，是很自然的，但不能据此就认定《唐律疏议》为另一时期的产物。（5）就避讳与地名、职官等问题而言，依照中国的避讳习惯，《唐律疏议》不论在开元时"刊定"或在永徽以后传抄，必然会因"文有不便"而有所更改。遍查《唐律疏议》，除避唐高宗的名讳外，与唐玄宗李隆基中的"基"同音的"期"字凡数十见，这种情况表明今本《唐律疏议》的底本系开元前流传下来的抄本，非李林甫等"刊定"的敦煌本。他还详细分析了地名、官职名称等问题，可以旁证《唐律疏议》制作系在永徽年间。（6）就《唐律疏议》刊本讹夺和掺杂后人注释的问题，杨廷福认为，不能把错入的注文强加于《疏议》，而认为它是后世之作。（7）对于日本学者提出的史称《永徽律》500条，而今本《唐律疏议》确有502条的问题，杨廷福认为可能是传抄或刊版时把一条误歧为两条。据宋刊本《故唐律疏议·斗讼》就是59条，无"殴兄姊妹"这一条，到元刊本时将一条误歧为两条；《职制》内多出一条，也是同样的原因。后来杨廷福把该文与《〈唐律〉的社会经济基础及其阶级本质》、《略论〈唐律〉的历史渊源》、《〈唐律〉内容评述》、《〈唐律〉对中国封建法律的影响》、《〈唐律〉对亚洲古代各国封建法典的影响》、《我国古代法制建设的一些借鉴》等6篇论文编成《唐律初探》，由天津人民出版社在1982年5月出版，形成一个较系统的整体。

---

① 见杨廷福：《〈唐律疏议〉制作年代考》，载《文史》第5辑，中华书局编辑部编，中华书局1978年版，第35页。

②③ 同上书，第36页。

1982 年 6 月,曹漫之、王召棠、辛子牛组织华东政法学院法律古籍整理研究所的人员开始编写《唐律疏议译注》一书,前后历经 7 年,总字数 130 余万字,于 1989 年 9 月由吉林人民出版社出版。1993 年 6 月,王立民著的《唐律新探》一书由上海社会科学院出版社出版(2001 年 6 月该书再版)。该书提出了唐律是一部刑法典,令、格和式都是刑法的一部分等重要新观点,把唐律的研究推上了一个新的层次。① 2002 年,《上海社会科学志》一书采纳该观点,把有关唐律的研究列入"刑法研究"部分。②

8. 关于职工受外单位聘用接受高额报酬是否构成犯罪的讨论

1979 年 8 月,上海橡胶制品研究所助理工程师韩琨受聘家乡钱桥橡胶塑料厂技术顾问后,他在业余时间利用本单位的设备和部分原材料,试制成功了具有国际同类产品水平的橡胶密封圈,填补了国内一项技术空白。为此,该厂以高额奖金奖励韩琨的贡献。据了解,当时全国类似韩琨这样的兼职服务人数不下 5 000 余人。③ 对这类行为如何认识,这类人员是否属于打击对象,应不应该追究刑事责任,人们有不同的看法。1982 年,《法学》编辑部邀请有关理论界和实务界的有关人员就此问题展开热烈讨论,讨论的重点是这种性质的人员是有功还是有罪,如属犯罪犯了什么罪,要不要追究刑事责任等问题。《法学》从 1982 年第 7 期开辟专栏,对"职工受外单位聘用接受高额报酬是否构成犯罪"进行讨论,连续多期发表探讨的主要文章有:1982 年第 7 期刊载的徐方和曾敏的《对技术人员王某一案的剖析》、李济铃的《受聘职工接受高额报酬的若干类型》、韩大南和李林森的《怎样认定这类案件的性质》、卢剑青的《处理这类案件不能"一刀切"》、宗允留的《试述经济领域内罪与非罪的若干界限》、刘龙培的《治本比治标更重要》,1982 年第 9 期刊载的刘福海和郑金钟的《受贿罪要以利用职务为构成要件》,1983 年第 2 期刊载的刘福海的《划清投机倒把行为的犯罪与违法的界限》,1983 年第 3 期刊载的龚介民的《重视韩琨案件中的法律与政策问题》等。

大家一致认为,职工受外单位聘用接受高额报酬是我国新时期出现的新情况、新问题,是社会和政法机关普遍关注和亟待解决的问题。但在具体意见上,

---

① 见程维荣:《探赜索隐 阐发旨意——评〈唐律新探〉》,载《法学》1994 年第 4 期第 35～36 页。
② 见《上海社会科学志》第四章"刑法",上海社会科学院出版社 2002 年版。
③ 参见张传桢:《韩琨案功与罪之争》,载《法学》1997 年第 12 期第 2～4 页。

有两种分歧意见，即主张有罪和主张有功的两种观点：①

主张有罪的人所持的理由是：韩琨利用职务之便获取非法所得，已构成"贪污罪"，韩琨领取妻子的挂名工资已构成"投机倒把罪"，韩琨背着单位组织，在试制室内搞"私活"，犯了"破坏科研秩序罪"，韩琨为谋取私利借用工作单位名义，擅自动用单位设备和原材料，向社队企业索取高额贿赂已构成"受贿罪"。另外，还有人认为如果把韩琨当成"功臣"，不作犯罪处理，是在打击经济犯罪中不慎重的表现，不仅对打击经济犯罪不利，而且在司法机关内部也会产生消极情绪，造成思想混乱，不符合社会主义法制原则。

主张有功的人所持的理由是：韩琨是利用自己的技术知识，花了大量工余时间从事有利于社会生产力的发展，为社队企业试制成功了工艺难度较大的橡胶密封圈，不仅救活了一个企业，使橡塑厂转亏为盈，而且还填补了国家技术的空白，把产品打入国际市场，创收了外汇，为国家和集体作出了贡献。就韩琨的动机来说，他也不是一开始就想谋取私利的，是橡塑厂多次找他，希望他能为振兴家乡经济出力而勉强同意担任该厂顾问的。至于他领取妻子的挂名工资，也不是他向厂方索要的，而是公社党委讨论以奖金形式发给他的。从刑法理论上看，行为的社会危害性及其程度是区分罪与非罪的标准，很明显韩琨的行为没有对社会造成危害，因此谈不上韩琨犯有贪污受贿罪。当然，纵观韩琨在橡塑厂行为的全过程，也不是没有缺点和错误的，如：（1）韩琨试制橡胶密封圈事先没有单位领导的同意，事后也没有向组织汇报；（2）擅自动用公家的设备和原材料；（3）不该领取妻子的挂名工资等。

该案件的平息，据张传桢回忆："对韩琨案件经过较长时间的讨论，在司法机关系统从下到上，从基层到高层，从地方到中央议论纷纷，搞得沸沸扬扬，不同的观点，不同的认识，可以说是针锋相对，互不相让，由于影响深，牵涉面大，全国不少地区类似案件时有发生。最后引起了党中央领导同志的重视，不久就对韩琨案作了不应作犯罪处理的批示。由此，波及全国，争议较大的韩琨案才逐渐平息下来。"②

①② 张传桢：《韩琨案功与罪之争》，载《法学》1997 年第 12 期第 3 页。

9. 关于法律面前人人平等问题的讨论

1979 年 1 月 16 日《解放日报》发表了李海庆的《人民在自己的法律面前人人平等》一文,提出:"保证人民在自己的法律面前人人平等,决不是什么'资产阶级的口号',它恰恰是一条保障人民的权利和利益的神圣不可侵犯的原则。""法律面前人人平等"的讨论逐渐在上海展开,此后发表的研究论文主要有:武彪的《"法律面前人人平等"口号的由来》(载《社会科学》1979 年第 4 期)、陈处昌的《关于法律面前人人平等的几个问题》(载《学术月刊》1979 年第 9 期)、王以真的《从刑事诉讼法看法律面前人人平等》(载《民主与法制》1979 年第 4 期)、潘念之和齐乃宽的《论"在法律面前人人平等"》(载《光明日报》1980 年 2 月 9 日)和《关于"法律面前人人平等"的问题》(载《社会科学》1980 年第 1 期)、董立坤的《谁也不能居于法律之上》(载《社会科学》1980 年第 1 期)、唐宗瑶的《关于法的阶级性和公民在法律面前人人平等的统一》(载《社会科学》1980 年第 3 期)、潘念之等人的《再论"法律面前人人平等"的问题》(载《社会科学》1980 年第 4 期)、程辑雍的《社会主义法律的平等原则不能割裂》(载《社会科学》1980 年第 5 期)等。

大家一致认为,"法律面前人人平等"是社会主义法制的一项重要原则。由于对"人人"指人民、公民还是指每一个自然人的不同认识,关于"法律面前人人平等"的确切提法,有 4 种说法:公民在法律上一律平等;公民在适用法律上一律平等;人民在自己的法律面前人人平等;法律面前人人平等。主要争论点在于:①

(1) 关于"法律面前人人平等"的基本内容和含义。一种意见认为,"法律面前人人平等"是一项重要的法制原则,应该反映在立法、执法、司法、守法等各个方面。而立法上的平等是其他方面平等的先决条件,因为法律的适用是以立法为前提的。首先在立法上体现平等原则,才能谈得到司法上的人人平等。从我国法制建设的实践来看,"公民在法律上一律平等"是作为公民的权利和义务的首要内容,以立法形式写进宪法和其他法律之中的。同时,我国法律还确认了公民平等地享有直接或间接地参加立法活动和管理国家事务的权利。另一

---

① 参见齐辑:《关于"法律面前人人平等"问题的讨论综述》,载《社会科学》1980 年第 4 期第 79～80 页。

种意见认为,"法律面前人人平等"只能是指公民在适用法律上人人平等,是专指司法而言的,即在司法上要严格依法办事,不允许有特权。同时,这一原则的实施,不是被立法平等所决定,相反,它是被立法的阶级不平等原则和国家法律的强制性所决定的。该观点还认为,"法律面前人人平等"与公民权利平等是两码事,不能混为一谈。

(2) 关于"法律面前人人平等"的适用范围。一种意见认为,"法律面前人人平等"、"公民在法律面前一律平等",这里的"人人"和"一律",显然是全体公民。社会主义法的这一平等性原则,是由社会主义法的民主性质所决定的。我国是人民民主专政的国家,所谓"民主的制度化、法律化"就是要把人民革命斗争中所取得的民主成果,用法律形式确认为法律制度,使之成为保障公民权利平等的一种工具。因为"民主性即平等性",两者是一致的。社会主义法的这种民主原则,体现在法律上就是"法律面前人人平等"或"公民在法律上一律平等"。另一种意见认为,"法律面前人人平等"只是对公民中属于人民的那一部分人适用的,对于人民以外的那一部分公民是不适用的。所谓"人人平等"只是形式上的,作为社会主义的法也不例外。因为法律是一种历史的范畴,只要有法存在,就说明社会上依然有不平等的法律关系存在,因此"法律面前人人平等"并不是没有限制的。

(3) 关于社会主义法的平等性与阶级性的关系。一种意见认为,社会主义法的平等性与阶级性是一致的。因为马克思主义者把平等正确地了解为消灭阶级,它的前提是消灭一切剥削制度。我国无产阶级专政政权的建立,逐步消灭了剥削制度和剥削阶级,建立了社会主义公有制的经济基础,为公民的社会地位和经济地位的基本平等创设了前提。要解决的问题是如何进一步加强法制,扩大民主,充分实现"法律面前人人平等",铲除一切不平等的社会根源,为彻底消灭阶级而奋斗。所以,社会主义法的平等性与阶级性是完全一致的。另一种意见认为,法是阶级专政的工具,强调社会主义法的平等性,就会模糊法的阶级性。在我们社会中,虽然阶级关系发生了根本性的变化,但是还有反革命分子和各种形式的犯罪分子,因此,社会主义法的专政作用还不能取消,对于那些被剥夺政治权利的人,从立法上说是不能讲什么"法律面前人人平等"的,就是对于属于人民的公民,如制定选举法时对人民代表名额、工人和农民的比例数,也是不能讲平等的。

10. 关于严打方针从"从重从快"到"依法从重从快"的转变

1980 年上半年,中央有关方面提出根据形势需要,迅速开展从重从快打击危害社会治安的严重刑事犯罪分子活动的意见。随后,报纸上也出现了根据形势需要开展从重从快打击刑事犯罪分子活动的报道和提法。1980 年下半年,时任上海高级人民法院副院长的杨时在市法学会的一次学术研讨会上,作了从重从快打击刑事犯罪分子究竟应"依两法(即《刑法》和《刑事诉讼法》)进行",还是"依形势需要进行"的发言。这是法学界首次探讨"严打"问题。

杨时主要从 3 个方面提出问题:第一,"两法"(即《刑法》和《刑事诉讼法》)的制定是否脱离了形势需要? 究竟是应该依法办案,还是根据"形势需要"办案? 杨时认为,党的十一届三中全会决定工作重点转移以后,搞社会主义现代化建设就成为新时期的总任务和国内的总形势,要完成这一总任务、适应这一总形势,就必须靠不断加强社会主义民主和社会主义法制来保障。《刑法》和《刑事诉讼法》就是根据这个总形势制定的,它们是新形势的产物。至于社会治安这一具体形势问题,已经包含在《刑法》之内了。在审判工作中,要注意一个时期的打击重点,要注意具体形势,避免脱离实际,孤立办案。第二,办案要根据"形势需要"的观点,在刑法理论上和刑事立法上都是没有根据的。判定一个人的行为是否犯罪,《刑法》有明确规定。危害程度重的是犯罪,危害程度轻的或情节显著轻微的或尚未达到依法需要处罚的行为,就不能认为是犯罪。这是法律规定的正确认定犯罪的标准。否则,就混淆了罪与非罪的界限。第三,《刑法》有不少从重处罚的规定,如对主犯、累犯、教唆犯等应从重处罚,对那些情节恶劣、后果严重、致人重伤、死亡、公私财产遭受重大损失的犯罪行为应从重处罚。但这些从重处罚的条件是以行为人在犯罪中所处的地位和作用,以及犯罪行为产生的实际后果确定的,它与"形势需要"无关。①

该发言曾作为专门材料报到中央有关部门。中央有关部门把它作为反面教材下发到全国各地的政法机关,并在编者按中指出杨时的观点是错误的。这在全国引起争议。有的人甚至提出要对杨时进行处分,但有的人一直支持杨时的观点,认为他的发言是依法办案。1980 年 6 月 2 日,时任最高人

---

① 见杨时、李然:《"依法从重从快"的来历》,载《法学》1997 年第 8 期第 2~4、58 页。

民法院院长的江华在河南省高级人民法院召开的干部大会上的讲话专门谈到如何正确理解"从重从快"的问题。他指出："去年中共中央有关文件中提到的对几种现行犯要从重打击,要及时判处,这是中央的方针。……在这个问题上,我们要立场坚定,旗帜鲜明。但是应当明确,从快必须在刑法规定的时限之内尽快审结案件。从重不是离开法定的量刑幅度愈重愈好,不能违反刑法。从快不是离开法定审限越快越好,不能违反刑事诉讼法。从重从快都要依法,不是依哪个人的意见,谁要重就重,要轻就轻,要多快就多快,那是不行的。形势需要与依法办案要统一起来。……最近有的地方处理现行刑事案件,不区分具体情况,量刑时一律'满贯',判处法定的最高刑,这就违背了实事求是的原则。有的地方判处个别案子,为了从重处罚,竟然改变犯罪性质,把伤害致死改称故意杀人,把盗窃改成抢劫,这是不对的。"①关于依法办案还是依"形势需要"办案的问题,1980 年 8 月,江华在北京市高级人民法院召开的刑事审判工作会议上的讲话中指出:"还有一个问题叫做审判工作'紧跟阶级斗争形势'的问题。过去,政治运动一个接一个,审判工作经常处于为运动服务的状态,'形势需要'竟成了定罪量刑的一个主要根据,只强调紧跟形势,不强调依法办案。事实证明,运动中办的案子里冤案错案多,这个教训至今还没有引起一些同志的重视。人民法院办案的基本原则是以事实为根据,以法律为准绳。我们不能为了'形势需要'而作出违背事实和法律的判决;更不能借口'形势需要'而任意改变案件的性质和罪名。我们审理的每一个案件都要经得起历史的检验。"②

后来,中共中央有关文件在原来"从重从快"四个字前面加了"依法"两字,提法统一改为"依法从重从快"。1983 年 7 月,邓小平在同公安部负责人的谈话中,明确指出:解决刑事犯罪问题,"必须依法从重从快集中打击"。③ 1983 年 9 月 2 日,全国人大常委会通过了《关于严惩严重危害社会治安的犯罪分子的决定》,使"严打"斗争纳入了法治轨道。

---

① 见江华:《努力做好司法工作,当四化建设的促进派》,载《江华司法文集》,人民法院出版社 1989 年版,第 124～125 页。

② 见江华:《谈谈人民法院依法独立进行审判的问题》,载《江华司法文集》,人民法院出版社 1989 年版,第 151 页。

③ 见《严厉打击刑事犯罪活动》,《邓小平文选》第 3 卷,人民出版社 1993 年版,第 34 页。

11. 关于加强、创新和繁荣法学理论的研究

1982 年 11 月，《法学》编辑部发出《关于加强法学基本理论研究的倡议》，提出重点研究中国社会主义法律体系及其科学分类问题、社会主义法律的客观规律性问题、社会主义法学的基本范畴即法学的研究对象和领域问题、法学的方法论问题和社会主义法律的解释问题等。倡议得到法学界的普遍重视，中顾委委员于光远和法学家陶希晋、张友渔、潘念之、陈守一、李光灿等撰文表示支持法学基本理论的研究。华东政法学院和中国社会科学院法学研究所还于 1983 年 4 月 21 日至 29 日在上海举行了建国以来法学界首次集中探讨社会主义法律体系和马克思主义法学体系的法学理论讨论会(该会成果在 1984 年 12 月以《法学理论论文集》的书名由群众出版社正式出版)。[①] 该会讨论的着重点是建立具有中国特色的社会主义法律体系和马克思主义法学体系问题。综观这次讨论，涉及的主要问题有：[②]

(1) 建立中国式社会主义法律体系和马克思主义法学体系的重要性和迫切性。大家认为，建立中国式社会主义法律体系和马克思主义法学体系是我国社会主义法制历史发展的必然要求。法律体系完善与否，是国家法制健全与否的前提，它直接关系到我国立法、司法、守法、法学教育和法学研究等方面工作的开展。特别是在立法方面，当时面临的总体规划、科学预测、部门法的划分、法律和法规层次等级的划分、法学名称的规范化、法规整理汇编以及建国以来立法工作的经验教训总结等，都同法律体系和法学体系的研究密切相关。而在司法、守法方面，也亟须有完善的法律体系，使法制和谐统一地发展，以解决部门领域无法可依和有法难依的问题。在法学教学和研究方面，则更须在完善法律体系的基础上，逐步走向符合我国国情的轨道。

(2) 关于法律体系的理解。多数人认为法律体系应以一国现行的法律规范为基础，以按照一定的标准划分的部门法为主体，以宪法为统帅，以按照一定标准划分的部门法为主体，组成多层次、多部门的内容和谐一致、形式完整统一

---

① 张友渔先生把这次研讨列为争论"法理学若干重大理论问题"之一。见张友渔主编：《中国法学四十年》，上海人民出版社 1989 年版，第 96～97 页。

② 参见谢发东：《首次法学理论讨论会关于社会主义法律体系和法学体系讨论综述》，载《法学》1983 年第 6 期第 1～4 页。另参见陈鹏生：《新中国第一次法理讨论会的回忆与思考》，载《法学》1999 年第 9 期第 3 页。

的有机整体。另一部分同志认为，法律体系应该具有更广的含义，除上述内容外，还应该研究法律体系与立法体系、法制体系与道德、纪律等社会行为规范体系的关联和区别。

（3）关于部门法的划分和建立问题。大家一致认为应以调整对象作为划分部门法的最基本标准，但在具体表述中则有所不同。有的主张只能以法律调整的社会关系中的对象为惟一标准；有的主张除调整对象外，还应辅以调整方法；有的主张除对象、方法外，还应考虑发展需要这一因素；有的认为划分部门法的主要标准是对象和方法。此外，还应考虑社会关系的不同主体、法规数量、保持平衡以及即将制定的法律等因素。至于部门法的建立，分歧较大的是经济法是否应该成为一个独立的部门法，以及它与刑法、民法、行政法的关系。大家对基本部门法的看法大体上一致：国家法、行政法、民法、刑法、诉讼法；对其下一层次的部门法，如财政法、劳动法、婚姻家庭法、自然资源和环境保护法、科教文法、土地法、军事法等认识也比较一致。但有人提出程序法与实体法是形式与内容的关系，不应将程序法单独划分为一个与实体法分离而平行的部门法，程序法只应附属于相应的实体法。

（4）关于什么样的法律体系才具有中国特色问题。主要看法有：要研究我国历史上的法律体系，继承和发扬建立革命根据地以来在党的领导下的立法和司法实践的优良传统；要从国情出发，正确反映我国经济结构的特点；要适应阶级关系的现状，充分反映建设社会主义民主的要求；要适应我国统一的多民族国家的历史和现实状况，体现各民族一律平等，特别是法律体系要体现国家集中统一和民族区域自治的正确结合，体现全国人民共同利益和少数民族特殊利益的正确结合，使法律成为维护我国多民族平等和睦、共同繁荣发展的纽带和调节器；要注意吸取外国成功的经验，从我们的国情出发，加以创造性地运用；法律体系的形成是一个相当长的过程，既要充分考虑现实的条件又要具有前瞻性，要充分注意体制创新和改革现实的结合，做到稳定性与发展性的和谐统一。

（5）关于法学体系的问题。大家认为，法律体系与法学体系关系至为密切，两者相辅相成，相得益彰。法律体系是法学体系赖以存在的基础和前提，而法学体系是否完善，又直接关系到法律体系是否科学、合理。两者的区别是：法律体系属国家的政治法律制度，法学体系是社会科学的门类，是社会意识形态的一种形式。对于什么是马克思主义法学体系,许多同志认为,它是包括法理学、法史学、国内部门法学、国际法学、比较法学以及法学和其他社会科学、自然科学相互渗透的边缘学科等在内的整个法律科学体系。要建立中国式的马克思主义法学体系,要着重抓住两个关键性环节:第一,必须坚持马克思主义,研究马克思主义关于法学的基本原理,掌握它的立场、观点和方法,这是建立马克思主义法学体系的指导思想。第二,必须从我国的实际出发,把理论与实践结合起来,充分加强法学的应用研究。

面对世界经济、政治、文化的深刻变化和国内改革、开放、搞活经济的深入发展,我国的法学理论如何创新?我国的法学理论如何繁荣?创新和繁荣的出路何在?需要消除哪些障碍?《法学》从 1987 年第 1 期开始,又以笔谈形式,就"创新和繁荣法学理论"问题展开讨论。发表的论文主要有:顾功耘的《消除阻碍法学繁荣的障碍》(载《法学》1987 年第 1 期)、杜飞进的《繁荣法学理论的出路》(载《法学》1987 年第 1 期)、陈浩然的《应有选择地引进国外的法律制度》(载《法学》1987 年第 1 期)、何勤华的《重视法学新学科建设》(载《法学》1987 年第 2 期)、魏海波的《哲学思辨:法学研究的必要前提》(载《法学》1987 年第 2 期)、史建三的《从定罪量刑的差异看法律应用技术的开发》(载《法学》1987 年第 2 期)、吴家如的《法学研究应从适应性向创造性转变》(载《法学》1987 年第 6 期)、徐永康和何勤华的《法制协调学:一门新的学科正在形成》(载《法学》1987 年第 6 期)、夏之的《从初级阶段理论看法学的创新》(载《法学》1988 年第 1 期)、吴家如和刘享树的《法学繁荣与法理学的实践意义》(载《法学》1988 年第 1 期)等。

12. 关于我国法制建设协调发展问题的讨论[①]

《法学》1984 年第 5 期提出《关于开展我国法制建设协调发展问题讨论的意见》,认为法制协调发展包括外部的协调发展和法制系统内部的协调发展,倡议从 5 个方面开展对法制建设的协调发展的研究:一是法制协调发展与社会主义现代化建设的关系;二是法制协调发展的基本内容;三是法制协调发展与其他各类社会规范的关系;四是党在法制协调发展中的作用;五是法律教育和

---

① 该问题张友渔先生也列为争论"法理学若干重大理论问题"之一。见张友渔主编:《中国法学四十年》,上海人民出版社 1989 年版,第 94~96 页。

法学研究如何更好地为社会主义法制建设服务的问题。时任中共中央书记处书记的陈丕显同志号召所有法学理论工作者为此做出成绩来。政法实践部门、法律院校和法学理论工作者纷纷来信热情地表示赞同和支持，著名法学家张友渔在意见书中写道："开辟专栏讨论如何协调发展我国社会主义法制建设，很有必要。我很愿意参加这一讨论，在讨论时，提出自己的意见。"《法学》第5、6期连续发表《法制协调是法制存在和发展的客观要求》和《论新时期法制建设的大目标——兼谈法制建设的协调发展》两篇编辑部评论员文章，从而在上海法学界展开了一场历时两年多的关于法制建设的协调发展问题的大讨论。两年中，《法学》前后共发表有关讨论文章40余篇。魏文伯、陶希晋、王叔文、陈鹏生、倪正茂等许多著名法学家、学者都参加了这一问题的讨论。讨论的主要问题涉及法制协调发展的理论根据、法制不协调的症结何在、法制建设协调发展的内容及其相互关系、法制建设协调发展的具体措施等。关于法制不协调的原因，主要有3种观点：第一种观点认为，立法跟不上社会发展的需要；第二种观点认为，执法难和执法不严是法制建设不相协调的症结所在；第三种观点认为，我国法学教育和法学研究落后的状态，是我国法制建设不相协调的关键。关于法制建设协调发展的内容有3种观点：第一种观点认为，应包括外部的协调发展和法制系统内部的协调发展两个方面；第二种观点认为，应包括法制建设应该与国家的四化建设相适应、法制建设3个方面即立法系列、执法系列、辅助系列之间的相互协调发展、每个系列内部也有一个协调发展的问题等3个方面；第三种观点认为，应包括法制建设与经济建设的协调发展、法制建设与经济基础的协调发展、法制建设与其他上层建筑的协调发展等3个方面。①

1986年5月5日至9日，由华东政法学院和上海石化总厂联合发起的"经济、法制协调发展理论讨论会"在上海召开。这是对《法学》编辑部1984年5月倡议的继续和深化，重点讨论经济与法制协调发展问题，探索新时期法律如何保障、促进经济体制改革的新路子，努力开创法制为经济建设服务的新局面。

---

① 见《法制要协调　讨论待深化——法制建设协调发展问题讨论概述》，载《法学》1985年第10期第1～4页。《中国法律年鉴(1987)》在总结如何理解法制的协调发展时概括了三种看法：一是法制协调主要包括法制系统内部的协调发展与法制的外部协调；二是法制协调包括法制建设要与四化建设相适应、法制建设的三个系列之间的相互协调一致、每个系列内部也有一个协调发展的问题三个方面；三是法制的系统协调是指法制建设的时向协调、横向协调以及纵向协调的有机结合。见《中国法律年鉴(1987)》，法律出版社1987年版，第728页。

参加讨论会的有来自北京、上海、武汉、厦门等地的张友渔、潘念之、韩学章等专家、学者,以及汪道涵、石祝三等司法、行政、经济部门的同志,共 140 余人出席。与会人员围绕 3 个问题展开讨论:第一,如何探索新时期经济、法制协调发展的新路子? 第二,在法制与经济体制改革的协调过程中,目前有哪些迫切需要解决的理论问题和实际问题? 第三,法学理论在为改革实践服务方面应该有哪些突破? 讨论中普遍认为:经济、法制协调发展是我国经济体制改革发展的必然要求;实现经济、法制协调发展必须进一步肃清"以阶级斗争为纲"的影响;经济、法制协调发展首先在观念上要有新的突破;经济法制的作用不仅表现在制止经济活动中的违法乱纪,更重要的是为了规定社会主义经济制度的性质、发展方向、经济运行模式、经济活动范围和界限等;经济、法制协调发展,在立法上既要注意总结实践经验,也要重视法制对经济建设的导向作用,确立超前立法的观念;在协调经济、法制关系的过程中,必须重新认识科学技术的法律地位;经济、法制的协调,既需要法学理论的指导,也需要经济理论的指导;经济体制改革中要抓紧打击经济犯罪。①

13. 关于上海法制发展战略的研究

《法学》1986 年第 4 期刊登了陈鹏生、蒋迅、曹建明 3 人合写的《上海法制发展战略初探》一文。在该文中,作者认为,上海法制发展战略是指从本市经济、社会、科技和文化建设出发,在宪法、法律规定范围内,运用现代预测手段,对上海法制发展的总方向,以及如何创建具有上海市特色的地方性法制体系进行正确的决策以及总体规划。它包括上海法制系统总体发展战略和其各子系统发展战略两大部分,用定性或定量方式研究和提出上海市法制建设的指导原则、总任务和目标、整体结构和实施步骤及途径,并分别阐明各个法制子系统在近、中、远期的具体发展趋向。简言之,上海法制发展战略主要有法制发展预测、法制发展决策和法制发展规划 3 个层次。文章预测上海法制发展的基本特征是面向世界,面向全国各省市,以调整各种经济关系为中心,进行多方位立法、多层次司法,严密法律监督系统和繁荣法律文化,其中完善经济法规是上海发展中的重点。作者还提出了上海法制建设发展目标,即适应上海市经济、社

---

① 见《探索新时期经济、法制协调发展的新路子》,载《法学》1986 年第 6 期第 1~3 页。《中国法律年鉴(1987)》(法律出版社 1987 年版)记载见第 754~755 页。《政治与法律》1986 年第 4 期记载见第 61 页。

会、科技发展战略的需要,以创制和健全涉外法规、经济法规和科技法规为中心,形成完善的立法、司法和法律监督机制,发展具有高水平的法律文化,构筑具有上海特色的、结构合理和功能齐全的法制体系。除这些环节之外,还必须注意形成上海法制发展战略的整体结构,一方面是健全法制机构和组织,它们是领导、推动法制建设,创立、实施、研究法律制度的部门;另一方面是指各种规范性文件、法学理论和法律意识,它们是上海市法制建设的依据和内核。文章还特别指出了上海法制建设要注意的问题:第一,主张坚持平衡、协调的发展战略,即注意立法、司法、法律监督、法学研究、法律教育和法制宣传等部门的相互作用,协调发展,以充分发挥法制的整体效能;第二,提出以更新法制观念为先导,当务之急是改变一系列陈旧观念,尤其是法学理论研究者应该从注释型、宣传型向开拓型、探索型转变,司法干部要进一步破除权大于法的思想;第三,主张博采众长,走外联道路,即借鉴国外某些先进的法律,既要反对盲目照抄照搬,也要防止一味闭关排外。

该文发表后,《法学》编辑部发起了关于上海法制发展战略的讨论,参与讨论的文章主要有魏海波的《上海法制发展战略的重点》(载《法学》1986 年第 6 期)等。在此基础上,作为上海哲学社会科学“七五”重点科研项目研究成果的《上海法制发展战略研究》(复旦大学出版社 1993 年版)从政府行政管理法制、工商业法制、财政金融法制、外向型经济法制、上海交易生活有关法律调控制度、科教文卫法制、旅游业法制、劳动管理法制、物价管理法制、城市环保法制和社会治安综合治理等方面进行了研究,为上海法制发展战略目标的决策提供了相应的对策。此后,关于上海法制建设战略研究的成果主要有杨心宇等著的《上海法制建设战略研究》(上海科学技术文献出版社 2001 年版)等。

14. 关于土地批租

为加快改善我国沿海对外开放城市的基础设施、投资环境和生活环境的步伐,进一步实行对外开放的特殊政策,放宽土地房产政策,转让土地使用权(即租用土地)是首当其冲的问题。曹建明、钱富兴、顾长浩、李朝兴在《外商租用土地与经营房产业的理论与实践》一文中首先提出外商租用土地问题的迫切性与重要性,认为在对外开放中出租土地给外国投资者与帝国主义在旧中国的租界是有本质区别的。那么,出租土地的法律行为是否同马克思主义的基本理论相一致? 是否同我国宪法、法律的规定相协调? 作者指出,事实上,马、恩、列曾多次指出,消灭土地私有制并不要求消灭地租,而是要求把地租转交给社会。根据马克思的地租理论,地租不仅存在于封建社会和资本主义社会中,也存在于社会主义社会,但两者具有本质区别。法律依据是,我国宪法规定:"任何组织或者个人不得侵占、买卖、出租或者以其他形式非法转让土地。"这里所指的"组织",是指农村乡镇和国家企事业单位,并不包括国家。国家可以独立自主地处理国内外事务。在我国已经颁布的中外合资企业法中,"提供场地使用权"就是出租土地,而"缴纳场地使用费"就是缴纳地租。作者在综述了各国关于外国人租用本国土地的法律制度后,认为对出租土地给外商的正确态度应该是既要利用,又要自主;既要鼓励,又要限制。①

《法学》1988 年第 2 期发表了记者与曹建明的对话录《"地租"理论应步入法学研究的新体例》。随着社会经济的发展,关于土地批租等方面的问题研究逐渐增多,主要有张敏惠等人的《横向联营中土地使用的法律问题》(载《法学》1987 年第 1 期)、沈国明的《开放地产市场中的法律问题》(载《特区经济》1987 年第 5 期)、刘铭纲的《关于土地批租的法律问题》(载《社会科学》1988 年第 4 期)、蔡志龙的《也谈土地批租的法律问题——兼与刘铭纲同志商榷》(载《社会科学》1988 年第 11 期)、徐开墅和祁晓东的《对土地使用权有偿转让问题的几点意见》(载《政治与法律》1989 年第 1 期)、陆萍的《上海:土地批租中存在的问题与对策》(载《法学》1992 年第 11 期)等。

15. 关于中国社会主义法制建设的理论与实践学术研讨

1986 年 10 月 9 日至 14 日,华东政法学院、复旦大学与北京大学等 15 个法律院系联合发起的"中国社会主义法制建设的理论与实践学术研讨会"在江苏吴县举行第一次会议。会议主要就法律的本质和法律的实施这两个议题进行了充分的讨论。关于法律的本质,大体有两种观点:第一种观点认为,法律与国家的起源、发展和消亡基本上是同步的。但在认识阶级对立基本消灭的社会主义法律的性质上,又有两种不同的意见,一种认为,马克思恩格斯在《共产党宣言》中关于法律本质的概括对于社会主义法律仍然适用;另一种则认为,根据我国目前阶级状况的变化,社会主要矛盾的转移,将体现在法律中的工人阶级

---

① 该文是曹建明 1986 年 5 月在上海召开的"经济、法制协调发展理论讨论会"上的发言。《法学》以专稿刊登在第 7 期第 16~20 页。

领导下的人民的意志看作是统治阶级的意志,无论在理论上、事实上,还是逻辑上都说不通。但也决不能认为我国社会主义法律因阶级的消灭而变成了无阶级性可言的法律。第二种观点认为,法的存在是由于社会生产力发展水平所决定的对财产的不同占有以及因此而产生的商品交换和利益冲突。关于法律的实施问题,与会者认为必须从5个方面加强保障:党必须在宪法和法律范围内活动;健全人民代表大会制度;社会主义法律要民主化;提高全体公民的法律意识;加强政法队伍建设。此外,会议还就法律的作用、法学的研究方法、社会主义有计划商品经济的法律调整问题进行了探讨。①

16. 关于社会治安综合治理理论研讨②

为贯彻落实全国政法工作座谈会关于加强政法工作理论研究的精神,1987年6月中旬,上海市法学会与中国法学会和浙江省法学会、辽宁省法学会在浙江温州市联合召开了社会治安综合治理理论探讨会,中心议题是探讨我国现阶段犯罪存在的原因及预防、减少犯罪的对策。

关于社会主义制度下商品经济和社会犯罪的关系。主要有3种不同观点:一是"同步论",即认为犯罪现象的增加、社会治安的恶化,是发展商品经济必须付出的代价。二是"相对增长论",即认为,在商品经济发展过程中,由于缺乏管理经验和管理制度不完善,在一定时间、一定范围、一定条件下,某些犯罪现象可能会相对增加,但不是普遍性的法则。三是"反比论",即认为,从长远来说,只要坚决贯彻执行"一手抓建设和改革,一手抓法制"的战略思想,西方资本主义制度下那种商品经济越发达,犯罪率越上升的现象,在我国是不会出现的,相反,随着社会主义商品经济的日益发达,犯罪案件会逐步下降。

关于违法犯罪的对策和建议。与会者认为:社会治安综合治理是一项复杂的社会系统工程,其核心是建立起一系列预防和减少犯罪的有效屏障,加强全社会对违法犯罪的综合控制能力。要实现科学化、现代化的社会治安综合治理,有待于我国社会主义商品经济的进一步发展和成熟,社会生产力水平的日益提高,经济体制改革和政治体制改革的不断深化和完善。在现阶段,综合治理社会治安的主要目标是,尽可能地预防、减少犯罪,逐步消除产生犯罪的条

---

① 见《中国法律年鉴(1987)》,法律出版社1987年版,第767~768页。"中国社会主义法制建设的理论与实践学术讨论会"是原国家教委"七五"期间的一个重点科研项目。

② 见《中国法律年鉴(1988)》,法律出版社1989年版,第779~781页。

件。为此,从下列方面提出了各种对策和建议:(1)关于综合治理的概念。所谓狭义上的综合治理,指建立综合治理的专门机构,依靠政法部门和基层组织,静态地解决社会治安问题;所谓广义的综合治理,就是充分发挥全社会的力量,对整个社会实行全方位、多层次、多元化的动态的治理。(2)关于打与防的问题。为了预防犯罪行为的发生,必须从两方面入手:一是预防和破除犯罪心理结构;二是减少犯罪机遇。运用法律手段惩罚犯罪,是综合治理的首要一环。对于各种严重刑事犯罪,要继续贯彻执行依法从重从快的方针,加强快速反应的能力,及时准确地予以打击。同时,也要根据不同时期的犯罪形势,有针对性地开展不同内容的专项斗争。在决不放松打击犯罪的同时,注意加强防范工作。(3)关于综合治理系统工程的建设。在理顺领导体制方面,按照党政分工的原则,配套进行政法体制改革,完善和理顺社会治安综合治理的领导体制,建立起统一的协调指挥中心,纳入国家管理的范畴;在改革防治犯罪的体制方面,改革的出发点是把"惩罚犯罪"与"预防犯罪"的职能作用分开,变单轨制为双轨制;在信息建设方面,提出建立从中央到地方、条块结合的综合治理信息网络;在基层组织建设方面,要健全各种基层组织,健全和落实治保、调解、帮教等各种责任制,加强专职队伍建设;在加强理论研究方面,提出应建立全国性的社会治安综合治理研究机构,对犯罪的原因及其对策进行深入、系统的研究,用科学的理论来指导综合治理的实践。(4)关于青少年犯罪问题。主要从以下几方面入手:全社会都要关心青少年的健康成长;发展教育事业,改进学校工作;广开就业门路,切实解决待业青年的就业问题;要坚持教育、感化、挽救的方针,关心、教育、挽救染有不良习惯和违法犯罪的青少年;要有针对性地搞好对青少年的法制宣传教育。

关于加强社会主义精神文明建设。与会者认为,预防和减少犯罪的根本途径在于通过理想、道德、法制教育,发展文化教育事业,不断改善人们的文化知识结构和道德精神水准,使越来越多的人能够自觉地按照社会主义道德和法律规范行事。建设社会主义精神文明主要靠正面引导教育,与此同时,也不可忽视同一切腐蚀毒害人们思想和心灵的势力、传播媒介,以及各种消极丑恶现象进行斗争。

17. 关于社会主义初级阶段法制建设理论的讨论

自 1987 年 11 月党的十三大比较系统地提出社会主义初级阶段理论以来,

《法学》发动了关于社会主义初级阶段法制建设的讨论。发表的主要论文有：史焕章的《初级阶段法制建设的近期目标》(载《法学》1988 年第 1 期)、陈学明的《法学研究应摆脱法律形式主义的影响》(载《法学》1988 年第 1 期)、肖凤城的《协商对话制度的法律化探讨》(载《法学》1988 年第 3 期)、冯尔泰和钱富兴的《对行政诉讼和行政执行的探讨》(载《法学》1988 年第 5 期)、王兴的《新时期检察干部执法中必须坚持的几个问题》(载《法学》1988 年第 5 期)、倪正茂的《法制建设若干理论问题的思索》(载《法学》1988 年第 7 期)等。论文中的主要观点有：①

（1）社会主义初级阶段理论与法制建设。许多学者认为，我国新时期的法制建设必须以社会主义初级阶段理论为立论依据和基本出发点。

（2）关于社会主义初级阶段法制的特点。第一种观点认为，"落后性"是社会主义初级阶段法制的基本特点，体现在法制建设的各个方面；第二种观点认为，"完善中的法制"是社会主义初级阶段法制的基本特征；第三种观点认为，"人治"，"党政不分、政法不分"，是初级阶段法制的特点；第四种观点从法制建设之全方位入手，将初级阶段的特点归纳为 9 个方面，即新的历史类型的法制，以经济建设和民主建设为中心任务的法制，以法律制度的基本建设为出发点的法制，与政策相辅助的法制，不平衡发展的法制，历史性和时代性相统一的法制，贯彻最优化建设方针的法制，不成熟、有待完备的法制，在改革中完善的法制。

（3）初级阶段法制建设的基本任务。第一种观点认为，初级阶段法制建设的重要任务是抓紧立法，严格执法，保障司法机关依法独立行使职权；深入普法，提高公民的法律意识。第二种观点认为，初级阶段的基本任务是巩固改革成果，促进生产力发展；借鉴国外成果，促进对外开放；完善社会主义民主政治制度，努力建设精神文明。第三种观点认为，基本任务是建立与健全一整套与生产力、商品经济发展相适应的法律制度，完善已经初步建立起来的社会主义法律体系，依靠法制的权威，确保社会主义初级阶段党的基本路线的实现。这些观点的共同之处在于，它们的基本要点都是强调要建立和健全社会主义法

---

① 见何勤华：《社会主义初级阶段法制建设理论讨论观点综述》，载《法学》1988 年第 6 期第 16～18 页。

制,为发展社会主义商品经济服务。

(4)初级阶段法制建设的目标。主要包括,初步完善以宪法为核心的社会主义法律体系;巩固和发展安定团结的政治局面,为经济和政治体制改革创造安定的社会环境;健全执法机制,提高公民法律意识,努力使现行法律的实施能得到最佳效果;进行政法体制改革;创新和发展法学理论,为法制建设提供科学的理论基础。

(5)初级阶段法制建设中的补课问题。有的学者认为,提出初级阶段法制建设的补课问题,既是中国社会特定国情的必然要求,又有科学的理论根据和现实的政治基础。补课的基本点应当是,逐步消除封建法制的残余,学习、吸收、改造数百年来资产阶级所创造的适合我国国情的法制建设成果,变革建立在"一大二公"框架上的带有空想社会主义色彩的法律机制。同时也要注意变革传统思想模式等问题。

(6)发展初级阶段民主与法制的途径。许多学者认为,发展初级阶段的民主与法制,是一项艰苦的系统工程。要完成这项工程,必须遵循 4 条途径:第一,大力发展社会生产力,这是提高初级阶段民主与法制程度的物质基础;第二,坚持四项基本原则,这是初级阶段民主与法制建设的指导思想;第三,逐步使民主法律化、制度化,这是民主建设的客观要求;第四,加强法制民主化建设。

(7)初级阶段理论与部门法制建设。随着社会主义初级阶段法制建设研究的深入,有学者把目光转移到部门法制建设上。

18. 关于"廉政建设法律思考"的讨论

《法学》编辑部在 1989 年第 12 期发出《开展"廉政建设法律思考"的讨论的倡议》。这场讨论以"笔谈"的形式发表了大量读者来稿,从各个角度论述廉政建设的法律问题,为廉政建设提供了有益的借鉴。时任司法部部长的蔡诚同志专门给编辑部写信,表示完全支持《法学》编辑部组织的这次讨论。

《法学》陆续发表了大量的关于廉政建设的法律问题的来稿,主要有:陈鹏生的《把廉政建设纳入法制的轨道》、朱华荣的《法律是廉政建设的重要保证》、何勤华的《批判借鉴外国的廉政经验》、固重的《强化廉政建设的法律意识》、朱芒的《谈我国廉政法制体系的转型》、彭坤明的《法制:肃贪倡廉的重要手段》、张树根的《刑法中受贿罪内容急需补充立法》、谢邦宇的《"设官而治"与廉政建设》、刘江的《廉政立法策略的探究》、孙力的《对完善刑法惩治腐败功能的构想》、闻长智的《刑事司法与清廉为政》、黄署海和汪永清的《廉政立法论纲》、曹冠祥和蒋卫忠的《权力机关的司法监督可涉及具体案件》、傅兆龙的《廉政建设应贯穿于权力运行的全过程》、罗明达和林日华的《廉政建设与经济法制》等。《法学》月刊社编撰的我国第一部论述廉政法制建设理论的专题论著《当代中国廉政法制》，[1]1990年10月由复旦大学出版社出版，该书20万字，共分廉政法制理论、廉政立法、廉政法律监督、廉政司法与公务员制度、国外和香港地区廉政法制资料五个部分。这场讨论主要围绕以下几个方面进行：

（1）关于"廉政"和"廉政"的范围。有的学者认为，"廉政"是自"清廉"、"廉正"、"廉洁"、"廉吏"等词转化而来，其基本含义从狭义上说是为政清廉公正，基本要求是政权机构和政府官员均需清廉正直；从广义上说，包括更为丰富的广泛内容：精简机构，精兵简政，防止和克服机构臃肿、人浮于事、互相扯皮、穷于内耗等弊端；厉行节约，艰苦奋斗，杜绝铺张浪费，奢侈挥霍等现象；主持公道，为民除害，扫除社会丑恶现象；政治上开明，广开言路，关心群众疾苦，全心全意为人民服务。与此相对，廉政法制建设范围也有广义和狭义之分。[2] 有的学者认为，廉政就是为政不贪，即从政者大公无私，在职权范围内有效地行使权利和承担义务，主要包括清正、廉洁、勤政、务实4个方面内容。[3] 在廉政法制建设范围和重点上，大家一致认为要有严格的范围，防止泛化，漫无边际。[4]

（2）关于廉政建设应采取的手段和途径。第一种观点认为，廉政属于伦理范畴，属于国家机关的道德风范，廉政建设属精神文明范畴。作为一个精神境界的建设是没有上限的，它只能提倡，不能限定，要清除大量存在于社会的为政不廉现象，显然不是法律规范所能囊括的。第二种观点认为，把廉政建设纳入法制的轨道已是刻不容缓的任务，既是国家政治经济发展的需要，也是民主政治发展的必然趋势。第三种观点认为，民主是廉政建设的政治保障，这是因为不受制约的权力是导致贪污腐败的病根，而民主则是制约与监督权力的良药。建议加强人民权力对政府权力的监督，加强公民权利对政府权力的监督，实行

---

① 见《法学》1990年第10期第36页。

② 参见崔敏：《廉政含义、范围之我见》，载《当代中国廉政法制》，复旦大学出版社1990年版，第55～62页。

③ 参见陆小平：《廉政与法制》，载《当代中国廉政法制》，复旦大学出版社1990年版，第84～91页。

④ 见向群：《首都廉政法制建设理论会综述》，载《法学》1990年第6期第46页。

民主的公开性,把政务活动置于阳光之下。第四种观点认为,廉政建设是庞大的系统工程,包括思想、道德、经济、政治、法律等各个方面。为此,不应强调某一方面而忽视另一方面,主张实行综合治理,但在某一时期,应有所侧重。①

(3) 关于廉政立法。大家认为自改革开放以来,党和国家制定有关廉政建设的政策和法律,对保证党和政府总体上的廉洁,密切联系群众起着重要的作用,但针对存在问题提出的措施大家有些差异。第一种意见认为,目前存在的问题主要是应急性强,整体性、配套性较差,原则性规定较多,监督规则缺乏,为此建议采取的政策是制定有关预防性规范,诸如尽快制定公务员法,制定党政干部财产和收入申报制度,制定公民举报法,制定行政规范法;制定和完善有关监督规则,制定和完善行政程序方面的法律法规,健全监督机构,内部监督与外部监督要结合起来,真正各司其职;完善有关惩戒性规定,建议制定和颁布专门惩治职务犯罪与渎职犯罪的刑事特别法和制定反贪污特别法。第二种观点认为,廉政立法要注意策略,一是廉政立法要以治理整顿为契机,二是廉政立法要与廉政教育同步,三是廉政立法要以反贪污受贿为重点,四是廉政立法要以地方立法为先导;要处理好廉政法制建设中的几种关系:正确看待法制在廉政建设中的应有作用,创立有利于廉政的社会法制氛围;正确树立廉政法制建设的紧迫性、长期性和艰巨性意识,促使廉政法制建设轨迹从分项有序性向协调配套性发展;处理好廉政法制建设中预防性和追究性法规的关系,在"预防为主、惩治为辅"方针指导下确立立法重点;坚持中央立法和地方立法并行,在廉政法制建设中发挥中央立法和地方立法两者积极性;在加强廉政立法的同时,始终把守法、执法作为廉政法制建设的重心。②

19. 关于儒学与法文化的研究

中国儒学与法文化研究会是大陆惟一一家对儒学与法文化开展综合研究的学术团体。该研究会自 1990 年底成立以来,组织举办了一系列的相关的学

---

① 参见向群:《首都廉政法制建设理论会综述》,载《法学》1990 年第 6 期第 46 页。参见陈鹏生:《把廉政建设纳入法制的轨道》,载《法学》1990 年第 1 期第 2~4 页。参见朱华荣:《法制是廉政建设的重要保证》,载《法学》1990 年第 1 期第 5~7 页。

② 参见向群:《首都廉政法制建设理论会综述》,载《法学》1990 年第 6 期第 46~47 页。参见黄曙海、汪永清:《廉政立法论纲》,载《法学》1990 年第 7 期第 3~6 页。参见刘江:《廉政立法策略的探究》,载《法学》1990 年第 3 期第 9~10 页。参见肖建国:《廉政法制建设中亟待处置好的几种关系》,载《当代中国廉政法制》,复旦大学出版社 1990 年版,第 78~83 页。

术活动,编辑并出版了《中国儒学与法文化》、《〈论语〉思想的现代法文化价值》、《儒家义利观与市场经济》、《儒家思想与现代道德与法治》、《儒家思想与当代中国法治》等论文专集。

1991 年 6 月 29 日,该研究会首届学术讨论会在江苏无锡举行,50 余位儒学与法律文化研究专家、学者出席了会议,并就儒学法律思想的价值、中国传统法律文化的基本特征、传统法律文化和法制现代化等课题展开了认真而充分的讨论。① 最有代表性的观点有:

(1) 关于儒家法律思想的价值。会议认为,儒家包含儒、道、墨、法诸家的思想成果,以孔子为代表的儒家法律思想是中国传统法律文化的主流,在中国封建法律文化中一直处于统治地位。对其社会价值有基本否定说、全面肯定说、具体分析说等 3 种不同的见解。其中,具体分析说又分为 3 派,一派为精华糟粕说,即儒家法律文化中既有精华,又有糟粕;一派为三分说,即可以将中国传统法律文化分为优性遗产、劣性遗产和中性遗产三类;还有一派为社会价值说,即认为对待儒家法律文化应当结合我国各个时期法制建设的中心任务,进行具体分析、具体选择。

(2) 关于中国传统法律文化的基本特征。有的学者以中国传统法律文化对中国社会生活的影响为主线,对其基本特征作了分析;有的学者将中国传统法律文化的特征放在中国特定的社会、历史、文化发展中加以考察;有的学者认为,中国传统法律文化的基本特征就是伦理中心主义;有的学者认为,中国传统法律文化是一种伦理性的法律文化,其基本特点是以家庭为本位、以伦理为核心,具体表现在礼法结合等八个方面。与会者普遍认为,中国传统法律文化的特点,并不是它的优点,而是优点与缺点交织在一起,但由于中国传统法律文化内容庞杂,其特征表现很复杂,很难用一两句话予以完全概括。

(3) 关于中国传统法律文化与现代化。有的学者认为,讨论这个问题首先必须正确估价传统法律文化在现实中的影响,正确认识法律文化的民族性和时代性的关系,把握中国传统法律文化这一多元的复杂结构,坚持走以我为主、兼采众家的道路;有的学者认为,探讨这一问题,除应具备新的态度与方法外,还

---

① 湘潭大学的李交发教授在谈到这次会议时说,这次会议是在国内召开的第一次有较高水准的法律文化国际性学术会议,认为比较深刻地探讨了一系列法律文化问题。见李交发:《法律文化散论》,人民法院出版社 2004 年版。

必须解决不宜责怪历史与传统、不单纯"破旧"而应"更新"等问题。但更尖锐的争论集中在以西方近代法律文化之精华,还是以中国传统法律文化之精华为我国法律文化之借鉴的主要内容。有的学者认为,建设中国现代法律文化,必须在马克思主义指导下,以近代西方资产阶级法律文化之精华为主,以中国传统法律文化为辅,结合中国当前的商品经济实践来展开;有的则认为,在建设中国现代法律文化时,既应当批判前几年流行的全盘西化,否定中国传统法律文化遗产的倾向,也必须警惕上述以近代西方法律文化之精华为主、以中国传统法律文化为辅的观点。多数与会者认为,在建设中国现代法律文化时,应当贯彻"古为今用、洋为中用"的方针,以现阶段的中国国情为出发点,以建立具有中国特色的社会主义法律文化为宗旨,在此基础上,尽可能大胆地吸收国外法律文化之精华,大力弘扬以儒学为代表的中国传统法律文化之精华。[①]

20. 关于能人犯罪是否可以从宽处理的讨论

1992 年 5 月,《法学》提出了开展"法制如何为经济建设服务"讨论的倡议,发表了一组关于"能人犯罪"是否可以从宽处理的论文,在全国刑法学界引起了一场大讨论。参与讨论的论文主要有:《法学》第 5 期刊载的有杨兴培《"罪人兼能人"的司法对策》、朱华荣《树立司法的经济原则》、吴逸《慎重区别对待经济犯罪》、徐士英《净化经济环境必须严惩经济犯罪》、郦渭荣《对执法中"网开一面"的忧虑》、龚介民《"执法扶企"的经济检察职能》,《上海检察》第 5 期刊载了杨兴培《对"能人犯罪"从宽处理的思考》,《法学》第 7 期刊载了鲍遂献和徐叔芹《对犯罪的"能人"决不能法外施恩》、张明楷《对"能人"犯罪从轻追究刑事责任的依据》、金汉标《依法从轻处理"罪人兼能人"案件并非网开一面》、孙立泉《对"能人"经济犯罪能否从宽的看法》、陆世友和钟劲庐《"能人"经济犯罪的从宽处理与从严掌握》,《法学》第 10 期刊载了赵秉志和吴宝林《"能人经济犯罪"的司法对策》、章剑安《"网开一面"的做法不可取》等。

这场争论主要围绕以下主题展开:对所谓能人可以从宽处理,是不是封建社会"功罪相抵"的特权思想在"借尸还魂"?我国社会主义社会还要不要坚持"法律面前人人平等"的法制原则?"能人犯罪",何谓能人?能人犯罪,还能称

---

① 见何勤华:《弘扬中华法律文化 增进国际学术交流——中国儒学与法律文化首届学术讨论会综述》,载《法学》1991 年第 9 期第 39~41 页。

能人吗？参与讨论的同志都认为应该坚持法律面前人人平等的法制原则,主要形成了以下 3 种观点:①

第一种观点持谨慎赞同的态度,认为如何在最大限度上发挥社会现象积极的一面,遏制其消极的一面,是司法实践所追求的社会价值所在。对任何一个"罪人兼能人"的经济犯罪案件的处理,都存在着一个定罪量刑的过程。在这一过程中,我们可以既本着法律面前人人平等的原则,对已构成的犯罪,应当依照法律的规定作出统一的评价,以确保法律的权威性、严肃性不受动摇。但在适用刑罚上,则又应本着刑法个别化、刑罚经济性的原则,对不同的对象可以分别采取不同的灵活处理方法,以保障经济活动的正常运行免遭不应有的影响。这种观点还对当时有的司法机关对那些行为已经构成犯罪的"罪人兼能人"暂不予以定罪处理就放在社会上进行所谓"戴罪立功"的做法提出异议:(1)没有预先的定罪处理,怎么能明确行为人原先行为的犯罪性质?(2)没有预先的定罪处理,行为人有何"罪"为"戴"? 又怎么能够谈"戴罪立功"?(3)没有预先的定罪处理,一些只能对犯罪所适用的附加刑怎么能适用? 这种观点还认为,在遵循罪刑相适应的刑法原则同时,坚持刑罚个别化、刑罚经济性原则,是刑罚时代化、合理化、科学化的必然要求,是社会主义刑罚目的"向前看"的应有内核,因此必然要不断否定"单纯向后看"的呆滞观念。

第二种观点持坚决反对的态度,认为能人犯罪能否从宽处理,这一命题本身就欠科学。因为何谓"能人"本来就无法界定,除非能建立一个"能人鉴定委员会"的超能人专门机构。能人一旦构成犯罪,实际上就已经是犯罪的能人,本无从宽处理的法律依据。能人犯罪是否要从宽处理,理应与"非能人"犯罪一视同仁,不应有什么例外。法律面前人人平等是我国法制的一个原则,对能人犯罪无原则地从宽处理,就意味着我们在刑法领域公开地承认不平等。而这种不平等的存在,对其他罪犯甚至大多数中国人来说,实在是一种不幸与悲哀。对犯罪的"能人"法外施恩,不利于改革开放,不利于爱护能人。

第三种观点是综合阐发的,认为对"能人犯罪",既要坚持在法律面前人人平等的原则,又要做到区别对待,兼顾经济原则。对于改革开放中出现的新情

① 见杨兴培、李翔、王春燕:《关于"能人犯罪是否可以从宽处理"的一场刑法讨论》,载《法学》2001 年第 6 期第 4 页。

况、新问题,法律没有规定为犯罪,社会危害性不大的,一般以不定罪为宜。对"能人犯罪"在处理时兼顾经济原则,并非属于网开一面。因为兼顾经济原则仍然在法律规定的范围内进行,它既体现了依法办案的严肃性,又体现了为经济服务的能动性。

在如何从宽处理的问题上,持谨慎赞同观点者和综合阐发观点者提出,首先要把所谓"能人犯罪"界定在当时改革开放过程中出现的有关新型的经济犯罪与职务犯罪方面,从而与传统的自然犯罪区别开来;其犯罪的社会危害性并不十分严重,因为具有严重社会危害性的犯罪势必与我们这个社会的生存、发展条件产生严重的冲突,对此必须严惩不贷;犯罪的行为人已有现实的突出才能或有潜在的创造性;必须具有广泛的群众基础,人们从情感上愿意接受犯罪的行为人在开放的社会环境中进行改造。为此,有人在承认可行性的基础上,提出了确定犯罪的"能人"的3个标准:有高度的才能;这种高度的才能确已由实践所证明,并不是人们在主观上的推测或某些执法人员的感觉;关系到国家和集体重大利益。他们还提出必须有严格的审批程序和加强监督。[①]

21. 关于诉讼法学的研讨[②]

1999年11月5~7日,由中国法学会诉讼法学研究会和上海市第一中级人民法院联合举办的1999年全国诉讼法学年会在上海光大会展中心召开。与会的专家、学者和实务部门的代表在"依法治国,司法公正"的主题下,分刑诉法学、民诉法学和行政诉讼法学3个部分,分别就证据制度问题、司法体制问题、诉讼程序与司法公正问题、民事诉讼的审级制度与二审终审制问题,再审制度改革、行政审判庭审方式的特点等问题展开了讨论。主要学术观点有:

(一)刑事诉讼法学。(1)关于证据制度问题研究。在证据展示问题上,与会代表较一致地认为我国刑事诉讼法中虽有类似于证据展示的规定,但与对抗制相配套的正规意义上的证据展示制度并没有建立;证据展示的范围应坚持双向展示的原则,但双向展示并不等于对等展示,控辩双方的证据展示应当是不平衡的,检察机关负有全面展示证据的义务,辩护律师只负有限度的证据展

---

① 参见陆世友、钟劲庐:《"能人"经济犯罪的从宽处理与从严掌握》,载《法学》1992年第7期第29~31页。

② 见叶青:《依法治国与司法公正——99年全国诉讼法学年会观点综述》,载《法学》2000年第2期第49~55页。

示的义务;在证据展示的具体程序上,与会代表认为法院受理检察机关的起诉后,案件进入审判阶段时,在庭审前公诉人应主动通知辩护律师有权到检察机关查阅、摘抄、复制起诉案卷中的证据材料,有的代表还提出应设立监督和制约机制。在刑讯逼供问题上,与会代表认为我国存在"文逼"、"武逼"等现象,由于刑讯逼供危害极大,应从制度完善、进一步为司法人员提供查明犯罪所需要的物质条件和先进技术设备以及提供充足的办案经费等方面解决。(2)关于司法体制问题研究。在司法独立与党的领导方式问题上,与会代表一致认为依法治国的实现关键之一是司法独立能否切实得到实现,改善党对司法工作的领导方式是确保司法独立的一个十分重要的方面;在司法独立与人大监督方式方面,有三种观点,即主张个案监督应当慎重,认为不宜实施个案监督,赞成人大对个案实施监督。(3)诉讼程序与司法公正。在主诉检察官研究方面,主诉讼检察官办案责任制是在检察长领导下,在审查起诉部门实行的以主诉检察官为主要责任人的检察官办案制度,对此制度的推行,代表们有积极赞同说、谨慎赞同说和否定说三种观点;在陪审制度研究方面,与会代表对人民陪审员制度有保留说、改革完善说、废除说三种观点。(4)辩护制度研究。与会代表认为律师在侦查阶段的辩护权得不到很好的行使,应通过对刑事诉讼法的进一步修改来完善辩护制度,以提升律师的诉讼地位和作用。

(二)民事诉讼法学。(1)关于民事诉讼的审级制度与二审终审制研究,认为存在较多问题,改革的方向是建立三审终审制下的上诉制度,即实行三审终审和事实与法律审的分离,这种制度下的上诉审的模式为:当事人对一审判决的事实或法律适用不服,可提起二审;某些案件当事人对二审判决的法律适用仍然不服,可提起三审,三审终审。(2)关于再审制度的改革,认为我国再审程序存在诸多弊端,建议符合下列条件之一即可再审:合议庭成员或独任审判员应当回避而没有回避的;诉讼代理人没有合法代理权的;合议庭成员或独任审判员有与本案有关的职务上的犯罪行为的;作为判决、裁定依据的文书或物证系伪造或变造的;作为判决、裁定依据的鉴定结论被否定的;证人在该案中犯有伪证罪的;作为判决、裁定基础的有关裁判相矛盾的;本方当事人的诉讼代理人、对方当事人或其诉讼代理人有与本案有关的犯罪行为,而判决、裁定是基于这种行为作出的。(3)关于民事执行制度研究,提出解决执行难、执行乱的对策是:国家立法机关尽快制定《强制执行法》;建立以纵向管理为主的人事管理制度的经费供给制度,以确保法院独立行使执法权,不受地方上的各种干扰;建设一支品质高尚、业务素质优良的执法队伍,加强业务培训,实行执行庭与其他业务审判法官定期轮岗制;加强工商管理方面的立法,明确规定工商行政管理部门管理经济主体的权力、义务和责任,采取公开、集中、强制的执行方式,以增强执行透明度和执行力度,提高执行效率。

(三)行政诉讼法学。(1)在行政诉讼受案范围上,可以通过三个方面来判定:所诉的行政行为是否为具体行政行为;是否涉及起诉者本人的财产权、人身权;是否属于行政诉讼的范围。也有代表提出应遵循三个原则:充分保护公民、法人和其他组织的合法权益;正确处理审判权与行政权的关系;循序渐进、逐步扩大。还有的代表认为应该扩大受案范围,甚至有的认为应将部分抽象行政行为纳入受案范围。(2)在行政诉讼庭审方式研究上,提出解决行政诉讼庭审方式的弊端的建议:我国的行政诉讼目标模式应是法律模式,即既要保障行政管理机关执行国家法律,又要监督行政机关依法行政;逐步实行诉辩式的审理方式,即突出双方当事人的作用,法官处于中立地位,引导和组织诉讼,以体现法庭的公正性,提高被告的举证能力。

22. 关于电子商务政策与法律的研讨①

2001 年 3 月 1~2 日,中国电子商务协会、上海市信息化办公室联合主办的"中国首届电子商务政策与法律研讨会"在上海召开,讨论的主要问题有:

(1)关于电子商务立法模式,与会者认为应制定统一的电子商务法,其框架大略为:电子商务法总则,主要包括立法目的、电子商务法基本原则、适用范围、管理机构、冲突解决等基本问题;电子商务法分则,主要内容大致包括电子签名、电子合同、网络服务提供者责任及电子商务管理机构等方面。

(2)关于电子商务立法的切入点,共有 3 种观点,即:应当首先制定电子签字和认证法;首先解决域名权与现实权利的冲突,明确域名的权利性质;可以从规范电子政府入手。

(3)关于政府在发展电子商务中的作用,与会者建议应当把电子商务作为国民经济信息化的核心内容,当务之急是研究制定电子商务政策框架及各项政

---

① 见高富平、方有明:《中国首届电子商务政策与法律研讨会综述》,载《法学》2001 年第 5 期第 70~71 页。

策,并采取正确的策略,如夯实企业基础,改善商务环境,加快网络建设和提高网络质量,加强安全技术的研究和电子商务标准的制定。

(4)关于网络知识产权保护,主要有两种法律途径:一是通过对商标权的保护来保护域名;二是通过反不正当竞争法来保护域名。域名争议还可以根据民法通则和消费者权益保护法请求保护。

(5)关于电子商务运作中的具体法律问题,主要是:网络交易主体的法律资格及地位;网络拍卖;网络广告;规范网络交易中的反不正当竞争等。

(6)关于发展电子商务的策略,与会者建议加快发展电子商务的基础设施建设。也有学者认为发展电子商务与城市信息化建设息息相关,上海有着发展电子商务的良好的商务、金融、教育条件,发展潜力巨大。与会者还认为,促进电子商务在我国普及和应用必须首先解决两个问题:一是促进银行支付系统的电子化进程,实现支付无纸化,加强信用卡的普及和应用,带动电子商务的发展;二是大力加强网络安全建设,形成完备的中介服务体系,增强消费者信任。

23. 关于市民法律意识调查与研究

2001 年 6 月,"上海市民法律意识调查"课题组,对上海市民的法律意识进行了调查研究。[1] 调查研究的主要结论是:

(1)改革开放以来,上海市民的整体法律意识水平有了很大程度的提高。表现在:法律认知状况有了明显的改善;法律遵守的自觉性在不断增强;法律运用的意识和能力有明显提高;法律评价比较积极、中肯与客观;对现实的法律关注比较广泛与深刻;对未来的法律期待十分强烈。例如,被调查市民认为法律知识"知道很多"的占 4.8%,"知道一些"的占 73%,"知道很少"的占 6.8%,"几乎不知道"的仅占 0.9%;在不提示的情况下,对"您在日常生活中比较关心哪些法律"的提问,能够准确说出六七个乃至十几个具体法律名称的市民占很大一部分比例;在调查有关法律遵守的一组宏观意向问题和一组具体行为问题时显示,市民能够遵守法律的比例分别占到 75.6%和 86.1%以上,其中从维护权利履行义务角度主动性遵守的占 64.7%,只有少数市民是因害怕制裁而被动遵守。

---

① 该课题是由上海市政府法制办直接领导、上海市行政法制研究所以登报公开向社会招标形式组织实施的 10 个年度重点课题之一,该课题由上海师范大学教师承担。该课题研究成果获上海市依法治市课题调研成果一等奖、政府决策咨询奖二等奖。

（2）上海市民的法律意识有自己的鲜明特点。主要是：经济、民商方面的法律被高度充分地关注；法律意识具有明显的务实性和实用性；维权意识（特别是民事权益方面）十分突出；具有前瞻性和本地特点的法律意识要素体现明显。例如，被调查市民所关注的法律中居于前 3 位的分别是：经济法（含合同法）占 22.8％，劳动法占 22.1％，婚姻法占 19.8％；而调查市民"最需要获取和充实的法律知识"时，结果显示居于前 4 位的依然是：经济法占 20.4％，劳动法占 16.8％，民法占 8.6％，婚姻法占 7.9％。再如，在关注的强度上最强为 5 的设定下，社会保障方面的法律关注强度平均为 4.39，消费者权益保护法的关注强度平均为 4.1，老年人权益保障法的平均关注强度为 3.9，未成年人权益保障法的平均关注强度为 3.63，均高居前列。

（3）上海市民法律意识和法律素质方面存在的问题和差距主要表现在：法律认知的广度和深度仍很不够；整体法律遵守的自觉性还有待提高；法律运用的普遍意识和能力还亟待提升；法律意识还有明显的结构性的不完善；不同市民群体的法律意识状况还存在着较大的不平衡。例如，当问及"我国的最高国家权力机关是哪个"，被调查市民正确选择"全国人大"的只有 55.6％；当问及"公民的政治权利有哪些"，除"选举权和被选举权"外，能选择"出版自由"的只有 29.4％。再如，虽然对法律"知道一些"以及"知道很多"的市民达 77.8％，但自己感到在生活或工作中运用过法律的市民却不到半数，只占 38.3％。这说明，很多人对法律还只是停留在认知的层面上，距离运用于实践还有相当的距离。

（4）上海市民的法律意识反映出的结构性的不完善，主要表现在：宪法宪政意识相对较弱；对公权利的维权监督意识虽然在相当一部分市民中已经有较强的表现，但就市民总体的状况看比起对私权利的维权保护意识来说还相对薄弱；与现代法治文明相适应的诉讼与非诉讼程序法律意识相对不足；与公民权利意识相匹配的公民义务意识相对滞后。例如，在不作任何提示的情况下，市民比较关注的法律是经济法，为 17.6％，如加上合同法则为 22.8％，占第一位，而比较关注政治方面法律的仅为 3.1％，两者形成巨大落差。调查显示，上海市民日常生活中知道宪法的人虽然高达 58.8％，但坦言比较关注宪法的却仅占全部被调查人数的 6.1％；政府官员中关注宪法的比例最高，但也仅占其中的 8.9％；在选择"您最需要获取和充实的法律知识"时，选择宪法的仅为 3.3％。

关注行政法的比例更是低得可怜,仅占全部被调查人数的 2.9%。此外,上海市民对诉讼法关注的比例也很低,只有 3.1%,回答需要获取和充实诉讼法的则更低,仅占 2.5%。

(5) 被市民认知、运用和关心程度最高的法律往往是那些和他们的日常生活最直接相关、与他们的切身利益最紧密相连的法律,比如经济法、民商法、婚姻法、劳动法、消费者权益保护法等均居于较高的选择比率;而市民认知和运用法律的目的,也是把"维护自己的合法权益"作为最高比率的首选。

(6) 大众传媒(主要包括电视、广播、报纸、互联网)在法制宣传教育和市民法律意识培养中的作用越来越突出地显现,已经成为问卷调查中大多数市民认知法律的首选最主要途径(选择"电视广播"的占到 50.9%,为最高比例)。

(7) 人们法律意识的程度(包括认知、遵守、运用、关注等)与市民受教育程度和文化程度成正比(正相关),即一般而言受教育的程度和文化程度高,则其法律意识的程度也相对较高。例如,经济法、行政法和民商法的运用与文化程度成正比,文化程度越高,自觉运用的人越多,接受初等教育的人分别占 25.3%、24.0%、22.7%,接受中等教育的人占 35.0%、25.1%、24.0%,而接受高等教育的人占 48.7%、35.3%、28.2%。另外,文化程度越高,自己直接运用法律的比例也越高,接受高等教育的市民超过半数,占到 50.6%,而聘请律师的比例与文化程度成反比,接受初等教育的市民占 33.1%,而接受高等教育的市民只占 17.3%;但调查也显示,人们的法律评价(这里主要指对法律、法制的评价结果)却与人们受教育的程度成反比(负相关),即受教育程度和文化程度高的人们反而对法律评价结果的满意度相对要低(表明他们的理性程度和评价标准相对较高)。例如,接受高等教育的人对法律感到不够满意和非常不满意的比例最高,达 31.8%,比其他文化程度的市民高出 1/3,回答不清楚的只有其他文化程度市民的 40% 左右;回答非常满意的市民中,接受初等教育的市民最高,达 8.8%,而接受高等教育的市民最低,只占 2.8%。这一正一反的相关结果,充分表明市民的法律意识与其文化素质有着十分紧密的内在关联。

(8) 市民的法律意识状况(包括对法律的认知、运用和关注等)与其职业背景和工作经历有非常直接的关系。例如,政府官员及公务员对行政法的认知提及率和运用过行政法的比率都明显地高于其他阶层人员(对行政法的运用政府官员所占比例最高,达 47.1%,比平均比例高出 19.1 个百分点);而经理人员了解经济法、合同法和运用过经济法、合同法的比率又明显地高于其他阶层人员(经理人员运用经济法最多,高达 52.2%,高出平均比例 15.9 个百分点);同样,知识分子和专业人员对知识产权法的了解和运用又要明显地强于其他阶层人员;而海归人员则有比其他人员更开放的法律视野和法律心态,有对国外法律的更多的了解和比较。

(9) 和市民的职业、岗位工作紧密结合起来的法制教育能够收到深入持久的效果,其原因就在于它能够从市民切身的实际工作需要出发,学用结合、学以致用。这方面不少行业、单位已经有较好的做法,值得认真总结。座谈会上,一名留学回国人员谈到自己在国外打工的一点经历,看似很普通,但却给我们以启发。他到英国沃尔玛超市去打工,公司首先对新员工给以 20 小时的付酬培训,其中就包括对岗位所需法规知识的了解。培训中有两个很实际的例子:一个是遇到火灾时,应首先拉响警报,然后安排顾客撤离,最后自己撤离到安全区域;另一个是遇到盗窃,员工只能说动窃贼交出赃物或报警,抓窃贼是保安与警察的事。他认为这种培训留下的印象,"非常深刻具体"。

(10) 上海郊区市民的法律意识在很多方面已经与城市中心区市民的法律意识有越来越多的趋同性,这与城市化进程的发展趋势相一致。城乡市民法律关注的主流热点或者说他们关注的焦点渐趋一致。如经济法、婚姻法、劳动法都是市区市民和郊区市民共同关注的热点,而且均占据着前 3 位。再如非常关注消费者权益保护法的,市区市民为 40.3%,郊区市民为 40.2%;非常关注环境保护法的,市区市民为 28.3%,郊区市民为 27.2%。另外,在对某一法律关注的强度上也是这样。如对惩治腐败的法律的平均关注强度,市区市民为 4.12,郊区市民为 4.4;对社会保障法律的关注强度,市区市民为 4.37,郊区市民为 4.46。但在多项数据统计上目前仍然反映出郊区市民和中心区市民的法律意识还有一定的差异度,这与二者尚存在一定的发展差距和地域环境因素的限制相一致。如郊区市民比市区市民更关注婚姻方面的法律,比例分别为 72.5% 和 66.3%。其他如关心劳动法的,郊区市民为 27.2%,市区市民为 20.6%;关注消费者权益保护法的,郊区市民为 14%,市区市民为 7.4% 等。城乡市民法律关注的差异,可以折射出城乡存在的问题。据有关报道,郊区家庭暴力比市区比例高,郊区企业侵犯劳动者权益的多,郊区消费者权益受侵害得不到赔偿的多,对于这种现状的法律心理反映,便是法律关注的差异。

（11）社会保障方面的法律问题处在被市民关注强度的第一位,特别是离退休人员、下岗待业人员、残疾人员等几类特殊群体的市民对其反应就更为强烈。经统计,我们设定对各类法律关注的最高强度为5,而对于社会保障方面法律的平均关注强度为4.39,居各项之首;"比较关注"与"非常关注"两项共计占85.5%,力度也为第一,其中46～60岁一档市民占88%。

（12）法制建设大环境的好坏(包括立法、执法、司法、守法、监督等),特别是执政党、政府和干部守法的好坏直接影响着人们的法律意识状况(包括心理、情感、观念、态度和行为),因此他们经常处于人们法律关注的重点,其中党政干部的腐败问题则更是市民强烈关注的一个焦点。例如,当问及"您认为'四五'普法的对象首先是哪些人"时,53.8%的市民将普法对象首选为"党政干部",排在首位,比排在第二位的"青少年"高出29个百分点,比其他各类需要重点普法的对象高出近50个百分点。当问及"您期望首先在哪个方面加紧立法并不断完善"时,排在前5位的分别是:"惩治腐败"的立法,占40.2%;"社会保障体系"的立法,占21.7%;"政治体制改革"的立法,占14.5%;"整顿经济秩序"的立法,占10.3%;"社会治安综合治理"的立法,占9.6%。当问及"为改善我国行政执法的状况,您首先提出什么建议和要求"时,有36.9%的市民首选希望"制定行政执法法规以规范行政执法行为",另有35.8%的市民希望政府首先"成为遵守法律的模范"。

（13）尽管目前我国法制建设的现实还有许多不尽如人意的问题,并且朝着法治国家的目标还有很长的路要走,但人们普遍认为依法治国的大趋势是不可逆转的;绝大多数市民对于建设社会主义法治国家和法治社会、对于把上海建设成具有现代法治文明和国际影响力的国际大都市仍然抱有信心,并且对国家和上海的法制建设充满着强烈的希望和期待,也提出了许多积极的对策和建议。例如,对于把我国建设成社会主义法治国家,明确回答"有信心"的人数比例达到80%;有69.8%的市民希望继续"参加法治学习,增强法律意识"。当问及:"您期望人民代表大会在改善我国法律方面首先做什么"时,结果排在前4位的回答依次是:31.4%的市民希望人大能"反映人民群众意愿,提高立法质量",27%的市民希望"完善人民代表大会制度,切实履行最高权力机关的职能",22%的市民希望人大能够"切实履行监督职能,监督政府执法活动",15.5%的市民希望立法机关能"监督司法机关,促进司法公正"。当问及对司法机关的期待,32.3％的市民希望"提高审判工作透明度,防止人情案",26.7％的市民希望"司法机关应排除一切非法干涉",22.2％的市民希望司法机关"培养高素质的司法人员"等等。

24. 全国最早进行研究及其他有重要影响的著述

(1) 全国最早进行研究的著述

黄道在《法学》1957 年第 2 期发表的《略论刑事诉讼中的无罪推定原则》一文,是新中国成立后第一篇发表"无罪推定"原则的文章。[①]

卢绳祖《法学研究》1981 年第 1 期发表的《关于海洋法的几个问题》,是最早的关于研究海洋法的文章。[②]

上海社科院法学所编译室编译的《各国宪政制度和民商法要览》(共 5 册,法律出版社 1986～1987 年版)是《国际比较法百科全书》第一卷的中译本,填补了这一领域中文资料的某些空白。[③]

李昌道编著《美国宪法史稿》(法律出版社 1986 年版)是建国以后第一本系统地研究美国宪法及其历史的专著。[④]

由倪正茂主编、浙江人民出版社出版的《走向法治》丛书是全国第一套法制丛书,[⑤]其中余先予、何勤华的《东京审判始末》是填补国内空白之作。

卢峻主编的《国际私法公约集》(上海社会科学院出版社 1986 年版),是我国第一次出版最新最完整且具有实用和参考价值的国际私法公约集。[⑥]

1987 年曹建明的《国际产品责任法概论》(上海社科院出版社 1987 年版)出版,这是我国研究国际产品责任法的第一部法律专著。[⑦]

1987 年,武汉的《刑事侦察原理》由上海人民出版社出版发行,该书创建了崭新的刑事法学理论,在国内率先将系统论、信息论、控制论的方法运用于刑事

---

① 见黄道、铁犁:《无罪推定在新中国的命运》的"编者按",载《法学》1997 年第 7 期第 2 页。另见张传桢、陆申:《50 年代〈法学〉是为何被迫停刊的》,载《法学》1999 年第 11 期第 2 页。

② 见《上海社会科学志》,上海社会科学院出版社 2002 年版,第 505 页。

③ 见《上海社会科学志》,上海社会科学院出版社 2002 年版,第 432 页。

④ 见王飞鸿:《简评〈美国宪法史稿〉》,载《政治与法律》1987 年第 5 期第 42 页。另见《上海社会科学志》,上海社会科学院出版社 2002 年版,第 432 页。

⑤ 见《法学》1986 年第 10 期第 42 页。

⑥ 见曾法:《简评卢峻教授主编的〈国际私法公约集〉》,载《政治与法律》1986 年第 6 期第 59 页。

⑦ 见《法学》1987 年第 4 期第 27 页。

侦察及整个刑事司法工作。①

倪正茂的《隋律研究》(法律出版社 1987 年版),全面、系统地探索了隋律,填补了系统研究隋律的空白。②

浦增元主编的《中国基层群众性自治组织》(上海社会科学院出版社 1989 年版),是国内第一本根据现行的 1982 年宪法全面系统地研究基层群众自治组织的专著。③

由上海社会科学院法学研究所刑法研究室和中国人民大学法律系教研室合作编写的《中国刑法词典》(学林出版社 1989 年 6 月版),是自 1980 年《中华人民共和国刑法》实施以来,中国出版的第一部刑法辞书,填补了中国刑法学辞书的空白。④

1990 年,张贤钰的《外国婚姻家庭法资料选编》,是我国第一部外国婚姻家庭法的大型资料选。⑤

倪正茂的《科技法学导论》(四川人民出版社 1990 年版),系统总结了国内外科技法学的研究成果,揭示出科技法发展的一般规律及发展趋势,填补了国内科技法学教学和研究的一大空白。⑥

1990 年徐冬根发表《论"直接适用的法"及其与冲突规范的关系》,该文是中国商法界第一篇对"直接适用的法"进行专题研究和探讨的学术论文。⑦

《法学》月刊社编辑的《当代中国廉政法制》是我国第一部论述廉政法制建设理论的专题论著。⑧

孔令望、孙潮主编的《国家监督论》(浙江人民出版社 1991 年版),是我国第一部全面、系统、科学研究国家监督机制的专著。⑨

陈汉生主编的《中国古代经济立法史纲》(北京电子工业出版社 1991 年

---

① 见《法学》1987 年第 9 期第 41 页。
② 见王立民:《〈隋律研究〉评介》,载《法学》1988 年第 2 期第 28 页。另见贝林:《简评〈隋律研究〉》,载《政治与法律》1988 年第 1 期封三。
③ 见《上海社会科学志》,上海社会科学院出版社 2002 年版,第 432 页。
④ 同上书,第 449 页。
⑤ 见《法学》1990 年第 12 期第 40 页。
⑥ 见林喆:《新学科的魅力》,载《政治与法律》1991 年第 1 期第 63～64 页。
⑦ 见《上海社会科学志》,上海社会科学院出版社 2002 年版,第 507 页。
⑧ 见《法学》1990 年第 10 期第 36 页。
⑨ 见《法学》1991 年第 7 期第 47 页。

版），是中国法律史研究领域中一个具有开创性的成果，是一部关于中国古代经济法制方面比较系统论述的著作。①

由中国儒学与法律文化研究会主编的《儒学与法律文化》（复旦大学 1992年版）是"中国法律文化研究丛书"的第一种，它搜集了 1991 年 6 月中国儒学与法律文化研究会第一次学术研讨会的近 40 篇论文。②

由潘念之主编，华友根、倪正茂合著的《中国近代法律思想史》（上册上海社会科学院出版社 1992 年版，下册 1993 年版）是一部具有创见的成果，是国内第一本研究中国近代法律思想史的专著，该书论述了中国近代法律思想的发生、发展、演变及其斗争的历史，提出了"近代"的时间概念应从 1840 年鸦片战争开始，到中华人民共和国成立为止。③

曹建明、陈治东、周洪钧主编的《国际经济法新论》（3 卷），是中国第一部系统论述国际经济法领域各部门法理论与实务的专著。④

王申的《中国近代律师制度与律师》（上海社会科学院出版社 1994 年版），第一次系统、全面地论述了中国近代律师制度与律师问题，填补了我国近代律师制度研究领域的空白。⑤

曹建明主编、陈治东副主编的全国高等学校国际经济法统编教材《关税与贸易总协定》，是我国第一部以法律为主题系统阐述关贸总协定的法学著作。⑥

何勤华、周桂秋合译的《日本破产法》（作者石川明，上海社会科学院出版社1995 年版），是新中国成立以来公开出版的第一本外国破产法译著。⑦

何勤华的《西方法学史》（中国政法大学出版社 1996 年版），填补了对法律史的理论与学说作出深入而系统研究的空白，是一部法律学说史专著，该著作不仅涉及传统法律思想史或者说法哲学史的领域，而且延伸到以往被忽视的更为广阔的领域，对西方历史上的私法学、公法学、国际法学等各部门中有代表性的法学家、法学流派及其理论一一进行评说，为读者描绘了一幅完整的西方法

---

① 见《法学》1991 年第 10 期第 27 页。
② 见《法学》1993 年第 2 期第 39 页。
③ 见《上海社会科学志》。《法学》1993 年第 10 期封三有专门书评。
④ 见《上海社会科学志》，上海社会科学院出版社 2002 年版，第 508 页。
⑤ 见王立民：《评〈中国近代律师制度与律师〉》，载《政治与法律》1995 年第 1 期第 62 页。
⑥ 见徐东根：《我国首部研究"关贸总协定"的法学著作》，载《法学》1995 年第 10 期第 41 页。
⑦ 见《法学》1995 年第 11 期第 13 页。

学进化图。①

王立民的《古代东方法研究》填补了我国关于古代东方法研究的空白。②

倪正茂的《法哲学经纬》(上海社会科学院出版社 1996 年版),是国内第一部较系统的法哲学专著。③

辛子牛主编、华东政法学院古籍所编写的《中国历代名案集成》(复旦大学出版社 1997 年版),是国内第一部对历代案例进行系统整理和编写的著作。④

李昌道主编的《香港法律实用全书》(复旦大学出版社 1997 年版),是香港回归后内地第一部全方位介绍香港法律的著作。⑤

柯葛壮的《刑事诉讼法比较研究》(澳门基金会 1997 年出版),是中国第一本对 3 个法系的刑事诉讼法进行比较研究的著作。⑥

黄双全的《民事诉讼法比较》(1997 年由澳门基金会出版;1999 年又由福建人民出版社出版)是国内关于英美法系、大陆法系、社会主义法系等 3 大法系及大陆、港、澳、台等 4 个地区 4 种法律制度下的民事诉讼法比较研究的第一本著作。⑦

朱永梅、唐小波著的《行政诉讼法比较研究》(1998 年由澳门基金会出版),是国内第一本关于社会主义法系、大陆法系、英美法系等 3 法系 4 地区的行政诉讼法比较研究著作。⑧

王立民的《上海法制史》(上海人民出版社 1998 年版)填补了地方法制史的研究空白。⑨

① 见王云霞:《评〈西方法学史〉》,载《法学》1997 年第 11 期第 21 页。
② 见殷啸虎:《古代东方法研究的一朵奇葩》,载《政治与法律》1998 年第 1 期第 78~79 页。
③ 见顾肖荣:《法哲学的创新之作》,载《政治与法律》1996 年第 6 期第 62~63 页。
④ 见《法学》1997 年第 12 期第 34 页。
⑤ 见《法学》1998 年第 3 期第 35 页。另见周刚:《全方位透视香港法》,载《政治与法律》1998 年第 3 期第 79~80 页。
⑥ 见《上海社会科学志》,上海社会科学院出版社 2002 年版,第 462 页。
⑦ 同上书,第 469 页。
⑧ 同上书,第 477 页。
⑨ 见殷啸虎:《透视旧上海法制发展的窗口》,载《政治与法律》2000 年第 1 期第 71~72 页。从中国法制史研究的角度而言,20 世纪 90 年代中期以前对法制史的研究,一般着眼于通史与专史的研究,对以地域为中心的地方法制史的研究近乎空白。蓝全普、杨永华等法制史学者对解放区、陕甘宁边区法制史作过研究,但从严格意义上来说,这并不能说是纯粹的地方法制史研究,它只是对特定时期内特定性质的法制史的研究。《上海法制史》可以称得上是由我国学者撰写的第一部地方法制史的专著,它开创了地方法制史研究的先河。

华友根的《西汉礼学新论》(上海社科院出版社 1998 年版),是一部近年来少见的系统研究西汉礼学的专著。①

潘庆云等编写的《法律文书评论》(上海人民出版社 1999 年版),对精选法院裁判文书、律师实务文书、公证文书、仲裁文书等每一份文书从法学、制作规程、技艺等多角度进行较深层次的详尽评论,兼具学术性和实用性,这在国内尚属首创。②

华友根的《薛允升的古律研究与改革——中国近代修订新律的先导》(上海社科院出版社 1999 年版),是国内首本研究薛允升律学思想与改革主张的法学专著。③

何勤华、李秀清、陈颐编的《新中国民法典草案总览》(法律出版社 2003 年版),收录了从新中国建立至 1986 年《民法通则》颁布为止我国立法工作者制定的民法草案 96 个,是一部填补我国民法研究空白、极具史料和文献价值的作品。④

徐向华主编的《观念与行为——宪政意识与法制宣传教育》(中国社会出版社 2003 年版),首次尝试利用区域性抽样调查和能够反映中国公民现阶段宪政意识的典型案例相结合的方式,描述了一个法制宣传教育先进区域内的中国公民之宪政意识现状,并提出了培育全民宪政意识和提升法制宣传教育效果的诸多对策。⑤

孙育玮和张善根在《政治与法律》2005 年第 6 期发表了《都市法治文化本体的理论探析》一文,首次公开对都市法治文化进行比较深入的探讨。

(2) 当代国际经济法丛书

曹建明主编的《当代国际经济法丛书》(上海译文出版社 1996 年版)以大量生动的案例,栩栩如生地展示了当代国际经济法的核心和内涵,在八大领域对当代国际经济法的基本走势进行了勾画。该丛书主要包括《国际贸易的法律和惯例》、《国际信贷的法律保障》、《国际证券业的规范运作》、《国际税收的法律与

---

① 见刘传琛:《研究中国封建礼学的硕果》,载《政治与法律》1999 年第 1 期第 79～80 页。
② 见《法学》1999 年第 5 期第 43 页。
③ 见郑萍:《〈薛允升的古律研究与改革〉述评》,载《政治与法律》2000 年第 4 期第 79～80 页。
④ 见《法学》2003 年第 2 期第 127 页。
⑤ 见郭道晖、逸生:《宪政问题实证研究的力作》,载《法学》2004 年第 1 期第 119～121 页。

实务》、《国际投资的法律管制》、《国际货运与海商法》、《知识产权与国际保护》、《国际法律的冲突与协调》。①

(3) 祖国大陆与港、澳、台地区法律法规比较丛书②

1999 年由顾肖荣、吴志良、费成康主编的《祖国大陆与港、澳、台地区法律法规比较丛书》分别由澳门基金会和福建人民出版社相继出版,这是一套填补空白之作。其中包括:《劳动法比较研究》(顾肖荣、杨鹏飞),《债法比较研究》(赵炳霖、乐嘉庆),《继承法比较研究》(侯放),《婚姻法比较研究》(林荫茂),《金融法比较研究》(张国炎),《税法比较研究》(刘华),《刑法比较研究》(吕继贵),《刑事诉讼法比较研究》(柯葛壮),《公司法比较研究》(顾经仪、黄来纪),《旅游法比较研究》(成涛),《行政诉讼法比较研究》(朱永梅、唐小波),《担保法比较研究》(王秋良)和《民事诉讼法比较研究》(黄双全)。

(4) 关于法学新问题的探索和研究

自 1996 年至今,华东政法学院每年都组织教师们研究探索法学领域的前沿问题,不断推进法学理论研究的深化与发展,坚持荟集成册出版"法学新问题探索系列丛书",内容涉及法理、宪法、刑法、民商法、行政与行政诉讼法、刑事诉讼法、民事诉讼法、立法学、法律制度史等学科的最新研究论文,也有司法改革、法律教育、法律文书等方面的最新研究成果。该丛书已连续出版 10 种,在社会各方面都取得很好的反响,尤其是法学理论界及司法实践部门均对丛书给予了极高的评价。

(5) 各国法律发达史系列

华东政法学院出版了一套各国法律发达史系列丛书,该丛书为我国法律史研究作出了填补空白性的贡献。有何勤华主编的《美国法律发达史》(上海人民出版社 1998 年版)、何勤华主编的《英国法律发达史》(法律出版社 1999 年版)、何勤华等主编的《日本法律发达史》(上海人民出版社 1999 年版)、何勤华主编的《德国法律发达史》(法律出版社 2000 年版)、张寿民主编的《俄罗斯法律发达史》(法律出版社 2000 年版)、何勤华主编的《法国法律发达史》(法律出版社 2001 年版)、何勤华等主编的《东南亚七国法律发达史》(法律出版社 2002 年

---

① 见徐东根:《〈当代国际经济法丛书〉评介》,载《法学》1996 年第 6 期第 48 页。

② 见方致平:《〈祖国大陆与港、澳、台地区法律法规比较丛书〉简评》,载《政治与法律》1999 年第 6 期第 77 页。

版)、何勤华主编的《澳大利亚法律发达史》(法律出版社 2004 年版)、王立民主编的《加拿大法律发达史》(法律出版社 2004 年版)等。

(6) 经济法文库

这套文库目前已经出版的有董保华的《社会保障的法学观》(北京大学出版社 2005 年版)、陈少英的《公司涉税法论》(北京大学出版社 2005 年版)、李本的《补贴与反补贴制度分析》(北京大学出版社 2005 年版)、张忠野的《公司治理的法理学研究》(北京大学出版社 2005 年版)、顾功耘等的《国有经济法论》(北京大学出版社 2005 年版)、魏琼的《西方经济法发达史》(北京大学出版社 2006 年版)等。

50 年来，上海市法学会团结全市法学、法律工作者，围绕中心、服务大局，组织形式多样、内容各异、层面不同的学术活动，为完善立法开展专项调查研究，为繁荣法学搭建学术交流的平台，为增强法律观念开展普法宣传教育活动，为群众排忧解难提供专门的法律咨询与服务，在推动、促进实现"依法治国"进程中办了许多实事、好事。现撷取影响较大的活动，分学术研究、学术交流、法制宣传、法律服务四方面予以汇总、编排。

一、学术研究

　　学会不断地运用专题研讨、专门立项研究、专项调查研究、立法（草案）讨论、专业论坛、论文评选等不同形式，组织和开展不同层次、主题鲜明、内容丰富的学术研究活动。这里编撰出 1957～1964 年和改革开放以来较为主要的学术研究活动，从这些活动中，我们将更进一步看到：只有坚决贯彻中国共产党的"百花齐放，百家争鸣"的方针，法学研究才能深化，学术才能创新，学会活动才能欣欣向荣。

1957～1958 年关于国际法
体系问题的讨论

　　1957 年 5 月，上海法学会和华东政法学院联合召开关于 20 世纪 50 年代中期国际法体系（以下简称"国际法体系"）专题讨论会，吴芷芳、刘家骥、丘日庆、张汇文、杨兆龙等人在会上先后发言，本次讨论会意见分歧比较大①。此后，上海法学界人士继续在公开刊物上发表论文讨论国际法体系的问题，引起较大反响的论文主要有丘日庆的《现阶段国际法的体系》、周子亚的《现代国际法的性质问题》、林欣的《论第二次世界大战后的国际法体系》等。

　　丘日庆在《现阶段国际法的体系》中认为，现阶段存在着两种体系的国际法，即社会主义国际法和共同的国际法。共同的国际法（又可以称为"统一的国际法"和"公认的国际法"）是调整社会主义国家和资本主义国家之间关系的国际法，其性质既不是资产阶级的性质，也不是社会主义的性质，它是一种过渡性

---

　　① 参见《上海国际法学者讨论国际法的阶级性和体系问题》，载《法学》1957 年第 3 期第 26 页。

质的国际法,可以同时成为各种社会制度不同国家之间的上层建筑的一部分,同时为它们服务。社会主义国家之间仅仅以共同的国际法来调整是与形势的发展不相适应的,必须以社会主义国际法来调整。丘日庆认为社会主义国际法当时已经形成,为社会主义国家之间的关系确立了基本原则和规范,主要理由是:自第二次世界大战末期起至1950年期间,社会主义国家之间签订了友好、合作互助条约,这些条约都是新的类型的条约,它们奠定了新型的国际关系的基础;社会主义国家在国籍方面,在驻军的法律地位方面又创立了新的社会主义国际法的规范,丰富了社会主义国际法的内容。此外,社会主义国家之间已经为彼此经济、文化、科学的不断繁荣而订立了经济、贸易、文化、科学、技术方面的友好互助合作协定,其中部分内容体现了社会主义国际法的规范和惯例。① 周子亚在《现代国际法的性质问题》一文中则认为,只存在一个共同的国际法,即国际法表现出来的阶级意志,是社会经济制度不同的两个或数个国家的统治阶级的意志。② 林欣在《论第二次世界大战后的国际法体系》中赞成当时存在两个国际法体系——社会主义国际法和资产阶级国际法的观点。林欣认为,资本主义世界体系适用资产阶级国际法,社会主义世界体系适用社会主义国际法;资产阶级国际法作为国家统治阶级的资产阶级的意志表现,是资本主义上层建筑的一部分,其理论基础是资产阶级民族主义主要是大国沙文主义,而社会主义国际法是作为国家统治阶级的工人阶级的意志表现,是社会主义上层建筑的一部分,其理论基础是无产阶级国际主义。在不同社会制度国家之间发生国际关系时,他认为资产阶级国际法和社会主义国际法在剧烈斗争后达成某种协议以处理它们之间的国际关系,不可能先有一种共同的法的体系存在。③

为进一步深入讨论这个问题,1958年2月15日和23日,上海法学会、华东政法学院和《法学》编辑部又召开两次专题讨论会,丘日庆、周子亚、江海潮、向哲浚、何海晏、胡文治、刘家骥、马博庵、杨殿陞、耿福成、刘民钧、叶芳炎等在会上发言。大家在以下问题上的认识基本一致:第一,社会主义国际法体系已经形成,它的影响和作用正在不断扩大,并将在全世界取得胜利;第二,讨论现阶段国际法的体系问题,必须了解目前国际形势和外交政策,从现实生活出发,

① 丘日庆:《现阶段国际法的体系》,载《法学》1957年第3期第16~19页。
② 周子亚:《现代国际法的性质问题》,载《学术月刊》1957年第7期第67~72页。
③ 林欣:《论第二次世界大战后的国际法体系》,载《教学与研究》1958年第1期第34~38页。

要考虑到更好地使国际法学为社会主义服务，为世界和平民主运动服务。① 争论的焦点主要是资产阶级国际法体系是否还存在。否认资产阶级国际法体系仍然存在的一方提出的主要论据有：（1）资本主义国家间根据资产阶级国际法的原则所订立的侵略协定是违反共同国际法的，我们根本不承认其存在；（2）资本主义国家间的协定不论其实质如何都宣称是遵循共同国际法，它们从未标榜资产阶级国际法；（3）有许多资本主义国家间的关系实际上也是用共同法来调整的，如英、法、以和埃及的苏伊士运河问题；（4）承认有资产阶级国际法就将使资本主义国家有借口不遵循共同国际法而横行胡为的危险。主张资产阶级国际法体系仍然存在的一方的主要论据有：（1）由于北大西洋公约、马尼拉条约、巴格达条约以及美国在殖民地各国建立的广泛军事基地这些事实，说明资产阶级国际法体系是客观存在的，承认它存在不等于承认它合法；（2）实质上按资产阶级国际法原则而订立的侵略性协定不论其文件表达方式如何，都应从实质去分析问题；（3）埃及、突尼斯等国在反对帝国主义的斗争中要求适用共同国际法而摆脱奴役性的资产阶级国际法是很自然的，但这不足以说明资产阶级国际法不存在；（4）否认事实存在的敌人而放松自己的斗志才是最危险的事。②

会后，《法学》在当年第 3 期刊载了丘日庆的《再论现阶段国际法的体系》、刘家骥的《有关国际法的性质与体系的几个问题》、杨殿陞的《关于国际法体系的几点意见》、胡文治的《略论现阶段三种国际法体系》、耿福成的《谈目前国际法的体系》，在第 4 期刊载了张汇文的《现阶段只有社会主义国际法体系》、江海潮的《现阶段有三种国际法的体系》、平明的《现在有社会主义与资本主义两种国际法体系》。从这两次会议和此后发表的论文来看，关于国际法体系的意见大致可以分为 4 种：

第一种意见认为，当时存在着两种体系的国际法，即社会主义国际法和共同的国际法。丘日庆在坚持该观点的基础上，进一步表达了对共同的国际法的认识："共同的国际法的基础是联合国宪章，是和平共处的五项原则……它的目的在于捍卫世界和平和普遍安全"；"共同国际法是过渡性质的国际法"。③ 周

---

① 见《上海法学界热烈讨论现阶段国际法的体系问题》，载《法学》1958 年第 3 期第 39 页。
② 见《上海国际法学者集会讨论"国际法的体系问题"》，载《学术月刊》1958 年第 3 期第 67 页。
③ 丘日庆：《再论现阶段国际法的体系》，载《法学》1958 年第 3 期第 41～42 页。

子亚修正了他过去的只有现代国际法体系、社会主义国际法体系尚未形成的看法，基本上同意了丘日庆的意见。① 刘家骥同意社会主义国际法体系已经形成的提法，认为不同国家间是否可以合用一个国际法并不在于它们的对外政策是否根本相同，"社会主义国家与资本主义国家共同适用一个国际法，是事实问题，而不是理论问题"。② 杨殿陞认为存在社会主义国际法和共同的国际法两种体系的国际法的主张是正确的意见，认为不存在资产阶级国际法体系。③

第二种意见认为，存在 3 种国际法体系，即彼此对立的社会主义国际法、资产阶级国际法和以两种制度和平共处为基础的共同国际法。胡文治认为，当时世界上存在着 3 种性质根本不同的国际关系，即社会主义国家与资本主义国家之间的国际关系，社会主义国家之间的国际关系，资本主义国家之间的国际关系，调整这 3 种不同国际关系的国际法分别是共同国际法、社会主义国际法和资产阶级国际法，这 3 种不同的国际法之间并不是割裂的，而是相互联系的，"社会主义国际法同资本主义国际法是对立的、斗争着的，而在现代两个对立体系和平共处的历史条件下，共同国际法体现了在国际法领域中两个对立体系的共处——斗争与合作，共同国际法是为两个体系的和平共处服务的"。④ 江海潮认为，"目前存在着两种社会制度所造成的三种国际关系，即为资产阶级服务的资本主义国家之间的国际关系，为无产阶级服务的社会主义国家之间的国际关系，和既为社会主义国家服务，又为资本主义国家服务的共同的国际关系；因而形成了以民族主义为基础的资产阶级国际法，以国际主义原则为基础的社会主义国际法，以民主原则为基础的共同的国际法 3 种国际法体系"。⑤ 向哲浚、何海晏也赞同第二次世界大战后存在着 3 种国际法体系的提法。

第三种意见认为，存在着社会主义国际法和资产阶级国际法两个体系。耿福成表示基本同意林欣的主张，即第二次世界大战后存在着社会主义国际法和资产阶级国际法两个体系。他认为社会主义国际法已经形成一个独立的体系，"一方面根据无产阶级的国际主义的原则，适用于兄弟国家之间，另一方面以和

① 见《上海法学界热烈讨论现阶段国际法的体系问题》，载《法学》1958 年第 3 期第 39 页。
② 刘家骥：《有关国际法的性质与体系的几个问题》，载《法学》1958 年第 3 期第 46 页。
③ 杨殿陞：《关于国际法体系的几点意见》，载《法学》1958 年第 3 期第 47～49 页。
④ 胡文治：《略论现阶段三种国际法体系》，载《法学》1958 年第 3 期第 49～51 页。
⑤ 江海潮：《现阶段有三种国际法的体系》，载《法学》1958 年第 4 期第 56 页。

平共处为原则,同样对待任何资本主义国家";资产阶级国际法体系依旧存在,"它调整着资本主义国家之间的关系,甚至资产阶级的外交代表还企图把它的影响扩大到对社会主义国家的交往中"。① 但他否认存在共同国际法,因为不同制度国家间的交涉,各从自己的立场和利益出发,经过斗争而达成协议,不可能先有一种共同的法的体系存在的。平明也认为存在社会主义与资本主义两种不同的国际法或国际法体系,但"这两种不同的国际法或国际法体系,并不截然分隔开,它们要在一定的属于共同所有的国际关系领域中结合"。②

第四种意见认为,只存在社会主义的国际法体系。张汇文认为在任何一个历史发展阶段,只能有一个国际法的体系,而不能有两个或三个体系同时并立,因为在任何一个历史时期,社会阶级的发展,只能有一个主流,而不可能同时有两个或两个以上的主流,这个主流代表着这一时期的主导思想;在任何一个历史发展阶段,衡量国际行为的法的尺度只能是一个,而不可能是两个或三个,如果采用两个或两个以上的标准去衡量国际行为,就等于没有标准。基于这种认识,他提出必须以社会主义这个主流所代表的利益为标准去衡量国际行为的是非,"社会主义国际法"和"共同国际法"是这一尺度的两端,尺度的起点是联合国宪章和五项原则,尺度的最高点是社会主义的国际主义原则,但"共同国际法"并不能成为体系,称之为"共同的国际法规范"更为明确。最后,他提出:"现阶段的国际法虽然有社会主义的国际法和共同的国际法两种,但成为体系的则只有一个,即社会主义的国际法体系。共同的国际法不能成为一个独立的法的体系,它与社会主义国际法体系的关系是主从性的,是辩证地联系着的。"③

(穆中杰)

---

① 耿福成:《谈目前国际法的体系》,载《法学》1958 年第 3 期第 52 页。
② 平明:《现在有社会主义与资本主义两种国际法体系》,载《法学》1958 年第 4 期第 57 页。
③ 张汇文:《现阶段只有社会主义国际法体系》,载《法学》1958 年第 4 期第 52～55 页。

1958 年关于刑事犯罪和
民事违法行为的矛盾性质的讨论

　　为纪念《关于正确处理人民内部矛盾的问题》发表 1 周年,1958 年 4 月,上海政法院校和政法部门组织了刑事犯罪是否全是敌我矛盾性质,还是也有人民内部矛盾性质的问题的讨论。在此基础上,4 月 25 日,上海法学会召开有 40余位法学界人士参加的"两类矛盾学说在法学研究上的意义和作用"座谈会。与会者一致认为,两类矛盾学说是一根红线,贯穿着法学的各部门,是最基本的指导原则,必须透彻了解并善于运用这个原则来进行政法科学的研究和实际工作,并就刑事犯罪和民事违法行为的矛盾性质进行了深入讨论。

　　王文昇、杨一平、刘可元就犯罪的矛盾性质发表了意见。他们认为,在犯罪这一社会现象中是存在着敌我矛盾性质的犯罪和人民内部矛盾性质的犯罪,不能不加分析地把所有的犯罪都看成是属于敌我矛盾性质的,或者把属于敌我矛盾性质的犯罪看成是人民内部的问题。关于如何区分敌我矛盾性质的犯罪和人民内部矛盾性质的犯罪,王文昇等人提出了如下标准:人们对社会主义革命和社会主义建设所抱的政治态度和采取的政治行动,就是划分敌我的标准。在分析具体的案件时,他们认为,一要站稳立场,如果站在不同立场会得出不同的结论;二要防止主观片面,必须对各方面的情况进行全面的分析;三要在认定犯罪性质的过程中,不能离开具体的时间、地点来分析。[①] 乙公同意王文昇等人的看法,认为故意、过失、坦白、程度、后果等都只能是量刑高低的侧面参考因素,要正确辨别两类不同性质的犯罪现象,必须有明确的阶级立场、阶级观点,审察犯罪事实情节,联系各个时期的阶级斗争形势,当地的犯罪情况和中心工作的要求来充分考虑。他还对刑事案件的犯罪现象进行了类型划分,并对它们

---

　　①　参见王文昇、杨一平、刘可元:《从两类社会矛盾看犯罪的矛盾性质》,载《法学》1958 年第 5 期第 6～10 页。

属于敌我矛盾性质还是属于人民内部矛盾性质进行了分析。①

高呈祥就民事纠纷的性质作了发言。他认为民事纠纷的性质基本是人民内部矛盾,解决的方法应该是民主的方法而不是专政的方法,尽管他也承认民事纠纷有的发展为刑事案件,但并不能认为由此引起的某些刑事案件一定都是敌我矛盾。关于对待民事纠纷或轻微的刑事案件,他提出最好是走出法庭,深入到工厂、里弄去依靠群众,采取调解的办法,在不违背政策法律的规定和群众满意的基础上解决。高呈祥还认为在这个问题上的"和事佬"态度是错误的,主张解决民事纠纷,用民主的方法,无论是采用判决的形式还是调解的形式,都必须是在遵照法律和政策规定的前提之下进行。②

赵炳霖就专政与民法的关系问题发表了意见。他认为民法是否是对敌专政的实质,在民法所解决的问题当中是否包括或涉及敌我矛盾。他分析了实际情况后说,民法所解决的问题,多数是属于人民内部的矛盾,但是某些民事纠纷是包括或者涉及敌我矛盾的。关于如何认定一个民事案件是敌我矛盾还是人民内部矛盾,他主张从当事人自身及其民事活动的性质与内容,并结合发生的具体历史时期来作出判断。民法如何对敌专政呢?赵炳霖认为民法中的剥夺与限制某种民事权利,或者宣布无效的民事法律行为都是专政的形式,除此之外,还可能有其他的情况。他还特别指出,民法对敌专政一般是结合其他法律部门特别是刑法来进行的一种辅助形式。③

毛荣光认为刑事案件有两类不同的性质,一类是阶级矛盾发展到公开违法犯罪的破坏行为,另一类不是由阶级矛盾发展而成的犯罪行为。对这两种行为都要制裁,但必须把案件的性质区分清楚。他同意应该肯定民事纠纷基本上是属于人民内部矛盾。审判机关在处理案件时,"必须分清性质,什么性质,采取什么方针。由阶级矛盾发展到反抗、破坏的案件,对反革命和坏分子的犯罪,要加强专政观点,狠狠地给以打击,从而保护社会主义的社会秩序和人民的利益。从人民内部矛盾发展成为对抗性的非法行为,也要依法制裁,但在解决人民内部矛盾的方针下,用不同的方法来处理。一般地说,对轻微刑事案件和民事纠纷,要贯彻团结——批评——团结的公式,反映在审判民事案件当中就是以说

---

① 参见乙公:《关于犯罪性质问题的几点意见》,载《法学》1958 年第 5 期第 11~13 页。
② 参见高呈祥:《关于民事纠纷的性质的看法》,载《法学》1958 年第 5 期第 14、10 页。
③ 参见赵炳霖:《民法与专政》,载《法学》1958 年第 5 期第 13~14 页。

服教育的民主方式,并结合法律的强制性作为辅助的手段"。①

　　这次座谈会之后,上海法学会会刊《法学》不但刊载了包括上面几位同志在内的部分发言,还以较大篇幅发表了关于两类矛盾学说的稿件,主要有:第 6 期发表了张企泰的《民法既解决人民内部矛盾,也解决敌我矛盾》、黄汝坚和肖一华的《关于劳动教养人员的矛盾性质问题》,第 7 期发表了杨一平的《两类矛盾学说对刑法科学的指导意义》、林云的《我对民事违法行为的矛盾性质的认识》、岳占禄的《对劳动教养人员的矛盾性质的商榷》、罗素全的《关于犯罪的矛盾性质的商讨》,第 8 期发表了张麟等人的《对劳动教养人员的矛盾性质的认识》,第 9 期发表了赖传祥的《不能说一切刑事犯罪都是敌我矛盾的性质》等。

(穆中杰)

---

　　①　毛荣光:《用阶级分析的观点来处理案件》,载《法学》1958 年第 7 期第 11 页。

1959 年关于两类社会矛盾问题的座谈

1959 年 8 月 7 日,法学会党组邀请政法业务机关和政法研究部门的部分负责同志,召开党内小型务虚会,讨论了关于两类社会矛盾学说在政法工作中的具体运用问题。大家比较集中地讨论了如何划分两类矛盾的界限及其转化问题,并就某些具体案例作了分析研究。本次座谈会的主要论点是:①

关于两类矛盾的界限问题,大家认为,并不是所有刑事犯罪都是敌我矛盾,其中也有人民内部矛盾。关于敌我矛盾,在"地、富、反、坏、右"五类分子中,对于坏分子的界限最难划分。

上海社会科学院王文昇同志认为,区分两类矛盾的根本问题要弄清两个问题:一是其政治态度是否反抗与破坏社会主义;二是其行为是否侵犯人民的根本利益,即侵犯社会主义的利益。

市公安局副局长林德明认为,违反治安管理条例、受行政处罚的,大部分是属于人民内部矛盾,是否有敌我矛盾,要视具体情况而定;违反刑事法律、受刑事惩罚的,较多是敌我矛盾,较少是人民内部矛盾。而刑事犯罪中,贪污盗窃犯就占 90% 以上。他认为贪污盗窃犯有 3 种情况:(1)属于反动阶级的渣滓,他们因基于仇视社会主义而进行贪污盗窃的,乃是敌我矛盾。(2)属于二流子、流氓,他们处于好与坏两极转化的状态。他们有时也参加劳动,但没有为社会主义服务的明确态度;有机会时他们就去偷,但也不一定具有明确的反社会主义的政治目的。如果对他们进行适当的限制、教育改造得好,他们就有可能向好的方面转化;但在某种形势下,他们就会乘机加紧活动向坏的方面转化。因此,这类分子在一定条件下,就可能转化为敌我矛盾。(3)有些偷窃行为,如小偷小摸,或为追求资产阶级的个人享受,偷窃某种东西,偶尔行窃则应视为人民内部矛盾。

---

① 参见上海法学会编:《工作动态》(内部文件),1959 年 8 月 30 日。

市高级人民法院的同志，提出了几个因界限不易划分，难于定案的案例，进行了讨论研究，例如：落后思想的不满言论与喊反动口号；群众闹事与反革命煽动破坏；流氓分子与流氓作风等界限问题。

（穆中杰）

1959 年关于研究我国人民
民主法制史问题的讨论

1959 年 9 月 17 日,上海法学会召开小型会议,讨论了社会科学院政法研究所"关于研究我国人民民主法制史的几个问题(初稿)"。讨论的主要问题有:①

1. 关于法制史的研究对象和范围问题

首先是关于这门学科的名称。有的提出以"革命法制史"为名,更能体现其强烈的阶级性,并与旧法区别开来。有的认为"革命"的含义太广了,不能区分无产阶级革命与资产阶级革命,法制是与国家密切相联系的,应以"国家和法的历史"为名。大多数同志同意编者的意见,以"中国人民民主法制史"为名。

什么叫法制? 编者在引用董必武同志在党的八大上发言后认为:"法的制定和法的实行是我国人民民主法制所表现的两个基本方面。"有的提出,过去在教学中,一般认为封建社会以前没有法制,资本主义社会的法制是虚伪的,只有社会主义社会的法制才是名副其实的。因此,对法制就可以有不同的理解。如果把法制理解为阶级统治的工具,那么,所有阶级社会也是有法制的;如果把法制理解为法律面前人人平等,那么,就只有社会主义社会才有法制。由此,可认为前一种理解可以作为法制的一般概念,适用于所有的社会制度,后一种理解可以作为法制的特殊概念,只适用于社会主义社会。有的认为法制就是阶级统治的工具,不能说封建社会以前或资本主义社会就没有法制。

关于政策与法的关系、法制史研究政策的范围,文教、财经方面的政策是否也要研究等问题。有的认为,有些政策是起了法的作用,应作为研究范围,而有些政策虽然有约束力,但不具有法律形式,是通过群众自觉实现的,则不为法制史的研究范围,如扫盲、除四害等。有的说,研究范围,应具有法的两方面的作

---

① 参见上海法学会编:《工作动态》(内部文件),1959 年 11 月 11 日。

用：一是对敌专政的作用，另是对人民教育的作用。例如：人民解放军的三大纪律八项注意，它是表现的意志，调整军民关系，起了教育人民、打击敌人的作用，应算为法。关于文教、财经方面的政策，有的认为，法律是上层建筑，研究法制史也必须研究经济基础，才能体现制定法律的根据和执行法律的结果，因此，文教、财经方面的政策也应该作为法制史的研究范围，但不是主要的。有的说，如果文教、财经政策不研究，就不能全面体现法的作用，但也不能把所有的决议、政策都包括在法制史中。总之，大家感到对文教、财经政策都不研究，也不能全部研究，但范围还不明确。

有的提出，地方的政策、决定、指示等也需要研究，因为它是根据中央权威的政策、法律，结合地方的实际情况而制定的。中央与地方是密切联系的。但应当以研究中央的为主。

2. 法制史的分期问题

编者主张："在资产阶级民主革命时期内有：党的成立和第一次国内革命战争、第二次国内革命战争、抗日战争、第三次国内革命战争四个阶段"；"在社会主义革命时期有：中华人民共和国的成立和国民经济的恢复、社会主义革命的基本胜利、社会主义建设全面大跃进等阶段。"在讨论中提出，关于对法制史与革命史的分期是否相互一致问题上，有的说不能一致，因为上层建筑是落后在经济基础的后面。有的提出，社会主义革命时期应从党的七届二中全会算起，因为七届二中全会提出了一些社会主义革命的方针、政策问题。有的提出，有了政权才有法制，政权与法制不能相互脱离。

（穆中杰）

1959 年年会学术研讨[①]

1959 年 12 月 24～26 日，上海法学会召开 1959 年年会，参加大会的 150～400 余人，参加小组讨论的有 60～80 人。向年会作报告的论文共有 5 篇：《人民民主专政在我国社会主义革命和社会主义建设中的作用》《关于人民公社三级所有权的几个问题》《关于研究我国人民民主法制史的几个问题》《农村家务劳动社会化后家庭关系的新面貌》《必须进一步贯彻副食品产销合同制度》。这些文章，有的是经过调查研究的成果，有的是学习毛泽东同志的《论人民民主专政》《关于正确处理人民内部矛盾的问题》等著作的心得。在分组讨论会上主要对前 3 篇论文进行了研讨。

潘念之、李黎在《人民民主专政在我国社会主义革命和社会主义建设中的作用》一文中提出，当时的人民还包括民族资产阶级在内，"在我国社会主义革命和社会主义建设时期，人民除了工人、农民和知识分子以外，还包括小资产阶级和民族资产阶级在内"。[②] 有人对此提出不同意见，认为当时资产阶级作为一个阶级是被消灭的，就是资产阶级分子是否是人民也不能一概而论，而应以反抗或拥护社会主义作为根本标准。文章还指出人民民主专政的对外专政的目的在于保卫社会主义的和平建设，"所以，只要有助于保持世界的持久和平，防止外来的侵略和颠覆活动，社会主义国家和资本主义国家，就是和帝国主义的头子美国之间，也积极进行各种活动，建立某些关系。如裁减军备活动，禁止核武器和细菌武器的活动，成立和平地区和中立国家，撤退国外驻军和撤销国外军事基地等等，就是具体贯彻了对外专政的意义。如在国际间订立互不侵犯条约，发表谴责冷战和战争威胁的共同宣言和联合公报，支持反对侵略战争的

---

① 本文参考文献：《上海法学会 1959 年年会论文集》，载《上海法学会年会情况简报》（第 1 号、第 2 号、第 3 号）。

② 见潘念之、李黎：《人民民主专政在我国社会主义革命和社会主义建设中的作用》，载《上海法学会 1959 年年会论文集》，第 1 页。

世界和平运动等等,也从另一方面实现了对外专政的作用"。① 有观点认为,这种提法不符合毛泽东著作的原意,毛泽东同志所指专政对外的作用乃是防御国外敌人的颠覆活动和可能的侵略。

上海社会科学院政法研究所法律研究组民法小组撰写了《关于人民公社三级所有权的几个问题》。该文提出的问题主要有:(1)人民公社三级所有权是高级农业生产合作社所有权的发展。(2)人民公社三级所有权的性质是一种集体所有权。(3)人民公社三级所有权的内容包括公社、生产大队、生产小队都是人民公社三级所有权的主体,在一定权限范围内,也都是独立的民事权利主体;公社、生产大队、生产小队在作为独立的民事权利主体而行使所有权时,必须根据个人、集体利益和国家利益三者相结合的原则,积极合理地使用现有财富,以扩大再生产,努力完成或超额完成生产计划,增加社员收入,模范地完成对国家应尽的义务;公社、生产大队、生产小队在使用和处分其财产时必须严格遵守国家的政策法令;公社、生产大队、生产小队只能在一定范围内行使所有权,超越其本身职权范围所作的民事行为无效。(4)人民公社三级所有权的作用主要是,提高了广大农民的社会主义思想,进一步加强了人民内部团结;更好地调动了广大干部和社员群众的生产积极性;促进了人民公社三级所有权巩固和发展,进一步提高社员和全体劳动人民的物质文化水平。文章最后还对人民公社三级所有权的发展趋势作了分析。② 参与讨论的同志认为,该文对人民公社三级所有权的性质作用阐述得不突出,一般道理多,并且反映的多是整社前的情况,没有跳出教科书的圈子。

《关于研究我国人民民主法制史的几个问题》中的主要内容包括:(1)"中国人民民主法制史"的研究对象和范围是,它是具体地研究党领导下的中国人民民主法制在资产阶级民主革命、社会主义革命和社会主义建设整个历史发展中的基本规律、特点和作用的科学。我们应该以马克思列宁主义原理为指导,从中国人民民主法制的发展历史中,从一定历史时期的经济形式、政治形式和革命任务出发,以党的政策方针为依据,从法的制定和法的实行的具体活动方

① 见潘念之、李黎:《人民民主专政在我国社会主义革命和社会主义建设中的作用》,载《上海法学会 1959 年年会论文集》,第 4 页。

② 上海社会科学院政法研究所法律研究组民法小组:《关于人民公社三级所有权的几个问题》,载《上海法学会 1959 年年会论文集》,第 18～24 页。

面,研究我们的国家机关在党的领导下与广大人民群众相结合的基础上,如何在摧旧立新的斗争中,使我国人民民主法制获得产生、发展和逐步健全,如何对党和国家的中心工作起着巨大的服务作用,并从中总结我国人民民主法制建设的主要经验教训和探求其基本规律及特点。(2)关于定名问题,作者主张定名为"中国人民民主法制史"的理由有二:一是我国历史上和领导同志的报告中都使用"法制"一词;二是使用这一名称本身能说明它的特定范围,而且比较通俗简明,容易理解。接着文章还把"中国人民民主法制史"与"国家与法的历史"的关系作了区分。参与讨论的同志认为,该文是从概念中研究概念,法制史的分期道理也没有说明。有的还提出政策就是法,有同志认为这样的提法降低了政策的作用,是把法看成至高无上的旧法观点的反映。①

（穆中杰）

---

① 参见《关于研究我国人民民主法制史的几个问题》,载《上海法学会 1959 年年会论文集》,第 25～29 页。

1961 年年会学术研讨

1961 年 12 月 27 日至次年 1 月 30 日，上海政治法律学会召开 1961 年年会。年会共计讨论"辞海"辞目 4 次，讨论年会论文 5 次，举行了 3 次报告会和 1 次会员大会。

关于"辞海"辞目的讨论。年会讨论了辞海政法部分的辞目，包括政治、政治思想史、法制史、民法、婚姻法等方面的问题。与会同志都事先准备了意见，对辞目的增删和内容都提出了有益的意见。

本次年会讨论的 5 篇论文是潘念之的《中华民国临时约法的产生和消灭》、徐轶民的《孙中山的反帝思想》、王召棠的《资产阶级共和国方案在我国的破产》、叶孝信的《关于中国封建社会农民战争性质和农民政权性质问题的商榷》、齐乃宽等人的《党领导下的革命军队和革命根据地是我国民主革命时期工农联盟的主要形式》。由于前 3 篇论文性质相近，讨论比较集中、热烈，与会同志回忆了民国时期的情况或查核了有关资料，为文章提出了有益的修改意见。年会还讨论了不少问题，分歧意见比较大，主要是：

关于辛亥革命时中国资产阶级有无反帝思想。一种观点认为反清也就是反帝。如王治安认为临时约法规定了民主权利、推翻帝制、建立共和，这是反封建的体现，同时也是反对帝国主义的体现。因为清政府是帝国主义的工具，尽管它在字面上并未明确提及。潘念之等在文章中也提到"临时约法成为革命派反对帝国主义、反对封建主义的旗帜"，"到 1911 年辛亥革命止，初具反抗帝国主义侵略的朦胧认识和要求"。高其迈还提出了孙中山对帝国主义的认识，在辛亥革命之前是感性认识阶段，之后，达到了理性认识阶段。另一种观点认为，反清并不等于反帝。薛笃弼认为，临时约法并未明确要反对帝国主义，相反承认一切已订条约，希望帝国主义支持革命，反帝口号一直到国共合作以后才明确提出的。马博庵也认为，孙中山在辛亥革命之前一直住在帝国主义国家，乞求帝国主义的承认和支持，这些思想与反帝思想是相矛盾的。

关于在帝国主义时代,能否从殖民地、半殖民地国家出现真正独立的资产阶级共和国问题。一种观点认为,不能。沈九录认为,在印度,实际上并未真正独立,还是依靠帝国主义;在非洲,一些民族独立国家,其实它们并未在经济上真正独立。另一种观点认为,从历史上讲是不能的,但在社会主义阵营已经屹立的历史条件下,出现真正独立的资产阶级共和国却是可能的,如非洲一些民族独立国家,还有古巴等。王绎亭也认为,在帝国主义时代,殖民地、半殖民地国家的革命,实际上存在着资产阶级的领导,如苏加诺、纳赛尔等。另外也有人提出日本明治维新成功是受帝国主义帮助的结果。

关于对临时约法的性质评价问题。一种观点认为,临时约法是资产阶级性质的宪法,它和封建势力的妥协正表现了它的两面性。另一种观点认为,临时约法的资产阶级性质很薄弱,它是与封建势力相妥协的产物。

会员对这次年会的反应主要有两点:一是从过去长期没有开展活动来说,会员对这次年会能够召开还是感到满意的,并认为在讨论中还争论了一些问题,为今后开展学术活动,起了个良好的开端;二是从这次年会的内容来说,似乎还比较贫乏,争论的问题还不够深入,不能满足会员的要求。

(穆中杰)

1962 年关于
《空中空间和宇宙空间的法律地位》的研讨

1962 年 10 月,江海潮撰写了《空中空间和宇宙空间的法律地位》一文。该文在当时引起较大争议,上海政治法律学会为此在次年进行了多次研讨。

该文的主要观点是:(1) 关于时代的性质问题,江海潮认为,"当前人类是处于原子时代,是处于征服自然时代,就是我们下海、入地、上天的时代","人民企图开发和建设宇宙空间,为着人类寻求更多更大的自然财富,更好地满足和提高人类更美满更幸福的未来物质生活和精神生活"。[①] 因此,为了更好地合作,更有效地征服宇宙,对宇宙空间建立法律制度的研究也就提到议程上来了。(2) 关于和平共处的问题,他认为:"由于地球和宇宙地球和宇宙空间自然联系的关系,无论就政治、经济而论,或就科学、法律而论,宇宙空间也是实行和平共处的场所,也应该贯彻必要的一致性。"[②](3) 他赞成领空有限论和空中自由原则,主张领空高度以 50 公里至 200 公里为限,在此之上,宇宙空间应共存,并在空中空间与宇宙空间之间设立领空带,根据空中自由原则,允许各国飞行器善意通过。(4) 关于国际法的性质问题,他说:"国际法既是阶级合作的工具,又是阶级斗争的工具。"[③]

在第一次讨论会上,丘日庆认为,江海潮所提的研究是国际法上的一个尖端。是上海国际法学者的一个贡献;他所提出的领空高度为 50 至 200 空里,这是一个大胆的提法,但应提出更多的论据。向哲浚认为,由于外层空间的研究是一个尖端,研究的目的是为了加强国防、造福全人类,应根据马列主义进行研究。陈文藻认为,宇宙空间法律的研究是门新学科,关于空中空间与宇宙空间,江文没能讲清楚。王绎亭认为,国际法是处理国家之间的关系的准则,不应把

---

① 江海潮:《空中空间和宇宙空间的法律地位》,载《上海政法学会 1962 年年会论文集》,第 39 页。

② 同上书,第 44 页。

③ 同上书,第 39 页。

它看作国家合作的工具。

在第二次讨论会上,江海潮表示接受王绎亭的意见,但对空中自由原则持保留态度。接着他作了美国破坏国际法的补充报告。最后,他对苏美在联合国所提出的关于探索宇宙空间问题的提案发表了意见,认为基本应持否定态度,但对于具体内容分别采取反对、保留和赞同的态度。陈业精等认为,单纯从科学技术的角度来谈时代本质是片面的。辛嘉林等不同意国际法是阶级合作的工具的观点,他们指出国际法是阶级斗争的产物,是统治阶级进行阶级斗争的手段,而不是阶级合作的产物和工具。王绎亭和王治安认为,帝国主义在地球上都不守法,在天上也不会改变其本性。王绎亭还说,江海潮所谈的空中自由原则完全抽掉了自由的阶级性。王召棠在发言中说,美帝国主义在宇宙空间的活动不是为了造福人民,而是为了建立空中霸权,企图统治全世界。

在第三次讨论会上,江海潮对空中自由原则仍然保留意见,并引海洋自由原则为例说,我们对这一原则是既承认又利用,空中自由原则为何不可以?持不同观点者认为,美帝等鼓吹空中自由原则,目的是利用宇宙空间进行侵略活动,以达到建立世界霸权的目的;所以,在帝国主义还存在的情况下,这一原则有利于帝国主义侵犯他国主权,而不利于各国人民。在这次会议上,江海潮重申他关于国际法存在三个体系的主张,认为社会主义与帝国主义国家之间既有斗争又有合作,社会主义国家之间只有合作。他还建议就国际法的定义和体系的划分组织讨论。

（穆中杰）

1962 年"关于我国社会主义阶段法的性质和作用问题"的座谈[①]

1962 年 10 月 5 日,上海政治法律学会邀请上海社会科学院政法研究所和有关部门的部分同志及爱好法学研究的社会人士举行座谈。大家对北京法学界讨论的下列问题和观点发表了意见:

(1) 对我国社会主义阶段法的性质和作用,北京法学界在一些基本问题上有着根本一致的理解,但在对这些问题的进一步的分析与阐释上,存在着不同看法。主要是:对于我国法的阶级本质的认识是一致的,但是对于表述法的特征问题,就有 3 种不同的意见。第一种意见认为,法具有 4 个特征,即:是反映统治阶级意志的规范,它符合统治阶级的基本利益;是由国家制定的,并有一定的文字表现形式(如法律、法令、决议、命令等);是统治阶级公开以国家暴力强制执行的一种行为规则;是为统治阶级专政服务的,是实现阶级专政的有力工具。第二种意见认为,法的概念应该包括 3 点,即:是统治阶级意志的表现;是通过国家政权机关表现出来的国家意志;是具有强制力的行为规范。第三种意见认为,法律是统治阶级公开以武装强制执行的所谓国家意识形态,这就说明了法的特征。

(2) 但从法的一般特征来论述我国社会主义阶段法的问题时又有一些不同的意见。主要有:一是关于我国法所反映的统治阶级的意志的具体表述,多数同志主张应该是工人阶级领导的广大劳动人民意志的表现,也还有个别同志认为就以工人阶级的意志来表述更为确切更为彻底些。二是关于制定和认可问题,有的主张只提制定就可以了,认可只是国家制定的一种形式;有的主张制定和认可同时并提,才能如实地反映我国的实际情况,认为制定和认可是两个

207

成就篇

---

① 参见:《"关于我国社会主义阶段法的性质和作用问题"北京法学界有关单位讨论情况》,载《政法研究》1962 年第 3 期第 23～24 页。峻岭:《上海、西安法学界座谈"关于我国社会主义阶段法的性质和作用问题"》,载《政法研究》1962 年第 4 期第 39 页。

不同的概念、不同的形式，又有各不相同的内容，应该加以区别。同时对于制定和认可的国家机关的范围，也有两种不同意见：一种意见认为，这仅是指最高国家权力机关和最高国家权力机关的执行机关即国务院、各部会及其他中央一级的政府机关。另一种意见认为，除此之外，还应包括地方国家权力机关和各级政府机关在内。

（3）关于我国社会主义阶段法的作用的表述上，也有不同意见。一部分同志主张概括为两个作用，也就是解决敌我矛盾和处理人民内部矛盾的作用；另一些同志主张概括为 3 个方面的作用，即：镇压人民的敌人的武器，解决敌我矛盾是它的主要作用；在处理人民内部矛盾也有一定的作用，它是说服教育的辅助手段；对社会主义经济的发展起积极的推动作用。

（4）大家争论比较多的是法对人民内部有无强制作用。大体有 3 种意见：一种意见是我们的法对敌有强制作用，对人民无强制作用；第二种意见认为，对少数违法者有强制作用，对大多数自觉地遵守法律的人没有强制作用；第三种意见认为，对人民内部有普遍的强制作用，但是这同对敌专政是两种不同性质的强制作用。

除此之外，与会者还提出了一些新的论点。主要有：

第一，关于我国社会主义阶段法的性质的表述问题。有的同志认为，仅以"工人阶级的意志"来表述的意见太狭窄，好似我们的法并不代表其他劳动人民的利益；而表述为"是工人阶级领导的广大劳动人民意志的表现"则太笼统，因为"劳动人民意志"这一提法不确切。持这种意见的同志认为，应该这样表述：我国社会主义阶段的法是工人阶级领导的广大劳动人民革命意志的体现。也有的同志对前述这些意见都不同意，认为我们的法实质上是反映工人阶级的意志，但在具体表述上应该是：在工人阶级领导下的人民群众意志的体现。

第二，关于我们的法对人民内部有无强制作用的问题。多数同志认为，法对人民内部有普遍的强制作用，但是这同对敌专政是两种不同性质的强制作用，不同意北京法学界的前两种意见。因为法本身就有强制的属性。统治阶级根据自己的意志用法律规定了什么样的事是合法的，准许人们做的；什么样的事是非法的，禁止人们做的。这些规定对于人民内部的任何一个人来说，都不能违反，否则就要受到应有的制裁。但是，不管违反与否，法本身的强制性是存在的。所谓自觉遵守，其本身就包含有自觉地受法律约束的意思。不能说因为人们自觉遵守它,这种作用就不存在了。也有的同志认为,我们的法对人民来说,如果不犯法,就不涉及强制性的问题;对于触犯法律的人,它的这种强制性才能表现出来。如何区分对敌人和对人民两种不同性质的强制,有的同志提出:从两类不同性质的矛盾看,对敌人要狠,对人民要和。具体区别是:一是两种强制性的目的不同。法对敌人的强制,是作为对敌专政的手段,其目的是消灭敌对阶级;对人民内部的强制则仅仅是起着约束自己、教育自己的作用。二是两种强制的出发点不同。对敌人主要是用压服,即用镇压和惩办的方法使其认罪伏法,并从有利于孤立、分化敌人来适用法律;对人民中间的犯法分子采取法律制裁,系从有利于教育他们改正错误,加强人民内部团结出发,这种法律制裁是补说服教育之不足的一种教育手段。三是实行两种强制所适用的方法不同。对敌人一般是采取专政的强制方法;对人民内部是按照"团结——批评——团结"的公式,采取说服教育的方法。

关于在解决人民内部中法律制裁与说服教育的关系问题,有的同志认为,两者是相辅相成的,不能作主次之分,只是在具体解决具体矛盾时,根据实际情况而有所偏重。大部分人民内部矛盾的解决,是以说服教育为主,有些却应以法律制裁为主。

第三,关于法的作用的问题。有的同志认为,北京学者所主张的法对社会主义经济的发展起积极的推动作用,实际是解决敌我矛盾和处理人民内部矛盾两种作用所要达到的目的,不必以此作为社会主义法的另一种作用。有的同志就如何进一步深入探讨我国社会主义阶段法的作用的规律性方面的问题发表了意见。

(穆中杰)

1962年年会关于法律理论与实务的研讨

1963年4月9日开始至5月初,上海政治法律学会举行1962年年会。这次年会是在党的八届十中全会召开后举行的,坚持学习马克思列宁主义和毛泽东著作、贯彻理论联系实际和"百花齐放、百家争鸣"方针,先后研讨的论文有10余篇,其特点是强调以阶级和阶级斗争的观点来进行学术研究和学术讨论。①

1. 在国家与法的理论方面

主要讨论了杨峰的《列宁在国家问题上对考茨基机会主义的批判》、周尚文的《考茨基反对无产阶级专政的一支毒箭》、齐乃宽的《论我国社会主义法的强制性》、陈业精的《关于我国社会主义阶段的法的阶级实质问题》。(1)杨峰的文章着重介绍了列宁在无产阶级的暴力革命、打碎资产阶级国家机器、无产阶级专政、资产阶级民主的虚伪性等问题上,对考茨基机会主义进行批判。(2)周尚文的文章围绕民主问题批判地论述了考茨基抹杀民主的阶级性,鼓吹"纯粹民主",反对无产阶级专政,宣扬资产阶级的议会民主,反对用暴力革命打碎旧的国家等问题。(3)关于法的强制性问题,主要有3种意见,一是法是对敌专政的工具,对人民内部不具有强制性和普遍约束力;二是我国法对人民内部不具有号召强制性和普遍约束力,只是对违法及触犯刑律的人才具强制性和普遍约束力;三是我国的法在人民内部也具有强制性和普遍约束力,但它同对敌人的强制力具有根本不同的性质。作者赞成第三种意见。大多数与会者也同意作者的意见。(4)关于我国社会主义法的实质问题,主要有两种意见:一种意见认为,我国法是工人阶级意志的体现,同时又代表和反映其他人民群众意志;另一种意见认为,是在工人阶级领导下广大人民群众意志的体现。讨论

---

① 本文参考的文献见《上海政法学会1962年年会论文集》;《上海社联八个学会相继举行1962年年会》,载《学术月刊》1958年第5期第5页。

中有观点认为这两种说法都对,只不过表述不同而已。持第一种意见的认为,这不仅是表述的不同,而且涉及对法本质不同理解问题。

2. 关于资产阶级法学流派

与会者主要对陈文彬的《庞德实用主义法学思想批判》、顾维熊的《庞德实用主义法学思想》进行了座谈。庞德的法学思想是西方法学主要流派之一,对旧中国法学界也颇有影响。陈文彬对庞德的哲学观作了较为深刻的分析和批判,对于庞德的唯心主义法律哲学的"法的进化论"、"法的目的论"、"法的适用论"、"法的效果论"分节进行了批判和论述。顾维熊对庞德的实用主义法学体系作了较全面的介绍后,提出庞德的法学思想主要内容有:法的效果说、法律社会工程说、社会利益说、法律本能说、司法立法说、预防刑法说等。与会者对"庞德实用主义法学思想"、凯尔逊的规范法学派、复兴自然法学派、新托马斯主义法学派等流派的情况进行了研讨。有人提出,庞德实用主义法学思想的实质是为美国统治阶级的司法专横辩护,为美国统治者残暴地迫害共产党、进步人士和镇压美国劳动人民提供理论根据。有人认为,第二次世界大战后,庞德实用主义法学在美国和西欧已不是最盛行的一个流派;最时髦的已经是以凯尔逊为代表的规范法学派(纯粹法学派)和复兴自然法学派,因为这两派的理论为美国妄图建立世界霸权提供了理论依据。但也有人认为,在美国和西欧资本主义国家,最盛行的要算新托马斯主义法学。

3. 在法制史方面

主要讨论的文章有高其迈的《元代刑法志前言》、李良的《唐律丧服图说》和《唐律疏议制作问题》。(1) 高其迈在该文中先介绍了元代的主要法规,主要包括至元新格、大元通制、经世大典宪章、元典章。他认为元代司法组织不同于以往朝代,主要表现是:在中央司法组织层面,分别设置断事官处理部分司法事务;不再设置大理寺,司法事务主要集中刑部;加强御史台对司法事务的监督。在地方司法组织层面,掌握司法的地方行政机构,层次涉及省、路、府、州、县等,加强监督地方行政机构的司法事务。元代审判制度散见于元典章、通制条格和旧志,刑事案件因轻重而分别审判。审判程序不同于前代的是:圆坐圆审、约期会问、特别管辖等。最后,作者归纳元代刑事法规的特征主要是反映了民族压迫,反映了蒙古习惯,反映了阶级压迫。(2) 关于唐律丧服制,有人提出唐律中"丧服刑法化,刑法丧服化"的看法。许多人认为,唐朝统治者把儒家的礼与法结合在一起，并往往以礼来调整法，这从唐律中刑罚的加重和减轻的规定中，尤为明显可见。统治者这样做的目的是加强劳动人民的政治统治和思想统治。有人还说，历来统治者也都把礼（被他们宣称为超阶级的）抬高于法之上，从而使他们的残暴法律披上"礼"的外衣，宣扬统治阶级的法是合乎正义道德的。与会者较一致地认为，探讨丧服制，对研究唐律有重要的意义。（3）关于唐律疏议的制作年代，李良从永徽、开元时期的资料，敦煌发现的资料，避讳的情况以及律条的数目等5个方面论证出唐律疏议是长孙无忌所制作，制作的年代是唐高宗永徽四年，而所疏议的就是当时颁行的永徽律文。

此外，海商法主要讨论了魏文翰的《国际海上货物运送——船主的责任》一文。参与讨论的大部分是外贸系统的同志，他们提出了工作中遇到的许多疑难问题，要求学会进一步组织讨论。

（穆中杰）

212

1964 年纪念《论人民民主专政》发表 15 周年座谈会

1964 年 7 月 10 日、12 日，上海政法学会举行了纪念《论人民民主专政》发表 15 周年座谈会。这次座谈会的发言论题主要是：

（1）阐述《论人民民主专政》是一篇光辉著作，它丰富和发展了马克思列宁主义国家学说，总结了我国革命经验，奠定了我国社会主义革命和社会主义建设的理论和纲领基础。

（2）整个过渡时期的国家只能是无产阶级专政，当前的任务是加强国家机器，而不是消灭国家权力，无产阶级的历史任务是要彻底消灭阶级。

（3）依靠群众加强对敌专政。

（4）无产阶级专政与无产阶级民主的辩证统一。

（5）无产阶级专政学说是马克思列宁主义精髓。

参与座谈的主要文章有：潘念之的《无产阶级专政是无产阶级革命的基本内容》、王爱玲等人的《纪念〈论人民民主专政〉发表 15 周年》、复旦大学政治系政治学教研组的《从一个公社的敌我矛盾看加强无产阶级专政的必要性》、王昌渭的《彻底消灭阶级是无产阶级专政的历史任务》、王关兴的《我国现在的任务是加强人民的国家机器》、周尚文的《人民民主与"纯粹民主"和"全民民主"根本对立》、顾维熊的《把对人民的民主方面和对敌人的专政方面互相结合起来》、韩述之的《无产阶级专政是革命人民的传家宝》、齐乃宽的《中国人民战无不胜的革命武器》、吴建新的《学习毛泽东同志论人民民主专政的体会》、杜羡礼的《重新学习〈论人民民主专政〉一文的读书体会》、张璧的《依靠群众加强人民民主专政》等。此外，华东师大政教系 4 位学生以《整个过渡时期的国家只能是无产阶级的革命专政》和《苏联没有阶级和阶级斗争了吗？》为题，写了 4 篇毕业论文，也参加了座谈。

（穆中杰）

1979 年上海政法工作 30 年的座谈

1979 年 9 月,为迎接新中国成立 30 周年,上海市法学学会和《民主与法制》编辑部邀请部分法学界人士,根据实践是检验真理的唯一标准,座谈建国 30 年来在法制建设方面所取得的成就和经验教训,以及发扬社会主义民主、加强社会主义法制,以保障与促进我国四个现代化建设的有关现实问题。

鞠华把我国司法战线走过的道路划分为 3 个阶段:第一个阶段从建国开始到 1957 年反"右"斗争,是司法战线惨淡经营、初具规模的阶段;第二阶段从反"右"斗争到"文化大革命"结束,是司法战线遭受两次巨大灾难的阶段;第三阶段是粉碎"四人帮"以后的阶段,这是全国司法战线获得复苏的新时期。总结 30 年司法战线的经验,他认为最基本的一条就是: 什么时候我们党的民主集中制、我们国家的人民民主得到重视和发扬,我国各条战线的工作就会大踏步前进,就会出现经济上迅速上升、繁荣昌盛的局面,就会出现政治上生动活泼、安定团结的局面;反之,什么时候我们党的民主集中制、我们国家的人民民主受到践踏和破坏,那么在全党、全国范围内,也就必然发生大的动乱和倒退。[①]

魏明结合 30 年的经验和教训,认为要加强法制建设,就要解放思想,一切从实际出发,敢于彻底批判长期以来法律虚无主义思想的危害,敢于冲破大大小小的禁区,首先要冲破"靠人治不靠法治"的大禁区,这个禁区是把党的领导和法制对立起来,把党委的领导凌驾于法制之上,而且在实际上是支持和掩盖了某些"大人物"的错误领导,以党代政,以党代法;其次还必须冲破"以阶级斗争为纲"的大禁区,必须认真揭露和肃清"宁左勿右"、"左比右好"、"左是方法问题,右是立场问题"等错误论调及其流毒和影响。他坚信在全党充分认识法制建设的必要性和重要性的基础上,再一次加强法制建设,是完全可以做到的。[②]

---

① 参见鞠华:《记取历史教训 保卫民主法制》,载《民主与法制》1979 年第 3 期第 2~3 页。

② 参见魏明:《冲破大大小小的禁区》,载《民主与法制》1979 年第 3 期第 3~4 页。

王文昇在发言中认为,"在法律面前人人平等"的目标一定会实现。他的理由主要是:(1)"在法律面前人人平等"是我党提出来的,并由党领导和保证其实现的。党的十一届三中全会公报中指出:"要保证人民在自己的法律面前人人平等,不允许任何人有超于法律之上的特权。"按照"有法可依,有法必依,执法必严,违法必究"这个十一届三中全会规定的纲领性方针建立和健全社会主义法制,就可以实现"在法律面前人人平等"。(2)"在法律面前人人平等"完全符合历史发展规律。我们党提出要加强民主和法制建设,提出"在法律面前人人平等",就是为了达到实现四个现代化这个伟大目标。(3)实现"在法律面前人人平等"是全国人民的共同愿望和要求,是人心所向。他还提示说,由于我国封建社会的历史特别长,封建特权思想特别浓厚,缺乏民主传统,要加强民主和法制建设,实现"在法律面前人人平等",决不是轻而易举的事,还要同特权思想和行为进行坚决的不懈的斗争。①

赵炳霖在发言中提出,30年来,在民主与法制的严重曲折道路上,怎样摆好党、政关系是一个值得认真汲取的教训。他认为以党代政,完全不符合社会主义基本原则,因为排斥了各级政权机关包括立法、司法机关发挥其应有的作用,实际上就是排斥了广大人民群众参与国家事务的管理和监督。在社会主义制度下,党要领导政,并不是说党要代替政,而是要在党的路线、方针、政策的指引下,发挥政权机关的作用,通过共产党员在各个机关的模范作用,保证党的路线、方针和政策的贯彻执行。他认为当前特别要强调的是,党的领导主要表现在由党所领导而制定的刑法、刑事诉讼法等法律能够切切实实地实施,坚持司法机关独立行使检察权、审判权而不受任何机关、团体和个人的干涉。②

韩述之认为,法制建设中的首要当务之急主要是培育人才问题,要坚持法的基础理论的研究,应用法学必须大大加强;执法必严是法制建设中的重要环节,除了任何人都要严格遵守法律以外,还要在法律的执行中注意高度准确性。③ 崔兰棠提出解决司法战线干部队伍可以参照历史经验,从党、政、机关、工交、财贸、学校选拔一批优秀干部,或从回城知青中选拔一批表现好、文化程

---

① 参见王文昇:《"在法律面前人人平等"一定会实现》,载《民主与法制》1979年第3期第6~7页。

② 参见赵炳霖:《坚持独立审判　不能以党代政》,载《民主与法制》1979年第3期第7~8页。

③ 参见韩述之:《法制建设中的当务之急》,载《民主与法制》1979年第3期第5页。

度较高的青年,加以短期培训,充实司法队伍;组织部门、业务领导部门的组织工作,应跟上去,大刀阔斧地抓一抓。①

此外,在座谈会上其他发言人及其发言主题是:刘少傥的"新法能否实现关键在于路线"、韩学章的"拨乱反正,健全法律制度"、顾维熊的"清除封建主义影响才能真正实现法治"、陈文彬的"社会主义民主是社会主义法制的前提和基础"、周子亚的"法学研究要迎头赶上"、丘日庆的"外国法律应该借鉴"等。曹漫之最后作了总结发言,他认为加强社会主义民主,健全社会主义法制,是人心所向,但阻力还是很多,他认为解决的关键还在于解放思想。只有解放思想,才能真正贯彻四项基本原则;只有解放思想,才能从惨痛的教训中深切感到民主与法制的万分重要,决心为捍卫社会主义民主与法制而斗争。②

(穆中杰)

---

① 参见崔兰棠:《加强司法队伍建设》,载《民主与法制》1979 年第 3 期第 8 页。
② 参见曹漫之:《还要解放思想》,载《民主与法制》1979 年第 3 期第 9 页。

1979 年关于恢复和
健全律师制度的座谈[①]

1979 年 6 月,上海市法学学会和《民主与法制》编辑部筹备组邀请上海市司法界和有关人员举行了一次恢复律师制度的座谈会。1980 年 4 月,又邀请上海市部分法学研究者和司法工作者就建国以来有关辩护制度正反两方面的经验以及如何迅速恢复和健全律师制度举行座谈。这两次座谈会均由时任市法学学会理事、司法局局长鞠华同志主持。现把两次座谈会发言综述如下:

1. 恢复律师制度是健全法制的一项重要措施

(1) 鞠华认为,在律师制度恢复过程中,极"左"思潮的流毒还未肃清,不少人还心有余悸,有的人对律师工作还有误解,思想障碍还很多,所以恢复和健全律师制度要大力做好宣传工作。(2) 市人民检察院分院王树泉认为,律师制度不仅有助于审判人员集思广益,作出正确判决,更可避免冤假错案的发生,也有利于对犯罪分子的改造;总结实践经验,凡是经过律师辩护的案子,上诉的就很少,原告、被告在听取辩论之后,对法院判决一般都认为处理得合情合理。(3) 市高级人民法院李海庆认为,律师制度是社会主义法制民主原则的重要体现,是民主制度化、法律化的重要内容,总结正反两方面的经验,他认为在新形势下恢复和健全律师制度更具有迫切性。上海社会科学院法学研究所武彪也

217

成
就
篇

---

① 本文参考的发言记录有:鞠华的《恢复和健全律师制度要大力做好宣传工作》、王树泉的《律师辩护对检察、法院工作有促进作用》、李海庆的《律师制度是社会主义法制民主原则的重要体现》、辛德立和梁瑞麟的《律师工作的重要作用在四化建设中将越来越显示出来》、李树棠的《律师协会迫切需要在人力和物力上得到大力支持》、韩学章的《律师辩护制度是对立统一规律在审判工作中的体现》、武彪的《律师制度是民主与法制的组成部分》、鞠华的《对旧社会的律师也要一分为二》、杨峰的《新旧社会的律师制度有本质的不同》、何济翔的《人民律师制度的优越性还不为人们完全认识》、程树的《心有余悸是当前必须解决的问题》、王容海的《恢复律师制度是大势所趋,人心所向》、高呈祥的《恢复律师工作是当务之急》、韩述之的《发展兼职律师是一个好办法》、黄道的《恢复律师工作要当作大事来办》、韩学章的《人民律师制度,大家有责任爱护它,帮助它,使它茁壮成长》、刘文华的《不要对个别缺点作过分的指责》、汪纲翔的《"对台戏"唱得好》。——载《民主与法制》1980 年第 4 期第 8～13 页。

提出了律师制度是民主与法制的组成部分的观点。（4）市高级人民法院梁瑞麟、市司法局辛德立两位同志认为，律师的重要作用在四化建设中将越来越显示出来。他们的主要理由是 50 年代中期成立的上海律师协会对保障公民的合法权益、提高公民的守法观念，维护了社会主义法制，巩固无产阶级政权发挥了重要作用；在当前我国经济、科技、文化等方面与国际交往频繁、对外贸易发展的情况下，各种涉外民事纠纷势必大幅度增加，为了维护国家主权和经济利益，保障公民和华侨在外国的合法权益，律师为他们提供法律帮助，担任有关单位、部门的法律顾问，办理诉讼事务，都是不可缺少的。（5）市律师协会李树棠认为，迅速恢复、健全律师制度，全面开展律师工作，是加强社会主义法制的一项重要措施，也是广大人民的迫切要求。他还分析了自 1979 年 4 月上海市律协被批准恢复以来，至今尚处于筹备阶段，没有完全对外办公的原因主要是，办公用房迟迟未能落实、律师人员配备也存在一些困难。他呼吁各级领导对律师在人力、物力上给予大力支持。

2. 恢复和发展律师工作必须解决思想认识问题

（1）市法学学会韩学章认为律师辩护制度是对立统一规律在审判工作中的体现。她认为，律师是被告的辩护人，律师是站在保护被告人合法权益的立场上，提出有利于被告的论证和意见，从这一点来看，他们与检察员是"唱对台戏"的。但律师和检察员的地位是平等的，目的也是一致的，他们之间的关系是互相制约又是互相配合的。但律师的辩护必须忠实于制度，忠实于法律，忠实于事实真相。（2）关于旧社会的律师，鞠华认为也要一分为二来看，解放前遭到反动派逮捕的地下党员，很多就由进步的律师出面为之辩护和营救的，像沈钧儒、史良等老一辈的进步民主人士，就是当年那样律师的杰出代表。市广播局电教办公室杨峰认为，新旧社会的律师制度有本质的不同，人民律师是站在无产阶级立场，依法为被告人行使辩护权，代理民事诉讼，解答法律问题，为保护刑、民诉讼当事人的民主权利和合法利益尽其职责；同时，也是帮助人民法院正确完成审判任务——惩罚犯罪，减少纠纷，处理一部分社会矛盾，有利于促进社会的团结。（3）市律师协会何济翔认为，实行律师制度存在的思想障碍有，一是认为律师是和法院、检察院闹别扭的；二是认为律师的辩护不能有一点"出格"，否则就会遭到谴责；三是对于律师辩护的意见不能虚心采纳，你辩你的，我判我的；四是认为辩不辩一个样，认为法院定案，辩也多事，对律师缺乏信心。

（4）华东政法学院程树认为，辩护制度不仅为了保护被告人的合法权益，也是为了保证司法机关正确处理案件的一项必不可少的制度，但体现在这项诉讼制度的律师工作中普遍存在的心有余悸是必须解决的问题。

3. 恢复和健全律师制度是人民群众的迫切愿望

市法学学会高呈祥认为，律师工作应该在工作中健全完善，不能等待一切都健全完善以后再工作；当前要解决实际上请不到律师的问题，比宣传律师制度的优越性更为重要；解决律师队伍的办法除专职律师外，还可动员法学界的力量发展一批兼职律师，尽快把律师工作开展起来。上海社会科学院法学研究所黄道提出，恢复和健全律师制度，要当成大事来办，因为这关系到要不要完备社会主义法制，要不要保护诉讼当事人的利益；恢复和健全律师制度的当务之急是大造舆论，组织队伍，加强培养、提高律师的业务水平，颁布律师工作条例，使有章可循。其中最重要的是组织队伍，先做起来，要真正的行动。市律师协会王容海也提出了恢复制度是大势所趋，人心所向的观点。

4. 对律师工作不要求全责备

市法学学会韩学章认为，律师制度可以说还是一种新生事物，大家有责任爱护它、帮助它，使它茁壮成长；倘若由于经验不足或政治修养、业务水平关系而出些差错，也不能因此对律师制度怀疑和采取否定态度；求全责备只能使辩护律师加重精神负担，影响他们的工作积极性；对律师自身而言，一定要努力学习，精通业务，提高政治修养和政治责任感，正确贯彻党的政策和国家法律、法令，既要保护被告的合法权益，也要保证案件的正确判决。文汇报社刘文华认为，出庭辩护的律师与其说"出了格"，不如说他们还心有余悸；对律师工作不应求全责备，而应给予信任和支持。上海社会科学院法学研究所汪纲翔分析了律师辩护有些摆样子的形式主义倾向的原因是，辩护人还心有余悸、司法工作人员担心辩护会犯"有利被告论"的毛病。他认为律师与公诉人针锋相对"唱对台戏"，是为了依法办案、把案件办得正确、判得公正这一共同的目的，这种"对台戏"唱得好，今后还要认真唱下去。

（穆中杰）

1980 年关于《律师暂行条例》的座谈

《律师暂行条例》经五届全国人大常委会第十五次会议通过并明令公布后，1980 年 10 月，上海市法学学会和《民主与法制》编辑部邀请上海市法学界部分同志，对条例有关规定及条例的公布施行对完善国家司法制度，保护国家机关、企事业单位、社会团体的利益和公民的合法权益等重要意义进行了座谈。参加者有市司法局、市高级人民法院、市人民检察院分院、市社会科学院法学研究所、华东政法学院、市律师协会等有关单位的 30 多位同志。①

1.《律师暂行条例》是用法律的形式把律师制度巩固下来

大家普遍认为《律师暂行条例》的公布是健全社会主义法制的一项重要措施。上海市法学学会韩学章认为，《律师暂行条例》的公布是我国发扬社会主义民主、健全社会主义法制的一项重要措施，这是新中国建国以来第一次用法律形式把律师制度巩固下来，对于司法工作者和法律工作者都是极大的鼓舞。上海市社科院法学研究所丘日庆认为，文明国家的法制有几个标志：一是法律面前人人平等，二是法律必须民主化，三是审判权必须独立，四是被告的律师辩护权，而律师辩护权的目的就在于，使被告得到公正的审判，无枉无纵，保证冤假错案不发生、少发生。我国《律师暂行条例》的公布，为实施被告的律师辩护权创造了有利的条件，是健全法制的一项重要措施。

2.《律师暂行条例》的公布对司法行政工作的促进

上海市中级人民法院崔兰棠认为，律师制度的恢复对司法工作是很大的促进的。他回顾了自 1958 年辩护制度被取消以后的那段历史，当时公检法只讲一致对敌，不讲互相制约，公开审判徒具形式，办案质量大幅度下降，申诉案件的比例比解放初期要高很多；"文革"期间，法制被摧残殆尽，以致冤狱遍生，律师制度被取消是其中一大原因。上海市司法局鞠华认为，《律师暂行条例》的公

---

① 该座谈会发言记录摘要发表在《民主与法制》1980 年第 10 期第 16～20 页。

布,对司法行政工作也是一个很大的鼓舞,他建议抓紧设立法律顾问处,各区、县可以先走一步,工矿企业设置法律顾问也应考虑解决,这将有力地促进司法行政工作。上海市虹口区人民法院沐本武认为,律师制度深受群众和司法工作者的欢迎和支持,他相信律师的作用将得到充分发挥。

3. 律师是一项光荣的职业

上海市法学学会韩学章认为,律师的任务很繁重也很光荣,她建议律师努力提高政治思想水平、业务水平,重视总结、交流经验,不断改进、提高工作,为保障国家法律的正确实施与公民的合法权益贡献力量。上海市人民检察院分院王树泉认为,今天的律师是新型的、社会主义的律师,他们忠于社会主义,是为维护法律的正确实施,维护国家、集体的利益和公民的合法权益而奋斗的,与一切旧时代律师不同的是,《律师暂行条例》规定律师在担任刑事辩护人的时候,如认为被告人没有如实陈述案情,有权拒绝担任辩护。上海市律协的卓启明和叶传峥认为,《律师暂行条例》把律师制度用法律肯定下来,不仅为律师制度平反,也为广大律师恢复了名誉,因为50年代一度实行律师制度,但由于"左倾"思潮和法律虚无主义的干扰破坏,使律师制度推行不到两年就夭折,履行正常职务的律师遭到批判、打击,"四人帮"肆虐时更横遭迫害,为人辩护的律师自己反遭不白之冤。他们认为律师辩护制度是正确实施法律,维护公民合法权益不可缺少的。

4. 律师队伍要加快建设

上海市高级人民法院李海庆认为,《律师暂行条例》的公布,使社会主义法制进一步趋向完备,律师制度是法制民主化的不可缺少的部分,此后律师工作应加快进行。华东政法学院徐盼秋认为律师工作的确应该加快进行,向社会招聘人才是一条有效途径;他还提出了"律师队伍要扩大应允许律师自行开业"的设想 即由几个律师自行结合办法律事务所,按规定标准收费,自负盈亏。上海市法学学会高呈祥呼吁律师协会的牌子早点挂出来,法律顾问处也要及早成立;他还提出应该扩大业务范围,普遍接受为刑事被告作辩护的要求,还应该接受民事的代理。复旦大学分校王文昇认为,《律师暂行条例》关于兼职律师的规定有很重要的实际意义。他说,目前社会上群众对律师的要求很迫切,但律师人数少,培养大批律师又不是一时可以办到的,关于兼职律师的规定对于加速我国律师制度的建设十分必要,不但市一级可以这样做,各区、县法律顾问处也可以用这种方式办起来。上钢十厂唐一之也认为,《律师暂行条例》关于兼职律师的规定,有很大的实际意义,既可以解决专职律师人员不足的困难,也能适应社会上寻求法律顾问的迫切需要。他认为兼职律师的组成形式可以多种多样,政法学院、法学研究所、法学学会可以搞法律顾问处,各区工会办事处、各工业局、商业局,各个公司系统,都可以建立法律顾问处,有些大厂也可以办自己的法律顾问组。考虑到律师制度恢复后,律师不仅要充当刑事被告辩护人和民事诉讼的代理人,而且随着国际交往的日益扩大,肯定会接触到不少涉外案件,上海县环保办公室朱丰全提出法律工作者要扩大法学领域的国际交流,多了解国外法律界的动态。

5. 律师工作任重而道远

上海市广播事业管理局电教办公室杨峰认为,从发展趋势看,律师的任务不仅仅在于辩护,他们还将在法律顾问方面发挥越来越大的作用,并且律师工作和经济建设关系十分密切,律师工作任重而道远。文汇报社刘文华认为,《律师暂行条例》的公布是令人鼓舞的大好事,但它的真正贯彻执行还会有各种阻力,甚至可能有来自当权者的阻力,他提醒律师们要有必要的思想准备,要具有多方面的丰富知识。上海市律协何济翔也提出律师要有正义感,要敢于同一切违法现象作斗争的看法,认为今后我国一切都得依法办事,条条战线都需要法律顾问,这是律师的一项重大任务。

(穆中杰)

1980 年年会综述^①

1980 年 12 月 25 日至 27 日,上海市法学学会在南昌路科学会堂召开年会。本次年会提交的论文质量普遍比较高,内容涉及法理、宪法、民法、刑法、国际法等领域。现综述如下:

1. 基础法学方面

关于社会主义法的平等性问题,属于社会主义法的本质和发展规律的重要课题。上海社科院法学研究所程辑雍在其撰写的《社会主义法的平等性》一文中提出:"社会主义法具有平等性,并且只有社会主义法才能实现真正的平等。"他认为,平等在我国已经成为现实,社会主义法的平等性体现了马克思主义的平等观,并贯穿在以下几个方面:第一,公民广泛平等地参加立法活动;第二,社会主义法保障全体公民平等地享有对生产资料的所有权、支配权,并在此基础上有参加劳动和取得报酬的平等权利;第三,社会主义法保障公民平等地参加国家管理;第四,社会主义法保障公民权利义务平等;第五,社会主义法依靠人民群众,平等地贯彻实施。文章还批驳了把社会主义法的阶级性与平等性对立起来的看法,认为社会主义法的本质既具有阶级性又具有平等性。

上海社科院法学研究所浦增元在《维护宪法的崇高权威》一文中提出,要求法律具有极大的权威,首先就必须维护宪法的崇高权威。文章列举了 1954 年宪法颁布以后不久即遭到"践踏"的几个典型事例:宪法规定公民有言论自由,而在不断的政治运动中实际上剥夺了相当大部分公民的言论自由;宪法规定公民的人身自由不被侵犯,而事实是"文革"期间可以随意对公民进行抄家、批斗;宪法规定全国人大会议每年举行一次,而 1965 年到 1974 年人大会议连续 10 年不召开;刘少奇惨遭迫害,含冤病逝等等。关于 1975 年对宪法的修改,浦增

① 本文的主要参考文献《上海市法学学会 1980 年年会论文选辑》由上海社科院法学所浦增元研究员提供,在此谨致谢意。

元先生评价说:"至于1975修改的宪法,那是1954年宪法的大倒退,也是社会主义民主和法制的大倒退。"关于1978年的宪法,他认为:"总的来说,现行宪法是注意总结同'四人帮'斗争的经验,为了清除'四人帮'的流毒和影响而修改制定的,是力图在社会主义民主与法制的道路上向前迈进的。"但问题是无视宪法、违反宪法的情况依然存在,如未经人大选举即公布全国人大副委员长人选,未经审判即公开宣布"四人帮"不会判处死刑,未经人大决定即向外国记者宣布新的总理人选等。文章反问道:"国家机关工作人员和党员干部不能带头遵守宪法,反而违反宪法,又怎能使广大人民群众都加强法制观念,保证实施宪法,维护宪法的崇高权威呢?"文章最后总结了这种情况产生的原因:第一,党政不分,党法不分,以党代政,以言代法,在很多同志身上已经成了习惯;第二,封建家长制的作风严重存在,"长官意志"大于宪法的现象比比皆是;第三,法律虚无主义的思想危害很深;第四,宪法没有规定有效的监督制度和违宪的处理办法。

上海市法学学会高呈祥针对50年代后期以来思想路线上出现的问题如何反映在法学理论政法实践中以及给政法工作带来的危害进行了分析,撰写了《政法工作的历史教训》一文。该文分3个部分:(1)现代迷信的产生及其对政法工作的危害。高呈祥认为个人迷信的产生,"毛泽东同志本人固然有责任,但我们党也有责任",它给政法工作带来了极大的危害,主要是:第一,使个人凌驾于法律之上,即人们现在提出的所谓"权大于法";第二,在司法实践中,使许多办案人员不是认真研究法学规律,不是严格遵守"以事实为根据,以法律为准绳"的原则,而是揣摩领袖的有关教导,甚至有的极力迎合猜测最高指示的旨意,以为这样便是掌握了法律;第三,个人迷信在广大干部群众中造成的直接后果,不是培养自觉的守法观念,而是对个人权力的恐惧。(2)政法工作中的阶级斗争扩大化。文章认为,由于三大改造后出现的一些事件没有处理好,不切实际地估量阶级斗争的形势,以致脱离了社会主义的生活实际,给各项工作尤其是使政法工作造成了无穷贻害,主要是:第一,1957年反右斗争中,对右派进攻的形势估计得过于严重,从而混淆了两类不同性质的矛盾,划错了一大批右派;第二,1962年,党的八届十中全会把社会主义一定阶段中存在的阶级斗争,夸大为是贯穿于整个社会主义历史阶段的复辟与反复辟的斗争,并提出阶级斗争要"年年讲、月月讲,天天讲"的错误口号;第三,阶级斗争扩大化,使司法机关成了政治运动的"特别行动部";第四,阶级斗争的扩大化,还对司法审判中的

"有罪推定"起了推波助澜的作用。（3）反右不反左使政法工作受灾不断。文章认为，长期以来，我们党对左的错误不但没有认真彻底地予以纠正，反而任其发展，最后弄到几乎不可收拾的局面，比如党委长达 20 年直接掌握具体司法业务，律师辩护制度被取消，"在法律面前人人平等"的原则被践踏，政法队伍最后七零八落、奄奄一息。

2. 民事法律方面

上海社科院法学研究所张汇文、卢莹辉的《论知识产权的法律意义与国际保护》一文是较早研究知识产权的成果。该文认为，知识产权在法律上得到确认和巩固对一国经济发展能够起到巨大的促进作用，一方面它能够鼓励和刺激该国家的发明者和革新者的积极性；另一方面，它能够促进新的技术知识从国外源源不断地引进。作者认为，从 19 世纪后半叶开始，随着世界资本主义经济和国际贸易的发展，各国间订立了有关知识产权国际保护的公约，经过将近一个世纪的实践，有关知识产权的《保护工业产权巴黎公约》、《商标国际注册马德里协定》、《保护文学艺术作品伯尔尼公约》等国际保护制度已经建立。该文对于知识产权的国际保护制度和一些原则作了详细的介绍。最后文章认为，对于我们国家来说，建立知识产权的法律保护是实现"四化"的当务之急。我们国家正处于健全社会主义民主与法制的阶段，法律作为推动和保障经济建设的工具必须积极为四个现代化服务。如果由于目前我国的经济发展水平尚低等不利因素而对知识产权的立法持取消主义态度，那么既不利于法律积极为经济基础服务的作用，也不利于我国在国际舞台上进行广泛的经济合作与交流。因此，对于我国来说，确立知识产权的法律保护绝不是"可有可无"或"慢慢走着瞧"的问题，而是建设四个现代化的当务之急，应当提到实现四个现代化的议事日程上来。

上海财经学院夏斗寅提交了《充分发挥合同在"四化"中的重要作用》一文。文章对合同的概念和成立要件作了探讨。关于什么是合同，文章认为："合同，也称契约。它是两个以上的当事人，就民事法律关系协商意思一致的法律文件。"合同成立的要件，一是合同内容是国家政策、法律、法令和计划所许可，经过努力能够实现的；二是签订合同的双方当事人，必须是有行为能力的自然人和持有授权证书的法人代表；三是双方必须坚持平等互利，自愿协商，意思一致的原则；四是签订的合同必须是等价的、有偿的，双方的权利、义务是对等的。

关于合同的作用,主要有:第一,合同是制定经济计划的根据,也是保证计划实现的手段;第二,合同是组织经济联合体的纽带和保证;第三,合同是改进企业管理,加强经济核算,提高经济效果的手段;第四,合同是对企业进行监督的有力工具之一;第五,签订产销直接见面的合同,有利于在经济工作中减少不必要的行政层次和行政区划的干扰。最后,针对推行合同存在一些问题,文章提出了解决方案:(1)建议尽快制定合同法,工厂企业法以及仲裁程序法等经济法规,加强经济司法工作,做到有法可依,有法必依,执法必严,违法必究;(2)在组织上迅速采取措施,建立健全各级经济合同的管理机构,以便积极开展推广经济合同的宣传、管理、鉴证和仲裁工作;(3)合同的鉴证工作,除内容简单、金额不大的合同可以不进行鉴证外,一般合同都应在供方所在地的市、县一级合同管理机关进行鉴证;(4)合同的内容,建议各有关方面共同研究制定各种标准合同,并在标准合同的背面印有主要条款的解释内容和签订本合同应注意事项;(5)合同中必须明确规定双方的经济责任、经济利益;(6)重视仲裁工作;(7)对那些借签订合同和履行合同的机会,向对方强索紧张商品或票证,进行敲诈勒索或贪污受贿,偷工减料,盗卖合同等不法事件,应受工商行政管理部门查处,情节严重的送政法机关依法惩处。

3. 刑事法律方面

针对我国1979年《刑法》第57、58、59条,上海社科院法学研究所萧开权在《量刑初探》一文中阐述了自己的意见。他首先把我国刑法中规定的犯罪情节归纳为不认为犯罪的情节、免刑情节、刑法分则条文中决定法定刑的情节、量刑情节4种,提出前两种情节并不是量刑情节,犯罪情节还应包括犯罪动机、犯罪目的、犯罪手段,犯人的平时表现,犯人的生活状况,犯人的文化知识程度,犯人犯罪时的精神状态,以及犯罪后的态度的观点。此外,他还指出"情节严重"、"情节较轻"、"情节恶劣"、"情节特别严重"、"情节特别恶劣"、"后果严重"等规定在量刑时很难把握。随后,针对我国刑法关于从轻、从重处罚的规定,他认为量刑中的从轻、从重应该是对所有情节进行全面审度综合平衡的结果,而不应该由某一情节孤立地加以决定。为此他提出,从轻、从重应该综合规定在量刑的条文之中,量刑应该审酌所有情节进行全面审度综合平衡,不能孤立片面地予以决定。在探讨减刑、主刑的轻重、附加刑的轻重、法定刑的轻重、较轻刑和较重刑的划分之后,作者提出了全面审度综合平衡的量刑方法。所谓全面审度综合平衡，就是对所有情节和有关规定，包括犯罪动机、犯罪目的、犯罪手段、犯人平时表现、犯人的文化知识程度、生活状况、犯罪时的精神状态、犯人与被害人的关系、犯罪后的态度以及犯罪对于社会的危害程度等，还有从轻、从重、减轻和免除处罚的规定。要分清定性情节和量刑情节，要慎重处理各种情节之间发生的矛盾要全面审度又有所取舍。在全面审度平衡之后，可能坦白从宽，但也不一定坦白了就非从宽不可，如果其他情节严重，也可能从重。量刑的轻重有时候只有一个因素起决定性作用，其他因素只起参考作用；有时候是几个因素共同起决定性作用，同时其他因素也起作用。总之是全面审度综合平衡的结果。

上海社科院法学研究所汪纲翔在本次年会上提交的论文是《辩护人诉讼地位初探》。他提出，两种社会制度，决定了两种不同的辩护制度。他认为资本主义制度本身决定了其辩护制度的虚伪性，而我国的辩护制度在本质上由我国的国家性质所决定，它是我国公民法定的、实实在在的基本权利之一，也是发扬人民民主的制度化、法律化的具体体现。我国法律对辩护人的最基本要求是忠实于案件的客观事实，忠实于我国的法律，忠实于维护被告人的合法权益。辩护人是具有一定诉讼权利和义务独立的诉讼主体，是被告人合法利益的坚决维护者，但不能以被告人的意志为转移或为其所左右。在法庭上，控诉与辩护矛盾对立的双方在诉讼地位上是完全平等的，这点还反映在两者的诉讼立场与诉讼目的的一致性上：第一，公诉人和辩护人的诉讼立场应该是一致的，只是所站的诉讼角度不一样；第二，公诉人和辩护人的诉讼目的也是相同的，都是客观地弄清犯罪事实，准确地适用法律，既不放纵坏人，也不冤枉好人，作出正确的判决。文章最后提醒审判人员，必须树立辩证唯物主义的思想方法，对控诉与辩护两方面的意见都要认真地听取，大公无私，一视同仁，同样尊重。

改革开放之初，一些同志撰文认为，刑法条文已经体现了区分两类矛盾的精神，办理刑事案件只要按刑法规定执行，用不着再区分犯罪的矛盾性质了。为此，上海市公安学校熊振斌撰写了《也谈办案中区分两类矛盾的问题》一文。他认为两类矛盾问题和犯罪问题，是两个不同范畴的问题，有着严格区别：前者是政治概念，要回答的是谁是敌人、谁是人民的问题；后者是法律概念，要解决的是是否构成犯罪，犯了什么罪的问题。但二者又是紧密联系的，在办案中正确认识犯罪的矛盾性质十分必要：第一，法律同政治的关系表明，两类矛盾问题同犯罪问题有密切联系,办案中有必要正确认识犯罪的矛盾性质;第二,刑法的任务和作用表明,两类矛盾问题同犯罪问题有密切联系,办案中有必要正确认识犯罪的矛盾性质;第三,敌我斗争的现实情况表明,两类矛盾问题同犯罪问题有密切联系,办案中有必要正确认识犯罪的矛盾性质。那么,究竟什么罪是敌我矛盾的性质,什么罪是人民内部矛盾的性质呢? 作者认为,只有反革命罪才是敌我矛盾性质的犯罪,普通刑事罪都是人民内部性质的犯罪。

上海市公安局徐汇分局杨良表提交的《为什么"关不怕"?》是一项对重新犯罪的情况调查。他认为重新犯罪的原因是比较复杂的,主要原因是:第一,林彪、"四人帮"十年浩劫,严重戕害青少年身心,精神空虚、愚昧粗野,无法无天的文盲、流氓加法盲应运而生;第二,人生观方面的受封建主义遗毒和资产阶级思想影响十分严重;第三,关押场所,改造管理较松,相互乘机传习犯罪伎俩,造成一部分违法犯罪分子越关越坏;第四,贯彻从重从快的打击方针不够有力,有些人犯处理较轻,罚不当罪,捉捉放放,反而助长"无所谓"的思想,说什么"大不了再进去,等于打个瞌睡";第五,受惩罚后,受歧视冷淡,或无人管教,因而"横竖横"重新犯罪。

4. 国际法方面

所谓仲裁,是指争议双方,不论是国家、团体或个人如对某一具体争议,同意邀请无直接利害关系的第三者,依据双方所签订的协定、条约或合同,在核实事实的基础上,适用有关法律或条款,作出对双方具有约束力的裁决,以达到和平解决争议的目的。从仲裁案件的内容和性质来看,仲裁可以分为国际仲裁、商事仲裁、海事仲裁、国际商事仲裁。上海社科院法学研究所周子亚、卢绳祖针对国际商事仲裁进行了研究,提交了《国际商事仲裁几个主要问题的研究》一文。该文探讨了如下问题:(1)仲裁的法律依据是仲裁条款和仲裁协议。在国际贸易业务中,合同双方自愿将由该合同产生的一切争议交付仲裁,可采用两种书面表达方式:第一种是在签订的合同内订明仲裁条款;另一种是独立于合同之外,另行签订单独的仲裁协议书,这两种方式具有同样的效力。(2)关于仲裁程序问题。由于通行原则是除当事人另有约定外,一般适用仲裁所在地的程序规则,作者提出,为了有效地掌握仲裁这个手段,维护我方的合法权益,应当对世界各国和一些国际性、地区性的仲裁规则进行分析研究。(3)仲裁机构所适用的实体法。仲裁程序所适用的规则与确定仲裁案件的实体法是两码事,确定适用实体法首先取决于当事人的约定;如无约定,一般按照仲裁地所属国的"法律冲突规则"所认为可以适用的法律。为此,作者建议,为避免争议,最好事先在仲裁条款内加以明确规定。(4)关于仲裁与合同的关系。由于除有关法律规定以外,争议双方所订的合同是仲裁机构凭以判断双方权利义务的主要法律依据,在贸易日益频繁的改革开放年代,作者提出在讲信用的同时,不仅要强调经济合同的必要,而且还有重视合同的严肃性,合同还要尽可能地详尽。(5)仲裁裁决的效力。文章总结了各国的规定,提出如有下列情况之一,当事人一方在法定期限内得请求仲裁地的管辖法院撤销仲裁裁决或宣布裁决无效:第一,缺乏有效的仲裁条款或仲裁协议;第二,仲裁员有不当行为;第三,裁决内容超越于仲裁条款或仲裁协议规定的范围;第四,仲裁地法律规定不得提交仲裁处理的问题;第五,违反仲裁地的"公共秩序";第六,仲裁程序不当,裁决不符合规定要求;第七,裁决所根据的证据是伪造的,或发现了新证据,但由于不可抗力或对方造成的障碍导致未能于宣布裁决前及时提出;第八,裁决不附理由等。在撤销仲裁之后如何办的问题上,作者建议在仲裁规则中添加对违反法定程序的裁决,争议双方可向仲裁地的司法机关提起上诉,要求撤销裁决,将案件退回仲裁委员会重新审理。(6)仲裁裁决在外国的承认和执行。随着社会发展经我国仲裁机构仲裁的案件势必逐渐有所增加,如败诉一方在外国,就要发生我国仲裁机构的裁决在外国的承认和执行问题,作者建议,在与外国订立的通商航海条约和贸易协定中,添列相互保证执行对方仲裁裁决的条款,考虑参加有关国际公约。

华东政法学院余先予的《论国籍唯一原则》是对 1980 年 9 月 10 日五届全国人大三次会议通过并公布施行《国籍法》中一人一个国籍的阐发。关于国籍唯一原则的合理性,余先予认为主要有 3 个理由:第一,每个国家的主权都是独立的,"国籍问题原则上属于每个国家主权的事项";第二,作为具有某国国籍的国民,享有该国特定的权利和义务,而其中某些政治权利,外国人是不能享有的,某些特定的义务,外国人是不能承担的;第三,一个人若是没有国籍,失去与特定国家的联系纽带,没有任何国家来把他(她)作为自己的国民加以保护,也不对任何国家享有政治权利和承担某种特定的义务,这种状况也是不合理的。接着,作者追溯了古罗马以来各国为实践国籍唯一原则所作的努力,指出,由于各国国籍法的规定不同而导致产生了国籍冲突的现象。关于国籍的积极冲突,即一个人同时有两个以上国籍,产生的原因有的是生来就存在的,如采血统主义国之间的冲突、采血统主义与采出生地主义国之间的冲突、采血统主义国与采并合主义国之间的冲突、采并合主义国之间的冲突、采出生地主义国之间的冲突等;有的是因出生后形成的事实——入籍而发生,如婚姻、养子、归化等。那么如何防止这种情况出现呢?首先,在国内立法上要预防双重国籍的发生。在制定国籍法或与国籍问题有关的法律时,应字斟句酌,力求避免国籍冲突问题,在这一点上我国国籍法堪称楷模。其次,在国际条约上防止和消除双重国籍的产生。再次,在发生国籍积极冲突的案件时,各国法院、国际法院或国籍仲裁机构要审慎处置,坚决按照单一国籍的原则来确定当事人的权利与义务。关于国籍的消极冲突即无国籍问题,为了防止和消除无国籍状态,首先要各国国内立法予以重视,尽量避免无国籍问题的发生,对于居留于本国境内的无国籍人,要给予他们入籍的机会。但双边条约在解决无国籍问题上,作用并不大,主要靠的是多边国际条约。

此外,有的论文对国外的婚姻法情况作了介绍,如华东政法学院陈中绳的《美国婚姻家庭法的若干问题》介绍了美国婚姻家庭法中的5个问题:(1)动荡中的美国家庭;(2)各州立法与联邦宪法;(3)从男女平等到女男平等;(4)结婚年龄;(5)过错与离婚。

(穆中杰)

230

1982 年关于
《民事诉讼法(试行)》的讨论①

1982年3月22日,上海市法学学会举行座谈会,学习、讨论五届全国人大常委会审议通过的《中华人民共和国民事诉讼法(试行)》。参加座谈会的,除法学学会理事和民法、民诉法研究组的同志外,还有市高、中级人民法院、市检察院、复旦大学、复旦分校、华东政法学院、上海海运学院、上海社会科学院法学研究所、市律师协会、《民主与法制》、《社会科学》、《上海司法》等编辑部以及静安、徐汇等区人民法院和法律顾问处等单位的有关同志。在会上发言和书面发言的有徐盼秋、韩学章、林我朋、蒋福元、张云鹄、李海庆、邱志龙、黄双全、廖光中、汪玉珍、马星南等同志。徐盼秋会长主持了会议。

大家认为,制定了民事诉讼法,人民法院审理民事案件,人民进行民事诉讼,就有法可依,有章可循了。民事诉讼法就其性质来讲,是一种程序法,是从司法制度方面,保障所有民事法律、经济法律以及有关的行政法律的贯彻实施,并与这些实体法相配合,共同作用于经济基础。

与会者一致认为,《民事诉讼法(试行)》把调解专门列为一节,是我国诉讼法中的一个独有特点,也是这次诉讼法的一个很大优点,更是我国人民法院民事审理程序的宝贵经验总结。有的同志介绍说,据全国各地统计,民事案件百分之七八十是调解解决的。人民法院审理民事案件,应当着重调解。通过调解,促使双方达成协议,解决问题,不仅给人民法院省了不少事,有利于法院对民事案件的审理,更重要的是免得原、被告之间伤害感情,使人民内部矛盾能够得到及时处理,从而防止矛盾的激化和转化,对政治上的安定团结和四化建设都起很好的作用。在贯彻"着重进行调解"的精神同时,有的同志指出,要防止

---

① 参见高呈祥:《上海市法学学会学习讨论〈民事诉讼法(试行)〉》,载《民主与法制》1982年第4期第18～19页。

"久调不决"拖延时日,给当事人增加困难,所以诉讼法规定"调解未达成协议或者调解书送达前一方翻悔,人民法院应当进行审判,不应久调不决",这是完全必要的。

与会者认为,《民事诉讼法(试行)》的出台是我国法制建设中的一件大事,要在全国范围内进行广泛宣传。作为律师,更要学好这个法律,使律师工作能发挥更大的作用。有的发言者指出,律师在民事诉讼中是以代理人的资格参加诉讼活动的。代理律师作为当事人合法权益的维护者,当事人一般都乐于接受律师的意见。人民法院对律师代理能使案件更好地进行审理,也是欢迎的。

大家一致认为,《民事诉讼法(试行)》的实施,既要保证人民法院正确行使民事审判权,又要保证公民行使民事诉讼权,"两权"结合非常密切,《民事诉讼法(试行)》对保证"两权"的实施提出了新的、更高的要求。要好好学习和钻研它,才能为四化服务、为人民利益服务。

(穆中杰)

1983年有关全国人大常委会
"两个决定"的学术座谈会

1983年9月7日,上海市法学学会与《法学》编辑部联合举行了关于学习、宣传和贯彻全国人大常委会通过的《关于严惩严重危害社会治安的犯罪分子的决定》和《关于迅速审判严重危害社会治安的犯罪分子的程序的决定》的座谈会。会议由市法学学会会长、华东政法学院院长徐盼秋教授主持。

与会同志一致认为,两项决定是全国广大人民意志的集中表现,也是公安机关打击严重刑事犯罪分子的锐利武器,必须认真学习,深刻领会,严格依法办事,从重从快从严地予以打击严重刑事犯罪分子,充分发挥公安政法机关的专政职能,以达到保护人民,保卫四化建设顺利进行的目的。大家结合实际,分别从不同角度畅谈了看法。

时任市人大常委会法制委员会主任的关子展同志说,两个《决定》的公布非常及时,是形势所需,人心所向。他认为认真学习、深刻领会两个《决定》的精神实质,统一思想认识,首先要充分认识到搞好社会治安的根本方针是综合治理,严惩严重刑事犯罪分子则是综合治理的首要内容;其次必须认识到全国人大常委会修改和补充的刑法、刑诉法有关条文,是立法机关通过的,它一经颁布就具有法律效力。根据修改和补充的条文打击严重刑事犯罪分子就是依法办事,两者是一致的。①

时任市人民检察院检察长的王兴同志说,这两项《决定》旨在迅速改善社会治安秩序。他回顾和总结了刑事犯罪起起伏伏的原因主要是专政机关的职能未充分发挥,对刑事犯罪打击不力,即原来对治安形势的严重性认识不足,总认为已有明显好转;对严重刑事犯罪的矛盾性质认识不清,总认为百分之八九十

---

① 参见关子展:《做好宣传教育工作使两个决定家喻户晓,人人皆知》,载《法学》1983年第10期第3页。

属于人民内部矛盾;对执法存在片面认识;对综合治理的方针理解不全面。他认为,正确理解两个《决定》的精神,需要明确以下几个关系:一是严惩严重危害社会治安的罪犯与综合治理的关系;二是严厉打击刑事犯罪与依法办事的关系;三是强有力地行使专政职能与保卫人民民主权利的关系;四是严厉打击刑事犯罪活动与保卫两个文明建设的关系。①

时任华东政法学院党委书记的刘少傯同志认为,严厉打击刑事犯罪活动,是争取两三年内实现社会风气根本好转的有力措施。在执法中,一定要以事实为根据,以法律为准绳,根据犯罪分子的犯罪事实做到轻罪轻判,重罪重判,罚当其罪。他提出,作为法学理论工作者,要认真学习两个《决定》和有关文件,结合斗争实际,积极地从法学理论上探索新情况、新问题,更好地为斗争实际服务,为我国社会治安的根本好转作出自己的贡献。②

华东政法学院刑法学教授苏惠渔同志解析了《关于严惩严重危害社会治安的犯罪分子的决定》。他认为该《决定》的第一条明确规定了对流氓犯罪等六类严重危害社会治安的犯罪分子可以在刑法规定的最高刑以上处刑,直至判处死刑,这是根据社会治安的新情况和新问题,总结了与犯罪作斗争的经验和教训,从广大人民的根本利益出发,为更好地发挥公安、司法机关的"刀把子"作用所作的非常必要的修改;第二条对惯犯、教唆犯等传授犯罪方法、教唆青少年犯罪等情况作了专条规定,具有独立的犯罪构成,是对我国1979年刑法的重要补充;第三条规定该《决定》具有溯及力,在刑法理论上称为从新原则。③

此外,作发言或书面发言的同志还有时任市委政法领导小组秘书长王凌青、时任检察分院检察长王树泉、高级人民法院顾问韩述之、市司法干校副校长杨峰、高级人民法院副院长袁成瑞、市高级人民法院研究室卢剑青同志和虹口区人民法院沐本武、长宁区人民检察院的陈元龙、市社会科学院法学所汪纲翔等。上海市法学界人士有70余人与会。

(穆中杰)

① 参见王兴:《认清形势执法必严 争取社会治安根本好转》,载《法学》1983年第10期第4页。
② 参见刘少傯:《法学理论工作者要为实际斗争服务》,载《法学》1983年第10期第5页。
③ 参见苏惠渔:《〈决定〉合情合理合法,民心所向》,载《法学》1983年第10期第5~6页。

1983 年的"刀把子"风波①

1983 年 2 月 16 日,时任中共中央书记处书记的陈丕显同志邀请上海法学界人士座谈,就如何开创政法工作新局面,立法、司法和政法工作的改革问题进行了热烈讨论。应邀参加会议的法学专家有徐盼秋、潘念之、徐开墅、曹漫之、苏惠渔、庄咏文、胡文治、陈天池、韩来壁、黄道、浦增元、丘日庆、卢峻、李铸国、魏文达、叶孝信、李昌道、顾伟如、杨峰、韩学章等 40 余人。时任中共上海市委第一书记陈国栋,第二书记胡立教,副市长王鉴,副市长兼公安局长杨堤,市人大常委会政法委员会副主任黄耕夫,市高级人民法院院长关子展,市人民检察院检察长秦昆,市司法局副局长王庄霄等领导同志一同参加了座谈。

座谈会一开始,主持人首先要求有什么意见就谈什么意见,没有任何约束,"不打棍子、不抓辫子、不戴帽子"。整个座谈会气氛十分热烈,大家畅所欲言,有的谈政法干部"四化"问题;有的谈法律院校的人才培养;有的谈加快律师制度的建立等等。徐盼秋同志也发了言,谈到了政法部门的"刀把子"作用的问题。会后,《法学》、《民主与法制》都较为详细报道了这次会议②,并对徐盼秋同志的发言作了较为详细的刊载。《法学》记载的具体内容是:

"改革势在必行,政法部门的改革首先要从理论观点上着手。三中全会后各行各业拨乱反正,经济战线,特别是农业,转变最为显著,相比之下,政法部门拨乱反正做得不够,'左'的东西清理得少。例如人们往往把政法部门说是'刀把子',这在解放初期是正确的,那时以镇压阶级敌人的反抗作为主要任务。现在阶级关系已发生了根本的变化,年满 18 周岁的公民 99.97％都有政治权利。政法部门当然还有镇压职能,但不能说是主要职能了,工作重点应该放在保卫

---

① 本文为穆中杰根据有关材料整理。

② 《解放日报》也报道了这一消息。见《热烈讨论改革立法、司法、政法工作 陈丕显与本市法学界人士座谈》,载《解放日报》1983 年 2 月 17 日第 1 版。

四化建设、处理人民内部矛盾和保卫人民民主权利上。"①

《民主与法制》记载的内容是：

"改革势在必行，公检法的改革首先要从理论观点上解决问题。按照马列主义学说，公检法都是专政部门，国家机器的重要组成部分，现在阶级关系起了根本变化，党中央已经提出工作重点转移到四化建设上来，公检法机关的工作也应该有转变。人民民主专政的任务有 3 条：(1) 反对外国侵略，(2) 镇压国内敌人反抗，(3) 组织经济和文化建设。三中全会以后，各条战线对拨乱反正做了许多工作，特别明显的是农业。比较起来，公检法对拨乱反正工作做得不够，'左'的东西尚待清理。"②

1983 年 9 月 2 日，第六届全国人大常委会第二次会议通过了《全国人民代表大会常务委员会关于严惩严重危害社会治安的犯罪分子的决定》，开始了"严打"斗争，政法机关的专政职能提到了第一位，"刀把子"职能再次突出了，"人民法院必须善于运用法律武器，充分发挥专政职能"，"必须不断提高广大干警对人民法院专政职能的认识，强有力地发挥'刀把子'的作用"。③《民主与法制》发表了《大得人心　大快人心——论依法从重从快惩处严重刑事罪犯》的评论员文章，批评了反对政法机关是"刀把子"的提法，强调说："人民民主专政，是保护人民的'法宝'，是镇压敌人的'刀把子'，政法公安机关的主要职能仍是对敌专政，这个'刀把子'一定要牢牢掌握，并发扬它应有的作用。"④当年 11 月召开的中国法学会一届二次理事会上。开幕式当天，一位副部级干部在所作的报告中列举了资产阶级自由化在政法界的种种表现，认为否定"刀把子"是资产阶级自由化最典型的表现，并指责说："上海有个什么法学家，不承认政法机关是'刀把子'。"⑤会议的第二天，与会代表分组讨论资产阶级自由化在政法界的表现。当时中国法学会的一位负责人在参加华东大组也公开点名上海市法学会会长

---

① 《陈丕显同志在沪同法学界人士就立法司法和政法工作的改革问题举行座谈》，载《法学》1983年第 3 期第 3 页。

② 《陈丕显同志与上海法学界人士举行座谈　热烈讨论立法、司法、政法工作改革问题》，载《民主与法制》1983 年第 3 期第 6 页。

③ 纪树翰、覃正东：《要坚决依法从重从快严惩杀人罪犯》，载《人民司法》1983 年第 9 期第 2 页。

④ 《大得人心　大快人心——论依法从重从快惩处严重刑事罪犯》，载《民主与法制》1983 年第 9 期第 11 页。

⑤ 张传桢、李然：《"刀把子"风波记》，载《法学》1997 年第 6 期第 3 页。

徐盼秋犯有自由化错误，并质问时任《法学》编辑部负责人的张传桢同志：《法学》为什么发表像徐盼秋这样明显错误观点的发言？张传桢同志明确地作了"徐盼秋会长关于'刀把子'说法没有错，《法学》刊登他的发言也没有错"的答辩。他说："(1) 讲徐盼秋否认政法机关是'刀把子'，不符合客观事实，这是强加在他头上的莫须有的罪名；从他在座谈会上的全部发言来看，根本就没有否认'刀把子'的意思，他只是说政法部门肩负的任务很多，除有打击各类刑事犯罪的职能、发挥'刀把子'的作用外，还有处理大量人民内部矛盾、保护人民民主权利、处理各种经济纠纷的职能，因此，他认为要改变传统观念，不宜用单一的'刀把子'概念来概括政法机关。根据徐的上述观点，我认为不论从理论上还是实践上都没有错，没有什么可指责的，与自由化更不搭界，谁都知道，'刀把子'是个形象化的比喻，它不是科学概念。在当前改革开放、政法部门也要改革的历史条件下，对政法部门的职能、作用从多角度、全方位进行分析，作出更完整、更科学的认识，是有利于政法机关改变长期形成的老框框老套套、单一的对敌斗争的政治体制，同时也有利于使广大政法工作者充分认识自己所肩负的责任。革命导师列宁和毛主席也都说过，国家机关的职能除有打击、镇压阶级敌人反抗的职能外，还有组织经济、文化发展的职能，因此，我认为徐盼秋的观点没有错，《法学》发表他的讲话也没有错。

"(2) 还应弄清楚徐盼秋关于'刀把子'问题的发言，是在中央领导陈丕显同志在上海召开法学界人士座谈会上讲的。会上明确向与会代表宣布，发言不受约束，实行'三不主义'的承诺，不要说徐的观点没有错，即使他讲错了话，这次在这样的大会上点名批判合适吗？这是不利于调动法学理论工作者的积极性的。

"(3) '刀把子'的观点不是徐盼秋的独创，中央领导同志对政法机关的改革曾多次提出，要解放思想，改变传统观点，冲破老框框、老套套，他们虽然没有谈过应改变政法机关'刀把子'的单一职能的提法，但政法工作也要把工作重点转移到为改革开放、为发展社会主义经济建设服务上来，则是明确的。这样，对徐盼秋讲了这些话予以点名批判，做得对吗？好吗？"①

张传桢同志发言之后，"大约在会议的第三天，中央领导同志发话下来，大

---

① 张传桢、李然：《"刀把子"风波记》，载《法学》1997 年第 6 期第 3 页。

意是,反对精神污染主要是哲学理论界、文艺界的事,具体问题要具体分析,法学界不要盲目凑热闹"。① 自此,会上没人再把徐会长说的"刀把子"作为资产阶级自由化来批了。但事情远没有这么简单,对于"刀把子"争论还在进行。到了当年 11 月 21 日,人大副委员长陈丕显同志提出希望法学界认真地重视清除精神污染问题,说:"对待清除精神污染问题,一定要采取严肃的实事求是的科学态度。既不能熟视无睹,放纵不管,也不能草木皆兵,操之过急。不要把正常的研究、探讨和讲解外国法学理论,当成精神污染。更不能把学术讨论中的不同意见,当成精神污染。即使对错误观点,也要首先对它研究清楚,不能以偏概全,无限上纲。对有错误观点的同志,要采取与人为善的态度,进行充分说理和实事求是的批评,允许进行合情合理、澄清论点和事实的答辩,尤其要欢迎和鼓励他们进行诚恳的自我批评。"②

(穆中杰)

238

---

① 张传桢、李然:《"刀把子"风波记》,载《法学》1997 年第 6 期第 3 页。

② 陈丕显:《在中国法学会一届二次理事会上的讲话》(1983 年 11 月 21 日),载上海市法学会《情况交流》1984 年第 2 期第 3 页。

1983 年年会学术研讨

1983 年 5 月,法学会举行了以学术讨论为内容的 1983 年年会。年会共收到论文 65 篇,内容涉及法律、法史、宪法、刑法、国际法等领域。上海社科院尤俊意研究员在《关于法律体系的研究及其方法论问题》一文中提出,对法律体系的研究不能仅限于法律体系内部结构的考察与调整,而应该将它放在法的总体系中考察,研究法在其总体系中的性质、地位、范畴、作用时,还要把法同其他社会规范(如道德、宗教、习俗等)联系起来比较研究,以确定法律体系的范畴、性质与地位。他主张对法律体系要进行微观研究,即针对法律体系本身内部结构进行深入细致的观察、剖析,就是要从各个角度对构成体系的四个层次进行由此及彼、由表及里、自上而下的研究,以协调现行法律体系内部的各种关系,为法律体系的日臻完善创设必要的条件。在研究法律体系的方法论问题上,他倡议把系统工程的方法论运用到法律体系的建设上来,运用运筹学、概率论等数学手段对社会生活的各领域进行定量分析,获取数据用以指导立法活动。

上海社科院的华友根研究员撰写的《沈家本法律思想略论》一文,从沈家本既重视德教又重视法制,强调执法的同时也提倡变法,沈家本提出的变法具体措施(刑法、司法、监狱的改革,民法与刑法、实体法与诉讼法的分离),修改法律虽然以"模范列强为宗旨",但以中国法律为"本源"等 4 个方面,论证了沈家本主要方面是进步的、积极的,是清末最有影响的封建主义法律大臣,应当予以肯定。文章指出,沈家本的法律思想包括:立法必须符合理,要重视法律与人民、政治、国家的关系,"慎法、慎赦",对既立之法,要认真执行,还要适时而变,变法时要参考中国法制沿革和当时情况,边改旧、边立新,修律时应该学习西法,但更应该注意中国法律的总结和继承。文章最后认为,沈家本在法学学科上比他前辈提供了更多的新鲜事物,他的法律思想的积极方面在我们当今依然值得借鉴。

上海大学的邱国梁教授提交了《论犯罪动机的几个问题——兼与陆伦章同

志商榷》一文,从犯罪动机问题的几个概念入手,分析了动机、犯罪动机、犯罪目的、犯罪方式等易混淆概念的区别与联系。他认为犯罪动机与犯罪方式不是"浑然一致"的,犯罪动机产生与否与犯罪行为的暴露没有必然联系,他主张把犯罪动机的转化区分为良性转化和恶性转化两种。文章还分析了犯罪动机与青少年心理特点的关系。他认为,现时流行的青少年犯罪的"犯罪盲目论"与"游戏心理论"之说是片面的;在分析了青少年犯罪中模仿、情绪与犯罪动机的关系基础上,他认为犯罪动机的产生是与周围的事物相联系的。关于国内外对于犯罪动机的研究不足,他认为主要原因在于没有很好地运用科学心理学的动机发展理论。

副研究员汪纲翔在《同案被告人能否互为证人再探》一文中指出:证人的义务是如实地证明案件的真实情况,证人只能是第三人,被告人不能作为证人;与案件处理结局有直接利害关系的被告人在陈述的时候总难免掺杂一些个人得失的考虑,从而有意渲染或者避而不谈某些细节与真实真相,故当事人作供不能为证据。文章还认为,"互为证人论"是违反我国刑法"重证据,不轻信口供"的原则的,被告人与证人的法律责任是不能等同的。这些问题的论述,不仅在理论上有重要意义,在实践上也有现实的作用。

1983 年年会的召开正是改革开放蓬勃发展之秋,社会经济关系急剧地变动,人们急切地盼望着人们行为规范有序,社会平安无事。因而,法学、法律工作者此际大显身手,积极地开展学术研究。在年会上提出报告和讨论的主要论文还有:杨海坤的《坚持和发展马克思主义的权利义务观》、陈汉生的《秦汉货币立法略论》、吕润程的《论经济法同行政法的联系和区别》、范关坤的《社会主义法律体系和国民经济计划法》、夏吉先的《犯罪源流规律的探索》、江海潮的《试论地面上空整体论与地球自转不必两分论在空间法学中的法律地位问题》、胡文治的《和平共处五项原则——国际法的基本原则》、卢绳祖的《试论西方国家的司法豁免权的演变和我们的对策》、张梅生的《学习〈海牙规则与维斯比规则〉的体会》、李家善的《国际法史的科学性、实用性和战斗性》。这些论文都不乏有许多值得关注的观点和内容,都有力地推进了当时法学学术研究,迎来了法学的发展与繁荣。

(马晓飞①)

① 马晓飞,上海师范大学法律史专业 2004 级硕士研究生。

关于于双戈案件定罪问题的讨论①

1987年11月16日,中国工商银行上海分行西体育会路储蓄所遭到持枪歹徒袭击,女职工朱亚娣被杀害。这就是当时震惊上海滩的于双戈杀人抢劫案。在这个案件发生不久,市法学会与《民主与法制》研究部联合举行了于双戈案件定罪问题学术讨论会,与会的法学专家和法律工作者,本着理论联系实际的精神,进行了热烈的学术讨论。现将讨论要点整理如下:

一、于双戈行为的定罪问题

在这个问题上,主要存在3种意见:第一种意见认为,应对于定盗窃枪支罪和抢劫罪。因为如果定于杀人罪,将于抢劫时使用的暴力列入杀人行为,那抢劫行为应如何认定? 如何适用刑罚? 同时,参照最高人民法院1987年相关文件,也应对于定抢劫罪;第二种意见认为,于在实施抢劫时,有明显的杀人故意,不应只看到抢劫的故意而忽视了杀人的故意。因此,定于杀人罪,在法理上能通,社会效果也好;第三种意见认为,应定于双戈盗窃枪支罪、抢劫罪、杀人罪三罪,数罪并罚。因为既然认定盗窃枪支作为抢劫行为的预备,被独立定为一种罪名,那其杀人行为也应独立定罪。

二、于双戈定罪过程中涉及的
几个刑法理论问题

一些专家提出,对杀人抢劫行为的定罪问题有不同看法并不奇怪,这个问题在日本已争论了70多年,当时我国刑法学界也无统一结论,这些不同学术观

---

① 本文根据上海市法学会有关档案材料整理而成。

点的争鸣,在于双戈案件的定罪问题上,主要表现为:

(1) 在抢劫中杀了人,但未抢得财物,这种抢劫行为属既遂还是未遂? 一种观点是:若用 1979 年《刑法》第 150 条第 1 款来衡量,抢劫并未得到钱财,显属未遂。但若用该条第 2 款来对照,抢劫行为造成"致人死亡"的后果,其使用暴力的目的即已达到,应视为既遂。另一种观点是:既遂与未遂的区别在于犯罪的最终目的是否实现。罪犯在抢劫中,杀人只是手段,得到钱财才是目的,抢劫中杀了人,未得到财物,应属抢劫未遂。

(2) 抢劫中致人死亡的行为,仅指过失致人死亡,还是包括故意致人死亡? 一种观点是:1979 年《刑法》第 150 条第 2 款所指的"致人死亡"属抢劫行为"结果加重"条款,但产生这种结果在主观上仅指过失。若在抢劫中杀人是故意的,则应认定为杀人罪或者用故意杀人罪吸收抢劫罪。只有在实施抢劫过程中使用暴力排除受害者抵抗时,过失杀了人,才能以抢劫罪吸收过失杀人罪,适用 1979 年《刑法》第 150 条第 2 款"结果加重"条款。另一种观点是:上述"致人死亡"的行为,在主观上有时也包含故意,如危害公共安全罪,就常有致人死亡的间接故意。因此,于在抢劫中故意杀人,对其适用 1979 年《刑法》第 150 条第 2 款定罪也是可以的。

(3) 对故意杀人抢劫的行为,定其杀人罪后,能否再定其抢劫罪? 一种意见认为:在抢劫中有明显的杀人故意和杀人行为,可优先考虑定其杀人罪。但定其杀人罪后,若同样再用这一暴力行为来定案犯的抢劫罪,等于一个行为定两个罪名。相反意见认为:问题是罪犯自己要用一个暴力行为实施两个犯罪,既然这样犯,就应该这样算,符合罪罚相当的原理。

(4) 若对故意杀人抢劫的行为适用牵连犯原理定罪,应由抢劫罪吸收杀人罪,还是由杀人罪吸收抢劫罪? 一种意见是,于的杀人抢劫行为,触犯了 1979 年《刑法》第 150 条第 2 款,法律已将这两种行为归为一罪,不存在谁吸收谁的问题;第二种意见是,第 150 条第 2 款仅指过失杀人行为,对故意杀人的,不适用该条款,对这两个有牵连的行为作一罪处罚时,应考虑杀人与抢劫的最高刑均为死刑,轻重相当,在谁吸收谁的问题上,任选一罪都可以;第三种意见认为,刑法对故意杀人罪的刑罚考虑是从重到轻,对抢劫罪则是从轻到重,因此,杀人罪显然比抢劫罪重,应该由杀人罪吸收抢劫罪。

三、审理于双戈案在诉讼程序
方面值得商讨的问题

与会同志认为,对于的审理效果在总体上是好的,惩罚了罪犯,安定了民心,宣传了法制。但审理程序中有些问题仍应引起重视。

(1)《刑诉法》第116条规定,被告有辨认物证的权利。但在于案审理中,是通过录像资料辨认物证的,被认物证不是原始证据。如果被告提出要辨认原始物证,而法庭又无准备,容易造成被动。

(2)公诉人和辩护人作为国家的法律工作者,在出庭辩论时,应该用规范化语言,以示法律诉讼的严肃性。但在该案审理中,公诉人和辩护人双方使用许多不规范用语,有损法律工作者的形象。

(3)审判人员在庭审中应严格控制诉讼全过程,以防止失控情况,从该案审理来看,是有经验教训值得借鉴的。

(穆中杰)

成就篇

244

关于"盗窃罪司法解释适用" 的专题研讨会①

　　1993 年 4 月 3 日,市法学专家、法律工作者就两高《关于办理盗窃案件具体应用法律的若干问题的解释》(以下简称"解释")举办了"盗窃罪司法解释适用"的专题研讨会。现将当时的档案材料整理如下:

一、关于盗窃罪的数额问题

　　1. "数额"的合理地位

　　有专家认为,《解释》对数额作了较为明确的规定,肯定了"数额是盗窃罪构成的重要条件,但不是唯一条件"的观点。这是"追究刑事责任坚持主客观相一致"原则的体现,是司法解释的一个进步。但是,随着人们评判社会危害性价值观念的转变,数额在犯罪构成中的地位将会被进一步淡化,司法实践中将会越来越注重行为者个人的人格特性及其再犯可能,从而真正实现刑罚的个别化思想。

　　2. "数额"的标准

　　《解释》除补充了铁路运输过程中发生盗窃案件的单独标准外,基本上保留了原司法解释中对数额所定标准。有观点认为,《解释》关于数额起点的规定,带有明显的授权解释性质。因此,各地制定数额起点标准应着重把握两点:一是不宜再搞多种标准,避免以往出现过的根据不同盗窃手段分别确定不同数额标准的情况;二是必须在特别授权的数额范围制定本地区的起点数额,不能任意突破,否则,应当视作无效解释。《解释》规定个人盗窃公私财物虽未达到"数额较大",但具有所列举的某些情形之一的,可认定为犯罪处罚;数额已达到数

---

　　① 本文根据上海市法学会有关档案材料整理而成。

额较大的起点标准，但具有所列举的某些情节之一的，可不作犯罪处罚。有专家提出，《解释》对"未达到"和"已达到"的含义及标准，却未作进一步的说明，这就有可能导致具体执法上的掌握不一，或各不相同的处置，因此，应当作出必要界定，分别有一个下限或有一个上限。至于具体量化，有的建议是否可以掌握在本地区"数额较大"起点标准的上下100元幅度以内，以保证司法灵活性与原则性的统一。有专家认为，《解释》虽对铁路运输过程中盗窃有个单独标准，但有些案犯既在地方上盗窃，又在铁路运输过程中盗窃，两者兼有，合计数额之后，最终究竟适用地方标准还是铁路运输方面的标准？专家们在研讨中认为，在合计数额的基础上，一般应以主要盗窃行为发生地的数额标准来决定具体盗窃行为的定性与处罚。

3. "数额"与共犯

《解释》关于共同犯罪数额承担的规定是十分明确的，但这种刑事责任的承担方式（特别是其中的从犯）与立法中有关贪污罪共犯的规定颇为不一致，形成了较明显的反差。有专家认为，1979年刑法及《解释》中所谓的从犯"比照"主犯从宽处罚，其"比照"的内容是特定的，即必须以从犯与主犯所共同实施的同一犯罪事实作为"比照"的基础，而不是笼统的"参照"适用。司法机关对从犯的处刑更应注重"减轻处罚"的实际运用，特别是注意根据"酌定情节"，而不是"法定情节"去适用减轻处罚。

二、关于被盗物品的核价问题

1. 核价的基本原则

《解释》相比以往的司法解释内容更加具体，操作性更强，在核价问题上体现了全面保护失主利益、从重打击盗窃犯罪、未成年人犯罪适度从宽的原则。也有专家提出，《解释》对具体的计价方式所采取的原则可概括为"就高不就低原则"、"取中原则"、"区别对待原则"。

2. "中等价格"的确定

在被盗物品的核价问题上，《解释》首次使用了"中等价格"这一概念，它是在缺乏国家定价和国家指导价情况下采用的一种价格核定方法，目的在于使核价合情合理。但不少专家认为，在物价放开、同类商品价格悬殊（有"极品"、"精品"、"一般品"之分,又有较大的差价)的情况下,要确定一个"中等价格"是相当困难的,加上犯罪作案地可能跨度较大,会牵扯大量的司法力量奔忙"寻价",增加司法(诉讼)成本,并且最终也不一定能核出真正符合实际的"中等价格"来。所以,有专家提出:对于既无国家定价,又无国家指导价的被盗物品的价格核定,原则上可以失主购入价为准,如果以购入价计算难以弥补损失,或者失主无法提供购入价有效凭证的,可以委托有关主管部门或者有关专业人员加以核定来确定被盗物品的价格。

3. 违禁品的核价

有专家认为,违禁品的危害性虽然是非物质性的,所盗此类物品的数额大小,也能在一定程度上反映行为人的主观恶性和行为造成的客观危害性。所以,对《解释》中关于盗窃违禁品不计数额的规定,可能会导致司法操作上的无所适从,而且同现行法律中涉及违禁品的犯罪问题,不是绝对不讲数额的规定不一致。如在《关于禁毒的决定》、《关于惩治走私、制作、贩卖、传播淫秽物品的犯罪分子的决定》等刑事特别法中,都有关于数额的规定,因此,建议地方司法机关适当参照上述一些刑事特别法的相应内容,作出更具实践操作性的规定。

三、关于盗窃罪未遂的认定问题

1. 盗窃未遂的界定

与会同志认为,从盗窃犯罪作为一种侵犯财产罪的本质来看,所谓"未造成公私财物损失",只能理解为公司财物的所有权尚未由于行为人的着手盗窃而发生实质性的非法转移。在通常情况下,财产所有人的"失控"与盗窃者的"控制"是同时发生的,但也有个别例外情况。有时财产所有人虽然已经"失控",但盗窃者却未能实际"控制"或"全部控制"财物,在这种情况下,应侧重以财产所有人是否"失控"为划定既遂、未遂的标准为宜。

2. 盗窃未遂的追究范围

有专家认为,《解释》对盗窃未遂的追究范围适当作了扩大,它取消了原司法解释中对盗窃"作案地"的限定,仅从行为人盗窃的目标指向上作了一些开放性列举。但对不是以"巨额现款"、"国家珍贵文物"、"贵重物品"等为目标的盗窃未遂,是否一概不予以追究? 还有专家认为,对已经接触被盗财物、数额达到

"较大"起点标准，又不属于"情节轻微"的盗窃未遂行为，应一律定罪，并追究相应的刑事责任，否则，难以起到有效惩治盗窃犯罪的作用；对尚未接触被盗窃财物的"情节严重"的未遂犯的具体处理（例如究竟适用1979年《刑法》第151条还是152条等），都需要结合《解释》中的其他相关规定及今后的司法实践逐步加以总结和明确。

四、关于盗窃对象的界定问题

1. 盗窃无形财物

与会者认为，《解释》将盗窃的公私财物界定为既指有形财物，也包括无形财物，这是比较科学的。可是，《解释》又要求"无形财物"中的技术成果才是"重要"的，这在司法实践中常常是难以划定的，刑法所保护的应该是财产所有权关系，对于那些即使是一般的技术成果，只要它具有"数额较大"的财产价值，同样应当予以刑法保护。所以，有专家认为，关键不是被盗技术成果本身的"重要"与否，而是其直接的财产价格总值。

2. 盗窃自家或者近亲属财物

《解释》规定，上述情况一般可不按犯罪处理，"对确有追究刑事责任必要的，在处理时也应与在社会上作案有所区别"。然而，怎样的情况才属于"确有追究刑事责任必要"却未作进一步说明。有专家建议，"两高"应就这类案件有一个具体数额标准的规定，并可将除"内外勾结"形式以外的这类盗窃案件，明确列为由人民法院直接受理的"自诉案件"范围。这样处理，既能保持刑事执法的严肃性、统一性，也能较好地体现案件发生在"自己家里"或"近亲属"内部的特点。

五、关于惯窃罪的认定问题

与会者认为，《解释》所确定的惯窃罪内涵中，"盗窃已成习性"是最重要的，"盗窃恶习深"、"连续作案时间长"、"犯罪次数多"、"盗窃数额较大"等特征，是对"盗窃已成习性"这一本质特征的展开与说明。但是《解释》未对惯窃罪的基本特征作量化界定，这仍是一个欠缺。因为，刑法学界和司法实践部门长期以来在这个问题上存在意见分歧。有专家提议,可否将"连续作案时间长"界定在 6 个月至 1 年以上,将"犯罪次数多"确定在 10 至 20 次以上,这样,对司法部门在惯窃罪的认定上有较具体的标准,具有积极意义。

(穆中杰)

关于名誉侵权案例的研讨①

1996 年 7 月 23 日,上海市法学会民法研究会组织了《名誉侵权案例研讨》,拟定讨论的问题有:(1) 名誉侵权中加害人的主观方面是否为构成侵权责任的必备条件? 应不应该区分善意和恶意? 善、恶意区分的标准是什么? (2) 名誉侵权中确定名誉受到侵害的标准是什么? (3) 名誉侵权中经济赔偿的标准应该如何确定? (4) 名誉侵权案的立案、审理应注意哪些问题? 时任法学会副会长的马锐同志与来自华东政法学院、复旦大学、社科院、市高级人民法院、上方无形资产评估事务所、天和、第三律师事务所等单位的教授、研究员、法官、律师、工程师一起,结合案例,就"侵害法人名誉权"及其相关问题的认定、判处等进行了热烈讨论。

一、要谨慎认定侵害公司(法人)名誉权

该案是本市一报刊报道了某公司因职工跳槽引起讼争的事件,呼吁"人才流动"要规范、要有法律依据。该公司认为此报道文章"失实",侵害了该公司(法人)名誉权,便向法院提起诉讼。此案引起社会广泛关注。

参与讨论的专家、学者认为:这种情况的出现,主要是诉讼各方对法人名誉权的理解各异、在适用法律上亦各持己见。学者们指出:法人的名誉,是指社会对法人的全部活动,如法人的办事效率、工作作风、活动成果、产品质量、社会贡献等是否符合国家法律、政策和社会主义道德等方面作出的社会评价。法人对所获得的这一社会评价享有不受侵害的权利,这就是法人的名誉权。它与公民名誉权的差别在于:第一,法人名誉权虽是一种人格权,但往往是一种无形财产,良好的声誉会给法人,特别是企业、事业法人带来无法计算的财富;而

---

① 本文根据上海市法学会有关档案材料整理而成。

公民名誉权则是与公民人身密不可分的精神方面的权益。虽它也含有财产因素,但与法人名誉权相比,精神权益始终占主导地位。第二,侵害法人名誉权,一般要给法人财产带来损失,不存在精神损害;而对公民名誉权的侵害,则主要是给受害人造成精神损害。因此,侵害法人名誉权应具有两个客观方面的表现:第一,侮辱法人人格,对法人人格诋毁。如虚构事实,讲某法人组织管理混乱,不守信用,工作作风不正等,直接歪曲法人形象。第二,诽谤法人产品,利用广告、报纸等宣传媒介或直接散发函件诋毁法人产品质量低劣,含有某种毒素有损人体健康等等,以达到在竞争中击败对方的目的。因为有这些同自然人名誉侵权的区别之处,学者专家们认为对法人名誉权侵权的立案、审理要慎之又慎,尽量采取非讼调解的方式来化解纠纷为好。

二、要实事求是地认定侵权行为

专家、学者认为:在认定侵权行为时,应将侵害法人名誉权的主体与自然人区别开来,把"侵害法人名誉权行为"与报社应有的"社会舆论监督"功能区别开来,不能混淆。有的学者认为:一般情况下,不应视法人(如报社)为侵害他人名誉权的主体。其理由有:第一,从法理上讲,作出行为是否出于私利,即新闻报道是否存有侮辱诽谤法人公司的故意,这是构成侵害他人名誉权的主观要件;第二,从事实上说,一般法人只是出于维护自己合法权益或社会公益。如报刊报道、评论及讨论文章是反映人才流动中缺乏规范的事实,其目的是呼吁人才流动应该规范,呼吁完善法制,维护劳动者合法权益,这与侵害公司名誉权的动机、目的是不同的。如文章只是指出某公司法人的行为不够完善规范,而不是毁谤公司的人格,这里就不存在对某公司法人名誉权的侵害;第三,从侵害法人名誉权的客观要件来说,报道只是有关某公司人事调动的法律行为及为此而产生的评论、结论、建议,并没有诽谤、侮辱某公司言辞,即使是所表述的某些具体问题与事实有出入或不确切,也未构成侵害某公司名誉权的客观要件。所以,专家、学者们认为应按照最高人民法院《关于审理名誉权案件若干问题解答》中所述的:"凡反映问题基本真实,没有侮辱他人人格的,不应认定为侵害他人名誉权",对报刊的行为更应该实事求是依照法理去认定,不宜轻易认定"侵害他人名誉"。

三、要尽快做好人才市场立法

讨论中专家、学者们反复谈到：当前"名誉侵权"案件审理中要注意公正，特别是因报道、新闻引致的法人与法人之间产生的"名誉侵权"纠纷案，一定要认真分析构成侵害名誉权的主观、客观要件及其事实和影响程度。在主观要件中，主观上的故意是基本的要件。与会者认为：故意，有其客观实在性，不能凭客观影响的后果反证、推测，更不应该以"被侵害主体"的"认为"，或"侵害方"的"否认"作为认定有无"故意"的依据。应该划清：第一，所述或反映是否基本属实，略有出入还是捏造、歪曲事实；第二，表述的言辞是不妥、不够确切还是恶意攻击；第三，行为是出于公正还是图谋私利。在划清这 3 条界线之后，依照民法通则有关规定精神便不难判断其"故意"的真实性，只有这样才能保证"天平"的平衡。专家们认为，法制健全，法律、法规的可操作性是保障严格执法的必要条件，在市场经济迅速发展的今天，必须加快"人才市场"的相关立法，以保障"人才市场"健康发展，保护劳动者的权益。

（穆中杰）

1984 年纪念"和平共处五项原则"
诞生 30 周年座谈会①

1984 年 4 月 25 日,学会和国际关系学会联合召开纪念"和平共处五项原则"诞生 30 周年座谈会。出席会议的有上海市国际关系研究所和本会国际法研究会的专家学者 50 余人,胡元浩教授主持座谈,徐盼秋会长出席了座谈。

与会同志就"和平共处五项原则"的来源、内容、适用范围以及新形势下这一原则的适用等问题展开了讨论。

与会同志认为,1954 年由中印、中缅倡导"和平共处五项原则"以来,经过 30 年实践,其内容与适用范围得到丰富和发展,尤其是在国际经济领域表现最为明显,如国家的经济主权、国家的自然资源永久主权、公平互利原则已得到大多数国家的认可。有的学者提出,这项原则不仅适用于地球上的国际关系,也将适用于空间领域的国际关系。还有的学者认为,在当今错综复杂的国际形势下国际事务中的一切领域都适用这一原则需要进一步研究和探讨。

通过此次座谈会,大家交流了意见,在很多问题的看法上达成了共识。与会同志一致认为,"和平共处五项原则"是我国对外政策的基本准则,现已成为指导当代国际关系的基本准则和国际法的基本原则,我国将一如既往地坚持这一原则,以此指导我国现阶段的经济开放政策,坚决反对霸权主义,维护世界和平,争取在和平的国际环境下发展与各国的经济交往、技术交流,以加快我国四化建设的步伐。

(祝爱珍②)

---

① 本文的整理参考了上海市法学会内部刊物《情况交流》1984 年 4 月第 5 期申法的《上海市法学会和国际关系学会联合举行座谈会——纪念"和平共处五项原则"诞生 30 周年》一文。

② 祝爱珍,上海师范大学法学理论专业 2005 级硕士研究生。

1984～1986 年青年法学
理论与实务研究的概述

改革开放深化的 80 年代中期,法学研究的发展显得十分急迫,要求培育更多的法学新人才。学会便以论文研讨评奖等多种形式,组织、发动支持青年学者认真地对法律基础理论、经济立法、经济法制发展战略、技术转让、专利技术的法律保护、开放城市的社会治安综合治理、重大刑事案件的现状、规律、趋势和对策等与现实密切相关的问题开展研究。从 1984～1986 年的 3 年中进行了两次青年法学优秀论文评选活动,收到论文 150 余篇,选出 60 余篇,编辑出版了两集《青年法学优秀论文选》,不仅鼓励青年深入研究,而且对全市法学理论与实践也起着积极作用。现择其中几篇简介如下:

当年的助教、现为复旦大学教授的张乃根撰写的《试析马克思早期法哲学的理论渊源》一文认为,探讨马克思早期法哲学的理论渊源有助于研究马克思主义法律观产生和发展的历史。文章着重分析了黑格尔法哲学思想与马克思早期法哲学的关系,认为黑格尔法哲学思想是以理性主义为理论基础,以自由意志为基本特征的二元论为核心;马克思认为合法、自由和理性三者具有内在统一性,不合理的法律只是徒具形式的法律,它永远也不可能成为合法,马克思还指出一切压制自由的政治、法律制度都是不符合理性的,因而是不合法的。马克思的思想受到黑格尔的影响,但他不像黑格尔那样醉心于建立某种理论体系,而是直接争取彻底自由。该文最后提出,青年马克思在客观唯心主义自由观的基础上将法视为先于人民意识而存在的客观法,在人们的意识中正确反映就是法律。这种以自由为本质的二元论主要渊源于黑格尔的法哲学。

当年从法律系毕业不久、现在复旦大学任教的胡鸿高教授撰写的《浅谈劳动合同的订立》一文。他指出了当时签订合同的很多问题并仔细地分析了其成因,认为劳动合同的内容和订立的程序应当符合实际,订立劳动合同应该坚持自愿平等、协商一致、公平合法的原则。关于劳动合同的内容,胡鸿高教授认为应该包括劳动期限、劳动福利的具体化、合同变更和解除的条件、明确违约责任等等。这对此后完善劳动立法和推进劳动合同,起到了直接的作用。

当年担任助教、现任最高人民法院常务副院长曹建明教授同刘吉庆、戴凤霞合写的《关于对外资企业的鼓励与限制》一文,认为引进外资及其先进技术是我国的长期战略方针。但是对外资企业尤其是对外商独资企业既要看到其积极面,又要看到消极面,对外商独资企业要采取既鼓励又限制的原则。文章既提出了有法理基础、又可以操作的鼓励外商独资企业、由外商经营管理、享有充分的自主权、在税收上给予一定优惠、在土地使用上实行优惠、在产品销售市场方面放宽限制等具体的建议,还论述了限制外商独资企业的法理原则和具体措施办法,防止并尽可能消除外资的消极作用。文章还建议,凡有关国计民生、国家安全和国家主权的项目,凡污染环境多、占我国出口配额、高能耗项目产业等必须进行严格控制、限制,而控制、限制的措施是通过法的规范,包括:对独资企业的投资范围、公司形式、申请登记手续、经营活动和技术、人员实行依法律、按条例进行管理、监督,以保障其健康发展。该文在我国尚未有外资企业法的状况下不仅具有创意,可以认为对起草法律提供了具体的立法内容,直接为立法提供了有效服务。

华政的助教郁忠民的《试论经济执法预测》一文通过分析当时社会形势,论证了进行预测的必要性和可能性;提出了经济执法预测的原则和任务,提出了预测的具体内容、方法、类型、步骤、前导预测、追踪预测,以及在司法、行政部门成立专门预测班子,提出任务,收集材料,征求意见,比较总结并进行预测,从而维护社会主义经济秩序,预防和减少经济纠纷的发生,创造良好的经济环境等具体建议。

这一时期,青年法学研究极为活跃,发表许多学术论文,如:吴源浩的《谈谈刑事羁押》、刘晓海的《初论相对独立经营单位的民事权利主体资格》、吴大威和徐雪林的《试论经济犯罪的预测和防范》、青年警察章树德的《略论突发性犯罪及其综合治理》、青年助教肖建国和应培礼的《对外开放与社会治安初探》、王颖的《刑法适用定型和审判决策》、徐学伟的《论检察机关系统工程设计的几个问题》、王勇亮的《法人成为犯罪主体初探》、杨立的《试论建立具有中国特色的总体预防犯罪制度》、冯艳蓉的《我国刑事诉讼基本原则初探》、倪振峰和徐京斌的《免予起诉“质疑”》、陈振华的《刑法类推适用程序初探》、吴小真的《试论受贿罪的社会危害性》、曾建国的《略论盗窃罪的间接数额问题》、陈大钢的《经济立法预测及其研究刍议》、徐冬根的《论专有技术的法律保护》、钱奕的《劳动保障改革的立法协调若干问题述略》、王全弟的《试论民事法律关系的特征》、蒋迅和周天平的《论我国法制建设的系统协调》、魏友宏的《论航程租船契约中的责任终止条款》等。这些论文都有许多值得关注的观点和内容，都有利于促进解决当时我国面临的司法、执法困境，有利于扩展法学研究的视野。这一评选活动为80年代中后期异常活跃的法学研究打下了基础，也为80年代末90年代初培育近百名法学学术骨干和21名优秀青年法学家提供了平台。

（马晓飞）

20世纪80年代初开始的
社会治安综合治理的研究

20多年来,上海市法学会一直把加强综合治理研究作为繁荣法学研究的一个重要组成部分来抓,在全国较早地建立了社会治安综合治理研究会,与市委政法委、综治办、市公安局治安部紧密配合,根据形势发展,及时地、经常性地开展综合治理工作的调研、理论与对策的研讨、总结与宣传活动,取得了明显的成效。

一、深入调查研究

20世纪80年代初,社会的急剧变革给社会治安带来许多新情况、新问题,市法学会便和市公安局一起,组织课题研究组,对某些已经影响或将要影响上海的突出的社会治安问题开展了调查研究,在1983年就提出了对社会治安进行综合治理的命题。此后,围绕这个命题,不断地深入调研,其中,较为突出的有:

1. 关于"经济特区社会治安综合治理工作"课题调查

1985年10月,市法学会组织了6位同志(林青山、朱仲德、夏吉先、周天平、吴妙华、陈树恒)分成两组,到广州、深圳、珠海、汕头和厦门经济特区进行深入调研。听取了有关同志的介绍,与教学科研部门进行了专题探讨,参观了一些中外合资、合作经营的企业、劳教所和部分公共文化娱乐场所,获得了生动的材料和大量数据、素材,撰写出《闽、粤5个对外开放城市社会治安综合治理情况调查》、《特区犯罪特点论》、《深圳面临的犯罪新情况与问题》等文章,提出了衡量社会治安的参考指标及标本兼治、争取社会治安根本好转的建议。

2. 关于"当前犯罪特点及其治理对策"专项调研

1990年11月,学会组织会员24人对"当前犯罪特点及其治理对策"开展专项调研,历时半年,深入中小学校、劳改、劳教场所,通过座谈、参观、访问、调阅案卷、专题讨论,完成 36 篇调查报告和论文。对发展市场经济与做好社会治安综合治理现状进行梳理,对趋向进行了预测,提出了打、防、教、管等一些措施建议。

3. 关于"城市长治久安之策"课题调研

1994 年下半年,上海社会科学"八五"、"九五"研究规划中的重点课题开始启动,马锐、杨良表等 14 人参加。1996 年下半年撰写出该课题的调查报告和终端成果的初稿,召开定稿会议时,多数同志认为,该次调研尚欠全面、深入,一些观点尚不够成熟,对社会治安综合治理概念的认识与理解,还不够统一。会议决定:在 1997～2000 年间对该课题再作进一步的深入调查研究。此后,参与课题的同志深入到相关的 30 多个单位,对近 200 人进行了调查访问,先后召开了 6 个座谈会、2 个专题研讨会。2000 年 8 月,重拟撰稿提纲,开始重新撰稿,对全市近 20 年社会治安综合治理工作进行了全面的回顾总结,并对社会经济文化发展中的治安趋势进行了预测,提出了从理论和认识上明确、从实践措施上加强、保障社会长治久安的对策。在 2001 年 7 月 21 日课题鉴定会议上受到相关专家、教授赞许,获得一致通过。

4. 关于"保安服务行业立法"课题调研

2004 年,市法学会综合治理研究会积极参与市人大内务司法委员会关于保安服务行业的立法调研活动,承担了立法可行性报告的调研、起草工作。参加调研、起草的同志认真分析了上海市保安服务业发展的现状,将本市保安服务行业与国(境)外保安服务行业进行系统的比较研究,找出了影响上海市保安服务行业发展的瓶颈,提出了加强和改进的对策。立法可行性报告具有很高的实践价值,对于促进本市保安服务行业的发展具有一定的作用。

学会不但自己组织力量开展课题调研,还鼓励上海各相关部门和高校、研究所开展这方面的专题调研,并为其创造调研平台,以进一步吸引多方力量参与到社会治安综合治理研究中来。如:在 1996 年学会与市综治办一起组织了华东政法学院 300 余名研究生、本科生分赴全市所有区、县进行社会治安综合治理的专项社会调查活动,并撰写出 100 余篇调查报告,形成了《市场经济与社会治安综合治理——上海市社会治安综合治理调查报告集》。2004 年初,向上海各区县、委办综治办和各高校、科研院所发布了 2004 年度综治课题招标书,收到中标课题报告 15 项。研究会根据课题报告完成的质量,给予一定数额的经费资助,并聘请了专家学者对课题报告进行审阅修改,汇编成《和谐社会与综合治理工作改革——2004 年上海市社会治安综合治理科研课题报告集》,由《犯罪研究》杂志以 2005 年增刊的形式正式出版。

二、组织召开理论与实务研讨

随着 1991 年 2 月 19 日和 1991 年 3 月 2 日,中共中央、国务院和全国人民代表大会常务委员会分别下发了《关于加强社会治安综合治理的决定》,明确了新形势下加强综治工作的任务、要求和目标以及综治工作的范围、原则和措施等。两个《决定》的颁布,标志着综治工作的正式形成。学会及时地组织了多次座谈,对进入社会转型期后,综治工作如何适应新形势的需要,不断地开展研讨。

社会主义市场经济体制的建立和发展,对社会治安产生了全方位的影响,正确认识和理解经济体制转换过程中社会治安形势的特点和规律,对于社会治安综合治理适应新形势,提高工作水平和工作效益,有着十分重要的作用。1994 年,市综治办与学会联合举办了"市场经济与社会治安综合治理"研讨会,对当前形势下的治安形势、特点和规律,以及社会治安综合治理如何适应社会主义市场经济等问题展开研讨,提出与社会主义市场经济相适应的对策和措施。

为了更好地推进研究,"围绕中心,服务实践",促进理论与实践密切结合,1986 年学会根据市委政法委要求承接了全市大型的社会治安综合治理首次研讨会以后,长期以来,不断地组织专家、学者和法律工作者,开展理论与实务研讨,给实务部门提供工作思路良策,如:

1998 年 12 月 18 日,市综治办与学会、市社会治安综合治理研究所联合召开研讨会,积极探索建立健全市场经济条件下符合上海特大型城市特点的社会治安防控体系,确保社会稳定和社会秩序良好。这次研讨会由于市政法部门和区县、委办的领导亲自动手写调研文章,有 80 多个单位的代表出席,参与面广,准备比较充分,研讨效果较好,对综治工作开展和提高综治干部的研究水平和论文写作水平有明显的促进作用。

2004年2月24日，与市综治办、市综治研究所，联合召开以社会转型期的综合治理工作为主题的综治工作理论研讨会。市综治委委员、区县、委办综治办主任、研究会理事、市政法部门研究室和有关院校研究人员共150人参加。此次研讨会共收到论文88篇，经评委会评选，有37篇文章获奖。研讨会上，市人大法工委主任、市法学会会长沈国明同志对获奖论文作了点评，市委政法委副书记、市综治委副主任林化宾同志宣读了获奖论文名单，市委常委、市综治委副主任吴志明同志作了重要讲话。

2006年5月10日下午，经过两个多月的筹备，由市法学会和市综治办联合举行的"攻克八大治安顽症，推进上海平安建设"理论座谈会在上海市高级人民法院召开。会议由市法学会会长沈国明同志主持，市委副书记、市综治委主任刘云耕，市委常委、市综治委副主任吴志明同志出席会议并讲话。市法学会，市公、检、法、司和各区县综治办负责人等60余人参加了会议。会上，邓伟志、龚培华、张声华、杨正鸣、关保英、肖建国、叶必丰等7位专家学者作了主题发言，与会者进行了研讨。通过研讨，与会者对"攻克八大治安顽症"提出了若干对策和建议：一是在社会矛盾的化解和社会问题的处理上，应该是在矛盾和问题一发生甚至在发生前就介入，这样比较容易解决，所以政府要做好社会治安的监控和管理；二是要抓紧解决黑社会性质组织犯罪问题。解决黑社会性质组织和黑恶势力问题绝不是政法部门一家的事，要从"改良土壤"抓起，全社会形成合力，使黑社会和黑恶势力无立足之地；三是要明确依法惩治"两抢一盗"犯罪的刑事政策，依法惩治"两抢一盗"犯罪总体上应体现"重其重"；四是在打击毒品犯罪上，要着重有效打击零包贩毒现象；五是要建立并完善"四小"场所治安管理的有效机制，促进"四小"场所管理规范化、治安管理法治化、治安资源市场化；六是从治标、治本两个入手，加快解决"黑车"回潮问题。要加快地方立法，为打击"黑车"提供有效的法律依据，要建立"黑车"社会监督体系，从源头上阻止"黑车"的产生；七是要有效遏制"两怀"（怀孕、怀抱婴儿）妇女违法犯罪现象。可以开发"两怀"妇女违法犯罪方面的信息在案，部分"两怀"妇女利用假身份证和非亲生子作案。建议将分散在各区县的"两怀"妇女集中起来，在全市建立一所针对"两怀"妇女、以实施保护为主、严格管理并配备必要的医疗条件的新场所，可以冠名为"外来妇女儿童保护中心"。

三、整理汇集研究成果

市法学会不仅重视通过学术研讨促进综治工作,繁荣综治理论研究,而且非常重视对综治理论成果的整理、汇总,以供大家相互交流,深入探讨,借鉴参考。市法学会组织或参与汇编和编撰的综治论文集、书刊很多,这里撷其部分就可见其价值和意义。

1. 1986年的《上海市社会治安综合治理论文集》

此论文集为"上海市社会治安综合治理"课题研究首批成果,时任市法学会会长的徐盼秋同志为此论文集作序中指出,社会治安综合治理的科学概念应从治理社会治安的战略和根本措施上去理解和认识,从治理社会治安有关的法律、政策和制度上去落实,才能比较全面、比较准确地回答什么叫社会治安综合治理。目前社会治安综合治理的实践提出了领导、机构、协调、措施等一系列的问题,要从根本上解决这些问题,一定要靠法制。在预防犯罪、惩罚犯罪和改造犯罪等综合治理的各个环节都要认真抓法制。

编入该论文集的文章涉及青少年违法犯罪、经济违法犯罪的现状、预防和措施,社会治安综合治理工作的作用、意义、现状、变化因素、发展趋势、对策和措施等方面。

2. 1992年的《社会治安综合治理论文资料选》

此为《当前犯罪特点及其治理对策》相关课题的研究成果汇集。编入的文章主要是针对调研中发现问题进行的原因剖析及预防、治理对策探讨。内容涉及对特大、重大刑事案件的调查分析,对重大凶杀案件的剖析,对重大盗公、盗私案件的剖析,对重大强奸案件的剖析,对本市法院审理经济案件中移送犯罪线索的情况剖析,对外来人员犯罪情况的调查、防治,对青少年犯罪剖析,对未成年女性违法犯罪动向的探讨,对刑释与解教人员重新犯罪的分析和防治等。其中,马锐、苏惠渔、林青山、曾毓淮合写的《当前本市刑事犯罪若干特点和整治对策之探索》一文,分析了当前上海刑事犯罪活动的突出问题,并对今后刑事犯罪斗争的趋势进行了预测。文章最后提出对整治刑事犯罪、维护社会治安秩序的10点建议。肖逸等5人合写的《对1990年本市查破的403起特大、重大刑事案件的调查分析》一文,对经调查的本市1990年查破的403起杀人、抢劫、强奸、盗窃等特大、重大案件,从案件类型、作案对象、犯罪原因方面进行了深入具体的分析,并提出了抑制刑事大案上升要充分发挥政法部门职能作用的建议。此外,编入本资料选的文章,都在深入调研掌握情况的基础上写出的,提出了许多有参考价值的看法和建议。

3. 1994 年的《市场经济与社会治安综合治理研讨论文集》

本集是由"市场经济与社会治安综合治理"研讨会收到的论文择选而成的,该论文集的文章都围绕研讨会主题,分析了市场经济条件下的犯罪趋向、防治战略、管理机制等问题,具体内容涉及对流动人口的控制和管理、社区建设、高校内部的治安管理、外来施工队伍的管理等问题。从文集中可以看出:市场经济与社会治安和犯罪现象之间存在着直接的或间接的双向性复合关系:市场经济下的犯罪原因、特点和规律与计划经济下的犯罪原因、特点和规律会有很大的差异,治安和犯罪形势将更加复杂;市场经济的发育对社会治安的稳定有更加迫切的要求,没有治安稳定就谈不上发展市场经济。在新的社会形势下,要制定与市场经济相适应的治安管理和犯罪控制对策,要有新的思路和方案,这就要强调服务意识、重视国家规划、加强法制建设和确立经济原则。文章在分析调研情况的基础上,把上海的社会治安状况归纳为重大案件呈上升态势、外来人员犯罪急剧上升、社会矛盾和纠纷明显增多等 7 个方面的新情况、新问题;并提出了加强社会治安管理要做到领导重视、继续"严打"、建立社会治安防范体系、抓好外来人口管理、加强地方立法等 7 个方面的建议。此外,编入本论文集的不少专家、学者撰写的文章,均具有一定的理论深度,于人颇有启迪。

4. 1998 年《上海社会治安综合治理理论研讨会论文选》

本文选是由学会评选的上海市社会治安综合治理研讨会评出的 24 篇获奖论文汇编而成的。上海社科院沈国明副院长在点评中指出:编入该论文集的文章具有一定的质量,基本上反映了上海综治工作研究的水平,展示了上海在综合治理研究上的新成果:一是所选的题目大多是当前上海社会治安综合治理工作中遇到的急需要解决的治安重点、难点问题,有的论文选题切入点新颖,如上海公安高等专科学校杨维根写的《论建筑环境对城市犯罪的影响》,阐释了建筑环境与城市犯罪之间的关系,强调要改善城市建筑环境,减少因建筑物自身的欠缺而导致犯罪的因素,对将预防犯罪纳入城市建设的总体规划之中有较强的指导意义。再如上海市社会治安综合治理研究所写的《关于建立健全上海市社会治安综合治理评估体系的思考》,对综合治理工作一直要努力解决的问题进行了有益的探索。二是坚持用邓小平理论作指导,立论正确,立意较高,不少作者在写作之前进行了认真的调查研究,文章内容丰富,观点鲜明,既有理论深度,又有可操作的措施。如市监狱管理局课题组写的《市场经济条件下刑释人员重新犯罪与社会治安综合治理》,运用了大量跟踪调查数据,分析了刑释人员重新犯罪的现状和原因,提出了加强帮教的措施,是一篇有深度的关于预防重新犯罪的论文。三是有理论创新的勇气。如市公安局指挥部马志荣同志写的《对本市严打战役的一点反思》,认为严打方针要坚持,但不能再沿用严打战役方式来解决社会治安突出问题,要立足新情况、新变化,尽量不搞全市规模或全区、全县规模的战役行动,把严打斗争的范围集中在治安复杂的场所和外来人口集居地。编入此论文选的还有市委政法委杨培源、曹秋建,华东政法学院肖建国,上海市综治办王淙谷,新民晚报社潘树立,市委组织部"社区党建与社区稳定"课题组,中共上海市委纪委驻金融系统纪检组,上海市公安局易庆瑶、张声华、孔宪明、方培琦、杨军、王午鼎、乐伟中等个人和单位的文章。

5. 2001 年的《城市长治久安之策》

本书是上海社会科学"八五"、"九五"研究规划重点课题研究的终端成果。上海社会科学院出版社 2001 年 12 月出版,主编为马锐、杨良表,主要撰稿人为肖建国、杨培源、孙莉萍、钱宝瑾、曾毓淮。上海市委副书记刘云耕同志为此书作了序,他认为,此书的出版,对社会科学研究工作者,对从事社会治安综合治理实际工作的各方人士均有参考价值。并认为,本书对未来几年的上海社会治安发展态势作了比较客观的分析和预测。本书包括坚持"严打"方针、构筑防控体系、加强民间纠纷调解、防治青少年违法犯罪、加强外来流动人口管理、做好安置和帮教工作、加强基层基础工作、加强宣传教育工作、建设综合治理法制体系、上海社会治安的发展态势与特点以及上海社会治安综合治理的发展战略等12 章内容。本书不仅对上海改革开放以来社会治安综合治理工作进行全面的回顾和总结,而且对未来社会治安趋势作了预测,对实现上海社会长治久安的新思路、新途径、新方法进行了探索,对做好今后社会治安综合治理工作提出了颇有见地的建议。

6. 2004 年的《社会转型期的综合治理工作研究》

该书是由市综治办、市综治研究会和综治研究所于 2004 年 2 月 24 日联合召开的"社会转型期的综合治理工作研讨会"上的 37 篇获奖论文汇编而成的。由陈旭任主编,江宪法、乐伟中、杨正鸣任副主编,王福明、杨鸿台任编委,文新出版社印刷出版。

收入该论文集的 37 篇获奖论文,围绕社会转型期的综合治理工作,选择不同的角度进行了较为全面、深刻的阐述。如华东政法学院刑事司法学院杨正鸣、姚建龙写的《转型社会与社会治安综合治理工作的转型》一文,认为传统的综合治理工作体系有明显的滞后性,主要表现在:一是仍然有较重的计划经济色彩,二是仍然以权威政治为组织保证,仍然是以身份制运转前提。文章认为,实现综治工作转型应树立 3 种观念:一是犯罪控制理念,二是政府责任理念,三是开放和谐理念。实现综治工作传统模式转型的路径是:市场化、社会化、法制化、信息化。又如静安区政法委武杨眉、邹惠似写的《转型期中心城区治安管理工作的几点思考》一文,认为转型期治安管理工作的特点是:治安管理的范围在扩大,治安管理的内涵在丰富,治安管理的科技含量在提升,治安管理体制改革在深化。文章认为,转型期治安管理工作的重心是:一是找准服务经济的对接点,二是把握对敌斗争的交战点,三是寻求稳定的切入点,四是剖解扫除要害的症结点,五是明确基本工作的立足点,六是抓牢队伍建设的着力点。该论文集的其他文章也对转型时期的社会综治问题提出许多具有实践意义的观点和建议。

(祝爱珍　王福明①)

---

① 王福明,上海市法学会副秘书长。

20 世纪 80～90 年代
邓小平法制思想研讨

1976 年 10 月,粉碎"四人帮"、结束"文化大革命"的 10 年浩劫之后,恢复和健全社会主义民主与法制的重大任务摆在了中国共产党和中国人民面前。邓小平同志在赞同"实践是检验真理的唯一标准"、坚持"实事求是、解放思想"的思想路线,反对"两个凡是"的过程中,深刻分析和总结了"文化大革命"的历史教训,明确提出了:没有民主就没有社会主义、没有民主就没有社会主义现代化,并强调法制是民主的重要保障,使民主制度化、法律化,使这种制度和法律不因领导人的改变而改变、不因领导人的看法和注意力的改变而改变。这些对社会主义民主与法制的基本论述已成为我国各项工作顺利开展的根本指导思想。

因此学会在恢复活动之初就把研究邓小平法制思想作为学会研究的主要任务。1984 年《情况交流》创刊号就刊出了学会调研部编纂的《邓小平同志有关民主与法制的论述(1978～1983)》,这是地方法学会最早的有关邓小平法制思想的文集,一些兄弟省法学会先后转载此文集,这对加强法制宣传、普及法律知识起到了很好的推进作用。

上海市法学会在推进邓小平法制思想研究活动中,特别注重鼓励和支持青年会员进行邓小平法制思想的研究,促使从事法学研究或法律实践的青年人成为宣传和研究邓小平法制思想的中坚,推动更多的会员自觉地将邓小平法制思想成为开展法学研究、从事法律实践的指导思想,学会每年在青年会员中进行邓小平法制思想研究的论文征集活动,以各种形式调动他们的积极性,使他们投入到该项活动中来,每年评选出优秀论文,汇编成论文集,这些论文集都成为邓小平法制思想研究的前沿性理论成果,使邓小平法制思想研究与社会发展同步。从 20 世纪 80 年代至 90 年代,上海市法学会每年或隔年都要举行邓小平法制思想专题研讨会,站在理论与实践相联系的立场上,结合社会实践,有针对性地进行相关论题研讨,使邓小平法制思想发挥其理论指导实践的巨大作用。通过不断地研讨,广大会员较好地认识和树立起如下几个观念:

一、邓小平法制思想是邓小平理论的重要组成部分,是我国健全社会主义法制、实现依法治国的根本指针。党的十一届三中全会以后,邓小平同志提出了一系列发展社会主义民主、健全社会主义法制的主张,形成了比较完整的社会主义法制思想。这些思想总结了中国社会主义法制建设的经验教训,继承和发展了马列主义、毛泽东思想关于法制的基本原理,成为建设中国特色社会主义理论体系的重要组成部分。其内容丰富、博大精深,而精神实质或精髓,集中到一点,就是发展社会主义民主政治,实行依法治国,建设社会主义法治国家。上海法学会的法学、法律工作者充分认识到这一点,从各个方面对邓小平法制思想进行了深入的阐述和分析。他们把邓小平法制思想与马克思主义法学、人民民主专政、社会主义市场经济、社会主义精神文明建设、一国两制、立法工作、政法工作、惩治腐败、打击犯罪、法制教育宣传、上海法制现代化等问题联系起来,把邓小平法制思想真正贯彻到实际工作中,推动社会主义现代化建设各项事业的顺利开展。

二、邓小平法制思想是中国社会主义建设实践的产物,是中国化的社会主义法制观念和法治理论。它以人民民主为基础和前提,把社会主义民主与法制有机统一起来,在实践中产生和丰富,也在实践中不断发展和完善。邓小平民主法制思想突出强调了民主法制在中国特色社会主义建设中的战略地位,科学总结了社会主义民主法制建设带有一般规律性的若干重大理论观点,把社会主义法制建设的基本要求准确概括为"有法可依、有法必依、执法必严、违法必究"的十六字方针,明确了立法、司法、执法、守法的基本准则,为后来"依法治国"基本方略的提出以及建设社会主义法治国家的伟大实践奠定了坚实的理论基石。我们建设中国特色的社会主义法治国家,任何时候、任何情况下都必须坚持邓小平法制思想的指导地位,牢牢把握我国法制建设的社会主义方向。但是,我们绝不能用僵化的、机械的、教条主义的态度对待邓小平法制思想,必须坚持马克思主义的实事求是的思想精髓,与时俱进地不断发展邓小平法制思想。

三、邓小平法制思想是法学会组织开展法学研究和法律实务的理论指南。邓小平同志非常重视法学会在中国法制建设中的重要作用,多次指示各级政府和相关部门要支持和配合法学会的工作,并亲自指导和参与法学会开展的一些研讨会和重要活动。他指出,法学会是研究和宣传社会主义法制的重要阵地,这个阵地的工作一刻也不能松懈。因此,上海法学会始终把邓小平法制思想研究放在重要位置,做到每次的专题研讨会都有新观点、新见解的出现,达到"思想交汇、智慧交融"的目的,从而为社会主义法制宣传提供切合实际的理论素材和知识源泉。尤其是结合邓小平同志关于上海发展目标和城市定位的要求,进行邓小平法制思想研究,为上海的依法治国、依法治市作出贡献。

（郑小兵）

20 世纪 80～90 年代利用
外资经济法律的研讨

与美国律师、原副总统蒙代尔等座谈研讨引进外资问题

从 20 世纪 80 年代初期起,随着引进外资的扩展与深化,法学会就开始组织利用外资方面问题的调查和研究。差不多每年都举办涉外经济法律理论或实务的专题报告会、讨论会。1980 年 4 月,学会的计划中就确定年内召开利用外资座谈会计划;1981 年 12 月,请来于光远作的报告中专门谈到利用外资与发展经济问题;1982 年 3 月,邀请美国学者介绍了涉外经济法律的专题报告;3 月,举办的《民事诉讼法》的专题报告中,徐盼秋会长提出对外开放中引资的法律适用问题;1983 年,在制定学术活动的计划时将引资与改善投资环境作为突出的问题开展调研;1984 年,学会与外经贸委合作在社科院召开了有 200 多位国内外专家、投资者参加的"投资"研讨会,以改善投资的法律环境为主题开展

研讨;同年12月,又与相关单位联合举办涉外经济法律专题讨论会,这次会议对推进引进外资工作在理论和操作实务上起到了保障、支撑作用,催生了全市涉外经济法律咨询服务的开展;1985年5月,本会振兴法律咨询公司与文汇报联合举办了国际继承法专题讨论会;同年9月,邀来香港律政司来做海洋法的专题报告;1986年2月,重组国际法研究会,加强涉外经济法律服务,完善这方面立法研究,这一年还开展了与美国加州大学合作开展《中国合同法研究》,邀请了法国、美国、土耳其、意大利、澳大利亚、新加坡等9名国际经济方面的专家学者来会作专题报告和座谈;1987年8月,邀请美国法律人士旅行团80人来沪就中美两国的税法、海关、外汇管理及贸易仲裁进行专门研讨。

1989年9月,上海市法学会与上海市外商投资企业协会联合举办了上海市利用外资经济法律研讨会。这次会议是为庆贺改革开放10周年而召开的。上海市有关方面的领导卢莹辉、叶龙蜚、李庸夫、孙更舵、陆国贤等与全市法学界和经贸界150余名专家、学者、企业家和实际工作者在一起,总结和交流了对外开放10年来利用外资工作的经验教训,研讨了利用外资的理论、政策和法律,探索进一步有效利用外资的方法、途径,积极为领导部门献计献策,共同促进上海市经济的发展。这次研讨内容比较广泛,涉及外商投资形式、外商投资环境、经济法律咨询见证、外商投资企业管理、三资企业外汇平衡、高技术开发区、股份经济、国际仲裁等多个方面。会议收到86篇论文不仅具有较高质量,而且对招商引资的法律应用具有深远的作用。后来,上海市法学会将47篇研讨论文汇编成册,为与利用外资有关的领导部门、实际业务部门和专业研究机构、院校以及外商投资企业提供了有一定参考价值的建议。这里简要撷取几篇论文对研讨会情况作一介绍。

上海经济研究中心的姜永坤在《上海引进国外直接投资的投向与实施步骤》一文中,以事实说明了上海有工业门类齐全、协调配套性强,历来与世界各地区有较为紧密和多方面的经济贸易往来,有利用外国直接投资的内外经济优异条件,同时也指出了如企业的产、供、销之间缺乏有机联系,大多数企业不了解世界市场行情,出口产品结构相对落后等外商企业发展的制约因素。文中还提出了上海近中期内进一步利用外资主要投向出口创汇产业及本市的14项重点工程配套。最后,他对出口创汇产业和为本市14项重点工程配套的选择及实施步骤作了具体论述。这对当时上海市政府作出决策起着十分有益的参考作用。

上海市法学会学科专家张志陶和谈跃生合作撰写了《从 3M 中国有限公司看上海举办外商独资企业的前景》一文，介绍了上海第一家外商独资企业——3M 中国有限公司的概况和投资动机，列举了该公司创办初期遇到的困难，指出了举办这类独资企业既能满足高质量管理，又能降低成本提高竞争力，在上海既有劳动力，又有原材料和技术的条件下，加快发展此类企业，对外资而言其投资场所是比较理想且很有前景的，而对国内来说，对经济发展是一个借鉴，因而，应在招商引资中注意培养这类独资企业，而不应过分强调合资与合作。

现任上海市人大法制委员会委员的丁伟教授作了《对加强海外直接投资国内立法的思考》的发言。他指出，海外直接投资是我国利用外资的重要形式。他认为，海外直接投资在改革开放之初几年虽有发展，可是调整这种投资关系的国内立法始终徘徊不前，外国投资者也在徘徊、观望，抓紧这方面的立法，改善投资环境，就可以有效地维护海外投资者的权益，进一步促进我国海外投资的发展。丁伟的发言引起热烈讨论，与会者对上海利用外资立法提出了许多建议：理论界与实践部门的同志要实现观念转变，真正把对海外投资视为利用外资的不可分割的一部分，将这部分立法工作列入议事日程；在坚持依法准入、适用国内法、合同调整优先的原则基础上，有目的、有计划、有步骤地抓紧立法，从而建立起调整海外直接投资关系的国内法律体系；随着我国海外投资的不断发展，我们应及时总结经验，不断修改和补充相关国内立法，促进法律和经验的协调发展。

参与研讨的法律类论文还有：马柳春的《苏联利用外资现状及有关法律问题》、王叔良的《略论现阶段外国投资在我国的法律待遇》、郑衍杓的《论外商投资企业所得税法的若干问题》、徐金城的《经济法律见证的理论和实践》、易少佩的《试论外商投资项目的法律见证》、李荫瑞的《试谈中外合资企业董事长法人代表的地位》、方之龙的《有关中外合资经营的若干法律问题》、俞汉卿等人的《关于涉外用地的若干法律问题》、周丕声的《外商投资企业工会立法问题的思考》、徐达权的《国际经贸仲裁浅说》等。这次研讨大大推进了上海有关方面对独资企业与改善投资法律环境的认识，推动有关部门积极采取各项有效措施，扩大对外开放，为1992 年后的又一次"上海投资热"和经济腾飞作了应有的贡献。

（马晓飞）

20世纪80～90年代关于
社会主义市场经济与法制建设的研讨

1993年5月3日,上海市法学会刑法研究会与市委政法委研究室联合召开了"社会主义市场经济与刑法"学术研讨会。时任市委政法委副秘书长杨鸿训、上海法学会副会长苏惠渔教授主持了会议。中共上海市委副书记王力平出席会议并讲话。该次研讨会涉及的论题有刑法宏观理论问题、关于刑法观更新问题、罪与非罪价值评判系统的重构、"生产力标准"的正确把握、刑法手段的科学定位、刑罚的经济原则和适度原则、刑事法律的民主化问题;关于失范行为的刑法评判问题,包括失范行为的表现及成因、失范行为的评判与抗制;关于法人犯罪的问题,包括法人犯罪惩治不力的原因、法人犯罪"两罚制"的理论基础、法人犯罪的立法完善;关于经济犯罪的态势及治理问题,包括经济犯罪的特点和趋势、经济犯罪的综合治理对策;关于"能人"犯罪的法律适用问题,包括"能人"的界定、"能人"犯罪的特点、"能人"犯罪从宽处罚的条件等。

在该次研讨会的基础上,1994年又举行了"社会主义市场经济与法制建设"的研讨,内容涉及宪法、经济法、廉政建设多种内容。这里撷取几篇,作一概要介绍:

上海市人民检察院龚培华、唐周绍撰写了《社会主义市场经济与刑法观念变革》一文,提出要转变计划经济体制决定的重刑轻民观,正确处理刑民关系;转变计划经济观决定的狭隘经济犯罪观,确立与市场经济相协调的经济犯罪观;转变计划经济单一所有制决定的刑法对所有制保护的单一性,健全刑法对多种所有制的保护;转变平均主义分配观决定的"为富不仁"观,切实保障个人多种形式的合法收入。

上海社会科学院法学所林荫茂研究员撰写了《对"市场经济与刑法"的思考》。文章指出,在刑法为市场经济服务的目标下,刑法学的研究应密切注意经济法规的立法动向,研究各种新的经济关系和新的经济行为,特别注意研究新的违反经济法规的严重行为,借鉴国外立法现成经验,并使之适合于中国国情。随后,作者还分析了市场经济与罪刑法定原则、市场经济与刑事主体、市场经济与刑罚选择、市场经济与涉外犯罪等问题。

现任华东政法学院副院长的王立民教授撰写了《试论民主革命时期毛泽东的刑法思想及其实践》一文。他指出,在民主革命时期毛泽东就主张使用法律手段,特别是刑法作为夺取革命胜利的必要手段。文章着重探讨了民主革命时期毛泽东的刑法思想的系列思想,明确提出了主要的打击对象。作者还提出了一些有关刑法原则:平等适用刑法原则,反对特权;罪责自负的原则;按责处理的原则。

上海社会科学院法学研究所尤俊意研究员撰写了《增强宪法意识建立与市场经济相适应的法律体系》一文。作者指出,法制建设16字方针的本质是依法治国,依法治国的首要环节是依宪法治国。而遵循宪法原则进行法制建设的主要内涵与具体标志是建立以宪为纲的社会主义法律体系。建立与市场经济相适应的法律体系,其核心内容就是要围绕构成市场经济体制基本框架的五大主要环节来建设市场经济本体规范体系。为了尽快建立与市场经济体制相适应的法律体系,在法制建设的每一阶段都要根据法制建设的总体目标来确定其主攻方向;关键是要进一步开展全民族以宪政意识为核心的法制教育,增强全民的宪法意识、法制意识,特别要增强各级各类领导干部的宪法观念和法制意识。

现任上海市金山区区长的郝铁川教授在《论市场经济与法律文化的变革》中指出我国法制建设中的一个突出问题是观念与制度的脱节。他认为,陈旧的观念严重阻碍"以法治国"目标的实现,使得我们社会上出现了不容忽视的种种弊端:一是"权"比法大,二是有法不依,三是有法乱依,四是违法不究。从文化角度看,它与中国传统的性善论、德治观、礼制观具有很大关系,实实在在表现为一个文化问题。市场经济需要什么样的法律文化呢?通过论述市场经济四大需求的基础上他指出民法是市场经济最根本的规则。因此建立市场经济之上的法律文化的内核,就是民法文化。其特征就是:主体平等观,必须将权力本位转变为权利本位;诚实守信观,不能有欺诈行为;法律至上观,首先是国家机关守法,其次是公民守法。作者说明了市场经济和民法的关系,还指出:市场经济首先是民法基本规则支配下的法治经济,私权神圣、主体平等、等价有偿、意思自治、诚实守信等民法基本观念应成为市场秩序的基本规则;市场经济既是民法基本规则支配下的法治经济，又是以国家积极干预为特征的经济法支配下的法治经济，发挥国家干预经济的积极作用，加强对市场的调控。

现任上海市高级人民法院副院长的刘华研究员在《论经济领域中失范行为的刑法评判与抗制》一文中指出，我国正处在计划经济向市场经济转轨的特殊历史时期，在这一新旧体制彼此消长交替之际，新旧法律同时并存造成的内容冲突和新旧法律不能适时衔接而导致的时间空白，引生大量缺乏法律约束与规范的失范行为。在刑法上，失范行为已使划分经济活动中的罪与非罪界限成为一个棘手问题。作者把当前经济领域中的失范行为分为缺乏规范的行为、规范冲突的行为、难以规范的行为 3 种。她分析了 3 种行为产生的原因，并提出了评判失范行为的三大标准，即：根据自由经济原则、公平竞争原则、诚实守信原则。她提出，用刑法抗制手段来尽量减少失范行为的出现，就是通过刑事立法及时规范，通过刑事司法准确打击违法犯罪行为。

参与研讨的张善恭、吴耀辉、柴广钧、袁忠民、舒永保、高俐真、修义庭、杨心宇、陈汉生、杨敬忠、浦增元、倪正茂、钱国耀、杨以汉、杨庆堂、夏吉先、张荣、张建、顾肖荣、陈正云、毛信庄、朱伟忠、崔剑平、纪春祥、叶杭生、李泽龙等专家学者也撰写了相关论文。

（马晓飞）

20 世纪 80～90 年代关于香港、澳门回归与"基本法"的研究

在香港和澳门回归祖国前后,上海市法学会、上海市部分高校、研究机构以及港澳地区的一些组织联合举办了一系列的法学研讨会。这些研讨对于 1997 年香港、1999 年澳门回归祖国,实施"一国两制"、"港人治港"、"澳人治澳"、"高度自治",维护国家统一,保障港、澳繁荣和稳定起着一定作用。

1996 年香港回归前夕,香港《大公报》以两个版面发表了专家学者谈基本法的专门报道,在港澳同胞心中留下了较为深刻的印象。这次讨论主要有两个方面:(1)在这次座谈讨论中,与会专家们一致认为,香港能够平稳过渡,关键在于坚决按照港澳基本法的原则和精神办事。沪港的专家和学者一致认为,中央政府在香港贯彻实施"一国两制"、"港人治港"、"高度自治"的方针是坚定不移的,突出表现在以下几点:基本法不仅是香港地区人民的法律,同样也是全

国人民的法律,全国人民都要遵守;基本法是香港法制的基础,如外交部驻港澳公署是中央政府外交部在香港设立的办事机构,但不是香港所有的对外事务都要由公署处理,而是凡香港基本法规定已经授权特区自行处理,就让特区去做;行政主导,依法运作;香港特区的基本法制是行政长官所领导的政府为主导,行政机关和立法机关相互分工、制约的行政主导机制,行政长官是香港特别行政区的首长即政府首长,他对中央政府和香港立法会负责,特别行政区行政部门凡需经立法会授权的都按照程序提交立法会审议,行政机关与立法机关既分工又制约的法律关系创立了新的议会体制;从法治上维护"一国两制",特区法院无权审议全国人大常委会的决定,香港原有法律,除与基本法有抵触外,自动成为特别行政区的法律,无须再进行任何正式的确认程序。(2)认为深入研究和贯彻香港基本法,任重道远,意义更大,港澳回归后,全国性法律如何在香港适用是实施"一国两制"的理论与实践相结合的重大问题。香港、内地的法律冲突与司法协助方面,由于内地与香港实施两种法律制度,民商事法律也各成体系,随着交流、交往的逐步频繁,在法律上的冲突不可避免,司法协助也显得十分必要。内地与香港法律相比较,香港原有的法律,涉及普通法、衡平法、条例、附属立法和习惯法、判例法等,体系庞杂,与内地法律都有不同,特别是香港回归后仍保持自由港、国际金融中心、国际航空中心的地位,仍作为单独关税区存在。因此,对香港法律与内地法律的比较研究,对实现"一国两制"下的法律规范将起十分重要的作用。

澳门回归前夕,上海市法学会与澳门基金会、上海市社科院法学所、复旦大学等单位共同举办"迎澳门回归"法律论坛。与会者认为,"一国两制"这种伟大理论的实践创立了一个以和平方式解决历史遗留问题的典范和先例,在全世界和各国人民中产生了巨大的影响。澳门基本法既体现了"一国两制"的原则,又从澳门的历史渊源和实际出发,并且参照了香港基本法制定的经验而制定的一部非常完善、符合实际而又十分重要的法律。由于实行"一国两制",必然导致几种法律体系并存,这也是中国法律制度的一种创造,中国社会主义法律制度应该作为主体,澳门和香港法律体系应受到社会主义法律体系这个主体的制约,表现在他们所制定的法律不能与澳门和香港基本法相抵触,但是这种不同制度下的法律体系并存,其本身不是对立和排斥的,而是相互促进、协调发展的。

港澳回归后,我国的法律体系出现多样化特点,澳门是大陆法体系,没有司法造法;香港是普通法并实行判例法,存在司法造法,双方的不同也给研究者带来了更多的研究课题。专家学者对解决澳门回归后与大陆内地的法律冲突与协助问题积极提出建议。针对区域法律冲突中出现的问题提出应超前进行研究和解决,有的专家、学者以实际的民事和刑事案例,提出澳门回归后加强司法协助的必要性,有的建议对司法管辖权应有尽快明确的规定,有的建议司法机关与澳门有关部门应加紧协调法律文书送达,以及民事判决的承认和执行问题,并认为这种协调的主体协议的签订都应有明确的规定等等。

总而言之,这一系列的研讨会最重要的主题就是"一国两制"。各专家一致认为,"一国两制"理论,首先应以"一国"为前提,体现了国家主权的统一;"两制"则是体现了不同制度的高度自治,既不能以"一国"而否定法律授予的自治权,也决不能以"两制"而超越国家主权,否定"一国"的原则。总之,"一国"是前提、是基础,这个原则不容动摇,否则"两制"也不可能治好,不能达到和平共处、共同繁荣的目的。特别行政区基本法是全国人大制定的法律,不仅适用于特别行政区,也适用于全国其他地区,全国人民都应该遵守。

(马晓飞)

20 世纪 90 年代初开始的
沪台经贸法律理论与实务研讨会

海协会会长汪道涵
接见第二届沪台经贸法
律理论与实务研讨会台
湾代表并讲话

为推动上海和台湾两地及海峡两岸经贸往来的深入与法制建设的交流,由上海法学会与台湾"两岸经贸交流权益保障促进会"合作、共同创办了"沪台经贸法律理论与实务研讨会"。该研讨会自 1992 年第一次召开以来,迄今为止已成功举办了 8 次,成为海峡两岸法学、法律界以及经济界交流经验、探讨业务、互通有无、共谋发展的良好平台,并成为两地公认的知名研讨会品牌。现在把历次研讨会的相关内容汇述如下:

第一次研讨会于 1992 年 10 月在上海召开,由 11 位台湾学者、40 位上海学者和 4 位浙江学者参加,上海法学会的领导石祝三、倪鸿福、韩述之和李庸夫等同志出席会议。大家围绕如何加强沪台经贸交流以及如何保护台商的合法权益等议题展开讨论,大家对这种研讨会模式表示赞同,认为这种模式给两岸经贸发展提供了一个平等的交流场所,使大家能增加互信、消除分歧、切磋经验、解决问题,为台湾和上海这两个经济实力较强的地方能在经贸领域走在前列,开拓更多的交流领域。最后会议达成协议,一致认为两岸同行要切实加强交流,而且沪台两地同行要定期轮流举办此种形式的研讨会。这次会议的举行,成功地开启了沪台经贸法律理论与实务交流的大门。

第二次研讨会于 1993 年 11 月在上海召开,由 11 位台湾人士、39 位上海人士、3 位香港人士、5 位福建人士、2 位浙江人士、3 位山东人士、1 位河南人士、3 位四川人士参加,上海法学会的王力平、郑励志、裴劭恒和韩述之等领导出席会议,中国海协会会长汪道涵先生接见了台湾客人。会议的主题是两岸经贸交流的权益保障,各位专家、学者就如何加强经济互补与互利合作、房地产开

发经营中的合作、两岸证券市场的法律实务以及经贸仲裁在经贸交流中的合作与适用等议题发表了各自的观点。大家畅所欲言、积极献言献策，达成如下意见：用积累方式逐步增进共识，推动两岸信息网络交流，鼓励台湾商界参加上海旧城改造与商品房开发，用先易后难、先急后缓的办法推进商务仲裁合作。

第三次研讨会于 1995 年 6 月在上海召开，由来自台、沪、港、闽、浙、鲁、川的 80 余位法律、法学界人士参加，王力平、胡瑞邦、倪鸿福、张志群、李庸夫以及薛明仁等领导同志出席会议。与会的各位学者、专家就两岸经贸领域的相关法律理论和实践中出现的问题进行深入的讨论，并且对两岸经贸交流的现状、趋势及其实务进行了客观的评估，同时就开辟知识产权保护、高科技园区合作、金融合作等新的合作领域进行了初步的探讨。会议最后达成共识：沪台经贸交流取得了丰硕的成果，其合作前景是光明的；扩展对张江科技园区的宣传；加强对知识产权和高科技园区的法律保护；探索沪台在建设科技园区和金融合作方面的合作途径。

第四次研讨会于 1997 年在上海召开，由 75 人参加，分别来自台、沪、港、京、闽、浙、皖、鲁、川等 9 个省、直辖市、特别行政区，会议的议题是沪台金融合作与相关法制完善、台湾来沪投资的法律保护以及沪台投资合作的法律模式等，上海市委、市政府的领导及法学会的领导周慕尧、王肇远、林炳秋、薛明仁、顾明等同志出席了会议。与会代表一致提出 4 条建议：一是坚持"一国两制"原则，从香港回归的运作来考虑制定祖国大陆与台湾地区之间经贸交流的实施方略;二是试行两岸民间团体与经贸组织缔结双边保障协议,如明确投资者国民待遇,实行免税法定,公正、公平裁决,仲裁员、律师互相合作,设立安保机制,尊重现行法律,进行实质合作等;三是修改《台湾同胞投资保护法》;四是扩大吸收合资,尽快建立、完善行政、税务、资本吸纳以及服务制度。

第五次研讨会于 1998 年 9 月在台湾台北市召开,由 60 位台湾代表、16 位上海代表、1 位福建代表、3 位四川代表、1 位浙江代表共 81 人参加。与会代表回顾了两岸经贸合作交流的历史,对未来的合作充满了信心。会议就商务仲裁的交流与合作以及两岸民事判决的认可及大陆对台商投资的保护进行了研讨,一致认可商务仲裁在两岸经贸交流活动中有其重要的意义与作用,提出了互聘仲裁员的建议方案及名单,并提出了两岸司法协助的建议方案。台湾中华法律工会、海基会的领导以及台北地方法院院长会见了大陆代表,并且出席了会议开幕式。

第六次研讨会于 2000 年 9 月在上海召开,由来自台、沪、港以及川、闽、浙、苏的 40 余人参加了此次会议。会议讨论了两岸经贸投资及其走势、台商投资的立法保护、涉台案件的司法保护、两岸司法协作、两岸加入 WTO 后的贸易发展与合作等议题。会议就加入 WTO 后两岸经贸发展合作提出应严守 WTO 规则,两岸经贸合作的最佳模式是互不排除适应情况,承认单独关税区。上海市委、市政府、市高级人民法院、市法学会的有关领导周慕尧、裴劲恒、缪晓宝、惠熙来、吴光裕、武克全、郭绍烈、顾明出席了会议。

第七次研讨会于 2004 年在上海召开,来自台、沪、川、闽、浙、苏的近 100 位代表参加了会议。会议围绕两岸经贸交流的新成果、新问题和新趋势展开研讨,与会者认为,随着专利法律制度的完善、上海知识产权执法力度的逐步加强和知识产权保护环境的不断优化,会进一步激励在沪台商申请专利和技术的实施,最终会促进沪台两地经济贸易健康发展。会议还就两岸的司法协助方面,建议修订推进两岸司法协助的有关规定,开展法律业务服务的合作交流。上海市人大副主任厉无畏、政协副主席谢丽娟出席了会议。

第八次研讨会于 2005 年 12 月在台湾台北市召开,12 位沪方专家学者与台方专家学者 60 余人参加了会议。与会专家、学者集中讨论了台商投资的历程与趋势问题、台商投资权益的法律保障问题、台资企业应注意的法律问题、开展两岸司法协助问题,并就两岸执行立法模式、强制执行机关的设置、强制执行救济制度、相互认可和执行、民事判决的有关规定也作了相关探究。另外，与会代表还就海峡两岸经济诈骗犯罪比较研究问题作了较为系统的研讨。会议取得圆满成功，对此会议主办方台湾"两岸经贸交流权益保障促进会"理事长李永然先生给予了高度评价，并建议将来沪台应互派访问学者进一步加强学术交流。

（郑小兵①）

---

① 郑小兵，上海师范大学法学理论专业 2004 级硕士研究生。

1994 年浦东新区法制建设
8 个课题的系列研究

为推动浦东开发,1994 年 4 月,浦东新区司法局、法制办与上海市法学会联合组织了《浦东新区法制建设研究》8 个项目课题的系列研究: 加快浦东新区立法步伐研究,外高桥自由贸易区法制建设研究,新区推行现代企业制度的法律保障体系研究,新区房地产市场立法规划研究,新区经济管理、社会管理、城市管理、中介机构管理等立法规划研究。40 多位专家、学者与浦东新区的同志参加了调查,历时一年,形成了一批系列性的研究成果,为浦东法制建设做了重要的基础性工作,并为解决新区的法制建设遇到的不少理论与实务方面的难题提供了决策参考意见。

调查组同志广泛深入地开展了调查研究,先后召开规模大小不同的近 100 个座谈会。在掌握大量信息的基础上,参加调研的专家和工作人员于 1995 年 3 月初步完成了研究任务。

《外高桥自由贸易区法制建设研究》课题组,广泛收集了国内外相关资料,进行了深入的分析研究,在较全面地总结反映了外高桥保税区 4 年来的成就及存在的主要问题和原因的基础上,大胆创新,论证了吸收自由贸易区经验的必要性和可行性,提出了"特殊发展模式的法制体系加以保障"的观点和方案。

《浦东新区房地产市场立法规划研究》课题组比较系统、深刻地分析了浦东新区房地产市场的现状及存在的主要问题,对一级半市场作出较为确切的评价、对一级市场转向二级市场进行了预测,提出了对一级市场向二级市场过渡中的法制的要求和一些创新的见解。

《浦东新区中介机构管理立法规划研究》课题组对中介机构的界定问题和预期作用作了较为深入的探讨。

《浦东新区推行现代企业制度的法律保障体系研究》课题组提出了浦东新区建立现代企业制度的目标、原则和体系结构,并同时指出了建立法律保障体系的思路和必须特别注意的问题。

《浦东新区经济管理立法规划研究》课题组经过广泛收集资料和深入论证，提出了在经济管理方面较为系统且结合实际的立法框架。

《浦东新区社会管理立法规划研究》课题组提出了一个课题研究总报告和包括社会保险、社会救济、社会就业、文化教育、卫生、环保、治安、人口等9个系列分报告及其立法框架。

《加快浦东新区法制建设步伐研究》课题提出了新区立法基本思路和措施，对浦东新区立法权限问题作出了专门的探索，并对立法程序的改进做了研究，草拟出《浦东新区制定规范性文件程序》，具有创新性和实用性。

最后阶段，有关部门还专门组成专家评审组对以上课题进行了评审论证。专家评审组认为，这几项研究成果对浦东新区法制建设具有实用价值、参考价值和理论指导作用，有关部门普遍认为这一批研究成果为开展浦东新区法制建设研究打下了宝贵的基础。其中，《外高桥自由贸易区法制建设研究》课题还被列为市政府决策咨询课题，并登报予以表彰。

这一批课题研究的成功不仅反映了市法学会对浦东开发、开放作出的贡献，同时也是市法学会"围绕大局，服务实践"开展研究工作的重要体现，对法学会此后组织开展学术研究活动具有启迪和示范的意义，是法学会历史上很值得记录的一页。

（陈仁良　蔡明标①）

---

① 陈仁良，行政法学科专家，本会第四、五、六届理事。曾任上海市外经委条法处处长、上海市政府法制办副主任、浦东新区法制办主任、浦东新区人大法制委员会主任。

蔡明标，曾任上海市中级人民法院审判员、高级人民法院行政处处长。

1998 年"加强政法机关反腐倡廉"的调研

1998 年 4、5 月间,市法学会根据中国法学会的意见,在市委政法委的领导和支持下,组织专人就"加强政法机关廉政建设,防止执法、司法腐败"问题开展了调查研究,先后召开了 6 次小型座谈会,深入 7 个基层法院、检察院、公安局与有关领导与干警 80 余名进行了座谈。还邀请了政法院校、法学研究所的 20 余位教授、研究员进行了专题研讨。专家、学者、政法部门的干警畅所欲言,意见既尖锐又中肯,建议颇有新意,有可行性。学会以《法讯》形式分 3 期上报中国法学会和市委有关领导,受到好评,对推动政法部门反腐倡廉工作起了积极作用。调查报告的主要内容是:

一、政法队伍整体素质和
反腐倡廉工作的状况评价

上海政法队伍的整体素质总体是好的,但还不能适应依法治国的要求和上海经济振兴、社会发展的需要,主要表现在 3 个方面:

1. 队伍现状与客观要求不相适应。从调查情况看,政法干部的文化素质还可以,特别是法官、检察官 70％～80％达到大专以上文化程度。但现有政法干部来源广泛,政治素质、道德品质参差不齐,受过的法律培训层次不一。组织领导方面,尚未完成实现"内行领导内行",审理环节上把关不严,质量难以保证。

2. 权力被异化导致腐败。当前政法干部中腐败现象形成的特征是有些人把国家的审判权、检察权、侦查权变成个人、部门的权力,变成权钱交易、以权谋私的资本。权力被利益异化后,必然导致腐败的产生。目前有的司法、执法人员,立案要钱,办案要钱,执行要钱,有油水的案子抢着办,没有油水的案子拖着不办,不给钱就不办案,给了钱就往往乱办案。"人情案"、"关系案"遏制不住,案子一发生,被告、原告都托人说情,人们对司法公正、执法公正的怀疑,司法执法机关、司法执法人员的形象受到很大损害,从而影响党和政府在群众中的形象。

3. 反腐倡廉制度虽多,但不成体系,还不足以防止腐败的产生。近几年来,上海政法机关对政法队伍的反腐斗争不断采取新措施,取得了一些新的进展。如法院系统1995年以来反腐倡廉的规定、文件、通知有113件;浦东新区公安局自成立时起,为反腐倡廉专门作出《规定》,建立了领导、执法、岗位、社区、民警优质服务等五项素质的系统工程,开展了创建"无违章违纪单位"的活动;全国先进单位黄浦区人民法院近两年完成了《以廉政建设为抓手,树立法院权威》、《强化职业道德建设,提高法院整体素质》、《树立新观念,保障执法公正》等课题研究,定出了措施。各机关还严肃处理了一批违法、违纪的干部,清除了犯罪分子。这些措施取得了一定的效果,但还没有形成一个系统的制度,腐败现象尚未被有效地遏制住。

调查研究中着重探讨了政法机关现有机构机制中的缺陷和深入改革的措施。认为:目前政法机关的机构和体制总体上是适应实际工作需要的,有些已有法律作了规定,从而保证了政法机关在新形势下基本适应日益繁重任务的需要。但是,由于长期来计划经济模式的影响,传统的机构体制和管理方式还在起着作用,突出反映在法院、检察院的组织机构,人、财、物的管理体制都仍然是地域管理的模式,以致国家的审判权、检察权(法律监督权)有些失控,在某些地方干扰和影响下,一旦涉及地方利益的时候,审判、法律监督就成了地方保护主义的助手,把法律当作维护本地权力、权益的工具。现在是年年反腐败,每年都出台了不少规章制度,但收效不显著,年年都要处理一批违法、违纪干警,腐败尚未被有效地遏制住。

在机构设置与领导体制方面。目前法院、检察院既要按《法院组织法》、《检察院组织法》的规定设置,又要按国家行政机关的组织机构形式管理;既要按《法官法》、《检察官法》配备人员,又要按照公务员编制管理办法调配干部,实行供给。但是地域管理的结果主要还是按旧的传统的模式,把国家审判机关、国家法律监督机关与一般行政机关管理等同起来,使国家统一制定的专门法不能很好贯彻。这就形成了组织领导体制本身与承担执法者的责任不相适应;传统的行政管理与执法职责的冲撞;提高法官素质的机制与司法实践要求执法者素质的矛盾。目前检察院按行政系列设科处室,法院也有相关的科处长,还按业务性质设法庭,但庭长只听汇报批案子,很少办案;审判员、检察员按行政系列局级、处级、科级公务员定编,有检察员、审判员职称的人,才可以提职、提级、加薪、享受分房等福利待遇,这种官本位使检察院、法院机构臃肿,法官、检察官太多,不少人只挂法官、检察官的名义,却不办案。据7个基层法院和金山等几个检察院反映,行政人员占1/3还多,而在第一线办案的只占45%左右,法院审判员、助理审判员、书记员的比例是3:2:1,官多兵少。检察院也大致如此。不少同志还认为像目前这种状况,即使实行高薪养廉,也会愈养愈懒。

在人事管理体制方面。地方法院、检察院主要领导是地域管理,其考核、任免既不是人大,也不是法院、检察院内部的组织人事部门,而是地方党委的组织人事部门,有时不按《法官法》、《检察官法》的规定,提出人选提交人大通过任命。有时由于基层法院、检察院的主要领导干部,比基层政府的部门负责人职级高,为了安排某些干部职级而办,有的业务素质、政治素质都不尽如人意。去年,4个区县法院的院长违法、违纪,就与领导干部管理体制有关,有的任命时就有不同意见,区、县组织人事部门却未采纳。同时,政法机关仍然存在机构臃肿、重叠,人浮于事的状况,效率低下,办案质量不高。不少同志呼吁将干部管理分成业务系列与行政系列分别管理。有的同志认为:现在基层法院一般都有七八十名法官,只要二三十名就够了。检察院的同志也认为,将现有人数减掉1/3,特别要减少行政人员。

在财务管理体制方面。不少同志反映执法机关经费都靠地方财政拨款,有的区、县规定公安局完成计划罚没款的90%之后,才能足额拨款,有的区、县财政规定法院应该创收多少的定额任务完成后,才能全额拨款。所谓拨款,也只是人头费、装备费和经过财政局认定的业务费。超出规定数额的业务开支,上级只给政策,不给钱。有的同志说:奖金要攀比,招待费又不胜负担,没有办法,才去搞"三产",政法部门的"三产"是逼出来的。有的同志说,政法部门除个别人外,很少真正有本事搞经营、能在市场中立足的人才,多数是靠政法机关的声望、以权势来做交易的。因为财政不拨经费,只好由"三产"来弥补。搞权钱交易,或借机要赞助,或以"共建"等名义去办人情案、关系案,弄点钱,要些物。如市局刑侦总队的同志反映,去年办案经费实际开支总额超出财政预算150多万元,专门打了报告,给补拨了一点,还有100万的缺口,没办法只好通过赞助来弥补,才渡过年关。许多同志认为:政法机关是国家的支柱,直接掌握国家的审判权、检察权、法律监督权，其后勤应该像军队那样有保障，其预算要从实际出发，而不能看原来的基础。如本市刑侦总队当年需要追捕人犯达1 200名之多，平均追缉一个人犯要花费6 000元，就得开支720万元，这是没列入预算的。不少同志认为，政法工作的性质，也要求财政保障供应，实报实销。事实上如黄浦区人民法院、检察院和其他一些法院、检察院、公安分局，都是由区、县财政全额拨款、实报实销的。多数同志认为，只要财政上全额拨款，就可以实行收支两条线；其次，对各级政法机关现有以各种名义办的"三产"应认真进行清理，在调查中发现有些单位以"退管会"等名义经营的宾馆和饭店是有相当规模的，这些"三产"都应按《公司法》的规定进行规范，并与原单位彻底脱钩；再次，对以各种名义的赞助，过去虽有命令禁止，但实际上禁而未止。最近市检察院正式宣布：检察机关与企业不得再搞"共建"，不得以任何名义要钱要物。这一举措，受到各方的好评。有同志建议今后政法机关需向社会募集赞助的，应经过正式批准手续，以统一设立基金的办法，加以解决。

二、对提高政法队伍整体素质和加强廉政建设提出了若干建议

首先，要下大力气提高政法队伍的政治素质。政法部门担负着繁重的维护国家安全和社会安定的任务，常常是夜以继日办理业务，应付突发事件，在日常工作中，强调提高业务素质，而疏于政治素质的教育提高，而那些腐败丑恶现象，那些受侵蚀而腐化堕落的人，几乎都是政治素质不高、经不起内外夹攻和金钱诱惑而引起的。为了提高政法队伍的政治素质，建议充分发挥上海市政法党校的功能作用。分期、分批轮训政法机关的基层领导和业务骨干。学习邓小平同志的理论，加强理论修养，坚持为人民服务的宗旨，反复进行党的领导、群众观点、统一战线等革命传统基础教育，以提高政法队伍的政治素质。同时各系统加强组织建设、思想建设和作风建设，逐步造就一支政治过硬、思想品德高尚、业务精通的政法队伍。

其次，从上海历史地位出发，站在新世纪高度，高起点，严要求，挑选和培养一批能廉洁奉公、严于律己，能公正、公平、公开、勤政为民、不谋私利的干部担任法官、检察官、警官，把提高整体素质作为一个专门问题，从人员结构、管理、

培养、提高、任命、监督等方面订出一整套计划,狠抓几年,持之以恒,以取得成效。特别要把好进口关,应当改变过去从工厂、企业招聘政法干部的做法。对政法队伍的晋级考核应像评定学术职称一样严格,组成专门考核审查小组,按法律规定的程序进行;法官、检察官可从资深律师中挑选,高中级法院、市检察院、市检察分院的法官、检察官可从下级法院、检察院的资深法官、检察官中选任。同时,出口渠道要畅通。现在审判机关、检察机关有一些不适应法官、检察官工作的,应解决调离的渠道问题。

三要改变目前有法不依,有法而无法依的情况,按现行《法官法》、《检察官法》、《人民警察法》任命法官、检察官、警官,特别是对基层政法机关的领导干部应从忠于人民、忠于法律、忠于党的事业,在当地群众中享有较高声誉的,确实熟悉业务,又具有相当组织才能的资深政法干部中,提出候选人,经上级政法机关考核审定后,按法定程序产生。为了从体制和机制上解决问题,建议完善立法,健全法制保证。具体建议:

1. 修改《人民法院组织法》和《人民检察院组织法》。现在人民法院、检察院的组织法是 1979 年颁行的,1983 年虽作了部分修订,但已经不能适应当前各方面形势发展的需要,建议尽快予以修改。修改的主要目的是保证国家审判权、检察权、法律监督权的统一实施,分别由国家审判机关、检察机关独立行使职权,明确两院的领导关系(包括机构、人事管理、财务管理方面),以及与地方的关系,并建议应以垂直领导为主。修改的具体内容包括:(1) 机构设置分业务和行政系列两条线,审判、检察业务系列,按政务员管理,司法、行政应搞好法院、检察院的后勤保障,按公务人员管理;(2) 设大区法院,为最高人民法院派出机构,不受地方干扰;(3) 基层法院不设行政庭,由中级人民法院管辖区域内的民告官诉讼案件;(4) 撤销执行庭,法院裁决执行后,发出裁决执行令,由地方司法行政机关执行。

2. 尽快制定《法官法》、《检察官法》、《人民警察法》的实施细则,既要规范,又要有可操作性。实施细则则要将法官、检察官的职级系列具体化,取消局级、处级、科级的行政职级,人民警察亦有警衔条例,法官、检察官虽有法定级别,但迄今仍未执行。法官法、检察官法单独列出系列后,对他们的工资、福利待遇、奖金都应作出专门规定,不套用公务员系列,不搞模糊工资。

3. 严格执行统一司法解释的规定。有的同志建议,除法律有特别规定外,一律由立法机关行使法律的解释权,改变由各部门各搞各的司法解释,导致执法困难和混乱的状况。

4. 廉政防腐的规定也要法制化,目前党委、纪委、监委都有廉政和反腐败的规定,公、检、法、司也都有自己的规定。不少同志建议,除应制定《反腐败法》、《监督法》、《反贪污法》外,对已有的廉政和反腐败的规定和措施在调查研究的基础上,先搞些地方立法或政府规章,以加大监督的力度。

近年来,为了防止执法、司法腐败,政法机关各部门不断加强监督机制,如机关内部增设检察室、督察处、廉政监督员,法院将立案和审判分开、审判和执行分开,审判员实行聘任轮岗制,建立院长、检察长、局长接待日制度。公安机关建立了200余人的督察队,上街查处违法违纪、公车私用的情况,监狱试行对在押人公开办事制度等等。最近,市高级法院建立电话举报处,市委政法委还聘任一批市局级离退休干部,组成执法督导员。所有这些对加大监督的力度、强化制约机制起了积极作用。但在实施这些监督机制方面,存在不足之处,有的同志认为,现在侦查机构监督员不少,而力量却不能集中,发挥整体力度不够,有些监督员业务不熟悉,很难履行职责,有的制度虽好,但没有严格执行。有些法律规定的公、检、法之间的制约制度,因各自的理解不同而无法执行。有些同志提出,检察机关反贪部门该立案的不立案,该查的不查,除其内部监督之外,该由谁来监督? 检察机关有些同志认为,对于自侦报捕的案件就不如对公安局报捕案件那样监督严格。同时,市人大对两院的监督也缺乏规范和经常化、制度化。许多同志认为,监督制度再好,关键在于严格执行。针对这些问题,有些同志建议:(1)对现有的监督工作制度应当严格执行,落到实处,监督要经常化、工作要制度化,不要搞形式,查一件是一件,件件有交代。(2)对法律规定的相互制约机制和制度应有可操作的实施细则和办法,监督的内容和要求具体化。(3)对尚未明确规定或不够完善、而必须进一步加强制约的监督问题,应积极尽快提出办法,如对检察机关、反贪局,建议由人大设立专门机构进行监督。

(马 锐)

1999 年关于毒品问题的研讨

毒品是当今世界各国政府普遍关注的热点问题。上海是我国最大的对外开放城市,是全国金融、贸易、经济中心,毒品犯罪会直接影响这座国际化大都市的声誉和形象,由此也会对人民的生活带来威胁。所以近年来上海的立法、执法等机关加大了禁毒的力度,打击了众多不法分子,社会学者、专家也对这一问题进行了深入研究。1999 年,上海市法学会、上海市刑事侦察学会和上海市社会学会联合举办了关于毒品问题的研讨会,上海和公安部的有关领导刘云耕、倪鸿福、易庆瑶、王刚和 80 余位专家、学者共聚一堂,本着对国家、民族、社会和人民的强烈的责任感和使命感专题研讨上海的禁毒、缉毒和防治吸毒问题。中共上海市委副书记刘云耕同志在会上作了发言,上海法学会的马锐、王鹤卿对该研讨会作了总体概述。

自 1998 年 10 月起,上海市刑事侦察学会、上海市社会学学会和上海市法学会在上海市禁毒小组、中共上海市委政法委员会的关心、支持下,在上海市各政法院校、上海社科院法学所、政法各单位及海关等有关部门帮助下,开始了对这次研讨会的准备工作。有关单位的 25 位同志提交了有关毒品课题研究的论文,如上海社会科学院卢汉龙在从社会学和社会工作方面论述了禁毒和毒品犯罪问题,并撰写了《从社会学和社会工作看禁毒与毒品犯罪问题》;上海市人民检察院龚培华撰写了《中国毒品犯罪立法对策研究》,从立法角度论述了中国毒品犯罪问题。此外,上海市公安局的张异、顾伟诚、郭建新、诸亚静、黄石、黄浦分局的孙吉富、李赫谦,上海大学法学院的严励、汤啸天,上海公安专科学校的夏健祥,上海海关的杨建国、王琼,上海市社科院的夏国美、王莉娟,华东师范大学的顾俊,上海戒毒康复中心,华东政法学院的游伟,上海市高级人民法院的黄祥青,上海市杨浦区人民法院的俞祥铸,上海市劳教局课题组,上海市公安局禁毒办公室等学者、专家都撰写了相关论文,其中不乏有许多值得关注的观点和内容,都有利于促进我们对毒品问题的认识与解决。

会后上海市刑事侦察学学会、上海市法学会、上海市社会学学会共同编辑了《99毒品问题研讨论文选》，其中收集了22篇论文。会议中探讨的主要问题涉及上海毒品蔓延原因、轨迹、趋势，禁毒现状与对策，及对毒品犯罪立法完善的认识，对政策的思考等多方面内容。研讨会介绍了当前毒品在上海有从过境、集散发展到地下毒品销售市场的趋势，吸毒人员以青少年、无业以及单身人员为多，毒品种类多样，毒品犯罪案件大幅上升，并认为当前对毒品问题严重危害性在社会还缺乏足够清醒的认识，毒品违法犯罪活动更加隐蔽，禁毒战斗尚未形成社会合力战斗，禁毒斗争的立法工作尚需进一步加强完善。

　　研讨会专家认为，近年来上海面临世界和周边地区毒品泛滥的影响是严重的，毒品违法犯罪活动呈蔓延态势，毒品工作面临着新的挑战。这是一项关系社会稳定、民族兴衰的大问题。如何遏制和解决这一问题也是全党全社会共同关心的大事，所以专家们希望通过这个专题研讨会的准备、实施及后来总结综述，对有关问题提出一些可行的对策或建议，这也是为实现依法治国、为社会繁荣发展应做的一份贡献。专家们还倡导更加深入的、不断地进行类似的研讨。

　　专家们在研讨会中指出，毒品问题从学理上讲是人类对麻醉品的依赖，是一种世界性的普遍关注的社会问题。它的产生与发展涉及国际性的社会、经济和政治等诸多方面的问题。而我国近年来毒品屡禁不止的最主要原因也是我国受国际毒潮的包围。毒品问题和吸毒现象正成为一种不安定的因素影响着我们的社会主义现代化建设。毒品问题和吸毒现象往往是和卖淫、抢劫、凶杀案、黑社会暴力等多个犯罪和社会问题联系在一起的，因此，我们切不可姑息，认为吸毒是个人的消费嗜好，不构成犯罪而加以容忍，必须坚决制止和打击。我们一方面要狠狠打击制毒、贩毒等犯罪行为；另一方面我们更要重视做好远离毒品的宣传活动和教育工作。也就是说，从积极方面着手，抑制毒品市场的蔓延，并且努力学习借鉴各国在禁毒、戒毒工作中积累的大量的社会工作经验。

　　法律手段是解决很多社会问题的有效手段。这一手段同样适用于毒品犯罪问题。我国立法机关为有效地同毒品犯罪作斗争相继制定了一系列反毒品犯罪刑事立法，逐渐形成了较完备的禁毒刑事立法体系。中国的禁毒刑事立法工作虽起步较晚，但随着毒品犯罪的发展，毒品刑事立法日趋完善，基本形成了较完备的、开放的禁毒刑事立法体系。我国关于毒品方面的立法特点大致有以下几点：（1）毒品犯罪罪名体系较完备；（2）明确单位（法人）可以成为毒品犯罪的主体;(3) 毒品犯罪刑事处罚严厉;(4) 规定了毒品犯罪特殊量刑原则;(5) 加强禁毒立法的国际合作。研讨会专家又分析了中国毒品犯罪立法与国外立法、国际禁毒公约的比较。最后,专家们又指出了中国毒品犯罪的亟待完善的问题:如罪名体系的完善、追究处罚的完善、刑罚制度的完善和程序制度的完善。

根据当前禁毒工作现状,研讨会的专家、学者们借鉴了一些国际经验,提出以下对策和建议:进一步加强禁毒工作领导,建立禁毒工作的责任制;加大禁毒宣传攻势和宣传教育的力度;强化基础工作,依靠各方面力量来遏制减少毒品问题的孳生;继续加强对强制戒毒与吸毒人员的管理工作;健全机构,建立网络控制阵地,狠狠打击毒品犯罪;完善禁毒法制;加强禁毒专业队伍建设,不断提高执法水平,并适时召开刑侦专家、社会学家和法学家会议商定对策。

(马晓飞)

2001 年关于"加入 WTO 对政法工作的 影响与对策"的调研

　　2001 年下半年,法学会与市委政法委研究室联合开展了"加入 WTO 对政法工作的影响与对策"的专项调研。调研组就信息安全、公共安全、经济安全作了分析,提出了关于 WTO 争端应对措施的建议。并以《法讯》上报有关领导部门。

一、关于信息安全

　　调研报告指出,现代科技的迅速发展,使网络虚拟化打破了传统主权疆域的界限,电子商务等网络活动必将迅速产生网络权益之争及其司法管辖问题。因此,要及时设定网络空间的司法管辖权,以掌握主动权。其中有:必须对公民的权利予以珍视和充分的保障;公民的隐私权需要保护;对国外、境外专门针对我国网站的违法行为,如实施监控、监听以保国家安全等等问题,必须予以切实的法律保障。但是我国现行法律对此没有明确的规定,制定法律进行规范,便成当务之急。即使有一些法律规定,也不尽完善,需对有关条款进行必要的修订。

　　网络的管理方面,调研报告指出:目前,互联网上活跃着大大小小各种虚拟社区,其中也不乏一些别有用心的人利用网络进行意识形态和文化观念的渗透,策划"黑客"攻击、网络诈骗等一些非法活动。限于立法、技术和装备等因素,网上虚拟社区目前基本还处于放任自流的状态。此外,传统的社团也正逐步虚拟化,不断将有关活动向虚拟空间转移,其中有相当部分不能排除有意绕开政府监管的倾向。从掌握"制网权"、维护国家主权的高度出发,政法机关应该及早进行网络虚拟社区的有关研究,尽快提出有关的管理方案,对其中的不良社群早发现、早控制、早取缔。为此建议:(1)从 3 个方面加强网络安全管理基础工作。一是加强整个信息网络物理链路的安全保护,使中美、中日和环球3 个海底光缆系统免遭拖网渔船不规范作业的损毁(断了 26 次之多,仅维修费就高达 1 亿美元);此外,防止和杜绝因野蛮施工挖断光缆和外来人员割盗通讯线路的事件。二是加强各个信息系统的防雷、防盗、防破坏工作。三是加强信息安全专用产品和服务的管理,要运作有意识地推广具有自主知识产权的安全产品,扶植一批企业化运作的信息安全服务机构,帮助解决存在的安全隐患,对"黑客"和病毒入侵网络问题及时进行有效的治理,起到"网络医院"的作用。(2) 在司法方面则相应地采取如下措施:在侦查网络犯罪的过程中,一要提高从事网络犯罪侦查人员的信息化水平,迅速充实一批从事 IT 人才加盟此队伍;二要合法运用技术侦察手段,加强侦查部门装备,并加快立法,为使用技侦手段提供明确的法律保障,使电子追踪取得的电子证据合法化。在起诉网络犯罪的过程中,一要审查电子证据的有效性、合法性问题,考察电子证据的取得程序是否合法、是否足以证明犯罪事实;二要根据公安机关查明的事实正确适用有关法律条款提出公诉。在审判网络犯罪的过程中,鉴于我国刑诉法只规定了 7 种证据,不包括电子证据,因此在刑事诉讼法未修改之前就存在一个如何通过证据转换认定电子证据的问题,比如采用多媒体演示的方法,以取得较好的庭审效果。

二、关于公共安全

调研报告认为:加入 WTO 参与国际分工必然带来的产业结构性调整,在一定程度上会造成城市失业人口的增加,我国社会保障制度的不健全可能会导致部分失业者的生活困难;同时,一些受过良好教育和技术能力较强的人员就业机会更多,收入提高;非公有企业将获得更大的发展空间,高收入阶层人数进一步增多,贫富差距进一步拉大,社会弱势群体将更加突出,这可能引起社会心态的失衡;随着入世后外国中小企业的大量进入,外方与中方员工发生劳资纠纷的几率必然增加。这些问题将导致短期内群体性矛盾进一步凸现;加入WTO 后,国内农产品将面临国外农产品的冲击和挤压,农村新增大量富余的年轻劳动力将大量流入大城市,他们在为城市的生产和建设作出贡献的同时,也给城市的安全和稳定带来了不利因素。外来流动人口犯罪将会增加,目前外来流动人口的犯罪基本上占了大城市犯罪总数的 50% 以上，因此，入世后城市外来人口的犯罪率可能上升。犯罪类型有向暴力型、组织型、智能型转化的趋势。入世后，进出国门的人数将大幅度上升，中国市场巨大的商业机会不仅强烈吸引着外国企业和资本，也会招致国外的犯罪组织和犯罪势力的侵害，因此涉外案件将明显增多，其复杂性和危害性也将会增大，具体表现在：（1）外籍人士作为侵害客体的情况增加；（2）外籍人士或无国籍人作为犯罪主体的情况增加；（3）跨国、跨境犯罪增多；（4）国外、境外黑社会组织的渗透力度趋强；（5）违法犯罪人员外逃增多。此外，在入世后，黄、赌、毒犯罪及青少年犯罪也可能大幅度上升。

根据这些变化，调研报告提出如下建议：（1）必须建立有效的社会治安防控体系，制定系统的战略战术体系，研究新时期人民内部矛盾的解决方法，进一步疏通信访接待、新闻监督、投诉申诉等社会宣泄主渠道，防患于未然，加强政法干部处理治安突发事件能力的培养。（2）逐步完善城市外来流动人口的管理服务制度。进一步完善外来流动人口管理的地方性法规、规章，依法管理。紧紧依托社区居民自治组织，防止外来流动人口失控。同时也应增强服务意识，引导好外来流动人口的就业，保障其合法权利。（3）加强从对国外引入的新兴行业的管理，严防国际犯罪分子以此为载体渗透生根。加快培养一大批熟悉涉外犯罪处理程序、外语水平较高、对各种新类型犯罪有较深研究的专门政法人才。同时应加强国际间的合作，善于利用国际刑警组织的规定和双边司法合作协定，妥善处理涉外案件。

三、关于经济安全

调研报告认为：入世后，上海作为我国的经济中心，在经济安全方面最显著的变化可能是：（1）金融犯罪朝着国际化的方向发展；（2）世界经济的相互依存性使中国与各国经济安全关联系数增大，金融风险增大，有力打击金融犯罪和有效防范金融风险是政法部门入世后维护经济安全的关键。而当前值得注意的是：① 洗钱犯罪、金融网络犯罪、跨国犯罪必然增多，特别是随着在华国际金融机构将进一步增多，竞争异常激烈，金融活动的无序化可能加剧，从而为不法分子将走私、贩毒等犯罪所得转为合法收入提供了可乘之机。洗钱犯罪有从发达国家逐步转向发展中国家的趋势,而网络技术的发展,经济活动的电子化、虚拟化将进一步增加打击洗钱犯罪的难度。银行、证券等金融机构是境内外黑客攻击或入侵的重点。随着计算机的普及应用,预测在入世后金融网络犯罪将成为经济犯罪的主角。市场经济的开放性及交通、通讯工具的便捷给犯罪嫌疑人提供了较大的活动空间,随着经济全球化进程的加快和国际贸易活动的日益频繁,一些境外的不法分子将更多地利用国家和地区之间的社会制度、法律制度差异,跨境作案,并以此逃避打击和追赃。因此,犯罪呈现出国际化、高科技化、有组织化的趋势。② 抓紧研究和制定经济安全相关立法。法律本身的调整范围不可能涵盖所有的犯罪行为,处于社会转型期间法律也可能不适应形势的发展。因而加强对入世后金融犯罪情况的预测和研究,适时向立法部门建议作出立法补充和司法解释,就是维护经济安全的关键措施。

为此,调研报告提出如下几点建议:

(1)尽快建立经济安全的预警机制。上海是我国的金融中心,入世后一方面要防止金融危机首先从上海爆发,就要防范境外资本以上海为突破口对我国金融体系展开的攻击。从保障国家经济安全出发,有必要建立一个横跨银行、证券、保险等金融单位和工商、税务、海关、技监、专利等经济管理部门的"经济安全检测中心",通过地方立法形式将有关经济运行信息的收集、分析、检测等合法化、系统化,发现问题及时报警。

(2)重构司法力量的介入机制。入世后行政或司法权力介入经济活动必将日益受到限制,但是放宽监管并非放弃监管,只是应以法律的形式对介入机制予以重构和明确,如现行经济犯罪立案标准问题,经济犯罪的特点决定了其特殊性,故立法要完善立案标准的规定,要允许在立案阶段有限制地使用侦查手段,特殊情况下要授权对暂不到立案标准的案件也予立案。明确介入标准,既有利于保持法律的威慑作用,也更符合 WTO 的"可预见性原则"。

(3)加强司法保护机制。应结合管理与司法实践,提出修改和完善涉外经贸法律、法规的具体建议,加强对倾销与反倾销、知识产权等案件的司法保护与救济的水平和力度,确保贸易的公平与自由,维护国家经济安全,利用 WTO 争端解决机制处理和解决贸易摩擦。

(4)着力培育社会中介力量。将事务性的工作转移给中介组织和市场,降低司法成本、提高司法效率。要支持和保障律师、仲裁员、会计师等社会中介人员能依法履行职责;要坚决打击中介领域的各种非法行为,保证中介力量的纯洁性。

(5)积极应对虚拟经济的挑战。要关注电子商务的发展,积极参与相关的立法准备工作;要关注国际金融衍生工具的发展趋势和国内金融新业务,特别是网络空间的金融新业务的开发应用状况,跟踪调研,发现安全隐患及时启动司法介入和保护机制。

调研报告还在召开专题座谈讨论会之后,对 WTO 争端解决机制的应对措施提出了建议:

(1)使国内经济立法与 WTO 法律体系相协调

WTO 争端解决机制是依据 WTO 相关协定、协议和各成员的相关义务作出裁决,处理贸易争端,对各成员的贸易政策和法规予以审查,以确保 WTO 规则的实施。它要求各成员将现有的国内立法逐步向 WTO 各协议靠拢,而在制定新法时要以 WTO 相关规则为蓝本,使本国经贸政策和措施与 WTO 法律体系相协调。我国入世后,国内经济立法需从以下几个方面进行改善:一要为我国解决国际贸易争端营造良好的国际法制环境。已签订的双边贸易保护协定中要增加有关争端解决条款和司法协助调控等内容,并争取加入一些重要的国际经济条约。二要完善《对外贸易法》,尽快制定"反倾销法"、"反补贴法"、"反垄断法"、"外贸管理法"、"支付法"以及"对外贸易法实施细则"等。在"对外贸易法实施细则"中要补充一些内容,包括保障措施制度;国内企业就外国政府违反国际义务对我国贸易或工业造成损害向我国政府主管部门申诉的制度;对外国政府违反国际义务的行动采取相应制裁措施的制度等。三要完善《民事诉讼法》中涉外民事诉讼与仲裁法律制度。要增加关于外国原告提供诉讼费用担保;对当事人协议选择法律适用的条件加以限制,不允许以违反我国社会公共秩序、规避我国法律等为目的而选择准据法;有关国际贸易纠纷产生后适用准据法等内容。

(2)坚持用尽当地救济规则

用尽当地救济规则,是指当外国人与东道国政府或企业、个人发生争执时,应将争议提交东道国的行政或司法机关,按照东道国的程序法和实体法予以解决。在未用尽东道国法律规定的救济手段之前,不得寻找国际程序解决,该外国人的本国政府也不能行使外交保护权,追究东道国的国际责任。用尽当地救济规则是一项古老的"国际法规则",强调东道国属地管辖权的优先地位。我国也应当坚持在用尽当地司法救济后,由我国政府将争端提交 WTO 争端解决机构(DSB)裁决。

（3）充分利用协商、调解等自愿手段处理纠纷

运用 WTO 争端解决机制报复制度必须谨慎。这种报复制度可能只对贸易大国有利,对弱国来说,即使被授权报复,也难以对大国造成太大的影响。同时,报复针对的是世界贸易组织的成员,受到不利影响的实际上可能是该成员方境内无辜的企业,而真正实施加害行为的企业却可能并没有受到惩罚。此外,报复程序的启动还可能引起败诉成员方退出世界贸易组织,因而在出现贸易争端时,还是要尽可能充分利用协商、调解等自愿性手段求得争端的解决。

（4）充分利用 WTO 对发展中国家的优惠待遇

我国以发展中国家的身份加入 WTO,就应充分利用 WTO 争端解决机制对发展中成员方给予的优惠待遇。面对其他成员方违反 WTO 协定对我国实施歧视性经济贸易待遇,我国应积极申诉。鉴于国际贸易争端实质上是两国企业间的利益冲突,政府的申诉、应诉和其他活动都是为了维护本国企业的利益,国内企业应主动向政府部门申诉,以形成合力,争取申诉成功。

（马　锐）

2002 年关于诉讼法理论与
实务的研讨会

2002 年 7 月 5 日,上海市法学会诉讼法学研究会在上海市第二中级人民法院召开成立 1 周年庆祝大会暨首届诉讼法学研讨会。这次研讨会的主题是:(1) 司法公正与效率在诉讼程序上的体现;(2) 简易程序问题研究;(3) 刑事、民事、行政诉讼证据规则及其应用等。参加会议的有上海市法院系统、检察系统的领导、法官、检察官和上海市部分高等院校、科研单位的法学教授、研究人员以及律师和其他法律工作者,共计 100 余人。市委政法委、市法学会的有关领导出席了会议,并作了讲话。中国法学会副会长、中国法学会诉讼法学研究会会长陈光中教授,中国法学会诉讼法学研究会副会长李浩教授专程到会并讲话。与会同志围绕会议主题展开了深入、广泛的讨论。

上海市高级人民法院傅长禄、宋航在《关于民事二审程序改革若干问题的思考》一文中认为,构建符合我国国情的民事二审制度,是当前民事审判方式改革的重要课题。论文对民事二审制度中有关二审的功能定位、模式选择、三审制问题以及相关制度的配套改革等问题进行了探讨。关于二审的功能定位问题,论文将其定位在 3 个方面:救济功能、审判监督功能、统一司法功能。作者认为,有关法律对二审的功能定位较为模糊,造成二审程序在具体运用方面极不统一;二审模式的完善应继续采取续审制模式,适当改变二审的庭审方式;借鉴国外有关第三审上诉程序要充分考虑到司法体制上的差异,不能照搬外国做法。文章提出了以下几个制度的配套改革:完善审判监督制度、完善错案责任制度、扩大裁定上诉制度、建立法官逐级选拔制度和进一步完善证据制度。

上海市人民检察院第一分院课题组撰写了《公正与效率——关于刑事二审简易审的思考》。该课题组认为,当前如何在保证司法公正的前提下,充分、全面地利用现有的司法资源,提高司法审判的效率,是我们在司法改革中所必须解决的问题。文章对刑事二审简易审进行了思考和探索,分析了简易审的可行性；探讨了简易审的使用范围、简易审的提起、简易审中出庭检察员的阅卷、简易审的庭审模式。

复旦大学法学院谢佑平教授撰写的论文《司法公正与司法改革论纲》对司法改革问题进行了深入的探讨。他提出司法公正的两重涵义，即程序公正和实体公正。中国现行司法体制的结构性缺陷突出表现在程序独立性受损、程序民主性有缺陷、程序控权性失灵、程序平等性失衡、程序公开性受限、程序科学性不足等方面，认为我国现行司法体制程序公正和实体公正双重失却。关于中国司法体制改革的目标与步略，谢佑平教授认为：第一，把司法改革的目标定位为公正的重塑，解决司法体制中存在的结构性缺陷；第二，在司法改革的动力资源问题上，不仅要重视作为国家代表的司法机关的推动作用，还应对作为民间力量代表的律师界和理论界倾注更多的关注与信任；第三，对于司法改革的路径选择问题，中国应选择一条本土化与国际化相结合、立足于本土资源进行制度移植的创新型制度移植的道路。

提交研讨会的论文还有金绍奇的《陪审制度在现代诉讼中的地位》，马贵翔的《刑事司法程序隐形化的程序正义透视》，章武生的《我国民事简易程序之重塑》，吴登楼的《鉴定制度的出路》，赵旭明、许任刚和张娅娅合写的《寻找公正与效率的结合点：关于刑事诉讼中瑕疵证据可采性的价值探讨》，张晓频的《论民事简易程序之理念与制度设计》，吴玲的《民事证据保全若干问题浅议》，刘达芳的《客观真实辨析》，余剑的《论刑事诉讼关键证人出庭作证——现实的选择与制度的设计》，唐震的《被告人认罪案件简易审问题研究——兼论刑事诉讼简易程序的完善与发展》，杨路和鞠晓红合写的《人民法院〈关于民事诉讼证据的若干规定〉》，张吉人的《行政诉讼证明责任的实践与探讨》，樊荣庆和吴燕合写的《未成年人刑事案件使用普通程序简化审之初探》，曹坚的《非法证据排除规则研究》，张建和朱一心合写的《试论我国刑事判决形成机制的建构》，杨重辉的《实行起诉内容诉前告知被害人（代理人）制度是对刑诉法第 139 条的完善》，王超的《刑事普通程序简易审改革质疑》，叶青和阮竹君合写的《关于刑事二审简易审改革的几点思考》，袁海勇的《论电子网络证据的证据价值》，柯葛壮的《快速移送审判程序之构想——侦查、审查起诉阶段的快速化问题探讨》，游海东的《论建立被告人程序参与模式——我国刑事简易程序的反思与重塑》，黄双全的《论我国民事诉讼法简易程序的适用和完善》，席建林的《关于高度概然性证明标准司法适用之探讨——兼论对最高人民法院〈关于民事诉讼证据的若干规定〉第73条的理解》,孙建国、顾海鸿、尤海东、王清坤合写的《我国民事诉讼简易程序的缺陷与重塑》,赵莉的《试论司法认知规则及其在民事诉讼中的运用》,严民昌的《优势证明标准在行政诉讼中的实践及思考——对一件不服道路交通事故责任不予认定案件审理的探索》等。

  在这些作者提交的论文中,有30篇被评为上海市法学会首届诉讼法学研讨会优秀论文。为扩大影响,上海市法学会把与会者论文汇集在一起,由上海人民出版社在2002年10月出版了《程序与公正》一书。

(祝爱珍)

成就篇

2003 年关于《城市生活无着的流浪乞讨人员救助管理办法》的调研

2003 年,为了促进国务院新颁布的《城市生活无着的流浪乞讨人员救助管理办法》的有效实施,法学会组织专门课题,由易庆瑶副会长牵头,开展了大量的调查研究,在此基础上,写出了《关于〈救助管理办法〉及相关问题的法律思考》的课题调研报告。报告提出:民政、公安等执法部门要首先转变观念、统一思想、积极工作,以保障《救助管理办法》的正确实施。《救助管理办法》是在《收容遣送办法》废除后出台的,由于传统思想观念和习惯性工作方式的影响,执法部门存在着不同认识。调查报告首先肯定《救助管理办法》在立法思想上是巨大变革,在保障人权与维护社会秩序关系认识上的一大进步,体现了市场经济条件下法的价值,即对弱者的人道关怀、对人口自由流动的支持、对城市外来务

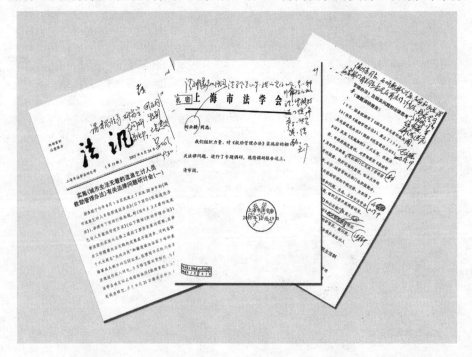

工者公民基本权利的保障。调查报告具体对比了《收容遣送办法》与《救助管理办法》在价值取向、制度构建、执法主体、行为模式、法律关系和法律后果上的差异。调查报告分析了新法公布后出现的新情况、新问题，提出了解决相关问题的对策建议：要加大舆论宣传力度，发动社区和群众团体力量，强化乞讨人员流出地的接受安置工作，完善社会保障体系，加快立法工作和相关理论研讨论证工作。市委副书记刘云耕对报告给予了高度肯定。市委政法委书记吴志明也对报告中所提出的建议十分重视，批示要求有关部门特别关注。

（骆　珍①）

---

① 骆珍，法学学士，本会办公室干部。

2003 年城市规划管理法律研讨

2003 年 8 月 27 日，学会召开了"城市规划管理法律研讨会"。市规划局局长毛佳梁到会介绍情况，30 多位知名法学专家从行政法、环保法、民商法等不同角度开展讨论，提出了许多建设性的意见和建议。

专家们认为，为保护公共利益废止建筑容积率的审批，符合现有法律的精神，在国际上也有先例。专家们建议，应当修改《上海市城市规划条例》，以此作为废止原审批行为的依据；要探索建立长效管理机制，不断完善执法体系，切实做到全过程、全覆盖管理，及时掌握城市建筑动向，抓好源头，将问题解决在萌

韩正市长对研讨会报告的批示

芽状态；在具体操作时，宜以个案解决的方式处理历史问题，重视民意和民间的参与。这些意见，得到了市政府主要领导和有关主管部门的重视和关注。

（骆　珍）

2004年首届"长三角法学论坛"

薛明仁(左三)副会长主持江、浙、沪16城市法学会关于长三角法学论坛协调会

　　2004年10月22日,江、浙、沪法学会主办的"长三角法学论坛"首届论坛在上海成功举办,吸引了200余位法学、法律工作者参加。与会专家围绕"长三角法制协调发展"这一中心问题,从两个角度予以展开,其一是阐述长三角法制协调的一般理论和制度构建,其二是从具体实务领域探讨法制协调问题。

　　与会代表一致认为,长三角法制协调是在长三角区域经济一体化这个大背景之下进行的。长三角经济的一体化,使得长三角经济对外形成了一种同求的社会连带关系,即为了实现共同利益而结成的不可分割的团结协作关系;在内部则形成了一种分工的社会连带关系,即为了实现互惠或双赢而结成的互相依赖的分工合作关系。长三角各城市为了实现区域的联动协调发展,结成了一个共同体而互为伙伴和成员关系。这是长三角进行法制协调的现实基础和前提条件。

对于长三角法制协调的模式,学者们有不同的观点,其分歧在于统一法制还是在现有体制之内进行法制协调。在组织机构方面,有学者建议专门设置一个在三地之上的统一的立法机构和长三角行政区。也有学者建议,由国务院研究建立长三角区域综合管理协调机构。在法制方面,有学者认为可以考虑制定统一的《长三角区域开发与管理条例》、《长三角区域经济合作条例》等,通过制定长三角区域综合开发和协调管理方面的共同立法,规范区域经济一体化进程。无论是设立新的立法机关或行政区还是通过统一的立法,这种观点可以统称为拘束型方案。但多数学者反对拘束型方案而选择协调型方案,认为除适用于全国的统一法之外要求国家为长三角地区制定统一的法律,目前的可能性不大,建立具有立法权、行政决策权和司法权的区域管理机构更有宪法和组织法等方面的法律障碍。基于对现实的尊重和目标实现的可能性,只能谋求两省一市地方法制建设的协调一致。从上述前提出发,他们认为现有的以各种联席会议和磋商机制为主要形式的法制协调机制是可行的,但应不断完善和强化。上海交通大学法学院叶必丰教授认为,各种联席会议所达成的协议、宣言实质上是一种对等性行政契约。这种对等性行政契约的内容要完善(如应有责任条款等),也不应过多地干预市场;这种协议应当具有法律拘束力。违反协议的责任,可以是取消各种互惠措施等。这种协议应当作为两省一市协调地方立法和行政执法的基础,从而达到法制建设的协同。当然,地方法制建设的协同,还需要加强沟通磋商机制、公众参与机制以及咨询论证机制。建议以法学会为主体,或者建立专门的非官方的咨询论证组织,起草涉及长三角经济一体化的地方性法规和规章草案的参照范本,提供有关法律预案。

在谈到具体实务领域的法制协调问题时,学者们重点谈了 6 个方面:(1)公安机关执法的协调。长三角公安机关存在的部分执法差异属于发展问题,只能通过发展得到解决。现阶段,可以开展的协调工作包括统一对毒品及制毒物品的认定,建立协调调查取证制度,适当放宽对外地机动车辆通行的限制,尽量保障违法犯罪人员同等的权利以及建立经常性的协调机构或机制等。(2)区域海关通关一体化。为了实现这一目标,首先,要设立集中领导的长三角区域海关一体化组织结构,设立副部级的上海海关,统一管理长三角区域海关;其次,建立统一公正的长三角区域一体化海关执法体系,实行集中审单,统一验收标准,取消转关监管,实行长三角区域直通式通关;再次,构筑严密高效的长三角区域海关一体化监管模式,构筑自动化物流监控系统、智能化风险管理系统以及集约化综合管理系统;最后,实施便捷快速的长三角区域海关一体化通关系统,建立区域一体化的信息化通关大平台,实行无纸报关、电子手册、网上税费支付、电子转关,并且以风险管理为突破口实现海关管理方法的变革。(3)知识产权协调保护。设立长三角地区知识产权区域性协调机构,建立知识产权联合执法机制,建立长三角地区专利信息中心,成立长三角地区企业软件知识产权保护联盟,实行区域性商标战略,统一利用长三角地区的知识产权教育资源,加强知识产权人才培训等。(4)构建长三角产业经济协调发展的法律框架。主要内容应当包括:长三角产业经济协调发展管理法、长三角产业经济协调发展效益评估和质量互让条例、长三角产业经济协调发展合作与竞争法、长三角产业经济协调发展金融保障法、长三角产业经济协调发展环境保护法、长三角产业经济协调发展监督法等。(5)建构良好的适应民营经济发展的法制环境。具体包括:建立合理规制,促进公平竞争,为民营经济发展创造一个公平、公开、公正的投资政策和体制环境;积极引导,创新管理,规范发展,提高民营经济腾飞质量;依法管理,加强协调,整合力量,形成民营经济腾飞合力。(6)建立、健全"长三角"联合许可制度,加强、完善行政管理协调机制和行政联动执法模式,从而使城市之间的协调、合作、互动关系得到进一步发展。建立政府间的制度合作,规范行政许可权限的范围,逐步解决令出多门、无序竞争、重复审批的弊端,共同构建区域性的物流、人力资源、产权交易市场,形成许可、检查、监督一体化的标准体系以及联手打击违法行为的机制。

"长三角法学论坛"这一区域性法学研究的新模式受到了中国法学会的关注。在中国法学会的推动下,珠三角、东北、环渤海等地区也先后建立了区域法学论坛。

(陈冬沪①)

----

① 陈冬沪,副研究员,本会研究部副主任。

2004年促进司法公正与
维护司法权威的研讨

在中国重新走上法治道路的20多年后,立法的成就十分显著,可司法却遭遇到前所未有的困难,受到许多方面的挑战,并威胁到它的公正性和权威性。上海作为正在建设中的一个国际性大都市,应该有一个与之相适应的现代司法环境。为此,中共上海市委于2004年2月11日在上海展览中心召开了以改善司法环境为目标、以"促进司法公正,维护司法权威"为主题的干部大会。

2004年2月21日,上海市法学会在华东政法学院召开了以"上海发展战略与法治环境"为主题,着重就"促进司法公正,维护司法权威"问题召开了研讨会。上海法学、法律界的30余位专家、学者出席了会议,并围绕主题展开了热烈、深入的研讨。会后,上海市法学会还编辑出版了《专家学者谈司法权威》(文汇出版社2004年10月出版)一书,其中收集了24篇相关论文。

中共上海市委副书记刘云耕同志为此书作了序。在序中,他强调促进司法公正、维护司法权威,这是中共上海市委确定的落实依法治国基本方略,提高上海法治水平,推进社会主义政治文明建设的基本任务。他认为,从促进司法公正、维护司法权威着手,加快上海法治化建设进程,这既是实践"三个代表"重要思想、提高党的执政能力和巩固党的执政基础、推进社会主义政治文明建设的内在要求,也是改善上海的综合环境、提升司法工作整体水平的客观需要。他希望广大涉法工作者认真践行"三个代表"重要思想,坚持执法为民,促进司法公正,努力成为执行宪法和法律的模范;他还希望广大人民群众切实理解好、处理好尊重法律与依法维护自身权益的关系,从而支持司法机关依法行使司法权,支持行政执法部门公正执法,并自觉维护法律的权威。

书中的24篇论文涉及司法体制改革、司法队伍建设、司法形象文明化、司法环境优化等一些问题并作了探索和论述。这里撷其部分作个介绍。

现任上海市高级人民法院副院长的刘华研究员在《寻求司法解决,维护司法权威》一文中,专门论述了信访及其一些相关问题。文章首先认为,信访是人民群众行使民主权利,依法参与管理国家事务的途径,也是国家机关联系人民群众,接受监督的方式。信访制度是我国实践社会主义民主的制度安排之一。文章同时又认为,当前的信访仍存在一些问题。比如,信访所反映的不少问题有的是应该诉之于法院的行政诉讼甚至民事诉讼的事由,有的是已经诉之于法院并且法院已有生效裁判的纠纷等。究其原因,比较复杂,既有司法机关的原因,也有信访部门的原因,所以不仅需要司法机关要坚持司法公正,而且需要信访部门维护司法权威。文章进一步认为,要关注社会对于信访存在一些错误观念,比如"信访迷信"、"信访博弈"等心态。文章最后认为,重要的是应该明确并且强调信访不能解决法律纠纷这一观念,并从信访人、信访机构和法院3方面的努力来解决存在的问题。

华东政法学院叶青教授撰写了《论"司法为民"与司法公正、司法权威的关系》一文。此文认为,司法公正关系重大,关系到人民群众的利益,关系到社会的稳定,关系到经济社会全面发展。接着,文章分3个问题着重论述了文章的主题,它们是:立足"司法"讲为民,确保司法公正与高效;加强法官队伍建设,重塑法官的公正(社会)形象;依法加强和规范司法监督,提高司法信用和公信力等。文章的"结语"指出,司法权威来自于司法公正,司法公正的评价则来自于社会公众。各级人民法院和法官应始终树立实体公正与程序公正相统一的司法公正观。对老百姓来讲,看得见的是程序公正,易受到损害和破坏的是程序公正,最不易纠正的也是程序公正。为此,司法人员应善待程序,尊重程序,高举程序公正的大旗,唱响程序公正的主旋律,规范执法,严肃执法,牢记司法为民的宗旨,以彰显司法权的神圣性和权威性。

上海市第二中级人民法院沈志先院长撰写的论文题为《约束业外活动,提升职业形象,增强司法公信》。文章认为,切实约束法官业外活动,既是近年来人民群众反映强烈的突出问题,也是法院作风建设必须着力加强的重要环节。对此,文章从3个方面进行了论述。第一方面为"与时俱进,完成历史使命必须约束法官业外活动"。其中的内容有约束法官业外活动,是与时俱进拓展法院工作的需要,是直面现实强化法官队伍建设的需要,是提升职业形象、增强司法公信力的需要等。第二个方面为"知易行难,正确认识有效约束业外活动的困难"。其中的内容包括,约束业外活动具有渐进性和间接性、复杂性、敏感性、探索性等。第三方面为"迎难而上，探索自律与他律相结合的业外活动约束机制"。其内容有：以严格自律构筑约束业外活动的道德防线，以他律机制夯实约束业外活动的制度堤坝等。

华东政法学院副院长、教授王立民的《加强地方立法，促进司法公正》一文分3大部分。第一部分专论通过加强地方立法来促进司法公正有其一定的可能性。这种可能性表现为以下3个方面。首先，中国有地方立法权的设定。其次，中国的地方立法取得过辉煌的成就。最后，中国的地方立法有促进司法公正方面的空间。第二部分专论中国的地方立法可以对以下一些问题作出规定，以弥补现有立法的不足，促进司法公正。这些问题涉及法官的身份保障制度、法院经费的专列预算制度和法院内部的非行政化管理体制等。第三部分专论通过地方立法途径来促进司法公正所应注意的问题。这些问题有处理好上、下位法的关系，借鉴国外相关制度，因地制宜立法等。

此外，复旦大学的李昌道、马贵翔、杨心宇、侯健、谢佑平、潘伟杰，华东政法学院的汤琳俊、朱应平、蒋德海、潘小军，上海师范大学的石文龙，上海市司法局的刘忠定，上海政法学院的严励，上海交通大学的金泽刚，上海社会科学院的柯葛壮，上海市人大常委会培训工作委员会的周梅燕，华东师范大学的黄欣，上海财经大学的麻国安，上海大学的康洛奎，同济大学的蒋晓伟等一些专家、学者也撰写了相关的论文，同样被编入了《专家学者谈司法权威》一书，其中不乏有许多值得关注的观点和内容，都有利于促进司法公正和维护司法权威。

（王立民）

2004 年世博会与上海法治化论坛

2004 年 5 月 8 日,由上海市法学会倡议,并与上海世博会事务协调局共同主办的首届"世博会与上海法治化论坛"在光大会展中心顺利召开。中国法学会会长韩杼滨、上海市委副书记刘云耕出席开幕式并讲话,上海市委常委、副市长,上海世博会事务协调局局长周禹鹏致开幕词。市人大副主任包信宝、市政协副主席王荣华、市委副秘书长陈旭也应邀参加。500 余位法学专家、律师、政府工作人员及社会知名人士参加此次论坛。沈国明、周汉民等与会者认为,上海世博会的举办与法治环境的建设和完善是一个互动的过程,办博应该成为上海提高城市法治化水平的一个抓手,通过办博,完善法规,提高执法、司法水平,推动政务公开和依法行政,发展法律服务事业,提升市民的法律知识和综合素质,使上海城市法治化水平上一个新的台阶。筹办世博会不能搞"特事特办",要依法办博,各项活动都要在法律框架下进行。论坛在主题发言外,设 4 个专题进行了深入的讨论,即世博会与知识产权保护、世博会与城市管理、世博会与现代服务业、世博会与市民素质。

与会者认为,标志知识产权的保护与展品知识产权的保护是世博会知识产权保护工作的"两翼",两个方面缺一不可。陶鑫良、单晓光等提出,对于世博会标志知识产权的保护,可以借鉴奥运会单独立法、综合保护的经验,要推动国务院颁行《2010 年上海世博会特殊标志知识产权保护条例》,以商誉换赞助,以品牌促特许,为世博会筹措举办经费。而展品的知识产权保护,与一般物品知识产权的保护不同,需要确立更为迅速的确权程序、更为有利的临时保护措施和更为便捷的纠纷解决模式。须建楚、刘敏虹等建议,可以成立专门的世博会知识产权保护机构,统一协调处理展前、展中、展后的知识产权保护问题。通过这一专门机构,制定展会对知识产权保护的展前告知、投诉举证制度,落实参展商对展品不侵犯他人知识产权进行承诺的制度,联络专利、工商、版权部门对涉嫌假冒、冒充及相关侵权产品进行查处,对参展商请求进行行政调处,协助法院实施诉前禁令等。此外,可以在展会期间引入知识产权保护的专业服务机构,对参展商提出的知识产权相关问题进行及时咨询和服务。

与会者提出,世博会需要一个安全与有序的城市管理来保障,没有一个安全、有序的城市管理,不可能使"城市,让生活更美好"这一上海世博会的主题给人们留下一个恒久、深刻的印象。考虑到世博会对城市管理可能带来的挑战和压力,顾长浩、张声华等与会者建议,要针对可能发生的突发性事件,建立政府危机管理体制、机制,包括成立一个统一、高效、权威的突发性事故应急指挥体系,建立一套快捷、畅通的与各类突发事件应急处置有关的信息传递通讯系统,组织各有关政府部门编制可能发生的各类突发性事件应急处置预案,组建一系列专业分工明确、合作互动协调、应急反应快捷、处置技能过硬的抢险救灾队伍,建立一个职能明确、纵向到底、横向到边,组织有序的社会动员体系。关保英认为,要尽快出台专门调整世博会控制区的法律规则,以弥补普通法律制度对世博会控制区管理的不适应和滞后现象,使这一区域能够实现行政权力高度集中化、管理技术司法化、执法行为积极化和调控过程服务化;要推动城市管理理念和手段的更新,树立以人为本的价值目标,实现城市管理理念从"管制"到"管治"的转变,探索形成协调互补的决策机制、合理高效的执法体系和政府内部的行政沟通协作机制等。

顾功耘、田忠法等与会者呼吁,要以世博会为契机,依法促进上海会展及相关现代服务业经济的发展,要尽早为上海会展业的发展提供政策和法律依据,对场馆布局进行长远、合理的规划,设立会展专项基金提供必要的经费支持,培育会展业行业的整体竞争力等。吕红兵、朱树英认为,如何利用各种先进投融资手段,保证世博会工程建设的进程,减小政府负担和财政风险,最大限度地发挥世博会对城市发展、经济增长的推动效应,已成为当前世博会准备工作中的重大课题。同时,"场馆经济"、"会展经济"的特殊性以及世博会建设对经济发展周期性与波动性的影响也要求我们利用多种手段进行投融资。除政府财政投入和银行贷款外,世博会可以通过授予电视转播权、标志特许使用、出售展览门票、发行邮票和纪念币等获得直接收入,也可以通过发行长期建设债券、组建项目企业上市、采用 BOT 或 TOT 模式、资产证券化等手段在资金及资本市场上进行融资,还可以尝试发行彩票以获得建设资金。

最后,孙育玮、严励等在发言中提出,提高市民法律素质是成功举办世博会的基石,上海需要大胆创新、勇于探索,努力开创普法工作的新局面,使市民素质有一个质的飞跃,以适应世博会提出的要求。市委、市政府应当按照"以人为本"的理念,制定可行的发展规划,并纳入"迎接世博8年文明行动计划"全面部署中。可根据举办世博会的不同阶段,制定长期、中期和近期规划,循序渐进,分阶段实施。提升市民法律素质,还必须坚持系统教育,重点突破的方法。通过系统的普法教育,把有关世博会的法律融入人们的生活之中,使市民能够自觉地掌握和运用。在普法教育的基础上,要努力在重点领域取得突破。要切实加强对党员干部特别是领导干部的法律素质和执法能力的培养,着重抓好对青少年法治精神的培养,以执法部门为重点深入开展严格执法、文明执法的教育,还要以服务行业、窗口行业,特别是为世博会服务的行业为重点,广泛开展诚信守法教育,强化服务人员的法律意识,向世界展现文明守法的形象。

此次论坛引起了社会的广泛关注,中央电视台、《人民日报》、上海电视台、《解放日报》、《文汇报》等60余家境内外新闻媒体对会议及相关学术内容进行了深入的报道,时间长达2～3个月。论坛关于世博会知识产权需要单独立法保障的建议被采纳,2004年12月1日,国务院制定的《世界博览会标志保护条例》正式生效。会后,学会组织出版了《2010年世博会与上海法治化》一书。

鉴于论坛的成功举办,学会与上海世博局商定,以后每年举办一次"世博会与上海法治化论坛"。2005年,第二届论坛专题研究了知识产权保护,对世博会标志的知识产权保护、世博会展品的知识产权保护、世博会商业化运作中的法律问题、世博会标志许可经营中的法律问题等展开了多层次的交流,会议引起了国家工商行政管理总局和国家知识产权局的重视,影响扩大到全国。

（骆　珍）

2004 世博会与上海法治化论坛

学会学术研究
课题管理制度化

为了落实中共中央《关于进一步繁荣发展哲学社会科学的意见》,学会采取招投标的方式向广大会员发布年度课题。这在学会历史上是第一次,也是学会换届后的新一届领导班子为法学法律工作者搭建平台,推动和繁荣法学研究的一项重要工作。今年已是第三年。经过 2004 年摸索的一年,2005 年改进的一年,2006 年课题管理工作以《上海市法学会课题管理规则(试行)》为依据,应该更加高效、科学。

2004 年发布的 17 个课题是由学会学术委员会在原有 42 个建议课题(一部分由学会领导在 2003 年调研中总结出来;一部分由学会的各个研究会申报上来)的基础上评审确定的。17 个课题涉及知识产权保护、法治环境建设、保障司法权威、社会信用征信法律制度、司法公正与司法体制改革、产权交易法律制度等相当广泛的各个方面;既包含一些基础性研究课题,更着眼于上海的实际情况,从为实际工作部门提供理论支持,解决实际问题的角度出发拟定课题,具有前瞻性和务实性的特点。从申报情况来看,课题申请人共有 46 位,覆盖了所有的 17 个招标课题。申报者的面很广,或在各大高校及科研院所从事理论研究工作,或是实务部门的专家。每个申报者都有丰富的科研成果,具有相当强的科研能力,组成的课题组基本囊括了这一领域的精英,充分反映了上海的法学研究队伍现状,以及上海在法学研究领域的巨大潜力。所有申报者的材料最后经过学会学术委员会公平、公正的评审,以得分高低确定了最终的中标者。学会的 2004 年研究课题也得到了中国法学会的肯定,其中的两个课题《世博会相关知识产权的保护研究》、《长三角地区法制协调问题研究》被列为中国法学会 2004 年二级课题,其余的 15 个课题则被列为中国法学会三级课题。

为了及时掌握课题研究的进展情况,保证课题研究取得预期的成果,9 月下旬,学会对 17 个课题进行了中期检查,在肯定前段工作的基础上向课题组明确指出了课题研究中存在的问题和下一步研究方向,对课题研究工作的顺利开展起了很大的促进作用。

2005 年年初,学会组织学科专家对 17 个课题进行了现场答辩评审。从评审的情况看,课题的总体质量达到了课题申报表中设计的要求,有的课题在学术性、理论性、创新性和严谨性方面都做得较好,因而得到了参加评审专家的充分肯定。由于这次评审采取了讨论的方式,在讨论这种互动形式过程中,碰撞出不少思想的火花,产生了一些很有见地的观点,使大家感到很有收益。但也有个别课题由于与原课题设计不一致,缺乏理论体系和实证分析,没有作必要的、深入的调查研究等原因,评分较低,评审专家也提出了中肯的修改意见。

与 2004 年相比,2005 年重点课题确定为 6 个,既凸现了少而精的特点,同时又有利于学会集中精力抓好课题管理工作,促使课题出优秀成果。最大的一个变化就是为扶持、鼓励青年法学法律工作者的积极性和创新精神,学会专门设立 10 个不规定题目,自由申报的青年课题。中标的青年课题既研究理论前沿,又体现了社会热点和上海特色,如《上海世博会资产证券化法律问题及对策研究》。青年学者们踊跃申报,积极参与,在不到一个月的时间内共收到 56 份申报表,这充分反映了上海的法学研究队伍年轻学者的现状,体现出上海法学研究水平的巨大潜力。对于青年课题的中期检查,学会专门召开了两次青年课题责任人座谈会。青年课题是学会去年第一次设置,总的来说,青年学者思想上高度重视。在分别听取他们课题研究情况汇报的基础上,学会还与青年学者就他们提出的一些问题研究讨论,改进工作,提供帮助,推动大家课题研究的积极性。2006 年 2 月,学术委员会对课题进行结项评审,对课题整体是肯定的,全部合格予以结项。

在前两年课题管理工作的经验基础上,2006 年课题的招投标工作顺利进行,同时也有一些调整改进:(1)《上海市法学会课题管理规则(试行)》经常务理事会通过,于 2006 年 1 月 1 日起正式施行,学会课题管理工作将严格按照规则办事,更加透明、公开、公正;(2) 在研究会、学术委员会提出建议课题之后,学会又咨询多位专家,听取建议,最后经由会长会议通过 5 个重点课题,既集思广益,又坚持民主集中制;(3) 相对 2005 年青年课题的完全自由申报,今年提出了 9 个研究方向,更具指导性、合理性,使申报有的放矢。今年比去年更为踊跃的申报情况说明法学会青年课题在青年学者中的吸引力日益加大,法学会——青年人学术交流平台,这一印象日益深入;法学会支持、鼓励青年学者成才的一贯做法深得人心。

对学会组织的课题,学会重点抓了 3 项工作:

一是注重质量管理。学会通过组织调研或举行座谈会,了解实践中亟须研究的问题和法学前沿问题。由学术委员会对收集到的问题进行梳理、论证,然后投票确定选题,保证了立项的针对性和科学性。严格落实课题中期检查和结项评审制度,结项时通过组织现场答辩,避免了评审中的人情因素。通过这些措施,学会课题的质量得到了保障。二是注重经费管理。学会根据课题进展情况、完成质量分期拨付经费。对于限期整改的,暂缓拨付;不能通过中期检查和结项验收的课题,停止拨付。青年课题经费较少,学会在签订委托研究协议时予以一次性拨付,结项后对优秀课题另外进行奖励。这些做法有助于保证课题经费的专款专用。三是注重成果转化管理。课题一结项,法学会就积极联系出版单位,选择优秀课题进行出版;鼓励课题成果公开发表;积极通过各种渠道,将优秀成果推荐给领导决策机关和实务部门。2005 年底,在总结课题工作经验的基础上,学会制定了《上海市法学会课题管理规则(试行)》,实现了课题管理的制度化。

除学会组织的课题外,我们还积极从立法部门、司法部门、行政执法部门以及大型企业和其他单位争取一批课题,以"订单课题"的形式,开展委托研究和合作研究,使法学研究成果更直接地为现实需要服务。2004 年以来,学会受市环保局委托,组织了环境保护立法课题的研究,起草了《上海市环境保护条例》修订草案,草案的主要观点和基本框架被市人大采纳;受市港口管理局委托,组织了《上海港口条例》立法课题研究;受市信息委委托,开展了《信息化功能性设施设置和使用管理办法》研究;受市经委委托,参与了修改《中华人民共和国节约能源法》的前期论证工作;受市检察院委托,组织了《行政执法自由裁量基准制度研究》和《预防国企改制中因职务违法犯罪导致国资流失的若干问题研究》等。

学会将继续鼓励、支持广大会员从事法学研究，解析法律实务，也将继续一如既往地支持广大会员从事课题研究，希望优秀课题成果能为法治建设和上海的社会经济发展提供有价值的理论支持，贡献上海法学法律工作者的智慧和力量。

（程　维①）

----

①　程维，法学硕士，本会研究部干部。

2005 年关于社会主义
和谐社会的系列研讨

2005 年,学会组织了以"构建社会主义和谐社会"为主题的系列研讨活动。与市政治文明办等部门合作,先后举办了构建社会主义和谐社会高层论坛、和谐社会与依法治理研讨会。

邓伟志教授在会上发言

在 4 月 19 日的高层论坛上,学者们认为,党的十六届四中全会提出"和谐社会"的概念具有重大意义。这一概念与马克思主义一脉相承,与近代以来的先进思想相吻合,能够调动更多的社会资源参与小康社会的建设。贫富差距、社会保障、困难人群、干部制度、腐败、社会稳定等问题影响甚至制约着和谐社会的构建。而解决这些问题,需要从制度层面着手。因此,领导决策层和理论界需要加强对社情民意的了解,加大对社会状况的研究。在这一过程中,法学界将大有作为,需要研究回答如何设置对公权力的制约制度;如何建立对公民权利的保障机制;如何有效地维护稳定,保障政府有足够的能力动员和管理社会;如何对 GDP 考核制度进行改革等。论坛上,5 位报告人从多角度谈了对构建社会主义和谐社会的认识。市世博局副局长周汉民认为,筹办上海世博会的各项努力,其实就是构建和谐社会的尝试与实践。世博会"以人为本、科技创新、文化多元、合作共赢、面向未来"的办会特征与和谐社会的内涵是完全吻合的。市社会学会会长邓伟志提出,构建和谐社会要处理好各阶级、阶层的关系,从解决城乡二元结构入手优化社会结构,充分发挥社会组织的作用,重视制度创新,将管理的重心转到社会管理上来。上海交通大学党委副书记、法学院院长、教授郑成良认为,在社会转型的历史过程中,构建和谐社会必然伴随着一个法制发展的过程,法律通过权利、义务的配置及完善保障机制来提供构建和谐社会所需的秩序、公正和自由。市社联党组书记潘世伟主张运用科学发展观分析和谐社会的构建,认为和谐社会的架构中需体现"一加三加一",第一个"一"是指党的领导,"三"是指市场、政府、社会三位一体,最后一个"一"是法治基础。现代城市发展战略研究中心主任宁越敏则着重分析了中国城市化的特点、遇到的问题,及对社会经济协调发展的影响。

市委副秘书长陈旭主持研讨会

在 8 月 15 日举行的研讨会上,与会者围绕和谐社会与依法治理的主题,着重就构建和谐社会过程中如何维护社会稳定、建立突发事件的应急机制、构建和谐的劳动关系、发挥社团组织的作用、实现城乡一体化、完善城市土地使用及农村土地征用补偿机制等几个议题展开了深入的研讨。有专家指出,当前上海治安形势依然严峻,今后一段时期内的犯罪特点将呈现新的趋势,打击犯罪的力度不能减弱,但应调整思路和对策,以更好地维护社会稳定。面对突发公共危机的日益增多,有学者认为,应该通过立法对突发事件的应急机制加以明确,必要时制定《国家紧急状态法》,就上海而言,可以结合自身特点先行地方立法。有学者提出,城乡一体化是构建和谐上海的重要组成部分,要通过完善社会保障制度,改革城市土地使用制度,完善农村土地征用补偿机制,严厉制止政府违规拆迁行为,消除城乡二元结构的现状,加快推进城乡一体化进程。为有效预防、缓解、减少各类社会矛盾,有学者认为有必要发挥第三部门的作用,这也是符合"小政府,大社会"的要求。学者们还提出了构建和谐劳动关系这一较新的概念,他们认为在构建和谐劳动关系中应以调整劳资关系为重点,充分发挥工会的作用。

(骆 珍)

2005 年依法执政理论与实践研讨会

2005 年 5 月 13 日,学会组织召开了"依法执政理论与实践"研讨会。30 余名专家学者参加研讨会,学会常务副会长史德保主持会议。与会学者从不同角度对依法执政的理论及实践问题进行了广泛的讨论。

学者们一致认为,我们所要建设的法治是党领导下的法治,依法执政应该成为法治建设的首要环节。依法执政是依法治国基本方略对党的执政活动的必然要求,它有利于贯彻党的主张,体现人民的意愿,从制度和法律上保证党的路线、方针政策的贯彻执行,保证人民当家作主。制度化、规范化、法律化,对于贯彻依法治国基本方略、发展社会主义民主政治、建设社会主义政治文明、构建社会主义和谐社会具有重大而深远的意义。学者们提出,中国共产党作为执政党,要做到依法执政,必须带头成为遵守宪法和法律,维护其权威的表率。党要支持人大依法履行职能,通过合法的途径和程序,将党的主张上升为国家意志;要支持政府履行法定职能,促进依法行政;要支持政协充分发挥政治协商、民主监督、参政议政的作用;要支持司法机关独立办案,维护司法的权威。有学者还提出,要通过完善引咎辞职制度,落实责任追究,建立违宪审查制度,强化对政党行为的司法审查,实现对违法执政的合法追究;对西方政党的执政经验和合理因素,要结合我国政治制度和政党制度的特点,予以借鉴。

会后,学会在本次研讨的基础上,选派专家参加了中国法学会 6 月 18 日至 19 日在北京举行的"依法执政的理论与实践——中国法学家论坛"。华东政法学院刘松山教授在论坛上作了题为《党领导人民民主的双重属性》的报告。他提出,党对人民民主的强制性领导是历史和国情的选择;党内民主是人民民主发展的决定性因素,充分发展党内民主是对人民民主最深刻、最有效的领导;党在确定了强制性的领导地位后,应当尽快实现由主要依靠强制性领导向主要依靠非强制性领导的转变。

(骆　珍)

2005 年上海循环经济法制建设论坛

2005 年 9 月 23 日，市法学会和上海交通大学法学院在兴华宾馆联合举办"上海循环经济法制建设论坛"。沈国明会长主持论坛，并作最后讨论总结。市人大主任龚学平、市政府副市长周太彤出席论坛并作讲话。200 余名上海法学界和经济学相关专家学者及政府部门的领导参加会议。与会学者从外国循环经济法制建设的经验和借鉴、上海发展循环经济规划等角度对上海循环经济发展的法制建设进行了深入研讨。

市人大常委会主任龚学平（左三）、副市长周太彤（右三）等参加研讨会并讲话

会上，交通大学法学院副院长王曦教授、市发改委总经济师周亚分别作了主题报告，市经委副主任乐景彭、市环保局副局长孙建以及郑少华、于杨曜等专家学者分别作了专题发言。与会者认为，上海人口众多，工业化程度高，经济增长快，是一个典型的资源消耗型城市，但是自身资源相对缺乏，环境容量有限，

城市生态系统脆弱,发展循环经济,推进资源节约,不仅意义重大,而且十分紧迫。而发展循环经济需要强有力的法律保证,我国发展循环经济的一个突出问题是国家缺乏发展循环经济的基本立法。上海人大和政府应当坚持国家立法的统一性、整体性和地方立法的区域性、创制性相结合,根据上海的特点和实际情况,开展循环经济法规和相关政策的研究探索,启动循环经济法规和相关政策的制定工作。他们提出,上海在循环经济立法工作中,要注意 3 个问题:(1) 要充分利用现有的法律资源。上海在防治环境污染、生态环境建设、资源的回收和重复利用等方面,都制定了一些地方性法规和规章,这些法规、规章在现实生活中,对改变高消耗、高污染、低产出的经济增长模式,走新兴工业化的道路,突破资源的约束,消除环境污染,实现经济和社会的协调发展、可持续发展,起到了一定的作用,也在一定程度上改变了人们已经养成的习惯行为。今后,应当进一步利用这些法规、规章,发挥它们的作用,推进上海的循环经济建设。(2) 要适时制定、修改法规、规章,实现制度创新,并完善现有的各项制度。当前,可以考虑将资源、能源消耗的减量化,甚至垃圾的减量化,作为立法的重点内容。通过这个环节的立法,既解决资源、能源紧缺的问题,又能解决环境污染的问题,对经济增长方式的转变也具有带动效应。(3)可以将推进循环经济建设作为重大事项,由人大作出专门的决定。明确上海市发展循环经济的总体目标、主要任务,企业、公民和政府在发展循环经济中的地位和作用,同时起到统领现行有关循环经济的专门法规、规章和标准的作用。

(骆 珍)

2003～2005 年关于
金融法律问题的系列研讨

上海要建成国际金融中心，是一项重大的国家战略决策。市政府明确准备用 15 到 20 年时间将上海建成为国际金融中心。围绕这一中心任务，学会近年来加大了对金融法律问题的研究力度。

自 2003 年 8 月以来，学会主要依托金融法研究会，组织各类学术研讨近20 次，涉及金融混业经营、房屋贷款风险控制、股权分置、外汇与利率风险防范与管理等多项社会热点金融法律问题。在 2004 年 6 月 16 日的"关于混业经营有关问题的座谈会"上，与会者提出，当前金融部门实行分业经营，但混业经营已经是势在必行。在推进混业经营时，可以按照"业务扶持、试点推广"的指导原则，采取"渐进式模式"，以减少改革成本，积累监管经验，为全面推行混业经营奠定良好的基础。他们认为，成立金融控股公司是金融机构走向混业经营的必然选择，虽然国际上主要存在两种金融混业经营模式，即德国的全能银行型和美国的金融控股公司型，但就中国现有的金融基础和所存在的问题而言，建立以银行为控股方的金融控股公司比较符合实际，同时根据现实的需要也可以允许其他经营模式的存在。这些建议，受到了金融界的欢迎。2005 年初，国家决定推行股权分置改革，引起广大股民和各方关注。2005 年 6 月 25 日，学会金融法研究会适时召开了"股权分置法律问题研讨会"。会上，与会者提出，股权分置须与激活股市相结合，应当为股市引入大型的优质企业；宝钢、中国石化等具有代表性的国企试点将是影响全局的关键；应完善决策机制、信息披露机制和社会公众股投资者权益保护机制等，为改革提供完善的法律保障。会议吸引了 70 多位来自本市及北京、山东等地的律师、法学理论工作者、司法人员、证券界人士，以及财经记者参加。

在 2005 年 12 月 9 日的"外汇与利率风险防范与管理理论研讨会"上，与会者提出，我国 2005 年的汇率改革大大增强了汇率的市场性，由原来的单一盯住美元的汇率机制改革成为以市场供求为基础、参考一篮子货币进行调节、有管理的浮动汇率制度,使得汇率风险由过去的隐性化走向显性化,改变了汇率风险的承担主体,带来了新的汇率风险管理的体制。但对于它是否增加了汇率风险,这涉及如何正确地看待汇率制度、汇率风险和发展外汇市场三者之间的关系问题。另外,由于连年货物贸易顺差,大量游资的进入以及外汇机制本身比较僵化等原因,汇率改革可能会造成人民币升值,进而对我国的金融体系及金融局面的稳定带来较大的冲击。因此,要从多方面着手健全汇率风险防范与管理的法律措施,包括根据国家主权原则,自主地确定汇率管理办法;开展外汇交易市场,加强对金融互换的监管,控制和规避汇率风险;在中国外贸企业的承受能力范围之内进行汇率政策的调整;参照建立欧元体系建立区域性国际货币制度(亚元体系)等。针对利率风险防范与管理问题,与会者一致认为利率市场化可以提高资金使用效率,优化经济结构,有效实行宏观调控,是我国入世以后的现实需要。他们通过分析我国利率市场化 10 年来的改革进程和国际经验,提出我国要实现利率的完全市场化,应在构建相关法律框架的基础上稳步推进。要建立以产权为核心的现代企业制度来防范银行经营风险;建立公平的市场准入条件来防范垄断风险;建立全国信用征信体系来防范信用风险;合理界定监管主体权限;推动商业银行健全定价机制,特别是存款利率的差别化定价机制;创新利率风险管理工具,重推以国债、期货为主导的金融衍生工具等。会议引起了金融界和金融监管部门的重视。

2005 年 12 月 1 日,学会举办了以"国有商业银行产权多元化与外资参股法律问题"为主题的"青年法学沙龙"。沙龙对中国商业银行改制中的国有金融资产的定位、外国战略投资者的判别、改制与商业银行风险防范、银行内部治理与产权改革的关系等问题进行了热烈的讨论。大家认为,国有商业银行改制和产权多元化非常必要,是化解国有银行风险的政策选择。但是,从建设银行、交通银行股份制改造和上市的实践来看,国有商业银行在引入外资参股的过程中,要通过健全相关法律制度,确保程序公正,解决金融资产产权交易透明度不高的问题;要加强对交易过程和外资银行经营的监管,有效保护国有银行的金融资产;要明确外资股东的资格标准,提高中国银行监督管理部门的监管力度;要明确中央汇金公司的法律地位,解决国有金融资产出资人代表不明的问题等。

2005 年 12 月 10 日,学会新成立了银行法律实务研究中心。中心成立后不久,就承担了市委交办的关于"金融机构外包应收账款催收业务问题"的研究。中心在研究报告中提出,银行出于降低经营风险,提高金融服务效率,增强银行竞争力的目的,将一些业务委托给专业服务公司,是国际通行的做法,在实践中也取得了较为明显的效果。银行自行或委托他人代为进行债务追偿不属于法律规定需要特批的行为,与任何一个债权人委托他人进行债务追偿性质一样。虽然国家工商总局联合其他数个部门分别下发的文件中,对设立"讨债公司",开展"讨债业务"作出了一刀切的禁止性规定,但对"讨债公司"和"讨债业务"的定义并不明确,操作中也存在着模糊之处和灰色地带,实施效果并不理想。所以,一概禁止的规定并不适宜。报告建议,应在平衡金融机构外包应收账款催收业务的市场需求与可能产生的负面影响后,给予委托追偿一定的成长空间。同时,为了维护社会稳定,加强对弱势群体的保护,可以对债权人向自然人催收消费性债务进行专门规范;严禁在债务追偿过程中采取违法的、犯罪的、不当的讨债行为;对受托公司的设立实行行政许可,并提高该类公司的市场准入标准和行业门槛;明确银行承担连带责任的情形,加重银行责任,促使银行在签订委托协议时选择有良好信用记录的受托公司,并对受托公司的服务行为作出约束性安排;开展行业自查,由银监局要求作为委托人的银行自查,由工商部门在年检中要求相关的受托公司自查;加强监管部门的监管、执法力度和司法部门的公力救济力度等。学会将中心的报告送市委和市政府有关领导审阅,得到了市有关领导的肯定。

法学会、金融法研究会、银行法律实务研究中心还主持召开过多次金融法律实务研讨会,在沪中外资银行法律界人士、法官、法学理论工作者、律师等踊跃参加,就诸多法律问题交换信息,切磋操作规则,沟通金融交易和司法审判中碰到的问题,形成了金融界、法律实务界、理论界经常沟通的平台。

（骆　珍）

2005 年和谐社会与
监狱工作的讨论会

本会从 20 世纪 80 年代始与上海市监狱学会建立起紧密的合作关系,因而近 20 年来,两个兄弟学会在政治文明与依法治监、罪犯的分类改造、防治重犯、罪犯心理矫治、执行制度改革等许多专题的学术研究上相互支持、切磋、帮助,共同进行了不同形式、不同层次、多角度的专项调查、课题研究、学术讨论,共同为推进法学繁荣与发展作出了贡献。2005 年,在市监狱学会主办的"和谐社会与监狱工作"研讨会上,市法学会的学科专家王飞、颜锦章和 10 余名法学会与监狱学会会员和各监所,市监狱局相关处、室,研究所等 30 多名代表一起,重点研讨了以下四个方面的问题:

一、和谐社会与监狱工作的关系。市监狱学会乔野生会长在书面发言中指出,面对严峻的社会治安形势和监狱内部出现的新情况、新问题,要自觉把监狱工作放在建设社会主义和谐社会这个更大、更高的目标中去研究和部署。要进一步强化监狱的特殊学校的教育、职业技能培训、监管工作的矫治、罪犯权利的保障四种功能。要从确立正确的行刑理念、提高罪犯改造质量、建立监管安全长效机制、规范监狱的刑罚执行、促进监狱工作协调发展等方面全面推进监狱工作,让监狱工作与和谐社会建设同步发展。

研讨中有的同志详细阐述了构建和谐社会与监狱工作发展的一致性:一是党和国家以发展为中心的战略与监狱工作发展的一致性;二是构建安定有序的和谐社会与履行监狱职能的一致性;三是构建民主法治的和谐社会与监狱发展要求的一致性;四是构建公平正义的和谐社会与维护司法公正的一致性。有的同志提出:构建和谐社会与监狱工作的关系主要包括两层含义:一是我们怎样提高罪犯改造质量,使罪犯回归社会后,不再重新犯罪,为社会服务;二是怎样构建一个和谐监狱。还有同志认为维护监狱的安全稳定是对构建和谐社会的基本贡献,甚至是最大的贡献,监狱要善于化破坏因素为积极因素。

二、加强监狱工作与构建和谐社会。研讨中有同志认为,为了构建和谐社会,监狱要树立三大理念,一是以人为本的人文理念,二是法德相辅的理念,三是强制与服从的理念。发言中有的同志认为从和谐社会的理念出发,监狱应当构建四个体系:(1) 科学的监狱体系;(2) 罪犯改造评价体系;(3) 以回归社会为目的的狱政管理体系;(4) 罪犯劳动报酬体系。监狱局研究所同志指出构建和谐社会应当与监狱的改革、探索、创新相结合。监狱要在促进罪犯认罪悔罪、促进罪犯与被害人的和解、恢复被犯罪人破坏的社会关系、化消极因素为积极因素等方面多下工夫,这也是构建和谐社会的重要内容。研讨中还有同志表达了关于将和谐社会融入基层工作的疑惑。认为构建和谐社会氛围首先要考虑干警的角色定位与执法思想,否则面对罪犯维权意识的提高等新情况、新问题,干警的认识容易不到位。

三、和谐社会与警囚关系。监狱局研究所同志阐述了构建和谐警囚关系的重要性。他认为,警囚互动是监狱人际互动中最重要的一种互动,其是否和谐关系到改造质量的高低。警囚互动具有关系的非对称性、单向的权威性、情境的封闭性和表现的不确定性等特点。研讨中有的同志提出要构建有效的警囚关系,需要做到以下三点:(1) 以科学的发展观为指导;(2) 树立以人为本的思想;(3) 注重对罪犯的引导与监督。

四、"和谐监狱"孰是孰非。在研讨会中有同志对于和谐监狱的提法表示异议,认为监狱要和谐,但和谐监狱的提法不妥当。因为和谐社会是中央从宏观的角度提出的,而不是从某个局部或某个部门的角度提出的。和谐社会的实现需要方方面面的支持,不是某一个单独的部门就能实现。和谐社会的提出是为了协调社会利益,协调利益也不是某个政府部门就能办到的。我们要正确理解和谐社会的含义。和谐社会包含人际关系的内容,但不是全部。故将和谐社会与监狱工作的研究重点放在狱内的各种人际关系上是欠妥的。

(沈　勃　丁铁坚[1])

---

[1]　**沈　勃**,上海市监狱学会理事。
　　丁铁坚,上海市监狱学会秘书长。

2005年关于劳动法研讨活动

　　劳动法研究会自 2005 年成立以来,组织了几次与实际结合较好的研究活动,具有一定的学术价值和实践意义,收到了良好的社会效果。

　　在 2005 年 4 月 20 日的"劳务派遣中的法律问题研讨会"上,与会者认为,近年来,劳务派遣发展迅猛,各种劳务派遣组织如雨后春笋般出现,许多劳动者通过这种形式实现了就业。但是由于劳务派遣工不直接和用人单位建立劳动关系,不直接在用人单位拿工资,在目前劳动力市场供大于求、相关法律规定十分不健全的情况下,给一些派遣单位和用人单位相互勾结、逃避法律责任提供了可乘之机,劳务派遣中出现许多问题,特别是"同工不同酬"的问题突出;还有的用人单位把本单位职工分流到新组建的劳务派遣企业,再由派遣企业重新派遣到原岗位工作,而工资等待遇却与原来的相差甚远;有的用人单位将自有职工解聘空出岗位后,大量使用劳务派遣工,规避对自有职工应当承担的义务;还有的劳务派遣单位运作不规范,从劳务工工资中高比例提取管理费,甚至克扣拖欠劳务工工资,不为他们缴纳社会保险费等。鉴于此,与会者提出,应当对劳务派遣单位加以规范,严格准入制度和审查淘汰制度;劳务派遣单位必须与被派遣劳动者依法签订劳动合同并承担相应责任,特别是使用期限;劳务派遣单位和劳务使用单位必须保证法律、法规赋予劳动者的全部劳动权益能够真正实现;劳务派遣单位与劳务使用单位对权益受到侵害的被派遣劳动者必须承担连带责任等。

　　在 2005 年 10 月 19 日的"工伤和非法用工疑难法律问题研讨会"上,与会者围绕非法用工主体的事故伤害赔偿问题、第三人侵权所致工伤保险和民事赔偿关系两个社会关注的劳动法律问题进行了深入研讨。与会者提出,国务院于 2004 年 1 月 1 日颁布的《工伤保险条例》对工伤伤害赔偿作出了详尽的规定,对以往的相关规定进行了诸多方面的改良。特别是第 63 条,扩大了权利主体的适用范围,将非法用工主体在用工过程中产生的事故伤害纳入了调整范畴,这在立法思维上是一个重大的突破和革新。但由于第 63 条规定得比较原则，在实施过程中需要解决两大问题，即由谁、按照何种途径，来最终确定非法用工主体是否要承担赔偿责任，以及如何确定赔偿责任主体。理论界一般认为，可以通过行政途径、民事赔偿途径、劳动争议处理途径来认定非法用工的事故性质，确定伤残程度，决定用工主体是否要承担赔偿责任。前两种途径存在法定情形超出劳动行政部门的职权、民事赔偿原则和劳动争议中发生工伤事故所确定的赔偿原则不尽相同等弊端，相比之下，第三种途径较为可行，更有利于保护劳动者利益，体现立法者意图。与会者认为，非法用工主要有三种形式，即无营业执照或非依法登记或已经被撤销的用人单位使用正常职工、合法存在的用人单位使用童工、非法存在的用人单位使用童工。其中，由于单位本身"非法"导致的非法用工占大部分。这类单位不具备法律上的主体资格，也就难以成为赔偿主体。因此，由非法单位的出资人（投资人）来承担赔偿责任较为妥当和有效。针对第三方加害问题，与会者提出第三人侵权所致工伤保险与民事赔偿之间为并行互补关系，工伤保险与民事赔偿两者不得重复。工伤保险与民事赔偿两种请求权的行使及其次序，应当尊重当事人的选择自由，并可同时行使。从债权让与法理和损益相当原则的角度出发，应当建立工伤保险机构和用人单位的代位求偿制度。

在 2006 年 4 月 23 至 24 日，法学会劳动法研究会等举办了"劳动合同法研讨会"。全国人大法工委副主任信春鹰到会并讲话。全国许多劳动法专家与会，沈国明会长致词。刘诚、董保华、陶文忠、戴建平等认为，劳动合同立法既要符合中国国情，又要考虑到长远，要将全面保护与适当倾斜保护结合起来，将注重公平与注重效率结合起来。在立法过程中，关键是要找到对劳资双方的平衡点，构建一个和谐的劳动关系，不能单纯地打压或过度地保护一方。在市场经济下，就业方式呈现多元化，导致新型劳动关系不断涌现，因此，劳动合同法中对于劳动关系的界定不能局限于现有的形式，范围不宜过窄。姜俊禄、杨杰、张宪民、陆胤等建议，劳动合同法草案中的部分条文需要进行修改，有些条文不利于保护劳动者权益，如在主体上，"草案"没有把应该纳入保护范围的纳入，应该排除的排除，使得部分弱势劳动者得不到有效保护。对原有制度的漏洞（如现行立法没有明确对劳动者造成损害后应支付的赔偿等）没有完善，用人单位往往利用这些不确定的权限来损害劳动者利益。虽对劳务派遣作了规定，但对其他的灵活用工方式,如非全日制、特殊劳动关系等,一概回避,缺少规范,不利于灵活用工形式的发展。有些条文明显不利于用人单位,过分要求用人单位"宽进",如"草案"第9条将事实劳动关系作为无固定期限合同处理,将用人单位与劳动者之间是否建立劳动关系以劳动者个人的理解为准;第10条将合同内容按有利于劳动者的原则解释;第8、18条规定劳动合同订立时单位有欺诈行为的,合同无效,员工有欺诈行为的,合同有效;第16、41条规定竞业限制期间全额支付工资等,从而导致用人单位的规章制度制定权被架空。有些条文不利于维护市场经济秩序。"草案"继续沿用《劳动法》使用的"用人单位"的概念,对雇主与雇员不加区分,容易造成用人单位中所有的人(包括董事、经理等高级管理人员)都是"劳动者"的印象,把高级管理人员与普通劳动者同等看待,可能导致高级管理人员利用手中的职权和自己签订的劳动合同约定高额补偿金,国有企业高级管理人员还可能相互串通,通过虚假的劳动争议侵吞国有资产。这种形式上虽然符合劳动法律的行为,但有违《公司法》的精神,容易破坏《公司法》确立的经济秩序。与会者还对"草案"中技术培训、竞业限制、行政处罚权等诸多条款的修改提出了具体意见。

(骆　珍)

2006 年"西法东渐与
上海近代法文化"学术研讨会

2006 年 2 月 23 日,首届"上海法学家论坛——西法东渐与上海近代法文化"学术研讨会在华东政法学院举行。法学会会长沈国明和华东政法学院院长何勤华分别主持了这次论坛。

常务副会长史德保同志在会上发言

会上,华东政法学院教师何益忠首先作了《晚清上海自治中的警察、警民冲突与社会》的主题发言,指出晚清上海自治时期,老城厢以租界社会管理模式为蓝本,颁布了许多条例对城市民众的社会生活进行管理。警察在具体执行这些规范的过程中,与城市民众发生许多街头冲突,这些冲突反映在急剧变革的社会中,城市民众对新的生活方式、新的社会角色的艰难适应。

同济大学蒋晓伟教授在《西法东渐——上海法学教育的起源和发展》的主题发言中,阐述了从 1843 年上海开埠以来至 1949 年新中国建立以前,"西法东渐"渐进上海法学教育领域。将这一时期的上海法学教育分为起源时期和发展时期,并在充分史论的基础上,揭示了这一时期上海法学教育取得的成就、形成的特点和存在的缺陷及不足。

上海社会科学院熊月之研究员作了《律师、法庭与西法东渐的关系》的主题发言,指出近代上海司法机构呈现出多元性,以领事公堂与会审公廨为例,强调不同的文化在混合司法中都起了不同的作用;并阐述外籍律师在上海活动的特点,认为对提高市民的法律素质、政府的行为都具有深远影响。

浙江财经学院杨大春博士撷取东吴法学院为个案,阐述西法东渐与上海近代法律教育的关系,认为西法东渐与上海近代法律教育之间是西法为主,东西互动的关系,形成西学东渐和东吴法学院之间互动关系的根本原因是中国近代社会变迁,这种变迁对东西方法学交流与发展产生了积极影响。

华东政法学院副院长王立民教授主要研究上海地方法制史,他就上海租界法制中的几个问题进行了主题发言。他认为《土地章程》对上海法制现代化起了非常重要的作用。它确定了租界,为引进现代法制提供了地域基础;它还直接规定了一些制度,如巡捕制度。总体上,20世纪初及以前,租界法制已经基本实现现代化,这主要表现在:已经形成了现代的法律体系,运用了现代的法规结构,大量使用现代的法制语言,运用现代审判制度、律师制度、监狱制度。但是,上海法制现代化的发展很不平衡,租界法律中有歧视华人的因素,租界法律的规定不能得到很好的落实,这些是上海租界法制中的一些问题。

华东政法学院教师洪佳期在其《会审公廨审判与上海租界社会》的主题发言中,以上海公共租界会审公廨的司法活动为视角,对它所呈现的某些非传统司法因素及对当时上海租界社会的影响进行了研究,并分析了背后的内在原因。

与会嘉宾和代表就上述主题发言进行了热烈的讨论。尤其是中国政法大学米健教授、北京大学李贵连教授、清华大学许章润教授对主题发言进行了精彩的点评,并发表了他们独到的见解。李贵连教授对会审公廨研究提出自己的看法,认为"苏报"案只能发生在上海,而不是其他的城市。许章润教授认为上海租界早先作为西方法律文化的据点,成为一座"孤岛",本土法律文化与西方法律文化在社会文明转型过程中逐渐减少落差,并推广到其他地区。而米健教授则以敏锐的眼光对一些主题发言作了中肯到位的精彩点评。

(骆　珍)

2006 年"攻克八大治安顽症，推进上海平安建设"理论座谈会

2006 年 5 月 10 日，学会和市综治办联合召开了"攻克八大治安顽症，推进上海平安建设"理论座谈会。市委副书记刘云耕，市委常委、市委政法委书记吴志明等领导出席。沈国明会长主持了研讨会。

与会专家学者围绕市委领导提出的近年来影响本市社会治安稳定、人民群众安居乐业的"八大顽症"作了专题发言，为本市攻克八大治安顽症，推进平安建设提出了对策和建议。刑法研究会副总干事龚培华从刑事政策的角度，提出依法惩治"两抢一盗"犯罪总体上应体现"重其重"的原则，要加强侦破工作，切实提高破案率；要降低此类案件的定罪标准，以适应实际犯罪的状况；要明确此类案件的证据标准，坚持"事实基本清楚、证据基本充分"的刑事政策；同时也要关注与此类案件相关的犯罪，以体现打击的整体性。上海市社会学会会长、上

海大学教授邓伟志认为，当前打击黑社会和黑恶势力，尽管面临的形势和任务比较艰巨，但是有很多有利条件，所以我们要树立信心；解决黑社会和黑恶势力问题绝不是政法部门一家的事，他建议从"改良土壤"抓起，全社会形成合力，使黑社会和黑恶势力失去立足之地。上海市禁毒专家委员会主任张声华在发言中，从强化基础性建设、加强集中整治力度、形成打击整治合力、增强专案经营意识、开展有效禁毒宣传、建立长效管控机制等几个方面，对上海打击零包贩毒工作提出了建议。华东政法学院教授杨正鸣提出，要建立并完善"四小"场所治安管理的长效机制，必须确立有效控制、政府责任、环境安全、协同管理的四个理念和遵循促进"四小"场所管理规范化、"四小"场所治安管理法治化、"四小"场所治安资源市场化、"四小"场所治安管理信息化及加强社会主义精神文明建设的五点思路。上海政法学院教授关保英分析了"黑车"回潮的原因，并重点阐述了执法中存在的"便衣侦察"的合法性、取证难、联动执法、扣留期限的法律依据、拍卖的法律程序及对"克隆车"的责任追究等问题，为实务部门工作人员开阔了思路，也消除了一些顾虑；他还提出通过市场机制、地方立法、执法完善、建立社会监督体系四条路径，来解决"黑车"回潮问题。华东政法学院教授肖建国概括分析了当前"两怀"妇女违法犯罪执法中的焦点、难点问题，并从宣传、打击、管理等方面提出了思路和对策。上海交通大学法学院教授叶必丰提出社会矛盾应分而治之的思路，建议对违章搭建问题应从早抓、从小抓，而不是等到形成了群体性事件才去解决。

（骆　珍）

二、对外交流

学会始终把对国内外的学术交流活动作为促进上海法学繁荣、创新法学理论的重要一环,学会积极创设条件,组织会员们"走出去,请进来"。改革开放以来,同全国31个省、直辖市、自治区以及港、澳、台的法学、法律界人士和欧、亚、美、澳、非五大洲的30多个国家的同行建立了联系,每年接待外国朋友10批上下,达70～80人。国内外的学术交流活动对于上海法学、法律界人士开拓视野、丰富学识、深化研究、增进友谊起到了积极作用,有力地推进了我市法学研究的繁荣和发展,为上海依法治市作了一定贡献。这里编撰了5篇与国内外交流的相关材料。

利用外资学术研讨会

正当上海改革开放历时10周年之际的1989年,为了更好地总结交流上海对外开放利用外资工作的经验教训,上海市法学会与上海市外商投资企业协会于4月14日至17日共同举办了一次利用外资学术研讨会。我有幸参加了这次会议的组织和筹备工作。尽管事情已过去十六七年,但却一直令我难以忘怀。在学会成立50周年之际,特撰文以作纪念。这次会议是学会比较重要的一次学术研讨活动,开得很及时、很成功。它有以下几个特点:

一、经贸界与法学、法律界的
一次携手之举,意义非凡

在那段时间里,与会领导一直强调如何更好地为上海改革开放提供理论支撑和法律服务。学会和协会的李庸夫、孙更舵两位会长,就此达成共识,决定携手共办这次会议。这次会议参加部门、人数之多,也是少有的。记得有市政府法制办、市经贸委、外资委、市司法局、市经济研究中心、社科院国际法研究所、外汇管理和土地管理部门,复旦、交大、财大、华政的法学院校系,高技术产业及园区、国际经济贸易仲裁委员会上海分会以及投资咨询、银行、信托公司,还有一些中外合资、合作企业。与会的有这些部门的行政领导、专家学者、企业家和实际工作者共150余人。时任市政府副秘书长叶龙蜚、卢莹辉,市外资委、法制办、市委政法委和两会的领导都参加了会议。会议开了4天,内容丰富,讨论热烈。不少与会者反映,这不仅是总结10年上海利用外资经验教训的会议,也是论证进一步利用外资而献计献策的论证会议。

二、研讨成果丰硕、有虚有实,更着重务实

这次研讨会共收到论文86篇,内容广泛,切合实际。包括外商投资理论和观念及形式、经济法律咨询服务的内容方法、外商企业的管理及税法、三资企业的现状和法律问题、经济法律见证的理论和实践、律师在引进外资中的作用、引进外资工作中的国际惯例以及国际仲裁等等。观点比较新颖实用,具有一定的学术价值和应用价值。与会者认为,自对外开放以来,特别是最近5年内,上海根据中央的政策,充分利用外资,振兴上海经济,路子对,步子稳,取得了很大成绩。但也认为我国经济的发展正处在"治理、整顿"和"压缩"的情况下,国际产业结构正处在不断调整中,上海引进外资工作面临新的机遇和挑战。根据实际存在的问题,与会者分析原因,特别提出了加强和改进的措施。特别强调的是要转变涉外经济工作的观念,需要重视的是对那种只强调国外投资者对于我国有关法律、法规的严格遵守,而在一定程度上忽视认真按国际惯例办事的观念和做法。会议成果向市领导作了反映,并编辑成专集。

三、会议采用国内研讨与国际交流相结合,
　扩大了研讨的效果和影响

当时由于我在美国原副总统蒙代尔所在的道西·惠特尼律师事务所担任特别顾问,学会领导交给我一个任务,是邀请一些国外律师和专业人士一起研

讨,蒙代尔及该所律师杰里·麦汉亭、朱耀铭先生欣然应允,前来与会。我国外交部也十分重视,蒙代尔先生由原来外经贸办理签证改由外交部驻香港签证部门加班办理,随同前来的还有企业界、金融界的有关人士。4 月 17 日蒙代尔在锦江饭店小礼堂召开的利用外资经济法律研讨会上发表了题为《中美经济合作远景》的演讲,他感谢市法学会盛情邀请、共同合作,赞扬了我国在健全和发展法律制度方面所做的努力,而且,这些努力受到了全世界的重视和关注,并认为这种合作本身就值得汇入历史档案,还确信在与法学会合作中会学到许多东西。他说,法律在中国已不是一种新概念,中国有"法家"思想及韩非子和商鞅这样的哲学家和治国实践者,在某些领域如行政领域中,固有的传统是相当强劲的,并对世界都有很大影响。蒙代尔说:"同你们一样,我深深体会到美国的法律和司法制度尤其缺点和不完备之处,如刑法体系和监狱。维护和发展法律制度是一种永无止境的任务。市法学会与美方律师的合作,双方互相学习可得的益处是深远的。"蒙代尔还提出:"正如你们已经认识到的,改善中国商事法律是增进外商投资和贸易至关重要的条件,中国全面进入关税和贸易总协定,将会创立一个可遇见的更稳定的投资和贸易环境,在所有这些方面,完善中国的法律制度将会使中国从容地进入繁荣的世界经济圈。"他还就为使中美关系继续保持它的进程,充分发挥它的潜力提出了看法,并希望在联系中美两国法律所能起到的特殊作用方面携手共进。与会者双方就中美贸易发展前景、国际仲裁、投资法规的稳定性及其完善、高技术合作、国际关贸协定、美国对中国纺织品进口配额限制以及货币汇率等问题进行了座谈研讨。次日,我还和学会领导一起陪同代表团拜会了朱镕基市长。蒙代尔表示美国商人对在上海投资充满信心,对其前景表示乐观,他的律师事务所及其客户下决心在上海作某些项目的投资。他还询问了上海的投资环境、浦东开发等并愿意就筹款、高技术合作以及有关法律问题提出建议,办些实事。他还拜会了倪天增副市长,市法学会、市外资委、交通银行的领导和代表,实地考察了浦东开发区。还会见了时任中国法学会的王仲方会长。不少同志反映这种交流是一次水平较高、颇有受益的学术研讨。

四、巩固和发展研讨交流成果,
落实到办实事中去

市法学会与美国道西·惠特尼律师事务所结下了密切的友谊和联系,学会曾再次与该所两位律师与本市法学界、金融界、外贸、地区开发等部门的专家学者 60 余人进行研讨。他们除介绍了美国利用外资、资金措施的一些做法和法律外，对上海如何筹措利用外资提出了一些建议和看法，如通过上海外汇交流中心，以不同的外汇一起进行集资和交换，从不同的汇率上借款，避免国际金融危机的影响；借款采用多方面、多渠道进行，包括多个国际金融组织；建议上海制定一个长期的筹集资金的计划，找一个国际上信誉好的贷款银行或单位作顾问；在借款过程中充分依靠和发挥律师的作用等。他们不仅提出了一些建议，还与我们合作办了一些实事，如帮助交通银行在美国纽约开设了办事处，后又提升为分行。市利用外资学术研讨会后，两会共同筹建了上海涉外经济法律咨询中心。学会副秘书长杨峰和我参与了实际工作，为涉外经济法律实务办了一些实事和案件等。学会与蒙代尔所在律师事务所建立了良好的关系。1996 年李庸夫会长不幸逝世，蒙代尔律师专门发来唁电，深表惋惜。

(徐天锡①)

---

① 徐天锡，律师，曾任本会副秘书长兼涉外法律咨询服务中心副主任。

现代犯罪对策国际研讨会

1998 年 7 月，上海现代犯罪对策国际研讨会召开，参加的有上海刑事侦察学会的专家、公安部国际刑警组织的有关领导、美国纽约警察总局四星局长特别代表、美国财政部税务局驻香港犯罪调查处主任、洛杉矶联合毒品情报组共同主任、美国联邦调查局香港法律联络处主任、澳洲昆士兰大学法学院教授等，本市法学专家、学者，市法学会两位副会长参加会议。这次会议的主要成果在于研讨和分析了现代犯罪的新形式和重点预防的问题。

一、有组织犯罪已经成为当前国际犯罪新的特点

外方专家、学者认为，近几年来拉丁美洲、孟加拉、前苏联、亚裔（包括大陆）的新移民以及黑人中有组织犯罪情况比较突出。这些人在公众场所酗酒、组织黑帮械斗、走私、制贩毒品、劫持人质、敲诈勒索、抢劫谋杀，50％的人有犯罪前科；有些以企业生产、商业信息为掩护，与官方相勾结，甚至利用高科技手段进行犯罪，伪造信用卡印信，或进行电脑犯罪活动；有些已将非法所得转化为合法，并企图在世界许多地方立足；有些原有的黑社会帮派衰落，增加了新的外来势力，填补了势力真空；有的黑社会组织总部在加拿大，成员达千人以上，然后又分成 6～10 人一组，遍及北美、欧洲等地，其中有些是大陆出生的人员，包括福建先前去的蛇头、香港马仔等，他们控制的有饭店、餐馆、娱乐场所等。美国对此除及时查处打击外，还加强了情报信息的采集分析评估、对策研究等专门力量，设立了专门的机构，并采取信息资源共享，了解犯罪嫌疑人分布情况，加大案件多发地区的警力投入，在立法上制定 RICO《有组织犯罪控制法》。

中方专家、学者认为：从我国的情况看，有组织犯罪主要是指黑社会或秘密社会组织的犯罪活动。目前带有黑社会性质的团伙犯罪已经出现，主要是国

外、境外黑社会势力渗入国内进行犯罪,或国内犯罪分子与国外、境外黑社会势力相勾结的黑社会犯罪,或国内犯罪分子受各种宣传影响,模仿国外、境外黑社会组织,纠合成各种"帮"、各种"会"。有些土生土长的恶性犯罪人员也正在逐步演变成黑社会组织或带黑社会性质的犯罪团伙,疯狂进行犯罪活动。近几年,上海吸引外资踊跃,一些境外黑社会组织打着投资、经商、旅游、探亲访友的幌子,以各种合法身份作掩护,把触角伸向上海。有的利用近几年建立的社会关系和经济基础,想方设法插足金融、地产、证券、影视等行业;有的在境内企图发展组织,有的采用黑社会惯用的犯罪方式、手段和工具,促使境内刑事犯罪升级;也有的则直接从事各种犯罪活动。

关于有组织犯罪的概念定义,不少与会的专家、学者认为:国内与国际犯罪的情况、形式和程度不尽相同,但这种犯罪的国际化趋势、国内外相勾结的情况值得重视。

二、制毒贩毒吸毒是刑事犯罪
增多的一个重要因素

据美国纽约警方介绍,纽约不少犯罪是由于毒品犯罪引发的,如走私、赌博、卖淫、劳务诈骗、贩卖人口、家庭暴力、械斗、洗钱犯罪等。最近纽约警方集中警力重点打击毒品犯罪,加上其他相关措施,使犯罪率下降了约 40%。美国南加州是制毒生产地,由墨西哥、哥伦比亚走私毒品加工后返销至墨西哥以及通过陆上、空运、海路销往亚洲的韩国、越南、柬埔寨、中国、日本等地。对此,美国洛杉矶联合毒品情报组织在全国禁毒总署部署下,集中较多官员、警力,查获了一大批可卡因、冰毒、大麻等。

我国的毒品犯罪始于对外开放以后。70 年代末,境外毒品犯罪集团借道我国过境贩毒,诱发了大陆的毒品犯罪,逐渐发展成为如今的走私、贩运并举,毒品零售市场也已初步形成;贩毒出现集团化、网络化;毒品品种也日趋多样化,除了传统的海洛因、鸦片、吗啡、杜冷丁外,还出现了摇头丸、摇头水、冰毒等。1996 年还查获台湾人在上海、安徽开设地下冰毒加工厂案。毒品案件数量增长很快,1991 年至 1997 年年均增长 44.6%,1996 年比 1991～1995 年 5 年总量还多 27%;1997 年又比 1996 年增长 26%。研讨中不少专家、学者认为:

遏制毒品犯罪的增长,防范和打击国际毒品犯罪,是预防刑事犯罪,维护社会治安的重要方面。

三、洗钱犯罪是国际犯罪新的形式

美国财政部税务局驻香港犯罪调查处主任介绍,近几年来洗钱犯罪有增多的趋势,并成为国际犯罪的一个重要形式,一些犯罪集团渗透到各种行业,特别是通过金融机构,变非法收入为合法。许多国家和政府对此引起重视,通过加强金融机构的种种措施,防止洗钱犯罪活动。有的对明显超过合法收入的,可以通过银行查明是否合法收入;有的银行要求客户存款一定要本人签名才为合法;美国也加大处罚力度,不仅将非法所得予以没收,罚款可达 1 万美元;日本法典也规定有洗钱罪。美国、日本财政等部门都建立了信息情报小组,下设数十个情报中心,美国司法部出了不少简报,分析洗钱犯罪的发展趋势。对此,国家地区之间还订立了一些公约和双边的协定。

我国对洗钱犯罪已逐渐开始重视,并采取了一些措施。在 1990 年 12 月《关于禁毒的决定》中规定了毒品犯罪中的洗钱罪。1997 年修改刑法时,刑法第 191 条作了"洗钱罪"的规定,限于毒品犯罪、有组织犯罪、走私犯罪 3 种严重危害社会罪行中的洗钱行为始定为罪。国内洗钱活动的表现形式有:(1) 境外犯罪分子或犯罪组织将赃款拿到国内寻找投资项目,或者开设餐馆、歌舞厅,然后以盈利形式汇出境外;(2) 将非法所得在内地购置不动产或投资证券市场;(3) 国内的犯罪分子将犯罪所得以商贸为名,在不同城市的银行间周转,最后变成合法的利润收入;(4) 将非法所得到境外合法的赌场换成筹码,再以赌博收益转成合法收入。洗钱实施者的行为表现为:① 为洗钱活动提供境内外资金账户;② 协助将财产转换为现金或金融票据;③ 通过转账结算方式协助资金转移;④ 协助将资金汇往境外;⑤ 以其他方式掩饰、隐瞒犯罪所得及收益的性质和来源。

四、利用计算机进行犯罪值得高度重视

美国联邦调查局香港法律联络处主任认为,信息时代的计算机犯罪出现了

不少新的情况,从侦破的60多起案件看,有的通过计算机从原苏联到加勒比海国家进行非法集资;有的利用计算机进行内盗而且破坏整个计算机系统;有的以此窃取和侵犯著作权;通过网上拍卖进行销赃活动;通过网上交易拒不支付款项进行诈骗活动;在网上进行赌博活动,在美国全年达到上亿美元;还通过计算机绑架人质,袭击空中航线,进行恐怖活动;有的黑客入侵,使佛罗里达州和911报警系统瘫痪。他认为,计算机国际联网后其犯罪往往是没有国界的,预防计算机犯罪不是某一个国家的事情,需要加强国际合作。为了防范计算机犯罪,美国联邦调查局已将其作为一项任务,加强了这方面的情报信息工作,同时,美国成立了全国性保护中心,发现情况及时协助调查抓获作案人,并帮助培训计算机专业人员,帮助银行企业提高自我保护意识和能力,每个联邦调查局人员除配备手枪外还配备了手提电脑。

五、打击现代犯罪需要加强国际合作

与会者认为,打击刑事犯罪活动是各国、各地区警方的共同任务。1984年9月我国已正式加入国际刑警组织,还先后与俄罗斯、哈萨克斯坦、乌克兰、越南、韩国等签订了警方之间就打击毒品犯罪等跨国刑事犯罪方面合作的协议。西南西北等边境地区公安机关还和相邻国家开展了地区性双边警务合作。此外,还分别与波兰、蒙古、罗马尼亚等国家签订了刑事司法协助条款的双边条约。

上海在公安部国际刑警中国国家中心局的指导下,充分发挥了上海联络处的职能作用,同港澳台警方和国际刑警组织开展警务合作日益广泛,尤其是在情报信息、调查取证、缉捕案犯等方面越来越发挥国际刑警组织的作用,更好地打击和控制跨国犯罪,上海联络处成立以来共核查涉外线索500余件,破获重大涉外案件20余起,捕获犯罪嫌疑人40余名。1997年8月上海警方通过国际刑警渠道,在澳门警方的密切配合下,将6名被拐骗至澳门强迫卖淫的少女全部解救回来。

(张声华[①])

---

① 张声华,曾任上海市公安局副局长,本会第八届常务理事。现任上海市政协委员,市政协社会和法制委员会常务副主任。

参加和协办亚太法协大会

自 20 世纪 80 年代起,学会积极参加世界法律交流,与国际上的法学界、法律界人士建立起稳定的合作关系,开展学术交流。参加亚洲太平洋地区法律协会的活动便是其中之一。

2003 年 9 月 2 日至 4 日,本会副会长易庆瑶和王立民、康家、许忠伟、孙成刚等同志出席参加了在日本东京举行的亚太法协第 18 届大会。会议的主题是"如何建设富有活力的亚洲"。

会议就 28 个专题分组进行了专题讨论,上海 5 位代表分两个组参加了部分专题会,领取了一些书面材料,了解了部分发言的内容和观点。其中,关于"儿童权利的保护"这一专题,主题发言人认为,每个国家如何对联合国关于保护儿童权利的问题作出回应,如果离开立法上对卖淫儿童滥用制裁来进行讨论这个问题那就没有意义了。政府应当采取一些有效措施来保护儿童的最大利益,不伤害儿童及其家庭。现在,我们要讨论用立法来确定违法儿童的标准,并使他们具有同样的平等权利。

"'9·11'以后亚太地区人权状况的研究"这一专题讨论主题发言人认为,在亚太地区快速变化的经济、社会和国际条件中,包括了人权状况的变化。我们要提出和讨论各种新的和有意义的人权问题。美国"9·11"事件的恐怖主义造成了大量人员的死亡,此后许多国家制定了新法或检讨自己针对恐怖主义的措施。这表明了这样一个趋势,即要重新审视过去国内的安全措施和对人权的保护。我们今天要讨论的是将会面临的这一挑战。

关于"亚太地区反腐败的活动和透视"专题报告主题发言人认为,腐败严重损害了社会公共管理机器,形成一种公众对政府的不信任感,损坏了法治,威胁着民主,影响了国际贸易和竞争的公平,冲击了一个国家的经济、社会和政治。腐败通常与跨国的犯罪有联系,所以它就会给亚太地区乃至全球带来损害。亚太地区和全球在反腐败中有许多方面可以加强合作,其中,也应当充分发挥联合国的作用。美国的一个反腐败委员会正在草拟一份反腐败的法案,它将在2003年底生效。我们分析了亚太地区反腐败的现状,也在探索一些反腐败的措施,我们将进一步讨论如何加强反腐败的国际合作,特别是来自立法中的这种合作。

关于"环境与企业的活动"专题讨论时,主题发言人认为,环境问题已引起世界的广泛关注,像酸雨、有毒金属物质和气体等。环境的保护包括对自然森林、土地等的保护。要在广大地区保护环境,包括使用太阳能和清洁煤。由于环境而引起的细菌传播已经用法律加以控制,但是被认为是影响人类生活和财产的环境问题还没有引起足够的重视。加入WTO以后,对环境问题提出了更高的要求,它会影响到双边的协议和国内的立法、企业的活动等。出席此次会议的本会5位同志深感:上述几个主题对我们有极大的启示意义。

2004年5月19日至20日,由亚太法协和中国法学会主办,上海市法学会协办的亚太法协自由贸易区法律问题研讨会在上海光大会展中心召开。中国法学会常务副会长刘飏主持开幕式。中国法学会会长韩杼滨、上海市市长韩正、亚太法协主席桑希先后致词。与会的中外代表就建立自由贸易区的法律导向论题展开了充分讨论,会议还分专题讨论了以下问题:亚太地区建立自由贸易区的构想和法律框架;自由贸易区与政府特许权;自由贸易区的税法、优惠待遇与国民待遇的调整;亚太经合组织、世界贸易组织与建立亚太自由贸易区的法律关系及前景。34位学者作了大会发言。上海80余名专家、学者与会,周汉民、陈治东、徐冬根、朱洪超、宋锡祥、朱榄叶、陈宪民、顾经仪等教授、专家作了发言。

(王立民)

2005 年第三届环境纠纷处理
中日韩国际学术研讨会

研讨会会场

2005 年 11 月 26 日至 27 日，"第三届环境纠纷处理中日韩国际学术研讨会"在华东政法学院成功举行。此次会议由市法学会和华东政法学院主办，日本环境会议、中国政法大学污染受害者法律援助中心协办。来自全国人大、国务院、国家环保总局、水利部、上海市人大、上海市人民政府等有关部门的官员，以及来自中国、日本、韩国等国家的 200 余名环境法学专家、实务部门的专业人士参加了此次会议。与会专家提出，国家有关立法部门应高度重视环境污染损害赔偿及公益诉讼制度的立法问题，并应尽快启动相关立法程序。

中国政法大学王灿发说，中国因环境污染对人体健康造成的损害事件屡有报道，因此而提起的诉讼也逐渐增多。由于因果关系的难以认定和出于社会安定的考虑，大规模的公害病诉讼并不很多。现有能够胜诉的公害病诉讼多是突发性环境事件造成的健康损害和小范围的健康损害。造成诉讼困难的原因，主要是缺乏公害病的鉴定机构和缺乏公害病认定与责任承担的专门立法。

湖北省高级人民法院副院长吕忠梅说，正是由于没有相关立法，法官在从事环境污染案件的司法审判过程中，就面临"造法"的问题。北京大学汪劲提出，在修改行政诉讼法和民事诉讼法时，在两部法律中应增加有关公益诉讼制度的原则性条款；在具体起诉的规定上，主体资格应作扩大解释。汪劲建议，公民、法人或其他组织认为，行政行为侵害国家利益和社会公共利益的，除向检察院申请提出公益诉讼外，也可以直接起诉。应通过环境立法建立公民环境诉讼制度。

华东政法学院张梓太教授指出，我国环境纠纷处理中存在制度障碍，如《民法通则》第124条规定："违反国家保护环境防止污染的规定，污染环境造成他人损害的，应当依法承担民事责任。"《环境保护法》第41条规定："造成环境污染危害的，有责任排除危害，并对直接受到损害的单位或者个人赔偿损失。"《民法通则》中，污染环境责任的构成要件是行为人的行为"违反国家保护环境防止污染的规定"，即其行为需具有"违法性"；而《环境保护法》则无此项要求。这样一来，在实践中就存在一种问题：一些排污行为客观上污染了环境，也造成了损害事实，但因其并未超过有关的排污标准，根据《民法通则》规定，就难以要求其承担赔偿责任；然而，对于同样的情况，因《环境保护法》并无排污行为须具有违法性的要求，因而可以依据该法追究排污人的责任。对这一矛盾，张梓太认为，必须完善相关立法，消除民法通则与环境保护法以及其他环境立法之间的矛盾，不以行为违法性为承担责任的前提，取消免责条款等。

会上，来自日本、韩国有关法律方面的专家介绍了本国环境纠纷处理的经验以及存在的问题，两个国家有关法学专家也认为，应对公益诉讼制度及污染损害赔偿制度予以立法。

（骆　珍）

成就篇

亚太法协自由贸易区法律问题研讨会
LAWASIA Conference on Trade Law: Legal Guidance to Free Trade

中国·上海 2004年5月18日-21日
18-21 May, 2004; SHANGHAI, CHINA

2003 亚太法协大会

大西洋畔传友情

——记中国法学会代表团访问比利时、英国

1999 年 5 月我有幸参加了中国法学会代表团，访问了比利时和英国，受到两国法学界、法律界和有关人士的友好接待和热诚欢迎。在短暂的 10 余天时间里，代表团与 3 个法院、2 个律师公会、5 个律师事务所、3 所大学、3 个金融机构、1 个会计事务所的法官、教授、律师以及高级合伙人进行了访问座谈和学术交流。这次访问尽管时间短，但接触人士广泛，考察问题重点突出，感触良多，简要叙录如下。

欧洲法律趋于一体化

比利时的法学、法律界朋友们向代表团介绍了当前欧洲法律的现状。随着欧洲各国经济政治一体化的进程，欧洲的法律制度也趋于一体化。自设立欧洲委员会后，欧盟 15 国设立了欧盟部长理事会，作为决策和权力机构。在其下设立常设机构为欧盟委员会，由欧盟各国常驻代表组成，设有 24 个局，这是一个执行机关。与此同时，欧洲设立了欧洲议会，作为指导欧洲各国立法和监督法律实施的机构。欧洲法院也相继成立，对法律实施和运行中有关争议的问题进行裁决，并审理违宪性案件。不久前，欧洲与美国的香蕉大战、美国含激素的牛肉向欧洲进口纷争、葡萄牙与墨西哥的水泥贸易争议、荷兰与比利时黄油进口纠纷等，欧洲议会和欧洲法院都行使了其法定的职能，发挥了应有的作用。比利时最高法院沃罗斯顿大法官、鲁汶大学乌兰明克教授、毕马威会计事务所高级合伙人艾尔芒斯先生等告诉代表团，欧盟包括欧盟内部，由于各自国家利益不同，包括贸易保护主义、各自的财政政策等，欧盟法律与各自国家的法律冲突，出现的争论和对抗已经和仍将会存在下去，但是欧盟法律一体化的进程必将进一步发展。他们建议中国在对欧洲国家发展贸易过程中，不仅要注意研究

有关贸易国的法律,而且要注意研究欧盟既定的外贸政策和欧盟的法律,以及它在实际操作和实施过程中发生的矛盾和问题,包括欧盟实行的统一关税政策、贸易配额、商品可进入的规则、反倾销的一些规定、产品清单和标准、特殊产品的确定、反补贴机制以及对第三国贸易障碍的决定等。同时,他们还叙述了80 年代至今涉及和正在进行的对中国反倾销案件的有关情况和问题,认为熟悉和研究这些法律和问题,无论是对中国参加世贸组织,还是对双边、多边贸易,都是会有好处的,并建议尽快加强对这方面经贸法律人才的培养工作。他们的介绍和回答提问是详尽的,建议是诚恳的,座谈时都在事前做了充分准备,并尽量提供书面资料,有些还是在假日休息时间进行的。

<h2 style="text-align:center">严格的金融监管机制</h2>

5 月 19 日上午,在英国朋友的安排下,代表团访问了伦敦证券交易所,阿兰卡麦隆先生和朱女士接待并作了介绍。这个国际证券交易中心,1997 年交易量达 7 330 亿美元,是欧洲诸国几个交易所交易量的总和。它有两个非常先进的电脑系统:一个是经营管理系统,有 8 个终端,1 000 多种股票证券,全部靠电脑联网自动交割。全世界各地的交易情况在 3 分钟之内即可掌握,包括股票名称、价格、成交股数、成交时间以及最佳买卖价等。我们当场看到显示屏上显示出的北京交易大堂的交易情况。他们还十分高兴地告诉我们,中国已有 4 家公司的股票在这里上市。另一个是金融监管系统。交易所用了 100 名员工,花了半年多时间,耗资 540 万英镑,建立了一套自身的监管系统。它可以对非常规交易情况,操纵市场,规定了证券商报告交易情况,对客户专用代码记录,以及出现不正常波动现象等,随时进行自动和跟踪报警,并运用图表及时反映出来。他们还通过建立的各种制度,加强监管工作。如为了提高工作透明度,以及随时向各方面提供资料等制度;又如为了加强对本所内部人员的自律管理,建立了规定交易所人员包括董事在内必须严格遵守的制度,一旦发现违规情况,一面可及时报告主管机关,一面自身进行调查处理,直至追究刑事责任。他们还反映,随着因特网的发展,通过网上进行交易的情况日益增多,如何防止制造谣言、哄抬股市等,给监管工作带来了新的课题。

接着,我们走访了伦敦金融监管服务局,高级顾问布莱尔先生详细地介绍了这个根据有关法律在政府部门之外设立的专门机构。它是由银行、证交所、保险公司、投资公司等有关行业,通过相互签订协议的形式而建立起来的一个统一的金融监管机构。其职能包括审查、批准银行和投资公司的成立,受理投诉,对储户和投资者因无辜而受损或破产等,进行赔偿。这个局共有1 500名工作人员,大部分是各行业中选来的高级专家,下设9个监管机构,其经费不是由政府补贴,而是从办理申请审批登记费用中提取,每年约1 300万英镑,其领导机构董事会由财政部聘任的14名董事组成,董事会主席由财政部长任命。他们正意图争取在明年4月通过的新的金融法中,以法定形式,进一步规范它的权力和职责。

5月21日,代表团访问了苏格兰马丁·可利投资管理公司,该公司经理大卫·卡维依先生和他的同事们,向我们介绍了作为英国三大金融机构之一的这家公司的情况。该公司现有员工271名,拥有基金90亿美元。他们对投资者提供信息,指导企业投资,并根据有关法律进行监管。他们还告诉我们已经与我国的有关金融企业进行了有效的合作,并取得可喜的进展。通过这些访问我们对英国严格金融监管机制的做法,留下了较深的印象。

出台一些新的法律和信息

在布鲁塞尔,比利时预审法院的朗西斯·罗根法官向代表团介绍了3月份刚刚通过的比利时新的《反腐败法》。这部法律是为了扩大和加强对腐败行为的惩治与预防的范围和力度而修订的。这部法律中规定,不管是在直接领域还是在间接领域,不管是涉及公共利益还是个人利益,不管是行贿受贿等腐败行为的成功与否,不管是在本国任职还是在国际机构任职的人员,司法机关都拥有追究其腐败行为和使其承担法律责任的权力。法律还作出了事先警告等预防犯罪的规定。在处罚上也较过去更为严格,即使非法获利小额者也要处以罚款,尤其是公职人员更加重处罚。最高可判无期徒刑(因比利时法律规定没有死刑),并同时处以罚金,或剥夺其政治、民事权利。

比利时安特卫普市的法官和律师协会主席向代表团介绍:过去该市受理案件较多,审理时间拖得过长,最近他们聘请了一批律师、法学家作为辅助法官,在专职的首席法官的主持下办理民事案件,取得较好的效果,原来有些案件积压 4 年之久,现在结案时间大大缩短了。

在与英国英格兰和威尔士律师协会负责人座谈时,他们向代表团介绍了当前律师工作出现的一些新情况。如由于律师业务竞争激烈,不少事务所由小所逐渐并为大所,而且更多趋向专业化,并纷纷走向国际合作的道路。对律师协会是自愿参加还是强制参加,也有不同的看法。此外,还介绍了每年对律师的专业培训的一些做法等。

欧洲反战情绪高涨

代表团访问期间,正值以美国为首的北约轰炸我驻南大使馆事件发生之后,几乎所有同我们接触的法学界、法律界朋友,都表示不满和谴责。比利时根特和鲁汶大学的教授们,最高法院的法官以及律师同行都认为,只要有起码法律知识的人,都知道这种野蛮行径是违反国际法准则的。有的教授还表示,比利时跟了北约跑,参与其中,作为一个比利时人感到羞耻。毕马威会计事务所地处北约总部近邻,他们的合伙人说:我们倒霉的是有这么一个令人讨厌的邻居。在布鲁塞尔市,无论是在北约总部门口,还是在欧盟委员会住地附近,我们看到的是接连不断的抗议示威人群,他们手持标语,高呼"停止轰炸"、"反对斗争"的口号。警察们忙于布设路障和铁丝网,警车上架设了高压水龙头。在英国唐宁街首相官邸门前呈现着同样的情景,每天都有示威的人群,不少人还举着中华人民共和国国旗和谴责英国参与侵略的标语牌。在代表团到达伦敦的第一天,与英中文化协会名誉会长杰弗里·豪会见时,他就明确表示,以美国为首的北约的这种行为应该受到谴责,应该向中国政府和人民道歉。在代表团到达苏格兰时,我驻爱丁堡总领事告诉我们,当天上午有 200 余名华人组织示威游行,并到美国领事馆进行抗议。目睹这一切,显示了以美国为首的北约的侵略行径在欧洲愈来愈不得人心。

访问短暂　友谊长存

为了这次代表团访问,比中经贸委员会主席德维特先生、英中文化协会主任李凯蒂都亲自安排,精心组织。我们所到之处,无不显示了对我们伟大祖国和中国人民的友好情谊。比利时最高法院第一院长马尔夏先生回忆起在中国访问的情景，动情地说这是一个真诚、美好和难忘的回忆，还说最近自己又犯思乡病了，再想去中国看看，并亲自陪同代表团在司法宫内参观。曾作为比中法律界交流创始人、国际诉讼法主席的斯托姆教授，在出国前夕赶来与代表团聚会，他高度赞扬我国依法治国的战略决策，赞赏在人民群众中加强道德教育，以及依靠社会力量加强人民调解工作等做法。这位主席的夫人也是推进比中友好的支持者，他的父亲原来是比利时驻联合国大使，与我国法学界老前辈董必武同为联合国宪章的签署人。在他生前就预言，国民党必败，中国的希望寄托在中国共产党身上。在比利时安特卫普市访问期间，戴瓦德副市长在市政府会见代表团并发表了热情洋溢的讲话，他说："回忆起不久前的中国之行，尤其是在上海看到那里充满活力，充满潜力，充满希望。"他断言："尽管安特卫普市是世界上一个大港口，但上海将成为21世纪世界最大的港口。"他高度赞扬中国海商法的制定和实施，认为这是对国际海运事业发展作出的杰出贡献。比利时根特大学的不少教授到过中国，最近他们还邀请华东政法学院教授前来进修欧盟法。在鲁汶大学的中国留学生、进修生先后已有二三百人之多。

在英国，杰弗里·豪高度评价英中法学界、法律界开展交流取得的成果，赞扬我国法制建设的新成就。他说权力要靠法律，法律要靠权力。当佘孟孝团长补充说权力来自人民，法律制约权力时，他说这就更完整了。他将于今年11月再次来中国访问。在英国剑桥大学访问时，综合学院米歇尔·比洛夫院长告诉我们，他非常高兴将于今年去中国访问。李凯蒂主任告诉我们，6月间英中文化协会又将组团访问上海和北京，一些会计事务所和投资公司的不少合伙人都认为中国是个很大的市场，在那里大有可为。

在代表团离开比利时和英国前夕，接待我们的同行和朋友都赶来聚会饯行，依依话别。表示一定为两国的法学界、法律界的交流添砖加瓦，多作贡献。我国驻比、英两国使馆的参赞同志为我们成功的访问感到高兴，他们说经贸交往固然重要，法学界、法律界的交流也是必不可少的。这次访问正如代表团团长佘孟孝同志向两国同行告别时说的：我们访问的时间短暂，但友谊长存。

（马　锐）

三、法制宣传

改革开放以来,学会始终把参加法律宣传教育作为自己经常性的工作任务,要求会员结合自己工作的实际,直接参加宣讲团、讲师团,围绕培育与提高全民的法制观念这个核心,对各级干部和群众讲解宣传法律、法规,同时通过义务咨询、撰写文章等方式直接为干部、群众讲解法律、法规,还运用各种媒体向群众宣传法理,普及法律常识,增强法制意识,提高干部的法律素养,促进社会文明。

"普法"纪事①

陈丕显同志支持推广的《三桩讼事》

在法学会恢复活动不久的 1984 年,时任法学会会长的徐盼秋教授向法学会的同志说:"过去有同志提出运用科学教育电影来普及法律知识,但没能成功,说明有不少困难。但是,只要我们肯下功夫,还是有希望办到、办好的,关键是要下功夫。"如何着手呢? 徐盼秋教授认为:从群众最关心的问题着眼,运用科学教育电影普及法律知识,一讲科学、二要有系统。运用电影艺术的形象、生动而又科学的语言,从法律常识开始,逐渐地将各项实体法内容及程序法知识告知观众。

经过认真研究,上海市法学会派曾毓淮同志与上海科学教育电影制片厂的编导、离休的老厂长杜生华同志联系,共同筹划,很快编出《三桩讼事》剧本(简介附后)。其内容主要包括法律是保护人民、打击犯罪的工具;大家都应依法办

---

① 本文根据上海市法学会有关档案材料撰写而成。撰写过程中得到上海市法学会苏长胜同志的支持,在此谨致谢意。

事;公民在适用法律上一律平等。剧情简单,但却比较全面地反映了什么叫法、大家都要依法办事而不要以党代法、依法保护自己的合法权利。1985年夏,由副会长韩述之、林德明去青浦主持了该片开机仪式,拍摄工作开始紧张进行。在上海市高级人民法院,长宁、静安区、青浦县、松江县人民法院,市司法局、青浦县司法局,市公安局、武警总队消防处、石化总厂公安分局、海运公安局、港务局公安处、青浦县公安局,市人民检察院,长宁、静安、青浦、松江人民检察院等单位的大力支持下,当年11月便将样片摄制完成。12月11日,在斜土路2570号上海科教电影制片厂大放映室试放了我国第一次尝试使用短故事片形式来宣传法律常识的《三桩讼事》样片。

当时出席观看样片的有中共上海市委政法委员会书记石祝三、秘书长王肇远,上海市人大常委会副主任王涛、左英,市人大法制委员会副主任林明德,市人民政府司法局局长李庸夫、宣传处副处长辛德立,市高级人民法院副院长何心如,市人民检察院检察长王兴、副检察长王树泉,市法学会会长徐盼秋,副会长王凌青、刘少傥、杨时、韩述之、陈庭槐、李继成,上海政法干部管理学院负责人杨峰,上海大学文学院副院长、法律系主任王文昇,上海市第四律师事务所主任韦定一和政法各单位的部分研究员、审判员、检察员、书记员、法警、法医、法学教授、讲师、教员等67人。观看样片的同志认为:上海市法学会和上海科教电影制片厂合作在全民普及法律知识准备之年拍摄这样的影片,是在行动上贯彻中央提出的“将法律交给人民,让人民掌握法律”的“普法”方针,在全民普及法律知识和健全我国法制建设方面作出了可喜的贡献;样片的内容符合我们党在法制方面有关的方针政策要求,符合现行国家有关法律规定,符合当前这三桩事件的实际;样片的艺术处理上大家都觉得比较自然、朴实、生动,群众必定是欢迎的,也必定有较好的社会效益。当然,从艺术的高标准和“完美”要求来说,故事的材料、画面、内容深度尚有不足之处,若能作适当修改,会更完美、更动人。同月,时任全国人大常委会副委员长的陈丕显同志来沪视察得悉此事后,即调阅了该片,并对编导说:你们今后应多拍摄此类影片,对全国普法有益。1986年1月,《三桩讼事》摄制完成并向全国发行。在陈丕显同志的推动下,在全国广大城乡发行放映,并连续在1986、1987、1988三年的大年初三下午,在中央电视台播放此片。据上海科教电影制片厂统计此电影片先后印制拷贝1100部,至1988年5月止,观众已达2.3亿人次,收到观众来信100多封,为国家创收利税 47 万元,社会效益和经济效益都很突出。《三桩讼事》中的"桃园风波"、"宣判之后"、"法盲悲剧"等电影既反映了实体法方面的内容,也比较系统地反映了程序法方面的内容,尤其是把比较抽象的诉讼原则、诉讼制度和诉讼程序方面的法律知识融于广大群众喜闻乐见的活生生的电影艺术之中,使法律科研成果音像化,实现了法学科研内容和形式上的创新。

此片的成功,徐盼秋会长极为高兴,并指示研究部运用科教电影以宪法为导向、以实体法及相关程序为内容的法制教育系列《知义明法》。司法部审定了系列电影大纲及电影剧本,正要投拍时,却因导演生病,加上经费来源短缺,学会又缺人手而停止了继续做此工作。

附:法制电影故事《三桩讼事》简介

一、《桃园风波》

盛夏,桃子成熟了。宁明县某村桃园,由于"吃大锅饭"管理不善,又歉收了。社员唉声叹气,队长愁眉不展。社员肖志清考虑再三,在做通家属的思想工作后,决定承包这 10 亩桃园,为期 3 年,每年向队里交 250 担优质水蜜桃。肖家辛勤操劳一年后,桃子丰收了。肖家交足承包任务,仍剩 100 多担。队长见超产那么多,眼红了,便以"集体应得大头、个人得小头"为由,无视已经成立的合同,带领一批人连夜到桃园抢摘桃子。肖家前来阻拦,双方发生争执。肖志清依法向县人民法院提出诉讼,法院依法保护了承包户的合法权益。

这个故事告诉人们:法律是保护人民的。

二、《宣判之后》

县人民法院审判员依法对商业局一位科长辛立平判处徒刑。辛立平的妻子王玉花哭诉着向县委赵书记求救。赵书记对法院处理案件不请示县委不解,误认为这是不要党的领导,便打电话找来了法院李院长和审判员周建民。周建民指出赵书记的看法是错误的,依法办案是保证党的领导实现,是维护全党全国人民的根本利益。赵书记经法院李院长帮助,细读了《中华人民共和国人民法院组织法》,才知道"人民法院依照法律规定独立行使审判权,不受行政机关、社会团体和个人的干涉"的道理。不久,在一次下乡途中,赵书记同乡党委书记老王谈论到该乡石桥村党支部书记殴打小学教师事件处理时,指出:党纪处理不能替代法律惩办，党员犯法，就应依法惩处。

这个故事告诉人们：大家都要依法办事。

三、《法盲悲剧》

章志刚、蔡娟和倪翠茹在农场时都是要好的朋友。蔡娟因与章志刚在一些问题上有分歧，回城不久便中断了与他的恋爱关系。后来倪翠茹与章志刚相爱，回城工作结婚。但倪猜疑心重，怀疑丈夫与蔡有暧昧关系，对自己不忠，便当众污蔑诽谤。蔡娟忍受不了倪的诽谤污蔑，又不懂运用法律保护自己，便服毒自杀了。因而人民法院对倪翠茹以诽谤罪依法判处。

这个故事告诉人们：人人都应该学法、懂法。

彭真题写书名的《法律常识要览》

在 20 世纪 80 年代中期，中央作出了一项为加强社会主义法制建设、保障改革和现代化建设顺利进行的伟大战略措施：用 5 年左右的时间在全体公民中普及法律常识，并使之以后经常化、制度化和系统化。但在我们这个人口大国，有上百万城乡基层人民政府的司法助理员，民政助理员，公安员（干警）和村、居民委员会主任，人民调解委员会委员，治安保卫委员会委员，还有千千万万的工矿企业基层干部和城乡广大人民，他们在学法、用法时，身边都需要有一本比较通俗的、实用的、综合性的法律工具书或法律手册一类的读物。在这样的背景下，上海市法学会组织上海市法学界与政法部门有关同志撰编了《法律

我们的宪法和法律为群众所掌握即成为维护社会主义民主法制的伟大的物质力量

为法律常识要览题

彭真 一九八六年

常识要览》，由徐盼秋担任主编，曾毓淮、程辑雍、杨星华任副主编，1987 年 10 月由东方出版社正式出版发行。

该书由编撰者根据司法实践部门在信访、接待工作过程中所遇到的大量有关法律问题进行综合分析筛选而成，主要特点是：内容比较丰富，涉及面比较广泛，富有知识性；理论紧密联系实际，能够选择一些人们所关心的常见的法律问题进行阐述，具有较强的实用性；叙述条理清楚，文笔精练、通俗、流畅、生动活泼，具有明显的可读性。全书分为 4 篇：第一篇，常用法律名词；第二篇，常见法律问题咨询；第三篇，案例简析；第四篇，常用法律文书。书后还编有重要法规目录索引。前两篇内容又分以下几类：法理、宪法；民法、民诉法、经济法；刑法、刑诉法、治安管理法规；民族、民政、调解、律师、公证。全书共计 41.7 万字。该书是上海法学界与政法部门团结协作的成果，由来自市法学会、上海社会科学院法学研究所、上海市公安局、上海市高级人民法院、上海市人民检察院、上海市司法局、上海市民政局、上海市劳改局、上海市侨务办公室、上海市民族事务委员会、上海大学文学院法律系和上海市公安局徐汇分局、静安分局等 13 个单位的 61 名法学和法律工作者共同编纂，所在单位也都给予了大力支持。可以说，如果没有这些单位的协作，要顺利完成这本读物是不可能的。

时任全国人大常委会委员长的彭真同志看到此书校样后，欣然为该书题写书名并题词："我们的宪法和法律为群众所掌握即成为维护社会主义民主法制的伟大的物质力量。"张友渔在为该书作序时，写道："它的问世，是上海市政法各岗位的专家、教授、讲师、研究人员和专业工作者根据司法实践部门在信访、接待工作过程中所遇到的大量有关法律问题进行分析筛选编撰而成的。虽然，我未及详阅内容，可能还会有不足之处，需要在使用中不断修改提高，但我相信对读者是会大有帮助的，他们的工作是值得赞许的。"

为迎接行政诉讼法实施的《中国行政法辞典》

行政法是国家法律体系中的重要组成部分，行政法学是法学领域中内容丰富的独立学科。建国以来，特别是十一届三中全会以来，我国国家权力机关和国家行政机关制定、发布了大量行政管理的法律、法规，对巩固人民民主专政，建立正常的行政秩序，维护公民、法人和其他组织的合法权益，促进社会主义现代化建设起了重要作用。但是，由于历史、文化传统的影响，加上法制宣传不够经常、普及，人民群众对行政法的内容难以及时了解和掌握，有的行政机关及其工作人员依法行政的观念比较淡薄，因而在国家行政管理中，还存在着有法不依、执法不严、违法不究等现象。因此，加强行政法制建设，严格依法行政，在当时已经成为我国社会主义法制建设的当务之急。

为此，1987年10月，上海市法学会决定由副会长陈天池负责组织行政法教学、科研和实际工作的专家、学者、专业人员编撰《中国行政法辞典》，以供广大干部和群众在学法、执法、守法时查考。该书历时3年，至1990年10月编撰完成，由陈天池、张世信任主编，曾毓淮、常耀有、李宗兴、陈敬山任副主编，次年8月由上海人民出版社出版发行。该书由来自上海市人大常委会、上海警备区政治部、南京军区上海军事法院、上海市高级人民法院，以及上海市人民政府参事室、公安局、监察局、司法局、民政局、人事局、宗教事务局、民族事务委员会、侨务办公室、文化局、新闻出版局、广播电视局、体委、总工会、律师协会、上海海关、上海人民出版社、复旦大学、华东政法学院、上海财经大学、中共上海市委党校、上海社科院法学研究所等30多个单位的、共计99名同志参加了撰稿工作。

该辞典在编撰过程中，坚持马列主义、毛泽东思想为指导，选定词目，撰写释文，都贯彻实事求是精神，力求体系完整，内容科学，资料充实，反映了我国近年来行政法学研究成果。该辞典在体现中国特色的社会主义行政法制建设，以及突破工具书着重于注释的方法等方面，作了探索与尝试。

（穆中杰）

《法学》的由来①

　　1956 年 3 月 29 日，华东政法学院提出编号为院研字第 154 号的专门报告，申请创办《华东政法学报》。4 月 12 日，当时中共上海市委学校工作部函复："我们同意你院出版《华东政法学报》。"②经过短时间的准备，为贯彻理论联系实际和双百方针、以加强政治和法律科学研究为主要任务的《华东政法学报》于 1956 年 6 月 15 日创刊了。《华东政法学报》是一学术性的刊物，是配合上海市哲学社会科学学术委员会筹备委员会关于法学研究的需要而创办发行，为各方面政法研究者服务的共同刊物。

　　《华东政法学报》在发刊词中申明了它的办刊方针："提倡理论联系实际，鼓励学术上的创造性，从实际出发，刊载政治和法律科学的研究作品，

————————

　　① 在撰写本文过程中，上海社会科学院退休研究员李良美老师、华东政法学院院办退休干部韩信昌老师提供了重要的参考意见，华东政法学院综合档案室邱珍老师提供了档案资料上的支持和帮助。上海政法学院离休干部、50 年代中期起就担任《法学》编委的杨峰老师在阅读本文后专门写了书面意见，具体内容如下："我觉得此题的研究有历史和现实意义。特别对青年法学研究者了解这段历史很有参考价值。学术研究要勇于坚持真理，要像黄道同志那样，真理是经得起实践检验的。""文章反映了当时的基本情况，抓住了法理、刑法、刑诉法三学科中当时影响较大的问题，重点突出，观点明确。""文章以大量的资料为依据，这很可贵，也特别重要。"在此一并谨致诚挚的谢意。

　　本文所说《法学》，包含《华东政法学报》在内。

　　② 见中共上海市委学校工作部总号沪委学（56）科字第 2701 号。

介绍政法教学工作和司法实践的经验和总结,组织政治和法律的学术讨论。"①它申明在办刊过程中"将充分体现'百家争鸣'的精神,重视有独立劳动和首创精神的作品,重视'问难析疑、求同存异'的学术争论"。②它要求以马列主义的观点和方法来研究政治和法律科学,及时地反映和传播政法教学和政法工作方面的理论与实际相结合的成果,进行学术思想交流,不断总结工作经验,提高学术水平和工作水平。《华东政法学报》为16开本,1956年内为季刊,由中华书局上海印刷厂印刷,当时的邮电部上海市邮局发行。③

《华东政法学报》在创刊当年共出版3期。④ 为了适应形势发展需要,1956年10月10日,华东政法学院申请把《华东政法学报》从1957年改为双月刊。10月18日,上海市人民委员会出版事业管理处函复:"我处同意你院出版的《华东政法学报》在1957年改为双月刊。"⑤为使《华东政法学报》成为上海法学界的争鸣园地,上海法学会筹备组和华东政法学院商定《华东政法学报》既是华东政法学院的院刊,又是上海法学会会刊。11月29日,华东政法学院和上海法学会筹备组向上海市出版事业管理处申请把《华东政法学报》改名为《法学》,主要理由是:"一、该刊今后为'华东政法学院'与'上海法学会'共同出版的刊物,它的作者,不仅是华东政法学院的师生,而且包括上海市与社会上的法学研究者及政法实际岗位上的同志们。因此,单用《华东政法学报》名已不够妥当。二、'华东政法学院'将要改变校名,因为现在'华东'已经不存在了,如该刊仍用《华东政法学报》的名称,已经没有根据。三、《华东政法学报》之名,字数太多,谈和写都感到累赘。《法学》则简单而显著地告诉读者们刊物的性质内容,用时方便。"⑥12月30日,上海法

---

① 见《华东政法学报》发刊词,载《华东政法学报》1956年第1期第1页。

② 同上。

③ 据《华东政法学院党史大事记》第1册(1952~1972年):"《华东政法学报》为16开本,1956年内为季刊,发行对象是本院师生、校友和其他法律学校师生、公检法司等机关实际从事政法工作的人员。"(见该书第40页)

④ 这3期出版时间依次为:第1期为6月15日,第2期为9月15日,第3期为12月15日。

⑤ 上海市人民委员会出版事业管理处(56)沪会出发字第3723号。

⑥ 见1956年11月29日"华东政法学院给上海市出版事业管理处的函"。

学会成立。①《华东政法学报》从 1957 年第 1 期起改名为《法学》,每个双月的 1 日出版,由华东政法学院和上海法学会共同出版,编辑部设在上海市梵皇渡路 1575 号。《法学》编辑委员会由王文昇、王绎亭、方行、刘焕文、李树棠、洪文澜、徐盼秋、曹漫之、杨峰、杨兆龙、潘念之等 11 位委员组成,主编曹漫之,副主编洪文澜、潘念之。

自 1958 年 1 月起,《法学》改为月刊,每月 16 日出版。据 1957 年第 6 期的编后记,针对本刊编辑方针的不同看法,重申"本刊今后仍将贯彻'理论联系实际'的方针,从实际出发,进行理论的研究,并相应地介绍人民群众在实际生活中需要的法律知识,使本刊逐步成为一种群众性的法学刊物";关于文章在新的一年里的内容,提倡"从社会主义法制中的具体问题,进行理论研究;密切配合政治运动,宣传党和国家的政策法令";关于文章的风格,要求"把文风搞得实际一些,做到深入浅出,通俗易懂",提倡"多写短文章,探讨的问题愈小愈具体愈好;结构要清晰、明朗,文字要简洁、通顺,不要冗长枝蔓。"②

《法学》诞生后的短短两年多时间里,发表了大量的研究论文和翻译成果,刊登过不少颇有见解的文章,如:杨兆龙先生的《法律的阶级性和继承性》、梅泽浚先生的《哲学上的因果关系及其在刑法中的应用》、黄道先生的《略论刑事诉讼中的无罪推定原则》和有关"两类矛盾与法律"、"政策与法律"、人权保障等方面的文章,引起上海法学界热烈讨论,对法学领域学术研究中的"百家争鸣"颇有启迪,对于当年泛滥的"法律虚无主义"起着一定程度的抑制作用,积极推动了法学教学和研究的发展,有力地推动了立法实践,促进了司法实践的不断进步。可惜的是,随着国家形势的发展变化,《法学》并未能很好地实践编后记

---

① 《华东政法学院党史大事记》第 1 册(1952~1972 年)"1957 年 1 月"部分记载了有关上海法学会的成立情况:"本月 上海法学会召开全体会员大会,选举产生上海法学会理事会理事 33 名,并产生会长、副会长、秘书长。我院院长雷经天当选为会长,科研处主任曹漫之当选为秘书长。"(见该书第 45 页)但《法学》1957 年第 1 期第 44 页载:"上海法学会已于 1956 年 12 月 30 日正式成立。目前有会员 348 人。在成立大会上,一致通过了会章,并选举了雷经天、江庸、魏明、王造时、洪文澜、罗家衡等人为理事。"另据马锐等人编纂的《上海市法学会编年史》(未刊行)记载:"1956 年 12 月 30 日在上海市检察院召开上海法学会成立大会",上海市法学会当时"有会员 348 人,到会 286 人。理事候选人 33 人全部当选","1957 年 1 月 17 日,在高安路 9 弄 3 号召开法学会第一届第一次理事会议,出席者 25 人。推选了本会会长、副会长、秘书长"。在这次会议上,雷经天被推选为会长,曹漫之被推选为秘书长。所以,笔者认为《华东政法学院党史大事记》在记述这一历史时,即"本月 上海法学会召开全体会员大会,选举产生上海法学会理事会理事 33 名",时间记录错误。

② 《法学》编后记,载《法学》1957 年第 6 期第 60 页。

中的设想。1958 年 8 月 9 日，中共上海市委决定：华东政法学院、上海财经学院、复旦大学法律系、中国科学院上海分院经济研究所、历史研究所等单位合并为上海社会科学院。① 华东政法学院第一次停办。《法学》1958 年第 9 期出版后停刊。② 这一停就是 21 年。

1979 年 3 月，华东政法学院经国务院批准复校。4 月 18 日，华东政法学院筹备组和上海市政治法律学会向中共上海市委宣传部提出申请，要求《法学》（月刊）同时复刊，并改名为《民主与法制》。5 月 14 日，中共上海市委宣传部在向市委提出《关于恢复出版〈民主与法制〉月刊的请示报告》说："我们意见，当前办个刊物宣传民主与法制是必要的，可以同意复刊。"③6 月 14 日，中共上海市委办公厅抄告市委领导同志意见："同意报告所提的意见"，④自 7 月份起恢复出版，改名为《民主与法制》，由华东政法学院与上海市法学学会合办。⑤ 1979 年 8 月 10 日，《民主与法制》正式发行。

---

① 见《华东政法学院党史大事记》第 1 册（1952～1972 年），第 75 页。但据《法学》1958 年第 9 期第 59 页《上海社会科学院成立》专门消息，上海社会科学院系由华东政法学院、上海财经学院、复旦大学法律系和中国科学院上海经济研究所合并组成，没有提到历史研究所。

② 《法学》的停刊比较突然，张传桢、陆申在《50 年代〈法学〉是为何被迫停刊的》一文曾经谈到《法学》停刊的侧面情况："为了解《法学》的历史沿革，我曾向潘念之问过一些情况。记得他谈到《法学》停刊原因时，说反右斗争开始后不久，从北京就断断续续传来消息，讲政法界有几位上层人物对《法学》很有意见。据说有位领导指责《法学》口气太大，竟敢发表中央报刊未发表的东西，在刊载的文章中有毒草，有右派言论，应彻底检查等。……最后，这位颇有地位的领导给上海市委拍来电报说《法学》'宣扬封资修'，犯有'严重政治错误'，应责成华东政法学院党委对《法学》进行检查。这个电报没有在学校传达，只是由校领导掌握其精神。""在当时这份电报的内容等于宣判了《法学》的死刑，因为在无产阶级专政的社会主义国家里岂能允许有宣扬封资修阵地的刊物存在？ 更重要的原因在于当时由于'左'的错误和法律虚无主义思想作祟，否定法律、否定法学教育的作用，华政被勒令撤销停办了，此时此刻《法学》便被迫停刊自然就在情理之中了。这一停就是整整 23 年。"——见张传桢、陆申：《50 年代〈法学〉是为何被迫停刊的》，载《法学》1999 年第 11 期第 3 页。

③ 见中共上海市委宣传部《关于恢复出版〈民主与法制〉月刊的请示报告》沪委宣(79)第 113 号。

④ 见中共上海市委抄告单，沪委办抄字(79)第 378 号。

⑤ 据《华东政法学院党史大事记》第 2 册（1979～2000 年）"1979 年 6 月"部分："14 日 中共上海市委同意原由我院创办的《法学》月刊，自 7 月份起恢复出版，改名为《民主与法制》，由我院与上海市法学会合办。"（见该书第 2 页）笔者认为，应为"由我院与上海市法学学会合办"。上海市法学会多次易名，1956 年成立之时，定名为"上海法学会"；1962 年 1 月 30 日，在科学会堂召开的法学会理事扩大会议上，改名为"上海市政治法律学会"；1979 年 5 月 28 日至 31 日，在南昌路科学会堂召开学会第三届会员大会上通过的会章规定，学会定名为"上海市法学学会"；1984 年 10 月 18 日，在学会第四次全体会员大会上通过的章程才定名为"上海市法学会"，一直沿用至今。

　　但是,1980 年 11 月,《民主与法制》改由市社联领导,①华东政法学院虽多次提出报告申述意见一直未见批复。学院领导在司法部开会期间向中央领导同志汇报了这一情况,提出了《法学》复刊问题。后来学院党委又专门进行了讨论,正式决定《法学》复刊。1981 年 8 月 15 日,曹漫之主持召开了《法学》杂志复刊座谈会。9 月 9 日,向市委宣传部提出《关于恢复出刊〈法学〉的请示报告》。② 10 月 10 日,在给市委宣传部的《关于〈法学〉复刊的补充报告》中再次表达了法学界希望《法学》复刊的迫切愿望:"法学界的广大同志和教师迫切希望有一个学术争鸣的园地,以结合教学与司法实践开展法学理论研究、探索无产阶级的法学规律。"③市委宣传部向市委提出了文号为"沪委宣(81)第 208 号"的申请报告,请求市委同意恢复出版《法学》。10 月 21 日,中共上海市委办公厅批复:"市委同意华东政法学院恢复出版《法学》杂志。"④11 月 3 日领到上海市期刊登记证,刊号为 317 号。⑤ 当月,也就是华东政法学院再次复办后的第三年,经过法学界同志们的共同努力,《法学》月刊终于复刊,主编是曹漫之,副主编是陈天池、张传桢、严俊超。在"复刊号"上,魏文伯、夏征农、陶希晋、张友渔、洪沛霖、刘少傥等同志分别撰文表示祝贺。从此,复办后的《法学》逐渐发展壮大,忠实地在为它的主要任务而不断努力。

(穆中杰)

---

　　① 　这个改变比较突然,《民主与法制》1980 年第 11 期出版者由"上海市法学学会和华东政法学院"改为"民主与法制杂志社",出版具体日期也没有写明。

　　② 　见华东政法学院《关于恢复出刊〈法学〉的请示报告》,(81)东法院字第 077 号。

　　③ 　见华东政法学院《关于〈法学〉复刊的补充报告》,(81)东法院字第 90 号。

　　④ 　见中共上海市委办公厅《复关于华东政法学院恢复出版〈法学〉杂志的请示》,沪委办[1981]发字 69 号。

　　⑤ 　《法学》1981 年 11 月的复刊号封底把期刊号印为"上海市期刊登记证第 137 号"。这个登记号是错误的,1982 年出版的期刊就改为第 317 号了。

《民主与法制》的诞生及社会影响①

中国人民在经历了一个史无前例的特殊社会阶段以后,沐浴着党的十一届三中全会的春风,迎来了社会主义民主与法制的春天,正如《民主与法制》发刊词中所说:"穿过艰难曲折、荆棘丛生的道路,社会主义民主与法制的建设进入了一个新的历史时期。"②26 年的时光过去了,回顾《民主与法制》在这一新的历史时期诞生并且在建设社会主义法治国家大业中发挥巨大作用的历程,了解它在诞生之初即给中国社会带来的巨大影响,对于我们推进依法治国进程、构建和谐社会具有重要的现实意义。

365

一

1979 年 3 月,华东政法学院经国务院批准复校。4 月 18 日,华东政法学院筹备组和上海市政治法律学会向中共上海市委宣传部提出申请,要求《法学》(月刊)同时复刊,并改名为《民主与法制》。5 月 14 日,中共上海市委宣传部在

① 本文在撰写过程中,华东政法学院综合档案室邱珍老师提供了档案资料上的支持和帮助。《民主与法制》刊物有关的史实是笔者撰写《法学的诞生及其社会影响》一文时查询到的,该文得到华东政法学院院办韩信昌老师的指点。在此谨向他们表示谢意。

② 见《永远不能忘记的历史的教训——代发刊词》,载《民主与法制》1979 年第 1 期第 14 页。

向市委提出的《关于恢复出版〈民主与法制〉月刊的请示报告》中说："我们意见，当前办个刊物宣传民主与法制是必要的，可以同意复刊。"①6 月 14 日，中共上海市委办公厅抄告市委领导同志意见："同意报告所提的意见。"②据此，《法学》自 7 月份起恢复出版，改名为《民主与法制》，由华东政法学院与上海市法学学会合办。1979 年 8 月 10 日，《民主与法制》正式发行。1980 年 11 月，中共上海市委决定《民主与法制》编辑部改由市社联领导。

创刊之初的《民主与法制》为月刊，每期 48 页（第一期为 62 页），编辑部地址在上海市淮海中路 622 弄 7 号，期刊内容主要包括：(1) 学习法律、执行法律的心得、体会、经验和问题；(2) 典型案例的报道、分析和讨论；(3) "大家议论"专栏提出现实生活中有关民主和法制问题的建议与批评；(4) "法律顾问"专栏，解答有关法律上的问题；(5) 其他。1990 年 1 月，《民主与法制》转由中国法学会主办，社址为北京市东城区东四十条 100 号。1995 年开始改为半月刊。

《民主与法制》的办刊方针是联系群众、联系实际和"开门办报"，要求做到理论与实际相结合、普及与提高相结合、专家与群众相结合，力争做政法战线的尖兵。在代发刊词《永远不能忘记历史的教训》中它就申明了这种誓言："宣传民主与法制，正在群众中间形成一个声势浩大的热潮；捍卫民主与法制，仍然需要不屈不挠的斗争。……《民主与法制》在这个时候出生，生正逢辰，我们感到任务之光荣，更感到责任之巨重。""今天的宪法和法律，是历史经验的总结，是人民在党的领导下奋斗几十年的成果，党和人民多少优秀儿女为此而流血牺牲。在捍卫这个成果的时候难道可以有一点怯懦和动摇吗？叶剑英同志前些时候曾经号召，要有一批大无畏的不惜以身殉职的检察官和法官。本着这个精神，在民主与法制的宣传战线上同样需要一批无所畏惧地为真理而高声呼喊的战士。我们是这条战线上的一个尖兵。在广大读者、司法工作者和法学工作者的支持下，我们有坚定的信心，同大家一起把这个刊物办好。"③《民主与法制》还在创刊号上表达要做读者知心朋友的心声，表明要和读者通血脉、共呼吸：读者关心的问题我们一定要关心，读者提出的疑难问题，我们一定要尽可能帮助解答；读者想说的话，只要不违背社会主义民主和法制原则的，我们一定要尽

---

① 见中共上海市委宣传部《关于恢复出版〈民主与法制〉月刊的请示报告》沪委宣(79)第 113 号。
② 见中共上海市委抄告单，沪委办抄字(79)第 378 号。
③ 见《民主与法制》1979 年第 1 期第 14、15 页。

量让它发表。①

二

诞生之初的《民主与法制》是一份以政法干部和广大群众为对象，以扩大社会主义民主、健全社会主义法制为宣传中心的政治法律综合性刊物。它坚持开门办刊，主要呈现出以下特点：

一是普及法律知识，提高公民法律素质。在改革开放之初，刑法等几个法律经全国人大通过并正式公布。为了配合政法干部和广大群众学习法律，《民主与法制》系统介绍了有关这些法律的基本知识，为提高公民法律素质服务。从 1979 年创刊开始到 1980 年第 6 期，开设"刑法基本知识讲话"共 11 讲，主要内容包括"我国刑法的性质和任务"、"我国刑法的适用范围"、"我国刑法中的犯罪概念"、"犯罪构成及其要件"、"正当防卫和紧急避险"、"犯罪的预备、未遂和中止"、"共同犯罪（共犯）"、"我国刑罚的体系和种类"、"我国刑罚的具体适用"、"我国刑法分则的内容和体系"、"反革命罪和其他刑事犯罪"等。从 1980 年第 7 期到第 12 期，开设"刑事诉讼法基本知识讲话"共 6 讲，主要内容是："我国刑事诉讼法的性质和任务"、"我国刑事诉讼法的基本原则"、"管辖、回避和强制措施"、"刑事诉讼中的证据"、"立案、侦察与起诉"、"法院审判、审判监督和执行"等。在人们还主要依靠纸制媒体获取信息的改革开放初期，《民主与法制》对这些法律知识的介绍，无异于春雨滋润了干涸已久的河床，受到广大人民群众和研究者的热烈欢迎。

二是讨论典型案例，提高司法部门水平。做好司法工作的基本前提是广大司法干部能够以身作则，带头学习、宣传、遵守和执行法律。在改革开放的初期，不少司法干部法律知识贫乏，法制观念淡薄，有的执法不守法、执法不依法，认为依法办事"不方便"，甚至滥用职权任意侵犯公民的民主权利、人身权利和其他权利。《民主与法制》诞生之初即注意到这一严重现象，采用了大家喜闻乐见的讨论典型案例的方式，提高司法干部的法治观念和执法水平。在社会广泛关注上海市检察机关处理上海新跃仪表厂周维相和邱祖发案件时，以"是违法

---

① 见《民主与法制》1979 年第 1 期第 44 页。

犯罪,还是缺点错误"为题,从"逼、供、信和非法关押是否触犯刑律"、"严刑拷打、致人伤残是否犯罪行为"、"涂改伪造材料是什么性质的问题"等几个角度进行了讨论,澄清了人们一些不正确的认识,为提高司法部门分析案件、依法断案提供了直接的教材。此后,又陆续针对一些典型案件,开展了"是故意杀人,还是行凶伤害"、"对这个一贯进行流氓活动的罪犯宣告徒刑缓刑适当吗"、"唐敏案件应维持原判吗"、"徐俊祥的防卫是否过当"①、"'故意伤害致死'十分明显"、"是侵犯人身权利罪,还是虐待家庭成员罪"、"抢赌场应定抢劫罪,还是流氓罪"等讨论,为促进有关部门司法水平的提高提供了素材,也为公民了解法律知识提供了直观教材。

三是义务法律顾问,为民解惑释疑排难。《民主与法制》诞生时,我国的律师业还在孕育之中,它主动承担其为民解惑释疑的义务,开辟了"法律顾问"专栏。回答内容涉及生活的方方面面,如"祖父的遗产能不能继承"、"私人房屋应受法律保护,为什么要我搬家"、"分居3年可作为离婚的理由吗"、"我们这个恋爱关系该不该中断"、"我是反革命吗"、"可不可以解除养父子关系"、"免予刑事处分了是否要给予行政处分"、"共产党员给作为被告的姐姐辩护是否包庇罪犯"、"判处徒刑缓刑期间的职工可否计算工龄"、"辈分不同可以恋爱结婚吗"、"吃醉酒犯罪要不要负刑事责任"、"集会、游行、请愿合法吗"、"强奸和通奸怎样区分"、"寡妇再嫁可以将其所继承的遗产带走吗"、"担保人要代债务人偿还欠款吗"、"异父异母的兄妹结婚可以吗"、"丧失配偶的女婿可以继承岳父岳母的遗产吗"等。可以说,对这些日常生活中诸多法律问题的解答,对于解除当事人心中的疑问,宣传法律知识,提高民主法制意识,起到了积极的作用。

四是展示法学成果,服务教学科研工作。法学研究既要立足中国又要面向世界,既要立足当代又要面向未来,积极推动学术观点、学术体系和研究方法的不断创新,促使教学科研的不断进步。这是法学类刊物的一项重要任务。《民主与法制》虽然志在办成大家喜闻乐见的群众性读物,但也展示了法学研究成果自己独特的一面,对教学科研工作起到了不可忽视的作用。如《〈中华人民共和国刑法〉的结构》、《谈谈我国刑法中的剥夺政治权利》、《无罪推定原则有利于正确执行刑事诉讼法》、《无罪推定不能作刑事诉讼法的指导思想》、《从刑事诉

---

① 该讨论曾在《民主与法制》1980年第3、4期连续刊登。

讼法看法律面前人人平等》、《论我国社会主义民主与法制的关系》、《〈唐律〉简介》等法学研究文章,不仅回答了当时亟待解决的民主法治生活中的大问题,而且对当时法学教学和科研工作起到了极大的推动作用。

五是大家自由议论,推动民主法治前进。在法制备受蹂躏的年代,人们没有真正的言论自由。鞠华同志就此曾经作顺口溜说:"说从前,道从前,是非颠倒整 10 年。魑魅魍魉肆残虐,真个无法又无天。争奈'法家'忒枉法,为达权欲滥用权。君不见,罪名罗织莫须有,严刑催逼逾封专。真革命者成'反叛',打砸抢抄做高官。""这个天,什么天? 一时瘴气又乌烟。豺狼当道人缄口,民主法制慎莫谈。只许'法家'乱胡扯,哪容真理在人间? 要知道,善恶到头终须报,正邪分野有明鉴。民心思治谁能拦,请君入瓮看今天。"①在民主与法制刚刚开始的改革开放之初,《民主与法制》就开辟了"大家议论"专栏,主张"知无不言,言无不尽,言者无罪,闻者足戒",内容涉及立法、给中小学生上好法律课、出身好坏能否成为量刑标准、民主是否麻烦、对特权要进行科学研究、骗与被骗等诸多内容,论题广泛,既有现实问题,也有历史点评,既言之有物,又寓意深刻,言论极其自由,真正实践了开门办刊的方针。

六是发挥舆论监督,支持揭发丑恶现象。大众传媒的一项重要使命就是敢于说真话,反映民情民意,伸张正义。《民主与法制》在诞生之初就担负起这样的使命,实践了政法战线尖兵的誓言。在 80 年代初期官本位思想还比较浓厚的时候,敢于为民讲话,是一件尚不容易的事。1977 年在綦江县发生一起县干部吴光林、袁应凡打人致死的事件,但当时有关部门作出了"可以不再对吴、袁追究刑事责任"的处理意见。《民主与法制》在接到读者来信以后,以"县干部打老百姓致死该不该受国法制裁"为题,揭露了此事,向社会发问:吴光林和袁应凡受党纪处分后,难道就不可以再负刑事责任吗?② 此外,还刊登了"法律生效的判决为何拒绝执行"等读者来信,编者还加了适当的按语,多次表明要做政法战线尖兵的价值取向。

七是介绍历史典故,启示司法公平公正。我国具有优秀的传统法文化,如何在新的时期使传统法文化得到继承和发扬,也是《民主与法制》着力探讨的一

---

① 鞠华:《"法家"枉法谣并序》,载《民主与法制》1979 年第 1 期第 48 页。
② 见《民主与法制》1980 年第 5 期第 26~27 页。

个重要方面。在诞生之初，它主要通过《一件冤案的昭雪》、《清末杨乃武案始末》、《张汶祥刺马》等文章，介绍相关案件，宣扬严肃执法的理念，激励社会主义社会的司法工作者认真执法。比如在刊登《清末杨乃武案始末》的同时，《民主与法制》还刊登了《杨乃武告诉了我们什么？》。在该文中，作者陶毅认为，首先，本案淋漓尽致地反映了封建法制的反动和腐朽；其次，本案以活生生的事实无可争辩地说明，办理案件，进行认真的调查研究，防止冤错，是极其重要的环节；再次，从该案中还可以看出，正确判处案件，还必须切实加强审判监督，使审判程序不徒具形式；最后，我们了解和分析这个案例的目的在除了弄清它的历史背景之外，还在于从中吸取历史教训，引为借鉴，这对于加强社会主义法制，是大有裨益的。①

三

《民主与法制》在诞生后的很短时间里，就成为政治、法律、社会、伦理综合性刊物，社会影响不断扩大。具体表现是：

第一，有力地促进了社会主义民主与法治进程，为社会主义三大文明的协调发展起了积极的作用。在创刊 2 周年纪念会上，会议这样评价在党的十一届三中全会正确路线指引下诞生的《民主与法制》的作用："2 年来，编辑部在市委宣传部和社联领导下，在广大群众和有关单位的支持配合下，贯彻三中全会确定的路线、方针、政策，大力宣传社会主义民主与法制，促进了广大读者了解党的方针政策，学法守法；对于加强社会主义民主与法制，端正社会风气，发扬社会主义精神文明，起到了积极的作用。"②这种作用是有目共睹的。

第二，《民主与法制》印数不断攀升，最高印数达每期 250 余万册。1979 年创刊之初，印数为 2 万册。此后，由于需求量逐渐加大，印数不断增加，印刷发行地不断增加。至 1984 年 3 月，每期印数达 1 790 894 册，在上海、天津、武汉同时印刷发行；同年 4 月，印数增至 1 822 590 册，净增 31 696 册；该年 8 月又创历史新高，达 1 933 593 册，在上海、北京、天津、武汉、南昌等地同时印刷发行。

---

① 陶毅：《杨乃武告诉了我们什么？》，载《民主与法制》1980 年第 5 期。
② 见《民主与法制》1981 年第 8 期第 5 页。

1985 年 1 月,每期发行量更是高达 2 581 858 册,是创刊之初印数的 129 倍。《民主与法制》的印数不断创历史新高,表明其发行量不断扩大,读者群在急剧膨胀,这足以充分说明它的社会影响在不断扩大。

第三,诞生之初的《民主与法制》不仅得到一批老前辈、老专家的关心和支持,而且还得到党和国家领导人题词,勉励其为社会主义民主与法制作出贡献的殊荣。邓颖超、陈丕显、陆定一、王首道、李德生、魏文伯、夏征农等许多老前辈都关心过《民主与法制》的办刊情况。王首道、王仲方、刘英、伍修权、张友渔、罗竹风、胡绳、费孝通、夏征农、徐盼秋、曹漫之、韩学章、廖盖隆、潘念之、魏文伯、李振军、裘劭恒、曾志、曾三、沙洪等先后受聘为刊物顾问。1979 年 9 月 10 日,叶剑英同志为《民主与法制》题词:"认真加强社会主义的民主与法制。"1984 年 12 月,彭真同志题词:"我国宪法是具有中国特色的社会主义的民主的制度化法律化的总章程,希望你们继续做好宪法的普及宣传工作,帮助读者熟悉遵守和掌握运用它。"

90 年代初,中国法学会主管主办《民主与法制》杂志后,在上海设立该社办事处,委托上海市法学会代管,由本会马锐副会长兼任该社副社长、上海办事处主任 10 年之久,此乃后话。

(穆中杰)

前进中的《上海法学研究》

一、《上海法学研究》的历史演变情况

　　《上海法学研究》是上海市法学会主办的法学理论双月刊,创刊于 1984 年。1984 年至 1987 年,为内部资料《情况交流》,不设主编、编委,只设编辑部。1988 年 2 月,在《情况交流》的基础上,创办了《上海法学》,主编齐乃宽、副主编

上海是我国法学研究重要基地,应当为繁荣有中国特色的社会主义法学作出重大贡献。

王仲方

中国法学会会长王仲方对《上海法学研究》的题词

马锐。1991 年改名为《上海法学研究》，并取得了内部报刊准印证。之后，齐乃宽、史焕章、马锐、李燕生、于秀阳等先后任正副主编，裴劭恒、齐乃宽曾任顾问。2004 年 8 月（2004 年第 4 期），学会对编委会和编辑部进行了调整，编委会主任沈国明，编委会副主任史德保、薛明仁、汤啸天，主编史德保，副主编薛明仁、曹文建、陈冬沪。新一届编委会主要由来自有关法律院校的专家学者、政法系统有关部门的负责人、法学会机关的人员组成；编辑部的工作全部由学会机关工作人员承担。

二、当前《上海法学研究》的情况介绍

为了进一步提高刊物质量，扩大学术交流信息量，2005 年学会对《上海法学研究》进行了改版，仍采用 16 开版面，重新设计了封面，内芯由原来的 64 页增加到 80 页，发行量达到了 3 900 册，除向会员发行外，还与全国的 240 余家刊物进行交换。《上海法学研究》已成为广大会员法学理论研究的园地和进行交流的平台。刊物坚持正确的政治方向，注重理论创新和学术争鸣，尤其欢迎短小精悍、观点鲜明、理论结合实际的文章。《上海法学研究》目前共设立专稿、理论研究、学术争鸣、司法实践、热点透视、青年法苑、案例分析、外国法制、学术综述等栏目。

为了进一步拓宽稿件来源，我们主要做了以下两方面工作：一是加强约稿

力度,除了约请一些本市以及全国各地的法学大家为刊物写稿,还大力发动各法律院校、科研所的青年法学研究、教学人员和实务部门中具有一定理论功底的人员为刊物写稿;二是紧密结合学会的活动,开辟专题组织专栏,2005 年以来,我们共围绕未成年人保护、国企改革和国有资产保护、构建和谐社会、房贷风险的法律控制、纪念抗战胜利 60 周年、社会保障制度、循环经济法制建设、婚前医学检查等专题在刊物上组织了专栏,得到了各方面的肯定,取得了较好的社会效果。由于采取了上述措施,稿件来源得以拓宽,质量也有了明显提高,主要反映在两个方面:一是本市以及全国各地的法学大家的文章增多,沈国明、何勤华、郑成良、周汉民、邓伟志、丁伟、徐建等专家学者都有文章在今年的《上海法学研究》上刊登,从而扩大了刊物的影响。二是一大批青年法学法律工作者的积极加入,给《上海法学研究》注入了新鲜血液,我们也从中发现了一些颇具潜力的法学研究人才。同时,刊物质量的提高也有力地促进了学会学术研究活动的深入开展。

为了进一步提高办刊质量,学会努力提高编辑部工作人员的积极性和主观能动性,进一步规范工作流程,如实行责任编辑制度、认真开好每期的定稿会、把好审稿关等,从提高稿件质量等方面入手,扎实做好各项工作,为刊物公开发行打好基础,做好准备。仅今年在《上海法学研究》上刊登的稿件,被中国人民大学复印报刊资料等其他刊物转载的就有多篇。

(陈冬沪)

《东方法学》纪事

2003 年换届后,学会沈国明会长、史德保常务副会长就把创办一本学会自己的法学刊物作为重要工作来抓,向市有关部门打了报告,希望能解决这个问题,市主要分管领导也都表示了支持意见,但是由于国家新闻出版部门的规定非常严格,因此一直未能取得公开刊号。

在这个情况下,2005 年初,学会领导在广泛听取专家学者意见的基础上,决定在继续争取公开刊号的同时,以"以书代刊"的形式搞一本连续性出版物,确定刊名的过程中,先后有《上海法学论坛》、《东方法学论坛》等名称

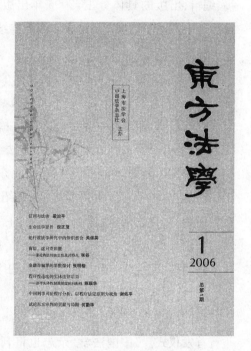

被建议,最后决定用《东方法学》。准备通过几年的时间打造一本面向全国、具有国内一流学术水平的法学出版物,为今后创办公开杂志打下基础。这个目标的实现显然是需要投入较大的人力和物力,以及一个可持续的办刊思路,学会领导认为有必要调动各方面的积极性,因此先后与上海交通大学的郑成良教授、上海政法学院的倪正茂教授联系,请他们就此提出方案。在酝酿过程中,有一些同志提出可以借助上海市法学会和中国法学会的密切关系,如和《中国法学》杂志社合作办刊。学会领导觉得这个建议可以考虑,史德保副会长和中国法学会孙在雍副会长商谈此事,孙会长非常支持,认为中国法学会在力所能及的范围内帮助地方法学会开展工作是非常有意义的,并向韩杼滨会长、刘飏副会长汇报,取得了支持。2005 年 6 月初,史德保副会长亲自赴北京,与孙在雍

副会长、陈桂明总编商量此事,与《中国法学》杂志社达成一致,由上海市法学会和《中国法学》杂志社联合主办《东方法学》,设编委会和编辑部。编辑部设在上海市法学会;陈桂明任编委会主任,沈国明任主编,史德保副会长和李仕春副总编任副主编;组稿和约稿工作由双方共同进行。6月中旬,曹文建副会长又到北京和陈桂明总编、李仕春副总编商量合作细节,签订了合作协议,明确了组稿、编辑、出版的具体分工,2006年出版两期,创刊号拟于2006年2月出版。之后,《中国法学》2005年第4、5两期连续刊登了《东方法学》的稿约,《法学》期刊也刊登了稿约。

8月份始,编辑部向全国的法学家个别约稿,根据打造全国一流学术出版物的定位,主要向一流的法学名家约稿。但是因为知名度还不高,更主要是以书代刊的形式,造成约稿难度比较大。稿约发出后,编辑部收到的稿件数量比较大,但是由于很多作者不理解《东方法学》的定位,不少稿件不符合要求,而约稿过程较长。因此,学会常务副会长、《东方法学》副主编史德保决定加强约稿工作,先后拜访了一大批法学名家,介绍《东方法学》情况和定位,争取他们支持。何勤华、童之伟、倪正茂、张乃根、王卫国、谢佑平、叶必丰、关保英等上海诸多法学家都积极响应,答应投稿。到12月底,《东方法学》第1期目录上已经出现了张明楷、陈瑞华、梁治平、许章润、田涛以及上述等十几位国内一流法学家的大作,基本实现了学会出精品的目标。

目前《东方法学》创刊号已经在法律出版社编辑付印,3月份出版,届时将举行首发仪式。《中国法学》杂志也将刊登《东方法学》创刊号的目录和介绍。第2期的约稿工作也正在进行中。

（江翔宇）

《上海法学文库》纪事

2003 年换届后,学会一直致力于推动上海法学研究水平的提升,特别是调动各方面的积极性。2004 年底,华东政法学院院长何勤华教授在中国法学会常务理事会召开期间,向史德保常务副会长建议,应该对上海的优秀法学学术著作出版予以资助。他从他治学研究的经历提出,很多青年学者在进入高校从事教学研究工作之初都面临一个问题,就是经济上的压力比较大,即使写出学术水平较高的著作,但是由于出版经费的限制无法付诸出版,十分可惜。如果法学会在经费允许的情况下能够开展资助出版工作,将极大促进青年学者著书立作的

积极性。史会长认为这一建议很有意义,回沪后即和学会其他领导研究其可行性,最后决定做这件事情。主要定位是支持上海法学法律界,特别是青年法学人才的优秀学术成果出版,以繁荣上海的法学研究,注重创新性、理论性、前沿性,形成以单一主题学术性专著为主的文库。

2005 年 3 月,学会向所有会员发出了上海市法学会关于资助学术著作、出版《上海法学文库》的通知,通知中规定,申请人应为上海市法学会会员,且必须是著作的第一作者或课题研究成果的课题(课题须已通过鉴定)负责人;著作应具有创新性、理论性、前沿性,鼓励具有上海法学研究特色,应是对上海社会、政治、经济发展有重大价值的法学理论问题进行研究的高品位学术专著。同时把

教材、普及读物及未作全面修订的拟再版书、一般性学位论文及其汇编、非学术性的纪念文集、会议记录排除在外。在 2005 年 6 月底,学会研究部对申请的书稿请著名学者进行了双向匿名评审。经过严格的程序,共有《生命法学丛书》等 8 本专著通过评审,被纳入 2005 年《上海法学文库》,受到学会数额不等的资助。经过考虑,学会领导决定由国内一流的出版社来出版《上海法学文库》。经过和上海人民出版社、上海社科院出版社、法律出版社等出版机构的多次商洽,最后和法律出版社达成协议,法律出版社上海出版中心的田涛教授等对文库给予了大力支持。2006 年 1 月初,文库的第一套《生命法学丛书》共 6 本面世,受到各方关注,相关学者称其展现了国内生命法学研究领域最新成果,代表了国内的最高水平。后续两本也将于 2006 年 2、3 月相继出版。

沈国明会长在文库总序中指出,文库应当具有包容性:法学学科所有专业的论著,包括论及法律实务中理论问题的专著,都可以纳入文库之中;只要坚持宪法确立的各项原则,凡言之有物、言之有据的学术著作,都可以纳入文库之中。文库应当具有学术性:列入文库的著作,理论上都有所创新,即使是实务类的著作也如此,当然,实务类的著作还应当具有很强的应用价值。文库应当具有连续性:独木不成林,几本书则免称文库。我们将着眼于长远,以记录我国法治进程、民主政治建设的轨迹为己任,不断推出能够反映上海法学研究新水平的作品,不断推出上海的作者,特别是青年作者。沈国明会长提出,要为精品学术著作的出版提供方便,也要为有光彩但还嫌稚嫩又出版无门的作品提供出路,更要防止降低要求,让不符合文库标准的作品滥竽充数、"出外快",那样,最终砸的是文库的牌子。史德保常务副会长作为文库工作的直接领导者,对文库非常关心,经常提出各种思路和问题,他也认为要向青年人倾斜,培养上海的青年学者,同时他要求评审标准一定要严格,要把上海一流的法学学术成果挖掘出来,反映出上海的法学研究水平。

在这种指导思想下,2006 年 1 月 1 日,学会向会员发出了《上海市法学会关于 2006 年资助学术著作、出版〈上海法学文库〉的通知》,特别强调重点支持青年会员(39 岁以下)的申请。至此,《上海法学文库》已经初步走上了连续性工作的道路。

(江翔宇)

《法讯》的足迹

  《法讯》是上海法学会内部刊物,它的前身是 20 世纪 80 年代初创建的《情况交流》。《情况交流》改为会刊后,1984 年 10 月由学会与《民主法制》杂志研究部联合编撰涵括全国法学研究与司法实践动态的、不定期发行的、供交流和沟通法学研究信息的内刊——《法讯》,由严俊超同志任主编,在法学会办公。1989 年 5 月易名为《法的信息》。1991 年 3 月,严俊超同志不幸逝世。1991 年 5 月起,刊物由学会领导亲自负责,并由本会研究部与市委政法委研究室合办,恢复用《法讯》的名称至今。

  《法讯》创刊的主要目的是为领导和有关部门决策、立法、执法、司法等提供有一定参考价值的建议和法制建设的信息。改刊后的《法讯》,内容主要是向领导和有关部门以及其他读者反映有关深化政治、经济体制改革,对外开放和建设社会主义市场经济过程中的各种法学理论和法律实践中的重点、难点和热点问题;报道社会主义民主与法制建设中的新成就、新情况、新问题并提出改善立法、司法、执法的建议;介绍国内外法学研究、法律实践的经验和动态。

《法讯》十分注重反映法学理论和法律实践中的重点、难点和热点问题。随着改革开放的不断开展和深入，社会上出现了许多新情况和新问题，都需要从法律层面上作出回答，有些便成为法学理论和法律实践中的重点、难点和热点问题。针对这些问题，法学会充分发挥理论上的优势，组织有关专家学者进行专题讨论，提出建设性意见，以专刊的形式刊载在《法讯》上，为这些问题的解决提供了重要的参考意见。

例如，1997年国有企业改革深入开展之后，如何加强对国有资产的保护，防止国有资产流失，便成为社会上的一个热门话题，也成为法学理论和法律实践中需要解决的重点、难点和热点问题。《法讯》为此几次开辟专栏，就这一问题进行分析、论证，并提出应对之策。《法讯》曾以《促进国有资产流动、防止国有资产流失、实现国有资产保值增值》为题，充分分析了当时国有资产的流失渠道，提出了国有资产要在流动中保值、增值，并呼吁加强国有资产管理的法制建设，尽快制定一部地方性法规《上海市国有资产流失查处条例》，以解决国有资产管理上的难点问题，提出要用法律、法规的形式对国有资产流失作出明确界定，建立起国有资产流失的查处机构，明确国有资产流失责任人的法律责任等。之后，《法讯》又从经济犯罪、渎职犯罪的角度分析了造成国有资产流失的原因，并提出了有针对性的对策。

1999年，法学会又组织了一批专家学者，就如何从民事法律的角度来加强对国有资产的保护，进行了探讨，并通过《法讯》提出了加强民事法律对国有资产进行保护的一些设想：建议政府将国有资产委托给代理机构管理，使之具有民事主体资格，享有民事诉讼的各种权利，从而将国有资产的保护全面纳入民事诉讼程序，充分运用民事法律来调整国有资产运行中出现的各种民事法律关系，有效堵塞国有资产流失的渠道，并使已流失的国有资产及时得到追偿；建议从立法上考虑建立民事公诉制度，确定检察机关作为国家民事诉讼活动的专门机关，同时应将"国家民事诉讼"活动限定在一定的范围之内等。总之，就如何加强对国有资产的保护，防止国有资产流失这一问题，《法讯》从多方面系统地、有针对性地提出了一系列的对策和建议，为领导和实际部门开展工作提供了重要的参考，有些对策和建议已经被采纳，并被实践证明是切实可行和富有成效的。我们国家在改革开放进行过程中，法学理论和法律实践中的重点、难点和热点问题还有很多，如法哲学、法理学有关问题，司法改革问题，市场经济的有关法律问题,新刑法实施后引起的一些法律问题,反腐败问题,期货交易的法律问题,医疗纠纷的法律问题,人体无性繁殖(克隆)技术的法律问题等等,《法讯》都曾以专刊的形式进行过探讨、论证,提出了一些建设性的意见,在此不再赘述。

《法讯》也比较注重报道社会主义民主与法制建设中的新成就、新情况和新问题,并针对这些问题提出改善立法、司法和执法的建议,为促进立法、司法和执法的完善和发展起到了一定推动作用。

法制建设的内在要求首先是有法可依,很多问题首先要从立法层面上考虑,然后才谈得上执法和司法。相对于执法和司法而言,《法讯》报道和反映的立法问题最多。90年代初,随着市场经济的建立和发展,经济立法和金融立法的有关问题凸显出来,法学会便组织专家、学者对这方面的问题进行研讨,并以《法讯》专刊的形式,提出改善经济立法的一些建议:经济立法的任务首先要确立适合市场经济体制的建立和发展要求的立法指导思想;要确立保障不同所有制企业平等竞争的指导思想;要确立科学预测、超前立法的指导思想;要确立"操作方便"的立法观等。关于金融立法方面,《法讯》刊文认为:必须尽快完善金融立法,以强化对国有财产的国家保障;加强信贷资产检查;改信用贷款为担保、抵押贷款;采取"诉前财产保全"措施;抓紧追索已经转移的资产,要运用法律手段,追索已经被非法转移的财产等。针对金融立法落后于金融实践,与国际金融市场惯例存在差距等一些问题,《法讯》又刊文呼吁必须建立和完善金融法律体系,确立面向市场的金融立法观,制定与国际的金融运行规律相适应的金融法律、法规,建立有中国特色的金融法律体系等。这些经济和金融立法上的建议,是许多专家学者在对当时的客观情况充分考察、论证的基础上,以《法讯》专刊的形式提出的,对促进当时经济和金融立法的完善和发展起到了很大的推动作用。

《法讯》专门针对一些司法问题提出的对策和建议也有很多。随着信息技术的发展,如何合法、合理地将这些先进技术手段运用到司法审判中,以节约司法成本,提高司法效率,就是司法实践中需要面对和解决的问题。对此,《法讯》曾刊文就刑事诉讼中运用"多媒体庭审"的有关问题进行过探讨,认为"多媒体庭审"在刑事诉讼中效果良好,它可以大大地减轻公诉人的负担,提高庭审效率,既有利于打击犯罪,又能够保障控辩双方的诉讼权利,还有助于完善检察机关的档案管理和积累庭审经验。针对"多媒体庭审"的特点和它在司法机关运用的现状,《法讯》提出了有针对性的建议:希望有关部门提供专项经费推行"多媒体庭审",强化对"多媒体庭审"的优越性认识,提高公诉人的业务素质,扩大他们的知识面,尽快引进计算机高级人才,开发"多媒体庭审"软件,加强检察机关起诉部门与技术部门的配合等。《法讯》的这些建议,对于改变现状,全面提高"多媒体庭审"在诉讼中的运用率起到了一定的促进作用。

相对立法、司法而言,执法中面临的新情况、新问题更多,亟须解决的问题也不少,《法讯》对这些问题也提出过不少有价值的参考意见。如 1997 年,本来是两起普通的欠款案最后变得难解难结,针对这两起案件,法学会组织一批专家、学者和律师,对这两起案件的起因和审理结果进行了仔细地剖析,指出执法中存在的一些深层次问题。为此,专家们通过《法讯》呼吁,市场经济要健康、有序地发展,政府必须对经济运行和市场主体进行调控和干预,但是这种调控和干预必须依经济规律办事,必须严格依法进行,不能仅仅靠会议或一纸公文决定了事,否则就会损害市场主体的合法权益,使国有资产流失,破坏市场经济秩序,产生难解难结的诉讼和纷争,甚至影响社会稳定。此外,政府主管部门应重视对资金是否到位的监督,以防止公司企业注册成立后以各种手段抽逃和转移资金,对当时市场中存在的一些只有公司名称、营业执照、公章而无经营场所、无设备、无资金的三无"空壳"公司要认真查处。

总之,改革开放的深入进行,反映到立法、司法和执法层面上问题林林总总,《法讯》都曾有重点、有针对性地提出过一些有价值的参考意见。虽然这些建议和看法,有些在今天看来已不足为奇,但对当时立法、司法和执法的完善和发展所起到的作用却是有目共睹的。

清代法学家沈家本面对清末的法制改革曾提出,要做到"会通中外,征稽古今",新时期的法制建设同样也要如此,吸收和借鉴国内外的一些先进的、优秀的、适合中国实际情况的法律思想、法律制度、法律措施及经验教训,客观上有利于我们国家的法制建设。因此,《法讯》也比较注重介绍国内外法学研究、法律实践的经验和动态等。这为上海法制建设的发展提供了一些有重要参考价值的素材,对于拓宽领导者和有关部门工作人员的眼界以及认清我国法制建设本身的缺点和不足,均有一定的意义。

总之,《法讯》上刊载的文章短小精悍、观点鲜明、一事一议,既有理论又反映实际,具有很大的参考价值,对上海法制建设作出了特有的贡献。为此,《法讯》曾多次得到市领导和读者好评。

(孙　伟①)

---

① 孙伟,律师,上海师范大学法学理论专业2004级硕士研究生。

"上海法学网"www.sls.org.cn 纪事

2003年9月,学会领导提出要建立学会的网上窗口,发挥信息化的作用,宣传法学会,服务会员,扩大法学会影响力。经过短期的筹备,决定由学会机关干部负责内容维护,一家技术公司负责技术维护。网站编辑均为机关青年干部。

所有编辑从头学起,紧锣密鼓地开展各项工作,很快提出设计思路,申请域名,11月初设计完毕网站页面,11月底完成初步的内容整理,12月随即正式开通。网站名称为"上海法学网",域名为 www.sls.org.cn,这是中国法学会系统最早的网站之一。

从学会的性质和工作内容出发,也从学会的人力物力的实际出发,"上海法学网"定位于:(1)对外宣传法学会工作,宣传上海市法学会广大会员的学术成果;(2)向广大会员传递学会工作信息,为会员提供相关服务;(3)为法学学术交流提供一块学术阵地。我们设立了通知、学会动态、法界动态、研究会、学术研究、论坛直录、法律数据库、学者介绍等栏目。学会的网站具有自身局限性,不可能面面俱到,目前每年学会举办的学术活动就有几十次,再加上各研究会自己举办的学术活动,每年各种形式的活动是网站内容的主要来源。内容的其他来源包括编辑从网上搜集,从会员处征集等。特别值得一提的是目前学会请华东政法学院的学生对主要学术活动作详细会议记录的方式为网站提供了鲜活的内容,非常具有可读性和理论价值,受到广大会员的积极评价。从这几年的运行情况看,网站较好地发挥了宣传学会和服务会员的作用,在广大会员和上海法学界、法律界形成了一定影响,在全国法学会系统中与其他网站相比,内容比较实在。目前学会的重要活动,包括各种学术活动已经基本能做到网上预先公布,事后简报,让会员能够从网上得到会议通知;学术管理和下载专区栏目为会员了解法学会学术活动基本规则以及便捷获取各种表格;专题性的学术性活动,均由专人记录整理上网,以让未与会的会员可以看到原汁原味的讨论；为研究会设置专门版块，提供专门的宣传和交流平台；学术研究以杂志、学术活动为依托，经常更新；学者介绍栏目对上海的知名法学家进行宣传，扩大其影响力。

（江翔宇）

法 学 会 讲 坛

2004 年初,为了进一步推动法学研究人员与实务工作者的交流与沟通,学会推出了"法学会讲坛"。通过开设讲坛,邀请市党政有关部门和其他有关方面的领导同志作报告,介绍上海发展和改革中最新、最前沿的情况及问题,帮助从事法学研究的同志及时了解掌握工作大局和实际工作信息,提高法学研究的针对性。一年中,市世博局副局长周汉民,市委政法委书记、市公安局局长吴志明,市政府法制办副主任顾长浩,上海市综治办主任乐伟中,市环保局副局长孙建等先后走上讲坛,就 2010 年上海世博会筹备情况及相关法律问题、维护社会稳定工作情况、《行政许可法》实施有关问题、建立上海社会治安防控体系有关问题、环境保护的形势与任务等作了专题报告,受到了广大法学研究工作者的欢迎。

2004 年末,针对广大会员的呼声和不同层次的需求,学会增设了法学名家主讲的高端讲坛和结合社会热点的法制宣传性讲坛。高端讲坛着眼于邀请在全国有影响的法学家,以法治建设中的重大理论问题和实际问题为重点作专题报告,主要面向法学、法律工作者。2004 年 11 月 8 日,学会邀请被誉为"中国反倾销第一人"的中国商务部反倾销协调委员会委员、中华全国律师协会 WTO 专业委员会顾问周世俭教授来沪作了题为"关于反倾销和市场经济地位问题的报告"。周教授全面分析了中国遭遇反倾销调查高峰的成因和市场经济地位对中国

江平教授在作《公司法》修改讲演

外贸的影响,并提出了中国企业应对反倾销的 11 条建议。400 余名会员慕名参加了此次讲坛。2006 年 1 月 18 日,学会邀请著名法学家、原中国政法大学校长、终身教授江平主讲了新年的第一期讲坛。江教授以"公司法的修改和发展"为主题,从公司法的条文出发,结合大量的实例,全面介绍了公司法立法的过程和意义。700 多名会员和市国资委等单位的相关人士冒着大雨与会听取了江教授的精彩演讲,整个讲坛会场座无虚席。法制宣传性讲坛主要结合社会热点问题、百姓关心的问题和新法实施中的问题,邀请法学专家学者和法律实务工作者举办讲座,对会员和市民开放。2005 年,学会以《反分裂国家法》的颁布、纪念中国人民抗日战争胜利 60 周年、物权法修改等为契机,以"法学会讲坛"为载体,组织报告会,进行法制宣传教育活动,促进了法律的贯彻实施。2006 年,又结合《劳动合同法》立法,邀请著名劳动法专家、华东政法学院教授董保华作了题为"当前劳动立法热点问题"的学术报告,吸引了 400 余名会员和市民参加。

为了提升"法学会讲坛"的影响,特别是扩大法制宣传性讲坛的听讲范围和层次,学会加盟了市委宣传部和市社联组织的"东方讲坛",有效地实现了资源共享和品牌共创,使"法学会讲坛"被越来越多的市民所熟悉。

通过两年多的努力,"法学会讲坛"现已举办 13 讲,吸引听众 3 500 余人,成为上海广大法学、法律工作者和不少市民心中的一项品牌活动。

(骆 珍)

四、法律服务

　　自改革开放以来,学会把为百姓办实事,服务司法实践作为日常工作,发挥学会社会群众团体的功能优势。

　　为了直接服务百姓和来沪投资者,学会先后创设了振兴法律咨询服务公司、第七律师事务所、老年法律咨询服务中心、涉外经济法律咨询中心等法律服务机构。这些法律服务机构,为社会提供了广泛的法律服务,实现了一定的社会效益和经济效益。为了更好地服务司法实践,学会还组织相关学科的专家教授、研究员同实践部门的专家一起先后对有争议的疑难案例,开展了讨论,从法理上进行剖析,理清疑难的症结,从学术上探讨,求得依法解决的方案或建议,破解了不少案件的疑难,直接为司法实践或当事人排忧解难,促进了社会的和谐。

我国第一家民营性质的
经济法律咨询机构

——诞生于改革开放之初的振兴经济法律咨询公司

一、为支持改革开放、提供
法律咨询服务而诞生

　　在改革开放政策实施之初,有相当数量的外国银行派员来到上海这个国际经济活动频繁的大城市,对上海的金融形势和对外开放的发展前景进行观察、摸索、预测。一些外国律师借其他身份活跃于京、沪、穗等地,学习我国的经济法律,然后向外商提供有关咨询,并从中获取优厚的经济效益。针对这一动态,

1984年6月,当时的上海市法学会会长徐盼秋、副会长曹漫之两位同志初步拟定在上海市法学会的领导下创办一所民间性质的经济法律咨询机构,其宗旨是:由一些具有较高经济法律业务水平并精通外语,同时又具有律师资格的人员向外商及国外投资者提供有关经济法律的咨询,以遏制外国律师在我国的地下律师活动,为国家挽回咨询费的外流。

同年9月8日,上海市法学界著名人士在国际俱乐部就筹办上海法律咨询公司一事进行了热烈商讨,与会专家一致认为当时成立一个法律咨询公司已势在必行。因为上海是全国经济贸易中心,又是14个开放城市之一,对外贸易经济增多是发展的大趋势;在对内搞活对外开放的同时,更需要法律作为后盾。但是,由于我国法制建设不完备,使得一些外国人以咨询为名来我国活动从中渔利,损害了我国的利益。因此从维护国家利益角度来说,也有必要成立一个专门机构从事法律咨询业务,尤其是提供涉外经济方面的法律咨询。

同年11月,美国前国务卿万斯率领国际代表团来上海参加"国际投资法"会议。会上,美国、日本及西欧的财团、企业代表及律师感到重要的问题有两个:一是外汇如何平衡,二是中国法律如何保障外资的权益。同时,对外开放政策与我们现代法规之间的密切联系,引起与会的中央和上海市领导同志的重视。孕育已久的建立经济法律咨询机构的计划进入了成熟阶段,成立一个民间组织具有集体经济性质的"振兴经济法律咨询公司"的思路终于形成。

1984年11月30日,上海市法学会正式具文呈报上海市人民政府办公厅及上海市司法局申请成立"振兴经济法律咨询公司"。上海市政府办公厅于12月1日批复,请工商行政管理局按规定办理,接着又收到上海市司法局的批复,同意并请工商局予以登记。上海市工商行政管理局黄浦区分局于12月4日发给营业执照。1984年12月16日,由上海市法学界的知名人士发起成立的我国第一家民间的经济法律咨询机构——振兴公司,在上海展览馆大厅举行了成立大会,时任中共上海市委第二书记的胡立教、中国法学会会长王仲方到场致贺,联合国国际法院法官倪征燠等来电祝贺,一些外国驻沪领事馆官员、外商驻沪办事处代表出席大会,整个仪式共有600多人参加。第一届公司董事会由徐盼秋、李文杰、曹漫之、裴劭恒、朱宝贤、陈天池、张汇文、徐国懋、盛振为、潘序伦、潘念之、魏文达等 12 人组成,徐盼秋任董事长,李文杰、曹漫之、裘劭恒任副董事长,徐天锡任总经理。

应当说,创办振兴公司的主要目的是为了进一步贯彻对外开放的方针,积极改善引进外资和先进技术的法律服务环境。这在《民主与法制》中有记载:在面临世界新技术革命向几乎所有的法律部门和传统观念挑战的情况下,徐盼秋教授认为应对这种挑战,不是补一些立法漏洞,更不是一个办案手段问题,在与新技术革命相适应的信息社会中,信息和知识成为生产力、竞争力和经济成就的首要因素,法律知识就是一种信息,是决定经济发展速度和方向的重要因素。对外开放是我们国家迎接世界范围新技术革命的一项国策,外商最关心的投资环境首先就是政治法律环境,为此,政法战线的观念和思维方式必须有一个变革,法律工作者应是从事信息生产和处理的新型劳动者。当时徐盼秋教授还预测性地指出,随着技术革命开展,法律的社会作用将会提高,主要是说作为上层建筑的法律部门,以知识密集型的信息产业特征,直接为经济建设服务,这是法律今后发展的大趋势。[①]

二、为提供法律咨询、积极
培养法律人才而发展

振兴公司成立以后,积极开展对外经济法律咨询活动,创办振兴比较法进修学院,广泛开展学术交流,引起国内外各界的重视。美国凯特律师事务所曾致函公司总经理徐天锡律师:"贵公司在恰当的时间,由恰当的人选成立,说明了你们的理想和远见……这将对外资及外国技术引进,繁荣国内经济,使法律在经济领域中起到应有的作用,有着不可忽视的动力。"

信誉第一、服务第一、效率第一,这是振兴公司的座右铭。某外商曾委托振兴公司翻译大本的合同,要求次日早晨交稿,在短短的 10 多个小时要译完几十页法律文件是不容易的。但是第二天一早,公司准时将文稿送到外商手里。日本某株式会社拟在上海投资建造高级宾馆,委托振兴公司提供可行性研究报告,要求较高。振兴公司在规定的期限内完成了全部报告,派员专程

---

① 见凌和:《面对新的挑战——访徐盼秋教授》,载《民主与法制》1985 年第 2 期第 17～18 页。

送往日本,并向日方作了详细解释,日方感到非常满意。正是由于公司讲信誉、重效率、向客户提供了第一流的服务,开业后很快得到国外工商界、法律界的好评。

在国内业务方面,公司在成立后不久就接受了 20 多家有涉外项目企业的聘请,担任常年法律顾问。此外,公司还有针对性地对一些国内企业开展有关合营企业、技术引进、涉外谈判、纠纷处理、海关、海商、税收、贷款及保险业务的咨询活动。

在上海市法学会和法学界人士的支持下,振兴公司创办了"振兴比较法进修学院",徐盼秋、盛振为、徐天锡分任正副院长。学院于 1985 年 3 月 8 日举行了开学典礼,以夜大形式授课,课程设置有法学概论、民法、刑法、民诉、刑诉、比较法基础、经济法、英美侵权行为法、英美合同法、国际贸易法、国际投资法、国际税法、国际公法、国际私法、海商法、工业产权、比较宪法、法律逻辑、司法会计、法律文书及法律英语等。此外,根据需要学院还首创性地开设了"香港法律"及"社会保障"这两门新课。学院还重视对外交流,威廉·T·勃克、乔治·T·底巴基、西奥多·耶开波斯基、克列斯多夫·艾克斯立、杰·柯恩、爱娜·韩等著名教授都曾前来访问。

广泛开展学术交流是公司另一项重要业务。公司自创办以来,曾联合上海市法学会、外贸学院、华东政法学院及《世界经济导报》编辑部,先后举办了"涉外经济法专题讨论会"、"谈判合同专题讨论会"、"涉外经济合同法及资金筹措专题讨论会"等。

三、为遵守新出台规定、
顾全改革大局而停办

1986 年 1 月 14 日,市法学会党组会议按照中央有关党政干部不能经商办企业等规定,讨论了关于振兴公司的问题。在 5 月 12 日党组扩大会议上,簧延庆同志作了关于《有关振兴经济法律咨询公司的情况汇报》,会议用较长时间讨论了振兴公司的有关事宜,认为 1984 年筹建成立振兴公司是合法的,但根据当前中央文件规定以及司法部的有关文件,要保留"振兴公司"的字号,开展有偿的法律咨询服务显然不行。市工商局也表示:准备注销其营业执照。于是 6

月 24 日,法学会党组再次召开扩大会议,经过慎重充分的研究,对"振兴公司"作出决定:认真执行司法部(86)司法公字第 79 号《关于法律服务机构若干问题的暂行规定》及(86)黄工商案登字第 186 号、第 233 号两个通知的精神,关闭振兴法律咨询服务公司。自此,中国第一家民间涉外经济法律咨询服务公司画上了句号。

(穆中杰)

第七律师事务所

20 年前,也就是 1986 年,对于上海法学会来说是一个值得记忆的一年。那年,由学会组建的上海市第七律师事务所成立了,为学会开展学术研究活动、服务社会,开创了新的一章。

在 20 世纪最后的 15 年里,"七所"这个名称在上海市法律界是很响亮的,市民中流传着"打官司,找七所"的说法,便是证明。转入新世纪的第二年即 2001 年,全部的国有制律师事务所奉命改制,学会的"七所"便结束了它的"生涯","七所"的名称已不存在,但是,曾经在"七所"工作过的律师、曾经受惠于"七所"举办的律师培训班的律师仍在,而且不少人已成为上海法律服务行业中的佼佼者、领头羊,以他们的实际行动延续着"七所""从实际出发、实事求是、多办实事"的精神。为了探究、发扬这种精神,我找到一位年近古稀的老人——陶怀龙。今年 5 月,我访问了他两次,专同他谈"七所"。当他回忆到在改制中采用"一刀切,一锅端"致使"七所"没有存续下来的历史时,老人总带着一丝惆怅;而当老人述说"七所"的创办、发展、壮大、影响时,则兴高采烈,欣慰之情尽在言谈中。他说:学会的"七所"结束,而有更多的法律事务所新生,说明学会办"七所"办对了,办出了精神,值得在上海法学会的会史上记录下一笔。

从实际出发,办起律师事务所

20 世纪 80 年代,上海处在我国改革开放的前沿,市场经济迅速发展,经济和社会发展中的纠纷日益突显,急需法律服务,更需要法学发挥理论指导实践的作用,把学术研究成果真正运用到实践中去、真正促进法学研究和实践相结合,这是一方面,是社会形势发展的实际要求;另一方面,法学会恢复活动后,会员为社会开展法律服务的热情高涨,但又不能人人都去办律师事务所,学会有可能发挥聚集人才的优势,形成团队合力,更好地服务社会。学会就从当时社会需要和可能的实际情况出发,向市司法局请示组建一个律师事务所,很快就得到批准。陶律师也就被调到法学会,专做筹建"七所"的具体工作。仅用了一个多月的时间,"七所"就正式成立了。此后,"七所"作为法学会的一个下属机构,在律师业务上归口司法局,独立地对外开展法律服务。虽然全是兼职律师、特邀律师,但全部是法学会会员,既分别承接社会法律服务项目,又结合教学科研寻找法学理论与实际的结合点,探索理论与实际相结合的最佳途径。当时,学会缺钱又缺人,租赁人家的住房改作办公室,"七所"的办公条件也很艰苦,就把学会办公室楼下的汽车间粉刷一下当作办公室,从楼上的学会搬来桌子、椅子便开始办公。有时候来的人多,挤不下,就在院子里树阴下、弄堂里、马路边或者就近的公园里进行接待。但是"七所"的所有人从不叫苦,以认真负责的态度,都将全部精力投到服务中去。这就是当时从实际出发办起来的"七所"。

实事求是地办好律师事务所

1986 年"七所"成立,会员中的一些学者、专家纷纷加入到"七所"队伍中来,最初仅有十几个人,到 1988 年就发展为 150 多人。除本部办公接待外,还分设了国际部、商事法律事务部、工业经济法律部和 5 个接待室,分布在上海市的东西南北各处,坚持实事求是,为社会各界提供法律服务。由于"七所"依托学会,不管是刑事、民事或是行政等诉讼类纠纷,还是国际国内贸易、融资、信托、公司上市等非诉讼项目,都可以找到相关领域的专业律师,他们深厚的理论功底和丰富的实践经验,显示出法学会的特长和优势,受到各界当事人的好评。随后,为了扩展业务,"七所"还与老龄委合办起"上海市老年法律咨询中心",与外商投资企业协会联合办起"上海市涉外法律咨询服务中心"。在运作的十几年间,"七所"和两个"中心"办案多达 1.1 万多件,实事求是地替百姓排忧解难、化解纷争、维护正当权益,为上海经济的快速发展和社会的更加稳定发挥了重要的法律保障作用。

多办实事的律师事务所

"七所"依靠法学会的支持,邀请法律院校的知名教授以及公检法等实践部门的专家,给律师和想要从事律师业务的社会人员讲课,进行业务培训。刚开始创办培训班的时候,学员最多的时候达 200 多人,每星期上课两次,不收任何费用,而且"七所"还免费给学员发放讲义和资料,所有对法律有兴趣的群众都可以随时来听课,接受法律知识。这项带有公益性质的活动不仅扩大了"七所"的知名度和法学会的影响力,更重要的是收到了良好的专业教育效果和社会普法效果。据陶律师不完全统计:现在上海律师事务所的主任当中,有些所的领导是这个培训班培养出来的,如果加上一些不留姓名的学员,那就更多了。从这个角度讲,"七所"也为上海法律服务业的壮大尽了一点力量。

不仅如此,在"七所"十几年的运作中一方面为学会开展学术活动提供素材,收集焦点、难点和热点问题,有效地推动了理论与实践的结合,还无偿地为社会上的弱势群体提供了不少法律援助;另一方面,直接为学会各项学术研究活动的开展提供了大量经费,据 2001 年"七所"转制时的不完全统计,十几年中创收,所有收入都按照学会常务理事会关于"除上缴相关的税费外都用于学会"的规定,纳入了学会的各项开支费用中。总之,由于"七所"的成功运作,使得上海法学会的经费比较充裕,较好地保障了法学会各项活动的正常开展。

上海法学会风风雨雨已经走过了 50 个年头,"七所"因法学会而生,后由于转制而停办,但"七所"从实际出发的精神,坚持实事求是的办案原则,力争多办实事的做法,在法学会的发展壮大中已经写上了光彩的一笔,"七所"求真务实的精神一定能发扬光大。

(郑小兵)

上海市涉外经济法律咨询中心①

　　为更好地组织法学会会员中的法学专家、学者及法律工作者为上海的外向型经济服务，开拓理论联系实际的法学研究渠道，1988 年 5 月报经市司法局批准，学会组建成立"上海市法律咨询服务中心"。不久，本会与市外商投资协会共同申请成立上海市涉外法律咨询中心，经司法局、市外经贸委批准，市工商局登记为全民所有制企业，是全市 28 家涉外经济法律咨询服务企业之一，也是全市惟一的涉外律师见证单位。

　　"中心"是学会专门从事法律咨询、涉外经济法律咨询服务的机构，其任务是为国内外企业单位和个人提供各种法律咨询、接受委托代理，以维护他们的合法权益，促进国内外经济的交流，推进发展外向型经济，深化改革，扩大开放。为此，"中心"聘请会员中的专家、学者、律师以及政法实践部门的法律工作者为咨询员，特邀著名法学家和富有经验的法律界知名人士为顾问。

　　"中心"成立之初承办的业务范围主要是：（1）推荐律师担任三资企业和其他事业单位、机关、团体、个人的常年法律顾问，以及依法在诉讼中进行代理或担任辩护。（2）为三资企业和其他企事业单位的各类项目提供法律咨询服务。（3）为国内企业提供利用外资、引进技术等法律咨询，提供有关外国法律、法规以及资料的咨询，并参与对外经济合同的谈判。（4）为外商企业客户提供我国和本市有关投资环境，开展经济业务活动的有关法律、法规和资料。（5）接受侨胞、侨眷和港、澳、台同胞的委托，代办申请工商登记、商标注册、公证和不动产转让、代管等代理业务。（6）接受国内外法人和个人委托，起草、修改和审核各种协议、合同、章程和有关法律文书，代理参加诉讼、调解或仲裁活动，协助解决经济纠纷和财产，人身权益等民事纠纷。（7）协同市法学会振兴

　　① 本文根据上海市法学会有关档案材料撰写而成。本文初稿撰写后，曾送陶怀龙同志审阅，在此一并谨致谢意。

比较法进修学院，为国内外企业培养法律人才。(8) 办理与法律咨询代理服务有关的其他业务。

该中心成立开业后，严格按照国家法律和国际惯例为委托人提供服务，采取公正立场，以平等互利为原则，所得收入按规定向国家上缴税利和政府部门的管理费，赢利则主要用于学会开展学术研究活动中。经过近 5 年的努力，"中心"规模不断扩大，业务不断延伸。因拥有一批年富力强、通晓业务、经验丰富的专职人员，并依托上海市法学会会员中众多精通涉外经贸的法律专家、教授和司法界的老前辈以及聘请的金融、会计、证券、外经贸、税务、工商管理、房地产等方面的顾问，卓有成效地为中外企业及个人提供了良好的服务。该中心与国内不少省市和外国及地区的法律服务机构有着密切的合作关系，从而使其服务的领域延伸到境外，受到了中外客商的赞赏。

根据国务院、司法部有关规定和市司法局《关于律师事务所、社会法律咨询机构改制的通知》，2002 年 3 月，"中心"改制，与学会签订了脱钩协议。

随着形势的发展，该中心实行体制改革，在管理体制方面实现了政企分开，成为一家独立经营的有限公司，其工作内容不但延续了原中心的经营范围，并更加专业化、国际化。

（穆中杰）

成就篇

·组织篇·

上海市法学会第八次会员代表大会

民主 民主办公,依章办会,按照群众团体的规律开展活动,加强学会的自身建设。

随着法学研究的繁荣与发展,作为人民团体、学术团体、群众团体的法学会组织日益壮大,会员人数增多,组织领导不断更替,学术组织随着学科领域的扩展而逐渐增多,学会办事机构日臻完善,学会的凝聚力日益增强。学会坚持按章程办会,坚持党的领导,坚持民主集中制,重要工作和重大事项经理事会、常务理事会和会长会集体讨论,民主协商决定。经历这50年的锤炼,而今,学会已成为一支学科齐全、有活力的队伍,将进一步为依法治国作出更大的贡献。

一、会员

自学会成立以来,会员队伍不断扩大,其成员结构愈益合理。至 2003 年 7 月止已有会员 3 609 人,分布在本市各级党政机关,各级人民法院、检察院、公安局、司法局、安全局,各高等院校、法学科研机构。其中,在各级党政机关的会员占会员总数的 16.2%,各级人民法院、检察院、公安局、司法局、安全局的会员占 31%,律师和法律咨询机构的会员占 17.2%,教育、法律科研机构的会员占 30.6%,工商企业、金融机构等其他单位的会员占 5%。

会员增减示意图

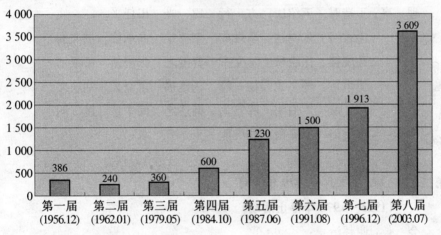

组织篇

二、历届理事会

依照学会《章程》规定,理事会为学会的最高决策机构,定期进行改选。50年来(除1965~1978年的13年外),已选举产生了8届理事会。

第一届　1956年12月~1962年1月

会　　长:雷经天

副会长:江　庸　罗家衡　陈文彬　王造时　韩述之

秘书长:曹漫之

理　　事:王造时　王绍唐　方　行　田　光　田任平　江　庸
　　　　向哲濬　朱鸿达　李继成　李树棠　俞承修　洪文澜
　　　　孙晓楼　徐盼秋　陈文彬　曹漫之　张鸿鼎　彭成清
　　　　傅季重　杨兆龙　杨　峰　杨廷福　雷经天　刘焕文
　　　　郑　斌　卢伯明　薛笃弼　韩述之　韩学章　魏　明
　　　　魏文翰　罗家衡　顾维熊

第二届　1962年1月~1979年4月
　　　　　（1965~1976年停止活动）

会　　长:谢邦治

副会长:朱　辉　陈文彬　陈传纲　张汇文　李继成

秘书长:曹漫之

理　　事:方　行　王绍唐　王造时　田任平　丘日庆　朱宁远
　　　　朱　辉　向哲濬　杜祥坤　李子宽　李树棠　李继成
　　　　陈文彬　陈传纲　林道生　林德明　屈成仁　洪文澜
　　　　洪天寿　俞承修　高　桐　袁成瑞　顾维熊　徐盼秋
　　　　章文骐　曹漫之　张汇文　杨　峰　潘念之　薛笃弼
　　　　谢邦治　韩学章　魏文翰　魏　明

第三届　1979 年 5 月～1984 年 10 月

会　　长：徐盼秋

副会长：李继成　张汇文　陈文彬　陈庭槐　杨　时　袁成瑞
　　　　曹漫之　韩学章　潘念之

秘书长：王　兴

理　　事：王　兴　王文昇　王连登　王绎亭　孔令望　刘少傥
　　　　丘日庆　卢　峻　向哲濬　杨　时　杨　峰　杨实人
　　　　陈元龙　陈文彬　陈庭槐　李继成　李海庆　李树棠
　　　　沐本武　何海晏　林德明　张汇文　周子亚　胡　钺
　　　　郑心咏　徐盼秋　徐耀东　袁成瑞　高呈祥　顾维熊
　　　　黄　道　章文骐　曹漫之　崔兰棠　韩述之　韩学章
　　　　潘念之　鞠　华　魏文达

第三届理事会全体成员

第四届　1984 年 10 月～1987 年 6 月

会　　长：徐盼秋

副会长：王文正　王　兴　王凌青　刘少傥　齐乃宽　杨　时
　　　　陈天池　陈庭槐　李继成　袁成瑞　曹漫之　韩述之
　　　　韩学章

秘书长：王　兴（兼）

理　事：丁　柯　孔令望　王文昇　王文正　王文正　王　兴
　　　　王召棠　王连登　王树泉　王凌青　王绎亭　冯尔泰
　　　　丘日庆　石祝三　卢剑青　叶孝信　刘少傥　齐乃宽
　　　　张　中　李昌道　李青申　李海庆　李树棠　李继成
　　　　杨　时　杨实人　杨　峰　杨新华　辛德立　苏惠渔
　　　　张林南　杜经奉　陈天池　陈元龙　陈庭槐　沐本武
　　　　何海晏　周子亚　林德明　倪彬彬　胡　钺　徐天锡
　　　　徐达权　徐盼秋　徐耀东　郝素洁　袁成瑞　浦增元
　　　　梁传愈　崔兰棠　曹漫之　黄　道　韩述之　韩学章
　　　　董立坤　董世忠　裘劭恒　颜次青

第五届　1987 年 6 月～1991 年 8 月

名誉会长：潘念之

会　　长：李庸夫

副会长：马　锐　王　兴　王文正　王凌青　史焕章　齐乃宽
　　　　陈天池　苏惠渔　袁成瑞　黄履中　董世忠

秘书长：马　锐（兼）

理　事：丁　柯　马　锐　王　兴　王文昇　王文正　王文正
　　　　王召棠　王凌青　王先民　王连登　王贞韶　王树泉
　　　　孔令望　丘日庆　史焕章　冯尔泰　卢剑青　叶孝信
　　　　齐乃宽　刘云耕　朱尚达　陈天池　陈元龙　陈　坚
　　　　陈发英　陈仁良　辛德立　张　中　张　竹　张国全
　　　　张林南　张既义　沐本武　杜经奉　杨良表　杨星华
　　　　杨　峰　李海庆　李昌道　李林森　李青申　李庸夫
　　　　李树棠　周子亚　周泰润　易庆瑶　苏惠渔　徐达权
　　　　徐逸仁　徐天锡　徐惠勇　袁成瑞　俞志平　施觉怀

浦增元　郝素洁　柳忠良　倪彬彬　顾伟如　高永富

梁传愈　崔兰棠　常耀有　黄　道　黄履中　曹建明

钱富兴　董立坤　董世忠　颜次青

第六届　1991年8月～1996年12月

名誉会长：裘劭恒

会　　长：李庸夫

副 会 长：马　锐　王　兴　王文正　王树泉　史焕章　齐乃宽

陈天池　李国光　李昌道　苏惠渔　杨鸿训　易庆瑶

高　森　黄履中

秘 书 长：马　锐（兼）

理　　事：马　锐　王　飞　王　兴　王一鸣　王文昇　王文正

王先民　王召棠　王连登　王贞韶　王秋良　王树泉

孔令望　毛瑞康　尹东年　叶孝信　史焕章　卢剑青

齐乃宽　江文志　杜圣余　朱尚达　沙　怡（女）

刘云耕　成　涛　吕继贵　许金生　苏惠渔　苏联睦

谷正平　李　牧　李长波　李昌道　李林森　李国光

李国机　李海庆　李庸夫　陈　旭　陈　坚　陈云龙

陈天池　陈仁良　陈发英（女）　　陈步林　陈志春

沈志先　沈国明　张　中　张　竹　张中和　张志银

张国全　张耀伦　辛德立　杨　峰　杨良表　杨星华

杨敬忠　杨鸿训　郑幸福　易庆瑶　柳忠良　浦增元

胡鸿高　郝素洁（女）　　赵炳霖　施觉怀　徐天锡

徐达权　徐惠勇　徐逸仁　郭　平　高　森　高永富

顾伟如（女）　　倪彬彬（女）　　钱富兴　曹余尧

曹建明　曹昌桢　崔剑平　常耀有　黄　道　黄建之

黄履中　韩小鹰　满建华　缪　平　缪林凤（女）

颜次青

（1993年10月增补理事）

谢天放　周汉民　杨心宇　朱济民　曹文建　余　航

董世忠　林青山　钱关林

第七届　1996 年 12 月～2003 年 7 月

名誉会长：裘劭恒　倪鸿福　胡瑞邦

会　　长：李庸夫（1997 年 6 月逝世）

　　　　　倪鸿福（1997 年 11 月七届二次全体理事会补选）

副 会 长：薛明仁　马　锐　王文正　王树泉　史焕章　史德保

　　　　　李昌道　苏惠渔　汪云章　易庆瑶　杨鸿训　俞云波

　　　　　高　森　顾肖荣　曹昌桢　钱富兴　董世忠　谢天放

秘 书 长：曹文建

理　　事：马　锐　王　飞　王文正　王法祥　王洪泉　王美娟（女）

　　　　　王树泉　王维达　尤俊意　尹东年　田忠法　史焕章

　　　　　史德保　卢　方（女）　孙　潮　孙环葆　齐　奇

　　　　　江文志　乔宪志　朱济民　朱德瀛　许谋赛　任荣祥

　　　　　刘云耕　成　涛　吕凤太　吕继贵　吕淑琴（女）

　　　　　杜桂珠（女）苏公闻　苏惠渔　苏联睦　何勤华

　　　　　沙　怡（女）　汪云章　吴家驹　吴军营　吴伯庆

　　　　　李长波　李昌道　李庸夫　陈　旭　陈大纲　陈仁良

　　　　　陈旭东　陈志春　陈步林　沈志先　沈国明　周汉民

　　　　　张　竹　张恩照　张声华　张进先　张滋生　张植松

　　　　　张黎明　张鑫隆　金长荣　杨心宇　杨桂宝　杨鸿训

　　　　　罗发勤　郑幸福　林青山　易庆瑶　费长山　姚仲华

　　　　　俞子清　俞云波　陶鑫良　胡鸿高　胡增耆　赵叶龙

　　　　　赵炳霖　徐达权　郭　平　高　森　高永富　顾功耘

　　　　　顾肖荣　倪正茂　倪彬彬（女）　钱富兴　曹文建

　　　　　曹昌桢　曹建明　屠国明　曾毓淮　董　繁　董世忠

　　　　　傅长禄　蒋德海　缪林凤（女）　缪晓宝　蔡鸿生

　　　　　薛明仁　谢天放

特邀理事：杨　峰　陈　坚　满建华　黄　道　曹余姚　张国全

　　　　　王召棠　施觉怀　韩来璧　毛瑞康　叶孝信　浦增元

张　中　李国机　徐天锡　余　航　卢剑青　杨良表
李宗兴　张世信　王秋良　杨敬忠　沈宗汉　柳忠良
罗昌平　王先民　崔建平　陈剑平

第八届　2003年7月～

会　长：沈国明

副会长：史焕章　史德保　刘忠定　齐　奇　吴军营　汪云章
　　　　李昌道　余啸波　苏惠渔　易庆瑶　顾肖荣　钱富兴
　　　　曹文建　曹昌桢　薛明仁

秘书长：曹文建（兼）

理　事：丁　仪　丁　伟　丁邦开　于　申　于杨曜（女）
　　　　万恩标　王　琼　王　曦　王小咪　王立民　王木根
　　　　王法祥　王祖德　王维达　尤俊意　叶　青　田忠法
　　　　卢承德　申建中　冯建祥　史秋琴（女）　　史焕章
　　　　史德保　江文志　吕凤太　吕淑琴（女）　　刘　平
　　　　刘　华（女）　刘宁书　刘正东　刘忠定　刘建德
　　　　刘敏虹（女）　齐　奇　孙育玮　乔宪志　任荣祥
　　　　成　涛　朱兆敏　朱洪涛　朱德崇　纪昌荣　杨心宇
　　　　邹华新　吴大鸿　吴军营　吴伯庆　汪云章　张　君（女）
　　　　张　凌　张声华　沙国华　沈志先　沈国明　沈秋明
　　　　李昌道　李国华　李康民　邰　荀　邵建平　严　潜
　　　　陈五云　陈旭东　陈治东　陈保中　陈家鳌　陈振华
　　　　陈晶莹（女）　　陈德林　陈露洁　金长荣　金国华
　　　　周　伟　周卫民　周少云　周汉民　易庆瑶　罗昌平
　　　　郑幸福　郑肇芳（女）　　林国平　林荫茂（女）
　　　　俞子清　姚永栋　洪莉萍（女）　　胡鸿高　胡燕平
　　　　柯葛壮　顾长浩　顾功耘　顾伟强　顾肖荣　屠国明
　　　　徐书庵　徐国建　徐静琳（女）　　袁汉钧　袁承亮
　　　　倪正茂　倪振峰　钱富兴　翁善耀　陶鑫良　黄一超
　　　　阎　立　曹文建　曹昌桢　麻国安　童之伟　谢天放

　　　　傅长禄　董茂云　嵇鸿群　蒋晓伟　蒋德海　曾毓淮
　　　　鲍贤明　缪林凤(女)　　　潘福仁　薛明仁　戴建平

第八届理事会增补名单

　理　　事：王　杰　乐伟中　朱　坚　朱惠民　刘　娜　吴宏伟
　　　　　　张成均　张耀忠　周肇光　施　凯　徐庆镇　徐秉治
　　　　　　顾定国　梁晓俭　黄　文　黄　震　黄立群　龚介民
　　　　　　程九龙　鲁建平　管小军
　常务理事：吴宏伟　张成均　陈晶莹　施　凯　徐庆镇　程九龙
　副 会 长：程九龙　施　凯　徐庆镇

三、学会机构设置示意图

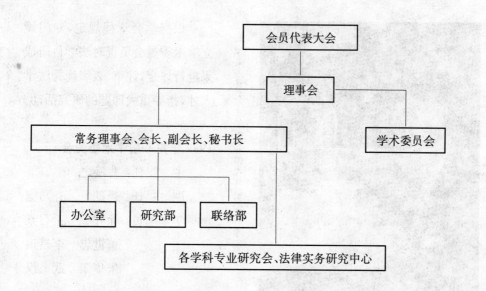

会员代表大会

理事会

常务理事会、会长、副会长、秘书长

学术委员会

办公室　　研究部　　联络部

各学科专业研究会、法律实务研究中心

四、学术委员会

学术委员会主任裘劭恒在签批学科专家

根据学会章程规定,专门设立学术委员会负责对法学科研成果进行评定,评审、表彰优秀法学人才,指导重大课题的研究活动。

1987 年第一届学术委员会

主　　任:曹漫之

副 主 任:裘劭恒　齐乃宽

学术委员:徐开墅　王召棠

　　　　　董世忠　李昌道

　　　　　朱华荣　武　汉

1991 年第二届学术委员会

主　　任:裘劭恒

副 主 任:齐乃宽

学术委员:王召棠　徐开墅　武　汉　苏惠渔　李昌道　董世忠

　　　　　朱华荣　林我朋

2004 年第三届学术委员会

主　　任:沈国明

副 主 任:苏惠渔　李昌道　易庆瑶

学术委员:浦增元　顾肖荣　何勤华　顾功耘　傅鼎生　周汉民

　　　　　叶必丰　童之伟　谢佑平　张乃根　蒋晓伟　严　励

　　　　　丁邦开

五、学科研究会

历届章程中均明确规定：视学术研究工作发展需要，成立各学科研究组织，在理事会领导下，按本会章程规划、开展学术研究、交流活动。学会的学科研究组织从成立之初的 6 个专业委员会逐步发展到 2006 年 6 月的 23 个研究会、1 个实务研究中心，在繁荣法学中显示出团队合力的优势。现将其分别简介如下。

学科研究会名称	成立(重组)时间	首任、前任总干事	现任总干事	学术秘书	顾问
法理法史	1956(1984)	潘念之 王召棠	尤俊意	邓少岭	齐乃宽 王召棠
宪法	1984	浦增元	童之伟	孙平	浦增元 俞子清
民法	1956(1984)	洪文澜 韩来璧	王全弟	杨幼敏 江翔宇	韩来璧 沈宗汉
行政法	1987.6	李宗兴	顾长浩	王江 刘建平	李宗兴 钱富兴
刑法	1956(1984)	杨兆龙 黄道 王文昇	苏惠渔	张建 肖中华	张国全 吕继贵
诉讼法(审判法)	1956	傅长禄	张海棠	杨承韬	黄双全 王祖德
国际法	1956.6 (1985.7)	向哲濬 董世忠	陈治东	赵宁	董世忠
海商法	1956(2005)	魏文翰 魏文达	蒋正雄	唐兵	
法律文书	1984.4	江邈清 王秋良	孙建国	张世欣	卢剑青 王秋良
信息法律	2004.2	钱富兴	钱富兴	薛磊	

学科研究会名称	成立(重组)时间	首任、前任总干事	现任总干事	学术秘书	顾　问
科技法知识产权法	1988.5	薛明仁曹昌桢	蒋　坡	朱国华程　维	曹昌桢陈志兴
港澳台法律	1990.6	赵炳霖	黄来纪	姚　魏	李　飞马　锐赵炳霖庄金锋
社会治安综合治理	1988.1	杨良表	乐伟中	朱黎明	史德保马　锐
未成年人法	1996.12	杨敬忠	肖建国	姚建龙麻国安	徐　建朱济民
金融法	1993.9	沈宗汉	吴　弘	宋一欣井　涛	沈宗汉庄咏文
商　法	2003	顾功耘	顾功耘	沈吉利江翔宇	
农村法制	2004.4	龚介民	龚介民	吴志冲	袁以星邓伟志汪康武张　燕
环境与资源法	2004.1	张梓太	张梓太	张　璐	顾长浩
仲裁法	2005.1	乔宪志	乔宪志	霍正英李　昱	李昌道
劳动法	2005.4	董保华	董保华	李凌云胡　泉	
生命法学	2005.6	倪正茂	倪正茂	芦　琦杨彤丹	
外国法与比较法	2006.2	何勤华	何勤华	陈　颐冷　霞	
银行法律实务研究中心	2005.12	金赛波	金赛波	杨挽涛	
经济法	2006.5	吴宏伟	吴宏伟	乔宝杰李　剑	丁邦开顾功耘

法理法史研究会

法理法史研究会前身是 1956 年与学会同时成立的国家与法的理论研究会。法学家潘念之被推举为首任总干事,1984 年恢复学会活动,王召棠教授任总干事。参加研究会活动的以从事法学基础理论、法史学(包括中外法律制度史和法律思想史)专业教学、科研人员为主,党政军系统、各人民团体、社会组织中从事法律与政策研究或综合研究的一部分人士也参加了本研究会活动。人数最多时曾达 150 多人。随着学科的交叉与重组,人员的新旧交替与频繁流动,目前,经常参与本研究会学术活动的有 40~50 位专家、学者和 10 多位立法、司法、执法部门的有关专业工作者。

本研究会的学术活动包括两大类:一是本学科的学科体系建设与本体论研究,对有关法理学、法史学中若干重大理论课题和最新前沿问题进行梳理、争鸣与探索;二是跟踪现实社会中的经济、政治、文化与社会领域的重大事件与重大现象,以法理学和法史学的研究方法与独特视角给予解读与透视。学术活动的特点是:与全国法学会的法理学会、法史学会的重大学术活动主题紧密相联;与本市经济与社会发展实践同步;与法治建设理论和实践结合;注重理论联系实际、百家争鸣与百花齐放等原则,坚持马克思主义法学理论的指导思想与主导地位,从实践和部门法中吸取养料,以法学理论去充实与提高部门法的理论素养,去解读现实社会现象,去升华法治实践的经验,并以先进的法治理念针砭社会时弊与总结现实教训。

近年来,本研究会着重开展了以下课题的学术研究,即:建设社会主义法治国家的理论与实践;市场经济与法制建设的相互关系;政治体制改革与法制建设的相互关系;政治文明与法制建设的相互关系;精神文明与法制建设的相互关系;公民法治意识与社会法治环境;执政能力与法治水平;依法治国、依法执政与建设和谐社会;依法治国与依宪治国;建设责任政府、服务政府与法治政府问题;通过这些问题的研究与宣传为提高全民的法治意识,提高干部的法治观念作出应有的贡献。

　　本研究会成员,在法理学、法史学和法治实践中的论著颇多,并有多人多次获得全国性和上海市的综合性或专业性的各种优秀论著奖项。

现任总干事:尤俊意
副 总 干 事:王立民　杨心宇　蒋晓伟　孙育玮
干　　　事:徐永康　姚荣涛　程维荣　倪振峰　邓少岭　缪愫生
　　　　　　薛　凡
学 术 秘 书:邓少岭(兼)
联 系 人:尤俊意　邓少岭
联 系 地 址:淮海中路 622 弄 7 号社科院法学所
电　　　话:62932055　　　　13816227174

宪法研究会

宪法研究会是在 1984 年 12 月成立的。浦增元研究员被推举为首任总干事。参加本研究会活动的会员主要是各高等学校、党校、研究机构从事宪法教学的教师、研究人员。其任务是团结全市宪法学教学、研究、实务工作者,积极开展宪法学研究和交流,开展宪法知识宣传和普及,为建设社会主义宪政、保护公民基本权利提供理论支持和维宪服务。在 1982 年新宪法颁行至今,为提高全民宪法意识,普及社会主义民主与法制知识,倡议在全市开展宪法周活动,得到市人大的支持,并成为制度,坚持至今已 25 年。每年宪法周里的学术活动也坚持了 20 余年。研究会发动广大会员,依靠各级人大、政法机关、政法院校和有关部门的支持,理论联系实际,在宪法学研究、宪法修改、宪法学学术的国际国内交流、宣传宪法精神、提升公民宪法意识、推进民主与法制建设、依法治国等方面发挥了积极的作用。

目前,宪法学研究会正在围绕建设法治国家、和谐社会的目标,结合以全国人民代表大会为中心的宪政实务工作,联系社会改革和发展中的各种现实问题,为开拓上海宪法学研究的新局面、推进中国宪政建设、提高公民权利保障水平而贡献自己的力量。

顾　　　问:浦增元　俞子清
现任总干事:童之伟
副 总 干 事:吴振贵　殷啸虎　董茂云　孙　潮
干　　　事:王月明　王　蔚　王士如
学 术 秘 书:孙　平
联 系 人:孙　平
联 系 地 址:华山路 1954 号交通大学法学院
电　　　话:62932357　　　　13585517846

民法研究会

民法研究会是1956年与上海市法学会同时组建成立的学科专业研究会之一,首任总干事为洪文澜教授,1984年改名为民法经济法研究会,推举韩来璧教授任总干事。2003年,根据会员发展要求和学会的安排,分立为民法和商法两个专业研究会。参加民法研究会活动的会员主要是律师和从事民法教学的高校教师和部分企业家。经常参加民法学术活动的为200人左右,有时达400~500人。近30年来,民法研究会坚持民法理论研究,突出为民事立法和民事司法实践服务的思想,活动主要以中小型为主,广泛联系相关司法实践部门和宣传媒体。宣传民法相关各项立法及其理论,常与司法、法律服务单位联系,探讨各民事法律类的重大疑难案例,积极为国家民事立法、诉讼和适用法律提供意见和咨询。此外,还利用会员大会的机会,介绍民事立法执法、民事纠纷的现状和民法理论的新发展。

民法研究会将继续利用研究会这个平台,充分发挥广大会员的积极性,不断探讨民法重大理论问题,研究司法实践中民事法律关系中的热点、难点、焦点问题。为百姓排忧解难,维护公民合法权益,对人民群众急切求解的民事法律关系、法律适用中的问题,作出及时准确的讲解;为建设社会和谐、人们和睦相处的温馨家园作出应有的贡献。

现任总干事:王全弟

副 总 干 事:王美娟　杨心明　傅鼎生　孙培江

干　　　　事:徐澜波　杨幼敏　薛文成　张　驰　鲁淑媛　戴克庭
　　　　　　　刘建德　江翔宇

学 术 秘 书:江翔宇(兼)　杨幼敏(兼)

联 系 人:杨幼敏

联 系 地 址:锦秋路699弄5区120号

电　　　　话:56889475　　　　13901883666

行政法研究会

行政法研究会于 1987 年 6 月 10 日成立,推举李宗兴研究员为首任总干事。成立后,与上海市行政管理学会的行政法研究会,共同为上海行政法制建设、为行政执法和繁荣行政法学服务。参加本研究会活动的会员主要是高等学校、法学研究机构中从事行政法教学和科学研究的人员以及各级人民法院行政庭审判员、各执法机关法制处(办)的干部、从事行政诉讼的律师等。经常参加研究会活动的有 200 余人。

研究会成立以来,主要围绕《行政诉讼法》、《行政许可法》开展学术研究和活动,并配合法制宣传做了许多工作。

现任总干事:顾长浩
副 总 干 事:王宗炎　陈仁良　殷蓉蓉　王维达　叶必辛
学 术 秘 书:刘建平　王　江
联 系 人:王　江　赵德关
联 系 地 址:同济大学文法学院,本市人民大道 200 号市府法制办
电　　　话:65980614　　　23113265

刑 法 研 究 会

  刑法研究会是 1956 年 12 月与上海市法学会同时成立的。推举著名刑法学专家杨兆龙教授为首任总干事。1956～1960 年就"两类矛盾与刑法的罪罚问题"及"无罪推定"等司法实务开展过多次讨论。1984 年 11 月研究会重新组建,推举苏惠渔教授为总干事。参加本研究活动的人主要是从事刑法教学、研究的人员和从事刑事法律实务操作的法官、检察官、公安人员、律师。经常参加研究会学术活动的有 200～300 人左右,在本会各研究会中刑法研究会是一个历史较长、专业性较强、人数较多、具有独特作用的研究会。

  它聚集上海刑法学界专家、学者,密切与司法实际部门的联系,围绕刑法学前沿问题和司法热点、难点问题开展理论研究。改革开放以来,围绕"市场经济与刑法"这个主题,结合新刑法颁行、修改,从不同层面、不同角度开展了许多学术研究活动,如市场经济与刑法、市场经济下的新型犯罪、知识产权犯罪、国有企业中的职务犯罪、国际新型犯罪、各类犯罪对策等专题研讨会、报告会,并组织许多会员,积极参与上海乃至国内、国际学术界活动,为繁荣刑法学研究,促进依法治国作出了应有的贡献。

现任总干事:苏惠渔
副 总 干 事:龚培华 刘宪权 刘华 张少谦 黄祥青 何品伟
       严 励
干   事:苏惠渔 龚培华 刘宪权 刘 华 张少谦 黄祥青
       何品伟 严 励 林荫茂 杨兴培 刘玫英 冯伟强
       游 伟 肖中华 袁志航 苏公闻 刘希贵 张 建
学 术 秘 书:肖中华 张 建

418

联 系 人：张 建

联 系 地 址：本市澳门路 288 弄 24 号 2601 室

电　　　话：63240040 - 6471　　　　13818975665

诉讼法研究会

诉讼法研究会前身是审判法研究会,成立于 1956 年 12 月。推举田任平教授为首任总干事。"文革"中停止了活动。在改革开放深化的 2001 年,学会的民法、行政法、刑法 3 个研究会中的诉讼研究小组聚合在一起,统称为诉讼法研究会,推举诉讼法学科专家傅长禄同志为总干事。参加诉讼法研究活动的为各级人民法院法官,人民检察院的检察官,公安局警察,政法院校、研究机构从事诉讼法研究的教授、讲师、研究员、专家。经常参加研究会学术活动的在 100 人上下。

研究会成立以来,积极开展诉讼法学研究与学术交流。围绕司法公正、公平,对诉讼程序开展了大量的研究,在保障严肃执法、准确适用法律、推进司法改革深化、促进民事诉讼法、行政诉讼法、刑事诉讼法的发展与正确实施上,实施依法治国方面,做了许多有益的工作和贡献。

今后,研究会将围绕"司法公正",深入研究民事、行政、刑事诉讼程序规范化,保障人权及公民合法权益,为建设和谐社会作出应有的贡献。

顾　　　问:黄双全　王祖德

现任总干事:张海棠

副 总 干 事:王信芳　章武生　柯葛壮　沈晓华

干　　　事:刘玫英　殷蓉蓉　罗昌平　杨承韬　何品伟　张　彪
　　　　　　周　伟　潘牧天　李小华

学 术 秘 书:杨承韬

联 系 人:杨承韬

联 系 地 址:本市嘉定区博乐路 73 号嘉定法院

电　　　话:59521000－604　　　　13651655759

国际法研究会

  国际法研究会于 1956 年 12 月组成，首任总干事为国际法专家向哲濬教授，参加研究会活动的人员主要是从事国际法教学、研究的专家、教授和外事工作者 40 余人。研究会成立之初，比较集中地研究了我国外交方面的"和平共处五项原则"和建立国际法体系问题，"文革"中停止了活动。1985 年重新组建时，除原有成员外，会员中增加了从事对外经济贸易、国际航运、海关、国防教学研究方面的专家、教授和涉外法律服务的律师。推举董世忠教授为总干事。经常参加这一研究会学术活动的约有 90 人左右。

  20 世纪 80 年代以来，重点围绕改革开放中的我国涉外经贸各项法律的完善，改善投资法律环境，开展学术研究，组织不同主题、不同层面的研讨会、座谈会，在催生我国的外资企业法、海关法、知识产权保护法、促进国际交流方面做了不少有益的工作。进入 21 世纪后，研究会围绕我国加入 WTO 问题，就关贸协定与国内法协调，以及信息安全、公共安全、金融安全等问题开展了研讨，对于国内各界提高对加入 WTO 的认识，及做好相关工作，融入世界经济，无疑地起着重大的推进作用。今后研究会除了继续对国际私法研究外，将进一步加强国际公法方面的探索、研究，为建立新的国家关系、构建世界和平新格局作出贡献。

现任总干事：陈治东
副 总 干 事：田忠法 朱兆敏 王虎华 洪莉萍 徐冬根
干   事：龚柏华 韩小鹰 顾经仪 朱榄叶 史建三 郭延曦
      陈旭东 陈晶莹
学 术 秘 书：赵 宁
联 系 人：赵 宁
联 系 地 址：邯郸路 220 号复旦大学校长办公室
电   话：13916786844

海商法研究会

海商法研究会是与市法学会同时成立的。我国知名的国际海商法专家魏文翰教授被推举为首任总干事,参加本研究活动的成员主要是在政法、财经、海运大学从事国际法、海商法教学的教授、专家。由于计划经济的影响,我国对外贸易由国家垄断后,这一方面的研究逐步萎缩,渐渐消失,该研究会无形解体,从事这方面研究的会员分别合并到国际法或民法研究会中去活动。随着改革开放的发展,从事海事、海商法律研究和从事海商实践的法学会员大量增加,为了更好地为这些同志提供学术研究与交流的平台,更好地提升本市海事海商法律的研究水平,学会决定 2005 年重组了海商法研究会。本研究会重组时举办了"国际海上货物运输法律的现状与发展趋势"和"洋山深水港建设决策过程的回顾与思考"专题报告会。同时宣布了新组建的干事会,确定本研究会将研讨与建设国际航运中心有关的法律问题,研讨海事海商法律方面的热点及难点问题和案例,不定期举办海商海事法律方面的研讨会或报告会,编辑印刷海事海商法律的论文。

现任总干事:蒋正雄
副总干事:王国华　卢　敏　任涌飞　李林杰　沈秋明　陈宪民
　　　　　陈晶莹　荚振坤　徐　捷
学术秘书:唐　兵
联系人:唐　兵
联系地点:本市浦东大道 1550 号海事大学管理楼 512 室
联系电话:68620009　　　　　13818287820

法律文书研究会

法律文书研究会于 1984 年 6 月组建，推举江邈清教授为首任总干事。江邈清教授退休后，继任总干事先后为卢剑青、王秋良同志。参加本研究会活动的会员主要为政法院校从事法律文书教学的教师，司法行政机关的干部、审判员和部分研究法律文书的专业人员。经常参与学术研究活动的有 60～80 人。研究会成立后，在推进法律文书的规范化上做了一些宣传与培训，通过评析评选各类法律文书，推进司法文书的规范，对法言法语的应用开展了学术探讨和国际交流，做了不少有益工作。

现 任 总 干 事：孙建国
常务副总干事：李　喆
副 总 干 事：刘建平　　王秋良　　朱慧芬　　龚培华　　王　琼　　陈志春
　　　　　　　刘建德　　潘庆云
干　　　　事：丁　仪　　史雅民　　戴建平　　葛燕萍　　潘　鹰　　姚明光
　　　　　　　黄　震　　顾树新　　任芝浩　　牛晓琦　　张春虎　　蓝一鸣
　　　　　　　伊晓婷　　奚小纬　　杨军民　　张承斌　　杨勤容
学 术 秘 书：张世欣
联 　系 　人：张世欣
联 系 地 址：本市肇嘉浜路 308 号市高级人民法院研究室
电　　　　话：64748221　　　　13671649581

信息法律研究会

信息法律研究会在 2004 年 2 月成立,推举行政法学科专家钱富兴为首任总干事。与上海市信息法律协会合署办公。参加本研究会活动的成员主要为各执法机关从事信息研究、法律法规管理及起草政策规章的人员和信息管理人员。研究会遵循国家和上海发展信息产业的方针,充分沟通信息化法律动态信息,开展信息法律相关问题研究,开展学术研讨和交流,宣传信息产业相关政策和法规,为发展本市信息产业,完善信息化法律环境服务。研究会成立以来,在开展学术交流推进完善信息化法律环境上做了不少工作。

现任总干事:钱富兴(兼)

副 总 干 事:陈曼其　蔡桂保　吴一帆　瞿 哲

干　　　事:陈升中　赵卫忠　丘志鸿　李逸夫　陈 瑚　姚海荣
　　　　　　陈仁良

学 术 秘 书:薛 磊

联 系 人:薛 磊

联 系 地 址:定西路 1118 号 708 室市信息法律学会

电　　 话:62401062

科技法知识产权法研究会

科技法知识产权法研究会的前身是科技法学研究会，成立于 1988 年 5 月，曹昌桢教授为首任总干事。2003 年更名为科技法知识产权法研究会。参加活动的会员主要是从事知识产权教学，研究和从事知识产权审判、诉讼及出版科技管理单位的法官、律师、干部。经常参加学术研究活动的人数在 200 人左右。本研究会成立以来，在科技法学基本理论、计算机与网络法学、生命法学、知识产权法学、高科技法制、科技管理法制等领域开展了理论和应用研讨，并牵头跨单位组织承接和完成了国家及省部级研究课题"国家中长期科技发展规划战略研究"等 40 余项，完成《科技法学基本理论》、《中国科技法学》、《科技法学原理》等 30 余种专著。还组织了会员承担或参与了《中华人民共和国科技进步法》、《中华人民共和国促进科技成果转化法》、《中华人民共和国科学技术普及法》、《中华人民共和国专利法》、《中华人民共和国商标法》、《中华人民共和国著作权法》、《上海市科技进步条例》、《上海市技术市场条例》、《上海市技术进出口管理办法》、《上海市漕河泾高科技园区条例》等多部法律法规的立法研究或起草或修订工作。

由研究会组织召开的学术会议主要有：第一届至第四届全国"科技法学论坛"、科技进步法、卡拉 OK 版权保护、现代生物技术的法律保护、版权产业发展与法律保护、个人数据信息保护的法律问题、民营企业自主创新的法律保障、企业自主创新、防止知识产权滥用、网络环境下知识产权法律问题等等研讨会。这些研讨会活动对科技法、知识产权法的完善、法律及管理咨询、专业人才的培训、科技法相关的社会服务和国际合作与交流作出了有益的贡献。

顾　　问：陈积芳　陈志兴　李玉仁　李铸国　张　鳌　倪正茂
　　　　　钱永铭　曹昌桢

现任总干事：蒋　坡

副 总 干 事：吕国强　任荣祥　朱国华　陈乃蔚　陈　潜　陆　飞
　　　　　　芦　琦　寿　步　陶鑫良

干　　　　事：单晓光　徐澜波　王　迅　刘敏虹　郑少华　潘光正
　　　　　　李　明　徐　飒

学 术 秘 书：朱国华(兼)　程　维

联 系 人：朱国华

联 系 地 址：本市邯郸路 187 弄 5 号 202 室

电　　　话：69207945　　　　13916549691

港澳台法律研究会

港澳台法律研究会是 20 世纪 80 年代中后期为了促使香港、澳门、台湾沿着"一国两制、和平统一"方向加速前进，于 1990 年 6 月成立的。推举赵炳霖教授担任首任总干事。参加本研究会活动的主要成员是有志于此领域研究的教师、法官、科研工作者和律师，经常参加此研究会学术活动的为 120 人左右。

研究会成立前几年，学会会员中不少人就对港、澳、台法律开展了专项研究。在研究会成立后，主要是有组织地围绕香港、澳门的回归及基本法的实施开展学习、宣传和研讨。同时对台湾现行法律内容，解决两岸法律冲突的途径和吸引台商到浦东开发区投资等问题作了探讨。1991 年，举办"沪台经贸法律理论与实务研讨会"后，与台湾"两岸经贸交流权益保障促进会"商定由上海市法学会和台湾促进会轮流做东隔年举办，以促进两岸交流与祖国的和平统一。至 2005 年，共办了 8 次。先后研讨了两岸经贸交流与合作的现状、趋势和前景及其法律实务之评估；知识产权与高科技合作、交流以及金融合作与交流的法律事务；两岸金融合作以及台商权益保护，两岸司法协助及商事仲裁合作；保护台胞投资的法律问题；台胞投资法律保护问题和两岸的司法协助；两岸律师的合作交流；《台湾同胞投资保护法》的完善等问题。

研究会成立后，发动广大会员撰写了《香港特别行政区基本法对传统法学的影响初探》、《香港特别行政区基本法》、《香港居民国籍问题探讨》、《香港回归后的法律及其发展趋势》、《上海投资司法行政环境概览》、《创造性的杰作——解读香港基本法》、《台湾民商法与冲突法》、《海峡两岸民间交流政策与法律》、《演进中的香港法》、《台、港、澳法律研究论文选》、《两岸经贸法律研究》、《沪台经贸法律理论与实务研究》等等专著十几部，会员撰写文章近 200 篇。今后，研究会将促进两岸经贸交流和实现"三通"相关法律研究工作，作为开展学术活动的重点。

顾　　　问：马　锐　李　飞　赵炳霖　庄金锋
现任总干事：黄来纪
副 总 干 事：宋锡祥　郭　建　张善恭　纪昌荣　沙启贤
干　　　事：徐静琳　凤懋伦　陈正和　芦　琦　郭　杰　刘玫英
学 术 秘 书：姚　魏
联 系 人：姚　魏
联 系 地 址：本市淮海中路 622 弄 7 号社科院法学所
电　　　话：53060606 - 2433　　　　　13816284828

社会治安综合治理研究会

社会治安综合治理研究会于 1988 年 8 月成立，推举杨良表同志为首任总干事。参加本研究会活动的会员主要是各个政法院校、科研机构有志于研究社会治安理论实务的专家、学者和市、区（县）、街道的综治办领导、社会学家、法官、检察官、治安警察、刑警工作人员。经常参加研究会学术活动的有 250～300 人左右。

研究会成立至今的近 20 年来，研究会在市委政法委、市综治办支持下大兴调查研究之风，精心组织学术研讨，积极推进理论与实践的结合，创立健全社会治安综合治理评估体系，开展犯罪前沿问题与社会治安综合治理学术研讨。为了进一步落实社会治安综合治理长效管理措施，建立预防和减少犯罪工作体系，对社会转型期的综合治理工作进行了专题研究，在此基础上，用 5 年时间完成了《城市长治久安之策》的编著。此书全面回顾总结了上海改革开放 20 多年的社会治安综合治理工作经验，对今后的社会治安趋势作了预测，提出了措施建议，受到了各界欢迎，为推进社会治安综合治理作出了应有的贡献。

研究会将继续着眼于综合治理理论发展方向和整体质量要求，树立开放、和谐的研究工作理念；充分利用传媒工具，不断展示研究成果；不断加强交流合作，延伸扩展研究领域。始终抓住构建社会主义和谐社会，建设"平安上海"中的难点、热点问题，深化细化社会各利益群体的专项调研，充分利用社会治安综合治理的理论成果、实践经验和专家资源，不断提高综合治理理论研究的质量和效果，为领导提供决策参考，为基层提供有效服务。

顾　　　问：史德保　马　锐
现任总干事：乐伟中
副 总 干 事：杨正鸣　肖建国

干　　　事：徐长乐　阎　立　顾月弟　孙丽萍

学 术 秘 书：朱黎明

联　系　人：朱黎明

联 系 地 址：本市建国西路 619 弄 1 号 2 楼市社会治安综合治理办公室

电　　　话：64748877－125　　　　13916703483

未成年人法研究会

　　未成年人法研究会是在 1996 年成立的,当时称为青少年法制教育研究会。选举杨敬忠为首任总干事。参加本研究会活动的成员主要为从事青少年犯罪研究、防治教育的教师、研究员、法官、检察官、警察、社会工作者、劳动教养所干部等,经常参加学术研究活动的有 100～120 人。研究会成立前,围绕上海市青少年保护条例的起草工作开展了大量的调查研究,对预防和治理青少年犯罪,在青年中开展法制宣传教育和呼吁建立青少年法庭,开展了卓有成效的活动。研究会成立后,主要围绕社会发展中的青少年教育保护方面所出现的新情况、新问题开展调研,组织了更多的会员深入探究新形势下未成年人的生理、心理特征和成长特点,不断地开展专题研讨;为完善、优化未成年人的法律法规,改进未成年人的司法制度,切实维护未成年人的合法权益,加强未成年人的法制教育,预防、治理未成年人的违法犯罪行为,促进未成年人在德育、智力、体质等方面的全面发展,把未成年人培养成为有理想、有道德、有文化、有纪律的知荣辱公民和建设者积极开展活动。

顾　　　问:杨敬忠　徐　建　朱济民
现任总干事:肖建国
副 总 干 事:杨永明　金大陆　王　敏　张　君　陈建明
干　　　事:尹　琳　邓小东　徐美君　李　喆　姚建龙　叶　盛
　　　　　　丛　洲　郑良信　董沪众　麻国安
学 术 秘 书:姚建龙(兼)　麻国安(兼)
联 系 人:姚建龙
联 系 地 址:本市万航渡路 1575 号华政刑司系
电　　　话:62071833　　　　　　13917330369

金融法研究会

金融法研究会于 1993 年 9 月成立，推举沈宗汉为首任总干事。参加本研究会活动的成员主要是从事经济、金融法教学研究，主持经济审判，从事金融管理、经营、法律服务的教师、研究人员、法官、检察官、律师、经济师等，经常参与研究会活动的市法学会会员约 100 余人。

研究会成立以来，已与本市金融监管部门、有关金融机构、司法机关与律师事务所、金融法研究教学单位建立了广泛的联系，并得到实践部门的长期支持。先后组织召开各类金融法理论与实务研讨会 34 次，组织金融立法论证研讨会 43 次，组织金融法专题讲座 26 次，编印出版《金融法规选编》（系列）、《会员通讯》，组织申报并督促完成科研课题多项，与新闻媒体合作进行了大量金融法制宣传，开展了国内外的学术交流活动，为有关单位进行了系列的金融法制培训。还派员积极参与了有关部门举办的金融立法、学术、咨询等活动，凝聚了一大批有志于我国金融法制建设的人才，也向社会提供了不少体现上海金融法制研究水平的成果。

近年来，随着建设上海国际金融中心步伐的加快，金融法研究会各项工作的力度也在加大。特别是针对金融市场改革发展中的热点问题，组织举办了住房抵押贷款风险防范、股权分置改革法律问题、混业经营法律问题、利率汇率风险控制等研讨会，提出了一系列观点和建议，受到社会的强烈反响和媒体的广泛报道，也为领导部门决策、金融机构实践提供了依据与方案。为上海早日建成国际金融中心作出了应有的贡献。

该研究会将坚持求新、务实的特色，进一步努力将金融法研究服务于市场实践、服务于国际金融中心建设、服务于我国金融法制的完善，立足上海、辐射全国、走向世界。

432

顾　　　问：沈宗汉　庄咏文

现任总干事：吴　弘

副 总 干 事：陈建平　方乐华　周仲飞　郑　辉　沈晓华　陈祖德
　　　　　　宋一欣

干　　　事：李明良　季立刚　王艳冰　井　涛　刘春彦　张国炎
　　　　　　唐　波　屠美莉　王建平　黄　凯　郑　辉

学 术 秘 书：宋一欣（兼）　井　涛（兼）

联 系 人：宋一欣

联 系 地 址：顾戴路 1100 弄 145 号 201 室

电　　　话：61204525　　　　　13901750101

商 法 研 究 会

　　商法研究会是在 2003 年从民法研究会中分离组建而成的,推举中国法学会商法研究会副会长顾功耘教授为首任总干事。参加本研究会活动的主要成员是从事经贸教学、研究、经济审判、经济管理的教师、研究员、法官、检察官和工商管理干部,经常参加学术研究活动的有 80～100 人。该研究会致力于组织、推动上海商法学研究和交流,推进商法学理论创新,曾就商法研究的热点问题如公司法修改问题、新公司法适用、金融衍生品法律问题举办了不同层面、不同规模的理论研讨会,在社会和学界引起较大反响,为青年商法研究队伍的成长创造了条件。研究会举办"青年法学沙龙",围绕"政府在商法运行中的作用"、"外资并购新趋势法律问题"等进行轻松对话;研究会还举办一年一度的开放式年会,为广大会员和其他有志于商法研究的人士提供一个高层次的学术交流平台。"商法理论与实务"主题会就公司法、证券法等法律法规的贯彻实施,交流了论文观点及建言。

　　研究会还注意研究成果的转化和学术窗口建设,坚持每年公开出版《中国商法评论》(北京大学出版社)年刊,扩大上海商法研究在全国的影响;同时还出版了《公司治理》等一批有影响的理论著作,有效地为完善上海经济发展相关的法律问题提供了理论支持。

　　为了适应上海建设"四个中心"的法治要求,凝聚上海近年来迅速增强的商法研究力量,提高上海的商法研究水平,本研究会将更好地深入实际,坚持理论与实践的结合,坚持"百花齐放,百家争鸣"方针,为繁荣商法研究作出更切实的贡献。

现任总干事:顾功耘

副 总 干 事:胡鸿高　成　涛　李永祥

干　　　事：任荣民　杨忠孝　吴益民　沙国华　钱品石　胡治民
　　　　　　唐荣智　张小红　沈秋明　张凤翔　章克勤　杨　钧
　　　　　　都天鹏　田忠法　陈露洁　陈惠谷　徐　明　傅　远
　　　　　　吕红兵　沈国权
学 术 秘 书：沈吉利　江翔宇
联 系 人：沈吉利
联 系 地 址：本市外青松公路 7989 号上海政法学院
电　　　话：39225186　　　13045624506

组织篇

农村法制研究会

农村法制研究会于 2004 年 4 月 18 日成立,推举龚介民研究员为首任总干事。参加本研究会的主要成员为高等学校有志于研究"三农"问题及其法制建设的教师,市、区、县农委热心农村工作的领导、干部,民事、经济法律方面的专家。经常参加本研究会学术活动的有 70～80 人左右。

研究会成立后,以农业、农村、农民("三农")问题及其相关的法制建设为主题,围绕农村产权制度改革、产权纷争、农村集体资产管理、村级股份合作改制、村级集体资产处理、现代农村土地产权制度、征地制度改革、郊区物流产业管理、城乡一体化、生产农业立法等专项问题开展调查与学术研究。将调查、学术研究的重点成果以立法建议形式先后向第十届全国人大第三次、四次会议提交了创制《国民食品安全条例》、《中华人民共和国生态农业促进法》、《中华人民共和国循环农业促进法》、《中华人民共和国农村股份公司法》、《农村集体土地产权制度改革与立法》、《保护农民基本权益法》、《维护农民工权益法》等 8 项建议。其中《国民食品安全条例》、《农村集体土地产权制度改革与立法》、《中华人民共和国循环农业促进法》受到广泛关注,并多次为新闻媒体《解放日报》、《新民晚报》报道。为了深化研究"三农"问题,研究会还于 2005 年完成了《毛泽东、邓小平、江泽民关于"三农"问题的论述》编撰和出版工作,受到各界好评。

研究会还组织成员承接《上海郊区第三产业比重与策略研究》课题研究,在广泛调研的基础上,对提高郊区第三产业比重的方针进行调整与定位,提出了机制法制保障,获得了有关方面的赞誉。研究会与北京农研中心联合撰写了《"十一五"期间北京市统筹城乡和区域发展的思路与对策研究》也颇具新意,给农村工作者研究以启迪。

研究会还创办了《上海"三农"发展与法制研究》为研究会会刊,及时刊发研究学术成果,尤其是"法苑新论"、"求实创新"、"敢于直言"栏目,如对农民维权的系统论述,循环农业中的畜牧"三养"(禁止、限制、异地养殖)的提法是违反循

436

环经济原理的。又如,农村宅基地的置换中再确权一事,在实体与程序方面都是与市场经济相悖的等等,受到有关方面重视。

《循环农业发展的法律思考》、《和谐社会发展与中国农民问题的浅析》等文,获得由《解放日报》、《文汇报》理论部与上海管理科学院学术委员会主办的"构建社会主义和谐社会"优秀学术论文奖。

本研究会将继续以"求实创新"的精神,更好地将热心"三农"法制建设的同志凝聚在一起,深入开展研究,推动新农村建设和发展促进小康社会的早日到来。

顾　　　问:袁以星　逄树春　邓伟志　汪康武　韩来璧　张　燕　
　　　　　顾长浩
现任总干事:龚介民
副 总 干 事:王东荣　韩红根　徐卫国　周林管　吴学锋
干　　　事:陈国权　吴学锋　郁　纲　叶佩颖　吴恩富
学 术 秘 书:吴志冲　陈国权　李惠根
联 系 人:吴志冲
联 系 地 址:本市虹漕南路杨家桥 100 号农村经济研究中心
电　　　话:64701877

环境与资源法研究会

环境与资源法研究会于 2004 年 1 月 14 日成立。推举张梓太同志为首任总干事。参加本研究会活动的成员主要是各高等学校、从事环保资源教学与研究的教授,资源、环保研究机构的专家、学者,政府环保资源管理部门的执法人员,经常参加本研究会学术活动人数在 100 人左右。研究会成立以来,利用组织优势,整合全市环境资源法领域的研究力量,开展多种形式的学术研究活动,积极推动上海市环境法制的发展和完善,为支持上海市的生态城市建设起着积极的作用。今后,本研究会将围绕建设生态环境建设和建设循环经济这个思路,就人与生态协调发展的法律及其实务深入开展研究。

顾　　　问：顾长浩

现任总干事：张梓太

副 总 干 事：王　曦　姚慧娥　黄　震　郑少华　梁晓俭

干　　　事：王文革　江子浩　何卫东　陈金海　唐荣智　夏善晨

学 术 秘 书：张　璐

联 系 人：张　璐

联 系 地 址：本市万航渡路 1575 号华政经济法学院环境法教研室

电　　　话：62071834　　　　13916581197

仲裁法研究会

仲裁法研究会是学会与上海仲裁委员会、中国国际贸易仲裁委员会上海分会共同发起组建,于 2005 年 1 月 27 日成立的。推举仲裁员乔宪志同志担任首任总干事。参加本研究会的成员主要是上海法学科研机构的专家、学者,高等院校法学院教授、仲裁机构的资深仲裁员、工作人员和部分热心仲裁法理论和实务研究的各界人士,经常参加本研究会学术研究活动的有 80～100 人。

研究会成立以来按计划完成了《仲裁案件流程管理研究》、《仲裁调解研究》、《仲裁第三人研究》和《仲裁员的聘任、培训和管理研究》等 4 个课题的研究。2006 年又开展了《仲裁诉讼化倾向防止研究》、《管理型仲裁机构研究》、《仲裁推介研究》,进行了模拟仲裁庭尝试。研究会还作为上海仲裁委员会内部刊物《上海仲裁》的协办人,对充实刊物的仲裁理论和实务研究内容有较大作用,使《上海仲裁》刊物的品位和内容在原有基础上有了新的提高。

今后,仲裁法研究会将继续把包括组织会员参加仲裁法学研究活动,开好学术研讨会议,开展国内外交流与合作,参与仲裁制度的宣传,为上海市的仲裁活动更好地服务于经济发展与和谐社会建设。

439

组织篇

学 术 秘 书：霍正英　李　昱

联 系 人：李　昱

联 系 地 址：本市威海路 755 号 24 楼

电　　　话：52920022

劳动法研究会

　　劳动法研究会成立于 2005 年 4 月，推举董保华教授为首任总干事，参加本研究会的会员主要是从事劳动法教学研究的教师、学者、仲裁单位、政府、企业、劳动管理单位的干部。本着繁荣劳动法学研究、促进劳动立法完善、构建和谐劳动关系的精神开展研究活动。

　　研究会成立后举行过的重大学术活动主要有：劳务派遣中的法律问题专题研讨会、"2005 年度劳动法高级研讨会"，承办了中国劳动法学研究会 2005 年年会暨劳动合同立法理论研讨会，还组织专家、学者对《劳动合同法》（草案）进行讨论、提出了修改意见。

　　近年来，研究会围绕"劳动与社会保障"、"农村劳动福利"、"重视劳动教育，提高技工职能"等问题开展深入调研，组织研讨，促进劳动与社会保障立法的不断完善。

现 任 总 干 事：董保华

执 行 副 总 干 事：陆敬波

副 总 干 事：张宪民　戴建平　余成斌　郭文龙　刘　诚　马建军
　　　　　　　屠国明　吴　薇

干　　　　事：潘　漪　钱伟放　宋　靖　王　鑫　邬立群　周茂生
　　　　　　　朱素宝　张心虹

学 术 秘 书：李凌云　胡　泉

联 系 人：李凌云　胡　泉

联 系 地 址：浦东南路 1036 号 2104 室江三角律师事务所
　　　　　　　万航渡路 1575 号华政董保华工作室

电　　　话：58883253－821　　　　13331851333
　　　　　　　62264897　　　　　　13311700627

生命法学研究会

生命法学研究会于 2005 年 6 月 10 日成立,倪正茂教授被推举为首任总干事。参加本研究会活动的成员主要是医学、法律、伦理、社会学的教学、研究人员和医生、社会工作者,经常参加活动的有 30～40 人。研究会成立以来,坚持理论联系实际,贯彻"百花齐放,百家争鸣"的方针,已开展了生命法学基础理论问题、安乐死法律问题、艾滋病防治法律问题、基因技术法律问题、器官移植法律问题、人类辅助生殖技术法律问题、脑死亡法律问题等专题理论与实务研究;进行了有关生命法律问题的培训和宣传;为部分生命法律诉讼案件提供法律援助;为立法、司法、执法等部门提供政策参考意见,以推进解决生命法律学科面临的理论和实践问题。还召开过"防治艾滋病的立法培训"研讨会,组织了部分专家、学者参加上海艾滋病防治条例的研讨,对国务院准备颁行的《艾滋病防治条例》(草案)研讨;并编辑出版了生命法学丛书。

今后,研究会将凝聚起更多专家、学者为繁荣生命法的研究作出切实的贡献。

顾　　　问:蔡仁华

现任总干事:倪正茂

副 总 干 事:陆庆胜　蒋德海　谈大正

干　　　事:蒋晓伟　杨少刚　夏国美　张小红　张景红　贾伟平

　　　　　　李　惠　李善国　芦　琦　陆夏岩　李绍章　杨彤丹

学 术 秘 书:芦　琦　杨彤丹

联 系 人:杨彤丹

联 系 地 址:本市外青松公路 7989 号上海政法学院司法研究所

电　　　话:39225040　　　27975624

外国法与比较法研究会

外国法与比较法研究会于 2006 年 2 月 23 日成立。推举何勤华教授为首任总干事。参加本研究会的会员主要是从事中外法制史及各中外各国实体法、程序法的教授、专家、研究员,经常参加本研究会学术活动的有 50～60 人。

研究会成立时,确定其主要任务是:(1) 承办上海市法学会等领导机关交办的学术研究活动等事项;(2) 组织会员参加外国法与比较法学术研究活动;(3) 组织外国法与比较法学术会议,开展国内外相关的学术交流与合作;(4) 编辑出版有关外国法与比较法研究方面的学术著作;(5) 反映会员意见、要求,维护会员合法权益。

研究会将凝聚、整合上海从事外国法与比较法研究的力量,积极推动外国法与比较法学的学术研究和交流,坚持理论创新,提升上海市研究外国法与比较法研究的水平,为建设社会主义法治国家提供法学理论支持和法律服务。

现任总干事:何勤华
副总干事:董茂云　李秀清　徐静琳
常务干事:陈　颐　董茂云　何勤华　洪佳期　季立刚　李求轶
　　　　　李秀清　梁晓俭　肖光辉　徐静琳　周伟文
干　　事:陈　颐　冷　霞　陈绪刚　程　维　高　珣　郭延军
　　　　　蒋传光　李　瑞　刘守刚　孟祥沛　俞　江　占茂华
　　　　　张海斌　周卫平
学术秘书:陈　颐　冷　霞
联 系 人:陈　颐
联 系 地 址:万航渡路 1575 号法律史研究中心
电　　话:13816136081

银行法律实务研究中心

银行法律实务研究中心（英文名称及缩写 SLS Banking Law & Practice Center，BL&P）于 2005 年 11 月正式成立，金赛波同志被推举为首届主任。参加本中心活动的成员主要是金融银行系统专家和从事金融法教学的教授，金融研究机构的研究员，金融实务机构的经营、管理人员。

中心依托上海银行业和法律界人才优势，充分利用国内外资源，致力于组织银行业法律和实践的研究与探讨，探索对银行新业务进行法律风险评估和控制的方法，为监管机构、立法部门和司法部门提供政策建议，为银行金融、监管部门、司法部门、立法部门和律师业的专业人员提供金融管理法律与业务培训、交流的平台。

现任主任：金赛波
副 主 任：杨挽涛　王海明　陈　胜
学术秘书：杨挽涛
联 系 人：杨挽涛
联系地址：本市浦东银城中路 200 号中银大厦 11 楼中伦金通所
电　　话：50372212　　　　　13482415507

经济法研究会

经济法研究会成立于 2006 年 5 月，吴宏伟为该研究会总干事。参加该研究会的主要是从事经济法研究的教师、律师、学者和政府机关的领导。本会是为充分利用现有科研力量，推动本市经济法研究工作，适应上海成为全国经济中心的需要而成立的。

现 任 总 干 事：吴宏伟

副 总 干 事：过亦林　管小军　王　杰　吴　颢　陈露洁　罗培新
　　　　　　　孙效敏　侯怀霞　张建伟　王先林　朱国华　史建三
　　　　　　　乔宝杰　朱林海　孙加锋

干　　　　事：刘胜题　范　倩　羊焕发　梁道坤　许多奇　李建伟
　　　　　　　李俊明　丁凤楚　申林平

学 术 秘 书：乔宝杰　李　剑

联 系 人：李　剑　乔宝杰

联 系 地 址：松江文翔路 1900 号　　国定路 777 号

电　　　话：13636427467　　　13918616156

六、上海的法学院、系、研究机构一览①

　　法学院、系是培养法学人才的摇篮、法学专家集中的地方,也是开展法学研究的主阵地。近代史上,上海是现代法学的发源地。共和国成立以后,上海的法学教育、法学研究一度实力强劲,不幸到了 50 年代后期,在法律虚无主义的影响下,法律院校陆续被缩减,"文革"中则被"砸烂","停止招生"。1978 年党的十一届三中全会后,法律院校才逐步恢复,法学教育、法学研究重现生机。华东政法学院恢复并得到发展,新成立了上海政法学院,上海社会科学院恢复了法学研究所,复旦大学、交通大学等综合性大学也陆续恢复和新建了法学院、法律系,充实了社科院法学研究所,成立了行政法研究所和各院校的许多研究所及研究中心。从以下的介绍中,可以看出上海法学研究的整体实力。

部分法学院、系、研究机构法学人才统计表

单 位 名 称	教授人数	副教授人数	研究员人数	副研究员人数	高级法律专务
华东政法学院	56	78	2	4	
上海政法学院	19	40			
复旦大学法学院	21	19			

① 本部分文字和图表根据各单位提供的材料或各单位网站内容整理而成。整理人:祝爱珍。

单 位 名 称	教授人数	副教授人数	研究员人数	副研究员人数	高级法律专务
交通大学法学院	14	11			
上海社会科学院法学研究所			11	6	
同济大学法政学院	7	15			
上海大学法学院	6	13			
上海财经大学法学院	5	16			
上海外贸学院法学院	4	10			
上海海事大学交通运输学院法律系	10	8			
华东师范大学法政学院法律系	2	6			
上海师范大学法律系	3	9			
华东理工大学社会与公共管理学院法律系	2	4			
东华大学人文学院法学系	1	2			
上海海关高等专科学校法律系	1	3			
上海商学院法律行政系	2	2			
上海金融学院经济法系	2	1			
立信会计学院法律系	1	1			
上海公安高等专科学校法律系		3			
总计	156	241	13	10	

447

组织篇

法学院系情况一览

院校(系)名称	成立、重组时间	现有主要法学学科层次设置	现任负责人	地 址	联系电话
华东政法学院	1952.6 1979	法学博士后流动站1 法学博士点4 法学硕士点9 法律硕士 法学本科	院长:何勤华	松江校区:松江大学园区龙源路555号 长宁校区:万航渡路1575号	67790256 62071666
上海政法学院	1984 2004.9	法学硕士点3 法学本科 法学专科	院长:赵万一	上海市外青松公路7989号	39225000
复旦大学法学院	1927 2000.11	法学博士后流动站1 法学博士点1 法学硕士点9 法律硕士 法学本科	院长:孙南申	上海市邯郸路220号	65642692

院校（系）名称	成立、重组时间	现有主要法学学科层次设置	现任负责人	地址	联系电话
交通大学法学院	1902 2002. 6	法学硕士点 6 法学本科 法律硕士	院长：郑成良	上海市华山路 1954 号	62932283 62932357
同济大学法政学院	1915 2006	法学硕士点 4 法学本科	院长：章仁彪	上海市四平路 1239 号	65988843
上海大学法学院	1985 2004	法学硕士点 3 法学本科	院长：王卫国	上海市上大路 99 号院系综合楼 B 楼	66132597
上海财经大学法学院	1980 1998	法学硕士点 5 法律硕士 法学本科	院长：吴宏伟	上海市国定路 777 号	65903536
上海对外贸易学院法学院	1984	法学硕士点 1 法学本科	院长：陈晶莹	上海市古北路 620 号	52530101
上海海事大学交通运输学院法律系	1959	法学硕士点 3 法学本科	系主任：沈禹钧	上海市浦东大道 1550 号	68620009
华东师范大学法政学院法律系	1951 2001. 4	法学硕士点 1 法学本科	系主任：	上海市中山北路 3663 号	62232336

续　表

院校（系）名称	成立、重组时间	现有主要法学学科层次设置	现任负责人	地　址	联系电话
上海师范大学法政学院	2002	法学硕士点2 法学本科	院长：商红日	徐汇校区：桂林路100号文苑楼 奉贤校区：海思路100号第四教学楼	64322416 57122699
华东理工大学法学院	2000.1	法学硕士点3 法学本科	系主任：肖国兴	上海市梅陇路130号	64252003
东华大学人文学院法学系	1994	法学本科	系主任：周伟平	上海市延安西路1882号	62373240
上海海关高等专科学校法律系	1997.7	法律专科3	系主任：夏建祥	上海市华夏西路5677号	58439977
上海公安高等专科学校法律系				上海市哈密路1330号	62615499
上海金融学院经济法系			系主任：周肇兴	上海市上川路995号	50218899
上海商学院法律行政系	1959	法律专科	系主任：刘建民	上海市中山南路2271号	67105426

七、各高校主要法学研究机构一览

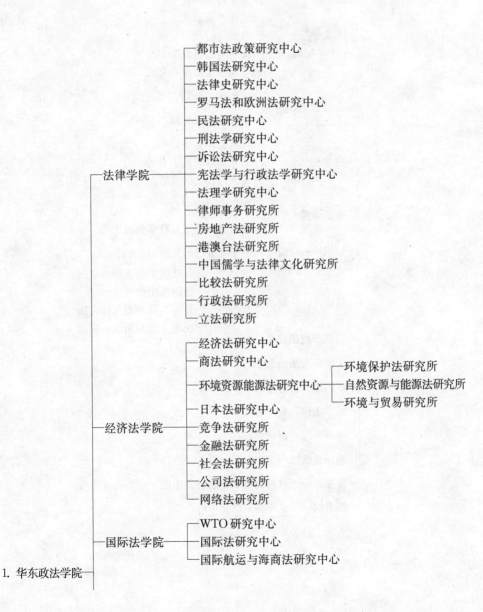

法律学院
- 都市法政策研究中心
- 韩国法研究中心
- 法律史研究中心
- 罗马法和欧洲法研究中心
- 民法研究中心
- 刑法学研究中心
- 诉讼法研究中心
- 宪法学与行政法学研究中心
- 法理学研究中心
- 律师事务研究所
- 房地产法研究所
- 港澳台法研究所
- 中国儒学与法律文化研究所
- 比较法研究所
- 行政法研究所
- 立法研究所

经济法学院
- 经济法研究中心
- 商法研究中心
- 环境资源能源法研究中心
  - 环境保护法研究所
  - 自然资源与能源法研究所
  - 环境与贸易研究所
- 日本法研究中心
- 竞争法研究所
- 金融法研究所
- 社会法研究所
- 公司法研究所
- 网络法研究所

国际法学院
- WTO 研究中心
- 国际法研究中心
- 国际航运与海商法研究中心

1. 华东政法学院

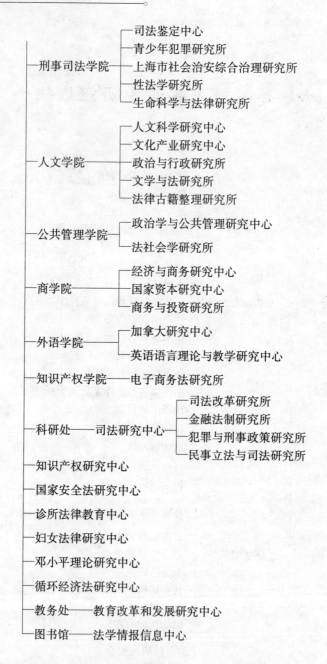

刑事司法学院
- 司法鉴定中心
- 青少年犯罪研究所
- 上海市社会治安综合治理研究所
- 性法学研究所
- 生命科学与法律研究所

人文学院
- 人文科学研究中心
- 文化产业研究中心
- 政治与行政研究所
- 文学与法研究所
- 法律古籍整理研究所

公共管理学院
- 政治学与公共管理研究中心
- 法社会学研究所

商学院
- 经济与商务研究中心
- 国家资本研究中心
- 商务与投资研究所

外语学院
- 加拿大研究中心
- 英语语言理论与教学研究中心

知识产权学院——电子商务法研究所

科研处——司法研究中心
- 司法改革研究所
- 金融法制研究所
- 犯罪与刑事政策研究所
- 民事立法与司法研究所

知识产权研究中心

国家安全法研究中心

诊所法律教育中心

妇女法律研究中心

邓小平理论研究中心

循环经济法研究中心

教务处——教育改革和发展研究中心

图书馆——法学情报信息中心

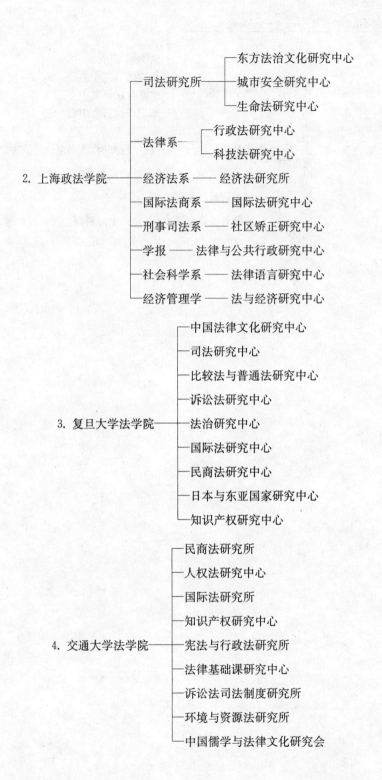

2. 上海政法学院
- 司法研究所
  - 东方法治文化研究中心
  - 城市安全研究中心
  - 生命法研究中心
- 法律系
  - 行政法研究中心
  - 科技法研究中心
- 经济法系 —— 经济法研究所
- 国际法商系 —— 国际法研究中心
- 刑事司法系 —— 社区矫正研究中心
- 学报 —— 法律与公共行政研究中心
- 社会科学系 —— 法律语言研究中心
- 经济管理学 —— 法与经济研究中心

3. 复旦大学法学院
- 中国法律文化研究中心
- 司法研究中心
- 比较法与普通法研究中心
- 诉讼法研究中心
- 法治研究中心
- 国际法研究中心
- 民商法研究中心
- 日本与东亚国家研究中心
- 知识产权研究中心

4. 交通大学法学院
- 民商法研究所
- 人权法研究中心
- 国际法研究所
- 知识产权研究中心
- 宪法与行政法研究所
- 法律基础课研究中心
- 诉讼法司法制度研究所
- 环境与资源法研究所
- 中国儒学与法律文化研究会

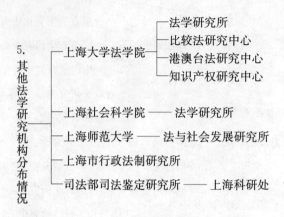

八、上海市法学界人士在全国专业学会中担任会长、副会长(执行会长)、常务理事职务一览

姓　名	在全国专业学会担任职务
丁　伟	中国国际私法学会副会长
王卫国	中国法学会信息法律研究会副会长 中国法学会民法研究会副会长、常务理事 中国法学会环境资源法学研究会常务理事
王立民	中国法律史学会执行会长
王虎华	中国法学会国际法学研究会常务理事 中国仲裁法学研究会常务理事
王　曦	中国法学会环境资源法学研究会副会长
叶必丰	中国法学会行政法学研究会副会长
吕国强	中国知识产权研究会第三届理事会常务理事
孙南申	中国国际私法学会副会长 中国国际经济法学会常务理事 中国法学会 WTO 研究会常务理事
刘宪权	中国法学会刑法学研究会副会长
关保英	中国行政法学会常务理事
严　励	中国法学会犯罪学研究会副会长
肖建国	中国青少年犯罪研究会副会长
寿　步	中国科学技术法学会常务理事
苏惠渔	中国法学会刑法学研究会副会长
何勤华	中国法学会常务理事 中国法学会法学教育研究会副会长 全国外国法制史学会会长

姓　名	在 全 国 专 业 学 会 担 任 职 务
张乃根	中国法学会国际法学研究会常务理事 中国法学会国际经济法学研究会常务理事、副会长 中国法学会世界贸易组织法研究会常务理事
张梓太	中国法学会环境资源法学研究会副会长
陈　龙	中国法学会航空法学研究会副会长 中国法学会常务理事
陈治东	中国法学会 WTO 研究会常务理事 中国国际经济法学会常务理事
陈剑平	中国国际私法学会常务理事
沈四宝	中国法学会国际经济法研究会会长
沈国明	中国法学会法理学研究会副会长、常务理事
周汉民	中国法学会世界贸易组织法研究会副会长
周仲飞	中国法学会国际经济法研究会副会长
郑成良	中国法学会法理学研究会常务理事
郝铁川	中国法学会比较法学研究会副会长 中国法律思想史学会会长
胡鸿高	中国法学会商法研究会常务理事
顾功耘	中国法学会商法学研究会副会长 中国法学会经济法研究会常务理事
黄来纪	中国法学会比较法学研究会副会长
章武生	中国法学会诉讼法学研究会常务理事
童之伟	中国法学会宪法学研究会副会长 中国法学会宪法学研究会常务理事
董世忠	中国国际经济法学会副会长

姓　　名	在 全 国 专 业 学 会 担 任 职 务
董茂云	全国外国法制史研究会副会长、常务理事
董保华	中国法学会劳动法学研究会副会长
傅鼎生	中国法学会民法学研究会常务理事

（注：1. 以上姓名按照姓氏笔画顺序排列；2. 此表为不完全统计；3. 此表根据网站资料或本人文章中的作者注释整理而成；4. 整理人：祝爱珍。）

·人物篇·

传承 人才荟萃，新老传承，建设一支与上海这样国际大都市相匹配的法学家队伍。

上海开埠百余年来，万商云集，有力地推动了东西方的文化交流，现代法学教育应时而生，哺育了一代又一代的法学家。他们高举民主自由旗帜，成为催生"民主共和"的鼓手，在服务大众过程中锻炼成维护正义、公正、公平的勇士。全国解放后，他们中的一部分又积极参加了社会主义民主与法制建设，在探索"依法治国"中功不可没。在这"人物篇"里记载的仅仅是一小部分，即学会成立50年中为探寻法治而作出较大贡献，在市法学界、法律界中具有很高威望、曾参加过学会理事会工作的老一辈法学家；经本会学术委员会评定的优秀中青年法学家；经本会学术委员会审定、颁发学科专家荣誉称号的法学、法律工作者。这3部分人物分别用传记、成果介绍、简历的形式记载于后。

为民主与法制奋斗终生

——雷经天会长的理想与信念

雷经天,原名荣璞,又号擎天。1904 年 5 月 24 日出生于广西南宁;1924 年入上海大夏大学读书,1925年初加入共青团;1925 年 5 月在上海大夏大学由恽代英、贺昌介绍加入中国共产党,"五卅"运动后投身黄埔军校任政治部科长,先后参加北伐和南昌、广州、百色起义。他是广西共产党组织和右江革命根据地创建人之一。参加过红军二万五千里长征,经长征到达陕北后,任陕甘宁边区高等法院庭长、代院长、院长等职。发表过《陕甘宁边区的司法制度》、《目前边区司法工作》、《两年半来陕甘宁边区司法工作》、《新民主主义司法制度》、《边区司法工作的方向》、《关于陕甘宁边区司法工作的意见》、《广西的苏维埃运动》等文章,为陕甘宁边区人民的司法建设作出了贡献。解放战争中他出任中国人民解放军两广纵队政委和党委书记。1950 年 6 月,任中华人民共和国最高法院中南分院院长;1956 年 6 月任华东政法学院院党委书记、院长。1956 年 7 月倡议组建上海法学会,并于当年 12 月当选为上海法学会首任会长。1958 年 9 月,任上海社会科学院首任院长;1959年 8 月 11 日,在上海逝世,享年 56 岁。雷经天同志早年参加革命,是党和人民政权建设的老兵,中国现代革命史上的一位传奇人物,也是上海法学会的奠基人和首任会长。

雷经天会长光辉的一生,他对革命和共和国的法制建设事业矢志不移,为新民主主义革命时期和新中国成立初期的法制建设作出过很大贡献。

雷经天在陕甘宁边区高等法院工作期间,为边区司法建设,付出了艰辛。他秉公执法,不徇私情,曾多次受到领导和群众的好评,尤其对"黄克功枪杀刘茜"一案(1937年10月,在延安,时任抗日军政大学第六队队长黄克功,对陕北公学女学生刘茜逼婚未遂,开枪把刘茜打死)的办理,更能体现他严格执法的精神。"黄克功枪杀刘茜"案不是一起普通刑事案件,因为案犯黄克功不是一个普通的杀人犯,他是一个在井冈山时期就跟随毛泽东干革命的红小鬼,参加过井冈山斗争和红军长征,曾有过光荣的斗争历史,为革命建树过功勋。也正因为如此,案发后,犹如一石激起千层浪,到底该不该杀黄克功,人们议论纷纷,意见不一。一些与黄克功有相似革命经历的同志起了恻隐之心,认为应当给他一次机会,让他到战场上立功赎罪。这种舆论给黄克功带来一线求生的希望,他马上给毛泽东写信,请求免其一死,表示自己宁可拿着机关枪,在执法队监督下,向日寇冲锋陷阵,让一腔热血倾洒在沙场上。然而,时任院长的雷经天不徇私情,依据事实和当时的政策、法规坚决要求判处黄克功死刑,得到毛泽东的极大支持。毛泽东亲自致信雷经天说:"他犯了不容赦免的大罪,⋯⋯如为赦免,便无以教育党,无以教育红军,无以教育革命者,并无以教育做一个普通的人。⋯⋯对于自己的党员与红军成员不能不执行比较一般平民更加严格的纪律。"毛泽东的态度更加坚定了雷经天依法办案的决心,边区高等法院最终判处黄克功死刑。黄克功被绳之以法后,在延安地区引起强烈反响,老百姓感到共产党明镜高悬,真是一个严于律己的党。这一案件的判决也具有深远意义,它为日后在司法审判中严格"依法办案"和坚持"法律面前人人平等"的原则树立了良好的榜样。雷经天曾为建设与巩固陕甘宁边区做了大量工作,为解放区的司法制度建设作出了巨大贡献,边区劳模大会授予他特等劳动模范工作者的光荣称号。

全国解放后的1950年6月,雷经天被任命为最高人民法院中南分院院长,负责六省二市审判工作。在任的2年多时间里,任务重、人手少,中南分院共受理案件6 000多件,审结民刑案件3 490起。作为分院长,他除领导分院的司法审判工作外,还在宣传法制、宣传党的民主法制观、指导土改、"清匪反霸"、建立开展人民调解制度工作等方面做了大量工作,取得了很大的成绩。不料,在后来的司法改革时,一些人竟抓住雷经天在对审理季万抛弃前妻沈才英的离婚案件中所发表的不同意见和其他几个案件中的一些不符当时中南区领导之意的某些偏激言词及某一工作的失误，无限上纲，对他作出"隐瞒错误，抵抗批评，进行非组织活动及在工作上严重失职等"的结论，并于1953年和1954年对他分别作出留党察看两年，撤销本兼各职的错误处分。雷经天同志虽然身处逆境，仍铁骨铮铮，坚持正义，对革命事业和共和国法制建设的理想和信念坚贞不渝。当时，有一些同志对他受处分不平，但他仍坦然地说："党组织是党员的母亲，母亲对儿女的责罚不一定全部都是对的，但都是为了自己的儿女好，愿望总是一致的，只要人还在，还能为党工作，为人民作贡献就好，其他就不必计较了。"雷经天被降职到长江航运局溪口港任副港长，当年适逢长江特大洪水，他已年过半百，仍不论白天黑夜、刮风下雨，都到沿江各处检查堤防，发现问题及时解决，表现出他对党的事业无限忠诚，对人民生命财产安全高度关心和爱护，多次受到领导和群众称赞。1955年中央监委取消了对他的处分。他即主动向党中央要求回归到政法战线，1956年雷经天被任命为华东政法学院院长兼党委书记，他毫不犹疑地带着全家到上海全身心地投入到法学教育事业之中。到任后他与教师、职工、学生生活在一起，深入基层、深入教学第一线，抓教学改革与提高教学质量，团结广大教职工，努力改变学校的面貌，为华东政法学院的发展作出极大的贡献，也为共和国的法制教育事业的进步和发展作出了应有的贡献。1956年7月，他和一些法学界的前辈一起倡议组建上海法学会，得到了中共上海市委的支持、批准，仅用3个月的时间在各方共同努力下，便将法学会组建了起来。同年12月，他即在第一次会员大会上被选举为上海市法学会首任会长。他把学会视为我们党团结法学界、法律界人士的桥梁和纽带，开展有组织的法学研究，推进法学繁荣发展的平台，坚持党的"百花齐放、百家争鸣"的方针，将学会学术研究活动蓬勃地开展起来。关于法学科学的真理性、巩固人民民主专政、犯罪与两类矛盾性质、国际法、民法等法学、法律界的基本理论与实务等学术专题报告、专题学术研讨频频举办，为上海的法制建设作出了特有的贡献，为后来上海法学会不断发展壮大打下了基础。1958年6月市委决定建立上海社会科学院，雷经天为筹备组负责人。1958年9月他被任命为上海社会科学院院长。此时，他已积劳成疾患上肝癌，但他仍带病为新创立的社会科学院忘我工作，除华东政法学院的工作外还兼管政治法律所筹建并任所长。当时适逢"反右倾"，某些人还贬称他为"老右倾"，他毫不计较，仍坚持党的理想和信念，面对死神毫不畏惧，依然关心着党的事业。在病危时仍然关心着祖国未来法制建设的生力军——700多名本科毕业生的前程。他在病榻上写信给他们，鼓励他们为社会主义事业勤奋工作，为国家的法制建设多作贡献。就在他弥留之际，他仍在想着别人，还断断续续地对医护人员说："我快要不行了，这些药品就留给其他同志用吧！"1959年8月11日，他带着遗憾离开了我们。令我们感到欣慰的是，1982年12月27日，雷经天同志的夫人吴树琴同志，写信给中共中央总书记胡耀邦同志，要求对雷经天1953年和1954年的两次处分进行复查，给予公正解决。1984年8月经中共上海社会科学院委员会复查，并报中共中央纪律检查委员会批准，再次为雷经天平反并恢复名誉，肯定了他的功绩，为雷经天同志革命的一生、光辉的一生写上了完整的句号。

雷经天会长终生怀着对人民事业献身的崇高理想和建设人民民主法制的信念，为我国革命和人民法制建设事业付出一生的实践，将鼓舞我们每一个会员为实现"依法治国"的伟大目标而共同奋斗。

（陈其钦[1]）

---

[1] 陈其钦，副研究员，上海社会科学院图书馆前馆长。

关心学会发展的会长——谢邦治

谢邦治同志是本会第二任会长。1916 年 2 月出生于黑龙江五常县。1935 年入北京大学读书,1936 年加入中国共产党,"一二·九"运动中任北大"民先"队长。1937 年全面抗战开始后,先后任中共河南省委委员、豫皖苏区党委和淮北区党委的青年、民运、组织部长、地委书记、游击支队政委等职。1946 年任中共松江省委副书记、省政府副主席、党组书记。1949 年起先后任中共武汉市委第三书记、中央人民政府政务院交通部、监察部、司法部部长助理、副部长。1959 年任交通大学党委书记、校长,上海市委常委兼秘书长。1962 年 4 月后,调任中国驻保加利亚、阿富汗、上沃尔特、芬兰等国大使。1980 年起出任司法部副部长、中共中央整党办公室副主任、中共中央纪律检查委员会委员。1995 年离休。现为中国对外友好协会理事、中保友好协会主任、新四军研究会顾问、司法部咨询委员会主任、中国法学会顾问。

1959 年 8 月雷经天会长逝世后,他作为市委秘书长关心学会的发展壮大。为学会领导班子出谋献策,参与学会党组工作会议,为开展学会活动做了许多工作。在 1962 年上海市法学会第二届会员大会上被推选为上海市法学会第二任会长,尽管他的任职时间较短,但他却认真地与理事会成员一起,适时地分析上海法学界的形势,讨论如何加强学会工作,组织会员运用各种形式,积极开展学术活动。后因公出国任职,仍关心学会。

勇于开拓创新的徐盼秋会长

　　徐盼秋会长是位早年参加革命、在政法战线上奋斗了多年的老同志。全国解放后,他全身心地投入法学教育和法学研究事业,先后担任华东政法学院院长、教授,上海市社会科学院法学所所长,上海市哲学社会科学联合会秘书长。他一生正直,光明磊落,面对险阻矢志不移,勇于创新、坚持真理的品格和精神为人感动。几十年为上海法学研究和学会工作所作的奉献,为法学界、法律界的人士所崇敬和赞誉。

辛劳办会　　奉献一生

　　早在1956年,他就与当时的华东政法学院院长雷经天以及社会各界知名人士25人发起倡建上海市法学会。在第一次会员大会上他被选为首届理事会理事。1962年被选为第二届理事会理事。尽管当时"左"的影响和干扰比较严重,阻力重重,但他怀着加强民主与法制建设的强烈愿望和热情,坚持党的"双百"方针,把当时上海的广大法学界、法律界人士团结在学会的周围,经常分析法学界的状况,讨论学会的工作,开展形式多样的学术活动。

　　"十年浩劫"践踏法制的沉痛历史,徐老感触尤深。在粉碎"四人帮"、拨乱反正的日子里,徐老到处呼号,积极参与"实践是检验真理的唯一标准"的大讨论,恢复了学会的活动。在党的十一届三中全会之后,他闻风而动,日夜忙碌,主动与夏征农、潘念之、曹漫之等老同志联系,积极推动全面恢复法学会的各项活动。1979年5月,在学会召开的第三届会员大会上徐老被推举为理事,荣任学会会长。1984年10月第四届会员大会上和理事会上,徐老再次被推选为会长。在这10年里,他总是不辞辛劳,不负众望,身体力行,真

466

抓实干,使学会的学术活动开展得空前活跃。他亲自主持了千余名会员和政法干部参加的"民主与法制"系列讲座,他主持了有关"人治与法治"、"法的阶级性和继承性"、"依法严打"等各种内容的学术研讨会,他还积极组织学习宣传《中华人民共和国宪法》、《刑法》、《刑诉法》等重要法律,通过这一系列活动把广大法学理论和政法实践部门的专家学者的心和智慧凝聚在一起。正是通过这些学术活动,使学会的7个学科研究会相继成立。1987年6月,学会换届后,徐老担任学会的顾问,10多年来他一直不间断地关心和支持新一届理事会的工作,只要身体许可,他一定来学会参加学会的常务理事会和理事会活动,出主意,发表见解,还多次参加重要的外事活动,扩大学会的影响。即使在他病重期间,他还不时地找学会的同志询问情况。他抱病坚持参加会员大会,在听了江泽民同志和中央其他领导同志关于繁荣法学研究、推进依法治国的指示后,感到无比的兴奋,他勉励学会同志一定要抓住机遇,认真学习贯彻。在被中国法学会授予全国老年法学家荣誉称号时,他十分谦逊地表示:我只是做了一个法学研究和法律工作者应该做的事情。总之,徐老数十年为学会操劳,鞠躬尽瘁,无私地奉献了一切,为后来者打下了坚实的基础,在学会的历史上留下了不可磨灭的一页。

当好贴心人、服务员

1984年夏秋之交,根据中央和有关部门的指示和中国法学会的通知,徐老作为会长和学会党组书记,在市委政法委的领导下,与其他领导一起抓紧组建学会机关。他四处奔走,找人、找房子、落实经费。提出学会是我们党为联系团结法学界朋友而组建的,是桥梁和纽带,在学会机关工作的人不是要把自己当成行政长官,而是要当好服务员,做法学和法律工作者的贴心人,要了解他们在想什么,在做什么,有哪些困难,需要什么帮助。他还语重心长地说:学会机关编制仅这几个人,即使有天大的本事,也办不成多少事,我们的任务就是动员、组织、推动广大有志于法学研究人士繁荣党所需要的、人民所需要的法学研究事业,千万不要忘记学会是党领导下的群众性、学术性的社会团体。他还常讲:学术天地,不是一个人伸开四肢就能占领得了的,学术园地要靠各路英雄,各树一帜,争放异彩,才能造成繁花似锦的局面。在机关设置上他主张按照社会团体性质设置,不搞什么科处等等,他的这些设想和做法一直为以后学会机关所沿用,并在实践中取得了较好的效果。

敢为天下先　勇于开拓进取

　　数十年来,徐老最感人之处是他思维敏锐,不随大流,敢于亮出自己的观点、敢为天下先的精神。他常说:"搞学问,做工作,一要懂得过去,尊重历史,二要创建未来,敢为天下先。"他是这样说,也是这样做的。在粉碎"四人帮"后,在中央和市领导参加的有关国家职能问题的讨论会上,他冲破"两个凡是"的思想禁锢,明确提出"国家不仅是刀把子,而且还有组织经济文化等职能"的观点。以后在法学会召开的"关于恢复人民律师制度"的座谈会上,他顶着压力,支持依法辩护,为我国律师制度的尽快恢复起到了积极的作用。在"从重、从快"打击犯罪的问题上,他提出要正确处理"从重、从快"与严格执法的关系,主张尽快结束人治,倡导法治。他还对免予起诉的制度提出不同的看法和质疑,尽管招来一些非议,但他从容应对,表现出极强的法制理念和对党的事业极端负责的精神。1977 年他和曹漫之同志与有关部门一起创办了全国颇有影响的《民主与法制》杂志,发行量超过 120 万份;1984 年他开始主持编撰《法律常识要览》,出版时彭真委员长专门题词并写了书名;同年他出主意组织摄制了法律科教片《三桩讼事》,在全国播放,观众达 3.2 亿人;他还设计办起了上海第一家法学书局,至今仍很红火。他特别注意关爱培养青年法学人才,3 次主持编印出版了青年优秀论文选。1982 年至 1984 年,他积极贯彻中央改革开放的指示,筹备了 3 次法律和经济学界共同参加的国际研讨会;他没有花国家一分钱,办起了振兴法律咨询公司和振兴比较法学院,为国内外提供法律服务,培养了一批批法律人才。在短短几年,这所由社会办学的学院,接纳学员达 600 余人,在国内外都产生了一定影响。尽管有的做法比较超前,当时还难为人们所接受,但时间和现实证明他的想法是符合时代发展趋势的。徐老之所以敢于创新,除了他的法学理论功底深厚外,还在于他的胆识和勇气。正如他自己常说的那样:"生要于党有益,活应为百姓办事","法学要前进,要有人鸣锣开道,我们就要解放禁锢的思想,为改革开放,为加强民主与法制建设当一名吹鼓手。"

徐盼秋会长于 2001 年 6 月 5 日因病永远离开了我们，但他身前的箴言、精神和遗愿，将永远激励我们奔向新的征途。

（马　锐　曾毓淮）

真抓实干的李庸夫会长

李庸夫会长 1927 年 6 月 28 日生于河南省孟景县,他 15 岁参加革命,一生光明磊落,无私奉献,为政法工作、为革命和建设事业作出了特殊的贡献。他于 1987 年 6 月 29 日至 1997 年 6 月 23 日担任中共上海市法学会党组书记、会长。在这 10 年里,他尽责尽职,为学会工作倾注了大量的心血,直至生命的最后一刻。

真抓实干　勇于开拓

10 年来,李庸夫会长一直是我们上海法学研究和学会工作的领头人。早在他任市委政法委副书记、市司法局局长的时候,就十分重视和关心学会工作,把学会看作党和政府联系法学、法律工作者的桥梁和纽带。他尊重老一辈的法学、法律工作者,视长者为老师和宝贵财富,视年轻学者为挚友和未来的希望,他为他们排除了一件件忧难,办了一件件实事,这些好心好事一直在专家、学者和同志们中流传着。由于他身体力行,深孚众望,学会第五、六、七届理事会一致推举他为会长。尽管他多次表示不再担任第七届理事,但还是被大家推举留任,足见大家是多么希望有他这样的领头人,使法学研究事业日新月异,使学会工作蒸蒸日上。

他担任法学会会长之后的第一件事,就是为学术活动和学会办公营造了一个场所。当时学会十分困难,上无片瓦,下无寸土,寄居在一个招待所内。李庸夫会长亲自领我们去看房子,亲自写报告向领导陈述实情、请求拨款,千方百计筹集资金,与律师事务所商借垫付购房款。他请来了设计师,设计翻造学会会馆,还亲自选择好树苗,指导会馆搞绿化工作。他甚至还想方设法,

470

为会议室添置用具等等。正是由于他的魄力和事必躬亲的务实精神，仅花了半年时间，就为学会建造了近 600 平方米的小楼。1988 年 8 月，学会终于有了自己的会址，并且首批接待了来访的以美国前副总统蒙代尔律师为首的代表团。

他经常关心支持和积极参加学会的各项学术活动。他常说：学会要在党委和上级领导下，独立自主、认真扎实地开展工作，学术活动要靠专家学者和广大会员的积极性。他始终把掌握坚定的政治方向作为大事来抓，1989 年春夏之交发生政治风波时，李庸夫会长尽管工作很忙，仍亲自主持座谈会，听取各方面反映，提出要把维护法制、稳定大局作为上海法学界、法律界的首要任务。1992 年邓小平同志视察南方讲话发表，他虽然身体不适，仍亲自主持近千人的会员大会，提出上海法学界、法律界要认真学习，解放思想，大胆创新，克服陈旧观念，把法学研究推上新台阶。《邓小平文选》发表后，李庸夫会长要我们与有关部门一起举办邓小平同志法制思想学习研讨会，并提出要专家、学者们先写文章出书，再开研讨会，使研讨取得了较好的成果。党中央提出"依法治国"的方针后，李庸夫会长及时主持召开常务理事会，组织有关专家学者座谈，提出学会的各项工作要围绕实现"依法治国"这个宏伟目标开展，法学研究要更加贴近实际，更加有成效，更好地为社会主义民主与法制建设服务。学理论、讲政治、抓大事、求实效，李庸夫同志总是这样强调，也是这样做的。

他一直把国内外学术交流活动作为学会工作的重要内容之一。1988 年他主动与国家科委联系在上海召开了中美科技与法学国际研讨会，研讨了知识产权等科技法律问题；1989 年他亲自主持了与外商企业投资协会共同举办的上海利用外资法律理论与实务研讨会，就如何向国外筹措资金，以及开发开放浦东的法律问题等进行了研讨；1991 年至 1995 年他 3 次主持沪台经贸法律理论与实务研讨会，为促进海峡两岸法学界、法律界的交流作出了不懈的努力；他还多次接待美国、日本、法国等外国同行；1994 年他积极倡导和支持学会自身组团出访，扩大交往，至今已有多批成行，反响很好。

探索创新　敢为人先

李庸夫会长领导学会工作一直主张要自力更生、自强不息、敢作敢为，这种精神一直感染着学会机关的同志们。他常说，国家有困难，要自己动手，丰衣足食。在他的指导下，尽管学会机关人手少，也先后组办起第七律师事务所、上海涉外经济法律咨询中心、上海正典法律信息公司等，既直接为社会提供服务，也为学会提供了研究活动的经费。李庸夫会长提出要坚持实行以所（事务所）养会（学会）的方针，尽量为法学研究争取更多的经费。他的这种指导思想和决策为学会的活动增添了财力，同时，也凝聚了众多的会员和法学、法律工作者，这些做法在外省市同行中也引起了重视、共鸣和借鉴。同行们羡慕地说：你们上海法学会就是有一个思想解放、认真实干、有魄力的好会长。

反对空谈　身体力行

李庸夫会长办事雷厉风行，说干就干，反对空谈，反对搞花架子。在几次学会换届时，学会机关人手少，当他听说学会机关同志在晚上还在加班时，亲自和老伴赶来帮忙。学会换届时，他亲自给市委政法书记写报告，王力平副书记非常重视，由于他出国不能参加会议，他请市委孟建柱副书记、市政府冯国勤副市长亲自参加。1996年学会成立40周年，他亲自写信请王力平书记到会讲话；学会成立中国国际法学交流基金会上海分会，他又再次写信请王力平书记讲话，取得了极大的支持。学会机关同志深深感到有再大的难题，有庸夫会长亲自过问就迎刃而解了。

严格要求　从不护短

李庸夫会长对学会干部严格要求，从不护短，但又热情帮助，宽以待人。有一次，一位同志犯了点错误，李庸夫会长找了副会长马锐讲，一定要严肃批评，教育他认真对待；当这位同志认识到自己错误时，李庸夫会长要他认真吸取教训，努力工作。他就是那样既严格要求，坚持原则，又宽容待人，关心、爱护、团结同志。

清正廉洁　厌恶腐败

李庸夫会长清正廉洁,厌恶不正之风,他家中悬挂着一幅"无欲则刚"的条幅作为座右铭。每当我们向他反映某些腐败现象时,他总是要我们不要怕,及时把事实真相和意见向上级反映。他常说:搞法律的就是要依法办事,不敢以正压邪,还叫什么共产党人。他要人家做的,自己率先做到。有时逢年过节,为了感谢他对学会的支持,我们送去一点小礼品都给骂了回来,以后谁也不敢送了。他在办理离休手续后,市司法局党委决定由学会每月补差 700 元,他坚决不拿。不仅如此,他还从其他地方为基金分会筹来了 10 万元基金。他就是这样一个一心为公、大公无私,唯独不考虑自己的人。

鞠躬尽瘁　高风亮节

1997 年 6 月 23 日,李庸夫会长不幸病逝。就在他发病前一天,还找过主持日常工作的副会长马锐同志,仔细安排第二天召开的上海市法学界、法律界迎接香港回归座谈会,他亲自修改发言稿;晚上近 11 时,还打电话给马锐要在他的讲话稿中增加有关国家政治稳定、经济持续增长的内容。遗憾的是,他没有能主持第二天的会议。

李庸夫会长的高尚精神和美德,是我们取之不尽、用之不竭的财富,必将永远铭刻在我们的心中。在送别他的仪式上,党和国家领导人江泽民、朱镕基、吴邦国、黄菊和 1 000 多位同志发来唁电、唁函,为他送行,寄托自己的哀思和情谊。中国法学会唁电表达了法学界、法律界的心情。唁电说:"惊悉李庸夫同志不幸病逝,特致电表示沉痛的哀悼。多年来,庸夫同志为法学会工作的开拓和发展,倾注了巨大的热情,付出了大量的心血,我们将永远怀念他……"中国法学会常务副会长佘孟孝同志的一副对联,为庸夫同志一生作了最好的表达:"南下北上,含辛茹苦,一生操劳为护法;东奔西走,忠心赤胆,鞠躬尽瘁孺子牛。"上海外贸学院法学院的唁函更表达了上海广大会员们对会长的感情:"李庸夫同志献身祖国的司法和法学事业数十载,秉持公道,刚正坚毅,为人坦诚,有口皆碑,尤其是在拨乱反正之后,他在上海市司法局局长和上海市法学会会长的岗位上,高举邓小平理论的伟大旗帜,为上海法学界的团结和兴旺,为祖国民主与法制建设发展,鞠躬尽瘁,死而后已,高风亮节,高山仰止,他是我们忠心爱戴的前辈和法学界公认的领导人,他的逝世是上海法学界、法律界的重大损失。我们永远牢记李庸夫同志的榜样力量,同心同德,开拓前进,为中国法学事业的辉煌竭尽全力。"

(马　锐)

情系百姓的倪鸿福会长

《情系百姓》是倪鸿福同志逝世后，与他生前朝夕相处、一起工作过的同志和战友撰写的近百篇怀念文章而编写的文集书名，其中也记载了他生前为学会所作的一切和贡献。

倪鸿福会长是一位令人崇敬的市委、市政府和政法部门的老领导，也是上海市法学会德高望重的领头人。他尽管担任会长时间不长，但他尽职尽责，热爱和关心法学研究和学会工作的敬业精神，谦逊、踏实、诚恳、热情的高尚品德和工作作风，以及他为学会所作的无私奉献一直令人敬仰，使人永志难忘。2002 年 5 月 20 日，倪鸿福会长不幸过早的病逝，给学会的领导、理事们和广大会员带来无比的悲痛，我们又一次失去了一位可亲可敬的好会长。

德高望重　令人崇敬

早在学会第七届理事会换届时，李庸夫同志就提出他要退了，建议鸿福同志来担任会长，鸿福同志谦逊退让，认为李庸夫同志干得很好，身体还可以，应当连任。由于他的威望，经组织决定和理事会一致推举，请鸿福同志担任了学会的名誉会长。但他不图虚名，见面时总是问长问短，十分关心学会的活动和工作。李庸夫同志不幸去世后，学会的许多同志向市委领导建议，希望鸿福同志来担任会长，他总是谦虚地说：我法学理论懂得较少，学会工作没有搞过，恐怕不能胜任。1998 年 10 月 28 日，学会七届二次理事会上，根据市委领导的建议，在满堂掌声中他以全票被选为上海市法学会理事、常务理事，荣任了会长。他再三表示，尽管对学会工作来说是外行，但一定不辜负市委领导和学会理事会的信任和委托,勤于求教,虚心学习,与学会同志一起,把工作做好。在此之前他多次把我们找去,详尽地了解学会的章程和情况,尤其是亟待解决的种种问题,他对学会有着无比深厚的感情,他心中早已装满了学会。

按章办事 争取领导支持

鸿福会长来学会后,身体力行,以身作则,严格按照学会章程办事。他定期、不定期召开常务理事会或者部分理事扩大会议,听取意见,讨论决定学会的重大活动和工作中的有关问题。逢年过节他总是关照学会邀请学会的各位老顾问以及领导和代管部门的负责同志,不仅要我们而且由他亲自详尽地汇报学会工作情况,争取领导的支持。他十分关心和支持各个学科研究会的活动,只要有时间他都亲自参加,和大家共同学习、研讨。在不少会议和不同场合,他总是说要尊重历史,面向未来,充分肯定学会学术活动和学会工作取得的进展和成绩,同时指出要紧跟形势,明确历史责任,服务全局,鼓励大家增强凝聚力,争取拿出新的成果。经过一系列的调查研究和多方了解交谈之后,他针对学会的现状提出了要"继承、稳定、开拓、发展"的学会工作指导原则,得到学会理事们和有关同志的一致赞同。

鸿福会长在抓学会工作的指导思想和工作原则的同时,也抓工作的具体实践。他参加会议或者来机关开会时,总是传达市委领导的最新指示和各方面的信息,要我们结合学会的实际研究贯彻。就在他身体不适赴京求医时,他不顾自己腿脚不便,硬撑着登上人民大会堂三楼会议厅,参加了中国法学会建会50周年的庆祝大会,聆听了江泽民同志等党和国家领导人对繁荣法学研究,加强法制建设的重要指示。他在病榻前关照我们回沪后要抓紧学习传达,提出贯彻意见。在他回沪后又亲自主持会员大会,尽管他讲话比较吃力,但还是作了热情洋溢的总结发言。散会后,他又找了参加会议的市委、市委政法委的有关领导,提出了结合上海实际加强党委对法学研究和学会工作领导的意见和建议,并要我们据此整理了书面报告,由他亲自修改。至今这份报告上还留下他的墨迹。他病重坐在轮椅上还嘱咐要抓紧理顺学会与各方面的关系。他常说,学会就是要靠各方面的支持,学会靠大家,大家来办会。

抓学术研究　为全局服务

鸿福同志担任会长后，尊重知识、尊重人才，他提出学会要靠学术兴会，要通过学会各种学术活动来集聚广大法学界、法律界的专家和学者，增强学会凝聚力。在短短的两三年时间里，他除了参加学会本身的各种学术研讨会外，还亲自主持或参加了全市禁毒问题研讨会、全国诉讼法年会、澳门回归纪念会、东亚行政程序法国际研讨会等等。他还亲自接待了欧盟消费者协会代表团、菲律宾法学会代表团等，不仅与他们进行法学交流，还向他们宣传我国法制建设所取得的成果。他尤其重视研究新情况和新问题，重视学术研究成果，学会办的《法讯》他每期都看，有的还亲自批送市有关领导参阅，其中有的市领导同志阅后批交有关部门处理。鸿福会长就是这样为上海法学、法律界参与领导决策服务，为上海的民主与法制建设献计献策而身体力行。正由于他的威望、感召力和凝聚力，许多专家学者对他寄予很大信任，只要他一通知，大家都召之即来，竭尽全力，作出自己的应有贡献。

平易近人　真抓实干

鸿福会长每次来学会都要找机关各部门的同志交谈，倾听意见。他从不搞特殊化，来学会总是和大家一起吃盒饭。鸿福同志关心他人胜过关心自己，当学会找临时房办公时，他首先安排学会其他同志的办公室，对自己的办公室尽量从简。当学会机关有的老同志退休时，他亲自谈话，热情挽留，希望能继续尽其所长，为学会继续服务。他来学会后不久，还亲自跑了学会所属的法律服务机构，了解实情，支持他们的积极性和工作热情。有一年他还参加第七律师事务所100多位律师和工作人员的聚会，语重心长地勉励大家为法学研究和学会工作多作贡献。

鸿福会长还运用学会的法律服务功能，为群众排忧解难。有两位工人为了退休金，信访、申诉达6年之久未能解决，鸿福同志亲自过问，委托学会有关同志研究申诉内容走访相关部门和当事人，并报告了分管领导，终于合法合情合理地得到解决。当事人感激万分，说遇到了一位同群众贴心的好领导。

尤其感人的是他为学会解决新的办公场所所作的不懈努力和贡献。在病中他得知学会办公楼需要市政动迁时，多次亲自找市有关部门，寻求帮助，他还积极向几位市领导反映实情，并不止一次地找了区领导，以取得他们的支持。鸿福会长对他们说，解决法学会的办公用房，这是我一生中最后要办完的一件事了。他还直接给市政府主要领导写信，并且组织学会的副会长看房源和选新会址。正是由于他日夜操劳，为之倾注大量心血，使学会终于有了现在这所新的办公楼。来学会看过的好多兄弟省市法学会的同志，无不对学会会所流露羡慕之情，可是他们哪里知道鸿福会长却还没有来得及在大家为他留下的办公室内坐上一坐。

鸿福会长高贵的思想品德、为人风范以及他为学会所做的一切，将永远留在我们心中，永载学会的史册。

（马　锐）

勤恳耕耘的曹漫之秘书长

曹漫之教授是上海市法学界的老前辈，曾先后担任学会的秘书长、副会长、顾问、学术委员会主任，是学会在政法实际部门评选法学学科专家的倡导者。1986年，他多次提出，实践出真知，政

法实际部门的好多同志具有真才实学，他们审理和侦破过许多重大案件，总结了不少重要工作经验，由于当前评定职称的制度尚不完善，这些同志没有进行职称评定，我们学会应该根据他们的专长，评定和授予学科专家的荣誉。他的提议得到李庸夫会长和学会常务理事的一致赞同。但当时也引起了一些异议，有的认为评定专家是专业和人事部门的事情，一个社会团体怎么能评，评了也得不到承认。曹老亲自找了有关部门甚至北京的老领导，听取他们的意见。他认为应当发挥学术性社会团体的作用，尽管根据现有规定，职称评定后尚不能与工资待遇挂钩，但这是激发和鼓励法学法律工作者的积极性，提高学会学术水平的一个重要途径。他认为学会应作为一项重要工作来抓。他亲自部署，审查工作计划。他多次听取材料汇报，在学术委员会评审的那天，他不顾体弱多病，甚至放弃中午休息，连续开会七八个小时，完成了学会首批12名学科专家的评审工作。会后他还亲自邀请专家们座谈听取意见，提出要求，寄予希望。他患有眼疾，不能看东西，却要学会同志为他起草发言稿，抄成大字，在会员大会上宣读。他认为这项工作是一个创造，对推动学术研究和学会工作，具有重大意义和生命力。就在他去世前几天，还嘱咐要做好第二批学科专家的评审工作。

曹老是位德高望重的法学家,无论是革命战争年代,还是建国以后,他一直十分,重视社会主义民主与法制建设和法学研究工作。他为上海市法学会所作的一切,令人崇敬。

早在 50 年代,当董必武等老一辈无产阶级革命家创建了中国政治法律学会(即中国法学会的前身)之时,曹老即与雷经天、王造时等法学界人士积极组建了上海法学界学术团体——上海市法学会。他担任了第一任秘书长。之后,市法学会理事会接连换了 3 届,曹老不管个人有什么遭遇,他总是尽心为学会工作,无时不关心学会的发展,直到"文革"时学会被迫停止活动为止。党的十一届三中全会加强社会主义民主、健全社会主义法制的春风,给人们以极大鼓舞,1979 年曹老怀着无比喜悦的心情,与法学界的其他老同志一起,积极恢复了市法学会的活动,他被推选为副会长。

10 多年来,曹老深刻懂得法学会工作的意义和价值,他身体力行,不管是担任副会长,还是以后担任顾问,总是把学会的工作放在心中。他总是强调学会要把学术研究作为工作的重点和核心,密切围绕党的中心任务开展工作,为现实斗争服务。1989 年春夏之交发生政治风波之际,他不顾身体不适,仍然坚持参加了学会召开的座谈会,在会上他态度鲜明,反对动乱,主张采取果断措施,维持社会政治稳定,维护法律尊严。以后,他多次参加学会召开的座谈会,以马列主义、毛泽东思想为武器,批判资产阶级自由化的种种谬论。他反复强调,尽管形势和情况在不断变化,但马克思列宁主义关于人民民主专政的基本理论没有变,这个命根子千万不能丢。中央关于开放开发浦东、振兴上海的决策,曹老坚决拥护、无比兴奋,他多次建议学会领导,集中法学界的力量,组成一个专门研究开发浦东有关法律的小组,为市领导献计献策。他还亲自参加了小组的一些活动。

在他亲自主持下,学会学术委员会的工作卓有成效地开展起来。1988 年,他抓紧了学会评选学术论文的工作,他总是说每个会员每年至少要向学会提供一篇论文,这对提高学术水平和工作能力至关重要。他要求别人做的,自己同样做到,他亲自主编的《唐律疏议译注》、《中国青少年犯罪学》(这是国家"六五"期间哲学社会科学重点研究项目)相继问世。这一年学会共评出优秀论文 48 篇,他参加了学会大会,为优秀论文作者颁发证书。

曹老还把组织和参加国内外学术交流活动作为自己的重要工作,1985 年先后接待了美国加州大学法学院、洛杉矶东亚研究所、日本早稻田大学等专家、教授，并进行学术交流，合作编写出版专著等。以后他又参加接待了美国前副总统蒙代尔律师率领的代表团、法国比较法代表团等等。他广泛阐述有中国特色的社会主义民主与法制建设成就，扩大政治影响，他认为做好这种民间的学术交流正是学会工作的重要组成部分，也是学会会员的责任。

为了使学会学术研究与法律服务工作更好地结合起来，促进理论与实践的紧密联系，并为学会的学术活动增添一些经费，曹老与其他几位老同志一起建立了第七律师事务所，得到了市司法行政领导部门的积极支持。他还亲自担任了中外合资企业的法律顾问，有一次遇到一个难题，他甚至向当时的中央有关领导直接反映情况，使问题及时妥善地得到了解决，赢得了有关顾问单位的赞誉。

他多年来总是向往学会有一个固定的会址和活动场所。当他听说学会已在建造新的办公用房时，几次赶到工地，要学会同志搀扶着，艰难地爬上了楼顶，他高兴地说：这下好了，有个会员之家了。以后不管寒冬腊月还是盛暑之下，他经常来学会问长问短，指导工作。1998年的春节前夕，他抱病最后一次参加了学会及所属咨询服务机构人员的迎新春座谈会，他的深情厚语至今还在我们耳边响起。

曹老到晚年高龄，却仍是敢于开拓，大胆探索。在学术上是如此，在工作上也是如此。就在他住院病逝前几天，还念念不忘要筹建一个民主与法制学术基金会，为法学研究筹集资金，以发展法学事业。遗憾的是，事还未办成，他竟离去。

鉴于曹老对法学研究事业的贡献和他的威望，1987年学会第五届理事会换届时，有不少同志建议推举他为法学会名誉会长，曹老谦虚推让，表示自甘担任顾问；在学会第六届理事会组成之际，又有不少同志提议推举他为名誉会长，遗憾的是他竟没有能亲自接受和享有这一荣誉。

曹老于1991年7月28日因病离开了我们。在我们庆祝学会50周年的时候，我们应当深深感谢曹老对学会工作所作的贡献，他几十年来为法学事业奋斗的业绩和精神财富永远值得我们怀念和铭记。

（马　锐）

承前启后创未来

——访现任会长沈国明

在上海市法学会成立 50 周年前夕，我匆匆地找到现任会长沈国明同志进行了访谈，感受到这个中年学者对法学事业的挚爱与忠诚。现将我访问中的对话录此，以作共勉。

问：光阴荏苒，日月如梭，上海市法学会已走过了 50 年，请您谈一下她的特点好吗？

沈：我进入法学研究领域，同当一个法学会会员大致是同步的。我只是法学领域与法学会的一个后生，因此法学会的特点应该由前辈来谈比较合适。不过，自 2003 年 7 月，我当选为会长后，参加了学会的组织工作，应该有责任向大家汇报一下感受。3 年来，我深深感到：学会之所以有今天，是与前任几届老会长打下的扎实基础、形成的务实会风分不开的。50 年来，学会在队伍发展、学术活动等方面都从实际出发、实事求是，办了很多实事。上海今天有全国乃至世界公认的良好的法制环境，是与上海的历代法学、法律工作者的求真务实分不开的。

问：近几年，在新形势下，上海法学会努力为全体会员创造一个和谐、宽松、鼓劲的氛围和环境，为上海的法制工作、法学研究、法治环境上一个新台阶提供了学术研究的平台。您能不能简要地介绍近年来在这个平台上演出的精彩节目？

沈：近年来，学会和广大会员围绕建设民主法制和繁荣法学开展了不少活动，其中有些是精彩的。学会通过形式多样的信息交流、理论研讨，不仅增强了会员参与学会活动的积极性，活跃了学会的学术气氛，而且不少研究成果受到各级领导的肯定，被有关部门采纳。譬如，法学会围绕上海"世博会"筹办中的法律问题，本市城市建设中实施"双增双减"(增加绿地和公共空间，减少高层建筑和降低容积率)措施引发的法律问题,城市治安管理"八个顽症"中的法制问题,用多种形式在全体会员中开展研讨,形成了一系列对策和建议。有关对策和建议得到领导的批示肯定,并为有关部门所采纳。

学会立足上海,面向全国和世界,为推动法学研究营造环境,提供平台。学会新成立了多个专业研究会,使专业研究会的总数达到 23 个。为了激发专业研究会的积极性,学会定期开展优秀专业研究会的评比,给优秀的专业研究会奖励,有效推进了法律各学科研究的深化;学会创办了"东方法学",为法律工作者提供最新的国内外法律信息,传播法治思想;为促进本市法律教学、科研队伍的融合,形成法律教学和科研的合力,法学会牵头成立了上海各政法院系和研究所负责人联谊会,共商推进上海法学研究的对策与思路;学会还与浙江、江苏共同组建了"长三角法治论坛",推动了长三角的法制协调发展。近年来,上海各政法院系和研究所主办或承办全国性的研讨会,法学会都尽量给予积极的支持。

问:您认为上海的法律理论和实务工作者在开展法学研究方面应注意些什么?

沈:我关心社会和经济发展对法学的需求,也关心法学对社会和经济的作用。上海是全国的经济中心,地处我国改革开放的前沿,她会最先感受到国内外经济、社会的一些变化。这个城市的地位和作用,也使得方方面面对法律的要求都很高,上海的法律工作者有责任、有义务回应经济社会对法律的要求,从实际出发,实事求是,破解难题,实现理论创新、制度创新,推动小康社会建设,促进和谐社会构建。

问:您认为法学会在重建上海法学优势方面可否有所作为?

沈:上海是中国近现代史上法学教育和研究的重镇,当时,上海法学家云集,法学研究成果迭出,并培育了大批法学专业人才,其中有的成为新中国政法、外交战线的骨干。解放后,特别是"文革"结束后,上海也培养了一大批法律专业人才。然而,这期间,各地的法学教育和研究也取得了很大的进展,相对而言,上海法学的一些优势减弱了,上海法学的发展面临巨大挑战。法学会清醒地认识到这一点。作为法学界、法律界的群众团体,应当发挥自身作用,组织和汇集各方,形成合力,促进推动法学的新发展。如:促进法学教学研究力量的互补,组织力量承担课题研究,评选上海中青年法学家和各专业学科的专家等等,使各方团结一致,切磋学术,形成良好学风,以利多出成果、多出人才。

为了促进青年人才的培养,法学会建立了青年法学沙龙,经常进行学术研讨,通过信息交流、观点交锋,青年在这里都有所收获。学会还设立了青年课题项目,通过制度化的招投标程序确定项目承担者,有的青年课题项目成果获得了全国性的奖项。我们还在《上海法学研究》、《东方法学》上力推青年的学术论文。这些举措对凝聚青年法学工作者,提高他们的法学研究能力和水平起到了积极作用,这也是学会可以做、做得成的事。总之,上海市法学会的各项努力实际上也是为进一步建立法学的优势,创造和提供更好的活动平台,营造起更好的学术氛围。

问:作为会长,您能对上海法学会今后的工作方向、重点谈些设想吗?

沈:学会的事要大家来做,作为会长,我应该多做点。上海市法学会作为上海法学、法律工作者的群众性学术团体,应该在几个方面发挥作用。首先,要促进和维护法学界的团结,促进这支队伍总体实力的提升。其次,要发挥这支队伍在推动国家法制建设、经济社会全面进步方面的作用,尤其要对上海的经济社会发展作出贡献。再次,要把正在做的各项事情做好。学会要为全市法学、法律工作者提供更多的机会搭建更好的平台,营造良好的氛围;特别要帮助青年法学工作者提高研究能力和工作能力,为他们提供更多的实践机会,使他们能与社会密切接触,并将自己的知识直接作用于社会,以敏锐的感觉发现问题,以扎实的功力解决问题。还有,要帮助青年人在做学问、做事的同时,学好做人。上海老一辈法学家们淡泊名利、潜心治学、相互尊重、服务国家和社会的品质也是青年人应学习和传承的。

总之,在贯彻落实科学发展观,继续深化改革开放,全面建设小康社会,构建社会主义和谐社会,建设创新型国家的新形势下,我们将传承上海法学会既有的从实际出发,实事求是,办实事的学风、会风,真诚地为社会服务,为实现"依法治国"的崇高目标作出应有的贡献。

(徐澜波①)

---

① 徐澜波,法学研究员,《政治与法律》主编。

卢 峻①

卢峻(1909年3月~2000年3月),字于昉,浙江宁波人。当代国际私法学家。卢峻5岁即读小学,11岁考入宁波四明中学,16岁考入上海沪江大学,后转入东吴法学院攻读法律,期间因学习成绩优异曾获校方颁发金钥匙奖。他在东吴法学院求学期间,同时在复旦大学攻读历史,并担任该校英文课助教,此外,课余还担任惠灵中学英语教员,在当时十分艰苦的条件下,卢峻先后取得了复旦大学文学学士学位,继而取得文学硕士学位,后又在东吴法学院取得法学士学位。1930年经吴经熊先生推荐,他获得美国哈佛大学法学院院长给予的研究员资格,遂赴美深造,专攻国际法、国际私法和法理学。1932年在哈佛大学获法学博士学位。同年回国后,便长期从事国际法、国际私法的教学和研究。他先后担任东吴法学院、暨南大学、光华大学、沪江大学和大夏大学等校教授,并与张志让等人合作,兼职从事律师业务。抗战爆发后,他于1939年去重庆,担任国立西北大学法商学院教授、院长,复旦大学教授、法律系主任,东吴、沪江联大教授、教务长,中央大学教授、法学院院长、法律研究所所长。抗战胜利后,返沪任上海复旦大学、东吴法学院教

① 本文写作得到了上海社会科学院档案室的帮助,文中部分资料参考了曹建明《卢峻先生与中国国际私法》一文,该文收录在卢峻著《国际私法之理论与实际》(中国政法大学出版社2004年修订版),在此一并表示感谢。

授。解放后,他继续在复旦大学、东吴大学法学院任教。1952年院系调整,他转入华东政法学院任教授。之后,又在上海社会科学院法学研究所任研究员,从事国际私法研究并指导研究生的工作。卢峻先生1991年被聘为上海市法学会顾问,1992年享受国务院特殊津贴,1999年12月被中国法学会评为有突出贡献的老专家。

卢峻著述颇丰,其最早的著作是完成于1928年的《中国近代国际关系史》。他发表的论文主要关于两个方面:一是国际关系方面的论文,约30余篇,分别发表于各个时期的期刊报章;二是法律方面的论文,分别用中英文撰写,发表在东吴《法学杂志》、《中华法学杂志》(英文)、《中华法学杂志》、《东方杂志》、《新中华杂志》、《中国评论》(英文)等刊物。他的代表性法学著作主要有《国际私法之理论与实际》(中华书局1936年版)、《国际私法之理论与实践》(中华书局1937年初版,1939年再版,近年来已经过多次重版)、《取缔日用重要物品囤积居奇办法浅说》(正中书局1942年版)、《国际私法公约集》(上海社会科学院出版社1985年版)等。

卢峻的法学研究主要集中在国际私法领域,他是当时留美研究国际私法的最早学者之一。多年的潜心研究,使他既熟知大陆法系的国际私法理论又精通英美法系的国际私法理论,在涉及许多国际私法的理论问题上,他都有自己独到的见解和观点。

关于国际私法的发生背景,卢峻认为国家存在固然是国际法发生的必要条件,除此之外,国际私法的存在尚需要具备以下几个条件:内外国人之交往,即涉外因素(foreign element);外国人之权利保护;内国法权之独立;各国法律之不同;内外国法之并用。[①] 只有具备以上这些客观条件,才有生成国际私法之可能。由于国际私法是随着各国对外交往的不断加大而产生的,这对于当时的中国来说属于新生事物,因此,关于何为国际私法的问题,当时中国人甚至包括法学界的许多人还不十分清楚。对此,卢峻曾十分明确地提出了国际私法的概念:国际私法者,所以规定一国法律行使之范围,并于数国法律并存时,决定其某国法律应适用于法之场合(legal situation),使管辖法院以外之他国,承认其

---

① 卢峻:《国际私法之理论与实际》,中国政法大学出版社2004年版,第4~6页。

判决效力之法规也。① 这一概念，在今天看来会有一些不尽完善和严谨之处，但在当时法学界的许多人对于国际私法之本质尚不明了的情况下，却具有很大的进步意义。

关于国际私法的组成和范围，这是一个在国际法学界存在很大争议的问题，对此，卢峻的主张倾向于把统一实体规范排除在国际私法范围之外。之所以这样认为，主要是基于以下几方面的考虑：（1）卢峻认为国际间的交往和各国民商法的歧义是国际私法赖以产生和发展的前提条件，目前国际私法赖以产生和存在的这一条件仍然没有改变，冲突规范作为国私法的主要和核心部分，仍将在调整涉外民事法律关系中发挥其独特和重要作用。二战后虽然出现种种统一实体规范，但其往往在少数成员国间生效，作用十分有限。（2）卢峻认为国际私法是以涉外民事法律关系为其调整对象的，统一实体规范也是以涉外民事法律关系为调整对象的，但不能因此就认为统一实体规范就是国际私法的组成部分，因为调整对象虽然是划分法律部门的重要依据，但并不是惟一的标准，调整对象往往因其自身法律关系的复杂性而决定了它的调整方式的多样性，但不能因此就将不同的调整方式划分到同一法律部门。（3）卢峻认为任何法律部门都有与其本质特征相一致的内在结构和体系。国际私法是通过指引确定某一国家的实体法的方式，而对涉外的民事法律关系加以调整的。它既不同于直接规定当事人权利义务的实体法，也不是制约诉讼及非讼事件的程序法，而是一种特殊类型的适用法。正是这一本质特征，构成了国际私法同其他法律部门的根本区别。事实表明，各国近百年的立法和司法实践，已经使国际私法形成了以冲突规范为核心内容的严密的内在结构和体系。国际私法已成为法律冲突法或法律适用法的同义语。在这种情况下，如果硬将与冲突规范具有不同本质特征的统一实体规范纳入国际私法，不但使国际私法这一部门法不必要地庞杂，而且更重要的是破坏了其内在的结构和体系，改变了国际私法的性质，其结果只能使国际私法成为另一种法。这种做法，在理论上说不过去，在实践上也是不利的。（4）卢峻认为冲突规范和统一实体规范仅仅从形式上看是并行的，实际上两者之间存在的多是一种主从关系，因为实体规范往往不能离开冲突规范而得以适用。从本质上讲，统一实体规范只是一种以国际条约或

---

① 卢峻：《国际私法之理论与实际》，中国政法大学出版社 2004 年版，第 8 页。

惯例方式统一的国内法规范,是国内法规范的一种。正如我们不能将国内民商法纳入国际私法一样,统一实体规范也不能成为国际私法的组成部门。①

卢峻积极主张和倡导统一国际私法化运动,他认为统一国际私法是国际统一立法的一个重要组成部分,也是实现各国实体法统一的阶段。冲突规范是解决各国法律冲突的手段,但各国冲突规范本身也不同。所谓法律冲突不但指各国实体法的冲突,还包括各国国际私法的冲突。冲突法冲突这种第二层法律冲突的存在,大大增加了涉外民事争议的复杂性,也导致了"选购法院"(forum shopping),即当事人选择于己有利的法院起诉,从而使对方蒙受不利这一现象的发生。他认为通过国际条约统一各国的国际私法,不但能在一定范围内使各国法院和仲裁院对同一争议作出同样的判决和裁决,从而从根本上防止"选购法院"的现象,而且还为各国实体法的统一奠定了基础。由于国际私法的统一并不涉及各国间存在着根本分歧的实体民商法领域,因而比实体法的统一更易取得成功。他认为,历史事实已表明,国际私法的统一化运动正在统一、协调各国法律制度,在促进各国间更加密切交往的进程中,发挥着越来越重要的作用。卢峻在回顾国际私法统一化运动的历史,并对照当今的实践的基础上,概括出了当今统一国际私法化运动的 3 个明显特点和趋向:国际私法统一化运动正在由区域性向全球性发展;统一化运动的重点正在开始从一般的民事方面逐渐转向国际经济贸易领域;国际统一立法的方式正日趋灵活多样化。②

卢峻的国际法思想是系统的和完整的,能够比较全面反映他的国际私法理论和思想的著作,是中华书局 1936 年出版的《国际私法之理论与实际》一书,该书分为结论、通论和本论三大部分,共 35 章,其涉及的国际私法理论的范围之广,体系之完整,曾为中国国际私法学这门学科的建立与发展奠定了非常重要的基础。在 1936 年此书出版时,曾被当时的国际私法教授郭云观先生誉为当代国际私法学难得的佳作。然而,卢峻对我国国际私法学的贡献不止于此,在他晚年时候仍然致力于国际私法的教学和研究,并毅然担负起主编《国际私法公约集》的艰巨任务。该书 120 个多边公约,绝大部分都是根据英文或法文原本全部译出,卢峻为此付出了巨大的辛劳。1986 年《国际私法公约集》作为我

---

① 卢峻:《国际私法统一化运动的发展和趋向》,以序言的形式收录在卢峻主编的《国际私法公约集》,上海社会科学院出版社 1986 年版。

② 同上。

国第一部全面系统的国际私法公约汇编正式出版，这对我国国际私法学的研究和各有关部门的工作，无疑又是一重大的贡献。如今国际私法已成为我国法律体系中一个十分重要的法律部门，并且在实践中得到了广泛的应用，随着我国对外开放步伐的进一步加大，我们将迎来国际私法发展的一个新的时期。在此时，我们更不应该忘记国际私法学界的老前辈卢峻为我国国际私法的发展所作出的十分杰出的、卓越的贡献。

（孙　伟）

丘日庆

丘日庆(1913 年 10 月～2005 年 10 月),广东梅县人。中国著名国际法学家。1931 年,丘先生考入东吴大学,1937 年春获法学学士学位,是年秋,因学业上的出类拔萃,被东吴法学院推荐到美国印第安纳大学法学院学习,1938 年 6 月在该学院获法学博士学位。1938 年秋至 1939 年冬,作为交流学者在英国伦敦大学经济政治学院学习、研究国际法和国际私法,学成后回国。1942 年春夏任中山大学法律系教授,当年秋应湖南大学之邀,赴湖南大学任法律系主任。1946 年秋至 1949 年 5 月任上海暨南大学法律系教授,同时在东吴大学、复旦大学、同济大学法律系兼课。1949 年 6 月出任复旦大学法律系教授,兼该系国际法小组组长。1958 年调上海社会科学院国际问题研究所从事研究工作,1979 年转该院国际法室工作,1987 年 12 月退休后即被聘为该院特聘研究员。其间,自 1980 年起任中国国际法学会理事,1992 年起任该学会高级顾问,曾受到邓小平同志接见;还曾任上海市国际关系学会国际法组长。曾讲授国际公法、英美法、公司法、票据法、人民民主共和国国家法等课程,20 世纪 80 年代开始招收培养硕士研究生。另外,丘先生曾担任九三学社上海社科院支社主任委员、上海市第六届政治协商会议委员,1991 年被聘为上海市法学会顾问。

丘先生博学深思,勤于笔耕,且天假以寿,以至科研成果质、量并盛,可谓著作等身,影响深远。比如,他主编的《各国法概况》,1984 年获上海社会科学院科研优秀成果奖,1986 年获上海市哲学社会科学优秀著作奖,至今仍被各高校列为国际法专业学生的必读书目。

丘先生撰写或主编的著作有(为方便查找,兹注明出处):《华侨保护论文集》(香港海外通讯社 1941 年版,该书汇集了他在《东方杂志》、《华侨先锋》等杂志上发表的文章),《公司法要论》(湖南大学出版社 1943 年版),《票据法要论》(湖南大学出版社 1944 年版),《各国法概况》(主编,知识出版社 1981 年版),《领事法论》(主编,上海社会科学院出版社 1996 年版)。

此外,还参加了《辞海》(上海辞书出版社 1979 年版)、《法学辞典》(编委)的编纂工作,撰写了国际法方面的全部条目。

丘先生先后发表过大量的学术论文,主要有:《国家对领水和港口内外国船舶的管辖权》(湖南大学《法学学报》1942 年第 1 期),《日内瓦统一票据法与中英美国法比较》(《中华法学杂志》1943 年第 6 期),《国际私法中的定性问题》(《中华法学杂志》1944 年第 5、9 期),《从国际公法论中英、中美新约》(湖南《行健月刊》1944 年第 3 期),《国际法与国内法的关系》(《新法学》1948 年第 5 期),《从国际公法论朝鲜问题》(《新中华》1950 年第 16 期),《维护国际和平与安全的侵略定义》(《华东政法学报》1956 年第 2 期),《现阶段国际法的体系》(《法学》1957 年第 3 期),《再论现阶段国际法的体系》(《法学》1958 年第 3 期),《正确评价历史上的清官及其现实意义》(《学术月刊》1966 年 1 月号),《中国法律和西方国家法律的同异》(《民主与法制》1979 年第 3 期),《简论国际法上的几个问题——辩证唯物主义与历史唯物主义是研究国际法的思想武器》(《社会科学》1981 年第 5 期),《国际法与国内法关系的理论与实践》(《法学论丛》1981 年),《西方语言中的"法"和"法律"两字——简论资产阶级权利》(《政治与法律》1982 年第 2 期),《英国议会制定的法律的编号和称谓》(《国外法学》1983 年第 5 期),《试论马克思主义国际法学及其科学体系》(《国外法学》1984 年第 3 期),《澳大利亚联邦基本法》(《宪法选编》(五),中国人民大学出版社),《关于国家的自卫权》(《学术季刊》1988 年第 1 期),《论国际新秩序的两根支柱》(《政治与法律》1994 年第 1 期),《从国家的基本权利和义务论国家的生存权和独立权》(《社会科学》1994 年第 10 期)。

以上著述足见丘先生博学多才,而尤以国际法研究著称于世。作为著名的法学家,丘先生有很好的学术敏感性、很强的问题意识。他紧跟学科和时代发展的脉搏,对国际法的一些基本问题有长期深入的研究,在分析论证的基础上,提出了诸多独到的见解。丘先生的学术成果非常丰富,时间跨度大,为避免因简单归纳而造成对丘先生学术成果的损害,这里仅列举他对如下几个问题的研究和主张(尤其是较晚近的两篇论文),以略见其观点与风格之大概。

关于国际法学科的科学性问题。丘先生认为,国际法学成为真正的科学,是在马克思主义诞生以后,马克思主义国际法学实现了阶级性与科学性的统一。20 世纪 50 年代中期,面对资本主义和社会主义两大阵营,是否还有共同的国际法? 是否有社会主义国际法? 这些都是问题。国际法学界,主要是社会主义国家法学界,便就当时国际法的体系问题展开了热烈的讨论。丘先生面对国际社会现实,站在理论研究的前沿,以马克思主义国际理论为指导,也对这一问题进行了深入的理论探讨,他认为,当时的世界应该有两种体系的国际法,一是共同的国际法,即世界各国都适用的国际法,一是社会主义国家适用的国际法,其具体论证体现在《现阶段国际法的体系》和《再论现阶段国际法的体系》两文中。

关于国内法与国际法的关系问题,丘先生也有专文论述。在他看来,国内法由一个国家制定或认可,而国际法要由各国平等地参加制定或得到各国承认,不能由一个国家发号施令并强迫别国遵守执行。但国际法与国内法有紧密联系,有一定的相通性。在一定条件下,国际法和国内法可以相互转化:国内法的原则有时运用于国际法,而国际法的内容有时又得到国内法的承认。就学科体系而言,国际法与国内法两者没有隶属关系,而是相互独立的体系。

关于国际法的体系、内容、渊源问题,他认为,虽然国际法没有公认的体系,但是可以存在公认的原则、准则和规则。只要某原则能符合双方(或多方)的利益而平等地被接受,它就可以存在。

关于国家的生存权和独立权问题。20 世纪 90 年代中期,丘先生对国家的生存权和独立权问题有深入的研究,集中体现在《从国家的基本权利和义务论国家的生存权和独立权》一文中。他从国家的基本权利和义务的角度,对国家的生存权和独立权的基本含义和要求提出了自己的主张,他认为,就目前来说,国家基本权利有 6 项:生存权、独立权、平等权、管辖权、自卫权和发展权。与此相应的基本国际义务是:尊重各国主权、独立和领土完整;不侵犯他国;不干涉他国国内管辖事务;和平解决国际争端,不诉诸武力和武力威胁;各国平等相处,不谋求霸权和划分势力范围;尊重平等条约;不滥用权利,不以邻为壑、转嫁经济危机、妨碍他国发展等。国家的生存权就是指国家不能依靠向外扩张侵略而主要靠自力更生以求生存的权利。这是国家主要的基本权利。丘先生列举了国际法学者对国家生存权的不同观点,认为,自国际法上废弃"国家战争权"

后,国家生存权就不再是片面的或不顾他人的生存权,而是一种共同生存权(共存权),是和平共存(处)权,是相互尊重的和平的共同生存权。因此,每个国家都有权要求他国遵守前述各项基本的国际义务。对于国家独立权,即国家独立自主权,丘先生明确提出并强调:国家的独立权,不仅指国家的政治独立权,也指国家的经济独立权,即国家不仅在政治上,而且在经济上也同样有自主处理对内、外事务,不受外来干涉的权利。他认为这是今天的国家独立权应有的基本含义,因为没有经济的独立,就不可能有真正的政治独立。所以,国际经济新秩序的建立和国际政治新秩序的建立是不可分割的。

关于建立国际新秩序的问题。丘先生认为,要保障国家的基本权利,每个国家都必须遵守基本的国际义务,为此,需要改善原有的国际秩序,除去那些不协调的东西。在《论国际新秩序的两根支柱》一文中,丘先生提出,国际关系民主化和法制化是国际新秩序的两根支柱,国际新秩序就是国际关系民主化和法制化的统一。因为时间已到了20世纪90年代,国内政治固然要民主化、法制化,国际政治、国际关系也要民主化、法制化,即处理国际关系要发扬国际民主,健全国际法制。国际关系民主化,首先要做到的是各国在国际法面前一律平等。国家不分大小、强弱、贫富,均有权参与管理国际间大事,不能由少数国家说了算;各国不得在世界范围内谋求霸权,划分势力范围;大国不得欺凌小国,富国不得压制贫国,强国不得欺负弱国。国际关系法制化则是指国际关系要由国际法来调整,依国际法办事。丘先生认为,与某些发展中国家的国内法相比,国际法是比较完备的,基本上做到了"有法可依"。但问题是"有法不依"和"违法难究",当然,这主要涉及某些大国、强国、富国。表现为:在国际关系中的有法不依,是指不严格遵守国际法;对于国际争端和分歧,不以谈判或其他和平方法解决,而动辄使用武力;随意破坏他国领土主权,派遣武装小队(特工人员)到他国绑架"刑事嫌疑犯";一国随意决定对他国实施"制裁"。因此还需要多强调法制的本质属性,即在国际法面前,各国一律平等。丘先生也指出当前国际法制还有不够健全的地方,比如"互不干涉内政"原则的含义尚未有明确的界定,"干涉"与"非干涉"的界线难以划清。这在理论上和实践上都是急需攻克的难关。丘先生还呼吁从速制定、签订全面禁止核武器的条约。

丘先生自1942年执教于中山大学,此后60多年里,始终致力于法学研究和教学,为促进中国的法学研究和教育事业,可谓鞠躬尽瘁、死而后已。丘先生的辛勤耕耘，换来的是累累学术硕果和桃李满天下。世纪之交，在中国法学会成立 50 周年之际，中国法学会授予他"从事法学研究和法学教学 50 年的老法学家"荣誉证书，丘先生被列为全国 43 位受表彰的老法学家之一。这是对丘先生一生事业和学问的肯定，对这份荣誉，丘先生是名副其实的。

　　丘先生学风朴实，治学严谨，为人亦然。他胸襟开阔，淡泊名利，清正廉洁，一身正气，即使在遭遇险恶的年代也决不说一句违心的话。总之，丘先生的道德文章都是中国法学界的宝贵财富，是法学界的自豪和骄傲，法学后生当以他为先锋和榜样。

（蒋冬梅①）

---

① 蒋冬梅，华东政法学院法律史专业 2005 级博士研究生。

江　庸

江庸（1878～1960年2月），字翊云，又作翼云，晚号澹翁，福建长汀人。著名法学家、大律师，民国时期政要。1878年，江庸先生生于四川璧山。其祖父江怀廷乃咸丰辛亥学人，壬子进士；其父江瀚曾任川督奎俊乐峰等的幕僚以及重庆致用书院的院长。在此背景下，他从小饱读经书，受到良好的教育，并曾在成都中西学堂学习英文等外语。

1900年，江庸先生到北京参加顺天乡试。由于正值义和团起义，只得无功而返。1901年清政府派学生赴日本留学，他因此得以到日本成城学校普通科就读；1903年毕业后，又进入私立早稻田大学师范部法制经济科学习。1906年毕业后，江庸先生先后担任京师法政学堂教务长、修订法律馆专任纂修、京师法律学堂监督、民国政府大理院推事、京师高等审判厅厅长、司法部次长、司法总长、日本留学生监督、北洋政府法律编查馆总裁等，同时兼任故宫博物院古物馆馆长、东方文化事业总委员会委员等。期间曾于1908年应广东西洋留学生廷试，授法科举人，1909年成法科进士；还曾于1911年与唐绍仪一起参加武昌议和。1923年，曹锟贿选总统后，因不满当局腐败而辞职当律师；同年6月，江庸先生及北京法学会其他热心骨干成立"北京法律评论社"（江庸先生任社长），并创办了《法律评论》周刊。同时，他还是京师法学会的发起人之一，并曾任尚志学会会长。1924年他担任教育部国立法政大学校长，并于1925年辞职；1927年经汪子健先生邀请，担任北京著名的私立大学朝阳大学校长，1931年因到上海当律师而辞职；1940年复任朝阳大学校长，后因当选国民参政会主席团，再次于1941年辞职。

1936年6月，他代表中国律师协会出席奥地利维也纳召开的国际律师协会。同年11月加入上海律师公会，先后在辣斐德路（今复兴中路）、四川中路开设律师事务所，为救国会"七君子"案王造时的主要辩护律师。后任国民政府参政会参政员，在重庆执行律师业务。1946年又回上海当律师。日军侵华时期，坚决不担任伪政府职务。后参加抗日爱国运动和反蒋民主运动。1947 年被国民政府提名为"国大代表"候选人，他放弃竞选；1948 年经提名为司法院第一届大法官，但未到职。

1949 年 1 月江庸先生曾以私人身份与颜惠庆、章士钊、邵力子等北上同中国共产党商议和谈问题。1949 年之后，他曾任政务院政治法律委员会委员、政协全国委员会委员①、华东军政委员会人民监察委员会委员、大众法学出版社社长、第一届和第二届全国人民代表大会代表、上海市文史馆副馆长及馆长。1956 年任上海市法学会副会长、上海市律师协会筹备会常务委员。

江庸先生作为一位著名的法学家，法学著述颇丰。法律馆出版的《刑法理由书》就是他和日本冈田朝太郎的合著，只不过没有署上他的姓名罢了。另外，他还有不少法律论文，散见于《法律评论》及其他刊物。其代表作主要有：《战时国际条规辑览》（闽学会，1905 年 11 月 10 日）、《选举诉讼释义》（1919 年）、《撤废领事裁判权问题》（1921 年）、《50 年来中国之法制》（申报馆编，1922 年）、《因奸致死之因果关系》（《法律评论》1924 年第 1～8 期）②、《保守国家机密暂行条例浅说》（大众法学出版社 1951 年版）、《中华人民共和国惩治反革命条例解说》（大众法学出版社 1951 年版）、《中华人民共和国劳动保险条例图说》（大众法学出版社 1951 年版）、《劳动保险条例图论》、《保守国家机密暂行条例浅说》等。

其中的《撤废领事裁判权问题》③，是 1921 年他为太平洋会议（华盛顿会议）后援同志会起草的宣言。虽然这只是一本 28 页的小册子，但由于其对当时的国际情势十分了解，所以颇多真知灼见。文章阐述领事裁判权的历史、弊害及废除方法等。全书内容分为 5 部分：（1）领事裁判权之历史；（2）吾国对于领事裁判权经过之态度；（3）领事裁判权之利害；（4）提议撤废领事裁判权之办法；（5）最后得出结论，"司法改良关系重大"。他认为："以历史上及事实上之关系"，无条件撤废领事裁判权"不易达到"。并主张，如果这种情况不幸发生，则应该采取"渐进主义"，则"无妨附以相当之条件"撤废；一旦这些条件达

---

① 毛泽东主席曾于 1949 年 8 月 19 日致函给江庸先生："新政协有迅速召开之必要，拟请先生及颜俊人先生参加，不知可以成行否？"见《毛泽东书信选集》，人民出版社 1983 年版，第 331 页。

② 见何勤华：《中国近代刑法学的诞生与成长》，载《现代法学》2004 年第 2 期第 19 页。

③ 笔者查阅于上海图书馆近代图书库，索书号为 360792。

成,各国就必须撤废领事裁判权(后来的事实证明了他的预见)。他还指出:"司法改良之事为全国四万万人民生命财产所关。虽无外界之刺激,亦当毅然行之,不遗余力。"另外,还告诫国人:即使收回领事裁判权,其实效亦不要太乐观。因为租界仍在,中国之走向全面独立仍有待时日。

《选举诉讼释义》①出版于1919年,该文是专门对民国时期的选举而作出的阐述。他将国民政府选举法第5章规定选举诉讼的条文加以解说,认为选举法第5章中选举诉讼仅数条,容易为各机关解释造成分歧,因而写成该文。文章分为4部分,首先,对选举诉讼的定义作出界定,认为不应该采取太广或太窄之定义。"选举诉讼"指选举人与办理选举人员或当选人争执选举或当选效力的诉讼。其次,对选举诉讼与选举犯罪诉讼作出区分,认为无论是从目的、程序、管辖以及审级方面两者都有所不同。再次,文章还对选举诉讼是否可上诉作出分析。最后对选举诉讼的程序问题作出论述。

江庸先生在法律方面的贡献更侧重于司法实践。作为著名的法律实务家,他不仅担任过司法官员、高等院校校长,也是著名的大律师。在1923年7月《法律评论发刊词》中他自我评价道:吾人对于司法,固亦不能满意,然较之他项事业,平心论之,犹以为此善于彼也。② 由于在法学方面的杰出贡献,后人评价:"自沈家本修律开启京师法学研究风气以来,理实并重的传统在江庸先生一辈的手中得以维系,并发扬光大。"③事实也确实如此,《撤废领事裁判权问题》、《选举诉讼释义》都是针对现实问题而作的。另外,他曾在1922年撰文批评《大清民律草案》与国情、社会发展趋势不合。④ 在1922年为纪念《申报》成立50年的《50年来中国之法制》一文中,也对《科刑标准条例》作出强烈批评,反对以绝对确定的刑罚来束缚法官之自由审量权,认为该条例实在幼稚陈腐,并举其中第4条第4款规定的"盛暑以热汤淋人者,以杀人论"为例,提出:"不知严寒以火烙人,又应如何科刑?"⑤

因此,在创办《法律评论》时,江庸先生极力主张应重在关注当时的司法改

①　笔者查阅于上海图书馆近代图书库,索书号为298986。

②　转引自李启成:《民初复判问题考察(下)》,载 http://www.legal-history.net/05/go.asp? id=1269。

③　见王健:《说说近代中国的法律期刊》,载《法律科学》2003年第5期。

④　见汤毅平:《论清末的法律近代化》,载《时代法学》2005年第1期第57页。

⑤　见江庸:《50年来中国之法制》,载《清华法学》(第8辑),清华大学出版社2006年版,第261页。

革，并认为："当此世风颓靡，廉耻道丧之时，为天地留正气，为士类争气节，为历史增光荣，不能不有所厚望于今日之司法官矣。"并在来稿要求中声明："关于司法制度之兴废改进有所主张者，不问其意见与本社同人合否，一律登载，期得反映各方之见地，以资法界之借镜参考；关于学理上之研究讨论者，本社欢迎有相当见地之文，其论旨空泛肤浅或抄袭陈说者概不登载，以本刊为专门杂志，内容选择不得不较严也。"①而当时读者也评价《法律评论》有三大优点："一是以资料收集的丰富与正确闻名，所载最高法院的裁判要旨、庭审议录、司法院解释例、司法行政部令等司法文件，均极可贵；二是作为'评论'精神之所寄的'法律时评'专栏；三是每期上面篇篇可读、字字珠玑的专著四五篇。"《法律评论》作为一法律杂志，堪称我国历史最久之法学杂志，该刊受到当时法律界读者普遍的好评。目前，美国国会图书馆也有该刊第 1 卷第 1 期至现在出版的刊物，保存完整无缺。②

（林安民③）

---

① 转引自刘馨：《民国时期高等院校学术期刊的出版与法学研究》，载《比较法研究》2005 年第 3 期第 136 页。

② 见 http：//www.cupl.edu.cn/tsg/libabout/gx/7/7_4.html。

③ 林安民，上海金融学院教师，华东政法学院 2005 级博士研究生。

齐乃宽

齐乃宽，男，河北安新人。中共党员，当代法理学家。1925 年 7 月出生，1949 年 4 月参加革命工作，1952 年 8 月毕业于中国人民大学法律系研究生班。研究生毕业后曾在中国人民大学、华东政法学院、复旦大学从事教学和研究工作，1979 年 9 月调入上海社会科学院法学研究所，先后任法学所宪法研究室副主任、主任，1984 年 12 月起担任法学所所长。1992 年 7 月免去所长职务，1993 年 12 月离休。1990 年至 1994  年，他被选为上海市人大代表，并担任上海市人民代表大会常务委员会法制委员会委员。齐乃宽先生还曾任《政治与法律》主编、编委，《上海法学研究》主编、顾问，上海市法学会副会长，上海市法学会第七届学术委员会成员，中国法学会理事、常务理事，中国法学会第四届理事会名誉理事等职务。

早在 1972 年中日两国邦交正常化之前，齐乃宽先生就非常关注日本的政治制度问题。1977 年，齐乃宽先生与复旦大学国际政治系、历史系的部分教师和学员共同编写的《日本政府机构》一书出版，这本书对于了解日本的政府机构有着重要的参考价值。1980 年，齐乃宽先生与潘念之先生合作，发表了《论"法律面前人人平等"》、《关于"法律面前人人平等"的问题》、《再论"法律面前人人平等"的问题》等 3 篇文章，在全国法学界引起很大反响，继而在全国法学界引起广泛讨论。1982 年 5 月，在上海法学会的第四届年会上，齐乃宽先生作了《建设一个和谐统一的社会主义法律体系》的学术报告，①后该论文获上海市哲学社会科学优秀成果（1978~1984 年）论文奖。1983 年至 1984 年，齐乃宽先生东渡日本，以客座研究员的身份在东京大学社会科学研究所进行了学术研究和

---

① 参见《上海市法学学会举行 1982 年年会》，载《社会科学》1983 年第 6 期。

学术考察,并与日本著名的宪法学、行政法学教授进行了广泛的接触,就日本政治制度问题作了某些切磋和探讨,①齐乃宽先生的学术报告在早稻田大学《比较法学》杂志上发表。② 归国后,齐乃宽先生在给上海社会科学院法学研究所和兄弟院系的研究生讲授比较宪法课时,着重讲授"日本国宪法"。1987 年出版《日本政治制度》一书,该书结合教学实践,从搜集资料、系统整理、实地考察,历经 10 余年,出版后立刻引起学界的高度关注。1985 年 6 月 10 日至 17 日,在江西庐山举行的中国法学会法理学研究会成立大会上,齐乃宽先生当选为副总干事,积极推动法学基础理论学科的研究工作。③ 1988 年齐乃宽先生又完成国家课题"地方政府立法问题研究"。自中共中央确立建设社会主义市场经济体制后,齐乃宽先生积极探索经济体制改革时期的法制建设问题。1993 年 12 月 1 日,时任上海市法学会副会长的齐乃宽教授,在上海文艺活动中心主持"社会主义法制建设与市场经济"讨论会,④后发表《完善经济体制转型时期的法制建设》一文,提出在经济体制转型时期更应完善法制建设。1994 年,齐乃宽先生被华东政法学院聘为兼职教授。⑤ 此外,齐乃宽先生还被同济大学等单位聘为学术顾问和兼职教授。在紧张的科研之外,齐乃宽先生还担任了法理学硕士生导师,培养了多名法理学专业人才。

发表的论文:(1)《论"在法律面前人人平等"》(与潘念之合写),载 1980 年 2 月 9 日《光明日报》;(2)《关于"法律面前人人平等"的问题》(与潘念之合写),载《社会科学》1980 年第 1 期;(3)《再论"法律面前人人平等"的问题》(与潘念之合写),载《社会科学》1980 年第 4 期;(4)《宪法草案突出了社会主义法制原则》,载《社会科学》1982 年第 6 期;(5)《应该重视我国法的体系的研究》,载《法学》1982 年第 11 期;(6)《我国人民民主专政的几个理论问题——纪念马克思逝世一百周年》,载《政治与法律》1983 年第 4 期;(7)《建设一个和谐统一的社会主义法律体系》,载张友渔等著:《法学理论论文集》,群众出版社 1984 年版;(8)《也谈法学基础理论学科的改革》,载《政治与法律》1984 年第 5 期;(9)《论

---

① 参见齐乃宽编著:《日本政治制度》,"前言",上海社会科学院出版社 1987 年版。
② 参见《上海社会科学界人名词典》,上海人民出版社 1992 年版,第 155 页。
③ 参见"中国法学会法学基础理论研究会成立",载《政治与法律》1985 年第 5 期。
④ 参见"'社会主义法制建设与市场经济'讨论会在沪举行",载《法治论丛》1993 年第 6 期。
⑤ 参见"华东政法学院聘任兼职教授",载《法学》1994 年第 5 期。

法的本质属性及其特征》,载《政治与法律》1984 年第 6 期;(10)《政治体制改革与民主的制度化、法律化》,载《上海社会科学院学术季刊》1986 年第 4 期;(11)《坚持人民民主专政 完善地方政权建设》,载《政治与法律》1990 年第 1 期;(12)《完善经济体制转型时期的法制建设》,载《政治与法律》1994 年第 3 期。

此外还曾发表《中国新宪法的基本特征》(1982 年)、《现代中国法的基本问题——以法系论为中心》(1984 年)①、《关于健全行政法规、改革我国行政管理制度》②等论文。

专著:(1) 与复旦大学国际政治系、历史系的教师和学员共同编写《日本政府机构》,上海人民出版社 1977 年版;(2)《日本政治制度》,上海社会科学院出版社 1987 年版。

此外,齐乃宽先生还参与了《物权法》([日] 田山辉明著,陆庆胜译)及其增订本③的审校工作。

主要学术观点:

关于"法律面前人人平等"的问题,在 80 年代初期,绝大部分文章在谈论大的宪法原则的时候,齐乃宽就比较早地开始关注宪法学的一些具体问题,④非常有针对性地发起并参与了"法律面前人人平等"的学术讨论,坚持马克思主义的平等观,反对特权思想和无政府主义,⑤对自己的一些观点进行了充分的论证,澄清了对此问题的模糊认识。

在无产阶级取得政权,争得民主,废除私有制和剥削制度的时候,劳动者就有了广泛的实际的平等,消灭了阶级以后,平等也就扩大到全体居民,获得了真正彻底的实现。同时,社会主义法律的阶级性和平等性是一致的,"法律面前人人平等"和无产阶级专政是辩证统一的。首先,"法律面前人人平等"不仅要体现在司法方面,还要体现在立法方面。在我国社会主义条件下的"法律面前人人平等"是建立在我国社会主义公有制经济基础之上的,已完全不同于资本主

---

① 参见《中国法学家辞典》,中国劳动出版社 1991 年版,第 183 页。

② 参见《上海社会科学界人名词典》,上海人民出版社 1992 年版,第 155 页。

③ 参见[日] 田山辉明著:《物权法》,陆庆胜译,法律出版社 2001 年版。

④ 参见张千帆:《从"人民主权"到"人权"——中国宪法学研究模式的变迁》,载《政法论坛》2005 年第 2 期

⑤ 参见潘念之、齐乃宽:《关于"法律面前人人平等"的问题》,载《社会科学》1980 年第 1 期。

义条件下的同一原则。"法律面前人人平等"原则应当体现在我国社会主义整个法律制度之中,应该体现在我国社会主义法制的一切方面,即从立法到司法、从立法活动到立法内容,从法律的制定到法律的适用。其次,"法律面前人人平等"原则不能只对一部分公民讲平等,应该对一切公民讲平等,依法办事。

在法的本质属性这个问题上,主张在认识法的属性时,必须遵循马克思主义的唯物论和辩证法,要全面地完整地认识法的本质属性;同时,研究法的本质属性不能单纯"就法论法",而必须把法作为一种动态现象,从法和周围事物之间的关系上,从法的作用上,以及法的变化规律上来认识法及其本质属性,将我们的主观认识和客观实际密切结合起来,而不能作抽象的议论。应当清醒地认识到"在资本主义条件下,法的阶级性和社会性是不可能真正统一的"。①

在法学基础理论改革这个问题上,主张充实当时过于局促和过于贫乏的法学基础理论学科内容,打破法学基础理论学科的一些老框框的局限,改变忽略和回避研究现实具体问题的状况,使法学基础理论与活生生的现实生活紧密结合起来,使理论之"树"常青。认清法学基础理论在法学学科中的理论法学范畴,对于部门法学和应用法学中提出的重大理论问题,从总的方面综合地全面地从理论上进行探讨,指导法学各学科的发展。编写一部更加切合中国社会主义法制建设实际的,具有中国特色的法学基础理论教材,使法学基础理论学科真正成为适合我国法制建设和现代化建设需要的新型学科。②

齐乃宽先生较早地提倡建设一个和谐的社会主义法律体系,认为应该重视我国法的体系的研究,在法制建设的过程中应当注意通盘考虑,避免出现法律之间的矛盾,保持法律之间的协调一致,从而维护法制的尊严和统一,这就要求我们充分重视我国社会主义法的体系的研究。③ 为了建设一个和谐统一的社会主义法律体系,我们应当正确认识法律规范的制作规律,科学地规划、指导、协调各级各类法规的创制活动,树立全局观念。具体而言,应当适应客观的法律的内容和需要,科学划分法律部门,设置法规研究机构,严格清理法规文件,准确厘定法律形式渊源,建设一个体系完整、层次清楚、和谐统一的社会主义法

---

① 齐乃宽:《论法的本质属性及其特征》,载《政治与法律》1984 年第 6 期。
② 参见齐乃宽:《也谈法学基础理论的改革》,载《政治与法律》1984 年第 5 期。
③ 参见齐乃宽:《应该重视我国法的体系的研究》,载《法学》1982 年第 11 期。

律体系。①

　　齐乃宽先生在其参与编写的《日本政府机构》和其个人编著的《日本政治制度》中，对日本的宪法与宪政、日本的政治体制、选举制度、政党政治和日本的国家机关、行政机关、司法机关、公务员制度以及日本的地方自治制度进行了详细的介绍，在书的末尾还附录了《日本国宪法》、《日本内阁法》和日本的《国家行政组织法》等法律文本。

（姜茂坤②）

---

　　①　参见齐乃宽：《建设一个和谐统一的社会主义法律体系》，载张友渔等著：《法学理论论文集》，群众出版社 1984 年版。
　　②　姜茂坤，华东政法学院法律史专业 2005 级博士研究生。

向哲濬^①

　　向哲濬（1892～1987 年），男，湖南宁乡人。向哲濬先生出生在一个家境贫寒的农户家庭。他的童年和少年时代正值丧权辱国的黑暗时期，使先生从小就立下报国强国的志向。由于在免费的乡村小学学习出众，他被族亲父老资助到长沙修业中学学习。1917 年从游美肄业馆（清华前身）毕业后赴美国留学，先后在耶鲁大学文学院、法学院和乔治·华盛顿大学法学院深造，获得文学学士和法学学士学位。1925 年秋回国，先后在北京大学、北京交通大学、北京法政大学任教。为了取消列强在中国租界享有的领事裁判权，参加了北大"收回法权筹备委员会"，并任法学权威王宠惠先生的秘书。1927 年王宠惠先生任国民政府司法行政部部长，向哲濬先生随他到南京任司法行政部秘书。1932 年向哲濬先生任吴县地方法院院长。1933 年任上海第一特区地方法院首席检察官。上海沦陷后，敌伪的魔爪伸入上海租界的 4 个仍由中国政府管辖的司法机关。1941 年 5 月的一个星期天午夜，特务潜入向哲濬先生家里，企图绑架向哲濬先生。幸好当晚先生在法院办公未归，其妻周芳带着其儿女住在一个出租房的底层客厅，特务无功而返。1941 年 12 月 8 日，在"珍珠港事件"的同一天，日军进入租界，英美人士失去自由。在这样险恶的情势下，向哲濬先生和法院同事倪征噢先生化装为纸商，混在一批到内地做生意的商人中，乘火车到杭州，再步行离开沦陷区到金华，然后辗转到了重庆。向哲濬先生到重庆后，司法行政部长谢冠生先生和国防最高委员会秘书长王宠惠先生安排他任国

————————————

　　①　向哲濬先生的幼子向隆万教授为本文的写作提供了大量重要资料，并进行指导、审阅，在此特表示感谢！同时本文还参考了何勤华教授在 2005 年 8 月 9 日的《人民日报》等报刊上的文章。

防最高委员会秘书。1943年向哲濬先生被委任为新成立的高等法院湘粤分庭检察处检察长。

1945年8月15日日本无条件投降后,向哲濬先生接到司法行政部电报,任命他为上海高等法院首席法官。1946年1月远东国际军事法庭组建,按法庭的组织结构,11个同盟国每一国将派一位法官和一位检察官。当时让他挑选,当法官还是当检察官。向哲濬先生认为要审判那些战犯,首要的是揭露他们的罪行,让中国人的脊梁在远东国际军事法庭上挺直,让战争罪犯在世人面前低头,让正义得以伸张!检察官的责任更重,所以他选择了检察官,并被指定为出席远东国际军事法庭的中国代表团第一负责人。

1946年元旦过后向哲濬先生首次赴东京,筹备审理战犯事宜,同年5月3日远东国际军事法庭正式开庭。1948年11月12日闭庭,12月23日,7名日本甲级罪犯被执行绞刑,向哲濬先生和中国军事代表团团长商震先生应邀参加见证。从筹备到落幕,几乎长达3年之久,被起诉的甲级战犯28名;开庭818次;审判记录48 412页;出庭证人419名,书面证人779人,受理证据4 300余件;判决书1 213页。作为中国代表团主要负责人,向哲濬先生参加了这一正义审判的全过程,见证了这段不可磨灭的历史。

向哲濬先生回国后,国民政府先后委任他为最高法院检察署检察长、司法院大法官等要职,甚至为他全家买好从上海到广州及从广州到台湾的机票,要向哲濬先生尽快赴任,但都被先生拒绝了,决心留在上海,回到他喜爱的教育岗位。1949年2月,他愉快地接受了大夏大学(今华东师大前身)和东吴大学的聘请,讲授《国际公法》、《国际私法》、《国际审判》等课程。

解放后,向哲濬先生到复旦大学法律系任教。以后又调社会科学院和上海财经学院(即今日的上海财经大学)工作,1965年于上海财经学院任基础部外语教研组主任,并被推选为上海市法学会第一届理事会理事。"文革"结束后,向哲濬先生策杖上街,观看揭露和批判"四人帮"的罪证;多次接待司法和新闻界朋友,解答与国际法有关的问题;多次在不同场合发表义正词严的谈话,痛斥日本右翼势力妄图复活军国主义的可耻行径;还积极配合南京大屠杀纪念馆的筹建工作,介绍东京审判的许多情况。

1987年向哲濬先生病逝于上海,享年96岁。

向哲濬先生的一生是光辉的一生,他法学造诣很深,为维护国家的尊严、正义和法学教育事业倾注了毕生的心血。作为检察官,维护了人间正义,弘扬了爱国精神;作为教授,桃李满天下,培养了不少栋梁之才。他的最大贡献就在于作为远东国际军事法庭的检察官,全程参与了这次审判,并灵活机智运用法律惩治首恶,为曾饱受蹂躏的祖国赢得了应有的荣誉和尊严。在东京异常艰苦的法庭斗争中,向哲濬先生的贡献主要体现在以下六个方面。

第一,精心组成中国检察顾问组。由于组团仓促,起初向哲濬先生只有裘劭恒先生一位秘书(梅法官也只有方福枢先生一位秘书),中国代表团人手奇缺。作为亚太地区最大受害者的中国,派往远东国际军事法庭的人数最少,前后总数不到 20 位。裘劭恒先生因上海律师事务所有事提前回国。在这样一种情况下,向哲濬先生回国聘用了多位学识高超、英语或日语纯熟的专家,到东京任顾问、秘书和翻译,组成检察官顾问组。他们是首席顾问:倪征燠;顾问:鄂森、桂裕、吴学义;秘书:裘劭恒、刘子健、高文彬、朱庆儒(外交部派);翻译:张培基、周锡卿、刘继盛、郑鲁达。向哲濬先生正是和这些人夜以继日地工作,挖掘出日本战犯的犯罪事实,让日本战犯低头,伸张正义。

第二,确定对日本战犯的起诉日期。1946 年春,国际检察局开始起草起诉书。在确定对日本战犯的起诉起始日时,发生了争执。除了向哲濬先生提出的 1928 年"皇姑屯爆炸"说之外,还有 1931 年"九一八事变"说、1937 年"卢沟桥事变"说和 1941 年"珍珠港事件"说。经向哲濬先生据理力争,国际法庭最终采纳了向哲濬先生的意见,将 1928 年 1 月 1 日,即张作霖被日军炸死的"皇姑屯事件"发生日正式确定为中国对日本战犯起诉的起始日,这样将起诉起始日从抗日战争爆发的 1937 年提前了 9 年。

第三,争取对日本要犯的控诉权。由于中国检察方面的力量势单力薄,国际检察局已经决定把对土肥原贤二和坂垣征四郎的指控与盘问的任务,分配给菲律宾检察官罗贝茨负责。向哲濬先生作为中方检察官,为严惩血腥屠杀千百万同胞的侵华战犯土肥原贤二和坂垣征四郎,向首席检察官季南提出请求,将对土肥原贤二和坂垣征四郎的指控改由中国检察方面担任。但检察长以已经分了工,在工作过程中改变分工将会影响菲律宾检察官的情绪为借口,不同意将这两名日本战犯交与中方审理。向哲濬先生据理力争,并运用娴熟的法律和外交手段,将当时的首席检察官季南请到了中国,陪同其对日本侵略者于 1937

年 7 月 7 日发动的全面入侵中国的"卢沟桥事变"以及同年底实施的惨绝人寰的"南京大屠杀"事件进行了实地调查,指出坂垣征四郎在战争中先后在中国和菲律宾担任过指挥官,他对菲律宾人民犯下了罪,但他对中国人民所犯的罪行更大、更多。经过几番争论,国际检察局最终改变原来的决定,将土肥原贤二和坂垣征四郎交与中国检察官审理。

第四,艰难取证尤其是争取到溥仪出庭作证。1946 年 2 月 7 日,向哲濬先生向国际检察局递交了中国认为的 11 名日本侵华战犯名单,但当时还没有收集到更多的证据。面对这种严峻的局面,向哲濬先生往来穿梭于日本和中国之间,并请求进入已被封闭的日本内阁和日本陆军省档案库,寻找日本对华侵略战争中有关战犯的罪证。尤其是成功地争取到溥仪出庭作证。1946 年 8 月 16 日～27 日溥仪连续出庭作证,揭露了 1931 年 9 月 18 日日本关东军制造事变,3 个月内东三省沦陷;1931 年 1 月 13 日土肥原贤二诱逼溥仪由天津潜入东北;1932 年 3 月 1 日伪"满洲国"成立;日本强迫溥仪签订秘密条约,东北主权拱手送与日本等事实。这样为最后判决日本战犯提供了确凿有力的证据。

第五,揭露南京大屠杀的事实真相。1946 年 12 月 29 日审理"南京大屠杀"案时,战犯松井石根在辩护中把自己的罪责推得一干二净。向哲濬先生和他的同事经过艰难取证,向法庭提交了 13 名中外证人的宣誓证词;两个日本兵的砍头比赛照片;《东京日日新闻》报纸于 1937 年 12 月,分别以"百人斩大接战"、"一百人斩超纪录"为标题,报道日军向井敏明和野田毅两少尉在南京进行杀人竞赛的消息;《曼彻斯特卫报》驻华记者伯烈当时的报道、南京外国侨民在日记中对当时日军暴行的大量记述及现场拍摄的罪证,将南京大屠杀中日寇令人发指的滔天罪行昭示于世人。最后,松井石根不得不忏悔:"南京事件,可耻之极!"

第六,展开机智巧妙的法庭辩论,同日本战犯及其辩护律师展开了一场场舌战。一份日文法庭记录的片断,仅 1946 年 8 月 27 日的庭审记录,就记录了向哲濬先生 10 次举证发言,列举了许多电文、文件和他向有关人员的讯问,涉及土肥原贤二策划伪"满洲国"的罪行,包括诱逼溥仪从天津经大连到奉天、宣布"脱离"南京政府、"声讨"张学良等。由于向哲濬先生和倪征燠先生等中国检察组成员的努力,将极其狡猾的坂垣征四郎和土肥原贤二批驳得体无完肤,钉上了历史的耻辱柱。

向哲濬先生作为中国有史以来的第一位国际检察官,参加了远东国际军事法庭东京审判的全过程。凭着对正义事业的高度责任感和渊博深厚的法学素养,夜以继日,恪尽职守,他的贡献应当铭记史册。

(刘显娅①)

---

① 刘显娅,华东政法学院 2005 级法律史专业博士研究生。

张汇文^①

张汇文(1905 年 9 月 11 日～1986 年 6 月 2 日)，
号叔海，山东临朐人。1919 年以前读私塾，在当时的
青岛礼贤书院，14 岁进入北京汇文中学，17 岁考入
清华大学。1922 年至 1928 年期间就读于清华大学，
毕业后，公费留学于美国斯坦福大学，留学期间曾在
斯坦福大学胡佛研究所进行研究工作，并在华盛顿
布鲁金斯研究所进行研究工作，先后获得斯坦福大
学的公法政治学学士、硕士和博士学位。1931 年当
选为美国斯坦福大学"Pi Sigma Alpha"荣誉学会会员，并获"金钥匙"奖。
1932 年 10 月至 1933 年 8 月在英国伦敦大学公法行政研究所从事研究工
作。回国后，于 1933 年 10 月至 1943 年 6 月任职于国立中央大学法学院，担
任该法学院教授，并兼任政治系主任和法科研究所主任等职。1943 年至
1944 年 8 月期间，因宣传民主与法治和不满蒋介石自任中央大学校长而被
解聘失业。1944 年 9 月应英国文化协会及剑桥大学聘请担任剑桥大学教
授。同年被选为英国文学、科学、法律协会"Atheneum"名誉会员。1946 年代
表中国出席在伦敦举行的联合国教科文组织关于社会科学的筹备会议
(UNESCO/Prep. /Com. Soc. Sci. Com)。1947 年 2 月回国后，任南京国立政
治大学教授(部聘一级)。不久，到上海创办了《上海英文自由论坛报》(*China
Daily Tribune*)，任主笔、总经理等职务，并于上海解放时移交给上海军管会。
1949 年至 1979 年，先后在东吴大学法学院、复旦大学法律系、上海社会科学
院政法研究所、上海国际问题研究所、上海社会科学院法学研究所等处任教

① 本文的撰写得到上海社会科学院档案室和上海市国际问题研究所张彦生同志的支持，在此谨
致谢意。

509

人
物
篇

授。1960 年后一直担任《辞海》的编辑委员会委员,主编国际关系和国际法部分。张汇文于 1926 年加入国民党,1948 年任国民党立法委员。1949 年 5 月他与其他 52 名立法委员联合发表起义宣言,坚定地拥护中国共产党,毅然与国民党反动统治决裂。1956 年起,他历任上海市第三、四、五、七届人民代表大会代表,第七届人大常委会委员兼政法委员会副主任,上海市历届政协委员及第二、三、五、六届政协常委兼法制委员会副主任,中国国民党革命委员会中央委员,中国国民党革命委员会上海市委员会副主任委员,中国国际法学会副会长,上海市法学会副会长,上海市国际关系学会理事,上海市社会科学院学术委员会委员,华东政法学院学术委员会、上海市国际问题研究所学术委员会委员,上海市高等学校(政法)学科教授职称评审组成员等职。

张汇文的主要学术成果有:1930 年完成硕士论文《中国自 1911 年起的文官考试制度的发展》,1932 年先后完成硕士论文和博士论文《中国自 1911 年起的文官考试制度的发展》,1932 年发表《美国外交部调查报告》、《美国内政部调查报告》(专刊),1933 年发表《英国财政部调查报告》、《英国内务部调查报告》、《英国外交部调查报告》(专刊),1934 年在《中央大学社会科学季刊》上发表《英国之外交行政》,1935 年在该刊上发表了《英国财政部在行政上之地位》,同年,在《中山文化教育季刊》上发表了《中山先生之分权论在政治学上的地位》、《行政学之性质与内容》,1936 年,在该刊上发表《立法机关之质询权》,1943 年出版专著《公法概念与行政管理效率》,1945 年完成了《儒家的有效管理理论》,1957 年,与姚曾庚合译的美国摩尔士著《中华帝国对外关系史》(共三卷)由三联书店、商务印书馆出版,1959 年,写作了《从“西姆拉会议”的非法性来说明“麦克马洪线”的非法性》,并于 1960 年在国际关系学会年会上宣读,1979 年在《社会科学》第 4 期上发表了《论外交特权和豁免》,1980 年,与卢莹辉合作在《社会科学》第 6 期上发表了《知识产权的法律意义与国际保护》。

张汇文的法律思想主要集中在国际法和知识产权法等领域。从《公法概念与行政管理效率》、《从“西姆拉会议”的非法性来说明“麦克马洪线”的非法性》、《论外交特权和豁免》、《知识产权的法律意义与国际保护》等著述中,我们就可以窥到张汇文先生的一些法律思想。

(1)《从“西姆拉会议”的非法性来说明“麦克马洪线”的非法性》反映出

的国际法思想。在《从"西姆拉会议"的非法性来说明"麦克马洪线"的非法性》一文中,张汇文认为西姆拉会议是一个非法的会议。因为西姆拉会议完全是英帝国主义侵略中国的一个阴谋,它的内容是讨论和干涉中国内政,中国的参加完全是英国胁迫的结果,会议的内容中国没有参加讨论,尤其是关于中印划界问题,完全是背着中国在会外秘密进行的。作为会议主要一方的中国不仅断然拒绝了在所谓西姆拉条约草案上正式签字,中途退出了会议,而且在退出之后郑重地声明了坚决否认由英国和西藏地方代表非法签订的任何文件的效力。张汇文从国际法的角度进行充分的论证后认为西姆拉条约是一个非法的条约;他认为麦克马洪线是一条非法的界线,这条线不仅在条约方面、历史传统方面,以及在地图和地理事实方面都没有任何的根据,相反地,它的"划定"乃是彻头彻尾的违反国际公法、破坏国际惯例、否认历史传统和越出地理界限侵占中国领土的严重非法行为。这条线,不但从来就没有为中国所承认,而且在事实上它从来也没有存在过。[①] 张汇文这篇文章的发表为捍卫我们国家的主权和领土完整提供了法理上的有力论据,也是他本人国际法思想的一个充分展示。

(2)《知识产权的法律意义与国际保护》反映出他在知识产权方面的法律思想。在《知识产权的法律意义与国际保护》这篇文章中,张汇文认为知识产权在法律上得到确认和巩固对一国经济发展能够起到巨大的促进作用,一方面它能够鼓励和刺激该国的发明者和革新者的积极性;另一方面,它能够促进新的技术知识从国外源源不断地引进。张汇文认为从 19 世纪后半叶开始,随着世界资本主义经济和国际贸易的发展,各国间订立了有关知识产权国际保护的公约,经过将近一个世纪的实践,知识产权的国际保护制度已经建立。他在这篇文章中对于知识产权的国际保护制度和一些原则作了详细的介绍。最后他认为,对于我们国家来说,建立知识产权的法律保护是实现"四化"的当务之急。我们国家正处于健全社会主义民主与法制的阶段,法律作为推动和保障经济建设的工具必须积极为四个现代化服务。如果由于目前我国的经济发展水平尚低等不利因素而对知识产权的立法持取消主义态度,既不利于法律积极为经济

---

① 见张汇文:《从"西姆拉会议"的非法性来说明"麦克马洪线"的非法性》,是 1960 年在国际关系学会年会上宣读的论文。

基础服务的作用,也不利于我国在国际舞台上进行广泛的经济合作与交流。因此对于我国来说,确立知识产权的法律保护绝不是"可有可无"或"慢慢走着瞧"的问题,而是建设四个现代化的当务之急,应当提到实现四个现代化的议事日程上来。①

(孙 伟 穆中杰)

---

① 见张汇文、卢莹辉:《知识产权的法律意义与国际保护》,载《社会科学》1980 年第 6 期。

张志让①

张志让(1894～1978年),号季龙,江苏武进人。我国著名的法学家,新民主主义革命时期卓越的民主战士。曾任北京大学、东吴大学和复旦大学教授。中华人民共和国成立后,曾任复旦大学校务委员会主任委员,被选为第一、二、三、四届全国人民代表大会代表,曾任中国人民政治协商会议第五届全国委员会常务委员,第二、三届全国人民代表大会法案委员会委员,政务院政治法律委员会委员,法制委员会委员,最高人民法院副院长等职。在"中国法律学会"成立之时,张志让先生被推为学会理事,后来学会与"中国政治学会"合并,改组为"中国政治法律学会",张志让先生被推为副会长,一直到他去世为止。张志让先生曾多次以中国法律工作者代表团团长的名义,先后赴印度、比利时、民主德国、斯里兰卡、日本等国访问,给国际友人以深刻的印象。

张志让先生在著名共产党人张太雷先生的影响下,投身于反帝反封建的大革命洪流,成为一名热诚的爱国民主战士。16岁时参加了柳亚子发起的南社成立大会,随柳亚子等击节悲歌,抒发爱国情怀,被柳亚子称为"好汉"。1915年毕业于复旦公学,同年赴美国,就读于加利福尼亚大学,后考入哥伦比亚大学法律系。1924年夏,张志让先生从海外留学归国,先在北洋政府司法部任参事,继而又被聘为大理院推事,在时人眼里,算得上踌躇满志了。但张志让先生却产生了厌恶之心。因此,1926年夏秋传来北伐军攻克武汉、收复英租界的消息时,张志让先生毅然弃官南下,于1927年3月来到武汉,经张太雷先生推荐进入武汉革命政府最高法院工作,承办民事案件。这期间,他开始研读马克思主义著作。"九一八事变"后,积极参加抗日救亡活动。1936年,在上海参加各界救国联合会活动,同年11月22日,国民党当局以莫须有的罪名逮捕了沈钧

---

① 资料主要来源于1978年5月7日、1981年4月28日、1994年2月6日、2002年8月19日的《人民日报》,1993年12月31日的《人民法院报》上的文章以及中国社会科学网站和江苏武进档案信息网。

儒、章乃器、邹韬奋、李公朴、沙千里、王造时、史良七位著名爱国人士,造成轰动社会的"七君子"冤狱。张志让先生闻讯,慨然应允与张耀曾、江庸等20名律师一起,为"七君子"出庭辩护。据史良等回忆,张志让先生实际上为首席律师,他起草长篇答辩书,以大量事实和论据,逐一驳斥了国民党当局炮制的起诉书中对沈钧儒等人的诬陷式指控。"八一三"上海抗日战事起,在上海各界后援会负责宣传工作。后去武汉,在周恩来参加领导的军事委员会政治部第三厅任第一科科长,负责战地宣传工作,即使在敌机狂轰滥炸的时候,仍然笔不停挥。之后在桂林主编《抗战周报》、《宪政月刊》等进步刊物。

抗战胜利后,张志让先生在上海从事"大教联"等爱国民主活动中,与中共党组织建立了更加亲密的关系。他在上海高校里领导民主教授多次发表爱国民主宣言,揭露国民党挑起全面内战的反动行径,反对国民党出卖民族利益,抗议美军强奸中国女大学生事件等等。他不顾国民党当局的威胁恐吓,每次发表宣言,几乎都由他执笔定稿,并总是由他带头签名。在国民党当局制造"五二〇血案"、摧残上海爱国学生时,张志让先生拍案而起,领导复旦大学教授毅然罢教,在全国爱国民主运动中产生了重大影响。

1949年9月,张志让先生去北平参加了新政协会议筹备会。不久,任复旦大学第一任校务委员会主任。新中国成立后张志让先生参加了1954年宪法的起草和制定工作,主持审定了许多重要的司法文件,以建立和完善各项审判制度,指导全国法院不断提高司法水平,正确适用法律和政策,搞好审判工作。曾多次出席国际性法律会议和进行友好访问;经常接待来访的外国法律工作者,为促进我国与各国法律工作者之间的学术交流和增进友谊作出了很大贡献。在十年动乱的艰难时期,张志让先生仍然坚持了正确的立场和态度。粉碎"四人帮"后,他不顾癌症扩散、身体极度虚弱,在第五届全国人大召开之前,完成了一份关于加强社会主义法制建设的建议书,提交给大会。五届人大刚刚胜利闭幕,1978年4月26日张志让先生就在北京病故,享年84岁。

张志让先生是爱国知识分子的一面旗帜,是一位和中国共产党长期合作共事的左派爱国民主人士,积极参加了抗日救亡活动。如张志让先生在执行律师事务方面,一向不大愿意与银行家、工商业资本家发生关系,也很少为他们办案子。当时中小工厂经常发生劳资纠纷,托他办案,他总是劝他们对劳方让步。当时党组织要他尽量不暴露政治面目,所以他公开为共产党政治犯案件辩护不太多,只有极为重要的政治案件,才请他出面辩护,如轰动一时的无国籍外国人牛兰案、1936年的"七君子"案,以及邓演达被捕案,均由他亲自出面。牛兰绝食后,他曾和宋庆龄先生同至南京营救。

张志让先生也是肝胆相照长期合作的典范。从建国起至1978年逝世,他担任最高人民法院副院长近30年,历经沈钧儒、董必武、谢觉哉、杨秀峰等几届领导班子,做了大量的富有建设性的工作。作为党外人士,他与大家真诚相待、直言其事,毫无隔阂之感。他肩负重任,尽职尽责,依法行使最高法院副院长的各项权力。

张志让先生更是我国社会主义法制的积极建设者。作为新中国第一代大法官,当时正是新中国法制事业的初创时期,他参加了新中国的法制建设。他除了参加了1954年宪法的起草和制定工作外,还在1956年具体负责进行"关于刑事案件的罪名、刑种和量刑幅度"的调查研究。在他的主持下,共组织了23个高级法院的1.92万余件材料,汇集了建国以来全国各级人民法院审判工作的丰富实践和经验,形成《关于刑事案件的罪名、刑种和量刑幅度的初步总结》初稿,发往法院、公安、高等院校等系统的全国40多家单位。对这项工作,张志让先生倾注了极大的心血。他参加了每次讨论会,对每个所选案例都进行了精心研究,并在集思广益的基础上,亲自动笔,字斟句酌,完成了这一规模空前、工作量浩大的调研材料的定稿。最后由最高法院审判委员会通过并下发全国法院,这个"总结"实际起到了刑法和刑诉法的作用。今天,当我们把这份材料与1979年公布施行的《中华人民共和国刑法》相对照,便会发现两者无论在罪名还是在刑种上,都有着基本的一致。这是最高人民法院通过总结审判经验来指导工作和为立法提供参考的成功范例。同时,张志让先生的工作态度非常严谨。他强调办每起案子都要切实弄清事实,正确适用法律。而反映案件事实和处理结果的法律文书,必须把道理讲清楚。对于由他审批的案件,总是以高度负责的精神,认真审阅案卷,严格按照法定程序行事,确保办案质量。在老一辈审判人员中,张志让先生以严肃执法、秉公办案而赢得人们的普遍敬重。凡经他亲自修改审定的法律文书,都很规范、严谨,说理充分,起到了范例作用。

张志让先生毕生致力于民主与法制事业。早在解放前,他就是著名的法学教授,经常在《建设研究》、《国民公论》、《广西日报》等报刊上发表文章,解放后又在《人民日报》上发表多篇文章,运用国际法学理论,维护国家主权和国际正义,保卫民主;他对法学造诣很深,发表了大量学术文章,并把国外法学中不少有价值的东西介绍到国内,为民主与法制不遗余力地呐喊;他以大律师身份为"七君子"等许多爱国民主人士以及共产党员作了出色的辩护,抨击了国民党反动统治的黑暗,维护了人间正义,弘扬了爱国精神。他以法学为武器,为民主宪政事业,为抗敌救国事业,为人民解放事业,进行了卓越的斗争。解放后,他数十年如一日,积极献身于人民法院工作,为社会主义法制建设事业作出了不可磨灭的贡献。

（刘显娅）

杨兆龙①

杨兆龙(1904~1979年),字一飞,江苏金坛人。他6岁入村塾,18岁考入燕京大学哲学系,1924年夏,提前两年完成学业,经燕大校长司徒雷登推荐,赴上海东吴大学法学院习法科,1927年毕业。1928年,杨兆龙受聘为上海持志大学教务长兼教授,次年又被聘为东吴法学院、上海法政大学教授。1934年,经吴经熊博士向哈佛大学法学院院长庞德推荐,被录取为该校博士研究生,随摩根教授研究英美法。次年5月,获得哈佛大学S.J.D法学博士学位。后经庞德建议,杨兆龙赴德国柏林大学法学院进行博士后研究,以研究员身份随库洛什教授研究大陆法。经多年刻苦的专业训练,杨兆龙掌握了8门外语,先后于1935年和1947年分别以团员和团长的身份参加和率领中国司法代表团赴英、美、法、德、意、比、瑞士等各国考察司法制度及法律教育,成为精通英美法系和大陆法系的知名学者。他还是《联合国宪章》的中译者。

杨兆龙还先后任教于中央大学、政治大学、浙江大学、东吴法学院、朝阳法学院、复旦大学,担任西北联大商学院兼院长、大陆东吴大学法学院末任院长。1946年6月至1948年11月,他协助庞德(时任中国司法行政部顾问)草拟"中国法学中心"的计划纲要,拟邀请著名法学家编写中国法制的巨著——《中国法通典》。"俾使法律之解释及适用臻于完善",另编一套具有相当权威的法律教科书,用以改变中国法律教育落后的状态,并为此到西方7国作了大量的考察。在考察美国时,杨兆龙应依阿华等7所大学之邀,讲授中国法制史、中国法制改革、中国现代法之精神及中国宪法等问题。除了法学方面演讲外,杨兆龙还应美国外交政策协会、对外关系协会等团体之邀请,讲述《中美关系之将来》、《中国政治建设及社会之动向》等问题。

杨兆龙很早就参与法律实务。1929年任上海公共租界临时法院及租界上

---

① 本文参考了杨兆龙女婿陆锦碧教授的指导意见。

诉法院推事,专办涉外案件。1930 年兼任上海地方法院、江苏省高等法院及镇江地方法院执行律师。1933 年受其师吴经熊推荐,受聘为国民政府立法院宪法起草委员会专员,当年 5 月完成《中华民国宪法草案初稿》。1937 年 5 月受聘为国防委员会专员。1945 年 4 月,杨兆龙出任司法行政部刑事司司长,奉命起草了《战争罪犯审判条例》。1948 年底,杨兆龙曾担任南京国民政府最高检察长一职。1949 年初,杨兆龙向时任司法行政部部长张知本提出了释放政治犯的问题,双方取得了共识,商定由张知本在行政院院务会议上动议,决议通过后,张知本训令最高检察署承办,由杨兆龙直接下令全国释放政治犯约 1 万余人。建国后,杨兆龙曾经先后担任过中国比较法学会会长、中国刑法学会会长、国际刑法学会副会长和理事、国际统一刑法学会副会长、国际行政法学会理事、国际比较法学会理事,还被海牙国际法学院聘为比较法学专家。曾与王宠惠一起被荷兰海牙国际法学院评选为世界范围内 50 位杰出的法学家之一。1956 年 12 月杨兆龙被推选为上海市法学会第一届理事会理事。杨兆龙曾发表文章论著、译作、立法文件等,约 300 万字。2000 年和 2005 年先后由中国政法大学和法律出版社出版了《杨兆龙法学文选》和《杨兆龙法学文集》。

杨兆龙先生主要学术观点可以概括为以下几个方面:

在宪政思想方面,杨兆龙早在 1944 年 5 月就在《中华法学杂志》第 3 卷第 5 期上发表了《宪政之道》一文,对宪政与宪法的区别、宪政的含义、宪政的重心、法治与宪政的关系、实施宪政的基本条件等问题进行了研究。杨兆龙先生指出:宪政与宪法是有区别的,宪政"是实际政治受宪法的抽象原则支配的结果,或宪法的抽象原则在实际政治上的具体化,可谓'在实际政治上已发生作用的宪法'";而宪法"只是一些与实际政治尚未发生关系的抽象原则的总称……前者是'活宪法';后者是'死宪法'"。[①] 杨兆龙先生把宪法视为一种抽象原则,而将宪政视为一种实施结果。简言之,"宪政"是指一套抽象的宪法原则在实际政治生活中发挥作用所形成的政治体制。将宪政视为宪法支配实际政治活动的一种事实结果、事实状态。在法治与宪政的关系上,杨兆龙认为,法治与宪政有许多共同之处,也有区别,宪政是具有民主精神的法治。他指出:"法治与宪政

---

① 见艾永明、陆锦碧:《杨兆龙法学文集》,法律出版社 2005 年版,第 455 页。

的目的都是为国家或社会建立秩序,而其所赖以建立秩序的方法都是法律。"①两者之目的都是要以尊重法律的方法来为国家维持纪律,建立秩序。"所以就形式与法律的关系而论,法治国家与宪政国家是一样的。"②在实施宪政的基本条件下,杨兆龙认为,一是"知法",宪政的推行需要一批具有必要的法学修养以及其他学科知识、高素质的"知法"人才;二是"重法",宪政的推行需要树立和形成尊重宪法、信仰宪法、遵守宪法、维护宪法的风气和习惯。

在司法改革论方面,杨兆龙在其博士论文《中国司法制度之现状及问题研究——与外国主要国家相关制度之比较》中,对当时我国的司法制度特别是司法等级制度、法院组织、法院权限、司法人员问题及检察制度作了深入的研究。在详细的分析之后,结合当时的新法院组织法(1932 年)看到了司法制度发展的新特点。结合当时法国、奥地利、德国、日本等国的一些做法,指出我国司法改革最要紧的就是实行行政案件特别法庭制度、巡回法院制度和检察官制度,并对每个制度的合理性和可行性作了深入的分析。1947 年 11 月,在南京国民政府全国司法行政检讨会议上,杨兆龙还提出了简化诉讼程序、如何实施保障人民身体自由的程序、尽量沟通民事和刑事诉讼程序的提案。

杨兆龙很关心法学时况,1948 年他在《〈新法学〉诞生之前夕——法学界之贫乏》一文中指出:当时法学界有 5 种贫乏现象,法学内容的陈腐,研究范围的狭窄,法律技术的机械,法律见解的肤浅,适应及创造能力的薄弱等。他认为这是与法学者自满、保守及与一般社会生活隔离疏远、法律教育之落后、不讲法律制度的功能、忽视法律学理之研究、社会法律意识淡薄和法学家受到轻视等原因造成的。解决这一问题必须从提高法学者自身修养、法律教育之改进充实、转移社会风气入手。1957 年 5 月 8 日的《文汇报》刊登了杨兆龙的文章《法律界的党与非党之间》,文章指出 1952 年的司法改革,将非党的司法工作者调出司法机关,取而代之的审判员或审判长中很多是不懂法的无能之辈,这对当时的司法环境来说是极不妥当的;同步进行的法学院系调整,将党外的所谓的"旧法"的中老年教授全部拒之门外,对全国的法律教育产生了严重的消极影响。

杨兆龙对英美法系和大陆法系有较为深入的比较研究。他在 1949 年《新

---

① 见艾永明、陆锦碧:《杨兆龙法学文集》,法律出版社 2005 年版,第 456—457 页。
② 同上书,第 457 页。

法学》第 2、3、4 期上连续撰文,从比较法的视角对此问题作了分析,澄清了当时的很多误解。他首先分别对大陆法系和英美法系的概念和国家分布作了介绍。接着对两大法系的形成过程作了分析,他指出,大陆法系的形成经历过古代罗马法时期、罗马法衰落及欧洲黑暗时期、罗马法复兴及与其他法系混合时期、各国法制统一化、系统化、法典化及现代化时期;英美法系的形成经历了英美普通法雏形时期、英国普通法发展及固定时期、英国衡平法之勃兴及与其他法系之调和时期、美国法之发达及英美法之系统化、现代化时期。从而得出两大法系各自成为一个独立系统的结论。两者的区别主要表现在:一是法律内容有别,比如法院系统、法院组织、法官制度、司法程序等;二是法律技术有别,比如法律形式、法律分类、法律观念等。同时他指出,两大法系并没有明显的鸿沟,其区别在逐渐减少,两大法系有融合的倾向。

立法方面,他认为应当及时制定刑法、民法、刑诉、民诉等 4 部法典。1957 年 5 月 9 日《新闻日报》发表了《我国重要法典何以迟迟还不颁布》一文,该主标题为编者所加,并将原标题《社会主义建设中的立法问题》移作副题,对法律界矛盾的实质及其由来进行了客观的分析,对立法与社会主义的关系、立法的重要性、立法中的错误认识等问题进行了深入的探讨与评论。他认为,在当时的情况下应该用最快最有效的方法制定出一套法规来适应当时社会各方面的需要,这种方法主要就是立法。他在分析了苏联和欧洲国家的情况之后,得出尽早立法的结论。同时分析了我国立法缓慢的 10 种原因及其后果。在 5 月下旬,杨兆龙致函最高人民法院院长董必武,提出社会主义立法若干问题的 12 条建议。

在诉讼制度方面,1933 年他在《改革现行诉愿制度之商榷》一文中讲道:我国的诉愿制度流弊滋多,主张"凡有害于人民者,均非彻底改革不可"。① 刑事诉讼方面,杨兆龙 1957 年 5 月底在复旦大学第四届科学论文报告会上以《刑事法律科学中的无罪推定与有罪推定问题》作了系列讲座,自称其目的"是要对无罪推定的理论及其实践作比较全面系统的研究,对有罪推定的研究主要是为了更好地划清两者的界限"。这个观点在盛行有罪推定的当时颇为惹眼。

在法律继承性方面,1956 年 12 月,杨兆龙在《华东政法学报》上发表了学

---

① 见艾永明、陆锦碧:《杨兆龙法学文集》,法律出版社 2005 年版,第 256 页。

术论文《法律的阶级性与继承性》,直面法学研究的理论禁区和阻碍法制建设的重大难题,批驳了各种流行的偏见,大胆提出了自己的创见,强调"法律的继承性和任何法律体系的形成发展以及任何阶级统治的成功,有着永远不可分割的关系"。①

在民主法治方面,杨兆龙在很多文章里面都表达了这样的思想:希望国家实行民主与法治。他认为:民主和法治是不可分割的、有机的统一整体,它们是一事的两面。法治是民主的构成部分,也是它的体现。无产阶级在人民内部必须实行真正的民主。至于法治,那就是对于敌人也决不应该有例外的。同时他强调:在实践中,社会主义民主的建立和发展,在许多场合,是非靠法律不可的。它要靠法律的制定,将民主的原则变成强制的行为规范,它要靠法律的执行,将法律中包含的民主原则贯彻到实践中去。其观点迄今仍有重要现实意义。

(杨　华②)

---

① 　见杨兆龙:《法律的阶级性和继承性》,载《华东政法学报》1956 年第 3 期,第 34 页。
② 　杨华,男,上海政法学院讲师。

徐开墅

徐开墅（1916～1999 年 6 月），当代民商法学家，民盟成员。徐开墅教授 1916 年生于浙江宁波一金融业家庭，早年就读于宁波的"翰香小学"，13 岁考入上海沪江大学附中，从 1933 年开始，徐开墅教授就读于沪江大学、东吴大学。1940 年徐开墅大学毕业，获文学士和法学士学位并留东吴大学任教。1947 年，徐开墅教授与杨永清（原东吴大学校长）、黎照寰（原交通大学校长）等一起，被东吴大学法学院聘为抗战后的第一批教授。

徐开墅教授早年对文艺有着浓厚的兴趣，学生时代即从事文艺工作，并组织洪钟文艺社，任社长。大学毕业前后，徐开墅教授开始在林语堂主办的《宇宙风》、《天下事》杂志发表译文，并主编《近体诗选》。同时，徐开墅教授在《文汇报》、《中美日报》副刊发表法学论文，兼任《文汇报》和《中美日报》的法律顾问栏编辑；又在李石曾主办的《世界月刊》上发表宪政论文，呼吁停止内战，劝说国共合作，实行宪政。1940 年至 1951 年徐开墅教授在上海东吴大学法学院、上海法学院、大夏大学、光华大学、复旦大学、上海法政学院任教，受聘为副教授、教授，讲授民法、商事法、民诉法等课程。又曾在上海高等法院从事审判、检察工作。之后，徐开墅教授曾任上海市人民法院审判员、上海市教育局研究员、大学及中学文学和英语教学工作，期间曾兼任上海市虹口区教育工会业务委员会主任。1980 年受聘于上海社会科学院，任民商法、国际私法教授，法学研究所特邀研究员、研究生导师、导师组长。从 1981 年起，徐开墅教授在华东各省市和华北、天津市等地讲学，受聘兼任江西大学、安徽大学、南开大学法学所、上海工商学院、华东政法学院、上海市政法管理干部学院、上海大学法学院、上海对外贸易学院、上海机械学院商学院顾问教授、特聘教授、研究员、研究生导师。以

522

后受聘为上海对外贸易学院终身教授。徐开墅教授主要为研究生讲授公司法、涉外经济法、外国民法论文选译等课程,并以讲座和授课方式讲授民商法专题研究、外国民商法、债法的理论与实践、比较婚姻家庭法、合伙法、公司法、票据法、保险法、破产法、涉外经济法等课程。

徐开墅教授除从事法学教育外,还经常被邀请参与国家和上海市的立法工作。从 1980 年起,徐开墅教授曾多次应邀参与全国人大法制工作委员会主持的民法起草小组工作,对民法草案各稿及继承法、民法通则、中外合作企业法、全民所有制工业企业法、破产法、公司法、保险法、证券法、海商法等草案都提出过立法上的有益意见。徐开墅教授还兼任上海专利事务所顾问,中国法学会民法经济法学研究会顾问,上海市法学会顾问兼学术委员,中国民主同盟中央法制委员会委员、民盟上海市法制委员会委员、民盟上海社科院法学所支部主任委员。从 1990 年起,徐开墅教授兼任上海东吴比较法进修学院副院长兼教务长。从 1993 年起,徐开墅教授兼任上海市人民检察院特邀研究员、上海市人民政府立法专家咨询委员等职。

徐开墅教授在多年的教学活动和法学研究中,著述颇丰,主要科研成果有《德意志联邦共和国民法典》(审校,法律出版社 1984 年版)、《民法通则概论》(主编,群众出版社 1988 年版)、《民商法辞典》(主编,上海人民出版社 1997 年版)、《徐开墅民商法论文集》(专著,法律出版社 1997 年版)、《元照英美法词典》(审订,法律出版社 2003 年版)、《民商法的理论与实践》(由其学生张国炎和陈历幸根据其讲义编辑而成,上海社会科学院出版社 2004 年版)以及其他散见于全国各报刊、杂志发表的论文和专访谈话共计 50 余篇;连同上述编审译著,总计已发表成果并编写讲义、立法意见等在 300 万字以上。

徐开墅教授依托扎实的民商法学理论,对我国民事立法上的许多问题都有着独到的看法,形成自己的学说。这主要表现在:

(1) 徐开墅教授主张民事当事人所希望的,可以引起民事法律关系的产生、变更或消灭的行为,都称为法律行为,即只要当事人主观意图发生法律后果就是法律行为。至于客观上是否产生合法后果,还须以民法规范为尺度予以衡量。《民法通则》将合法性作为法律行为的要素是不妥当的。法律行为是一种法律事实,合法性只能在确定已经实施的行为时才有意义,不然就不可能产生无效合同或可变更或可撤销的合同了。

（2）徐开墅教授主张必须进一步完善我国民法上的时效制度。《民法通则》只规定诉讼时效是不够的，必须有配套的占有时效和除斥期间，才能解决不同客体的权利存续得失问题。徐开墅教授提出诉讼（消灭）时效的客体是债权的请求权；占有（取得）时效的客体是物权；而除斥期间的客体是形成权。

（3）徐开墅教授主张我国国有企业的国家所有权可以引进英美法系信托制度中的自益信托办法，由国有财产管理机关为委托人，将财产交由企业代管，由国家收益，从而理清所有权与经营权、受托人与受益人的关系。

（4）我国《婚姻法》规定的关于结婚年龄的限制，《民法通则》第 11 条第 2 款规定的关于视为完全民事行为能力人，《继承法》规定的关于限制行为能力人所立的遗嘱无效，都与关于一般行为能力的规定不同。徐开墅教授认为，上述 3 法中的结婚能力、劳动能力和遗嘱能力等都是对特殊的行为能力的规定，与我国学者通说认为结婚能力是特殊权利能力理解不同，形成了不同的学说。

（5）徐开墅教授主张加强证券立法，加强证券市场管理，促进证券交易繁荣。加强现代企业制度的建设和监管，把国有大中型企业逐步改组为现代企业化的公司，纳入公司法轨道，加强竞争机制，禁止私人垄断。

改革开放后，徐开墅教授一方面为上海乃至全国的法制建设可谓殚精竭虑，①另一方面，作为著名的民商法学家，徐开墅教授为新中国民商法学的发展和繁荣也不断在努力。这主要表现在：首先，徐开墅教授适时地编写民法讲义教材，促进了我国民商法学的发展。《民法通则》的颁布确立了民法在新中国法律体系中的重要地位，社会上也掀起了学习民法的热潮，多次参与民法起草工作的徐开墅教授，受群众出版社的邀请，主持了《民法通则概论》的编著工作，这对当时人们学习民法起到了重要的促进作用。从 20 世纪 80 年代初起，徐开墅教授在上海社会科学院为民商法专业研究生授课时，以民商法学理论来分析一些新出现的民商法律问题，形成了一些相对独立的专题讲义。这些专题为民商法学的研究提供了较为坚实的理论基础；为正确认识和评判争议较多的民商事法律问题，提出了一系列既植根于传统理论又符合时代精神的解决思路。其次，徐开墅教授通过主编或审订法学辞典，为我国民商法学乃至整个法学的研

---

① 见万静波、吴晨光、谢春雷：《被遗忘 30 年的法律精英——一批"中国脊梁"的凄凉晚景》，载《南方周末》2003 年 1 月 9 日。

究提供权威的研究资料。改革开放后,我国政府和公民的法律的意识逐步提高,但由于各种原因,人们对于一些法律词汇的确切含义并不十分清楚,在民商法方面,这种表现最为突出。为澄清人们对民商法词汇的模糊认识,徐开墅教授主编了《民商法辞典》。该辞典的出版适应了我国改革开放的经济形势需要,对于民商法学的研究具有重要的参考价值。历经九载寒暑,饱含两代学人呕心沥血之作,有史以来中国最大的英汉英美法词典①——《英美法词典》也饱含着徐开墅教授的心血。再次,徐开墅教授以论文的形式澄清了民商法学研究中存在的模糊问题。徐开墅教授一直谦称自己"是我国法学教育工作队伍里的普通一兵",②但徐开墅教授凭着自己扎实的民商法学理论功底、刻苦的钻研精神和敏锐的法学眼光,对"当时立法、司法和普法中存在的问题以及社会和司法界的普遍要求,提出了自己富有独创性的观点和建议;而这些观点和建议也对我国的民商事立法产生了一定的影响,并为我国的司法实践提供了许多公正合理的意见"。③

徐开墅教授埋头耕耘,诲人不倦,取得的成绩得到了国家和国际上的认可,1994 年徐开墅教授受邀入选英国剑桥《世界名人录》;1984 年,在上海市民主党派为四化建设服务成果展览会上,徐开墅教授被列为"为健全法制奋斗不息"的4 位法学家之一;1986 年荣获上海市人民政府颁发的法学成果奖励证书,记功一次;1988 年春荣获上海市 1986 年至 1987 年法学优秀论文一等奖;1995 年 9月荣获上海市 1990 年至 1994 年决策咨询研究成果奖。

徐开墅教授曾说:"人生苦短";"法学研究是他生命的全部。"④这两句话体现了他对人生的追求。

(姜茂坤⑤)

---

① 见万静波、吴晨光、谢春雷:《被遗忘 30 年的法律精英———一批"中国脊梁"的凄凉晚景》,载《南方周末》2003 年 1 月 9 日。

② 见徐开墅:《民商法的理论与实践》"序",上海社会科学院出版社 2004 年版。

③ 见徐开墅:《民商法的理论与实践》"后记",上海社会科学院出版社 2004 年版。

④ 见徐开墅:《民商法的理论与实践》"后记",上海社会科学院出版社 2004 年版。

⑤ 姜茂坤(1974 年 10 月~   ),男,华东政法学院法律史专业 2005 级博士研究生。

韩述之

韩述之(1909～1999 年),安徽太湖人。法学学士。曾在安徽法学院、上海持志大学、上海法学院求学,并于 20 世纪 30 年代初从上海法学院毕业,1934年通过高等法院书记官考试,进入上海高等法院工作。他早年参加革命,1940 年加入中国共产党。抗战胜利后,韩述之在台湾取得检察官资格,旋回上海高等法院从事地下工作,曾任推事兼书记官长。① 1949 年 5 月27 日,上海解放,韩述之任军管会法院接管处副处长。同年 8 月 11 日,上海市人民法院成立,任命汤镛为院长,韩述之为第一副院长。韩述之历任中华人民共和国最高人民法院华东分院副院长、上海市法院副院长、上海市高级人民法院副院长、上海市高级人民法院咨询委员会委员,长期从事司法审判的实务工作,具有较深的法学研究和丰富的司法实践经验。

在 1956 年 9 月间,同雷经天、王造时、罗家衡、曹漫之等共同筹备成立上海法学会。在该组织中担任常务理事和副会长,团结上海的法学研究者和法律实际工作者在马列主义指导下进行法学研究。曾在同济大学、上海社会科学院政法研究所、华东政法学院、复旦大学从事法学和政治学的研究工作。

在建国之初,韩述之主持起草了一些规范上海审判事务的规则,并创立了一系列具有创造性的制度。为了规范司法审判的法律业务活动,韩述之运用丰富的法学知识,结合他长期从事司法工作的经验,支持制定了《上海市人民法院办理民刑案件暂行办法》和《上海市人民法院诉讼费用和其他费用征收办法》。此外,针对人民法院的各项规则百废待兴的现状,他规定在法院内部设置公设辩护人,以适应刑事被告人的辩护需求;还在法院设置诉讼辅佐人,为案情复杂

① 见李运阁:《怀念韩述之》,载《法苑》1999 年第 12 期。

的民事案件当事人提供辅佐人，代理无陈述能力的一方提出的诉讼请求，以适应当事人的权利保护需求。

韩述之在法学研究方面著述颇丰，主编《生活法律实用手册》（上海人民出版社 1987 年版）、《社会科学争鸣大系：1949～1989 政治学、法学卷》（上海人民出版社 1991 年版）、《审判实践与执法思维》（上海市高级人民法院 1997 年印发）等著作，并曾在《解放日报》、《华东政法学报》和《民主与法制》等报纸刊物上发表《关于人民法院的改革》、《关于刑事上诉案件审理程序上的几个问题》、《法制建设的当务之急》、《建立具有中国特色的诉讼法学》和《用好法律、从严惩办现行刑事犯罪分子》等多篇论述中国司法制度、诉讼程序和法学教育的著述。

建国之初，韩述之对中国的司法制度和刑事诉讼制度特别予以关注，并为新中国刑事司法制度的构建和诉讼法学的研究作出了重要贡献。1954 年《中华人民共和国宪法》颁布后，韩述之同贾潜、鲁明健、翟堂、林享元等提出严格遵守宪法和法律，主张"人民法院独立进行审判，只服从法律"，坚决捍卫国家审判的严肃性、权威性和有序性，主张把党的领导和审判独立进行严格的界分，同时，强调这两者的一致性，服从法律就等于服从党的领导。各级人民法院独立行使宪法所规定的审判权，行政不应当领导或干涉审判活动。他们秉持学术研究的独立品质，从司法权运作的规律出发，提出审判独立，并为之构建了相关制度，对司法审判活动的公正性保障和职业化建设具有重要意义。

随着我国改革开放的推进，司法体制也相应的作了调整。韩述之从战略高度出发，提出我国法院体制改革的框架。首先，要准确定位法院领导体制，探索区别于普通行政机关的领导方法。其次，法院的职能定位要准确，严格依照程序办案，树立司法权威。在法院机构设置和人员编制方面，提出平衡民、刑审判力量配置；充实基层审判部门，合理设置人民法庭；在大中城市设立高水平的司法鉴定中心，加强审判的科学化建设；同时，适当调整业务庭和审判组的设置。最后，在审判人员的培养上，通过各种专业化培训，不断地调整审判干部结构，提升整个审判人员的法律素养。[1] 这既是我国司法体制改革规律的揭示，也是新中国历次司法体制改革经验教训的总结，对我国的司法体制变革具有重要的参考价值。

---

[1] 见韩述之：《关于人民法院的改革》，载《民主与法制》1983 年第 6 期。

　　韩述之在刑事法律的研究领域中,颇有建树。建国之初,他就对刑事上诉程序的几个重要问题作了论述:有权提起上诉的主体,上诉期间和上诉的方式,上诉案件审理前的准备工作,上诉审的职能和案件审理的范围,上诉案件的公判审理,上诉案件的裁判。他以自己多年从事刑事司法的经验和丰富的法律功底,完整而透彻地阐明了刑事上诉程序的制度,为百废待兴的新中国刑事程序法制建设作出了重要贡献。①

　　在 1979 年《刑事诉讼法》颁布后,韩述之对新形势下的审判制度进行了一系列的探讨。改革开放新形势下出现的经济犯罪肆虐,贪污犯罪也乘势而起,针对这种情况,他提出"罪人"与"能人"之辩,并提出贯彻"司法经济原则",建议对贪污犯罪人适用资格刑,这对我们今天打击经济犯罪和贪污犯罪仍有借鉴意义。对司法实践中普遍存在"迈开双脚,走出法庭"的办案方式,纠正法官当中存在对"公开审判"的误解,韩述之提出要正确对待审判公开,不应该仅仅从形式上着眼,而应从审判公开的实际作用方面加深体会。② 此外,韩述之提出"树立法律权威"观点,指出树立法律的真正权威是依法治国必不可少的条件。

　　韩述之一直保持着高度敏锐的法律思维,20 世纪 80 年代初对"严打"的深刻反思正是他敏锐法学思维的有力明证。当时为应对犯罪高发的严峻态势,中国在"严打"的刑事政策指导下,强调"快速而严厉"地打击犯罪活动。"严打"刚刚兴起之初,韩述之就从法学研究者特有的敏锐性出发,认为:打击刑事犯罪活动,不仅应当关注现行犯罪,对已判决处刑的罪犯同样也要严肃认真对待。他认为"严打"不应该是量刑上不适当的提高,更不是在罪名上的升级,只能是严格的依法从严。本着对"实事求是"的精神,他强调依法从严打击犯罪,必须对法律规定的从轻情形予以充分的考虑,决不能不顾犯罪事实和情节,一味从严。在关注"严打"中的实体问题的同时,他还十分重视追诉程序事项,强调在严厉打击刑事犯罪活动的过程中,必须严格遵守刑事诉讼法的有关规定,以审判程序公开确保刑法的正确实施,同时兼顾程序运行的迅速及时。③

　　韩述之还本着高度的社会责任感,在各大院校法学院相继恢复、各大专院校相继设立法律系的时代大背景下,呼吁重视法学研究、法律意识的提高和法

---

① 见韩述之:《关于刑事上诉案件审理程序上的几个问题》,载《华东政法学报》1956 年第 3 期。

② 见韩述之:《必须真正认识公开审判的作用》,载《解放日报》1979 年 12 月 3 日。

③ 见韩述之:《用好法律、从严惩办现行刑事犯罪分子》,载《民主与法制》1980 年第 5 期。

律人才的培养。韩述之对诉讼法学的研究始终情有独钟,他对诉讼法的发展提出一系列创见:首先,从实际出发,总结自身经验,排除历史遗留下来的、因多种因素纠结而成的与新形势不相适应的旧观念、旧作风、旧框框;其次,在坚持原则的基础上,正确对待历史、正确对待外国经验;第三,跳出法学研究的禁区,形成可以争鸣的学术空气;第四,在加强理论研究的基础上,对应用部分的法学要加强研究;最后,正确处理理论研究与政策、法律执行的关系。[1] 从纯学术研究的视角出发,对有中国特色的诉讼法学提出了一系列研究范式和方法指导。

在法学教育和民众法律意识培养方面,他指出:法制建设的根本问题是教育人,培养人们的法律意识,养成法制观念。[2] 法制建设的当务之急,是加强法学研究和大办法律教育,培养高素质的法律人才。同时,通过严格的执法,进行生动的法律宣传教育,树立法律的权威。[3] 在人们法律意识培养方面,他曾撰文对此作了进一步的探讨,呼吁研究者抛弃建国以来法学研究中的"左倾"思想和法律虚无主义,丰富审判人员的法律知识;同时,号召人们展开讨论,以活跃法学研究和提高国民的法律意识。[4]

529

人物篇

(倪 铁[5])

---

① 见韩述之:《建立具有中国特色的诉讼法学》,载《法学》1985 年第 4 期。

② 见韩述之:《生活实用法律手册》,上海人民出版社 1987 年版,序文。

③ 见韩述之:《法制建设的当务之急》,载《民主与法制》1979 年第 3 期。

④ 见韩述之:《建议展开一点讨论》,载《民主与法制》1980 年第 9 期。

⑤ 倪铁(1980 年 3 月~　　),男,华东政法学院 2005 级法律史专业博士研究生。

裘劭恒

裘劭恒(1913～   ),江苏无锡人。中国农工民主党党员。幼年就读于无锡华童小学。其后随父迁沪定居,1930 年毕业于上海工部局创办的育才中学,因弹得一手好钢琴并具有男高音发展潜质,考入上海音专(今上海音乐学院)。1931 年夏转考 20 世纪初中国第一所民办大学——苏州东吴大学法学院,白天他在文理学院上课,晚上在法学院上课,1935 年毕业,获文学学士和法学学士学位,此后取得开业律师资格,并在上海执业。

在学生时代,裘劭恒就是一位勤奋好学、刻苦钻研的有志青年,练就了一口流利的外语,人们常误以为他是留洋回来的。此外,对于旧埠上海存在的一些社会不平等现象,他常常见义勇为,仗义执言。比如针对在上海的洋人和华人居民住宅调节不平等现象,他就写了英文稿件,投到当时上海发行的英文刊《中国评论周报》、《密勒氏评论周报》或《大美晚报》。以后他还写过对欧战局势的一些前瞻评论,获得报社的好评。

裘劭恒在上海的律师事业做得很成功,受聘于公共租界的工部局(Shanghai Municipal Council—SMC),成为民事方面的包括资金纠纷或者劳资纠纷方面的律师。他上任后,一切秉公办理,从未收过一个铜板的贿赂,深得人们的信任和赞扬。

裘劭恒最为世人瞩目、奠定自己一生法学成就的经历,就是参加了第二次世界大战后在东京举行的对日本战犯的世纪大审判——远东国际军事法庭审判。日本宣布无条件投降之后,由中、美、英、苏等 11 个国家组成对日本甲级战犯的国际审判组织。中国方面派出了国民政府立法院委员兼外交委员会主席的梅如璈担任法庭中国代表,秘书方福枢,上海第一特区地方高等法院首席检察官向哲濬担任中国首席检察官,秘书裘劭恒,前往东京参加法庭控诉和审判。

中国是遭受日本侵略最为惨痛的国家,理应最为重视证明日本的罪行,但是对于国际军事法庭的审判工作,国民政府并不重视。加上当权者囿于传统的法律审判经验,以为日本法西斯在亚洲犯下的血腥暴行是罄竹难书、世人皆知的,法庭审讯只不过是形式,战犯最终会走向绞刑架。因此中国方面没有准备足够的人证和物证材料,造成中国检察组势单力薄,无力开展繁重的控诉工作。

更重要的是,法庭采用的是中方代表所不熟悉的美英模式,虽然法庭宪章规定"法庭不受一般技术性采证规则的约束",但实际上基本采用了技术性采证规则。加上美国政府极力把持操作程序,根据自己的需要,任意作出种种有碍审判工作正常进行的规定,如对每个战犯除设有自聘的律师及辩护人外,都配置了一名美国律师。这些美国律师在辩护中或诡辩狡赖,或横生枝节,故意延宕审判时间,以便为那些没有直接危害美国利益的战犯寻机开脱。中方代表从一开始就陷入了有冤难伸的被动窘境,国民政府密令中国代表一切听从美国的安排,这就阻挠中国检察组代表出庭控诉,但裘劭恒却顶住压力,以助理检察官身份毅然出庭进行控诉。

在远东国际军事法庭上,中方主要承担的是对土肥原贤二和坂垣征四郎的战争犯罪的证据提供和控诉。由于这些战犯的狡辩和抵赖,为了摆脱困境、赢得法庭上的主动权,向哲濬和裘劭恒一方面积极与国内联系,敦促政府收集证据材料。国民政府派倪征燠为中国法官首席顾问、国际检察局中国检察组成员,并决定增派其他人员前往东京予以协助。另一方面,向哲濬和裘劭恒到盟军总部查阅被烧毁的日本内阁和陆军省的档案残片,寻找日军侵华证据。功夫不负有心人,他们查到了这些被告在中国的大量犯罪记录,如日本关东军司令部出版的奉天特务机关报,就写明了土肥原贤二等人在"九一八事变"、"卢沟桥事变"、"天津事变"及伪"满洲国"事件中的所作所为。

1946 年 3 月至 6 月,裘劭恒偕美籍检察官克劳莱和温德两度飞回中国实地调查。但由于战争期间中国方面没有注意搜集和保留证据,日本方面又严守军事秘密,投降后销毁了大量犯罪证据,造成调查工作困难重重。但裘劭恒仍收集了大量珍贵的证据资料,中国政府也正式提交了《关于日本主要战犯土肥原贤二等 30 名起诉书》,其中有 10 人后来以此受到了严惩。对于日本战犯抵赖侵略南京以及大屠杀这些令人发指的战争行为,裘劭恒向法庭提出前往南京调查南京大屠杀证据的请求。1946 年 4 月 3 日裘劭恒飞回南京,历经千辛万苦收集了大量案例,从中选取了 6 份典型案例,并将证人带至东京法庭作证。

庭审时,尽管策划"九一八事变"、制造伪"满洲国"傀儡政府的坂垣征四郎和土肥原贤二百般狡辩,但向哲濬与裘劭恒等人精心组织证人出庭,同时裘劭恒缜密筹划了把苏联在押的伪"满洲国"皇帝溥仪引渡到东京作证。溥仪初到时,非常紧张,生怕把他也作为战犯来受审。裘劭恒对他作了耐心细致的解释,说明他是作为证人,只需根据法庭的要求如实地提供当时的一些实际情况。溥仪是国际检察局的三大王牌证人之一,对于坂垣在中国犯下的"九一八事变"和伪"满洲国"的历史罪行予以了有力的证明。溥仪整整出庭了 8 天,创下了单人作证时间最长的纪录,其中充满了裘劭恒的心血和睿智。

在远东国际审判过程中,发生了一个鲜为人知的小插曲,反映了裘劭恒崇高的民族气节。1946 年 7 月在日本东京涩谷区发生了一起 36 名台胞与日警的恶性冲突,日警预有准备,开枪射击,打死 6 人,打伤台胞 20 名,日警恶人先告状,台胞反成为被告。驻日盟军成立了三人合议庭,其中两位是美国法官,一位中国法官是裘劭恒。经过两个月(10～12 月)的审问,裘劭恒以流利的英语在庭上展开辩论,对原来要将台胞驱逐出境的决定全部推翻。最后,美方还对日本东京检察厅、涩谷警署等以被告提起控诉。

为了维持向哲濬领导的中国检察组工作的顺利进行,裘劭恒在溥仪作证及南京大屠杀实事证明完毕之后,完成了国际检察局分配的起诉任务,主动辞去了职务,秘书工作由高文彬接任。

解放以后,裘劭恒教授同样为国家作出了巨大的贡献,担任了全国人大常委法工委的副主任。1972 年任上海外国语学院英语系副主任、教授。1979 年最高人民法院特别法庭审判"林江反革命集团"案,由裘劭恒担任特别法庭顾问(他已在中国人民代表大会的法制委员会,出任副主任委员)。他以娴熟的法律知识查阅了大量国际案例,提供法律保证,使审判林彪、"四人帮"的工作做到有理有节,赢得外界赞许;还为新华社代写长篇英语评论,并用英语对国外广播,让全世界都能看清楚林彪、江青反革命集团的滔天罪行。

1983 年 5 月 5 日,中国民航一架飞机被劫持到韩国,裘劭恒受有关方面邀请,从国际法角度用英文撰写了《严厉惩罚劫持中国民航客机的罪犯》一稿,由新华社向世界全文播发。裘劭恒旁征博引国际案例,熟练运用国际法知识,有理有节地阐述了中国对于这次劫机行为的处理态度,义正辞严地谴责此类国际犯罪,指出劫机犯理应受到中国法律制裁。

1981年,裘劭恒教授任上海对外贸易学院副院长;1983年至1990年分别担任第六届全国人大代表,全国人大常委、法制工作委员会副主任,香港特别行政区基本法起草委员会委员,上海市第八、九届人大常委,法制委员会副主任;1991年被推举为上海市法学会名誉会长,1997年任农工民主党中央委员、上海市分会副主任;现仍担任上海对外贸易学院名誉院长。

裘劭恒教授身兼《民主与法制》(中国法学会主办)、《国际商务研究》(上海对外贸易学院学报)等学术刊物的学术顾问和主编。同时,从事国际法学、英语、英美法律方面的教学和研究,撰写了《英语限定词》、《国际商会国际贸易名词解释》、《现代英语语法》、《英语修饰语》、《中华人民共和国法律汇编》(英译本)、《涉外经济法律实用手册》等著作、译著多部。1991年起享受政府特殊津贴。

裘劭恒教授一生虽然鲜有专门的法学论著,但他始终身体力行,将渊博的法律知识运用到法律实践中,在东京国际审判中表现出的民族气节和凛然正气令人钦佩,维护了人类的正义事业。此外,参与国家立法,为香港的回归奠定了完善的法律制度保障。裘劭恒教授淡泊名利,高风亮节,在自己的岗位上无怨无悔地为国家培养和输送法律人才,推动了我国法学事业的发展,为后人开拓了法学研究的新路。

(唐红林①)

---

① 唐红林(1979年7月~),男,华东政法学院法律史专业2004级博士研究生。

潘念之

潘念之（1902～1988 年 3 月），又名枫涂、湘澄，浙江新昌人。1919 年入宁波省立第四师范学校。1921 年，入上海江苏第二师范学校，一年后返宁波执教崇德小学，联络谢传民、王任叔（巴人）等组织"雪花社"，编辑出版《宁波评论》。1923 年底，经张秋人介绍参加中国社会主义青年团。次年加入中国共产党。任中国共产主义青年团宁波地委书记、中共宁波特别支部委员。1925 年，主编宁波团地委机关刊物《火曜》周刊，与国家主义派展开斗争。上海五卅惨案后，推动各界成立宁波五卅惨案后援会。与杨眉山、蒋本菁等创办启明女子中学，任教务长，接收因参加反帝运动而离校的教会学校女生，并开办宁波书店，推销《向导》、《中国青年》等进步书刊。

1925 年 10 月，潘念之教授调上海大学附中任教，兼任中共闸北区区委委员。次年 3 月，返回浙江，发动反对军阀孙传芳的斗争，推动国共合作和宣中华等组织成立国民党（左派）浙江省党部，当选为常务执行委员兼组织部长，担任中共党团书记，并发动组织工农群众，迎接北伐军入浙。大革命失败后，遭通缉。1928 年留学去日本，就读于东京明治大学法学部，加入社会科学研究会。1929 年归国，在上海参加社会科学家联盟、自由大同盟和救国会，坚持爱国民主运动，从事著述翻译。

1935 年，潘念之教授任天马书店编辑，主编《抗日丛书》、《一般话》、《人间十日》等，鼓动民众抗日，颇具影响。1936 年，发起成立"更社"，以重新组织失散战友，同时兼任上海文化界救亡协会秘书。后被派赴西南、西北从事抗日救亡运动，协同石西民、金则人等组织战地社会科学研究会。1938 年 5 月，任国民政府军事委员会政治部第三厅主任科员，在厅长郭沫若领导下，负责抗日宣传队工作,被称为"抗宣之母"。1941年,离开第三厅,辗转长沙、重庆,受中共委派任劝募公债委员会劝募处长。1942年,主持兴华炼油厂、正大实业公司等企业,在董必武、吴克坚等领导下,开展工作。抗战胜利后,在上海重建正大公司,从事上层统战和情报工作。1947年,经黄炎培介绍,在上海中华工商专科学校任教。

上海解放后,任上海市工商联常务委员、华东军政委员会参事室副主任、华东局统战部政治处处长。1955年后,任华东政法学院和复旦大学历史系教授、1979年,任上海社会科学院法学所副所长,兼任华东政法学院副院长。1980年后,任上海市人大常务委员会委员、政法委员会副主任(后任顾问)。1984年,任上海社会科学院顾问。1987年6月被推举为上海市法学会名誉会长。

潘念之教授长期潜心研究政治学和法学,解放前撰有《思想家人名大辞典》(世界书局1932年版)、《后方民众运动概论》(大众出版社1938年版)、《宣传组织与训练》(光明书局1937年版)、《宪法基础读本》(生生出版社1944年版),译有《蟹工船》(大江书铺1930年版)、《经营经济学》(中华书局1931年版)、《社会制度发展史》(大江书铺1933年版)等著作。

解放后,先后任《法学》月刊副主编、《辞海(政治法律分册)》主编、《法学词典》常务编辑、《中国大百科全书·法学》编辑委员会副主任,还主编了《政治与法律》丛刊、双月刊,主持了上海社会科学院法学研究所编译的《国外法学译丛》(12册,知识出版社1981~1982年版,获上海哲学社会科学优秀著作奖)和《各国宪政制度和民商法要览》(5册,法律出版社1984~1987年版)的编译工作,还主编了《中国近代法律思想史》(上海社会科学院出版社1992年版)。编著有《中国经济法理论探索》(上海社会科学院出版社1987年版)等。

此外,潘念之教授还撰写了《关于加强社会主义法制的问题》(1979年)、《社会主义民主和社会主义法制的伟大发展》(1982年)、《略论宪法和我国新宪法的特点》〔(见《中国法学文集》(1),法律出版社1984年版)〕、《有关修改宪法的几点意见》(载《民主与法制》1981年第4期)、《新宪法一定能够实行》(载《民主与法制》1983年第1期)、《认真学习新宪法,切实遵守新宪法》(载《社会科学》1983年第1期)、《深入研究法的本质属性问题》(载《政治与法律》1984年第6期)、《共同开创法学研究新局面》(见《法学理论论文集》,社会科学文献出版社2003年版)、《开展法学基础理论的研究》(见《法学理论论文集》,社会科学文献出版社 2003 年版)、《关于"法律面前人人平等"的问题》(见中国社会科学院法学研究所资料室编:《论法律面前人人平等》,社会科学文献出版社 2003 年版)等论文。

在长期的法学研究过程中,潘念之教授形成了系统的学术观点,主要包括:

(1) 在对法的本质属性的研究上,潘念之教授主张以马列主义、毛泽东思想为指导,坚持四项基本原则,采取百家争鸣的方针和严肃认真的态度,进行反复细致的讨论。

(2) 强调法制建设与法学研究并重。加强和发展社会主义法制,以正确和完整的马克思主义、毛泽东思想去理解、解释、宣传法律,需要加强法学方面的研究。潘念之教授认为,加强法学研究,不仅需要法学研究工作者的努力,也要各级领导的重视与支持。

(3) 关于宪法的修改,在原则方面,潘念之教授较早提出在社会主义原则、民主原则和法制原则的基础上,坚持社会主义,坚持无产阶级专政,坚持马列主义、毛泽东思想,坚持中国共产党的领导,并在总纲中予以有机的组织。

在公民的基本权利和基本义务中,潘念之教授认为,应当优先规定公民的权利和义务,次之规定国家机构;为保障公民的宪法权利,应当明确规定公民有取得赔偿的权利。

在国家机构方面,潘念之教授主张虚化国家主席的地位,加强全国人大常委会委员长的权力;在坚持人民代表大会制的基础上,提出要从提高代表的素质、稳定会议的期限、增设专业委员会和加强对代表的监督等方面完善人大制度;针对行政机关中存在的控告和上诉的困难,较鲜明地提出了行政法院的主张,并在其案件的受理范围、级别等方面提出了完整的建设构想;对于司法机关,不仅明确应当保持人民法院和人民检察院的独立性,而且也特别强调司法工作人员在办案中的独立性;主张对宪法的地位予以单独规定,并确立对违宪的处理机制。

在宪法的特点上,潘念之教授认为,宪法是国家的根本法,记录着人民奋斗的成果,明确了人民民主专政、规定了社会主义经济制度、扩大了人民的民主权利、加强了社会主义法制,改善了国家体制。

(4) 关于"法律面前人人平等"的原则,潘念之教授认为,平等不仅体现在司法平等,也体现在立法平等上;不仅是部分公民的平等,更是一切公民的平等;这种平等是原则的平等,不是机械的权利和义务平均;反对特权思想和无政府主义。

(5) 潘念之教授认为,经济法是为了发展经济,办好企业,运用经济规律,调整国家与企业、企业内部、企业相互之间,在生产经营管理中产生的各种经济关系的部门法。它有不同于其他部门法的原则,包括:运用经济规律,讲求经济效益;计划指导与市场调整相结合;国家宏观管理与企业自主经营相协调;厂长(经理)负责与职工民主管理相配合;兼顾国家、集体和个人利益等。

(6) 潘念之教授主张加强法学基础理论的研究。他认为,在建国初期学习苏联的法制是必要的,但更应该在建设中国法制的过程中积累自己的经验;如果没有正确的理论指导,就不可能有正确的实践。为此,应当对法学院校的教学课程设置进行改革,既要有利于我国社会主义的法制建设,也要照顾到学习的可能和学生的情况。

潘念之教授治学态度严谨扎实,善于结合中国的实际,运用马克思列宁主义的原理,深刻分析法的性质和作用,分析社会主义法制同资本主义法制的本质差异,坚信法是处理国事、治理国家的重要武器,主张法必须切合社会需要,更必须严格执行。在党和国家发扬民主、加强法制,把工作重点转移到社会主义现代化建设的新时期,为宣传和普及法律知识,建设和繁荣法学,作出了突出的贡献。

(张　彬①)

---

①　张彬,华东政法学院法律史专业 2005 级博士研究生。

魏文达

魏文达(1905 年 9 月～　　),天津市人。1928 年至
1934 年在上海东吴比较法学院学习,并获得法学士学
位。1934 年至 1935 年,到英国伦敦特许保险学院
进修。

　　1935 年至 1949 年,魏先生先后在母校上海东吴
比较法学院和上海大夏大学任教授,主讲海商法,同时
他还兼职从事律师业务。期间,于 1947 年参加了瑞士
日内瓦国际联盟国际劳工组织召开的劳工会议;1946
年至 1962 年,先后担任上海海鹰轮船公司常务董事兼副总经理、公私合营中奥
轮船公司副经理、上海港务监督局顾问兼处理海事等职。1950 年,他还为上海
外轮公司讲解"英国兰烟囱轮船公司"提单内容;1961 年至 1962 年,他先后给
上海和广州的科研单位与涉外单位讲授海商法。1962 年之后,魏先生调任上
海海运学院①任教,并曾任海商法教研室主任。1978 年后,魏先生多次给上海、
北京的法学会以及交通部"国外航运代表"培训班讲授海商法。

　　作为一名法学家,魏文达先生广泛参与各种学术团体,身兼多种学术
职务：水运经济科学研究所副所长、上海法学会理事、上海航海学会理事、
上海港务监督船员考试委员会委员、上海市政协法制研究委员会委员、上
海海运学院学术委员会委员、华东政法学院学术委员会委员、上海市科学
技术协会特邀代表、中国国际法学会理事、中国航海学会理事、中国保险学
会理事等。

　　魏文达先生的主要研究方向为海商法,他开了我国高等院校海商法教学与
科研的先河,其教学和科研均以海商法为主。魏先生的第一篇学术论文是

---

　　①　即现在的上海海事大学的前身。

1937 年的《海上保险法"三一"扣减的研究》(载东吴比较法学院《法学杂志》第 9卷第 4 期)。其主要著作和论文有：《英国劳氏(Lloyd)保单文字内容解释》(载1937 年上海航业公司《航业月刊》)、《海牙规则解释》(为 1963 年上海远洋运输公司讲义)、《Y·A·R·ules 条文解释》(上海海运学院教学参考书)、《英国1906 年海上保险条文解释》(1978 年写成)、《集装箱是包装工具》(载《上海海运学院学报》1980 年第 1 期)、《共同海损制度的由来、条件和特点》(载《上海海运学院学报》1981 年第 1 期)、《海上避碰规则》(载《上海海运学院学报》1982 年第2 期)、《共同海损理算规则解释：约克—安特华普规则》(法律出版社 1983 年版,约 20 万字)等。此外,魏文达先生还有《海牙规则韦斯俾规则条文解释》、《海商法教材》、《海水污染法规》等著作。①

1979 年,针对我国在 1978 年施行的相关规定中认定集装箱为运输工具,魏文达先生提出了自己的独到见解,认为集装箱不应该是运输工具,而应该是包装工具。② 他从英国、美国、加拿大等国对集装箱的看法和定义,美国几个具体案件的相关情况,国际关于船舶的定义以及各国轮船公司提单上关于集装箱的条款角度,论证了集装箱仅仅是货物的外包装,无法自行运送,因而应该认定为包装工具。

魏文达先生认为,对于"海商法"的理解,要认识到这三个字有其各自的内涵。"海"指海和与海相通的水域,包括江、河、湖泊及海外的洋,均属于海的范围。凡是在与海相通的水域内,船舶发生的事故均称海事。船舶在江、河、湖、洋发生的事故,都包括在海商范围之内。"商"指经营的范围,无论国内沿海贸易或国际远洋贸易,以营利为目的的商业行为,均属于商的范畴,专为军事、考察以及其他性质的业务船,都不包括在这个"商"字范围之内,如医务船、水文考察船、捕鱼船、军事后勤船等。"法"则包括有关海上运输的国内法和国际公约。③

作为海商法领域的专家,魏文达先生花了较多的精力介绍了海商法具体规则的来龙去脉以及其具体内涵。早在 1980 年,就专门撰文介绍了共

---

① 主要参见《中国社会科学家辞典》(现代卷),甘肃人民出版社 1986 年 1 版,第 861~863 页。
② 魏文达：《集装箱是包装工具》,载《上海海运学院学报》1980 年第 1 期,第 85~93 页。
③ 参见魏文达编著：《海商法》,法律出版社 1984 年版,第 3 页。

同海损制度的由来、条件和特点。① 他认为，共同海损起源于希腊南部的爱琴海，那里的人民最早开始进行海上货物承运业务，并且于船行发生危险时，或者砍断船舶桅杆和帆篷，或者抛弃货物。对于这种措施，当时的居民认为凡是为了大家的安全而作出的牺牲，应由大家来补偿，这样才公平合理。这一共同海损的惯例在当时并无文字记载，直至在罗马帝国强盛时，才有文字记载，并逐渐为欧洲各国引用为法典的一部分。由于英国与其他欧洲国家对于共同海损规定的不完全一致，19 世纪各国在英国的约克城和比利时的安特卫普城开会讨论后形成统一欧洲的共同海损理算规则，即约克—安特卫普规则，并且在 19 世纪和 20 世纪经过修订。对于共同海损的条件，魏文达先生归纳了八个方面，即：船货受到共同危险可能遇到海难，遇到的海难与危险必须真实，共同海损的行为一定是人为的和故意的，损失和开支必须是特殊的，所采取的步骤必须合理，为了共同安全，船舶所受到的特殊损失或所支出的特殊费用是由于共同海损直接后果所造成的，采取共同海损措施是否仅限于船长负责指挥必须加以明确。由于约克—安特卫普规则的合理性，其被各国船货双方所引用。正因为该规则的重要性，魏文达先生于 1983 年出书专门详细介绍了该规则。② 在该书中，魏文达先生不仅介绍了西欧各国从上古时代、中古时代到近代有关共同海损规则的起源，也论述了约克—安特普卫规则的历史沿革，最后详细地列出该规则的原则条文和细则条文的英文原文，并翻译成中文，还适当地作出阐释。1980 年，魏文达先生还撰文介绍了海上避碰规则。③ 他认为，国际海上避碰规则的萌芽，最早是由于各国对于避免碰撞和操作的习惯不一致与矛盾，因此欧洲各国航海驾驶人员集中讨论协商，以统一欧洲各国的航海操纵习惯。此后在 12 世纪的法国出现了有关避碰规则的书面记载，16 世纪时英国曾经把威斯俾法典中有关记载作为通告散发给该国的各有关船只，此后欧洲各国在其法典中纷纷记载了相关的避碰规则。到了 19 世纪

---

① 魏文达：《共同海损制度的由来、条件和特点》，载《上海海运学院学报》1981 年第 1 期，第 67～76 页。

② 魏文达：《共同海损理算规则解释：约克—安特华普规则》，法律出版社 1983 年版。

③ 魏文达：《海上避碰规则萌芽与发展》，载《上海海运学院学报》1982 年第 2 期，第 83～85 页。

末,各国开始召开国际海事会议,商讨国际海上避碰规则。到了 20 世纪初,世界各海运国将航海避碰规则颁布施行,并且在 1910 国际上正式公布了"海上避碰规则",之后在 1960 年和 1972 年对该规则又作出了修订。

(林安民①)

---

① 林安民,华东政法学院 2005 级博士研究生,上海金融学院教师。

三、中青年法学家

丁 伟

丁伟(1958～　)，上海市人。法学硕士，比利时根特大学法学院访问学者。现任华东政法学院国际法学教授、博士研究生导师，华东政法学院国际法学科学术带头人。同时任上海市人大常委会委员、市人大法制委员会副主任委员，兼任中国国际私法学会副会长、中国国际经济贸易仲裁委员会仲裁员，还担任司法部法治建设与法学理论研究部级科研项目专家咨询委员会委员，司法部国家司法考试命题委员会委员，教育部国家公派留学评议专家，上海市哲学社会科学"十五"研究规划法学组专家委员会委员，教育部人文社会科学重点研究基地武汉大学国际法研究所学术委员会委员，武汉大学、上海外贸学院、西北政法学院兼职教授，美国旧金山大学法学院、澳门大学法学院、澳门司法官培训中心兼职教授。

丁伟教授长期从事国际私法、国际投资法、国际反倾销法以及世界贸易组织法等领域的教学与研究，治学 20 余年，成果丰硕。主持并完成多项省、部级重点科研项目，独立及合作出版学术专著 20 余部，主编全国统编教材、21 世纪法学规划教材多部，在海内外专业报刊杂志上发表学术论文百余篇，不少学术论文被中国人民大学书报资料中心出版的《国际法学》全文转载，在我国国际法学界具有广泛的影响。其撰写和主编的论著主要有：《冲突法论》(21 世纪法学规划教材)、《国际私法学》、《国际经济法专论》、《海外直接投资法律问题比较研究》、《当代国际法学理论与实践研究文集》（共3卷）、《经济全球化与中国外资立法完善》、《世纪之交中国国际私法立法回顾与展望》、《国际民事诉讼与国际商事仲裁法律适用比较研究》、《论中国国际私法立法与理论研究的良性互动》、《TRIMS协议评介》、《对日民间索偿法律问题研究》等等。其中单独或合作完成的学术成果获省部级优秀科研成果一等奖5项。1999年享受国务院政府特殊津贴，1999年获首届上海市优秀中青年法学家称号，2003年获第三届中国杰出优秀中青年法学家称号。

丁伟教授在其研究领域研究风格独特，注重理论联系实际，善于把握时代脉搏，捕捉和研究实践中出现的新问题，其研究成果在学界享有很高的声誉，其中一些成果也引起了社会的关注，并被有关决策部门采纳，取得了良好的社会效果。学者和立法工作者的双重身份，使丁伟教授一直关注着立法，尤其是国际私法立法与理论研究的良性互动问题。他提出立法部门要"增强立法决策的民主性、科学性"，要充分发挥学者的理论研究优势，以其"睿智"来弥补立法理性的不足，同时，学者也应注重实证、具体和建设性的研究方法，实现理论和立法的互融。他在国际法研究方面还注意不断拓宽传统学科的研究领域，主张打破某些僵化的学科界限，以更高的层次和更开阔的视野来加强对传统领域的交叉性和综合性的研究，使传统学科获得新的活力。如近年来丁伟教授在国际私法结合国际公法进行研究方面做了有益的尝试，丰富了国际法的理论内涵。他也从不同学科，多个角度探讨和研究了国际投资法这一新兴边缘学科所面临的各种理论和实践问题，为构筑该学科的理论框架和学科体系，做了很多开拓性的工作。

丁伟教授具有丰富的教学工作经验，其严谨、求实、创新的学风在教学工作中也得到了充分体现。在对本科生、硕士研究生、博士研究生的教学中，实施开放式的教学，注重学术的个性和自由。在国际私法的教学中率先探索案例教学法，因材施教，注重培养学生分析问题、解决问题的能力，实现法学教学、理论研究、立法、司法与仲裁实践的相互辉映，取得了显著的教学效果。丁伟教授热爱教师工作，爱岗敬业，教书育人，待人诚恳，为人宽容，深受师生们的好评，1995年被评为上海市优秀青年教师，1999年被司法部授予法学教育优秀育人奖。丁伟教授还长期从事高教管理工作，先后担任华东政法学院国际法系副主任、主任，并曾在上海市教委挂职担任副秘书长，协助市教委领导联系高教、科技、国际交流等处室的业务工作，具有极为丰富的教学管理工作经验，为学校乃至上海市的高等教育建设做了很多工作。

作为知名的国际法专家,丁伟教授曾受聘担任澳门政府法律翻译办公室首席中国法律专家多年,直接从事澳门后过渡期法律本地化的工作,为修订《澳门民法典》、《民事诉讼法典》等一系列重要法典作出了积极贡献。

作为在法律界颇有建树的专家,丁伟教授也一直非常注重社会实践的意义。他身兼地方立法部门的领导工作,同时作为资深国际商事仲裁员,他也具有丰富的涉外审判与国际商事仲裁的实践经验,以此搭建起了学术界和实务界相互沟通、良性互动的桥梁,促进了法学教育和研究,提高了地方立法、司法的质量。

丁伟教授是上海市人大常委,市人大法制委员会副主任委员,具体负责上海市地方立法的统一审议工作,直接参与法律的制定、审议和宣传,与政府各级法制工作部门建立了广泛的工作联系。丁伟教授一直很重视理论与实践的结合和互动,一方面充分发挥其深厚的法律学识的优势,将自己的法学思想融入人大的工作实践当中,另一方面,他又将实践中务实的思想和风格带入到学术研究和教学当中,实现了学术与实务的相互促进和共同提高。毫无疑问,丁伟教授以他的成功实践诠释了"法学家从政"对"按照依法治国方略,推进依法治国进程"的积极意义,也使他成为这一领域的代表和典范。与此同时,作为中国国际经济贸易仲裁委员会及多个地方仲裁委员会的资深仲裁员,丁伟教授长期活跃在国际商事仲裁实践的第一线,并担任本市第一中级人民法院、第二中级人民法院的咨询专家。

丁伟教授学术造诣深厚,思想敏锐而又具前瞻性,立法、涉外审判与仲裁实践经验丰富,这一切均彰显了他的独特优势,也赋予了他力量和进取精神,在法学研究和法治建设的创新之路上不断开拓前行。

（杨延军①）

---

① 杨延军,华东政法学院国际法专业 2005 级博士生。

刘 华

刘华（1961年5月～　），江苏南京人。研究员。硕士研究生导师；曾任上海社会科学院法学所所长助理、上海社会科学院党委副书记，1999年12月获得上海市法学会"上海市优秀中青年法学家"称号。作为一名投身于法学理论研究与实务工作的中青年法学家，刘华研究员还广泛参与各种学术团体，身兼多种学术职务：中国法学会刑法学研究会理事、上海市法学会理事、上海市法学会刑法学研究会副会长、上海市社会

科学联合会学术委员会委员、上海市人大常委会立法咨询专家、上海市人民检察院培训中心客座教授、上海市台湾研究会副会长、上海市反邪教讲师团专家等。

刘华研究员的研究领域较为广泛，但其主要研究方向为中国刑法、经济刑法，成果颇丰。在著作方面，1991年开始即与他人合作出版了《量刑的原理与操作》、《涉外经济犯罪及其防治》等书；1997年独著《税法比较研究》由澳门基金会出版。1998年参与了《中国的家法族规》、《走近香港》和《中国新刑法学》等著作的撰写。2001年，中国检察出版社出版了她的专著《票据犯罪研究》，这是她作为负责人所承担的2000年国家社科规划基金项目《票据犯罪及其防范研究》的成果。2002年，河南人民出版社出版了她的另一专著《法律伦理》。在论文方面，刘华研究员已在《法学研究》、《法学》、《政治与法律》、《法学家》、《政法论坛》、《社会科学》、《学术季刊》等核心期刊上发表数十篇学术论文。1998年至2002年她还在《刑事法评论》上先后发表了《论我国刑法上的数额及数量》、《刑法对经济失范现象的评判和抗制》、《恐怖主义犯罪研究》等论文。其中原载于《刑法的修改与完善》（人民法院出版社1995年版）的论文《税收犯罪研究》，在2000年获得中国法学会刑法学研究会"海南杯世纪优秀论文奖"

(1984～1999 年)三等奖。此外,刑法领域之外她还发表有不少论文,如《中国区际法律冲突研究》(载《澳门 2000》,澳门基金会出版),《试论法治成本》(载《社会科学》2003 年第 7 期)等。同时,刘华研究员还主持了多项课题,除了《票据犯罪及其防范研究》之外,还有 2000 年的福特基金会项目《恐怖主义研究》分课题《恐怖主义犯罪研究》和 2003 年《上海世博会与新一轮发展》子课题"建设世界法治化城市的理念与措施"等。

在刘华研究员的论著中,其对票据犯罪的研究成果十分突出。《票据犯罪及其防范研究》一书获得上海市第六届哲学社会科学优秀成果(2000～2001年)著作类二等奖,这也是国内第一部有关票据犯罪的专著,填补了刑法领域的这一空白。同时,她还在《法学研究》、《法学》、《政治与法律》、《学术季刊》、《犯罪研究》等杂志上发表了有关票据犯罪的论文 10 余篇,树立了她在这一领域的权威地位。她对票据犯罪的现状与特点、立法与完善都有深刻的阐述,对票据犯罪的罪过等构成要件作了详细论述,还对伪造、诈骗、滥用和渎职等几种不同类型的票据犯罪认定作了分析。此外,还对一般票据违法行为与犯罪的区分作出界定,对票据犯罪中的共同犯罪、单位犯罪、数罪以及刑罚等也都作了深入浅出的论述。

调任高级法院工作以后,她还根据社会形势以及其多年的理论研究与实务实践,提出建设社会主义和谐社会,需要司法衡平理念指导当代刑事司法这样的观点。其论文《论刑事司法衡平理念》入选第 22 届世界法律大会论文集,并获上海市社会科学界第三届 2005 年度优秀论文奖。她认为,司法衡平理念是基于实现公平正义的价值目标和均衡和谐的社会要求而形成的指导裁判思维的系统观念。衡平理念一是强调综合性思维,要求裁判案件所考量的因素尽可能地周全,特别关注案件的差异和世情的变化。二是强调务实性思维,要求在坚持法律原则前提下,考虑情理权衡利弊,注重解决问题平息纠纷。第三,在刑事司法中倡导司法衡平理念的目的是修补和恢复被犯罪侵害的社会关系,促使一定社会关系达到新的平衡。对于当代刑事司法来说,报应性正义的观念应当让位于恢复性正义的观念。报应性正义观念强调的是惩治犯罪本身,但是犯罪得到惩治只是部分地实现了正义,犯罪所造成的危害影响并未消除。恢复性正义观念关注的是恢复被犯罪行为侵害的社会关系,要求法官在裁处犯罪时不仅考虑惩治犯罪,而且考虑修补或者恢复被犯罪行为侵害的社会关系。最后,刑事司法衡平理念主张在处罚犯罪伸张正义的同时,尽量减少刑法负面效应,要求法官在刑事审判过程中尽可能地做到"考量周全,调节适度"。在刑事审判中,法官除了考虑被告人的情况,关注被害人的情况,还要注意被告人的亲友情况,以及适当考虑情理、民意,刑事判决应当追求使犯罪人认罪伏法,使公众认同接受。调节适度就是定罪准确,罚当其罪。刑事司法对社会关系的调节应当适度,过或不及都会产生负面影响。在刑事审判中,既要严格依法调节,又要善于用法调节。

(林安民[①])

---

① 林安民,华东政法学院 2005 级博士研究生,上海金融学院教师。

孙　潮

　　孙潮（1956～　），上海市人。法学博士，华东政法学院教授、博士生导师。从事立法学、宪法学的教学和研究。曾任华东政法学院法律系负责人、立法研究室副主任，科研处副处长，科研处处长。1998 年 3 月后任上海市人大常委会委员、人大常委会法制委委员、人大常委会法工委委员。2003 年 7 月当选为徐汇区区长，现任上海市闵行区区委书记。曾多次赴美国和澳大利亚法学院进修及讲学。兼任中国宪法学会理事。1999 年 12 月获得上海市法学会"上海市优秀中青年法学家"称号。享受国务院政府特殊津贴。代表性论文有：《论我国立法程序的完善》（第一作者，《中国法学》2003 年第 5 期），《从简单同意到有效表达》（第一作者，《法学》2003 年第 4 期），《人大应积极回应市场经济的需求》（《人大研究》1996 年第 2 期），《立法成本分析》（《法学》1994 年第 10 期），《市场经济需要什么样的政府》（第一作者，《中国法学》1993 年第 6 期），《论立宪技术》（《法学》1993 年第 3 期），《论立法观念的变革》（《中国法学》1992 年第 6 期）。主要著作有：《立法技术学》（浙江人民出版社 1993 年版），《法与经济学》（译著，［美］罗宾·保罗·麦乐怡著，浙江人民出版社 1999 年版），《国家监督论》（合著，浙江人民出版社 1991 年版），《立法学原理》（参编，上海社会科学院出版社 1991 年版），《立法学教程》（参编，周旺生主编，法律出版社 1995 年版）。

　　孙潮教授致力于对立法技术和立法程序的研究。他早期的成果主要关注于立法技术学。在他的代表作《立法技术学》一书中，孙潮教授认为，"从法律起草和制作的全过程来看"，立法技术"包含了两个前后相接，重点不同的阶段。它是两个层面上的立法制作，即立法者观念中的法律设计和构思阶段与立法者法律观念的文字表述的阶段"。孙潮教授用设计师和建筑师的不同劳作来比拟立法的两个层面的创作，并且认为，"一个立法者或者法律起草者在法律的制作过程中，要成功而有效地工作，那么，他必须具备法律设计师和建筑师的才能"。进而，他将立法技术划分为立法的表现技术和立法的表述技术。"所谓立法的表现技术，是指立法者在法律创作过程中，在自己的观念和思维范畴内设计构思未来的法律关系的技术"。而"所谓的立法的表述技术，是指立法者为既定的法律思想和设计配置最佳的文字载体的技术"。在《立法技术学》一书中，孙潮教授还详细介绍了法律总则、法律罚则、法律附则、法律实施细则和法律修正案的制作技术。

在后期的成果中，孙潮教授的关注点从技术规范转移到了程序规范。他认为技术和程序相比，更重要的还是程序。路径决定结果，程序决定结果。他认为，立法必定是多元利益冲突的结果，为了保障各种利益在立法的过程中得到"平等且真实的表达，有效且充分的博弈"，我们就需要设计公平的程序。而保障立法有效表达的核心就是程序。只有当社会不同利益之间能够在公平的程序中进行有效博弈、充分交涉，包括少数的意见也能在这种程序中得以有效表达，才能够增添法律的正当性和提高立法质量。进而，孙潮教授分析了现代立法程序的价值。他认为，现代立法程序具有民主、交涉、理性、效率、平衡和中立的价值。而中国立法程序在上述的诸多价值上是缺失的，因此，虽然"中国当代立法程序已取得重大的历史性进步"，但是，"我国的立法程序与建设社会主义民主和法治国家的要求还相距甚远，与提高立法质量、生产'精品'法律的任务还不相适应"。

孙潮教授认为，中国法律的很多问题的产生正是由于中国立法程序的不完善，由于立法过程中博弈不充分造成的。由于立法过程各种利益不能够得到有效表达，从而导致了法律的充分博弈都是在执法过程中完成的，结果就造成了执法过程中有很多的权力活动空间。

在对立法技术和立法程序的研究中，孙潮教授很重视对经济学分析方法的运用。他是国内最早关注立法成本问题的学者之一。在1994年上半年，孙潮教授在国内首次运用了法律经济学原理对地方立法进行了研究——根据上海市政府法制办公室的委托，对上海市禁止燃放烟花爆竹的立法成本进行了理论分析。此后，成本效益立法经济分析方法经常地被运用在他的研究项目中。孙潮教授认为，如果立法者重视对立法过程每个环节的成本分析，那么立法的"肆意"就可以得到避免。

1998年，孙潮教授当选为上海市第十一届人大常委会委员，上海市人大常委会法制工作委员会委员。在这以后的5年时间（1998～2003年）里，孙潮教授作为一个立法机构的成员,成功地将自己相关的立法学研究心得通过立法程序运用于实践,对上海市人大的立法和决策产生了很大的影响。如 2002 年,在孙潮教授的倡议下,动议权在上海市人大常委会首次得到了使用并取得成功。

孙潮教授的身份在 2003 年发生了变化。在这一年的 4 月,孙潮教授被任命为上海市徐汇区的代区长,并在随后的区人大会议上被选举为区长。在徐汇区政府的网站上,孙潮教授提出了自己的执政思路:"建设'透明、高效、职业化'的公共政府的目标理念,旨在改变政府工作中那些不符合现代社会发展的习惯思维。"而"公共政府"的提法也是孙潮教授的一个创意,"公共政府"的理念所要解决的是政府如何更好地提供服务的问题。

从大学教授到"议员",再转变成为政府官员,孙潮教授在不同的职位上演绎着他的法学人生。虽然角色已经不同,但是,在立法机关、行政机关的不同经历都可以视为他的法学生涯的延伸。因为无论是在立法的理念中,还是在政府的施政纲领中,他都留下了深刻的法学印记:如民主和法治的意识、程序的价值理念等。

(刘志欣[①])

---

① 刘志欣,上海工程技术大学教师,华东政法学院法律史专业 2005 级博士研究生。

吕国强

吕国强(1957年8月～　　)，国内第一代知识产权专业法官，现任上海市第二中级人民法院党组成员、副院长、审判委员会委员，同时担任上海交通大学知识产权研究中心和复旦大学知识产权研究中心研究员，同济大学知识产权学院兼职教授，华东政法学院《法院院长与司法实践》课程主讲教师，中国知识产权研究会第三届理事会常务理事，上海法学会科技法知识产权法研究会副总干事，亚洲域名争议解决中心专家组成员。1983年复旦大学分校法律系本科毕业，获法学学士学位，1990年上海社会科学院研究生毕业，获法学硕士学位。

他是一位知识产权实践领域的著名法官，曾先后担任上海市高级人民法院研究室副主任，《上海审判实践》杂志副主编，上海市高级人民法院知识产权庭庭长、审判委员会委员。他同时是一位知识产权学术领域的著名青年法学家，研究方向主要是知识产权法以及与知识产权保护相关的民法、民诉法、司法制度等。曾先后在哈佛大学、不列颠哥伦比亚大学、马普国际知识产权研究所做高级访问学者。专著《生与死的法律探索》填补了我国民法研究中的一个空白点，曾在《中国法学》等杂志上发表论文40余篇，在美国、中国香港等杂志上发表英文论文若干篇。1999年荣获首届"上海优秀中青年法学家"称号。他曾编写《网络与软件案例精选》(上海人民出版社)和《法官论知识产权》(法律出版社)，撰写调研报告《知识产权禁令制度建立与完善》。发表的文章中代表作有：《加强对知识产权的司法保护——促进科技文化事业的繁荣与发展》(《华东科技》1995年第2期)、《广告语著作权纠纷的法律思考》(《华东科技》1995年第3期)、《"毛泽东肖像"画案若干法律问题探讨》(《中国法学》1996年第6期)、《吴冠中〈毛泽东肖像〉画著作权纠纷案件审理始末》(《人民司法》1996年第11期)、《钱钟书〈围城〉著作权纠纷案审理纪实》(《华东科技》1998年第6期)、《TRIPS协议与知识产权的司法保护》(《人民司法》2000年第6期)、《TRIPS协议中的若干法律问题(一)》(《华东科技》2000年第7期)、《TRIPS协议中的若干法律问题(二)》(《华东科技》2000 年第 8 期)、《TRIPS 协议与知识产权的司法保护》(《科技与法律》2001 年第 2 期)、《析(美国)宝洁公司诉晨铉公司不正当竞争案》(《人民司法》2002 年第 7 期)、《刑事处罚能否免除民事侵权责任——〈辞海〉著作权侵权案的法律思考》(《知识产权》2003 年第 4 期)、《知识产权全方位保护的司法实践——对辞海著作权纠纷案件的评析》(《人民司法》2003 年第 6 期)、《知识产权禁令制度的建立与完善》(《人民司法》2004 年第 4 期)、《首例 WIPO 域名裁决案的法律思考》(《人民司法》2004 年第 12 期)以及在第二十二届世界法律大会知识产权法专题论坛上所作的报告《知识产权的权利冲突及其解决机制》。

吕国强法官的主要观点有:在专利权利保护的研究上,指出把一个好的发明创造扼杀了,就会阻碍社会进步;把一个不该保护的技术保护了,就会阻碍社会生产力的发展,因此要对有权发明创造等保护制度进行全面、细微、严谨的研究。在著作权保护的研究上,通过对《辞海》纠纷、钱钟书《围城》纠纷、吴冠中《毛泽东肖像》画纠纷、广告语纠纷等典型案件的分析,指出著作权的保护要始终将促进先进文化的创作与传播、保护著作权人的合法权益为指导,不拘泥于习惯思维模式,开拓创新,达到与社会效果的平衡。在商标权保护的研究上,指出驰名商标的依据主要是根据该商标注册、使用、宣传及知名度等情况,强调对驰名商标的特别保护。在反不正当竞争法的研究上,认为由于反不正当竞争涉及面广,难以具体规范,其立法比较原则而不具体,现实中不少属于不正当竞争的行为,在该法中却找不到相应条文来处罚和制止,因此要加强立法完善,并且要加大商业秘密保护的研究。

吕国强法官对知识产权学科及司法实践的主要贡献有:在理论研究方面,注重在 WTO 规则下研究对商业秘密和知名商标法律保护的新思路,强调《与贸易有关的知识产权保护协议》(即 TRIPS 协议)的保护力,指出要加强对我国地理标志法律制度的完善,并对肖像权、广告语著作权、域名权等具体知识产权提出了新见解。同时,对知识产权权利冲突的类型、特点、原因、解决机制及其完善等进行了全面的阐述,认为应主要把握诚实信用和公平竞争、保护在先权利、尊重约定、权利与义务平衡,推动了知识产权研究走向细致化、微观化。在司法实践方面,率先在全国范围内尝试知识产权侵权案件适用"法定赔偿"的救济标准,弥补了我国的相关法律在救济赔偿方面没有具体规定的缺陷,取得了良好的效果,并且得到了司法实务界的一致认可和赞同,现在已经成为各级法院审判知识产权侵权案件的具体指南,在知识产权的司法实践中起到了开创性作用。他提出了知识产权审判庭统一审理与知识产权相关的刑、民、行政案件的审判模式,开创了我国知识产权司法审判历史先河,引发了全国法院系统的司法改革,有力地推动了知识产权审判制度的完善和进步。通过主审上海晨铉智能科技发展有限公司与美国宝洁公司不正当竞争纠纷上诉一案,以判决形式确认宝洁公司使用在香皂上的"safeguard 舒肤佳"文字和图形组合商标系驰名商标,依法对驰名商标给予特别保护,开创了我国司法判决认定驰名商标的先河。

(郑小兵　曾毓淮)

关保英

关保英（1961～　），陕西澄城人。教授、博士生导师。1991 年起担任中南政法学院行政法教研室主任，1995 年 5 月被任命为中南政法学院公安与行政法系副主任兼行政法教研室主任。1999 年 9 月被任命为中南政法学院宪法与行政法研究中心主任。1998 年下半年作为访问学者先后访问了德国、法国、比利时、荷兰等西欧国家的 5 所著名学府和海牙国际法院。

关保英现为上海政法学院教授、法律系系主任，华东师范大学博士研究生导师，华东师范大学法律顾问，民建中央法制委员会委员、民建上海市政策委员会副主任，中国行政法学会常务理事，上海市立法研究所客座研究员，上海市工商学会理事，湖北省第八届人大常委会立法顾问，湖北省监察学会副会长，广州市司法行政专家咨询员，国家行政学院行政法研究中心研究员，山东工商大学、景德镇陶瓷学院客座教授。

关保英教授多年来致力于行政法学的教学实践与理论探索，对行政法基础理论和行政法治实践作了深入研究。先后主持或参与了多项国家社科基金项目和省部级科研项目，已完成的项目均通过了鉴定。目前已经出版学术著作 8 部，编著或主编规划教材 5 部。其中 1997 年出版的《行政法的价值定位——效率、程序及其和谐》一书是全国行政法学界第一部收入"中青年法学文库"的著作，该书曾获司法部科研成果二等奖、武汉市政府社会科学优秀成果二等奖、武汉市法学会社会科学优秀成果一等奖，得到学术界同行的高度评价。2000 年 7 月出版的另一部著作《行政法模式转换研究》是司法部确定的重点课题，它对传统行政法模式提出质疑，构想了适应市场经济的全新行政法模式，具有深刻的独创性，该书被收入"法学研究论文集"。2002 年 7 月出版的《行政法服务论的逻辑结构》已产生了良好的社会效果。2003 年 5 月出版的《行政法的私权文化与潜能》从一个非常新的视角阐释了行政法治的若干基本理论，并引起了学术界和实务部门的普遍关注，该书获 2004 年上海市第七届哲学社会科学优秀成果二等奖。2004 年出版个人专著《执法与处罚的行政权重构》等。1999 年受司法部教材编辑委员会指定，编著了《行政法案例教程》，2003 年主编司法部统编教材《法学概论》，2004 年主编司法部统编教材《行政法与行政诉讼法》、《行政许可法教程》。2005 年出版《行政法教科书之总论行政法》。该著作是对多年来行政法教学的总结，总字数达 120 万，其体系结构、内容设计等都具极强的学术创新型，是目前国内独一无二的。2006 年主编国内第一部《行政法制史教程》，弥补了学界此方面研究的空白。在各类学术刊物上发表学术论文 200 余篇（其中在《法学研究》、《中国法学》等国家一级刊物上发表学术论文数十篇），总字数已超过 200 余万字。代表性论文有：《比较行政法学若干问题探讨》、《论行政相对人权利的平等保护》等。关保英教授先后承担了 7 项国家级、省部级以上课题，如"行政综合执法与相对集中行政处罚权研究"、"行政法的本土化问题研究"、"行政法模式的转换研究"、"行政文明执法研究"、"行政执法方式研究"、"行政垄断问题研究"等。此外，基于对"依法行政"和"行政法治"的独到见解，关保英教授还经常在全国各类报刊上对行政法治中的热点问题接受采访、发表评论性文章。

　　关保英教授近 20 年的辛勤笔耕，结出累累硕果。这些研究成果从不同的角度对行政法基础理论进行了阐释，在行政法价值问题的研究上提出了行政法中效率与程序和谐定位的理论，针对行政法学界重实在研究，轻理性思考的现实，提出了行政法学必须首先解决价值定位问题，认为该问题的解决是解决其他后续问题的关键。进而提出了行政法包括效率价值和程序价值两个方面，并批评了理论界对行政法乃至整个法学界的一个误解，即"长期以来重实体轻程序"。认为中国行政法治水平低下的根本原因并不是"重实体轻程序"，而是过多地被繁琐的程序规则所束缚才导致了人浮于事、效率低下、行政不力等弊端。大胆地提出在效率和程序的关系中效率为正、程序为偏等全新观点。该理论观点既有深刻的理论构造，又不乏实践意义。对建设社会主义法治国家，实现依法行政有非常重要的指导意义。该理论合理地解决了行政法中效率与程序的关系；在行政法模式问题的研究上，主张我国行政法应由传统的公权展开模式向私权与公权并重模式转化，并揭示了新的行政法模式下一系列行政法制度的概貌；在行政法理论基础的研究上，对具有时代精神的服务论的逻辑结构进行了深入浅出的构造,使 20 世纪 80 年代就提出来的服务论有了新的时代内涵;在行政法原则问题上解决了一直困扰人们的行政法合理性原则的合理条件问题,这些问题的探讨在国内外均产生了不同程度的影响。

在忙碌的教书育人、科研探索之余,关保英教授还非常重视中国行政法治实践,积极参与行政法的普及和社会化工作,以自己卓杰的学术素养回报于社会。曾为中国人民银行总行干部培训班多次主讲过行政监察原理,为"美国福特基金法官班"主讲过 4 届行政法原理。多次承担司法部、监察部的调研课题。为湖北省厅局级以上的行政执法人员多次主讲过行政法原理、依法行政的理论和实践、行政诉讼法、行政复议法、行政处罚法等专题。对湖北省、武汉市、广州市、上海市等的行政执法问题有深入研究,既撰写了大量相关论文又作了大量的行政法治宣传工作。尤其在地方行政法治建设方面有杰出的学术专长,撰写的有关地方立法和执法的论文有 20 余篇。参与了湖北省、武汉市的诸多地方性法规和规章的制定,其中一些重要见解被地方立法直接采纳。尤其担任湖北省第八届人大常委会立法顾问期间,对湖北省的每一个地方性法规都提出了相应的修改和完善意见。在地方立法和地方行政法治方面的成就得到了有关部门的肯定,先后受到武汉市政府、湖北省监察厅、广州市政府法制局等政府机关的奖励。

关保英教授严谨的治学态度和很高的学术造诣,使他无论在教学还是科研或者教学管理等方面都取得了突出的成绩,先后多次被评为中南政法学院院级优秀教师和华东师范大学优秀教师,1999 年被评为中南政法学院十大学术骨干,1998 年被评为湖北省跨世纪学术带头人,1999 年被评为湖北省有突出贡献中青年专家,2003 年被评为上海市十大"优秀中青年法学家"。1996 年被收入《中国社会科学家大辞典》(英文版),1998 年 7 月 27 日《法制日报》头版介绍了他在学术方面的成就,并称之为"当代行政法学家"。2003 年被《上海社科通讯》作为"社科新人"推荐。

(吴旅燕①)

---

① 吴旅燕,华东政法学院法律史专业 2005 级博士研究生。

寿 步

寿步(1962年12月～　　),教授。

1985年起在高校任教至今,先后从事计算机科学、知识产权法、科学技术法的教学与研究,发表学术论文数十篇。现任上海交通大学法学院教授、博士生导师、知识产权研究中心主任,兼任中国科技法学会常务理事、中国法学会知识产权法研究会理事、中国法学会信息法学研究会理事、中华全国律师协会信息网络与高新技术专业委员会副主任委员、上海市信息化专家委员会委员。

2003年被上海市法学会评为上海市优秀中青年法学家。曾获上海市哲学社会科学优秀成果著作奖三等奖、上海普通高校优秀教材三等奖、宝钢教育奖、优秀教师奖。

他的代表性论著包括《计算机软件著作权保护》(清华大学出版社1997年版)、《中国软件版权诉讼实务》(香港中文大学1997年版)、《软件网络和知识产权》(吉林人民出版社2001年版)、《我呼吁——入世后中国首次立法论战》(主编,吉林人民出版社2002年版)、《网络游戏法律政策研究》(主编,上海交通大学出版社2004年版)。

他还与人合著了《中国知识产权法》(香港三联书店1998年版)、《计算机知识产权法》(上海大学出版社1999年版)、《软件相关发明专利保护》(知识产权出版社2001年版)、《软件企业知识产权管理》(清华大学出版社2005年版),并主编了《软件网络案件代理与评析》(吉林人民出版社2002年版)、《信息网络与高新技术法律前沿》(法律出版社2003年版)、《网络游戏法律政策研究》(上海交通大学出版社2005年版)等著作。

寿步教授是国内法学界为数不多的既有工学硕士学位,又有法学教授职称

的跨学科复合型法学人才,长期从事知识产权法、科学技术法的研究,并在此过程中形成了一系列重要的学术观点,主要如下:

1. 关于版权法学基本问题

版权法究竟保护什么、不保护什么,这是版权法学的基本问题。他认为,应当以创意、表达、作者、作品、内容、形式这 6 个范畴作为版权法学的基本范畴。版权法并不保护创意,但却保护创意的表达;版权作为一种专有的无形财产权,应当有其权利主体和客体;作者的创意的表达是作品,作品是其内容和形式的有机统一。他用图 1 描述 6 个范畴之间的关系。该图表明了 6 个范畴的内在联系。

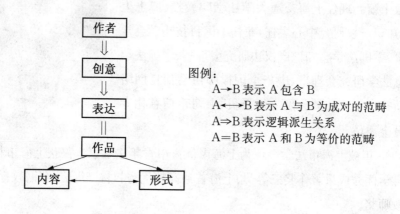

图例:
A→B 表示 A 包含 B
A←→B 表示 A 与 B 为成对的范畴
A⇒B 表示逻辑派生关系
A＝B 表示 A 和 B 为等价的范畴

图 1

2. 关于"同一程序的源文本和目标文本是否是同一作品"的问题

寿步教授认为,同一计算机程序可以具有两种形式,同一程序的源文本和目标文本为同一作品即同一版权标的。

3. 关于软件版权的复制权

寿步教授提出,计算机程序可以分为"三个层面",即存贮形式、感知结果和文本形式[1]。同一程序在存贮形式、感知结果、文本形式方面的变化并未改变其作为版权意义上同一作品的实质。程序复制的实质是对程序作者创意之表达的再现,所改变的是程序的载体和/或程序的存贮形式,而不是对程序的新创作和演绎。

---

[1] 见《计算机软件著作权保护》第 10 章第 4.1 节,清华大学出版社 1997 年版。

4. 构成软件的程序作品和文档作品各是不同的版权标的

寿步教授认为,程序和文档作为一个完整软件产品的组成部分是不可分割的。但把软件看作作品时,构成软件作品的程序和文档是可分割的,程序作品和文档作品各自成为不同的版权标的。因此,我国著作权法规定的作品种类"计算机软件"应改称"计算机程序"。

5. 论追究软件用户使用未经授权软件责任的理论依据

寿步教授认为,版权并不延伸到最终用户对侵权作品的使用,因此,用户使用未经授权软件本来并不侵犯版权(包括不侵犯复制权)。只是考虑到软件的特殊性和软件版权人的特殊利益,一些发达国家和地区(如日本、我国台湾等)采用拟制的立法体例,将"视为"侵权的界限延伸到部分最终用户,即以是否"业务上使用"或"营业使用"等标准作为划分是否"视为"侵权的界限。所以,追究用户使用未经授权软件的依据应当是"拟制说",而不是版权中的复制权。

6. 软件最终用户问题和宏观知识产权战略方面的观点[1]

1999年微软诉亚都案所涉及的软件最终用户使用未经授权软件问题,曾在中国知识产权界引发了一场论战。2001年年底新版《计算机软件保护条例》出台前后围绕软件版权保护水平和宏观知识产权战略又展开了一场论战。

作为论战一方的代表人物,寿步教授提出了关于最终用户使用未经授权软件的法律保护水平的"三个台阶论",认为侵权界限不延伸到任何最终用户是"第一台阶",延伸到部分最终用户是"第二台阶",延伸到所有最终用户是"第三台阶"。他坚决反对在中国实行"第三台阶"水平的保护,认为中国作为发展中国家本来应当定位在"第一台阶",考虑到我国发展软件产业的需要和软件的特殊性,考虑到一些发达国家和地区的相关立法现状,我国可以定位在"第二台阶"。

他从1999年以来在国内率先倡导"合理保护知识产权",指出知识产权保

---

① 见《软件侵权如何界定——从微软诉亚都案谈起》,《计算机世界》1999年8月9日;《经济实力与知识产权水平》,《上海计算机报》1999年8月16日;《中国软件侵权最终界限何在》,《中国计算机报》1999年9月27日;《试论软件最终用户的责任》,《知识产权研究》,西安交通大学出版社1999年版;《关于"使用盗版也违法"的商榷》,《光明日报》1999年12月8日;《中国软件侵权最终界限何在》,《软件工程师》1999年第6期;《试论软件最终用户的责任》,载郑成思主编:《知识产权文丛》第三卷,中国政法大学出版社2000年版;《软件网络和知识产权》,第431~486页,吉林人民出版社2001年版;《我呼吁》"软件最终用户问题"篇,吉林人民出版社2002年版。

护制度的基点是在权利人利益和社会公众利益之间维持平衡；确定平衡点的依据只能是社会经济发展的现实。我们不应当盲目地去适应发达国家对中国知识产权保护水平提出的要求，必须以中国国情为立法前提。中国的知识产权立法，不能忽视中国自身的社会经济发展现实，不能忽视中国自身的文化传统和道德习惯。

他认为，知识产权保护采用何种立法模式、确立何种保护水平，并不存在某种天经地义的预设模式和预设水平，而是世界上不同的国家集团、各国国内不同的利益集团的实力综合较量的结果。只有加强中国的综合国力，在制定知识产权"国际标准"时，我们的话才能有足够的分量。他强调，关于知识产权法律的实施，应当遵循合理保护原则，人权/公共健康优先原则，国家利益优先原则。

寿步教授在宏观知识产权战略和软件版权理论等方面提出的上述学术观点，不仅对知识产权理论研究，而且对我国知识产权立法实践，都产生了重要的影响。例如，他首倡的合理保护知识产权思想，已在近期国家知识产权战略起草制定过程中获得采纳；他在软件版权保护领域提出的"三个台阶论"，直接促成了《最高人民法院关于审理著作权民事纠纷案件适用法律若干问题的解释》中第 21 条的出台，促使我国软件著作权保护定位在符合国情的合理水平。

（张　彬）

沈　晖

沈晖（1960 年 12 月～　），上海市人。曾担任民庭法官。1987 年 7 月调入同济大学任教至今，现为同济大学法律系副教授、兼职律师、中华全国律协民商事业务委员会委员、上海律协建筑房地产法律研究会研究员、上海市法学会会员。

沈晖老师自从事教育工作以来，在教学取得优异成绩的同时，科研方面也取得了比较丰硕的成果，历年发表论文计 30 篇，出版书著、教材 7 部。主要代表作品有：论文《从版权主体归属谈版权立法与司法》（载《法学》1989 年第 6 期），《我国民事诉讼文件的域外送达》（载《法学》1988 年第 2 期），论文《商品房预售的若干法律问题及其对策》（载《房地产报》1997 年 9 月 30 日），《我国房地产立法存在的问题及其对策》（载《法学杂志》1999 年第 5 期），著作《房地产法的理论与实践》（第一作者，同济大学出版社 2000 年版），论文《改革我国房地产税制的法律思考》（载《政治与法律》2002 年第 1 期），《承包人优先受偿权与其他相关权利竞合的困惑及对策》（载《建筑经济》2002 年第 6 期），《论留置权在建设工程合同中的适用》（载《同济大学学报（社科版）》2004 年第 2 期），著作《房地产法学》（上海财经大学出版社 2004 年版，第二作者），被用作上海市工程管理类专业统编教材，论文《我国城市土地使用制度存在的问题、原因及对策》（载《理论前沿》2006 年第 5 期，入编《法治参考》2006 年第15 期）。

沈晖老师的研究成果与研究能力得到学界的普遍认可。她撰写的论文《商品房预售的若干法律问题及其对策》曾获 1998 年"上海市第二届青年房地论文竞赛"二等奖；出版的著作《房地产法的理论与实践》曾获上海市法学会"第二届学术著作奖"二等奖。2003 年因在业务上成果卓著，被上海市法学会评为"上海市优秀中青年法学家"。

沈晖老师的主要研究方向是民商法学、房地产法。她比较侧重于理论与实践相结合,关注论题的实用价值。她认为,无论是作为法官还是法学研究者,两者的思维方式虽然有所不同,但最终都归结于对法律的理性思考和对实现最佳法律效果和社会效果的追求,都需要法学理论和符合时代精神的知识结构的支撑。为此,她结合在同济大学的从教实际,注重在法律专业与本校强势学科中间寻找结合点。从20世纪90年代初起至今的10多年间,她一直将房地产法作为自己的主攻方向,从房地产开发、销售到房地产管理,其中的每一个环节都融进了她思考的范畴。其主要的学术观点是:

(1)关于房地产立法问题。首先,针对房地产立法层次偏低、因立法主体多元化所致立法标准不一等现状,她认为应尽快完善《城市房地产管理法》、《土地法》的相关内容,赞同制定《物权法》、《住宅法》的主张;同时认为应摒除由职能部门起草或制定法规、规章的部门立法模式,拟组建相应层次的常设"立法机构"主持立法,以戒部门之间的权益之争,避免法出多门。其次,为杜绝土地的隐性交易,遏止国有资产的严重流失,须在时机成熟时,即以立法终止划拨使用权与有偿出让使用权并存的国有土地使用"双轨制"。

(2)关于城市土地使用制度。她指出,政府既是规则的制订者、执行者,又是市场的管理者和交易者,对政府行为缺乏有效监督和制约,乃是我国土地资源流失与失控的深层次原因。主张应以土地权利为核心,以物权理论为基础来构建、创新土地产权制度,要对适度放开土地一级市场进行探索,进一步搞活二、三级市场;要协调好城市规划和土地利用总体规划的统一编制和审批,切实加强规划决策的科学化和民主化;要加快建立土地收益基金制度,限定拍卖出让土地使用权的适用范围等。

(3)关于城市房屋动拆迁问题。她认为城市房屋拆迁的本质是对私有权利的一种消灭方式,其前提条件是拆迁人对私有权利人必须给予相应补偿。其一,房屋拆迁的惟一主体是国家,因此,行政拆迁法律关系的当事人一方应当是政府有关部门而非所谓的"拆迁人(开发商)"。其二,应以立法明确描述、界定征地的"公益目的"范围,制止"公共利益"内涵的任意扩大,剔除背离公益和虚具公益名义的征用。其三,拆迁补偿范围不及于土地使用权的规定显失公平,一方面是国有土地使用权的有偿出让,另一方面则是拆迁人或管理部门对被拆迁人私房土地使用权的不予补偿,这与等价有偿原则相悖。其四,要确定科学、合理的房地产估价方法及其操作程序，以使拆迁补偿价格与房地产价值相符。

（4）关于房地产税制。沈晖老师在2002年时就指出我国房地产税制存在的不足，并提出了解决这些问题的方案：首先要明确租税费内涵，理顺税费关系。需要做的工作是将城镇土地使用税纳入地租范畴，取消土地闲置费，将"土地出让金"改为"地租"。其次，改革房地产税制结构，恪守税负公平原则。她认为税改的核心是税负公平，即纳税人按相同标准纳税，包括计税依据、税率、扣除项目和减免标准皆一致。要建立科学、精简而合理的税制结构，还须取消一些税种、归并一些税种和新设一些税种，需从房地产税的取得环节、保有环节、流转环节和开发调节环节着手努力。第三，消除内外差别，增加政策透明度。她主张新的房地产税制应该提高税收征管的透明度，给房地产企业营造一个公平竞争的税收环境，摒除内外资、国有非国有之分，调整内外有别的税收优惠政策，使之更符合WTO规则，使企业真正成为市场竞争的平等主体。第四，提高税收立法层次，适度下放房地产各税管理权限。主要工作是在税收立法上，要实行中央集权与地方分权相结合模式；要统一房地产税的收取方式；要强化税收征管力度。

（穆中杰）

肖中华

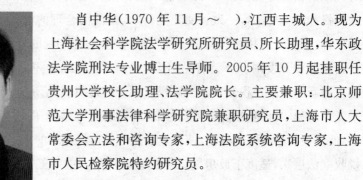

肖中华(1970 年 11 月～　　)，江西丰城人。现为上海社会科学院法学研究所研究员、所长助理，华东政法学院刑法专业博士生导师。2005 年 10 月起挂职任贵州大学校长助理、法学院院长。主要兼职：北京师范大学刑事法律科学研究院兼职研究员，上海市人大常委会立法和咨询专家，上海法院系统咨询专家，上海市人民检察院特约研究员。

2002 年 12 月获中国法学会"第三届杰出中青年法学家"提名奖，2003 年 1 月被上海市法学会评为上海市优秀中青年法学家。2004 年 5 月 18 日至 6 月 18 日赴日本广岛大学进行学术交流。2004 年 6 月被上海市委宣传部评选为"上海市宣传系统优秀共产党员"。2001 年度国家社科基金项目"刑法基本原则及其司法化"(01CFX008)和 2004 年度国家社科基金项目"犯罪构成及不典型犯罪形态研究"(04CFX021)负责人。

出版个人专著：《犯罪构成及其关系论》(中国人民大学出版社 2000 年版)，《侵犯公民人身权利罪》(中国人民公安大学出版社 1998 年版，2003 年再版)，《伤害犯罪的定罪与量刑》(人民法院出版社 2001 年版)，《刑法疑难争议问题与司法对策》(中国检察出版社 2002 年版)。作为主要作者参与编写刑法理论著作 50 余本，如《中国特别刑法研究》(合著)、《香港刑法学》(合著)、《刑法完善专题研究》(合著)、《新刑法教程》(合著)、《现代世界毒品犯罪及其惩治》(合著)、《新刑法典的创制》(合著)、《澳门法律问题》(合著)、《刑法国际指导原则研究》(合著)、《刑法修改建议文集》(合著)等。

在学术期刊发表刑法学论文 100 余篇，代表作有：《论刑法中危害行为的概念》(《法律科学》1996 年第 5 期)、《中国刑法改革若干问题研究》(《法学研究》1996 年第 5 期)、《论死刑的立法控制》(《中国法学》1998 年第 1 期)、《论抢劫罪适用中的几个问题》(《法律科学》1998 年第 10 期)、《我国刑法中犯罪构成概念的再探讨》(《法学评论》1999 年第 5 期)、《论刑法中的禁止不当评价》(《法律适用》2000 年第 3 期)、《关于绑架罪的几点思考》(《法学家》2000 年第 2 期)、《也论法条竞合犯》(《法律科学》2000 年第 5 期)、《犯罪构成要件类别的界定》(《中国法学》2000 年第 6 期)、《犯罪构成要件及其相关范畴辨析》(《法学研究》2001 年第 2 期)、《刑事推定与犯罪认定刍议》(《法学家》2002 年第 3 期)、《论受贿罪适用中的几个问题》(《法学评论》2003 年第 1 期)、《刑法学研究的问题意识》(《法商研究》2003 年第 3 期)、《侵犯知识产权犯罪认定若干问题研究》(《经济刑法》2004 年第 1 期)、《单位犯罪刑事责任基础理论研究》(《经济刑法》2004 年第 2 期)、《中国当前刑事司法解释的问题及其对策》(日本《广岛法学》第 28 卷第 2 号,2004)、《危险概念是一个危险的概念——关于狭义危险犯的理论及立法探讨》(《中国刑事法杂志》2005 年第 6 期)、《渎职罪法定结果、情节在构成中的地位及既遂未遂形态之区分》(《法学》2005 年第 12 期)、《也论贪污罪中的〈利用职务上的便利〉》(《法学》2006 年第 7 期)。

主要学术观点:(1)刑法适用的过程就是刑法解释的过程,因此,从规范刑法学的角度看,刑法解释是刑法学中最为基本的范畴。刑法解释的目标未必是寻求立法原意;罪刑法定原则对刑法解释具有观念约束的作用,但是没有技术层面的指导功能。在经济犯罪的规范解释中,务必注重刑法独立判断、实质解释和体系解释。(2)行为主体、行为的客观方面和主观方面存在犯罪构成要件,但行为侵犯的是什么合法权益,对于界定行为是否成立犯罪没有前置性功能,因而不存在构成要件。(3)刑事责任禁止重复评价(一行为两次以上评价)、重合评价(两行为一次评价)和分割评价(一行为割裂评价)。(4)构成要件的评价应当在实质立场上进行,当能够用内涵丰富的要件进行评价时不得用内容相对空泛的要件进行评价。(5)不作为是指行为人负有实施某种特定法律义务,并且能够实行而不实行的行为,不作为未必表现为身体的静止。不纯正不作为犯既违反禁止规范,又违反命令规范。(6)共同犯罪的成立以符合同一犯罪构成为前提,但共同犯罪存在部分共犯。片面共犯的观念应当破除,将片面共犯纳入扩展后的间接正犯范围具有合理性。无身份人与有身份人共同实施特殊身份为主体要件的犯罪,应以特殊身份之罪定性。(7)死刑存在的惟一正当根据在于报应,我国废止死刑应首先从经济犯罪开始。(8)已满 14 周岁不满 16 周岁的人绑架杀人的,应当以故意杀人罪定罪处罚,对其作无罪或绑架罪处理,均违背罪刑法定原则。

肖博士对刑法学界主要贡献:他的一些学术观点被编入了我国的刑法学教科书,并曾经于 1996~1997 年参与刑法修改研拟工作;参与最高人民法院、最高人民检察院有关司法解释的起草、咨询、研究工作;一些学术观点被立法和司法解释所采纳。

（杨文杰①）

---

① 杨文杰,上海师范大学法学理论专业 2004 级硕士研究生。

张乃根

张乃根（1955 年 10 月～　　），上海市人。法学博士，现任复旦大学法学院教授、博士生导师，复旦大学国际法研究中心主任、知识产权研究中心主任、人权研究中心副主任兼秘书长、日本研究中心兼职研究员、复旦大学学报(社科版)编委，中国法学会国际法研究会常务理事、国际经济法研究会副会长、世界贸易组织法研究会常务理事，中国高校知识产权研究会学术委员会副主任，教育部法学学科教学指导委员会委员，上海市知识产权局专家咨询委员会委员，亚洲域名争议解决中心（CIETAC）专家成员，上海市复旦律师事务所律师。1999 年被上海市法学会授予"上海市优秀中青年法学家"称号，并于 2005 年 8 月入选《当代中国法学名家》名录，荣获"当代中国法学名家"称号。1989 年以来，先后任美国哥伦比亚大学法学院访问学者、美国乔治·华盛顿大学法学院访问学者、美国密歇根大学法学院富布赖特研究学者、加拿大约克大学法学院访问教授、德国马克斯—普朗特比较公法与国际法研究所客座教授、奥地利萨尔斯堡大学国际法系访问教授、瑞典隆德大学瓦伦堡人权及人道主义法研究所访问教授、香港城市大学法学院访问教授、香港大学法学院访问教授、法国巴黎第一大学比较法研究所访问教授，并多次应邀参加在美国、欧洲、中国香港等地举行的国际学术会议。曾与法国的米雷埃·德尔玛斯·玛尔蒂教授共同领衔组织了为期 3 年的"克隆人：法律与社会"的国际合作研究项目，担任中方负责人和国家人类基因组南方研究中心伦理、法律与社会研究部副主任。

张乃根教授的主要研究领域有西方法哲学、知识产权法、国际法，学术研究成果颇丰，其中专著有《西方法哲学史纲》、《当代西方法哲学主要流派》、《社会学分析法学》、《经济学分析法学：评价及其比较》、《法经济学——经济学视野里的法律现象》、《国际贸易的知识产权法》、《TRIPS 协定：理论与实践》、《国际法原理》；主编有《克隆人：法律与社会》、《复旦人权研究》、《中国知识产权法》、《知识经济与知识产权法》、《上海干部知识产权读本》、《知识创新与技术转移》、《当代国际法研究》、《新编国际经济法导论》、《当代国际法研究：21 世纪初的中国与国际法》、《国际经济法》；编著有《美国专利法判例选析》、《美国——精炼与常规汽油标准案》；译著有《论经济与社会中的法律》、《世界贸易体系：国际经济关系的法律与政策》、《国际法：政治与价值》；合著有《全球电子商务的知识产权法》等；在《中国法学》、《法学评论》等法学核心期刊上发表多篇论文，其代表作有《论西方法的精神——一个比较法的初步研究》、《试析罗马法的法哲学》、《美国专利侵权的等同原则——案例分析及其比较》、《TRIPS 专利条款比较研究》、《世贸组织的知识产权争端的解决机制》、《论全球电子商务中的知识产权》、《试析全球电子商务中的知识产权》、《论与知识产权有关的反垄断法》、《论 TRIPS 协议义务》、《论国际贸易中的技术增长及其对策》、《比较法与国际法研究的新思路》、《试析国际经济法学的性质》、《重视国际法与国内法关系的研究》、《论 WTO 与我国的法律保障机制》、《略论 WTO 法与中国"一法四域"法律关系》、《国际经济关系的技术因素及其法律影响》、《论 WTO 争端解决机制的几个主要国际法问题》、《论中国利用 WTO 争端解决机制的对策》、《试析 WTO 争端解决的国际法拘束力》、《论条约批准的宪法程序修改》等。

张乃根教授的主要学术观点有：在西方法哲学研究领域，对西方的法经济学、法社会学有独到的见解，认为当代中国人在研究、比较和吸取西方法的时候，应注意了解西方法的精神，并且要把西方的法学思想融入我国的法制健全过程中。在知识产权研究领域，认为应在《与贸易有关的知识产权保护协议》（即 TRIPS 协议）背景下，探索国际贸易中技术因素增长原理，建立国际贸易的知识产权法理论体系。在国际法、国际经济法以及 WTO 法研究领域，强调国际法的研究应与西方法学流派理论相结合，国际经济法有独立的学科性质，尤其是在国际贸易争议解决的过程中，充分发挥 WTO 争端解决机制的积极作用和 WTO 相关法规的国际拘束力。

张乃根教授对法学学科的贡献主要有：多次再版的《西方法哲学史纲》一书，运用要素限定法，深入研究从古希腊城邦时期到第二次世界大战西方法哲学的发展脉络，厘清了西方法学流派的理论线索，并且重新梳理了各大法学流派的主要内容,成为国内从事西方法哲学研究必不可少的理论来源。发表于1999 年第 2 期《中国法学》上的论文《论全球电子商务中的知识产权》,指出作为革命性的国际贸易新形式,全球电子商务的兴起,使现行知识产权保护制度面临新的更加复杂的挑战,尤其是域名的知识产权保护与国际协调、全球电子商务中的版权国际保护等亟待探究,拓宽了知识产权的研究空间和理论视野。作为研究国际法必备的《国际法原理》一书,从民法(尤其是罗马法)原理、西方法哲学和国际法经典理论结合的角度,重新阐述了国际法原理,丰富了国际法的基础理论研究。

(郑小兵　曾毓淮)

张　驰

张驰（1958 年 2 月～　　），上海市人。现为华东政法学院教授、民法研究中心副主任，中国法学会民法研究会理事、上海市法学会会员、上海市教委决策咨询组成员。

张驰教授 1984 年毕业于华东政法学院后留校任教，从事民法学教学与科研 20 余年，1997 年被授予"司法部优秀教师"称号，2003 年被上海市法学会授予"上海市优秀中青年法学家"称号，2004 年获上海市育才奖。

张驰教授长期潜心于民法学研究，取得丰硕的研究成果，共发表学术论文 40 余篇，合作专著 5 部，主编教材 1 部。其中有 10 篇论文被人大复印资料《民商法学》全文转载，有 1 篇论文被《中国社会科学文摘》要点转载。

张驰教授的主要代表作有：论文《诉讼时效中断事由评释》（《现代法学》1994 年第 1 期），《诉讼时效重新计算及其相关问题》（《法学》1995 年第 1 期），《明定中断事由范围，健全诉讼时效制度》（《法学》1995 年第 9 期），《诉讼时效中止事由范围及其效力》（《法学》1997 年第 6 期），《论民事诉讼时效所定 20 年期间的性质》（《华东政法学院学报》1999 年第 3 期），《论代理制度的适用范围》（《法学》1999 年第 7 期），《论诉讼时效的客体》（《法学》2001 年第 3 期），《民法同质补偿原则新思考》（《法学》2000 年第 3 期），合著《中国民商法疑难问题研究》（上海教育出版社 1997 年版），合著《学校法律治理研究》（上海交通大学出版社 2005 年版）。

张驰教授在民法诉讼时效问题上有着非常独到的研究，其研究成果至今仍在国内处于领先地位。张驰教授先后以诉讼时效制度为主题撰写了 6 篇学术论文。对我国现有诉讼时效制度和学说理论进行了系统的研究和批判，提出了许多极具建设性和创造力的意见。

关于诉讼时效的客体,张驰教授认为既然诉讼时效的效力以"抗辩权发生说"为宜,则诉讼时效的客体应为请求权。准此以言,能够适用时效的请求权包括:债权请求权,物权请求权。而不得适用时效的请求权则包括:因侵害人身权所产生的请求权;与一定事实关系或法律关系相始终的请求权,如与相邻关系相伴生的停止侵害、排除妨害请求权等,或者与共有关系伴生的共有物分割请求权;因公共政策而应当限制的请求权,如因储蓄关系而产生的请求权。

关于民法通则所定 20 年期间的性质,张驰教授认为应为权利最长主张期限。20 年期间不是权利的存续期间,而是权利的保护期间,此点应与除斥期间的旨趣不同。20 年期间届满后,义务人自愿履行的,权利人有权接受履行,并不构成不当得利。而且除斥期间一般较短,以 20 年期间为除斥期间未免违背除斥期间的性质。同时因其不适用中止、中断等诉讼时效的规定,且期间的起算点也与诉讼时效期间的起算点不同,故也不能将此作为诉讼时效期间。法律设定最长权利保护期限的目的,在于克服诉讼时效制度可能导致的无期限保护权利的缺点。

关于引起诉讼时效中断的事由,张驰教授认为除请求、起诉外,还包括依督促程序申请支付令,申报破产债权,请求强制执行等,即通常被称为与起诉有同一效力的事由。这类事由的实质均体现了权利人已实行权利,并未置自身权利于不理,故应赋予其中断时效期间的效力。

关于诉讼时效中止事由的范围,根据我国审判实践的具体情况,张驰教授认为我国宜采取列举式为妥,在中止事由的规定上采取概括主义是行不通的。而具体的中止事由应包括:不可抗力、权利人是无民事行为能力或限制行为能力人,且法定代理人未确定或丧失行为能力、继承开始后未确定继承人或遗产管理人、当事人间有家庭关系存在、有正当理由的给付延期等。特别应强调的是,对于因家庭关系而中止时效的,应不限于在时效最后 6 个月的期间内,在整个时效进行期内都可以适用。

关于诉讼时效中断后重新起算的起算点,张驰教授认为应区别不同的中断事由分别认定:因起诉中断诉讼时效的,其诉讼时效期间应从法院调解或裁判生效之日起重新起算;诉讼时效因其他事由中断后的重新计算所谓其他事由可分为两类:一是法院外调解、仲裁等事由,二是与起诉有同一效力之事由,如依程序督促送达支付令、申报破产债权、申请执行等。法院外调解和仲裁都应当在确定胜负之后方能重新起算时效。至于其他事由则不能等同于起诉,在该程序终结后即重新起算时效。关于重新起算诉讼时效的期限也应区别不同的中断事由加以认定:对请求、承认等中断事由致时效中断的,一般按原时效期间重新计算;对判决生效后重新起算时效的,应在民法中直接规定中断后重新起算的时效期间,或者至少应该修改诉讼法以延长申请执行的期限。另外,关于诉讼时效中断的维持力,张驰教授建议规定请求后须在法定期限内为起诉,以此维护中断效力,否则时效不再中断。同时,在判决作出后债务人仍然不履行债务的情况下,可以将申请法院强制执行作为使诉讼时效反复中断的事由。

在法学研究上,张驰教授的研究视野没有拘泥于民法领域,而是积极探索传统私法学与公法学之间的借鉴融合。张驰教授不仅是优秀的民法学家,还是后起的教育法专家。近年来,他致力于教育法和依法办学诸问题的研究,撰写了大量的学术论文,并与其另一位作者合作撰写了一部《学校法律治理研究》的专著。在该部著作中,张驰教授提出应突破传统上多以行政法的视角研究依法办学问题的局限,结合民法等私法工具对学校治理过程中的若干重要问题进行重新梳理和反思,并提出切实可行的操作方案,供教育实践部门参考、选择。

张驰教授关心法律实务工作,被很多法律实践部门聘为法律顾问。除了进行学术研究之外,他还利用其专业上的优势,参与法律实践工作,对依法治国方略的实行作出自己的贡献。张教授经常参加市人大、法制办、有关区、局和法院、检察院等司法系统对疑难案件的讨论。张驰教授还十分热心于社会公益事业,经常配合电台、电视台作普法宣传节目,向广大市民宣传法律知识,培养公众法律意识。

(韩　强①)

---

① 韩强,华东政法学院法律史专业 2004 级博士研究生。

何勤华

何勤华(1955 年 3 月～　)，上海市人。现为华东政法学院院长。1988 年 4 月至 1989 年 4 月及 1993 年 4 月至 1994 年 10 月两次赴日本东京大学法学部进修。1992 年 10 月起，作为对国家有突出贡献的专家，享受国务院特殊津贴。1993 年 7 月破格晋升为教授。1997 年起任中国法学会常务理事。1998 年 7 月获北京大学法学博士学位。1999 年 10 月，荣获中国法学会第二届"中国十大杰出中青年法学家"称号。2000 年 4 月起任全国外国法制史研究会会长。

自 1984 年以来，先后出版有《东京审判始末》、《西方法学史》、《中国法学史》、《外国法制史》、《日本法律发达史》、《英国法律发达史》、《德国法律发达史》、《20 世纪日本法学》、《律学考》、《法律文化史谭》等 20 余部专著及合著，并在《中国社会科学》、《中国法学》、《法学研究》等期刊上发表有 130 余篇论文。

对于学术研究，何勤华教授大致有以下几点主张：

一是"学术姓公不姓私"。何教授认为在"学术面前人人平等"的意义下，每个人都应有同等的机会进入学术领域中的各学科、专题研究，学术领域非属个别研究者所私有，应通过自由的对话与讨论，以使学术研究发展更具活力。

二是"学术研究必规范"的见解。何教授认为引文和批注的作用不只是对他人研究成果及智能财产权的尊重，更是学术和知识积累的成果及与其他学者对话的可能途径，更可避免因未注明出处的引用错误导致读者的误解。

三是变"述而不作"的传统为"边述边作"。对传统学术界所认为"不成熟的东西不要发表"、"发表要慎重"的观点，何教授深表赞同，但在现代社会发展及信息爆炸的情况下，通过边述边作并发表不成熟作品的机会来以文会友，不但可以促使作品加快成熟，更可藉此积累学术成果，以避免遗珠之憾的产生。除此之外,更要对自己的作品有清楚的认识,经常反思作品中的问题,听取学界的意见,以使自己的作品有更大的进步空间。

四是"研究面不要太宽"。何教授认为:当前40岁以上70岁以下的学者,都在"文化大革命"中受到了程度不一的影响,因此在外语水准或是专业基础上都有"先天不足,后天失调"的问题,各种表现因此与前辈学者相较明显为弱。有鉴于此,何教授主张,研究者的研究面不应太宽,必须根据自己的性格特点、知识结构、外语程度以及身体条件,选择一个合适的专业和领域,潜心钻研。这是在现代社会知识扩张迅速、学科分工越来越细密情况下的惟一选择,否则最后可能一事无成。

五是要开展学术批评。何教授觉得,自1957年"反右"运动以后,就很少有认真的学术批评了,对任何作品,都只能表扬不能批评,似已成为学术界一个不成文的规矩。近几年,这种情况稍有改善,各杂志也陆续刊登一些书评之类的东西,对一些著作作出评述。但总体上还是只说好的,不讲缺点,即使讲缺点,也是轻描淡写,一笔带过,没有能够予以深入的分析、说明。何教授认为,开展学术批评,对于繁荣法学研究,推动法学发展,有极为重要的意义,只有表扬,没有批评,问题就不会暴露,真理也就无从诞生,套用余英时先生的话,就是没有经过批判的观点和意见,只是"正"。"正"必须经过"反",即讨论和批判,然后才能上升到辩证法意义上的"合"。这种"合",才具有真理的成分,才会产生力量。在开展学术批评上,何教授认为应注意两点:首先,从批评者角度而言,应当"对事不对人",针对作品的价值、优缺点,开展论理的评述。反之,若不以作品作为评述的对象,而将讨论、批评扩大至作者身上,就往往会造成对作者的误解或指责,甚至伤害,不利于学术批评的正常开展。在学术批评观念淡薄的中国,更应当注意这一点。第二点则是,就受批评的一方而言,应当有种宽容的情怀,以及广纳百川以成大海的思想境界,不管批评是多么尖锐,甚至可能是误解、苛刻的批责,也应当冷静地思考、反思自己作品中的缺陷或问题。应当说,一部作品引发别人的讨论、批评,就说明了这部作品的成功,至少说明它引起了学术界的注意,成为同行感兴趣的课题。

六是知识要靠积累,学术研究有自己的规律,应形成体系并不断提升。何教授认为:仓促思考不可能形成自己的见解和创意。"要多读书,要有思考的时间。"每个人的知识结构、研究领域、家庭环境甚至身体状况都不同,即使是研究同一专业的人,也因具体情况的不同而不具可比较性。因此要"自己走自己的路,不要去羡慕别人的成功"。学术研究好比是生命历程中的"马拉松赛跑",有些人由于聪明、勤奋等原因,可能在很年轻时就有很好的成就;有些人则可能由于起步晚、领悟慢等原因,而落后他人。但只要目标明确,方法正确,就有可能在年纪大的时候超越别人,相反,开始跑在前面的人,如果放松了,不努力了,也会落后。须知,他人的成功,可能有一些机遇好的因素,但主要是自己努力的结果。学术研究没有任何快捷方式,只有吃苦及踏实。

在两岸三地的法学研究上,法史学一向是较为人所忽视的领域,更少有学者愿意投身其中。而何教授对法史学的热爱始终如一,这是著名的法学家中较少见的。通过何勤华教授等身的著作及教学的成果,除了让对法史学有兴趣的人士有机会接触到法史学研究成果外,更能培养更多未来有志投身法史学研究的学者,对于提升法史学的活力及学科能见度有很大的贡献。除了培育英才之外,何教授对于法史学研究上的勤奋更是有目共睹,何教授的作品中有不少文章都是必须通过大量的资料梳理后才能得出的研究成果,在有网络或数据库可缩减资料检索时间的现在,虽然部分梳理资料的过程可被科技取代,但从何教授的研究成果中,除可见其人为学之勤奋严谨外,更可作为后进的学习楷模。何教授的作品除了是他本人研究心得的成果展现,更对于提升法史学的研究水准有很大的助益。以何教授的《中国法学史》一书为例,通过对"法学"一词的论述,开启对中国是否存有法学的论述,这样的命题讨论,在过往的学界并不存在,因此何教授开发出了中国法学史这个新的研究领域。而《20世纪日本法学》一书,对20世纪日本法学的发展演变过程及其内涵、特点和发展规律作出系统性的阐述,通过这本著作的介绍与论述,让国人对于日本法学及其在20世纪的发展有更多的认识。

(陈郁如①)

---

① 陈郁如,台北市人,华东政法学院法律史专业2005级博士研究生。

周汉民

周汉民教授，浙江镇海人，博士生导师，1991 年被评为"上海市优秀青年教师"；1992 年获得美国"艾森豪威尔基金奖"；1993 年被评为"全国优秀教师"；1994 年荣获"上海市十大杰出青年"称号；1994 年荣获"宝钢教育基金奖"；1994 年获得"上海市高教精英"提名奖；同时凭着对理论的研究热情和对学术的不断探索，1995 年获得"中国杰出中青年法学家"提名奖；1996 年荣获"国家有突出贡献的中青年专家"称号；1997 年入选国家"百、千、万人才工程"第一、二层次人才；1999 年再获"宝钢教育基金奖"，并荣获"上海市优秀中青年法学家"称号。周汉民不仅是教育界也是法学界中的佼佼者，是上海市法学会的常务理事。他为上海成功申办 2010 年世博会立下了汗马功劳。现任国际展览局中国常驻代表，国际展览局规则委员会副主席，上海世博会事务协调局副局长。

为国家服务，为人民服务，是周汉民教授始终坚持的全部价值，他用自己的实际行动体现着法学及法学家对国家发展和社会进步的重要作用。

守望国际经济法学前沿，引领理论服务实践方向。周汉民教授是我国国际经济法学界的领军人物。深厚的英文功底，经济学的专业背景，对理论研究的深入思考，对时代发展的敏锐认识，使周汉民教授结出了一系列丰硕的果实。1987 年他硕士毕业时，恰逢我国向关税与贸易总协定组织提出复关申请的第二年，于是他选择了反倾销反补贴条款和美国相关立法进行比较，成为国内对关贸研究最年轻的学者之一，也正是从这个时候开始，他才开始正式走上学者之路，并通过自己的努力，从"不知名"逐步走向"知名"。"复关"到"入世"前后经历十五年，他在这方面的研究从未间断，与汪尧田教授合著《关税与贸易总协定总论》连续 8 版，是国内第一本全面阐述《关税与贸易总协定》的专著，其成果成为法学教学和研究的理论来源以及中国政府在对外贸易中的决策依据,在此期间他主编或撰写成《国际贸易法》、《关贸总协定总论》、《中国走进 WTO》等 9 部教材、专著,发表了《论世界政治经济格局的演变与国际经济组织法学的发展》等 200 余篇论文,其中多本专著和多篇论文获国家级学术奖和省部级成果奖,获得许多专家高度评价,为中国"入世"最后的冲刺提出了富有重要价值的对策建议。作为从事国际经济法学教学和研究的学者,周汉民教授不仅时刻站在该学科领域的前沿阵地,而且时刻紧跟时代发展步伐,引领理论走为实践服务之路。他始终坚持学术研究一定要对中国现实有所帮助,理论成果一定要对中国发展有所推动,因此形成了鲜明的学术风格:一是始终站在学科建设和相关理论的前沿,二是非常强调时政研究。在改革开放的大背景下,他所从事的国际经济法研究,把重点放在国际经济发展现状及相配套的国际经济法律法规研究中,尤其关注经济发达国家的经济立法和国际贸易中的惯例及规则运用、WTO 相关法律的内涵意义等,通过交叉、横向比较,为我国的国内及对外经济立法提出针对性的建议。作为在上海从事国际经济法学研究的学者,周汉民教授的研究领域就更富有前领性和前瞻性,上海作为国际性大都市、国家的经济中心、国家对外开放的重要窗口阵地,得天独厚的环境给周教授提供了充分的研究客体和研究空间,而周教授也充分利用了这一优势,完成了一项项相关课题和一系列研究,同时也为国家的宏观性经济法规及政策的出台提供了积极的参考建议。同时,周教授投身于国际经济实务界,担任中国国际商会全国委员会国际惯例委员会委员和中国国际经济贸易仲裁委员会仲裁员的职务,使理论与实践紧密结合,通过实践检验理论的效用,并且通过解决实践中遇到的各种问题进一步完善自己的理论。理论走向实处的另一个表现是要把正确的理论交流给更多的人,从而产生共鸣,进而推动理论的发展,更好地为实践服务。周教授从 1983 年走上讲坛到现在,从来没有离开过讲坛,也从来没有想离开讲坛,教书育人是他生活和工作中最不可缺少的一部分,他至今仍在华东政法学院带着博士生,在上海对外贸易学院带着硕士生,并且定期要给他们上课,同时,他还经常到一些大学、单位讲学、授课,及时地传达国际经济法学中的热点问题,让更多的人了解和掌握国际经济法学的相关知识,提高更多人的法律意识,特别是国际法意识,这样在国际经济交往日益密切的今天,才能更好地维护我国的经济利益,在合法地参与国际贸易的过程中受益,这是作为法学家的周汉民教授最想看到的结果。

让中国懂得 WTO 规则,让 WTO 听到中国的声音。周教授在他从事的国际经济法领域中的重点研究方向是 WTO 相关法律研究。多年从事富有创新性的研究,多本富有学术价值和实践指导性成果的出版、发表,无疑使周汉民教授走在研究 WTO 法的前列,并理所当然地成为该领域的专家之一,担任着中国法学会世界贸易组织法研究会副会长和世界贸易组织上海研究中心常务副主任的学术职务。当我国政府宣布开始"复关"谈判之后,周汉民相继编写如《关贸总协定总论》、《世界贸易组织总论》、《中国走进 WTO》等关于关税与贸易总协定及世界贸易组织的书籍,填补了国内缺少专门介绍关贸知识书籍的空白,为 WTO 观念逐步深入人心作了重要铺垫。同时,还发表了《关贸与中国金融业——挑战与机遇》、《世界贸易组织的发展及其对中美双边关系的影响》、《论亚洲金融危机形势下推进中国"入世"努力的重要意义》、《驾驭规则 从容应对——加入 WTO 与中国产品应对反倾销的策略》、《中国入世与〈原产地规则协议〉的运用》、《中国入世与〈保障措施协议〉的运用》等文章,推动了国内关于关贸理论研究的开展,也为政府在"复关"以及后来的"入世"谈判中提供了必要的理论参考。

在研究 WTO 理论的同时,周汉民教授长期担任国家原对外经济贸易以及现在的商务部 WTO 法律顾问、对美贸易顾问组顾问,他致力于把最新的理论成果及时地应用到决策建议中去。让 WTO 能听到更多来自中国的声音,也是周汉民教授深钻 WTO 法研究、深入思考符合中国利益的规则创新的动力和目的所在。为此,他在坚持自己进行研究的同时,通过在世界贸易组织研究会、WTO 上海研究中心等学术团体的工作,积极为会员创造更多的交流平台和切磋机会,动员更多的会员加入到"我为 WTO 定规则"的研究活动中来,让他们结合我国国情进行更多的理论创新和框架建构,充分发挥集体智慧的力量,不仅使我国的 WTO 理论研究尽快赶上经济发达国家的理论层次,更重要的是让我们国家在 WTO 中有自己的独立主张,让 WTO 听见来自中国的独立声音。

为人民服务、参政议政、奉献国家。在周汉民教授看来,社会科学工作者一定要大踏步地走在治理国家的行列中,他要"义无反顾地接受国家的召唤,全心全意地为自己的国家做事"。为了更好地服务于人民,他以自己的方式实现着自己的社会价值。2000 年他从上海对外贸易学院副院长的职位上被调到改革开放的最前沿——上海浦东新区担任副区长，日夜奔忙，不怨，不悔，实践自己的诺言。在他眼里，国家的需要就是他的奋斗目标。"天下兴亡，匹夫有责"，他不仅在向他的学生灌输着这种儒家思想，而且他自己本身就在实践着这种思想，同时作为法学家的他也一直在通过自己的身体力行向人们推崇"法治的力量"。他曾经说："法律是人类凝固的良知，而儒家思想讲究的是仁、义、理、智、信，其实这两者在根本上是统一的。以德治国、以法治国，都需要我们的良知与信念。"事实上他确实在不断地追求着法治精神和儒家精神的统一。作为曾经担任上海市十年人大代表的周汉民教授，在每年的上海市人代会上，都成为了名副其实的"提案王"，不仅提案涉及范围广，而且每个提案都有充足的事实说明和严密的逻辑论证，每一份提案都很有分量，许多提案列入了大会的讨论议题，而且其中的很大一部分议案都成为制定相关法规、规章的依据，充分表达了人民的意志，体现了人民代表为人民的社会主义民主。作为青联界的全国政协委员，而且他又在自己的民主建国会中被选为中央委员，周汉民教授把服务对象延伸到了全国范围，他充分利用民主党派的特殊身份，用他的全部智慧和才能，团结更多的民主力量，发挥各自的优势，为国家的发展大计献言献策，实现着报效祖国的远大抱负，这也印证了他对"政协委员"这一角色的定位——"政协委员必须要有一种'位卑未敢忘忧国'的情怀，必须要做到'苟利国家生死以，岂因祸福避趋之'，一定要有这么一种热情，这种热情既要能代表人，又要能感染人"。他代表着中国发展生力军的青年队伍，他感染着整个中国。

把世博带回中国，在上海博览世界。根据国家的需要，2002 年他暂时放下了浦东新区的管理工作，走马上任，远赴法国巴黎履行我国驻国际展览局代表的重任，并且成为该局历史上第一位政府全职代表，扮演着"申博大使"的重要角色，去做上海申办 2010 年世博会的宣传和游说工作，参加国际展览局的各种会议，锲而不舍、苦口婆心地向各成员国介绍中国、介绍中国上海，在世博会的国际平台上，通过自己的工作态度和精神面貌去展示中国申博的决心和信心，展现来自东方世界的自信和大气。为实现"把世博带回家"的誓言，他通宵达旦、夜以继日，策划具体的申博方案，在申博一线拼搏着，如愿以偿地把 2010 年世博会带回了自己的祖国。申博成功后，周汉民教授仍一如既往地对"城市，让生活更美好"美好图景进行更有灵魂、更有创意的勾勒，全身心投入描绘着"城市多元文化的融合、城市经济的繁荣、城市科技的创新、城市社区的重塑、城市与乡村的互动"五个规划的绚丽色彩。

他忙碌着,不仅为了自己的辉煌人生,更是为了中华民族的伟大复兴。

（曾毓淮　郑小兵）

林荫茂

林荫茂（1956 年 8 月～　　）。现为上海社会科学院法学研究所副所长、研究员、硕士生导师，兼任卢湾区第十三届人大常委会副主任，上海市法学会第八届理事会理事，上海信访学会副会长。林荫茂同志于2000 年获首届上海市法学会授予的"上海市优秀中青年法学家"荣誉称号；并被评为 2001～2003 年度上海市劳动模范；2003～2004 年度上海市"三八"红旗手；第六届全国"巾帼建功"标兵。

林荫茂曾任全国法学类核心期刊《政治与法律》杂志主编，全面负责刊物的编辑、出版、发行、经营工作；又是法学所科研骨干，《经济刑法》重点学科成员。她多次参与国家级、市级科研项目，如国家项目《量刑的综合平衡》、《证券管理与证券违规违法》、《祖国大陆与港、澳、台地区法律比较研究》；市级项目《金融违法犯罪研究》，在各项目中她都发挥了主要的作用。她还主持市级和横向委托课题多项，如《单位犯罪研究》、《上海市社会治安评价指标体系和评估办法》、《两大法系强制执行法律制度比较研究》、《上海市法院系统单位犯罪案件审理情况的调查》、《20 年普法成效分析研究》等。

林荫茂研究员的科研成果近百万字。她的成果多次得到各级奖项，其中主要有上海市首届决策咨询研究成果奖 1 项：《上海市贪污贿赂犯罪现状与惩治对策》；1996～1997 年度上海市哲学社会科学优秀成果论文奖 1 项：《中国婚姻家庭法的发展和完善》；1998～1999 年度上海市哲学社会科学优秀成果著作奖1 项：《祖国大陆和港澳台地区法律比较研究丛书——婚姻家庭法比较研究》；2000～2001 年度上海市哲学社会科学优秀成果论文奖 1 项：《名为单位实为个人界定研究》；2001～2003 年度上海市决策咨询研究成果奖 1 项：《上海市社会治安评价指标体系和评估办法》；另外，还曾获得华东地区优秀著作奖 1 项：

《原被告须知》。

林荫茂研究员在担任法学所所长助理和副所长期间，从事法学研究的组织管理工作。在科研活动组织、科研成果推介、科研队伍建设、学术气氛培育、科研管理规范、国际学术合作与交流等方面，她都作出了积极贡献。她还为刑法专业的硕士研究生开设律师实务课程。

林荫茂研究员的学术观点主要有：

刑事法学方面，她在 1993 年发表的《论刑事责任》中提出：刑事责任具有法定性、双向性、实体性、引导性、强制性和最严厉性的特征；提出将刑事责任分为潜存阶段、追究阶段和实现阶段；提出了作为刑事责任存在根据的犯罪构成是犯罪成立的法定事实；提出法定、酌定量刑情节是决定刑事责任大小的根据，悔改和立功表现、不致再危害社会的情况等是刑事责任变更的根据。在 1994 年发表的《惩治贪污贿赂等经济犯罪的对策》中提出：要注意经济热点部位和权力部门的犯罪突出，提出了经济罪犯作案后携款潜逃的情况；提出了增设侵占罪、伪造账目罪、侵犯回扣罪、私分国有资产罪等立法建议。在 2000 年发表的《名为单位实为个人界定研究》中提出：名为单位，实为个人的现象已经影响到法律主体的性质认定、资金权属的认定、罪与非罪的认定和纠纷的正确处理。提出要研究法律主体的分类，提高分类统一意识；区别资本来源，正确认定企业性质；区分承包形式，正确认定资产性质；确立名实之争的认定标准、认定程序、认定机构和认定监督。在 2002 年发表的《保险违约与保险犯罪》中提出：保险犯罪行为所侵害的是保险合同关系或保险合同利益。保险犯罪是单一客体而不是复杂客体。保险人的财产所有权不是保险诈骗罪的客体。在 2003 年发表的《上海法院审理单位犯罪情况调研报告》中，就新刑法实施五年以来上海法院系统审理单位犯罪案件的情况作出调查总结。在 2005 年发表的《单位犯罪理念与实践的冲突》中提出：单位犯罪正在被作为从轻辩护的理由，与单位犯罪的社会危害性比自然人犯罪的社会危害性大的理论相矛盾，单位犯罪而单位被告没被起诉的情况，与单位犯罪的主体是单位的理论相矛盾等，提出要加强单位犯罪理论的深层研究。

婚姻家庭法学方面，她在 1997 年发表的《婚姻家庭法比较研究》中，对我国大陆和港澳台地区的有效婚姻、非法婚姻、家庭关系、夫妻财产制、婚姻关系的变更与解除等制度进行比较，并就大陆婚姻家庭法的完善与发展提出建议，如提出将婚姻法改为婚姻家庭法;完善结婚制度;补充夫妻同居义务,充实夫妻财产制度;改革离婚制度,保障离婚自由;全面保护未成年子女利益等。在 2001 年发表的《婚内婚外特别期研究》中,提出了分居期和同居期的权利义务问题。

在决策咨询研究方面,她在 1999 年完成的《两大法系司法执行制度比较研究》中提出建议,要单独制定强制执行法,确立审执分立原则、执行公开原则,建立财产举报制度、执行合议制度、延期执行制度、执行时效制度、执行管辖制度等。在 2003 年底完成的《上海市社会治安评价指标体系和评估办法》中,建立了由治安状况指标、治安防控指标、公众安全感指标构成的评价体系,并设计了评估表格、填表程序、指标评分标准、评估得分计算方法、图形制作、运用指引等。在 2005 年完成的《20 年普法成效分析研究》中充分肯定了 20 年普法的成效,提出了存在的问题,证明了 20 年普法历程充分反映了中国共产党依法执政能力的提高和发展,并具体就"五五"普法提出建议。

林荫茂研究员的研究成果和科研组织工作,对于法学事业的传承和发展发挥了一定作用。

(蒋　涛①)

---

①　蒋涛,华东政法学院刑法学专业 2005 级博士研究生。

郑鲁宁

郑鲁宁(1955~　)，山东安丘人。法律硕士。现任上海市人民检察院副检察长，二级高级检察官，华东政法学院兼职教授，中国法学会刑法学研究会理事，上海市检察官协会副会长，上海市犯罪学学会副会长。曾先后到美国、英国、澳大利亚等国进修。1996 年被评为诉讼法学学科专家，1999 年被评为首届上海市优秀中青年法学家，2002 年被评为首届上海市检察业务专家，2005 年经复审续评为上海市检察业务专家，2006 年 2 月被最高人民检察院评为全国检察业务专家。

自 1983 年进入检察机关后，郑鲁宁一直从事检察业务工作，先后办理和审批了各类案件 2 000 余起，且多为重大、疑难、复杂案件和新类型案件，具有较强的检察实务能力，并且结合检察业务实践，撰写了 50 余万字有关检察工作的作品。其主要研究领域为刑事法律（包括实体法、程序法）和检察业务，主编出版了《中澳刑事诉讼制度和实务比较研究》、《典型疑难案例评析》、《刑事赔偿理论与实务》等著作；发表论文 20 余篇，其代表作有《对科技人员经济犯罪的思考》、《利用信用卡诈骗犯罪的方式及其预防对策》、《论我国刑事强制措施的修改与完善》、《英国苏格兰刑事司法制度及司法实务概况》、《关于刑事二审简易审的思考》、《对未成年人犯罪适用无期徒刑问题的探讨》、《合并与分离：刑事附带民事诉讼制度的反思与重构》、《新时期加强反贪查案工作的若干思考》等；完成若干专题调研，其代表性成果是《规范和加强上海检察机关初查工作的思考和探索》。

郑鲁宁同志的重要学术观点主要有：在未成年人犯罪及量刑问题上，认为在我国现行刑法的框架内，根据《刑法》第 17 条第 3 款和第 49 条规定，对未成年人是不能适用无期徒刑的。在对《刑法》第 17 条的研究上，认为刑法对已满

14 周岁不满 16 周岁的人负刑事责任的罪种范围的规定存在两个缺陷,其一是对在这一年龄段同样具有辨别和控制自己行为的能力适用同一法律条文的一些犯罪没有被列入,其二是社会危害性比该条规定的 8 种犯罪行为更严重的一些犯罪,且该年龄段的人对这些犯罪具有辨别和控制自己行为能力的没有列入。在刑事附带民事诉讼问题上,认为附带民事诉讼在本质上依然属于民事诉讼的范畴;附带民事诉讼相对刑事诉讼来说,独立性是主要的,从属性仅是在程序上的"有限"的从属性,因此刑事诉讼部分和所附带的民事诉讼部分的审理,在具体的程序、证据要求和实体法律适用上都具有很强的独立性,附带民事诉讼是在本质上与刑事诉讼分开的前提下与其有限的附和。在单位犯罪问题上,认为经济转轨时期行政职能部门对单位的管理水平跟不上经济发展的要求、单位利益与单位中个人利益之间的结合日益紧密、宽松的登记体制、预防单位犯罪的体系尚未建立,以及现行刑事法体系对单位犯罪的规定不够完善等因素的存在,使得单位犯罪呈上升趋势。

郑鲁宁同志对刑法及刑事诉讼法学科研究的贡献主要有:在 1993 年刊登于《法学》杂志上的《论我国刑事强制措施的修改与完善》一文中,提出刑事强制措施要明确拘传和取保候审的期限,并在取保候审的形式上增加财产保等建议,在 1997 年刑事诉讼法修改时有所采用。提出应对《刑法》第 17 条进行修改,应根据意识认知性、意志控制性、行为能犯性、社会危害性和刑罚必要性等5 个方面,确定已满 14 周岁不满 16 周岁的人负刑事责任的罪种范围。提出应对《刑法》中有关未成年人适用无期徒刑的规定进行修改,对未成年人从轻或者减轻处罚的原则作例外规定。提出应当构建一种有效控制单位犯罪的预防体系,建立单位犯罪强制措施,如限制登记制度、冻结财产、限制经营、缴纳单位保证金;应明确单位犯罪被告人参与诉讼的相关规定,主张建立单位犯罪诉讼代理制度;应完善单位犯罪的刑罚,如引入资格刑、完善罚金刑、平衡单位犯罪中的自然人刑罚与单纯自然人犯罪的刑罚;应完善单位犯罪的预防体系,如加强对重点行业的监督、完善单位内部监督制约机制、严格对国有单位负责人的选任和监督、加强单位外部监督制约等。提出重构刑事附带民事诉讼制度,以体现法律的程序正义和实体公正为出发点,以强化对受害当事人的权利救济和全面保护为目标,注重和突出刑事犯罪案件中民事赔偿诉讼的独立性,重新构建我国刑事犯罪赔偿的诉讼模式,由现行的附带式逐步向平行式诉讼模式转变,以分审为原则；应增加刑事犯罪案件的精神损害赔偿，实行全面赔偿原则，并且提出应建立对遭受严重犯罪侵害后得不到赔偿的受害人实行国家补偿制度。

司法实践方面，在 1992 年发表于《法学》杂志上的《对科技人员经济犯罪的思考》论文中，提出查处案件应追求法律效果和社会效果的统一，并在检察实务中努力实践。提出在"以事实为根据、以法律为准绳"的社会主义司法原则后应加上"以程序为保障"，以确保社会主义司法原则在司法实践中能真正被遵循。对查处职务犯罪案件，提出了"依法办案讲依据、规范办案讲程序、文明办案讲形象、优质办案讲质量、廉洁办案讲纪律、高效办案讲效率、安全办案讲责任"等查案工作原则，并组织制定了《上海检察机关初查工作规则》，此《初查规则》得到了中央政法委和最高人民检察院的充分肯定，由此进一步加强和规范了上海检察机关查办职务犯罪工作。

（郑小兵）

殷啸虎

殷啸虎(1959年6月~　　)，现任华东政法学院教授、博士生导师、图书馆馆长、宪法学与行政法学专业硕士研究生导师组组长。主要从事宪法学及传统法律文化的教学与研究。主要兼职有：华东政法学院宪法学与行政法学研究中心主任，法学情报信息中心主任，上海市政协委员，上海市人民政协理论与实践研究咨询组成员，中国宪法学研究会理事，上海市法学会宪法学研究会副总干事，上海市政治学会理事，上海市信访学会理事，上海市法治研究会理事兼专家组组长，上海市政治文明建设办公室顾问团首席专家，上海市统一战线理论研究会理事，上海市法制讲师团高级讲师，东方讲坛特聘讲师等。2003年被评为上海市十大"优秀中青年法学家"。代表性论文有：《论"政策性修宪"及其完善》(《法商研究》2000年第1期)、《政治协商制度与中国民主宪政建设的思考》(《华东政法学院学报》2000年第4期)、《论宪政模式选择中的本土文化传统因素》(《政法论坛》2000年第5期)、《协商精神与宪政建设》(《法学论坛》2002年第1期)、《论消极法治和积极法治的互动与平衡》(第一作者，《法学评论》2003年第1期)、《政治文明与宪政文明关系论纲》(第一作者，《法律科学》2003年第2期)、《政治协商制度与现代政治文明》(《政治与法律》2004年第5期)、《过渡时期理论与1954年宪法》(《政法论坛》2004年第6期)；主要著作有：《感悟宪政》(北京大学出版社2006年版)，《宪法学要义》(北京大学出版社2005年版)，《新中国宪政之路》(上海交通大学出版社2000年版)，《近代中国宪政史》(上海人民出版社1997年版)，《宪法学教程》(主编，北京大学出版社、上海人民出版社2005年版)，《宪法学》(主编，上海人民出版社2003年版)，《中华人民共和国民法史》(主编，复旦大学出版社1999年版)等。

人物篇

殷啸虎教授一直关注中国宪政的发展。在对中国百年宪政发展的路径进行梳理后,他认为:"中国民主宪政制度的发展,在过去百年历史中之所以经历了曲折的发展,症结并不在于宪政模式的选择和宪政理论方面,而是在于中国特殊的历史文化传统,在于中国社会本身。因此,要建立和完善有中国特色社会主义民主宪政制度,首要任务不是模式的选择与理论的完善,而是对历史经验的总结和对文化传统的反思。"基于这一想法,殷啸虎教授先后对"近代中国宪政史"与"新中国宪政之路"进行了研究。并出版了《近代中国宪政史》、《新中国宪政之路》,填补了国内对这一领域研究的空白。基于对中国宪政发展的研究,殷啸虎教授认为,近代中国宪政发展的症结——形式上的宪法与实质上的宪政之间的脱节——的形成,很大程度上是由于中国宪政运动的"先天不足",而"先天不足"在一定程度上还影响着我国现行宪政制度的发展与完善。

除了中国宪政发展百年历程的研究外,殷啸虎教授在宪法学其他领域也多有建树。

在宪政与中国宪法实践方面,1999 年我国第三次修宪后,殷啸虎教授在国内首先使用了"政策性修宪"这一提法来指称我国的修宪模式。他认为,关于宪法修改的基本模式有二:一是"政策性修宪";二是"制度性修宪"。所谓政策性修宪,"广义上是指根据政策的变化,及时地对宪法中的政策性内容进行相应的修改,并以政策方针作为修宪的指导原则,狭义上仅是指直接将某些政策性规定宪法化"。而所谓制度性修宪,则是指"宪法的修改体现了民主、宪政的精义,着眼于宪政制度本身的完善,并且这种修改一旦成为制度,一般不会因政策的变化而变化"。殷啸虎教授认为:"从总体上,'政策性修宪'背离了制宪、修宪的目的,不利于保持宪法的稳定,容易导致政策高于宪法的恶果。""而'制度性修宪'则体现了法律本位主义,即宪法至上和法律至上。"因此,他认为:"我国应建立一种以'制度性修宪'为主体,'政策性修宪'为补充的新型修宪模式。"在宪政与人权方面,殷啸虎教授对人权入宪、私人财产权的宪法保障、沉默权的宪法意义以及迁徙自由等问题都进行了深入的研究。

另外,殷啸虎教授通过对西方国家法治发展历史的分析,提出了"消极法治"与"积极法治"这一对概念,并且认为,实现"积极法治"与"消极法治"的"互动与平衡,是当今法治发展可以选择的基本模式,也是当代中国法治建设的基本途径。我们应当在肯定积极法治的同时,充分吸收消极法治的合理因素",从而"推进中国的法治建设"。进而,殷啸虎教授"推导并定义了两种宪政,即消极宪政和积极宪政",并认为:"消极宪政和积极宪政,现已成为现代宪政体系的两个侧面。"现代国家宪政发展和完善要求实现"消极宪政和积极宪政的互动与平衡"。

在致力于研究宪法学理论的同时,殷啸虎教授还关注实践中与宪政有关的法律现象,并以宪法学家的视角及时地予以了评析。如对社会影响较大的孙志刚案、二奶继承案、齐玉苓案、乙肝歧视案、尹键庭案等,他都发表了自己独特的见解,进而以案说法,对宪法司法化、教育法治化等问题进行了深入的剖析,在社会上引起了较大的反响。

作为上海市政协委员,殷啸虎教授还以高度的责任感和使命感进行参政议政,并对政治协商制度的建设和完善提出了很多自己的见解。他认为:"当代中国的民主本质上是一种协商性民主。"协商性民主或商议性民主,以及在此基础上形成的商议性政治,是目前条件下实现不同社会阶层政治参与利益表达的最佳制度设计之一。政治协商的制度设计,为社会多元利益主体的政治参与和利益表达提供了制度载体。因此,殷啸虎教授认为:"政治协商制度是当代中国在长期政治实践中形成的处理政治事务、协调政治关系的一项民主制度设计,它的发展与完善同当代中国政治文明的发展是密切联系的,并且直接反映了政治文明的进步。"另外,对于社会综合治理、民间组织发育与城市治理、信访终结等议题殷教授也都阐述了自己的观点。作为专家咨询组成员,殷啸虎教授还承担了政协的理论研究课题,其成果得到了市委、市政府和市政协领导的高度评价。

将宪政理论与社会实践相结合,是殷啸虎教授进行宪法学研究的一大特点。作为宪法学家,殷啸虎教授及时关注了各种社会热点问题,然后运用自己的理论研究成果,结合社会背景及社会实践,对这些社会现象进行宪政解读,从中得出自己的独到见解,从而对宪法学的发展作出了贡献。

(刘志欣)

顾功耘

顾功耘(1957 年 7 月～　　),江苏靖江人。现为华东政法学院副院长,教授,博士生导师,华东政法学院经济法、公司法两个研究中心主任。

顾功耘教授兼任的主要社会职务有:上海市人大常委会立法专家咨询委员会委员、上海市委党校客座教授、上海外贸学院客座教授、中国国际经济贸易仲裁委员会仲裁员、上海仲裁委员会仲裁员。担任的学术职务有:中国法学会商法学研究会副会长、中国法学会经济法研究会常务理事、上海市法学会理事、上海市法学会商法研究会总干事、上海市经济学会理事、上海市体制改革研究会理事。

顾功耘教授获得的荣誉主要有:1993～1994 年、1995～1996 年度连续两次获上海市高校优秀青年教师称号,1996 年获宝钢教育基金优秀教师奖,1997 年获司法部全国优秀教师称号,1997 年起享受国务院政府特殊津贴,2000 年获上海市优秀中青年法学家称号,1999～2000 年度获上海市劳动模范称号,2001 年获上海市职工职业道德十佳标兵称号,2002 年获全国"五一"劳动奖章,2004 年荣获上海市优秀人才称号,2006 年获"上海市领军人才"称号。

顾功耘教授的主要著作有:《国有经济法论》(北京大学出版社 2006 年版),《中国商法评论》(创刊号,主编,北京大学出版社 2006 年版),《公司法律评论》(每年一卷,上海人民出版社出版),《经济法教程》(上海人民出版社 2002 年版),《全球化背景下的经济法制建设》(人民法院出版社 2002 年版),《商法教程》(上海人民出版社 2001 年版),《市场秩序与公司法的完善》(人民法院出版社 2000 年版),《公司并购法论》(合著,高等教育出版社 1999 年版,上海市曙光计划资助项目),《金融市场运作与法律监管》(上海世界图书出版公司 1998 年版,上海市教委重点学科建设项目),《股份合作制企业规范运作指引》(上海社会科学院出版社 1998 年版),《新兴市场中的法律问题研究》(世界图书出版公司 1997 年版,上海市教委重点学科建设项目),《公司的设立与运作》(复旦大学出版社 1996 年版,获上海汽车基金优秀著作奖)等。

顾功耘教授的主要论文有:《论我国建立独立董事制度的法律问题》(载《中国法学》2001 年第 6 期,合著),《论经济法的调整对象》(载《法学》2001 年第 2 期,合著),《论公司并购的法定形式》(载《华东政法学院学报》2000 年第 3 期),《论金融危机的防范及其法制对策》(载《法学》1999 年 1 月),《公司章程存在的问题与对策》(载《法学》1989 年第 9 期),《国有企业进行股份制改造的先决条件》(载《政治与法律》1989 年第 3 期,合著),《企业集团的若干法律问题思考》(载《法学》1988 年第 3 期)等。

顾功耘教授主持完成的课题研究主要有:中国法学会研究项目《国有资产授权经营法律问题研究》,上海市重点学科项目《国有经济法律制度研究》,上海证券交易所项目《我国证券市场核心竞争力之法制环境研究》,国家社科基金项目《金融衍生工具法律规制问题研究》等。

顾功耘教授的主要研究方向是经济法、商法,其中经济法研究重点在经济法基础理论和国有经济法律制度,商法研究重点在公司法和证券法。

在经济法基础理论研究中,顾功耘教授认为,经济法是调整在市场经济条件下,国家及政府为了修正市场运行缺陷、实现社会整体效益和可持续发展而履行各种现代经济管理职能时与各种市场主体发生的社会经济关系的法律规范的总称。因此,中国经济法体系应包括五部分:宏观调控法律制度、市场秩序规制法律制度、国有经济参与法律制度、对外经济管制法律制度、市场运行监管法律制度。

关于国有经济法律制度,顾功耘教授认为,国有经济是为了实行宏观经济调控、服务社会公益,由国家(政府)出资,或直接设立国有独资企业,或控股、参股设立企业,并由国家直接或间接管理和经营国有资本的一种经济形式。国有经济参与法律制度是经济法体系的重要内容,主要包括国有资产基础管理法律制度、国家投资法律制度、国有资产运营法律制度和国有资产收益管理法律制度。

在金融监管领域,关于金融危机,顾功耘教授认为真正的隐患不在金融领域,应该从不健全的行政体制和难以摆脱困境的国有企业上找原因,因此,应该在重视治理金融秩序、化解内部风险的同时,正视产生金融问题的"险源",从外部铲除滋生风险的土壤,运用法制手段防范金融危机。

在公司法领域,顾功耘教授认为旧《公司法》实施以来,在促进投资、完善管理体制、优化收益分配格局、建立市场经济良好的法律秩序、树立市场观念和商法精神等方面都起到了有益的作用。但是,旧《公司法》本身存在一些与市场经济不相适应的不合理规定,在实践中引发了很多问题。对于旧《公司法》的修改,顾功耘教授认为应该在篇章结构基本不变的前提下,作出较多条款修改,逐步完善而非一步到位。顾功耘教授还就公司种类及资本和财务制度、一人公司、股东知情权的边界、公司治理结构等公司法领域的很多问题提出修改建议,这些建议相当一部分在新《公司法》中得以体现。新《公司法》颁布以后,顾功耘教授对其做出充分肯定的同时,又以学者特有的敏锐和前瞻意识提出新《公司法》的不足,这将构成未来公司法学者研究重点的一部分。

对于证券法律制度,顾功耘教授认为,《证券法》的主导思想和核心原则是促进证券市场交易,为此应扩大市场空间、增加交易品种、拓展交易途径、健全交易机制、降低交易风险,使证券市场交易能够更为迅捷和简便。顾功耘教授还指出,证券法制的发展和完善,尤其要重视投资者保护、充分发挥市场规律以及充分贯彻自律与他律相结合等方面的问题。

多年来,顾功耘教授致力于经济法、商法领域的研究,学术贡献主要表现在 3 个方面:第一,在对传统经济法理论反思的基础上,重新界定经济法的调整对象和范围,提出经济法体系的合理架构,推动了经济法理论的进化和发展;第二,主编《经济法教程》、《商法教程》等优秀教材,通过教学实践传播经济法和商法领域的学术思想,为社会培养了大批经济法和商法专业人才;第三,关注现实,主持或参与大量科研重点课题,并身体力行用自己的研究成果为市场经济发展服务,参与立法起草讨论,提供立法建议,针对立法空缺提出具体问题的解决办法,推动国家及上海市在经济法和商法领域的立法、司法完善。

(雷晓冰[1])

---

① 雷晓冰,华东政法学院经济法 2004 级博士研究生。

龚柏华

龚柏华(1962年9月～　)，现为复旦大学法学院教授、硕士生导师，同时担任中国法学会WTO研究会理事、上海市法学会国际法研究会干事，兼上海市WTO事务咨询中心信息部主任。1991年留学美国乔治城大学法律中心，获美国乔治城大学LL.M学位，他还曾赴美密歇根大学法学院、德国康斯坦茨大学做访问学者。

龚柏华教授长期从事国际法的研究和教学。其主要论译著有：《国际商事合同制作原理》（立信会计出版社2005年版），《WTO案例集》(2001～2005年)（上海人民出版社），《法律英语——中英双语法律文书制作》（复旦大学出版社2004年版），《国际金融法新论》（上海人民出版社2002年版），《国际经济合同》（复旦大学出版社1997年版），《美中经贸法律纠纷案例评析》（中国政法大学出版社1996年版），该书获得"安子介国际贸易优秀著作三等奖"，《中国合同手册》（英文撰写）；另外，龚柏华教授近年来已在《当代法学研究》、《法学评论》、《比较法研究》、《国际商务研究》等刊物发表论文数十篇，多篇文章被人大复印资料转载。由于对法学学科研究的突出贡献，2003年龚柏华教授被上海市法学会评为"上海市第二届优秀中青年法学家"。

龚柏华教授的主要研究领域在国际公法、国际金融法、WTO法和国际商事合同等方面。作为一名优秀的中青年法学家，他提出了许多前瞻性且意义重大的观点，主要如下：

早在1987年，龚柏华在《当代法学研究》上发表了《从国家行为分析看当代国际法的现实作用》，是较早的从国家行为的角度来分析国际法在国际政治舞台上的现实作用的学者。

龚柏华对日本二战期间的战争责任索赔问题有深入的研究。在《当代法学研究》1999 年第 1 期发表文章《昔日慰安妇向今日日本政府索赔的国际法问题》，分析了诉讼时效等相关法律难点。在《上海法学研究》2005 年第 4 期的文章《中国法院处理我国民间日本侵华战争责任索赔诉讼的法律问题》，是国内第一篇系统探讨相关问题的论文，文章为我国法院避开主权豁免等棘手法律问题提供了思路。

龚柏华是较早研究"SA8000 与贸易中人权"问题的学者之一。《比较法研究》2005 年第 1 期的《从 WTO 和人权国际保护角度评在中国推展 SA8000 标准》一文，首次提出了"私"化贸易壁垒的概念。

早在 1987 年，龚柏华就开始研究美国、欧共体的反竞争法，特别是对竞争法的域外适用进行了深入研究（参见《外国法学研究》1989 年第 1 期文章）。之后在 1996 年承担的国家哲学社会科学项目"欧盟竞争法及域外适用"中，提出我国企业应注意竞争法的域外适用，建议我国政府应在法律上采取阻却立法。

在 1997 年承担的《房地产融资法律比较》课题中，龚柏华深入研究了西方发达国家特别是美国的经验，较早地提出健全我国个人住房抵押贷款法律，保障贷款机构实现抵押权，并就我国开创个人住房抵押贷款证券化的法律问题进行了系统研究（相关观点可详见：《中国房地产金融》1999 年第 7 期、《上海社科通讯》2001 年第 3 期、《上海金融》1999 年第7 期）。

另外，龚柏华在法学学科的建设上也有很大贡献，表现在：

早在龚柏华留学美国时，其研读的专业就是美国案例法的研究方法。长期以来，龚柏华采用案例评析的方法对国际法进行研究，是我国较早系统介绍美国案例研究者之一（参《判例与研究》1996 年第 3 期文章《怎样研读和查找美国法院判例报告》）；1996 年在中国政法大学出版社出版的《美中经贸法律纠纷案例评析》，是我国第一部根据美国法院案例报告，评析涉及我国企业案例的专著。该书获得安子介国际贸易优秀著作奖。龚柏华在《国际商务研究》上连续 4 年开辟分析美国法院涉及中国企业最新案例的专栏，多篇文章被人民大学复印资料《国际法》所转载。近年来，龚柏华连续 5 年主编《WTO 案例集》的翻译工作，为我国研究 WTO 案例提供了基础材料。

龚柏华在国际法教学中，也开创了模拟案例国际法研究，创立了新颖的国际法教学模式。

龚柏华另一贡献是对 WTO 信息研究的贡献。他参与设计的"美国反倾销预警机制"，开创了我国贸易救济预警系统的开发运用。他承担的国家哲学社会项目"入世后过渡期中国面临的法律问题"，系统地研究了中国入世后需解决的法律问题。

（范碧亭①）

① 范碧亭，上海师范大学法律史专业 2004 级硕士研究生。

龚培华

　　龚培华(1964 年 5 月～　　),上海市人。现任上海市人民检察院检察委员会委员、高级检察官、法律政策研究室主任、上海检察官协会秘书长,兼任上海检察官培训中心客座教授、上海社科院法学研究所特约研究员、华东政法学院司法研究中心副主任、上海市法学会刑法学研究会副会长。

　　龚培华自 1987 年起先后在《法学》、《中国法学》、《犯罪研究》等核心期刊和《文汇报》、《检察日报》等报纸杂志上发表论文 80 余篇,参与编著《刑事疑案研究》、《新中国犯罪学研究综述》、《刑法改革与刑事司法新课题》、《刑事立法与司法知用》等 10 余部著作。他的主要个人专著有《法条竞合论》、《刑法疑难争议问题及司法对策》、《刑法理论与司法实务》等。龚培华曾获最高人民检察院优秀调研成果一等奖,两度荣获最高人民检察院金鼎奖,2002 年被评为首届上海市检察业务专家,2003 年被上海市法学会评为上海市优秀中青年法学家,2006 年当选为全国首届检察业务专家。

　　龚培华的理论研究主要集中在刑法领域,在刑法理论的诸多方面都有其独到的观点和见解。下面我们从龚培华的众多学术成果中撷取几个方面介绍一下他的一些理论观点:

　　1. 关于刑法溯及力理论。关于刑法溯及力理论,龚培华的研究主要集中在"跨法犯"的法律适用、刑法新旧的比较、刑法处罚轻重的比较、刑法司法解释的溯及力以及非刑事法律的溯及力等 5 个方面。对于"跨法犯"的法律适用,他在分析了理论界存在的 3 种观点的基础上,结合相关司法解释,提出了在坚持适用新法的前提下,又要体现刑法溯及力有利于被告人原则的法律适用意见。对于刑法新旧的比较,他着重研究了在行为终了时与处罚时存在中间过渡法的情形下如何选择应适用的法律问题,通过分析理论观点,列举司法实践中的问题,明确了新法不是简单的相对于旧法的新法,而是指处罚时,解决了在行为终了时与处罚时存在中间过渡法的情形下法律适用选择问题。对于刑法处罚轻重的比较,他主张既要比较主刑轻重又要比较附加刑轻重,同时还要注意所比较的具体犯罪在新旧法律中犯罪构成要件有无变化,从而决定法律的适用。对于刑法司法解释的溯及力,在明确争议问题的前提下,他主张一般应适用行为时的司法解释,只有当处罚时新的司法解释不认为是犯罪或处刑较轻时,才适用新的司法解释。对于非刑事法律的溯及力,他首先论证了研究的必要性,并着重探讨了空白罪状中非刑事法律的溯及力问题,他主张对于非刑事法律的溯及力同样应遵循从旧兼从轻原则。

2. 关于共同犯罪理论。关于共同犯罪理论,龚培华的研究主要集中在共同犯罪的性质与范围、身份犯与共同犯罪、共同犯罪单独定罪、片面共犯的认定、共同犯罪实行过限以及过失共同犯罪等问题上。对于共同犯罪的性质与范围问题,他主张应正确理解正犯与共犯的关系,把握共犯的独立性与从属性。在共同犯罪范围的界定上,应坚持主客观相一致原则,并结合共同犯罪的现实作出全面的界定,主张单纯的事后帮助犯不应当成立共同犯罪。片面共犯、共同过失犯,从理论上讲应当成立共同犯罪,并且,在共同犯罪的主体范围上,应当包括单位犯罪。对于身份犯与共同犯罪问题,他探讨了身份犯与共同实行犯的关系,主张非身份犯一般不能成为身份犯的共同实行犯,但对于身份利用型的犯罪,则非身份犯可以成为身份犯的共同实行犯。在此基础上,他进一步探讨了身份犯共同犯罪的定罪与量刑问题,回答了理论与实践中的争议问题。此外,关于共同犯罪单独定罪、片面共犯的认定、共同犯罪实行过限以及过失共同犯罪等问题,他也提出了一些独到的见解。

3. 关于单位犯罪的理论。单位犯罪作为 1997 年刑法修订后确立的一种特殊的犯罪类型,在刑法理论和司法实践中存在较多的争议。关于单位犯罪理论,龚培华主要研究了单位犯罪的立法特点、单位犯罪与共同犯罪的关系以及单位犯罪的司法应用。对于单位犯罪的立法特点,他通过对单位犯罪立法与理论的梳理概括了 7 方面的特点,明确了单位犯罪以故意犯罪为主、过失犯罪为辅,以两罚制为原则、单罚制为例外。对于单位犯罪与共同犯罪的关系,首先明确了单位犯罪具有共同犯罪形态,在此基础上概括了单位犯罪共同犯罪的 3 种形态。对于单位犯罪的司法应用，他通过援引司法实践中的疑难争议案例，研究了单位行为与个人行为的界定、单位犯罪后被兼并更名情形下单位责任的追究以及单位实施只能由自然人构成的犯罪的处罚问题，提出了虽有争议但却独到的观点。

4. 关于法条竞合理论。关于法条竞合理论，龚培华主要研究了法条竞合的概念特征、法条竞合的关系形态以及法条竞合的适用原则。对于法条竞合的概念特征，他在梳理了理论界有关法条竞合各种观点的基础上，明确了法条竞合是由刑事立法决定的一种法律条文现象，涉及数个规定具体犯罪构成要件的刑法条文，且条文之间具有从属或交叉关系，而具体犯罪行为的介入使法条竞合由静态的竞合过渡到动态的竞合，法条竞合是法条关系与法条适用的统一。对于法条竞合的关系形态，他明确了法条的从属关系与法条交叉关系两种形态，并重点分析了特别法与普通法、全部法与部分法的关系。对于法条竞合的适用原则，他首先阐述了法条竞合适用原则的立法依据，并分析了理论界对于法条竞合适用原则的争议观点，在此基础上明确了我国刑法中法条竞合的适用原则及其例外。

除了以上提到的一些理论观点外，龚培华在刑法改革、刑事立法、司法适用、正当防卫理论、故意犯罪阶段形态理论、数罪处罚理论等刑法总则理论以及刑法方面的其他一些疑难问题上，均提出了自己的理论观点，在此不再赘述。

龚培华作为一名学者型检察官，他提出的许多理论观点都是以实践为渊源，是在不断提高对检察工作的认识水平和对检察价值的理解水平中实现的，是对检察工作实践经验的总结和提炼，是一个不断研究新情况，解决新问题，创造新经验的过程。这种理论对司法实践具有直接的指导作用，有利于我国检察理论体系的形成和整体上的进步，对我国刑法理论不断发展和进步也具有积极的推动作用。

（孙　伟[①]　李乾宝[②]）

---

① 孙伟，上海师范大学法学理论专业 2004 级硕士研究生。
② 李乾宝，上海师范大学法学理论专业 2004 级硕士研究生。

黄祥青

黄祥青(1963 年 12 月～　　),湖北江陵人。上海市高级人民法院法官,刑事审判第二庭庭长,并被上海交通大学法学院、华东政法学院聘为兼职教授,工作之余,长期为复旦大学法学院、上海大学法学院等院校的同学作学术报告。黄祥青在《法学》、《法律科学》、《政治与法律》、《法学评论》等十余种法学核心期刊上发表论文 40 余篇,近 5 年来,其发表的若干论文被《人民司法》和《法律适用》评选为优秀论文。其代表性论文主

要有《侵犯知识产权犯罪司法认定若干问题探讨》、《略论贪污罪与近似职务犯罪的界限》、《职务侵占罪的立法分析与司法认定》、《论不可罚的教唆行为》、《浅谈刑法有无明文规定的判断标准》;出版个人专著《罪刑相当论》、《刑法适用问题研究》(待出),合著《大陆与台港澳刑法比较研究》、《中国刑法原理》等。黄庭长具有丰富的刑事司法经验,并且注重用刑法理论指导审判实践,是上海市刑事司法领域颇有影响的"学者型"法官,由于其在专业领域内的颇丰建树,于2003 年被评为"上海市十大青年法学家",2006 年 5 月,被授予上海市"五一劳动奖章"。

作为优秀的青年法学家,黄祥青对于刑事司法领域的贡献有目共睹。其重要的学术观点如下:

1. 关于刑法基本立场的思考。黄祥青用他的理性与感情告诉我们刑法不该冷酷,法官不该冷漠。一方面,他从实际需要和历史两个角度出发,认为刑事司法应该有自己的基本立场,应该更加关注实质正义,当实质合理与形式合理出现冲突时,应该坚持强调实质合理主义。他主张判断某一危害行为在刑法中有无明文规定,应当以有无完全相符合的犯罪构成要件为标准。只要某种危害行为完全齐备了刑法所规定的某种犯罪的全部构成要件,就应当认为刑法对此

危害行为已经作了明文规定,应当以所符合的犯罪构成确定罪名,并予刑事处罚。另一方面,在刑事司法中,审判人员的价值取向主要是"惩罚行为而不是思想",即量刑应当坚持以行为的客观危害性(含现实危险性)为处以刑罚的基础,以行为所表现出的主观危害性为调节刑罚轻重的依据。由于主客观相统一是我国刑法的重要原则,量刑中兼顾行为的主客观危害性对刑罚的作用力无疑是正确的。但是,由于危害行为的表现形式具有多样性和复杂性,当行为的主客观危害性不尽一致时,不同的倚重势必导致判决的结果也会不同。从刑事立法与司法所坚持的基础立场客观主义出发,行为人的思想或犯意不能突出作为刑罚惩罚的重点。在刑事司法实践中应当贯彻和体现主客观相一致的原则,着重考察具体危害行为实际危害社会的性质及其危害大小,并以此作为裁判刑罚的基础,再以行为人的主观危险性程度作为调节刑罚轻重之依据,从而契合刑法的基本立场,有助于实现罪刑相当原则和刑罚的公正性,也就可以有效地避免刑法单纯处罚思想和犯意的嫌疑。

2. 量刑平衡问题。黄祥青强调量刑应当体现"轻轻重重"的适用策略。所谓"轻轻",是指对轻微刑事犯罪的量刑,应当尽量判处相应较轻的刑罚;有条件适用非监禁刑的应当判处非监禁刑。所谓"重重",是指对于严重危害社会的犯罪,应当依法判处重刑,直至判处死刑。这一适用策略的合理性,既可体现刑法的经济原则,又能体现刑罚适用的实效。另外,量刑平衡还体现为在同类案件之间应当关注整体一致性和个别相当性。当案件性质和情节基本相同或相似时,应当判处大体相同的刑罚。但是任何同类案件总有情节上的细微差别,或社会危害性程度,或行为人的主观恶性大小不同,在量刑上均有所体现。从法哲学的角度注意不同案件的细微差别,不仅是罪刑相当原则在量刑上的必然要求,而且是司法公正性在刑事裁判领域的必要表达。此外,量刑平衡亦体现在一个案件内部,若有多名被告人,处刑轻重需把握多向度协调性。在通常的司法实践中先确定罪行最严重的被告人所应承担的刑罚,然后以此为参照,按照其余被告人的罪行轻重分别裁量不同的刑罚。此种协调是重要的但不是惟一的,因为一案中共犯关系具有多样性和复杂性。同时,从犯罪心理角度审视,罪犯大多倾向于与同类犯罪中判处刑罚最轻者做比较,由此感受量刑是否公正并影响自己的改造心理。所以量刑的多向度协调意识对于实现刑罚的目的性和有效性至关重要。

3. 关于刑法的解释问题。黄祥青认为刑法的规定往往比较简约,在将其适用于纷繁复杂的案件时,对其作出相关的解释非常必要。对于这一问题他从以下三个方面进行论述:其一,法律解释方法的种类,包括系统解释、扩大解释、缩小解释、当然解释;其二,区别不同的情况适用不同的解释方法;其三,具体运用每种解释方法时应该关注的问题。

自 1988 年从事法律研究工作以来,黄祥青陆续发表和出版了一系列重要的研究成果,其中的许多论文和著作在刑法学界和相关的司法实践活动中都产生了重要的影响。他在研究中注意那些学界未曾提出或者未曾深入研究的问题,并力图提出一些具有开创性的新观点、新理论,从而使其研究具有一定的前瞻性和创新性,并得到了学界较为广泛的认同。在刑事司法领域,黄祥青较早地关注刑法的基本立场问题、刑法司法解释的问题、刑法量刑的平衡问题,提出了自己独到的见解,倡导刑法领域的实质合理主义和客观主义立场。他提出的为数不多的地方《量刑指南》和关于刑法司法解释问题的理论,在司法实务界和学术界都得到了普遍的赞同。这些成果对于上海的刑事司法的发展,起到了重要的推动作用。

人物篇

(杨晓丹① 李 莹②)

---

① 杨晓丹,上海师范大学法学理论专业 2004 级硕士研究生。
② 李莹,上海师范大学法学理论专业 2004 级硕士研究生。

谢佑平

谢佑平（1964～　），男，湖南宁乡人，现任复旦大学教授、博士生导师，中国刑事诉讼法学研究会副会长。兼任华东政法学院教授、上海市人民检察院检察官培训中心客座教授、浦东新区人民法院专家咨询委员、杨浦区人民检察院专家咨询委员。1998 年，其《刑事诉讼法学教材与教学方法改革》获得司法部优秀教学成果一等奖；2001 年，其《刑事诉讼法学》（上、下）获国家教学成果二等奖；1999 年获全国十大青年法学家提名奖；2003 年获上海市优秀中青年法学家称号；2004 年入选教育部"新世纪优秀人才计划"。

谢佑平教授是我国刑事诉讼法学科科研实力较强的中青年学者之一，在刑事诉讼法学和司法制度研究领域中，著述丰硕。撰写有《刑事诉讼模式与精神》（成都科技大学出版社 1994 年版）、《社会秩序与律师职业》（法律出版社 1998 年版）、《刑事司法程序的一般理论》（复旦大学出版社 2003 年版）、《刑事诉讼法原则——程序正义的基石》（法律出版社 2002 年版）、《刑事侦查原理论》（公安大学出版社 2003 年版）、《刑事司法权力的配置与运行研究》（公安大学出版社 2006 年版）等专著；主编有《刑事诉讼法新论》（法律出版社 1996 年版）、《刑事诉讼国际准则研究》（法律出版社 2002 年版）、《司法公正的建构》（中国检察出版社 2005 年版）等学术著作。此外，谢佑平教授还编有刑事诉讼法学以及律师学教材多本，其中，《刑事诉讼法学（上、下）》获司法部优秀教材一等奖和国家优秀教材二等奖。累计出版个人专著 3 部，合作专著 8 部，国家教委、司法部统编教材 8 本，自编教材 6 本、工具书 2 本、译著 1 本；在《中国法学》、《法学》、《法学评论》、《现代法学》、《法律科学》、《政治与法律》等法学核心期刊发表论文 100 多篇，其中，有多篇被中国人民大学报刊复印中心《诉讼法学》、《新华文摘》、《高校文科学报文摘》转载。其科研成果累计达 300 多万字。

谢佑平教授的学术兴趣广泛,其科研成果遍及刑事诉讼法和司法制度的各个具体领域。特别是在刑事诉讼的国际准则、刑事诉讼中的诉权、诉讼文化及其与诉讼模式的关系、刑事强制措施的性质方面,其学术成果在诉讼法学界处于领先地位。

在刑事诉讼原则和国际准则方面,谢佑平教授运用比较和实证方法,对刑事诉讼原则进行别具特色的分类论述,并深入分析了刑事诉讼法原则的概念、体系、功能和发展趋势,揭示了刑事诉讼各具体原则的本质内容及其在我国刑事诉讼法完善中的要求。在论述刑事诉讼国际标准时,从刑事诉讼制度自身演绎进化的规律和人类社会的共同价值选择出发,兼顾法律制度和诉讼文化的多元化与差异性,从而为刑事诉讼国际标准框定了普适性价值和包容性价值;并强调刑事诉讼国家准则的底线控制意义,即它确立了现代刑事诉讼最基本、最优先的规则,为社会正义的实现提供了不可突破的底线标准。[①]

谢佑平教授在刑事诉讼法研究中,提出了"诉讼活动与人类的竞技运动存在天然的联系"观点,尤具有新意和学术创见。在参与刑事诉讼程序运作的公、检、法三机关关系方面,他认为:配合制约原则是我国刑事诉讼所特有的一项政策性原则,但它导致了一系列现行制度无法克服的弊端,主张予以取消或重构。[②] 同时应借鉴国外法治先行国家的程序模式,提升法院地位,确立司法审查原则,由法院对侦查权运行的合法性进行审查。[③] 在著述中,他一以贯之地强调"诉讼及时"、"相应性"和"程序法定"等原则,这些论述受到诉讼法学界学者的普遍认同。

在刑事程序的具体运行方面,他首次从侦查程序制度的各个角度出发,定位了侦查程序与起诉、审判程序的关系,揭示了侦查程序的特质和功能,界分了侦查权性质和侦查权配置的规律;在深入分析了侦查程序的构成要素和结构等静态样态的基础上,对侦查程序的主体与客体的动态运作给予充分的关注。其

---

① 见谢佑平、万毅:《刑事诉讼法原则:程序正义的基石》,法律出版社 2002 年版。

② 见谢佑平:《警、检、法:错位与缺位》,载《中国律师》2002 年第 2 期;《意大利刑事侦查改革的意义与启示》,载《政治与法律》2004 年第 4 期。

③ 见谢佑平:《刑事诉讼视野下的司法审查》,载《中外法学》2003 年第 1 期。

次,在公诉制度研究方面,他从维护人权、保障程序公正和诉讼经济的角度,提出"一事不再理"和"控审分离"。①

在律师制度方面,谢佑平教授的研究成果卓著。他对律师职业的本质属性及其在社会秩序建构中的意义进行深入研究,提出:独立性是律师职业的本质属性,律师兼具民主性、社会性和商业性;应结合中国的社会类型,推进中国律师制度建设,发挥律师在国家法律秩序的建构中具有协助社会主体正确认识自身的法律权利、依法行使自身法律权利以及在自身法律权利遭受侵害时寻求正确的救治途径等功能。②

谢佑平教授十分关注司法制度的发展,注重研究司法权运作和司法改革过程中遇到的难题。他对司法机关的程序法解释权率先提出质疑,深入分析司法权的运作规律,创造性地认为,我国法律应确立"程序法定原则",③取消司法机关的程序法解释权,进而对整个刑事诉讼法解释体制进行重构。从法治的深刻蕴义出发,他指出:司法机关可以着手进行改革,但是司法改革的路径应当规限在合法性限度内,而不能搞任何突破法律的"制度创新"。④ 我国司法改革迟迟难以取得进展的致命症结是法制的无权威性和非至上性,应立足于制度模式和诉讼精神的多重视角塑造司法的权威形象。⑤

（倪　铁⑥）

---

① 见谢佑平:《一事不再理原则重述》,载《中国刑事法杂志》2001 年第 3 期;《论刑事控审分离原则》,载《诉讼法论丛》第 7 卷,法律出版社 2002 年版;《刑事公诉变更制度论纲》,载《国家检察官学院学报》2002 年第 1 期。

② 见谢佑平:《背景与机理:律师制度的宏观考察》,载《现代法学》1995 年第 6 期;《论律师在法律秩序建构中的作用》,载《现代法学》1998 年第 1 期;《律师执业与社会条件关系论析》,载《现代法学》1999 年第 1 期;《独立性:律师职业的本质属性》,载《中国律师》2002 年第 7 期;《论刑事审前程序的律师辩护》,载《政治与法律》2005 年第 2 期;《律师社会角色理论定位与实证分析》,载《中国司法》2004 年第 10 期。

③ 见谢佑平:《论程序法定原则》,载《诉讼法理论与实践》,人民法院出版社 2001 年版。

④ 见谢佑平:《论司法改革与司法公正》,载《中国法学》2002 年第 5 期;《中国司法改革合法性评论》,载《政治与法律》2002 年第 6 期。

⑤ 见谢佑平:《法律权威与司法创新——中国司法改革的合法性危机》,载《法制与社会发展》2003 年第 1 期;《审判公正的法哲学思考》,载《法学论坛》2002 年第 2 期;《论司法公正》,载《中国法学》2002 年第 5 期;《司法独立与司法权威》,载《政治与法律》2004 年第 5 期。

⑥ 倪铁,华东政法学院 2005 级法律史专业博士研究生。

董茂云

董茂云（1963 年 12 月～　　），浙江宁波人。法学博士。现任复旦大学教授、博士生导师、法学院副院长。主要研究领域为宪法学与行政法学、比较法学、外国法律史、司法制度、香港基本法等。董茂云教授同时兼任中国法学会理事，全国外国法制史研究会副会长、常务理事，中国法学会宪法学研究会理事、比较法研究会理事，法学教育研究会理事以及上海市法学会理事等职。长期为本科生、研究生讲授《宪法学》、《比较宪法》、《宪法学研究》、《比较法研究》等课程。于 1999 年 9 月获得"上海市高校优秀青年教师"荣誉称号，同年 12 月获得首届"上海市优秀中青年法学家"荣誉称号。

董茂云教授的代表性著作主要有：《创造性的杰作：中华人民共和国香港特别行政区基本法解读》，(上海人民出版社 1998 年版)，《比较法律文化：法典法与判例法》(中国人民公安大学出版社 2000 年版，获 2002 年司法部优秀法学教材与研究成果二等奖)，《宪政视野下的司法公正》(合著)(吉林人民出版社 2003 年版)，《比较司法制度》(合著)(上海人民出版社 2003 年版)，《行政法学》(合著)(上海人民出版社 2005 年版)等。董茂云教授曾在《法学研究》、《比较法研究》、《复旦学报》等刊物发表论文 30 余篇，多次获上海市哲学社会科学优秀成果论文奖、上海市法制建设优秀成果奖等奖项。

董茂云教授在宪法学、比较法学理论研究中有较多的学术贡献。他的一些具体学术观点与贡献主要体现在：

关于判例法与制定法这两种法律渊源的优劣判断以及我国应选择何种法律渊源的论争由来已久，在制定法已经确定为最基本的法律渊源的前提下，这一论争的关键是我国是否应该采用判例法制度。董茂云教授认为：我国不应采用判例法制度,但应加强判例的作用。他还对英美等国判例法作出过详细比较,并研究了中国的法典化道路,指出在法律现代化的过程中中国应该借鉴西方有益经验。

在人权研究方面,董茂云教授认为法律对人权的保障是人权保障的重要组成部分,行政诉讼作为一种对人权的法律救济,在人权的法律保障中起着重要的作用。在行政诉讼当中,公民权利对抗行政权力是行政诉讼的发起与动因,司法权力制约行政权力是行政诉讼的过程与性质,司法权力保障公民权利是行政诉讼的结局与目的。要使行政诉讼中的人权保障走向实然,必然赋予公民更大更充分的诉权,提升司法权的地位与实力,以及确立保障相对人合法权益为行政诉讼的惟一目的。行政诉讼对于我国宪政完善和人权发展具有重要意义。

董茂云教授认为,法官是任何一个完整的司法过程中最为核心和能动的要素;而在法官要素中,法官良知又是其灵魂,离开了它,法官将不成其为法官,而司法过程也定将无所作为。但是,普遍地恪守法官良知是与国家实行宪政的程度密切相关的。董茂云教授还对沉默权的问题作了一系列研究,他认为,西方沉默权是一项自然权利,是一项人权,是一项"不说话"权利,是一项实施无罪推定的权利。他主张既要引入又要限制,对于站在被告人立场能够回答而不回答或前后供述矛盾时不回答,法庭可以作出对其不利的判决。

董茂云教授还对比较法在香港特别行政区法制中的作用作出过详细研究,他认为香港地区有着独特的历史背景,其法律渊源具有多元化的特色,因此,比较法作为一种法律思维方法和技术方法在香港特别行政区有着十分突出的作用,这包括:判例法与制定法的比较、域内法和域外法的比较、新法与旧法的比较及双语立法与司法中的比较等。他认为在经济全球化和实现祖国统一大业的进程中,比较法应受到格外的重视。

董茂云教授认为宪政是法治基础上的民主政治,宪政的核心是限政与保障人权。宪政是司法公正的基石。没有法治的民主政治是短命的或无政府主义的,脱离宪政的司法公正是不确定的且不具有普遍意义的。现实中人们将一切矛盾和冲突求助于党和政府的公正处理,而忽略了司法的特殊功能和司法公正。他认为,民主法治国家离不开宪政,司法公正也离不开宪政。

（马晓飞）

四、法学学科专家①

　　为了鼓励从事法律实务的会员结合工作实践更切实地开展理论研究、不断提高学术水平,推进民主与法治建设,1990年学会常务理事会决定,由学术委员会对立法、司法、行政执法等实际工作部门提出申请授予学科专家荣誉的会员进行评审。本会于1989年、1992年共评定出各学科专家45名,在此依序作一简介。

　　丁　予　男,1921年11月生,河北昌黎人。曾任上海市劳改局犯罪改造研究所副所长。长期从事公安、劳改工作,先后发表了《中华人民共和国劳动改造制度的形成与发展》、《当前对犯人教育改造工作的探讨》、《试论改造人、造就人的方针》、《重新犯罪的预防与控制》等论文;主编《南京概况调查》,与人合著《犯罪改造学》;参与编写《法律常识要览》;主持编撰上海市改造质量与重新犯罪调查报告20篇。1992年11月,被评定为犯罪改造法学学科专家。

　　马　锐　男,1932年10月生,江苏南通人。曾任上海市法学会副会长。长期从事政法工作,先后任职于公安、检察等实务部门。早在20世纪60年代,他就积极从事刑事犯罪特别是少年犯罪的研究;80年代初参与对经济犯罪的态势和有关对策的研究,并对检察机关参与“社会治安综合治理”进行探索;80年代至90年代主持法学会日常工

作以后,组织和参加社会治安综合治理调查研究,设计系列讨论会,撰写了《关于当前青少年犯罪状况和矫治对策》、《刑释解教人员重新犯罪状况及其防治对策》、《当前国际犯罪特点》等论文,编辑出版《社会治安综合治理论文集》等;90年代以后,他组织并参加《社会治安综合治理》专项课题研究,撰写成《当前违法犯罪特点及其防治》,主编的《城市长治久安之策》专著,被法学会学术委员会评为二等奖。1992年11月,被评定为犯罪学学科专家。

　　王 飞　男,1929年11月生,江苏昆山人。1952年上海法学院毕业后长期从事劳教、劳改工作。原任上海市劳改局局长和《劳改劳教工作通讯》、《大墙内外》、《劳改理论与实践》的总编。1984年起任上海市法学会理事,上海市监狱学会副会长、会长,中国监狱学会副会长。1993年退休。现为上海市监狱学会名誉会长、中国监狱学会学术委员会委员、上海市监狱局专家组组长。王飞同志从事监狱工作40多年,在实际工作中倡导理论与实践的密切结合,提出专业理论研究队伍与群众性开展科研相结合,实践探索与理论研究相结合等方法,致力于理论创新研究,对建设中国特色监狱制度,开创上海监狱工作新局面有较大贡献。他坚持从育人的高度和以人为本的高度,深入调查研究,在80年代初就提出了对青少年犯罪的综合治理问题,是"分类改造"的创始者。先后撰写了《试论对违法犯罪少年的综合治理》、《清除"左"的影响　改进改造工作　坚持综合治理》、《遵循思想转化规律　教育改造违法犯罪少年》、《加强基础工作　提高改造质量》、《调研归来话改革》等10余篇有关防止青少年违法犯罪与改革我国劳改、劳教工作的论文。他的论文坚持理论联系实际,及时地将实践中出现的新情况、新问题提出来,从理论上作分析,在改造育人、造就人才上找出对策、措施和方法。因而,他的研究结果对劳改、劳教实践具有实际的指导意义。1990年3月,被评定为劳改法学科专家。

　　王午鼎　男,1944年8月生,浙江宁波人。现任上海市浦东新区人大常委

会主任,原任上海市公安局副局长兼浦东新区公安分局局长。先后撰写了《从反思"严打"谈加强派出所基础工作》、《试论大城市治安管理体制与工作模式》、《谈治安管理工作的政策取向与职权行事》、《初探治安管理体制改革中的放权与收权》等论文。1995 年 10 月,被评定为治安法学科专家。

王 兴 男,1923 年 11 月生,山东利津人。曾任上海市政协副主席、上海市人民检察院检察长。长期从事公安、检察工作,结合工作实际开展研究,撰写了《检察工作要为改造、振兴上海服务》、《新时期检察干部执法中必须坚持的几个问题》、《论严厉打击刑事犯罪活动》、《关于强化检察机关法律监督职能问题的调查报告》等多篇论文,在维护法制尊严、依法治国上给人们以很好的启迪。1990 年 3 月,被评定为检察法学科专家。

王树泉 男,1929 年 5 月生,山东掖县人。曾任上海市人民检察院副检察长。长期从事刑事检察工作,在报刊上发表过《依法论罪以理服人》、《关于〈刑法〉的几个问题》、《廉政重在法制》等文章。1990 年 3 月,被评定为上海市法学会刑法学专家。

毛瑞康 男,1934 年 11 月生。曾任上海市公安局副局长。长期从事治安管理、刑事侦查等公安工作。先后发表了《公共场所特种行业治安管理》、《关于社会动态治安管理》、《关于正确处理民间纠纷引起的治安问题》、《治安案件的查处》、《防暴警察简明读本》等论著。1995 年 12 月,被评定为治安法学科专家。

冯尔泰　男,1921 年 4 月生,江苏金坛人。1941年入东吴大学法学院,毕业后受中共党组织指派入上海地方法院任司法官,1949 年 5 月出任军管会法院接管处秘书,后任上海市人民法院刑事审判庭庭长,最高人民法院华东分院民事审判庭副庭长、办公室主任,1980 年调任上海市人民政府法制处处长、上海市人民政府经济法规研究中心副总干事。长期从事经济行政法规起草和执法检查工作,曾参与制定了《淡水养殖保护条例》、《拆迁房屋管理办法》等法规。主要著作有:《对行政诉讼和行政执行的探讨》、《论行政强制执行》、《瑞典的国际仲裁》、《商标广告法律知识》、《会计法知识》、《保险法知识》、《税法知识》、《金融外汇法律知识》等。曾受邀请兼任法商学院、立信会计专科学校、上海市委党校、华东政法学院讲师、特邀教授,分别讲授商法、民刑改革、英美法大纲、经济法等课程。1990 年 3 月,被评定为经济法学科专家。

朱济民　男,1940 年 8 月生,江苏如皋人。曾任上海市监狱管理局局长、上海市人大内务司法委员会委员。从事对违法犯罪的未成年人的教育、改造工作30 余年,有丰富的实践经验和较深的理论造诣,其撰写的论文在各类比赛中多次获奖。如:《对当好少管所所长若干问题的思考》获上海市犯罪改造学学会1989 年论文鼓励奖,《心理、生理、社会环境对青少年行为的影响》获 1990 年上海市法制心理学专业委员会犯罪行为研究会论文特等奖,《少年犯罪矫治与预防》获 1991 年中国青少年犯罪研究会华东联络中心科学讨论会优秀论文奖。1992 年 11 月,被评定为劳改法学科专家。

吕绳庆　男,1929 年 11 月生,江苏武进人。曾任上海市人民检察院检察

员。长期从事检察工作,较多地参加重大疑难案件的审查起诉和出庭公诉。先后撰写了《科学地分析、判断证据的证明力》、《刑事检察专论(三)》、《论提高对起诉书文告的审核水平》、《出席二审、再审法庭中的若干问题》等数十篇论文,其中不少被刊物选用。1990 年 3 月,被评定为刑事诉讼法学学科专家。

任 彦 男,1934 年 9 月生,江苏扬州人。现任上海版权保护协会秘书长。曾任上海市版权处副处长、处长。曾与他人合编《简明著作权词典》、《知识产权问答与案例》、《知识产权法律与实务》,参加了《中国行政法辞典》、《著作权与著作权法》的编写,担任《著作权实用大全》一书的主编。还先后撰写了《谈作品的独创性》、《试论我国实行著作权自愿登记制度的必要性及可行性》、《版权与印刷》、《析录音录像的非法复制及其法律责任》等论文。20 世纪 90 年代多次被邀请在美国、中国香港等地作中国"版权与印刷"的演讲。上海的律师、出版、文化、广播电视、电影、科技各界及有关高等学校的学生,都曾邀请任彦去讲授著作权法,听众达万人以上。1995 年 12 月,被评定为版权法学科专家。

戎思宜 男,1936 年 2 月生,浙江慈溪人。曾任上海市公安局预审处处长、副局级巡视员。长期从事公安工作,直接审理的各类案件达一千余件;先后应邀到上海公安专科学校,华东政法学院,政法干部管理学院,一、二警校以及公、检、法、安全等系统的各类干部轮训班上讲学。主持编写了《预审干部岗位培训业务知识教程》、《预审调研文集》等专刊;撰写了《对派遣特务案件审讯初探》等论文;主持拍摄了《预审工作规范》示教片,经公安部批准,向全国公安系统发行。1992 年 11 月,被评定为刑侦学学科专家。

612

许培星　男,1949 年 9 月生,上海市人。曾任上海市公安局交通警察总队总队长、上海市公安局副局长。从事公安交通管理工作 20 多年,撰写主要论文有:《市民的交通法规意识的培养势在必行》《21 世纪的上海城市交通形象——高效、便利、舒适》《上海交通安全现状与对策》《混合交通条件下的上海自行车交通安全对策研究》,出版了《美国交通一瞥》《都市道路交通》等著作。1995 年 10 月,被评定为城市交通管理学科专家。

李国光　男,1938 年 2 月生,江苏无锡人。曾先后任西藏自治区高级人民法院副院长、上海交通大学法学院教授、上海市中级人民法院院长、上海市高级人民法院副院长、最高人民法院院长。长期从事审判工作,在经济法学方面颇有建树。1984 年在西藏法院工作期间编写出版了《经济法讲座》,作为全藏经济审判干部的培训教材;在任上海市中级人民法院院长期间,撰写《发挥经济审判职能,为治理整顿深化改革服务》一文,提出正确处理经济审判工作的"六个关系",对当时我国的经济审判工作为改革开放大局服务有较突出的指导作用,获由最高人民法院、法制日报社举办的"新时期经济审判"有奖征文一等奖;在任上海市高级人民法院副院长期间,还曾被选为上海市法学会第五、六、七届理事、副会长,参与编写了由司法部、教育部主持的高等院校教材《中国司法制度》,主编了《怎样做好书记员工作》一书,他撰写的《提高认识,加强领导,做好少年刑事案件的审判工作》一文,在理论和实践的结合上,全面总结了全国第一个少年刑事审判庭——长宁区法院少年庭的经验,被收入最高人民法院编的《中国少年刑事审判实践》一书。他所撰写的《论相邻权行政诉讼》一文,获最高人民法院 1991 年度全国优秀论文一等奖。1992 年 11 月,被评定为经济法学科专家。

李思根 男,1935 年 2 月生,浙江慈溪人。曾任上海市人民检察院副检察长。长期从事检察工作,先后参与撰写了《关于入境犯罪案件的情况调查》、《关于贪污、贿赂案件免诉情况调查及改进措施》、《关于对本市卖淫嫖娼活动现状及查处打击情况的调查》。1995 年 12 月,被评定为刑事诉讼法学科专家。

余源浩 男,1931 年 7 月生,安徽绩溪人。现任中国检察学会理事、上海检察学会会长,为政法管理学院特聘教授。原上海市人民检察院副检察长。长期从事公安、检察工作。著有《浅论我国检察制度》等论文;编纂中国《检察大辞典》,任副主编。1990 年 3 月,被评定为检察学学科专家。

沈宗汉 男,1929 年 1 月出生,浙江余姚人。曾任上海市高级人民法院副院长,长期从事民事审判工作。曾任《中华人民共和国民事诉讼法(试行)》起草小组成员,第九届上海市人大常务委员会委员、法制委员会委员,上海市法学会金融法研究会总干事。现为上海市法学会顾问。主要著作有:《谈谈贯彻民事诉讼法的若干问题》、《深入贯彻民事诉讼法 努力提高民事审判工作质量》、《防止矛盾激化,维护社会安定》、《法律保护与法律责任》等。1990 年 3 月,被评定为民事诉讼法学学科专家。

沈濬哲 男,1918 年 5 月生,江苏昆山人。曾任上海进出口商品检验局检务室主任。从事商检工作 40 多年,对商检的政策法规有深入的研究,多次参与全国商检法规、规章的制定和修订,编写的《进出口商品检验概论》、《进出口商品检验实务》成为商检系统干部轮训和商检中专学生的重点教材。他的代表作《商检史话》,对法定检验的由来与发展、我国商品质量管制的早期历史、动植物检疫词义的阐释以及新、旧中国商检机构的历史比较等问题的论述，对我国的商检法制建设有积极的影响。在长期的实践过程中，他还撰写了《新形势下的进出口商品检验》、《出口商品的卫生安全和外观质量》、《上海商检六十年概览》等许多论文。1992年11月，被评定为商检法学科专家。

张志陶　男，1922年9月生，上海市人。解放前在上海高等法院工作，曾被派任上海审判日本战犯法庭主任书记官，参加审判日本战犯工作。解放后长期在中英合资企业办理民、商法律事务，从事大量的翻译、起草和审核各类经济合同等法律文件以及企业的知识产权等法律工作。1980年调入上海机电工业职工大学担任经济法兼英语教师。1984年起任上海国际经济贸易律师事务所兼职律师、特邀律师，1985年受聘任上海投资信托公司法律室律师，参加了许多中外合资、合作项目，补偿贸易等谈判，审核大量的中外文合同、章程等法律文件。多次参与国内外的学术研讨会，先后撰写了《从3M中国有限公司看上海举办外商独资企业的前景》、《运用法律手段把好经济合同关》等对改革开放颇有影响的论文。1992年11月，被评定为经济法学科专家。

张声华　男，1945年5月生，江苏苏州人。上海市政协委员、社会和法制委员会常务副主任，原上海市公安局副局长。长期从事刑侦工作，先后撰写了《挑战与构想——上海刑侦工作面临的困难与完善发展的走势》、《侦查破案与科学决策》、《侦破美领馆特大盗窃案的反思》、《正确处理现场勘察中的几个关系》、《上海入境犯罪趋势》等论文。1998年，在"上海现代犯罪对策研讨会"上，就刑事犯罪的趋势与防治对策作了发言。1999年率团赴美国参加中美联合举办的"刑事司法未来问题研讨会"，并作演讲。不仅在刑侦工作上有所建树,而且对建设平安上海有不少颇佳的策谋,对维护社会治安上作出了贡献。1995年10月,被评定为刑侦学科专家。

何品伟 男,1954年 月生,上海人。现任中共上海市政法委员会副秘书长、曾任上海市公安局法制处处长。上海市公安局指挥部主任,长期从事公安工作,有丰富的实践经验和扎实的理论功底。先后撰写了《谈公安机关如何适应司法审查制度》、《简析公安机关行政执法证据与刑事侦查证据的区别》等论文,参与编写了《行政诉讼概论》、《普及法律常识学习提要》。1995年12月,被评定为行政诉讼法学科专家。

何道敏 女,1937年4月生,浙江奉化人。曾任上海市监狱副监狱长,分管罪犯监管改造工作。参与编写了《罪犯分管分教论》一书,并先后撰写了《加强对性犯罪女犯的分类改造》、《对反革命犯分类改造的五年实践与探索》、《反革命犯分类改造的初步探索》、《继续深化对盗窃犯的劳动矫治》等论文,完成了《正确认识劳动改造内涵是当前盗窃犯分类改造的深化方向》、《探索对反革命犯的类中分类教育》等课题报告。1995年12月,被评定为狱政管理学科专家。

陈仁良 男,1941年9月生,浙江慈溪人。曾任上海市政府法制办公室副主任、浦东新区司法局副局长。主要著作有《中外投资法比较》、《企业涉外经济活动法律咨询》等。负责起草了《上海市中远期涉外经济立法预测研究规划》。以他为主起草的《上海市外商投资企业清算条例》、《上海市外高桥保税区管理办法》、《上海市证券交易管理办法》等有关法规规章都是国内首创的,在改革开放实践中起到了积极作用。1990年曾担任《上海市外高桥保税区管理办法》起草小组组长。1994 年完成的《上海市外高桥自由贸易区法制建设研究报告》获上海市决策咨询研究成果奖。1995年 12 月,被评定为国际经济法学科专家。

　　陈　旭　男,1952 年 11 月生,上海人。现任中共上海市委副秘书长,曾任上海市高级人民法院副院长、上海市第一中级人民法院院长、中共上海市委政法委员会副书记。长期从事法院工作,先后撰写了《论审判方式改革》、《论审判管理模式改革》、《审判方式改革与流程管理》、《知识产权司法保护的有效性》等数十篇论文。1995 年 12 月,被评定为知识产权法学科专家。

　　陈志春　男,1939 年 2 月生,浙江宁波人,上海仲裁委员会委员、专家咨询委员会副主任。曾任上海市人民政府法制办公室常务副主任。长期从事行政法制工作。在任职期间,先后组织了全市 100 多位专家、学者开展《迈向 21 世纪的政府法制建设》和《市场经济条件下的行政立法》等重大课题研究。还组织开展了《加强行政执法》等 30 多项与社会经济发展密切相关的政府法制课题研究。他和有关学者共同研究提出的《上海市禁放烟花爆竹的方案选择和成本分析》,为上海市人大的立法决策提供了研究依据。他在 1991 年访美考察证券市场和证券立法归来后,提出三万多字的《美国证券立法和证券市场研究报告》为本市的证券市场建设提供了重要信息。1995 年起,他在市政府领导下,受命筹建上海仲裁委员会,担任第一届上海仲裁委员会委员兼秘书长,第二届上海仲裁委员会副主任兼秘书长,第三届上海仲裁委员会委员兼专家咨询委员会副主任,为传播仲裁法制,扩大仲裁影响,提高仲裁质量,发展仲裁事业,发挥了积极的作用。2004 年,他具体组织研究的《中国仲裁公正宣言》,经国务院法制办有关负责人和全国各仲裁机构负责人审议通过,镌刻在西安的中国仲裁林中。同年,被授予中国优秀仲裁员的称号。1995 年 12 月被评定为经济法学科专家。

杨星华 男,1931年7月生,浙江镇海人。曾任上海市公安局办公室副主任、政策法律研究室主任。长期从事政策法律研究,参与主编、编辑、撰写的法学、犯罪学、公安学等著作主要有《法律常识要览》、《中国司法制度》、《诉讼法大辞典》、《中国现阶段犯罪问题研究》、《司法职业道德》等。自1982年起先后撰写论文33篇,其中《略论当前上海青少年犯罪的新情况、新特点》被上海市哲学社会科学学会联合会评定为1986年至1987年度优秀学术成果奖,并被选入《中国青少年犯罪学年鉴》;《试论上海青少年犯罪的趋势和控制战略》被中国青少年犯罪研究学会评为"中国青少年犯罪研究十年优秀成果"一等奖。1990年3月,被评定为青少年犯罪学学科专家。

杨惠基 男,1951年3月生,浙江余姚人。裁委员会专家咨询委员会副主任,副研究员。获中国政法大学法学硕士学位,中欧国际工商管理学院EMBA毕业,获高级工商管理硕士学位。现任东方证券股份有限公司董事会秘书。先后任上海市静安区人民法院办公室副主任、审判员、行政庭负责人,上海市人民政府法制办公室行政复议应诉处处长。任职期间,坚持理论与实践相结合,开展研究,独立完成了《听证程序概论》、《行政执法概论》专著,还主编了《听证程序理论与实务》、《中国行政法学新理念》,撰写了《论行政诉讼的特殊性》、《论行政诉讼的第三人》、《论行政诉讼的调解与和解》、《纠正违法行政》等70余篇论文,并在国家行政学院等大学教授行政法250多个课时,深受听讲学生的好评。1992年11月,被评定为行政法学科专家。

易庆瑶 男,1939～2005年,江苏盐城人。曾任上海市公安局副局长。长

618

期从事公安工作,先后撰写了《对新形势下刑事犯罪对策的几点思考》、《对中国现阶段犯罪问题研究的几点看法》、《关于制定〈上海市公民游行示威暂行条例〉的说明》等论著。1990年3月,被评定为犯罪学学科专家。

林青山 男,1938～2005年,福建厦门人。曾任中共上海市委政法委员会副秘书长。长期从事政策法律研究和有关的实际工作,先后撰写或与人合著了《执法必严是邓小平法制思想的重要组成部分》、《当前上海刑事犯罪若干特点和整治对策之探讨》、《上海查获的拐卖人口案件的情况和特点》、《婚姻家庭问题和青少年犯罪》等多篇论文。1995年12月,被评定为刑法学科专家。

周 虞 男,1935年4月生,江苏无锡人。现任上海市仲裁委员会仲裁员,曾任上海市高级人民法院刑二庭审判员、审判长、行政审判庭庭长,本会行政法研究会副总干事。长期从事司法审判工作,先后参加了《中国行政法辞典》、《行政法学》、《行政法学概论》、《刑法分则教程》、《行政诉讼理论与实践》等书的编写。从1988年起为本市行政执法与行政司法人员培训班讲课8年,1 200个学时。1995年10月,被评定为行政法学科专家。

赵 坚 男,1929年2月生,河北景县人。曾任上海市公安局办公室主任。从事公安工作40年,注重公安研究和公安教学工作。在理论研究刊物上先后发表《公安信息与公安决策》、《关于公安教育体制的思考》等论文;参与七五社科规划研究课题《上海社会治安综合治理》的研究和《上海现阶段犯罪问题研究》课题研究,担任课题组负责人;为《户口管理的理论与实践》、《流动人口管理》、《浦东新区人口》等书撰写了部分章节,还是《上海公安年鉴》的编辑和撰稿人。此外,在担任市公安局办公室主任期间,还撰写了数十篇调研报告和专题报告,产生了很好的社会效果。1992 年 11 月,被评定为刑法学科专家。

徐达权 男,1928 年 10 月生,浙江平湖人。一级律师。曾任上海市贸促会法律部部长,中国国际经济仲裁委员会上海分会秘书长、上海国际经济律师事务所主任。长期从事外贸业务和律师及仲裁工作。先后担任过复旦大学、华东政法学院、上海外贸学院、上海政法干部管理学院兼职教授,为华东政法学院、上海外贸学院硕士生导师。1981 年至 1982 年被派往美国哥伦比亚大学做访问学者,并在美国、比利时、我国香港的律师事务所实习。回国后,积极开拓涉外经济法律工作,先后发表了《发展外向型经济必须掌握法律武器》、《有关签订对外经济贸易合同的法律问题》、《了解美国法律,进一步开展对美经济贸易工作》、《上海进出口贸易与有关法律问题》、《企业管理浅谈》等论文。1990 年 3 月,被评为国际经济法学学科专家。

柳忠良 男,1934～1998 年,江苏常州人。曾任上海市人大常委会法制委员会办公室主任。长期从事政法工作,参与了《上海市青少年保护条例》、《上海市妇女儿童保护条例》等 20 多部地方性法规的起草工作。在宪法和立法基础理论方面有较深的功底,先后撰写了《地方性法规立法刍议》、《立法中几个争议问题的探讨》、《〈上海市青少年保护条例〉立法构想》等近 15 万字的论文,参加了普法读物《法律常识要览》、法律工具书《行政法辞典》和专著《立法工作概论》等书的编写工作。1992 年 11 月,被评定为宪法学学科专家。

顾长浩 男,1954 年 1 月生,江苏江阴人。现任上海市人民政府法制办公室副主任。长期从事地方性法规规章的起草、审核工作,先后办理和组织办理本市法规规章近 200 件,参加国务院法制局起草《行政强制执行条例》(草案),

组织了《上海市城乡建设、规划管理中近期立法规划》课题研究，撰写了《论土地作为联营条件的法律问题》、《医疗事故处理法律制度改革刍议——兼评〈医疗事故处理办法〉》、《商品住宅与房产权利——关于差异性房产权利制度构建的设想》、《政府规章实现程序化、法律化的若干设想》、《论立法中的表现技术和表述技术》等立法理论研究论文。1992 年 7 月，被评定为行政法学科专家。

钱富兴　男，1938 年 1 月生，江苏无锡人。曾任上海市监察局副局长、上海市人大常委会法工委主任。长期从事行政法制工作，率先开展了地方立法预测规划和体系化研究工作，较早从法规、规章的组织起草、内容形式、审查修改、审议、公布方式等方面进行立法制度化、规范化的理论研究和实践；较早地在全市开展了大规模的行政执法检查活动，并总结出执法不严的 16 个原因，丰富了政府法制实践和理论研究的内容；

较早地对政府法制与社会主义法制、政府法制与政府工作关系进行了理论研究；较早地对法制与改革、法制与宏观管理、法制手段与经济手段、行政手段，合法与合理、立法与执法、行政监察与行政诉讼等关系进行了理论总结，提出了一系列有创新的见解，对推进本市政府法制工作起了较好的理论指导作用。先后撰写了《论政府法制工作》、《加强法制工作，搞好行政管理》、《关于执法监察的几个问题》等 20 篇论文，参与编写了《行政法学概论》、《行政诉讼基本知识》、《行政法学》、《行政法辞典》4 本著作。1992 年 11 月，被评定为行政法学科专家。

袁友根　男，1933 年 11 月生，江苏启东人。曾任上海市公安局刑事侦查处副处长。从事刑侦工作 40 年，积累了丰富的实践经验，破获了许多重大案件。同时，在刑侦实践的基础上注重理论研究，先后单独或与他人合作撰写了《试论刑侦业务的系统性》、《逻辑推理与侦查难案》、《浅谈刑事侦查业务管理》、《现场勘察在侦查破案中的地位和作用》、《发现和研究刑事犯罪分子反常心理是侦破案件的重要途径》、《经济犯罪案件侦查的特性》等 10 余篇论文。1992 年 11 月，被评定为刑事侦查学科专家。

倪维尧 男，1933 年 10 月生，浙江宁波人。曾任上海市人民检察院副检察长。长期从事检察工作，有丰富的实践经验。先后发表了有关检察学、刑法学方面的多篇学术论文，主编了《书记员业务教程》、《税法与你》、《违章与犯罪》3 本书，取得了很好的社会效果。1992 年 11 月，被评定为检察法学科专家。

常耀有 男，1936 年 3 月生，山东安邱人。曾任上海市司法局研究室主任，现为律师。长期致力于法学的研究和法律的实践。曾担任过中国法学会、上海市法学会、上海市企业家法学家联谊会理事，上海市行政法研究会干事，上海市金融法制研究会常务理事，上海市科技与法律研究会常务理事、秘书长。先后撰写了《试论人民律师的素质和形象》、《论律师与公检法的配合与制约》、《论司法劳改机关在纠正错案中的制约权》、《论"三资"企业的发展需要法律保护》、《论建立刑事辩护律师回访制度》等论文近 50 篇，并有多篇获市、部级优秀论文奖。主编了《中国人民调解》、《行政诉讼问答》、《涉外法律实务》。在《中国行政法辞典》、《律师实务》、《商业法律

基奠》等书中担任副主编。参与编写了《中国司法行政辞典》、《大陆法律简编》、《中国司法协助》、《中国司法行政史》等书。1992 年 11 月，被评定为行政法学科专家。

黄 石 男，1924 年 1 月生，江苏武进人。曾任上海市公安局办公室副主任。从事公安工作多年，在刑侦学方面卓有建树。先后发表了《浅谈碎尸案的

侦查》、《上海30年来刑事犯罪动态的剖析》等100多篇论文,先后汇编成《刑事侦查的理论与实践》第1、2、3辑,在公安部机关内部发行。曾两次参加公安部组织的公安业务教材的编写工作,编写出版了《刑事侦查学总论》、《刑事侦查学》。1990年3月,被评定为刑事侦查学学科专家。

梁瑞麟　男,1929年8月生,广东中山人。曾任上海市高级人民法院经济审判庭庭长、法官培训中心副主任。现为中国国际经济贸易仲裁委员会仲裁员、上海仲裁委员会仲裁员。长期从事审判和经济贸易仲裁工作,擅长理论总结,曾为《企业法律实用手册》撰写了"经济诉讼篇"。还撰写了一些有关涉外经济诉讼的专论,主要有《涉外经济合同诉讼的若干问题》、《解决国际经济

贸易纠纷的方法》等,为中外企业经营者了解我国涉外经济诉讼法律提供了法律帮助。此外,为《民主与法制》、《法律咨询》等杂志撰写稿件50余篇,并在复旦大学、华东政法学院、上海政法学院、上海财经大学、上海海运学院等举办法学专题讲座,在上海经济法学领域中有一定影响。1992年11月,被评定为经济法学学科专家。

谢玉和　男,1946年5月生,江苏邗江人。现任上海海关党组副书记、副关长。长期从事海关管理,主管上海海关法制工作。先后参与了《海关法》及有关法律、法规的起草和修改,在《对外经济贸易实用大全》、《中国对外经济贸易实用大辞典》、《中国行政法辞典》、《上海海关概况》等10余部有影响的工具书中编写了有关海关法律、法规的内容,并有不少论文在海关系统内部刊物中被录用,受到好评。1992年11月,被评定为海关法学科专家。

傅长禄 男,1948 年 9 月生,浙江鄞县人。现为上海久事公司董事、党委副书记。曾任上海市高级人民法院副院长,上海市第一中级人民法院副院长、院长。先后撰写并发表了《坚决摒弃地方保护主义 切实维护当事人合法权益》、《资本主义国家的离婚法》等论文,主编《最新民商事海事海商案例与详述》、《程序与公正》、《证券民事赔偿诉讼》、《新型民商事暨金融纠纷案例详述》、《破产案件审理与破产清算实务》等。其中,他与人合作撰写的《少年违法犯罪的矫治和预防》一文,经华东地区第七次青少年犯罪问题学术讨论会评定,获优秀论文奖,《海事扣船、变卖及债务清偿初探》一文获中国高级法官培训中心和全国法院干部业余法律大学联合举办的首届学术讨论会纪念奖。1995 年 12 月,被评定为经济法学科专家。

端木宏峪 男,1927 年 4 月生,江苏苏州人。曾任上海市公安局刑事侦查处处长。从事刑侦工作长达 40 余年,主持破获了一大批大案、要案,如侦破于双戈持枪杀人案、围剿东北籍犯罪团伙等案,在全国产生较大影响。在长期实践的基础上,他还注重刑侦基础业务和刑侦理论的研究,相继撰写了《关于刑事侦查理论研究的几点意见》、《试论疑难案件的产生及侦破对策》、《怎样分析刑事犯罪现场》、《侦查心理在犯罪现场分析中的应用》、《入室盗窃案件的侦破对策》等 20 余篇论文,

在全国及上海等省级以上公安理论刊物上发表,在全国刑侦同行中产生较大影响。他倡导的刑事犯罪情报资料、刑事特情、刑嫌调控、刑事技术等 4 项刑侦基础业务,成为刑侦工作的四大支柱。1992 年 11 月,被评定为刑事侦查学科专家。

漆世贵　男，1939 年 3 月生，四川宜宾人。曾任西藏自治区人民检察院副检察长、上海市人民检察院副检察长、上海市人大常委会副主任。长期从事检察工作，有丰富的工作经验和扎实的理论功底，曾编写《中国司法制度》一书中的"中国检察制度"专章。其在1991 年国际学术讨论会上发表的论文——《中国有关犯罪集团和一般共同犯罪的刑事立法与检察实践》，受到中外学者、专家和同行的一致好评。现为上海市中

介咨询产业研究中心理事长、上海援藏联谊会会长，仍热心于法律、经济、社会热点问题的研究工作。1992 年 11 月，被评定为检察法学科专家。

颜锦章　男，1931 年 8 月生，上海市人。曾任上海市劳改局党委副书记。长期从事劳改工作，主要著作有《试论改造人、造就人的几种方法》、《劳改业务基础知识》、《亚非拉各国犯罪改造》、《劳改工作方针政策和性质任务》等。1990 年 3 月，被评定为犯罪改造学科专家。

附　录

大事记

1956 年

2 月 22 日　上海市哲学社会科学学术委员会筹委会成立,根据不同学科,以筹委会为中心,吸收若干有关人士,分设法学等 8 个组。

8 月 1 日　上海市哲学社会科学学术委员会筹委会邀原有学会负责人及法学等方面有关同志就如何加强学会、开展学术活动及筹办学术刊物等问题进行座谈。该座谈会认为对于法学等学科需要成立学会,可根据具体情况,积极酝酿筹备,同时在筹备过程中,应适当开展一些学术活动。

9 月 17 日　由上海市各政法单位领导、社会知名人士、法学界代表参加的上海法学会筹备委员会第一次会议在上海文化俱乐部召开,上海市高级人民法院院长魏明主持会议。经魏明提议,大家推举江庸、王造时、雷经天、魏明、陈文彬、杨兆龙为筹委会的召集人,曹漫之为秘书长。

9 月 20 日　在华东政法学院,魏明主持召开法学会筹备委员会召集人会议,讨论法学会宗旨、章程要点等问题。

9 月 24 日　魏明主持召开上海法学会筹备委员会第二次会议,讨论法学会《简章》,选举筹委会负责人。会议一致同意学会定名为"上海法学会",选举产生筹委会负责人,雷经天为主任,韩述之、罗家衡、陈文彬、王造时为副主任,曹漫之为秘书长。

10 月 8 日　雷经天主持召开上海法学会筹备委员会第三次会议,讨论《简章》和吸收会员条件,审查吸收社会人士会员的名单。

10 月 20 日　在高安路 9 弄 3 号法学会筹备委员会会议室,雷经天主持召开上海法学会筹备委员会第四次会议,确定法学会成立大会日期,讨论理事名单。

12月30日　上海法学会成立大会在上海市检察院召开。魏明主持,雷经天致开幕词,曹漫之报告会议筹备经过。上海法学会会员348人,到会286人。理事候选人33人全部当选为理事。

1957 年

1 月 17 日 上海法学会第一届第一次理事会议在高安路 9 弄 3 号召开，雷经天主持。全体理事一致通过《上海法学会简章》。推选出学会会长：雷经天；副会长：江庸、罗家衡、王造时、韩述之、陈文彬；秘书长：曹漫之。

2 月 14 日 王造时副会长主持召开法学会第一届第一次常务理事会会议。会议通过"学会 1957 年科学研究与学术活动计划要点"，确定成立国家与法的理论、刑法、民法、审判法、国际法、海商法 6 个专门学术委员会。

2 月 22 日 举行"民主与专政"座谈会。

2 月 26 日 座谈"国际法体系问题"。

3 月 6 日至 15 日 各学术委员会分别召开会议，推荐并决定各委员会委员。

3 月 14 日 召开学术座谈会，研讨关于"法的阶级性和继承性问题"。

5 月 为了深入探讨现代国际法的阶级性和体系，学会与华东政法学院联合召开国际法的专题讨论会，着重讨论了"国际法的阶级性、独特性、强制性和继承性"。

6 月 12 日、14 日、17 日、18 日、25 日、29 日 本会与市政协政法组联合召开会议，出席法学工作者 100 余人，就如何贯彻鸣放方针问题，展开讨论。会上有人批驳揭发王造时、杨兆龙、罗家衡等"反动"言行。

6 月 26 日 在文化俱乐部，雷经天主持召开上海法学会第一届第二次理事会议，学习讨论整风"反右"文件，批判"错误"思想。

7 月 2 日～28 日 本会集中批判"右派分子"王造时、杨兆龙等右派"罪行"。其间，本会、国际关系学会、史学会还先后分别召开 10 余次小型会议，对王造时进行批判。

1958 年

1月7日　在市委教育卫生部会议室,舒文同志主持法学界人士座谈会,中央宣传部陆定一同志与上海法学界各教授及法学会常务理事等18人就法学科学发展问题进行了座谈。

2月15日、23日　学会与华东政法学院、《法学》编辑部邀请上海的国际法研究者和学者,对现阶段国际法的体系问题展开热烈讨论。

3月9日　上海市哲学社会科学学会联合会成立,本会会长雷经天、曹漫之分别当选为副主席、秘书长。

4月14日　曹漫之副秘书长主持在南昌路科学会堂召开有李铭三、陈传纲等40余人出席的"两类不同性质矛盾理论在政法实践中的应用"问题研讨会。

4月18日　上海法学界人士举行座谈会,就法学教学和研究的厚今薄古问题交换意见。

4月25日　学会召开座谈会,座谈"两类矛盾学说在法学研究上的意义和作用"。曹漫之主持并综合大家的意见,指出:两类矛盾学说这根红线,贯穿着法学的各个部门,是最基本的指导原则,大家必须运用这个原则来进行政法科学的研究和实际工作。

4月30日　市委组织部、宣传部联合同意成立上海哲学社会科学联合会法学会分党组,组成人员为:书记雷经天,副书记陈传纲,成员为袁成瑞、田光、芦伯明。

5月24日　雷经天会长在高安路63号学会会议室召集副会长研究学会工作方向、任务及落实措施。

9月8日　雷经天会长在高安路63号学会会议室召集常务理事研究开展学习毛泽东著作活动及法律学科创新与发展问题。

9月17日　雷经天会长在高安路63号学会会议室召集学会会刊《法学》杂志的编辑方向及组稿问题。

11月4日　本会召开破除资产阶级法权思想座谈会。

1959 年

5月2日　中共上海市委宣传部、中共上海市委教育卫生工作部经请示市委同意,指定雷经天、袁成瑞同志负责政法学科的学术活动。

7月5日　受雷经天委托田光同志在社联会议室召开学会党组会议,讨论法学会今后工作要点问题。

8月2日　本会召开理事会议,确定了本会1959年下半年工作计划,要点如下:

(1)深入开展两类社会矛盾问题的讨论与研究。以政法工作实践中存在的问题,就实论虚,提高到理论上加以阐述。

(2)开展经常性的对现实理论问题的讨论与研究,例如,人民公社中有关政法方面的问题,政法工作与劳动生产相结合的问题。

(3)开展学术性的报告与讨论。配合国际关系学会,举行"和平共处五项原则"的报告与讨论;配合社会科学院政法研究所编写"中国人民民主革命法制史"的工作,组织讨论该著作的对象和体系问题;由社会科学院政法研究所法制史组的同志作关于到延安等地考察革命法制问题的报告,介绍一些革命法制史的历史知识和研究资料;结合业务部门总结工作,选择几个主要问题,进行报告与讨论。

(4)举行一次规模较大的以学术报告讨论为中心的年会。

(5)做好马列主义国家与法的基础知识讲座的准备工作;组织部分同志钻研几本有关国家与法的经典著作和古代及资产阶级的有代表性的法学著作。

8月2日　陈文彬副会长主持在社科会堂召开《关于正确处理人民内部矛盾》报告会,到会会员200人。

8月7日　杨峰副秘书长主持在科学会堂召开"两类社会矛盾与法学发展的研讨会",市公安、法学及华东政法学院的专家教授20人出席讨论。

8月26日　本会召开法学界的部分老先生座谈会,出席者19人,由本会副会长陈文彬主持会议。会议目的在于了解法学界老先生的学术活动和要求，调动他们的积极因素。参加座谈会的老先生有：李良、魏文翰、王绍唐、高其迈、邓克愚、向哲濬等。

9月17日　本会召开小型会议，讨论了社会科学院政法研究所"关于研究我国人民民主法制史的几个问题（初稿）"。

10月25日　理事会扩大会议讨论学会工作"大跃进"的有关问题。

10月　上海法学会理事扩大会议讨论和决定：确定政法理论战线的首要任务；确定召开年会的时间；确定年会的学术报告和讨论的中心内容；布置有关年会的准备工作。

12月9日　上海市哲学社会科学联合会党组向市委组织部、市委宣传部提交《关于改组上海法学会、改选第二届理事和建议调整学会分党组成员的报告》。

12月21日　陈文彬副会长主持理事扩大会议、讨论年会及换届有关问题。

12月24日～26日　上海法学会召开1959年年会。年会以听取和讨论市委宣传部副部长陈其五同志的政治报告为中心内容，结合展开学术讨论。参加大会者150～400余人，参加小组讨论者60～80人。向年会作报告的论文共有5篇：《人民民主专政在我国社会主义革命和社会主义建设中的作用》、《关于人民公社三级所有权的几个问题》、《关于研究我国人民民主法制史的几个问题》、《农村家务劳动社会化后家庭关系的新面貌》、《必须进一步贯彻副食品产销合同制度》。

1960 年

1月19日 学会党组成员田光主持召开上海法学会分党组扩大会议，讨论如何贯彻学习毛主席著作；研究1960年上半年工作规划；研究学会理事会的改选问题。

3月21日 田光主持召开法学会分党组扩大会议，研究关于学术思想批判问题。

3月29日、4月5日、4月11日、4月12日、4月18日、4月26日、6月13日 分别由陈文彬副会长、杨峰副秘书长主持召开，有140余人次参加的"政策与法律关系座谈会"。讨论了政策的作用与地位、法与法制的超阶级观和要从向共产主义过渡的精神来研究法、法的概念，可以对法的概念进行修改等问题。

4月19日～7月5日 为落实法学会分党组扩大会议精神，学会分党组秘书、学会副秘书长杨峰先后于1960年4月19日、5月6日、5月17日、7月5日主持召开法学界人士座谈会，分析法学界的形势，讨论近期活动计划，并布置下阶段工作。

6月18日 由陈文彬副会长主持召开纪念《关于正确处理人民内部矛盾问题》发表三周年，有李昌道、易庆瑶、史德保等40人出席。

9月8日 由副秘书长杨峰主持召开"法制史编撰"问题讨论会，有专家王召棠、李昌道等25人出席。

1961 年

3月20日　市委批示同意调整后的本会分党组成员名单。

4月18日　学会分党组成员朱辉主持召开法学会分党组会议,研究法学会的组织整顿及学术活动等问题。同时根据陆定一同志的讲话精神,法学会拟改名为"上海市政治法律学会"(简称政法学会)。

7月18日　市委批示同意本会正副会长人选。

8月30日　在科学会堂召开政法座谈会,讨论年会前的学术活动问题及撰写年会论文问题。陈文彬主持会议,与会者有:江海潮、杨峰、李良、顾维熊、李幼芬、丘日庆、潘念之、齐乃宽、王庆宗、程一青、陈文藻、高其迈等。

11月11日　朱辉主持召开法学会分党组会议,研究法学会整顿及会员中的"右派"、"反革命分子"的去留问题。会议认为:对划为"右派"的会员一般要保留会籍,对戴反革命帽子的会员要作审查,王造时应保留理事职务。

12月14日　学会副会长陈文彬主持召开法学会常务理事扩大会议,商定《1962年年会工作计划》要点,决定将原名"上海法学会"改为"上海市政治法律学会"。

12月27日　由副秘书长杨峰主持,召开有李树棠、丘日庆等25位专家、教授参加的《辞海》"政治与法律"辞目编撰讨论会。

12月27日　由袁成瑞主持召开海商法专业委员会,有港务局、海运局、港务监督、海运学院、社科院的专家教授出席,讨论本会海商法专业组织及其学术活动开展问题。

1962 年

1月10日　由杨峰主持召开《辞海》"民法"辞目的座谈会,有俞承峰、洪文澜、向哲濬等 18 位知名专家、教授出席。

1月15日　由副会长陈文彬主持在社科会堂举办海商法报告会,报告人为魏文翰教授,出席 200 人。

由潘念之主持召开《辞海》"政治思想史"辞目编撰讨论会,市文史馆、复旦大学、法学所、市府参事室等 21 名教授、专家出席。

1月17日　由副秘书长杨峰主持,在科学会堂举办"列宁著作"《国家与革命》的报告会,报告人为王绎亭,有 300 人出席听讲。

1月30日　在社科会堂由常务理事宋光主持召开《辞海》"法制史"辞目编撰讨论会,教育学院、财经学院、社科院、参事室、文史馆、党校等 22 名专家、教授出席。

1月27日　陈文彬副会长在科学会堂主持召开政法学会理事扩大会议,讨论修改政法学会《章程》,通过将上海法学会改名为"上海市政治法律学会"的决定。

通过撤销原章程中有关"常务理事"、"联络部"、"研究部"的规定。秘书处为学会的办事组织。

1月30日　上海市政法学会第二届会员大会在市科学会堂召开。会议内容为:陈文彬副会长作《年会会务工作报告》,杨峰作《修改学会章程的报告》。会议通过了《上海市政治法律学会章程》,以投票方式选举理事,34 名理事候选人全部当选为学会理事。

李继成在上海科学会堂主持召开第二届第一次理事会议,全体理事一致推选谢邦治为政法学会会长,曹漫之为政法学会秘书长。李继成还宣布市委决定的学会分党组成员名单为:朱辉、李继成、林道生、高桐、袁成瑞、陈传纲、杜祥坤、林我朋。

12 月 20 日　朱辉主持召开政法学会分党组会议,研究年会的论文,报告如何围绕阶级形势和阶级斗争等问题。

12 月 28 日　陈文彬副会长主持召开政法学会理事扩大会议,研究 1963 年年会事项。

1963 年

3 月 24 日　李继成主持召开学会分党组会议,研究年会工作。会议认为:这次年会在党的八届八中全会公报发表后召开,要联系当前反对修正主义、反对资产阶级学术思想的阶级斗争形势,贯彻"百花齐放,百家争鸣"的方针,以我国社会主义法制理论为中心,开展学术讨论。

4 月 14 日　5 月 7 日　副秘书长杨峰主持在社科会堂召开有 20 位专家教授参加的座谈会,讨论"空中空间和宇宙空间的法律地位"问题。

4 月 18 日　副秘书长杨峰主持在社科会堂举办海商法报告会,报告人魏文达教授。报告内容:国际货物运输船方责任,有 35 人听讲。

4 月 19 日　由常务理事宋光主持在社科会堂召开有 25 位专家教授参加的座谈会,讨论"元史刑法志"问题。

1964 年

3 月 28 日　杨永直同志在社联机关全体人员会议上宣布,胡少鸣同志另有任用,由徐盼秋同志担任社联秘书长,并兼文摘总编辑。

5 月 25 日　为纪念《论人民民主专政》发表 15 周年,本会发出举行学术活动的通知,复旦大学政治系、华东师大政教系、上海师范学院马列主义教研室、华东政法学院、市党校社会主义教研室等单位表示支持参与。

6 月 10 日　本会参加社联各学会党组织会议,社联 1964 年下半年度开展活动的计划在这次会议上得到肯定。

7 月 10 日　本会召开"论人民民主专政"发表 15 周年座谈会。与会者有:齐乃宽、韩述之、徐轶民、张寿民、王召棠、高明芬、叶孝信、王治安、施学业、梁黎海、张增强等 42 人。

7 月 12 日　本会再次召开"论人民民主专政"发表 15 周年座谈会。与会者有:潘念之、顾维熊、王昌渭、徐轶民、江海潮、俞承修、洪文澜、周衍、韩述之、齐乃宽等 28 人,袁成瑞主持座谈会。

1964 年 8 月～1977 年

　　1964 年 8 月～1976 年处在"四清"与"文革"期间。"四清"开始，学会会员中的大多数人被抽调去市郊或下工厂、农村参加"四清"工作队。"文革"开始，学会领导多数被扣上"反动学术权威"等帽子，被揪斗、审查、关押或进"五七干校"劳动，广大会员各奔东西或各自为"战"，学会活动停顿。1976 年，"文革"结束，因"两个凡是"的禁锢，学会仍未恢复活动，因而 1964 年 8 月～1977 年这 13 年学会没有活动记录。

1978 年

10 月 27 日　时任华东政法学院院长的徐盼秋以上海政治法律学会理事身份，主持召开上海市法学界"民主与法制"座谈会。《文汇报》主编马达传达了邓小平关于"没有法制就没有民主"的讲话精神。会议讨论了如何在立法、执法方面走群众路线，充分发扬民主，正确认识民主与法制、民主与专政的关系和作用以及如何宣传法律、加强法制建设等问题。

12 月 19 日　政法学会邀请市高级人民法院、市人民检察院、区县公安分局、市委党校部分人员座谈"法制与群众运动的关系"问题。

12 月 27 日　政法学会召开理事扩大会议，徐盼秋主持会议，传达了上海市委同意学会恢复活动的意见，并指定杨时、袁成瑞、陈庭槐 3 人为召集人。王连登汇报了自学会恢复活动以来，开展会务整顿准备工作以及举行"民主与法制"专题座谈会等情况。会议听取了有关理事和会员的情况：学会第二届理事原有理事 34 名，调外地 6 名，病逝 6 名，在沪仅有 22 名。会议讨论了学会今后是否易名的问题。

1979 年

1月4日　杨时主持召开学会理事会,会议学习了党的十一届三中全会公报和邓小平同志的讲话。

1月25日　学会召开理事扩大会议,李继成主持会议。会议学习了党的十一届三中全会公报,讨论了学会整顿(改选)和学会会名拟改名为上海市法学学会问题。鉴于会长谢邦治奉调出国任职,经商量拟请徐盼秋任会长,杨时、袁成瑞任副会长。秘书长暂由王连登代理。

学会召开"《中华人民共和国刑法(草案)》征求意见座谈会",与会者对刑法草案逐条讨论,提出了修改意见。

2月20日　学会召开政法界、新闻界关于"控江路二五"恶性案件座谈会,王连登主持会议。与会者讨论了如何吸取"文革"中的教训,加强法制建设,提高广大群众的法制观念,维护共产党的领导等问题。市委副书记、市社联主席夏征农同志到会并讲话。

2月22日　学会召开理事扩大会议。徐盼秋主持讨论"法学与法学界如何为四个现代化服务"。会议决定立即组织讨论当前民主与法制建设中出现的问题,组织法制宣传队伍,建立法学资料中心,举办学术讨论会、年会。

3月下旬　徐盼秋等15位同志出席中国社会科学院法学研究所主持召开的"全国法学研究规划座谈会"(会议共11天,全国政法院校、政法机关共46个单位、129人参加)。

4月18日　华东政法学院经国务院批准复校后,与学会合办的《法学》归华东政法学院,学会创办《民主与法制》杂志,由徐盼秋、潘念之负责筹备。

4月19日　学会召开理事扩大会议。徐盼秋主持会议,杨时传达了中国社会科学院法学所在北京召开的法学规划座谈会精神;黄道传达了规划草案。会议根据上海情况展开了热烈讨论。

5月28日～31日　学会召开第三届会员大会,副会长李继成主持,副秘书长王连登作会务工作报告，市委副书记、市社联主席夏征农同志出席会议并发表讲话。大会通过会章并决定更名为上海市法学学会。通过民主选举，39名理事候选人全部当选为上海市法学学会第三届理事会理事。理事会理事任期2年。

7月10日　副会长李继成主持召开法学学会扩大会议。市委副书记夏征农、陈沂和社会知名人士周谷城、李培南、罗竹风、黄逸峰、李佐长、孙怀仁、周原冰、魏明等20人以及上海各报社、电台、电视台的记者应邀出席了会议。会议就第五届全国人大通过的7部法律进行了座谈。

8月23日　学会召开第三届第一次理事会议。曹漫之主持会议，会上选举徐盼秋为会长，王兴为秘书长。会议决定：重新确定8个学术研究组及各组临时召集人。

市委政法委决定徐盼秋、袁成瑞、杨时、屈成仁、陈庭槐为上海市法学学会第三届党组成员。

1980 年

2月11日　学会召开理事会议,徐盼秋主持。会议推选社联委员,讨论修改社联会章,对社联工作报告提出修改意见,对平反的有关资料提出意见,并就1980年法学学会工作计划交换意见。

4月16日　学会召开理事会议,徐盼秋主持。会议讨论制定学会1980年及今后的学术活动计划,讨论学会各学术研究小组开展学术活动以及会员申请入会的条件及批准手续问题。

8月　学会与市公、检、法部门以及法学教学、科研单位联合举办以宣传民主与法制为内容的联合讲座。联合讲座自8月开始到年底完成,计划由徐盼秋、韩述之等12人主讲。

12月25日~27日　学会召开年会。张汇文主持会议,会长徐盼秋、社联常务副主席罗竹风、市委领导分别作了讲话,杨时副会长作了有关《当前刑法、刑诉法实施情况》的报告,李树棠作了访问美国的报告。

1981 年

7月7日　以滋贺秀三、岛田正郎两教授为正副团长的日本中国法制史学者访华团在上海举行中日中国法制史学者恳谈会,潘念之、杨廷福、汪起炜、汤志钧等教授,叶孝信、徐连达、齐乃宽等副教授,以及复旦大学、华东师范大学、社会科学院法学研究所的学者参加恳谈。

12月21日　学会召开1981年年会。会长徐盼秋,副会长曹漫之、杨时、陈庭槐等出席会议,国家科委副主任、中国社会科学院副院长于光远到会作了报告。

1982 年

2月20日　学会与市政治学会共同邀请外交部顾问李浩培教授作《法律为政治服务》的学术报告。

3月22日　学会举行座谈会,徐盼秋会长主持学习、讨论《中华人民共和国民事诉讼法(试行)》。

3月29日~4月1日　应中国法学会筹备委员会的邀请,英国人文学会副会长、剑桥大学刚维尔·凯兹学院院长韦德教授来沪访问并作学术报告。

5月4日　学会与《法学》编辑部联合邀请本市部分法学工作者、专家和司法实际工作者座谈《中华人民共和国宪法(修改草案)》。曹漫之主持。

9月14日~16日　应中国法学会邀请,印度律师协会代表团一行 10 人,在该会副主席兰加雷·特里奇先生率领下访问上海,在沪期间与部分教授、律师进行了座谈。

9月21日　学会以"努力建设高度的社会主义精神文明"为主题,举行专题座谈会。出席会议的有学会理事、法学教学、研究工作者和政法部门负责人等共 50 多人。座谈会由曹漫之主持。

1983 年

5 月　学会召开恢复活动以来的第四次年会,年会通过了《上海市法学学会 1982 年会务工作报告》,该报告主要有 4 个方面的内容,即:积极开展各种学术活动;加强扩大国际交往;汇编《年会论文选辑》;发展壮大学会队伍。

7 月 12 日　中共中央政法委员会、国务院、劳动人事部、财政部联合下达了政法(1983)第 11 号文——《关于下达各省、市、自治区法学会编制分配方案的通知》。《通知》决定从政法编制总额中一次拨出 300 名行政编制,分配给各省、市、自治区法学会使用,并计入各地公、检、法、司行政系统的总编制。注:附表中写明,上海市法学会为 20 个名额。

9 月 15 日～22 日　应中国法学会的邀请,由朝鲜中央裁判所副所长、朝鲜民主法律家协会委员长金钟柱率领的朝鲜民主法律家协会代表团一行 5 人访问中国,其中 9 月 20 日～22 日访问上海,学会领导举行欢迎宴会并安排旁听了审判、参观、访问等活动。

9 月 27 日～10 月 7 日　应中国法学会的邀请,比利时根特大学犯罪学与法医学教授迪尔根斯来华访问,其中 27 日～30 日访问上海,法学会安排其访问活动。

9 月 24 日～10 月 18 日　应中国法学会的邀请,由美国中美科学交流协会筹组,戴尔·杰伊·阿蒂斯先生率领美国司法访华团一行 24 人来华访问,其中 10 月 6 日～8 日访沪。学会宴请访华团人员,并安排了律师座谈会、旁听刑事案件审理等活动。

10 月 18 日　上海市编制委员会以沪编(1983)第 179 号文下达《关于上海市法学会编制名额的通知》,学会人员编制为 20 名(计入司法行政编制内)。

11 月 7 日　上海市委政法委员会领导小组办公室以沪委政法(1983)第 33 号文,函告市机关管理局拨给上海市法学会编制 20 名,所需经费由地方财政解决。

12 月 15 日 学会召开理事扩大会议,徐盼秋会长主持。会议就如何贯彻彭真委员长在纪念新宪法颁布 1 周年会议上的讲话精神,从重从快狠狠打击严重刑事犯罪分子进行了座谈。

1984 年

1 月 15 日　会刊《情况交流》第 1 期出刊。

3 月 16 日　学会召开正副会长、秘书长会议。会议商定本次年会的主要内容是讨论有关章程修改和理事会改选事宜。徐盼秋会长传达了有关法学学会组织工作意见。

4 月 25 日　学会和国际关系学会联合召开座谈会，纪念 1954 年 4 月 29 日中印、中缅共同倡导的"和平共处五项原则"实施 30 周年。

5 月 26 日　学会组织部分会员参加由比利时根特大学法学院斯坦博克等两位教授举行的讲学座谈会。

5 月　副会长苏惠渔带领 8 位同志，出席中国法学会研究部在四川成都召开的"争取社会治安根本好转法律问题理论讨论会"。

5 月 29 日～6 月 9 日　应中国法学会的邀请，由美国蒙杉多公司高级副总经理兼首席律师理查德·杜森伯格率领的美国企业界高级律师访华团一行 24 人访华，其中 6 月 3 日～4 日访沪。该访华团在沪旁听了经济案件的审判，同上海市信托投资公司负责人进行了座谈。副会长韩学章迎送访华团。

7 月 23 日～8 月 11 日　应中国法学会的邀请，由美国艾森豪威尔基金会主席林恩·A·柯蒂斯博士率领的访华团一行 25 人访华，其中 7 月 23 日～26 日访沪。学会为他们安排了访问活动。

8 月 26 日～30 日　应中国法学会的邀请，美国联邦上诉法院第九巡回法院法官克利福德·华莱士和夫人访问上海。徐盼秋会长主持召开华莱士夫妇与我国法学家讨论司法与法学教育等有关问题的座谈会。

9 月 6 日～13 日　应中国法学会的邀请，由匈牙利法律工作者协会科学委员会主任基拉伊·蒂博士率领的匈牙利法律工作者代表团一行 2 人访华，其中 9 月 7 日～10 日访沪。访沪期间，学会为他们安排了有关活动。

9 月 8 日　徐盼秋主持召开"筹建法律咨询公司，为经济开放服务"座谈会。

9 月 26 日　学会召开全体理事会议,讨论学会章程修改、第四届理事会候选人名单等问题。徐盼秋会长主持会议。

9 月 27 日　学会召开理事扩大会议,徐盼秋主持会议。会议讨论了第四届理事会理事名单,章程修改草案,以法学学会的名义举办法律咨询公司等问题。与会者认为法学学会理事中女学者太少;以学会的名义办咨询公司,具有专家优势;学会名称上海市法学学会应还原为上海市法学会。

10 月 7 日～9 日　应中国法学会邀请,由美国前参议员李筆考先生率领的凯寿律师事务所访华团一行 6 人,于 10 月 7 日～15 日访华,其中 10 月 7 日～9 日访沪。访华团访问了上海国际信托投资公司。

10 月 18 日　学会召开第四届会员大会。会长徐盼秋作了题为《新技术革命与法制建设》的专题报告,副会长曹漫之作了关于修改会章的几点说明,学会秘书长王兴作了《关于打击严重刑事犯罪分子》的情况报告。会议通过了学会的修改章程,选举产生了第四届理事会理事 58 名。大会通过了学会更名为上海市法学会的决定。

10 月 25 日　上海市法学会召开第四届理事会第一次全体会议,徐盼秋主持会议。会议选出,会长:徐盼秋;秘书长:王兴(兼)。

12 月 1 日　新宪法颁布实施 2 周年前夕,学会《民主与法制》与《法学》编辑部联合召开纪念座谈会,徐盼秋主持会议。

12 月 12 日　上海市经济法研究会正式成立。

12 月 20 日　决定上海市法学会于 1985 年 1 月 1 日启用新印章,旧印章"上海市法学学会"同时作废。

12 月 24 日　法理与法制史研究会正式成立。

法律文书研究会正式成立。

12 月 25 日　民法研究会正式成立。

宪法研究会正式成立。

12 月 29 日～30 日　由市法学会主办,华东政法学院、上海外贸学院、振兴经济法律咨询公司、世界经济导报和文汇报联合发起的"涉外经济法专题讨论会"在锦江小礼堂举行。会上对国际经济法和有关投资、仲裁、技术贸易、专利、税收等法律问题进行了广泛的探讨。

1985 年

1月5日　应中国法学会的邀请,美国哈佛大学法学院刑法学教授温瑞白先生来沪访问,与上海部分法学家和司法实践工作者进行了座谈。

1月31日　学会与天津市、福建省、广东省法学会负责人在郑州就建立协作问题进行座谈,确定以涉外经济合同中的法律合同作为专题讨论会的主题。

2月6日　市委政法委以沪委政干(1985)第3号文《关于上海市法学会建立党支部的请示报告》报市委组织部。同年8月27日,组织部以沪委组织(1985)发字第324号文复函,同意市法学会党支部的关系归市直机关党委管理。

2月27日　上海市人民政府办公厅以沪府外办(1985)第97号文批复市委政法委员会,同意市法学会会长徐盼秋等3人前往香港中文大学讲学,为期10天。

3月10日　学会以沪法会字(1985)第3号文发出《关于学会会员重新登记并发放〈会员证〉的通知》。

4月7日～9日　应中国法学会的邀请,英国剑桥大学冈维尔·凯斯学院院长亨利·W·R·韦德教授率领的英国法学家代表团一行10人在访京后,于4月7日访沪。学会接待了代表团,并安排参观了华东政法学院和市社科院法学研究所并进行了座谈。

5月18日　学会与《文汇报》报社、振兴经济法律咨询公司联合举办的继承法专题讨论会在上海展览中心举行。参加讨论会的共有200余人。

6月24日～26日　应中国法学会邀请,美国加利福尼亚州律师罗伯特·罗斯及夫人访沪。代表团就改造青少年罪犯、预防犯罪及经济立法方面的问题与上海学者进行了交流。

6月28日　学会与共青团上海市委员会联合召开上海市青年法学工作者学术讨论会第一次会议。来自上海法学教育、科研、司法实践等部门的青年法学工作者 200 余人参加了会议。

9 月 18 日～19 日 应中国法学会邀请,香港当局律政司唐明治访京后来沪,就制定法例及检察问题与上海学者进行了交流座谈,并作了关于《海洋法》的学术报告。

11 月 22 日 刑法研究会正式成立。

11 月 26 日～29 日 学会与广东省、福建省、天津市法学会联合发起的涉外经济合同法律问题讨论会在广州举行。

12 月 23 日 学会从华东政法学院西门堂搬迁至淮海中路 1670 弄 22 号办公。

1986 年

1月14日　中共上海市法学会党组会议召开。市委政法委副书记李庸夫到会宣布：学会党组受市委政法委领导，陈天池任上海市法学会党组书记，陈天池、徐盼秋、王凌青、袁成瑞、齐乃宽 5 人为党组成员。同时还宣布陈天池为常务副会长，列席政法委员会的工作会议，主持法学会的日常工作。

1月29日　学会以沪法会字(1986)第 1 号文请示市司法局组建一个律师事务所。

1月30日　学会召开 1986 年第一次常务理事会议，徐盼秋主持会议。会议审议《1985 年工作小结及 1986 年工作要点(草案)》以及有关人事问题。陈天池汇报出席全国法学工作会议的情况。会上议定潘念之为名誉会长。

2月6日　学会召开四届三次理事扩大会议，徐盼秋会长主持会议。会议宣布市司法局关于成立上海市第七律师事务所的决定和主任名单；宣布学会国际法研究会成立。

2月20日　学会邀请院校、科研单位学者对《中华人民共和国教育法(草案)》进行讨论。

3月10日　学会向上海市委政法委员会请示关于举办"上海市青年政法工作者优秀论文评奖"和组织专项研究课题的报告，李庸夫、杨鸿训批示：同意。

3月12日　应学会国际法研究会邀请，法国巴黎第十大学教授、南丹国际法研究中心(CEDIN)主任、国际经济法专家斯特尔恩夫人(STERN)与复旦大学、华东政法学院、上海外国语学院等单位 20 余位专家进行学术交流。

3月16日　中国法学会会长王仲方来沪，并于次日邀请部分法学家就如何创建具有中国特色的社会主义法制体系问题举行了座谈。

3月20日　学会有关人员与来访的法国巴黎第十大学国际经济法专家斯特尔恩夫人拉萨(Patisk Rassat)共同座谈国际经济法的有关问题。出席座谈的有上海各大学有关教授及律师。

3月26日　学会《中国经济合同》课题组召开确定研究大纲的讨论会。

4月3日　学会邀请华东政法学院、社科院社会学研究所、法学研究所、市公安局等部门的干警、专家,就《中华人民共和国治安管理处罚条例(修改草案)》进行了讨论。会议提出了修改意见,并将修改意见整理上报全国人大法制委员会。

4月9日　学会成立了普法讲师团及法制专题演讲队,专为各区、县、局及大型企业组织的各级干部普法轮训班讲授"八法一例"及必备的法律常识。

4月12日　学会刑事法律研究会、上海社会科学院刑法室联合召开诈骗罪理论讨论会。教学、科研、政法等部门的200多人参加了会议。

5月20日～22日　应中国法学会邀请,香港执业大律师黄金鸿先生偕友人李镇成先生来沪。在沪期间,黄先生与上海投资信托公司就外贸、中外合营方面的问题进行了座谈,并与学会进行了交流。

6月11日　美国加州大学成露茜博士来沪,议定由她出资与学会合作开展《中国经济合同法》专项课题研究。

6月24日　市法学会党组召开扩大会议,李庸夫、杨鸿训同志参加,讨论如何宣传中国法学会第二次会员代表大会的精神,以及"振兴公司"的善后事宜等。8月,上海市司法局以(1986)沪司发律管字第193号文作了批复同意振兴公司善后处理工作原则。

7月28日　应学会邀请,美国威斯康星州最高法院大法官谢莉·思卜尔逊女士和威姆拉特大学法学院副院长詹姆斯·南夫其克教授访沪,在沪期间,陈天池主持召开了由律师协会、律师事务所、法院、大学法律系等单位学者参加的座谈会。与会者就中美两国的律师培训及律师组织方面的情况进行了交流。

8月25日　学会组织的"法制与改革"专题讨论会在文艺会堂举行。徐盼秋主持会议,并就如何运用法律保护改革者发表了讲话。40余人在会上发了言。市体改办、工商局等单位负责人参加会议。号称著名作家、评论家的王若望也在会上发了言,他大肆鼓吹资产阶级自由化的理论,恶毒攻击中国共产党的领导和现行的改革开放政策。

9月5日～8日　应中国法学会邀请,土耳其伊斯坦布尔波哥兹西大学行政管理学院政治学教授苏娜·齐丽女士于9月2日来华,于9月5日～8日访沪。陈天池副会长会见并宴请了齐丽女士。在沪期间,齐丽女士与复旦大学法律系师生进行了座谈,参观了市监狱。

9月7日 应中国法学会邀请,意大利波伦亚大学法学院教授费代里科·卡比先生携夫人和小女儿一行3人,来沪访问。陈天池副会长宴请、周天平迎送卡比先生一行。

9月13日 学会国际法研究会邀请巴黎第二大学卡芦梅(CAROUMET)教授与本市部分法学界人士就法国的立法和法学教育情况进行座谈。

9月21日 华东七省一市(沪、皖、苏、赣、闽、鲁、浙、湘)法学会工作经验交流座谈会在杭州市召开。会长徐盼秋、副会长陈天池、研究部负责人曾毓淮等出席会议。

9月21日~27日 应中国法学会邀请,港英当局律政司唐明治率香港法学界人士一行9人,于9月21日抵沪进行业务访问和演讲活动。陈天池副会长陪同访问。

10月5日 应中国法学会邀请,尤金·C·托马斯主席率领的美国律师协会代表团一行7人访京后,于10月5日来沪。徐盼秋会长宴请来宾,陈天池副会长陪同来宾旁听了审判,参观了监狱。

10月9日~11日 应中国法学会咨询部邀请,澳大利亚斯蒂芬·雅克·斯通·杰姆斯律师、公司股东主席丹尼斯·霍华德和夫人、新加坡企业家何蕙忠等一行4人来沪访问。副秘书长杨峰陪同来宾参观访问了玉佛寺,同方丈进行了座谈。上海佛协设素斋招待来宾。

10月14日 学会制定了常务理事会"月谈会"制度。第一次"月谈会"上,徐盼秋会长作了题为《商品经济与法制建设》的长篇发言。

11月18日~23日 学会与全国外国法制史研究会、华东政法学院联合举办的全国外国法制史第四届学术讨论会在上海召开。会议着重对研究外国法制史学科的指导思想、体系结构、研究重点、研究方法和教材建设等问题,展开了讨论。

12月11日~13日 学会召开"上海市社会治安综合治理理论研讨会"。应邀参加会议的有市委副书记杨堤、副市长刘振元,市人大和市公、检、法部门,区县、院校的有关同志共100多人。研讨会共收到论文、调查报告等70多篇。

12月12日~21日 应学会邀请,美籍华人、加州大学法学院教授成露西夫妇来沪进行学术交流。

12 月 18 日～19 日　学会召开了 3 次《中华人民共和国全民所有制工业企业法(草案)》研讨会,陈天池副会长主持会议,与会者对企业法颁布实施的条件、内容等作了认真的研究、讨论,并提出了建议和意见。

1987 年

1 月 17 日　陈天池副会长主持召开法学会常务理事会议,学习贯彻中发 (1987)第 1 号文件及中央政治局扩大会议精神。与会者认为上海学生游行闹事,与方励之散布的资产阶级自由化谬论有关。并将王若望在学会召开的"法制与改革"讨论会上散布的言论作为反面教材,进行了批判。

1 月 5 日~14 日　应日本关西中日法律交流协会理事长佐佐木静子的邀请,中国法学会派以学会副会长王凌青为团长,于浩成、丁柯为团员的中国法学会法律刊物考察团赴日本访问。

2 月 18 日　市法学会党组召开会议。领导小组成员黄履中、篑延庆、汤谨章参加了会议。

2 月 26 日　学会召开联络员会议。为加强学会同会员之间的联系,更好地开展学术活动,学会决定建立"学术联络网",并制定《联络员须知》。

3 月 20 日　上海市委政法委员会批复同意市司法局的报告,由马锐任上海市法学会党组副书记。

4 月 14 日　学会召开常务理事会议。会上,陈天池副会长传达了中国法学会常务理事扩大会议精神,讨论了学会换届事宜。

6 月 2 日　宪法研究会召开筹备纪念"八二宪法"颁布 5 周年的活动。会议收到论文 30 篇。

6 月 11 日~14 日　应劳改法研究会副会长陈良桂的邀请,香港善导会总干事彭盛福先生来沪讲演并进行学术交流。

6 月中旬　学会与中国法学会和浙江、辽宁省法学会在温州市联合召开社会治安综合治理理论探讨会。

6 月 29 日~30 日　召开第五届会员代表大会。曹漫之致开幕词,徐盼秋作第四届理事会会务工作报告,陈天池作学会章程的几点说明,马锐作第五届理事候选人名单产生的情况汇报。6 月 30 日,大会通过了《上海市法学会章程》，投票选出法学会第五届理事 70 名。选举后召开第五届理事会第一次会议，推选出会长：李庸夫；秘书长：马锐(兼)。推选潘念之为名誉会长，聘请卢峻、徐盼秋等 13 位同志为顾问。

6 月　学会法律文书研究会在市高级人民法院的支持下，举办了第一期法律文书进修班，来自本市法院系统的 86 名在职人员参加了学习。

7 月 1 日　应中国法学会邀请，由圣迭戈大学法学院院长希尔顿·克郎兹率领的美国法学家代表团一行 6 人偕配偶 4 人，参加了在烟台大学举行的中美第二次青少年犯罪学术讨论会后来沪访问。在沪期间，代表团人员在华东政法学院作了学术演讲，并参观了上海市少年犯管理所。

7 月 10 日　中共上海市委政法委员会决定，市法学会党组书记为李庸夫，副书记为马锐。成员为：王凌青、齐乃宽、陈天池、袁成瑞、黄履中。

7 月 15 日　学会召开第五届第一次常务理事会议，李庸夫主持会议。会议研究了常务理事职责分工以及政法理论研究等问题。

8 月 8 日　市司法局批复法学会，同意继续开办振兴比较法进修学院。该学院作为社会力量办学，于 1985 年 2 月开办。

8 月 13 日～20 日　应中国法学会邀请，由美国中美科技交流协会组织的美国法律界人士旅行团一行 60 人来沪访问。与我市法学界人士就中美两国有关税法、贸易仲裁、海关和外汇管理等方面的法律问题进行交流座谈。

9 月 18 日　学会召开第五届第二次常务理事会议，李庸夫主持会议。会议讨论了《学术委员会组织细则(草稿)》，讨论决定由曹漫之、裘劭恒、齐乃宽、王召棠、武汉、朱华荣、徐开墅、董世忠、李昌道等 9 位教授和研究员组成学术委员会。

9 月　学会与上海市社会科学院出版社签订合作出版《犯罪源流与对策》一书的协议书。

10 月 12 日　陈天池、马锐等出席在山东青岛市召开的华东七省一市(沪、皖、苏、赣、闽、鲁、浙、湘)法学会经验交流会。马锐作了《加强思想组织建设，为法学工作增添活力》的发言。

10 月 30 日　学术委员会第一次会议召开，选举曹漫之为学术委员会主任，裘劭恒、齐乃宽为副主任。会议建议草拟《法学会学术委员会条例》和《学术委员会评选与授予称号的办法》。

11月2日　应中国法学会邀请,以日本东京大学教授小岛晋治为团长的日本访华团一行3人,来沪访问,与学会国际法专家进行了座谈。

11月13日　市司法局决定,杨峰任上海市第七律师事务所主任,沈之斌任副主任。

11月30日　上海市委政法委员会以沪委政发(1987)第52号文通知学会,同意将学会原办的《情况与交流》更名为《上海法学》。

1988 年

1 月 由《情况与交流》更名为《上海法学》的学会会刊出版。中国法学会会长王仲方为《上海法学》出刊题词,中共上海市委常委、市委政法委员会书记石祝三为《上海法学》题写了刊名。

1 月 8 日 李庸夫会长主持召开法学会五届三次常务理事会议,讨论召开会员大会以及 1987 年工作小结和 1988 年工作计划等问题。

1 月 30 日 学会与凯旋路 1616 号居民吴凤珠签订《房屋买卖契约协议》,以 40 万元人民币买下凯旋路 1616 号私人花园洋房一幢,并改作为上海市法学会办公用房。

2 月 24 日 学会推荐曾毓淮、彭金球、李燕生 3 位同志为学会优秀学会工作者,经社联批准后,通报全市各学会表彰。

3 月 10 日 学会名誉会长、著名法学家潘念之在上海病逝,享年 87 岁。

3 月 17 日 学会顾问韩述之,正、副秘书长马锐、杨峰、徐天锡等接待了原台北地方法院检察官、推事、台湾基隆地方法院庭长、现台北律师公会常务理事沙壬,并与其就两岸法学交流等有关的问题进行了讨论。

4 月 20 日 学会召开"当前青少年犯罪状况和矫治对策"专题研讨会。会议分析了本市青少年犯罪情况、特点、原因,并提出预防与矫治青少年犯罪的对策和建议。

5 月 12 日 学会向市司法局报《关于申请建立上海市法学会法律咨询中心的报告》。

5 月 13 日 学会召开会员大会,李庸夫会长主持会议。会议对学会名誉会长潘念之、顾问向哲濬的逝世表示哀悼。会上,学术委员会负责人汇报 1986～1987 年优秀法学论文评选情况,并宣读优秀论文获奖名单,与会者交流近期学术研究的情况。市社联主席罗竹风、中国法学会会长王仲方发表讲话。

6 月 10 日 "上海市老年法律咨询服务中心"成立大会在艺术剧场召开,

杨峰副秘书长主持会议。杨峰兼任该中心主任。

6月22日　学会法律咨询服务中心向市外经贸委递交《关于申请接受委托承担利用外资项目咨询代理业务的报告》。

7月26日　中国法学会民法、经济法研究会决定在上海召开年会,法学会成立会议筹备工作领导小组,由马锐、缪晓宝具体负责。

会议在市政法干部管理学院召开,中国法学会俞叔通副会长、市委政法委书记石祝三等参加,全国民法、经济法专家学者120余人参加了会议。

8月13日　学会召开第五届第四次常务理事会议,李庸夫主持会议。马锐汇报上半年学会工作情况和下半年工作安排。

9月1日　学会和上海市外商投资企业协会共同向市司法局递交"关于成立'上海市涉外经济法律咨询中心'的申请报告"。

9月12日　应中国法学会邀请,由国际诉讼法协会秘书长率领的比利时、丹麦、联邦德国协会代表团一行10人,于8月29日～9月12日访华,于9月10日～12日访沪。在沪期间,就我国法制建设情况与学会学者进行了交流。王凌青副会长迎接并宴请了代表团。

9月23日　市司法局批复同意成立"上海市涉外经济法律咨询中心",并要求该中心与法学会"法律咨询服务中心合署办公,不另设机构"。

9月26日　副秘书长杨峰赴北京,出席中国法学会召开的全国"法学会系统法律服务工作经验交流会",向大会介绍了学会发展和开展法律服务的情况。

10月25日　以美国科学促进协会前主席埃米利·A·达达里奥为团长的美国全国科学家和律师联合会访华团一行10人,于10月8日～26日访华,其中10月18日～26日受学会邀请来沪访问。代表团与学会邀请的部分省市的法学专家、学者进行了交流,李庸夫宴请了代表团。

11月8日　学会涉外经济法律咨询中心邀请美国迈客卿律师事务所去市政协联合召开美国法律研究会。美国迈客卿律师事务所的艾克立、黄玉堂等律师与大家共同讨论了美国1988年综合贸易和竞争法、产品责任法以及中国和美国投资方面的法律问题。

11月24日　学会邀请法学界人士商讨加强台湾法律研究问题。与会者一致认为应重视并着手开展对台湾法律研究,这是历史的要求,是祖国统一的需要。建议在法学会内建立港、澳、台法律研究会。

1989 年

1月7日 学会召开各学科研究会总干事扩大会议,马锐、齐乃宽副会长传达中国法学会二届二次理事会议内容;讨论研究学会 1989 年工作要点。

1月24日 学会邀请本市法学界人士与美国法学专家、律师就保险、航空和海商法方面的法律问题进行了座谈。美国律师罗德·彼赛尔及布鲁克律师事务所的拉克伍德等 5 位律师应邀出席座谈会并作了发言。

2月1日 学会召开第五次常务理事会议,李庸夫主持会议。会议讨论了 1988 年工作小结和 1989 年工作计划。

2月7日 学会"港、澳、台法律研究会筹备组"成立。赵炳霖、庄金锋、唐荣智为筹备组召集人。

3月16日 上海石化地区法学会正式成立。推选张耀沛、江显德为名誉会长,缪平为会长,赵惠生、徐堂章、徐宝林为副会长,曹冠为秘书长。学会马锐副会长参加了成立大会。

3月25日 学会邀请部分法学家、教育家,座谈教育立法问题,市教育学会、市人大法制委员会有关领导以及大专院校的专家、教授 16 人参加。与会者认为:教育不振兴,国富民强无望,而教育法制不健全,振兴教育也困难。并就建立具有中国特色的教育法制体系提出设想和建议。

3月 由学会研究部和《民主与法制》杂志社研究部合办的刊物《法讯》,经双方协议停刊。学会主办的《法的信息》正式出刊,编委会由马锐、王凌青、黄履中、严俊超、黄石等组成。

4月15日~19日 学会和上海市外商投资企业协会联合举办上海市利用外资经济法律研讨会,李庸夫主持会议。与会者向会议提交了 58 篇具有一定学术水平的论文。

4月18日~20日 应学会涉外经济法律咨询中心邀请,美国多赛·惠特尼律师事务所高级合伙人、执行会主席蒙代尔律师(前美国副总统)率高级律师及金融界人士 7 人来沪访问 3 天。在沪期间，他们考察了浦东开发区，并就投资问题和高技术项目开发问题进行了洽谈，拜访了朱镕基市长和有关领导。

5 月 7 日　学会研究部编写的行政诉讼法与环保法的法制教育电影剧本《民告"官"》，经司法部宣教司审定通过，正式列入上海科学教育电影制片厂1989 年至 1990 年度生产计划，制片厂组织了以盛汉清导演为首的《民告"官"》摄制组。（后因执行导演病故，该片在川沙开机不久后停摄。）

5 月 21 日～22 日　应中国法学会邀请，法国比较立法学会代表团一行 12 人，于 5 月 15 日至 24 日来北京参加中法行政法学研究会，并于 5 月 21 日～22 日访沪。在沪期间就行政法在国家法律体系中的地位和作用、行政监督、国家公务员制度、行政诉讼制度等问题同本市行政法专家、学者进行了座谈交流。

6 月 10 日～12 日　学会召开"维护法制、稳定大局"座谈会，邀请本市部分法学家、学者和法律工作者参加，李庸夫主持会议。大家认为，在党中央和中央军委的正确领导下平息了北京出现的政治风波，稳定了大局。坚决维护法制、严格执法、稳定上海、稳定大局是上海法学界和法律工作者当前的首要任务和神圣职责。

6 月 11 日　学会召开"上海学生动乱情况"座谈会。出席会议的有教授、专家共 8 人，李庸夫主持会议。与会者根据上海的情况，讨论了为取缔"青年党"、"高自联"、"工自联"、"义勇军"等非法组织提供法律武器。

6 月 24 日　学会召开由国际法教授、专家参加的座谈会。与会者从国际法原理及国际惯例出发，论证了美国大使馆庇护方励之是违反国际法规则、干涉我国内政的非法行为。

8 月 7 日　学会召开理事会议，批判了资产阶级自由化思想在上海法学领域的流毒和影响。

8 月 25 日　学会港、澳、台法律研究会（筹）召开第一次学术讨论会，就台湾当局颁布的《台湾地区与大陆地区人民关系暂行条例（草案）》展开讨论，对该草案实施可能和应该采取的相应措施提出了建议。

8 月 31 日　学会召开民法研究会，研讨"上海违法婚姻情况"。与会者就当前违法婚姻的情况、特点及其产生的原因、制止违法婚姻的对策与法律的适用以及对涉外违法婚姻的处理等问题进行了讨论。

10 月 27 日　学会召开全国刑法专家同本市政法干部和法律工作者专题

座谈会。会上有关单位介绍了当前打击贪污受贿等经济犯罪的情况，并提出在适用法律方面遇到的诸如干部私分公款的行为如何定性，"非法所得罪"的认定等问题。

1990 年

1月4日　学会与《民主与法制》杂志社召开90年代如何加强民主与法制建设座谈会。中国法学会副会长陈为典及李恢强参加了会议,李庸夫主持会议。与会者一致认为90年代上海法学、法律工作者应该更加奋发、求实、促进法学繁荣和发展,为进一步加强社会主义民主法制建设作出贡献。

1月5日　学会召开各学科研究会总干事扩大会议。与会者听取了齐乃宽和马锐传达中国法学会召开的坚持四项基本原则与繁荣法学讨论会和二届五次常务理事会议精神,并对学会1989年工作总结和1990年学术活动计划进行了讨论。

1月8日　学会召开五届六次常务理事会议。会上,李庸夫传达了李鹏总理1月4日在北京接见全国司法行政系统厅长、局长时的讲话精神;通报了中国法学会、中宣部关于整顿、改组《民主与法制》杂志社的有关情况。

3月1日　学会学术委员会召开全体委员会议,曹漫之教授主持会议。会议对根据政法实践部门6个单位推荐报评学科专家的会员,逐个进行了审查、评议,按照学会关于学科专家必须是"工作上有优异成就、理论上有较深的造诣、学术上有较高的水平"的条件和标准,一致通过了徐达权等14位同志分别为法学学科专家。

3月27日～28日　学会举办人民民主专政理论与实践研究会。本市和鲁、浙、赣3省共35名专家、学者出席研究会,公安部咨询委员王鉴、中国法学会副会长陈为典出席了会议并作了发言。

4月4日　学会举办执法研究信息发布会。与会者听取了关于当前执法情况和执法研究状况的介绍,讨论了如何加强执法理论研究工作问题。

4月5日　学会港、澳、台法律研究会(筹)举办学习讨论《香港特别行政区基本法》报告会。会上,复旦大学李昌道教授介绍了《香港特别行政区基本法》制定的背景、主要内容及其前景。

4月28日　学会举行中日刑法学术讨论会。中方出席会议的有：上海市副市长刘振元,上海市人民对外友好协会名誉会长苏步青、会长李寿葆、副会长王其健,复旦大学校长谢希德,政法系统的各级领导人以及其他教授、专家共66人。日方出席会议的有：西源春夫、曾根威彦、松尾浩也、铃木茂嗣、宫泽浩一、宫木惠生、阿部耕一、土子三男等8人。

5月4日　中国法学会《关于〈民主与法制〉杂志社设立上海办事处的函》决定该社设立上海办事处(副司局级),委托上海市法学会代管。

5月8日　在安徽省青阳市召开七省一市(沪、闽、赣、浙、苏、鲁、皖、湘)法学会工作经验交流会,常务副会长马锐等出席了会议并介绍了学会工作情况。

6月15日　学会召开港、澳、台法律研究会成立大会暨学术研讨会。参加会议的有来自本市的学者以及福建、浙江、苏州市法学会的代表共100多人,市政协副主席王兴、学会会长李庸夫出席了会议。港、澳、台法律研究会第一届干事会选举赵炳霖为总干事。

6月22日　学会在沪警会堂召开1990年度会员大会,全市320个单位的840多名会员出席了会议。李庸夫会长主持会议,刘振元副市长讲话。会议听取马锐副会长所作的《法学研究和法律工作者要为维持社会稳定,振兴上海,推进社会主义民主和法律建设作贡献》的工作汇报,向首批法律学科专家颁发专家证书。

8月19日～24日　香港大律师邹灿基先生来沪访问。邹灿基先生在沪期间与学会部分会员举行了"西方法律精神和制度"报告会和"如何建立法治制度"专题交流会。

8月17日　市社联召开所属团体会员会议,布置社会团体登记工作。市社联将学会各学术研究会列为二级学会,列入登记范围。

10月　学会原副会长、党组副书记陈天池调上海市人大常委会法制委员会工作。

11月1日　学会召开民法研究会,与会者就人身伤害赔偿的范围、致人死亡的赔偿标准问题展开讨论。

12月5日　学会协同中国法学会举办反对经济执法中地方保护主义研讨会,著名法学家张友渔、中国法学会副会长陈为典、市委副书记倪鸿福等全国各地法学界、法律界专家学者60余人参加。

1991 年

1月26日　学会召开五届八次常务理事会议,讨论 1990 年工作总结及 1991 年工作计划。

1月　经上海市新闻出版局审批登记,《上海法学》从 1991 年起易名为《上海法学研究》。

3月1日　学会向上海市委政法委员会报告:中国法学会今年将换届,分配给上海 15 名代表名额,其中 8 名为第三届理事会理事候选人。

3月8日　学会向市委政法委员会递交《关于召开"海峡两岸经贸法律问题研究会"的请示》。

3月24日~27日　应中国律师协会和中国法学会的邀请,以美国律师协会主席柯廷先生为团长的美国律师协会代表团一行 10 人访沪。代表团抵沪、离沪时,上海市律师协会会长王文正、学会副会长马锐迎送。

4月14日　学会召开第五届九次常务理事会议,研究学会换届工作等问题。

4月17日~19日　应中国法学会邀请,以菲律宾法律家联合会主席尤金·谭为团长的菲律宾法律家联合会代表团一行 9 人访沪。马锐副会长迎送,李庸夫会长宴请。

4月19日　学会召开《民法通则》颁布五周年座谈会。与会者就《民法通则》的颁布和实施在法制建设中的重要意义及其进一步完善等问题,充分发表了意见。

学会民法研究会举行报告会。高级人民法院业余大学副校长吴宏泽作了关于《全国民事审判工作会议精神与当前审判实践提出了一些研究课题》的报告。

4月23日~26日　应中国法学会邀请,以苏联法学家联盟第一副主席依格纳季耶维奇为团长的苏联法律家联盟代表团一行 7 人访问上海。代表团抵沪、离沪时,马锐副会长迎送,市司法局薛明仁局长会见并宴请。

5月26日　第三次中国法学会会员代表大会定于5月28日～31日召开,学会参加大会的代表是:李庸夫、马锐、苏惠渔、郑幸福、齐乃宽、徐逸仁、裘劭恒、杨星华、闻国良、陈鹤鸣、黄道、任尹铨、李昌道、王树泉、吴宏泽。

5月29日　市民政局批复同意我会复查登记,发给社会团体法人登记证。

6月8日　学会召开第五届五次理事会议,李庸夫主持会议。会上,齐乃宽传达了中国法学会第三次会员代表大会的精神和上海8名候选人全部当选为第三届理事会理事的通知。

6月　在湖南省常德市召开七省一市(沪、闽、赣、浙、苏、鲁、皖、湘)法学会工作经验交流会。学会常务副会长马锐和曾毓淮、李燕生等出席了会议。马锐在会上发表了题为《围绕中心任务,开展专题调查,推动法学研究活动》的讲话。

7月26日　本会顾问、学术委员会主任曹漫之去世。

7月29日～8月1日　应中国法学会邀请,以日本日中法律家交流协会理事、原日本律师联合会副会长椎木绿司为团长的日中法律家交流协会代表团一行9人访问上海。代表团抵沪、离沪时,马锐副会长迎送,李庸夫会长宴请代表团。

8月15日　会员代表大会在华夏宾馆召开。李庸夫致开幕词;市委副书记倪鸿福作题为《为振兴上海、繁荣法学共同奋斗》的讲话;齐乃宽作题为《为繁荣法学、推进社会主义法制建设作出贡献》的工作报告;马锐作关于《上海市法学会章程(修改草案)》的说明和理事候选人名单产生情况的说明。大会通过了《上海市法学会章程》,选举出法学会第六届理事会理事91名,理事任期5年。理事会第一次会议推选裘劭恒为名誉会长,会长:李庸夫,秘书长:马锐(兼)。聘请王凌青等18位同志为顾问。

9月3日　学会召开六届常务理事会第二次会议,讨论加强各学科工作、常务理事分工、推举裘劭恒教授为学会学术委员会主任以及抓紧完成会员会籍整理工作等问题。

9月25日　港澳台法律研究会召开"1991年年会暨两岸经贸法律实务研讨会"。120余名会员出席了会议。与会者围绕"两岸经贸法律实务",探讨了海峡两岸经贸关系的发展趋势,上海引进台资不如闽、粤的原因,台商来沪投资中的法律实务等问题。

10 月 15 日　学会召开《行政诉讼法》实施 1 周年座谈会。与会者座谈了《行政诉讼法》实施一年来的情况和问题,提出了一些建议。

10 月 27 日～30 日　应中国法学会邀请,以东京大学社会科学研究所副教授田中信行为团长的日本法律学者代表团一行 3 人访问上海。代表团访沪期间,与市高级人民法院、经济仲裁委分别进行了座谈。

11 月　上海哲学社会科学联合会召开学会管理工作会议。副会长马锐在大会上就学会 1990 年至 1991 年的工作,作了题为《围绕中心,突出重点开展学术研讨活动》的发言。

12 月 4 日　纪念新宪法颁布 9 周年学术讨论会在社科院召开,李庸夫主持了会议。会议收到相关论文 8 篇。

1992 年

1月2日　学会向市委政法委员会递交《关于引进台资课题组终端成果的报告》。该课题的终端成果《上海市吸收台资情况和进一步搞好引进台资法律建议》,就台商在上海投资的概况、引进台资工作存在的问题作出了务实的分析,同时对引进台资提出了许多可行性建议。

1月12日　学会向市委政法委请示召开"沪台经贸法律理论与实务学术研讨会"。市委副书记倪鸿福于 2 月 8 日批示:此事涉及对台办,请先听取对台办意见,并报黄菊审示。黄菊于 2 月 29 日批示:请市台办与有关部门联系并提出意见。

1月14日　上海市人民政府(沪府任(1992)第 129 号)文通知,马锐任上海市司法局副局级巡视员。

3月20日　学会向市委政法委递交《关于召开八省市法学会工作经验交流会的请示报告》。

3月24日　美国南加州大学公共行政学院、国际公共行政中心主任唐富乐博士来沪访问 3 天。会长李庸夫、副会长马锐会见并宴请了唐富乐教授。

3月26日　学会在市高级人民法院召开会员大会,500 余名会员冒雨参加。李庸夫主持并传达了不久前邓小平在上海视察时的讲话精神,指出这一讲话是在当前重要时刻的重要讲话,具有深远的历史意义和现实意义。并动员会员认真学习邓小平同志视察南方谈话的精神,进一步解放思想,结合工作实际进行贯彻。

4月3日　学会邀请本市部分专家、学者对《中华人民共和国对外贸易法(草案)》进行了讨论,并提出修改意见。

4月　学会邀请从事法学理论研究的专家、学者和青年法律工作者进行了两次座谈,着重学习邓小平的重要讲话和中央政治局扩大会议精神,讨论法学界如何进一步解放思想、大胆探索,全面贯彻"一个中心、两个基本点"基本路线,更好地为经济建设服务的问题。中国法学会顾问王仲方也参加了座谈。

5月5日～8日　在上海市政法管理干部学院内举行七省一市(沪、闽、赣、鲁、皖、苏、浙、湘)法学会工作经验交流会。学会会长李庸夫、副会长马锐等出席了会议。马锐在会上作了题为《围绕经济建设这个中心任务,把法学研究工作推上一个新台阶》的发言。

5月17日～30日　应香港廖绮云律师事务所的邀请,由市司法局副局长史德保,学会副会长马锐、副秘书长杨峰、徐天锡,振兴比较法进修学院马裕民教授5人组成的上海法律考察团赴香港考察,与香港律师事务所律师交流情况。

6月11日～13日　经报请市领导批准,学会成立了沪台经贸法律实务学术研讨会组织委员会,马锐任主任,赵炳霖任秘书长。6月11日至13日,在上海华夏宾馆举办第一次"沪台经贸法律实务学术研讨会"。出席会议的有来自

四川、山东、江苏、浙江、北京、上海的代表。上海社联主席李储文、法学会名誉会长裘劭恒、法学会会长李庸夫等出席了会议。台方出席会议的有陈敏男等10余位法学教授、律师等。与会者在发言和撰写的16篇论文中一致认为,只有由两岸共同制定必要的或基本的法律规范并设置相应的管理、仲裁、协调机构,才能使两岸相互投资、经贸及各项交流活动逐步地步入法制轨道,实现两岸繁荣。

6月20日　学会组织部分民法、经济法专家、学者以及人事、劳动、合资企业的有关人员围绕一起劳动仲裁与诉讼的案例,就"如何依法保障人才流动,促进改革开放"的问题进行了讨论。与会学者认为:"人才流动"不仅与人事制度相关,而且是经济发展与社会进步的晴雨表。

7月11日　日本刑法研究会,会同上海市犯罪预防专业委员会和机电部上海电缆研究会联合召开"科技成果保护与犯罪预防理论研讨会"。副会长苏惠渔教授主持了会议。会议收到学术论文10余篇和一批案例。会议就盗卖和泄露科技成果行为的性质认定、科技成果保护及其犯罪预防等问题展开了讨论。

7月22日　中国法学会发文表彰法学会系统先进集体、先进个人,其中上海市法学会为法学会系统先进集体,上海市法学会理事、华东政法学院教授曹建明为先进个人。

8月24日　应中国法学会邀请，以日本日中法律家交流协会副会长国府敏男为团长的日中法律家交流协会代表团一行 14 人，于 8 月 12 日～25 日访华。8 月 24 日抵沪访问。

9月9日　经司法部和国务院台办批准，台湾赖源河博士率代表团，如期来上海考察证券市场，马锐陪同参观了上海证券交易所、人民银行、万国证券公司和海通证券公司等单位。

9月11日～13日　应中国法学会邀请，以比利时比中法律家交流协会会长雨果·旺艾克为团长的比中法律家交流协会代表团一行 7 人抵沪访问，李庸夫、马锐宴请并与之进行了座谈。

10月16日　学会邀请法学研究工作者及律师研讨"当前土地批租和房产经营活动中律师应如何发挥作用"问题。市司法局副局长史德保、市律师协会会长王文正、副会长箦延庆参加了研讨。

11月19日　学会召开第五次学术委员会，评审第二批学科专家，裘劭恒主持会议。经过逐一评审和表决，通过了李国光等 16 位同志为各法学学科专家。

11月20日～21日　学会邀请本市部分专家、学者围绕《国家赔偿法（试拟稿）》进行了两次座谈，提出了修改意见。

11月24日　市司法局以沪司发办字（1992）第 395 号文批复，同意上海市法学会成立上海尚发实业公司。

11月27日　学会举行"项目贷款与证券"有关法律问题研讨会。中外律师、专家、学者以及金融办、证交所的有关人士共 60 人参加了研讨会。会议就贷款中的不可抗力条款以及律师在项目贷款中的作用做研究，还就上海、深圳股票发行中的问题和我国加入关贸总协定后对上市股票，特别是 B 股可能带来的影响作了探讨。

12月3日　宪法宣传周活动宪法学术研讨会，市委宣传部、市人大法制委员会、市司法局、市政府法制办和学会领导等 165 人出席研讨会，19 所院校的教授代表以及各级人大的相关人员作了发言。

1993 年

1月12日　学会成立社会治安综合治理研究会。马锐副会长主持会议，市委政法委员会秘书长王肇远出席会议并讲了话。会议推选杨良表为总干事。

1月16日　学会召开第六届理事会第三次会议，会议讨论审定1992年工作小结和1993年工作要点。

2月6日　学会邀请30余位法学专家、学者，讨论在新的一年里如何进一步解放思想、更新观念、促进法学研究工作迈上新台阶。

2月20日　学会向市委政法委员会递交《关于举办第二次沪台经贸法律实务研讨会的请示》。3月2日市委副书记倪鸿福批示：拟同意，并请听取外经贸委、市台办领导的意见，报力平、黄菊审批。4月7日黄菊批示：同意，上报中央台办。

4月3日　经学会常务理事会研究决定，成立上海市法学会金融法研究会。

4月9日～11日　应中国法学会的邀请，以斯里兰卡最高法院原首席大法官瓦尔皮塔为团长的斯里兰卡退休法官协会代表团一行7人来沪访问。斯里兰卡退休法官协会是由退休法官组成的一个非官方法学组织，在沪期间，代表团拜访了市高级人民法院，与律师进行了座谈，副会长杨鸿训迎送代表团。

4月20日　学会聘请本市15位企业家作为《上海法学研究》特邀顾问，并与学会部分领导和学科专家进行了座谈。此举为企业界与法学界的相互沟通、服务开了一个好头。

4月　中国法学会召开第三届理事会第二次会议，上海8名理事出席会议。马锐在大会上作了题为《拓宽法律服务领域，促进学会工作发展》的发言，汇报了学会近几年建立法律服务机构、开展法律服务的情况。

5月3日　刑法研究会与市委政法委研究室联合召开了"市场经济与刑法"研讨会。会议收到论文28篇。上海市委副书记、市委政法委员会书记王力平出席会议并发表了讲话。

6月23日～25日　应中国法学会邀请,以澳大利亚新南威尔士法学会主席约翰·纳尔逊为团长的澳大利亚法学家代表团一行5人访沪。访沪期间,代表团参观了市监狱,拜访了国际经济贸易律师事务所,并与涉外律师进行了座谈。离沪时马锐设宴为代表团饯行。

7月3日～6日　应中国法学会邀请,以朝鲜民主主义人民共和国法律家协会副委员长、中央裁判所所长玄弘三为团长的朝鲜法律家协会代表团一行5人访沪。在沪期间代表团与上海市法学界人士进行了座谈。马锐宴请了代表团。

7月5日　社会治安综合治理委员会研究会与市社会治安综合治理办公室联合举办了"市场经济与社会治安综合治理研讨会"。市委副书记、市社会治安综合治理委员会主任王力平,市委常委、市社会治安综合治理委员会副主任朱达人,市委副秘书长刘云耕,市委政法委秘书长史德保参加了会议。会议收到论文36篇。

7月27日　马锐副会长向学会常务理事会汇报《关于组织法学界人士开展〈浦东新区的法制建设〉课题研究等有关事宜》。

8月9日～13日　学会民法经济法学研究会举办海商法讲习班,特邀海商法学资深学者和海事法院法官进行讲课。

9月6日～9日　七省一市(沪、闽、皖、苏、赣、湘、鲁、浙)法学会工作经验交流会在福建省武夷山召开。学会马锐、曹文建等参加了会议。马锐在会上作了题为《学会近期工作情况汇报》的发言。

9月7日　学会召开《中华人民共和国消费者权益保护法(草案)》讨论会。会议对消费者权益保护、罚则、消费者协会及与相关法律的协调等问题提出了修改意见和建议。

9月22日　学会与市国家保密局共同举办"纪念《保密法》颁布五周年座谈会"。

9月30日　应中国法学会邀请,以比利时比中法律家交流协会秘书长贝尔纳·德维特为团长的比中法律家交流协会代表团一行17人抵沪访问。马锐副会长接待并宴请代表团。

10月5日　学会召开《中华人民共和国证券法(草案)》讨论会,与会者对草案中有关权利、义务、国家证券管理委员会的性质、法律地位和仲裁等方面问题提出了 11 条意见和建议。

10 月 11 日～12 日　应中国法学会邀请,以原日本联合会副会长小堀树为团长的日本日中法律家交流协会代表团一行 8 人访沪。在沪期间代表团游览参观了市容和玉佛寺。常务副会长马锐迎送、宴请该代表团。

11 月 21 日～24 日　学会在上海新苑宾馆召开"第二次沪台经贸法律理论与实务研讨会",赵炳霖主持会议。出席会议的台方有:黄静嘉、李念祖、李永然和香港律师黄克铨等;沪方有郭烈、章念驰、徐开墅及闽、浙、川、京等省市专家、学者共 50 余人。市委副书记、市委政法委书记王力平,社联副主席林炳秋,市委政法委秘书长史德保和法学界老前辈裘劭恒、韩述之出席了开幕式。海协会会长汪道涵会见了台湾、香港来沪出席研讨会的 13 位教授、律师,并表示希望两岸法律界同行相互切磋,增进共识,加强合作,为推进沪台经贸发展、祖国统一大业作贡献。会议收到论文 30 篇。

12 月 24 日　副会长齐乃宽主持召开本市法学界人士纪念毛泽东诞辰 100 周年座谈会。

1994 年

5 月 15 日～6 月 10 日　为迎接《中华人民共和国公司法》于当年 7 月 1 日正式施行,学会与市法制宣传教育办公室联合举办了两期《公司法》讲习班。参加讲习班的共有全市 46 个单位的 74 人。主讲的内容有:《公司改革的方向——公司化》、《公司法的诞生及其基本原则》、《公司的设立、转化、破产、解散程序》、《有限责任公司》、《股份有限公司与股票》、《外国公司在我国》等 6 个专题。

6 月 29 日　学会与市律协邀请本市 12 位法学专家、学者和律师,就我国社会主义市场经济条件下律师的性质、作用和地位问题开展了学术研讨。

6 月　学会刑法研究会组织部分专家、教授就当前查处卖淫嫖娼的状况和有关法律问题作了讨论。其中对卖淫嫖娼的定义、查处卖淫嫖娼的立法思想、卖淫嫖娼的罪与非罪、传染严重性病的界定作了深入的研讨。

学会邀请了本市部分企业家和政法、经贸、海关、工商、税务、专利、审计等有关单位的负责人以及政法院校的专家、教授共 30 余人,围绕“市场经济条件下的法律服务、法制建设”进行了专题讨论。

7 月 5 日　学会召开“廉政法制化建设研讨会”,与会者充分肯定了中央和市委狠抓反腐斗争的成效及斗争的严峻程度,着重从法制建设和法制化的角度,提出了如下意见和建议:(1)廉政法制化建设问题关键在于深入学习和贯彻落实邓小平的法制思想;(2)应加强立法力度,逐步完善廉政建设法制化工程;(3)要进一步明确廉政的主体是国家公务员;(4)应对滋长腐败现象的“温床”进行综合治理;(5)完善监督机制,建立有权威的廉政监督机构;(6)抓紧清理现有的廉政法规,尽快制定国家公务员财产申报制度;(7)深入开展廉政法制教育,不断提高国家公务员的政治素质和道德品质。

11 月 15 日　为纪念《上海法学研究》创刊 10 周年,学会举行了编者与作者联谊会。应邀出席的法学教授、专家、学者以及法律工作者共 50 多人。大家围绕社会主义市场经济与法学研究及如何办好刊物等问题进行了专题讨论。

11 月 19 日　学会召开"建立现代企业制度法律问题研讨会"。出席会议的有本市法学界的专家、学者和大中型企业的厂长、经理共 30 多人。会议从法律的角度探讨建立现代企业制度的基本思路、企业在转轨时期面临的若干法律问题。

1995 年

1月6日　学会常务理事会讨论并通过《1994 年学会工作小结》和《1995年学会工作要点》。

3月30日　来沪讲学的台湾大学教授贺德芬女士莅临学会访问，并与本市法学界同仁就两岸"知识产权保护的研究和法律实务"问题进行了研讨。

4月24日　市法学会与市委政法委、市司法局联合举办"邓小平法制思想研讨会"，市委副书记、政法委书记王力平等政法部门负责人、政法院校、研究所的专家、学者 200 人出席。选定 47 篇论文编辑成《邓小平法制思想论文集》出版。

6月8日　第三次沪台经贸法律理论与实务研讨会在张江科技园召开。市委副书记王力平会见了前来参加研讨会的台湾学者。王力平指出：加强沪台经贸法律理论和实务的研讨，对促进沪台经贸交流与合作、推动两岸关系发展具有积极的意义，希望两地的法学家就共同关心的问题进行研讨，能够达成共识，提供有益于决策参考的意见。

11月10日～11日　中国法学会上海地区联络员及部分会员在上海大学法学院举行"执法与司法制度改革"学术研讨会。会议讨论了民事审判制度改革的基本思路、民事审判实践中面临的问题及其对策、律师在执业过程中遇到的若干法律问题。

1996 年

4 月 15 日　为进一步繁荣法学研究,促进我国社会主义法制建设,学会与市人大法制委员会、市法制宣传教育领导小组、《法苑》杂志、《上海法制报》编辑部共同发起学习邓小平法制思想征文活动。

4 月　为进一步推进上海法学建设,学会以研究部为主成立《上海法学教育、研究成果研究》课题小组,到华政、上师大、外贸、复旦、同济等高校及法学所、政法研究所等单位对法学教育、研究中的师资、人员、成果及存在的主要问题开展调查研究。

5 月 30 日　李庸夫会长主持召开六届常务理事第七次会议,议定了年底前召开第七届会员代表大会相关事宜。

12 月 6 日　学会与市普法宣传教育办公室、市人大法工委、市司法局联合举办宪法宣传周的"依法治理理论与实践"研讨会。市人大副主任漆世贵、市人大法工委主任韩坤林和市社科院法学所、信息所、各政法部门、各区、县人大法工委的领导以及法理、宪法研究会会员 120 余人出席了研讨会。

12 月 17 日　学会第七次会员代表大会在市文艺会堂举行,140 名与会者作为 1 913 名会员的代表参加了会议。李庸夫会长致开幕词,副会长马锐作题为《进一步繁荣法学研究,迎接 21 世纪的到来》的工作报告,副会长杨鸿训作学会章程修改的说明,副秘书长曹文建作第七届理事会候选人的说明。

大会投票选举产生了 98 位理事,组成第七届理事会。理事会一致推举裘劭恒、倪鸿福、胡瑞邦为名誉会长,李庸夫连任会长,曹文建为秘书长。聘请王力平等 28 位同志为顾问。

市委副书记孟建柱到会作重要讲话。他希望党政机关和有关部门进一步做好后勤保障,支持和帮助法学会开展工作。

市法学会党组成员调整为:书记李庸夫,副书记薛明仁、马锐,成员史焕章、易庆瑶、顾肖荣、曹文建。

1997 年

1 月 14 日　在上海展览中心，李庸夫同志主持召开学会成立 40 周年纪念大会。严佑民、杨堤、王鉴、王力平等市领导和各政法院校、政法单位领导 40 人，以及会员中的专家、教授 500 余人出席了大会。会上，李昌道教授主持了"展望世纪之交法学研究"主题会。学者何勤华、苏惠渔、杨惠基、尤俊意围绕主题分别就法理、法制史、刑法、行政法等方面的学术研究现状与趋势作了颇有见地的发言；学术委员会董世忠教授宣布优秀论文的评选结果。严佑民、杨堤、王鉴、胡瑞邦、朱达人、石祝三、王兴等领导向优秀论文获奖者颁奖。市委副书记王力平代表市委对学会建会 40 年来取得的成就表示祝贺。

1 月 30 日　学会金融法研究会邀请金融界、法律界、企业界专家 70 余人，就《中华人民共和国担保法》实行过程中存在的担保合同生效条件、担保人财产条件、抵押有效、担保无效的责任、双方当事人规避法律订立违法合同的责任等 5 个方面的问题进行了研讨。

4 月 3 日　副会长苏惠渔主持召开"学习与实施新刑法座谈会"。有关科研、教学单位的教授、学者和政法部门有关负责同志及新华社上海分社、法制日报记者共 36 人出席了座谈。大家围绕"解决新旧刑法的衔接"、"罪行法定"、"死刑"、"遏制单位犯罪"、"认定滥用职权"等问题进行了讨论，并对转变观念、清理司法解释、完善监督机制和加大新刑法的宣传力度提出了一些具体的操作建议。

4 月 18 日　学会邀请民法学家徐开墅、韩来壁、沈宗汉和资深律师张中等 11 人，就"直接责任欠债不还，法院判决由他人清偿"的案例进行剖析、研讨。专家、学者认为：本来不算复杂的案件变得难解难结，一是有法不依，二是执法不严，三是不正常的干扰制约使法院没有办法公正判决、严格执法。大家呼吁：党政领导应对当前司法、执法中的如下几个问题引起注意和重视：（1）政府调控经济必须严格依法进行，不宜直接干预企业的具体业务经营活动；（2）法院判决应依据事实,不宜轻信诉状,"变戏法"来保障权益人;(3)政府有关部门应监督和重视每一个申办企业的"资金到位";(4)严格查处与禁止空壳公司。

4月29日　学会与交通大学人文学院、上海大学法学院在交通大学外宾楼会议室联合举办"人体克隆技术与法律对策研讨会"。社科院法学所、信息所、哲学所,上海市高级和中级人民法院,复旦大学,上海大学,华东政法学院,上海第一、第二医学院,中医药大学等单位的40多名专家、学者出席研讨会。大家围绕人体无性繁殖(克隆)技术对人类社会影响及如何采取防范风险的对策展开了热烈讨论和争辩。与会者一致认为,克隆技术应用到人体的研究必须有法律的严格规范,并就其规范的可行性提出许多具体的建议、意见及设计。

5月20日　学会邀请徐开墅等9位民法、行政法专家、学者,研讨私营经济管理问题。与会者一致认为:私营经济名正言顺,于法有据,制定《私营经济管理法》是当务之急。与会专家就立法的必要性、可行性及其内容提出了不少建议。

5月22日　学会邀请市监狱管理局、市公安局、市人民检察院、华东政法学院从事犯罪研究的14位专家、学者,就"当前犯罪成因和心理特点"进行座谈。来沪视察的中国法学会佘孟孝会长也出席座谈,与专家们一起研讨。座谈中,大家共同列出了当前犯罪心理的10种状态,分别是:失衡心理、从众心理、冒险心理、投机心理、虚荣心理、逆反心理、补偿心理、享乐心理、迷信心理、就此一次的心理。座谈中还对一些将离休的干部,在职掌管人,金融企业领导、职工,盲流,青少年,下岗待业人员,司法人员及惯犯等8种人中的犯罪动因进行了剖析。提出了矫治犯罪心理必须专门组织力量开展研究,组织专门矫治机构,动员社会各方开展宣传教育,减少社会诱发因素等4项建议。

5月28日　学会召开"资产重组权益保护问题研讨会",15位专家、学者、评估师、律师参加了研讨会,副会长王文正、市高级人民法院副院长傅长禄、市国资办副主任徐家树和市政府法制办、市集体产权界定办公室的领导出席了研讨会。与会同志认为:当前资产重组中,产权主体不清、权益归属不明、政企不分、有法不依的情况严重,致使国有资产严重流失、国有企业解体、失业成群、集体资产被吞占、纠纷增加。专家们指出,这些虽是改制中难以避免的,但值得注意的是:领导干部缺少群众权益观、缺少党的政策观、缺少法律观。专家们建议在资产重组中:(1)不要把政府行为与企业行为相混淆;(2)明确产权的主体,确定权益归属,明确权利义务;(3)进一步完善资产重组的法律、法规、规章,严格执法。

6 月 23 日　李庸夫会长突发心脏病逝世。

6 月 26 日　学会行政法研究会邀请市委政法委、市政府法制办、区政府法制办、法院、街道及高校法学院、系等单位的 21 位同志,就《上海市街道办事处条例》的进一步完善进行了深入的研讨。与会者认为该条例颁布实施意义深远,作用明显,同时提出实施《条例》需要进一步解决的几个问题,并提出了解决这些问题的途径和思路。

7 月　学会金融法研究会与上海城市金融学会联合举行"经营与依法保全国有商业银行资产研讨会"。工商银行上海分行、城市金融学会、学会及学会金融法研究会的领导和市高级人民法院、市人民检察院、市闻达律师事务所的法官、检察官、律师等共 80 余人参加了会议。会议就金融纠纷案件、银行风险防范、银行贷款的法律审查、防范金融犯罪等问题作了专题研讨。

9 月　学会召开常务理事(扩大)会议,学习党的十五大文件。常务理事薛明仁、马锐、顾肖荣、钱富兴、杨鸿训、苏惠渔、谢天放、曹昌桢、曹文建和各学科研究会的总干事、副总干事浦增元、韩来壁、王美娟、尤俊意、杨良美、李宗兴、杨敬忠等学习畅谈江总书记在十五大的工作报告,围绕"建设社会主义法治国家"这个主题,就繁荣法学研究和法学为"依法治国"服务,开展了热烈的讨论。

11 月 18～20 日　第四次沪台经贸法律理论与实务研讨会在沪召开。出席会议的有台湾经贸、法律界人士 20 人,香港律师 4 人和中国法学会以及福建、浙江、安徽、山东、四川等省市法学会的代表以及上海的专家、学者、律师共 41 人参加研讨。会议由副会长马锐主持,副会长、市司法局局长薛明仁致开幕词,台湾两岸经贸交流权益促进会理事长李永然代表台湾同行致词,市人民政府秘书长周慕尧、市台办副主任顾明到会讲话。会上收到论文 30 余篇。会议在隆重、热烈、融洽的气氛中就沪台双方都感兴趣的议题作了交流、讨论。

11 月　学会行政法研究会、上海市浦东新区法制办、上海市浦东新区工商行政管理局,联合召开"上海市《行政处罚法》实施 1 周年研讨会"。上海市人大常委会、上海市人民政府、上海市高级人民法院的有关部门,部分高等院校、市行政法制研究所以及浦东新区各委、办、局的法制部门、执法机构的近 100 名代表参加了会议。会议收到论文 17 篇,从不同侧面不同角度总结了《行政处罚法》实施1周年的经验,部分同志作了交流发言,提出了不少颇有见地的意见与建议。

学会法理法制史研究会举行题为"以十五大报告为指针,加强法理、法制史的研究"座谈会。会议认为邓小平同志民主法治思想和十五大报告中关于"依法治国,建立社会主义法治国家"的论述,正是当前法理和法制史研究的重点。座谈会上,大家畅所欲言,气氛热烈而又求真务实。

12月2日　学会与上海市法制宣传教育领导小组办公室联合召开上海市第九次宪法宣传周学术讨论会。这次讨论会的主题是:高举邓小平理论伟大旗帜,建设社会主义法治国家。参加会议的有本市法律界、法学界的专家、学者、政法各部门以及部、委、办的有关负责人近200人,收到论文37篇。马锐同志主持会议,市司法局副局长缪晓宝致开幕词,市人大法制办主任韩坤林到会讲话。会议围绕"邓小平法治理论的核心是依法治国"、"依法治国首先要依宪法治国"、"依法治国的关键是依法执法、严格执法"、"依法治国重点要解决执法监督问题"、"走法治之路必须依靠群众,提高公民的法律意识"等主题展开。大家畅所欲言,特别是对依法执法、执法监督等问题,既提出了当前现实环境中存在的问题、立法上的缺陷,又针对我国国情提出了一些较好的建议。

1998 年

1 月　学会召开七届六次常务理事（扩大）会议，26 位常务理事和各学科研究会总干事参加了会议，副会长薛明仁同志主持会议，副会长马锐对《上海市法学会 1997 年工作回顾和 1998 年工作要点（讨论稿）》作了说明。与会同志就此进行了讨论，提出了意见和建议。

3 月 28 日　学会倡议并与上海声讯信息服务公司联合创办的 160 法律专家咨询服务电话开播。

3 月　学会组织 40 位专家、学者分别参加的《上海投资法律环境》、《新时期人民调解工作的改善》、《加强政法机关的廉政建设》、《防治司法腐败》、《资产重组的法制导向》五个研究课题开始深入调查研究，并分别定于当年 10～12 月结题。

4 月～5 月　根据中国法学会的意见，在市委政法委的领导和支持下，学会组织专人就"加强政法机关廉政建设，防止执法、司法腐败"问题，开展调查研究。期间先后召开了 6 次由 80 余名基层政法部门领导、干警参加的小型座谈会，还邀请了政法院校、研究所的 20 余位教授、研究员进行了专题研讨。最后形成了调查报告，供有关部门参考。

7 月 7 日　由中美等国参加的"98 上海现代犯罪对策国际研讨会"在上海举行，参加研讨会的有本市刑事侦察学会的专家、公安部国际刑警组织的有关领导、美国纽约警察总局四星局长特别代表、美国财政部税务局驻香港犯罪调查处主任、洛杉矶联合毒品情报组主任、美国联邦调查局香港法律联络处主任、澳洲昆士兰大学法学院教授等，学会副会长马锐、顾肖荣及部分专家、学者参加了研讨会。会议重点讨论了当前现代犯罪的新形式和预防问题。

8 月 5 日　学会邀请部分宪法、法理、民法专家、学者、法官、交通系统的退管会干部和学会老年人保护法研究小组成员共 15 人就纪念《中华人民共和国老年人权益保障法》颁布施行 3 周年和《上海市老年人保护条例》颁布施行 10

周年进行座谈。

9 月　经国台办、市台办批准，应台湾两岸经贸交流权益保障促进会和李永然律师事务所的邀请，学会组团赴台访问。访问期间，在台湾举行了第五次沪台经贸法律理论与实务研讨会，80 余位专家、学者参加了研讨会。研讨、交流的主要问题有：两岸经贸法律交流的回顾与前瞻、商务仲裁在两岸关系中的特殊意义及其适用、台商在大陆投资的法律保护、两岸民事判决之承认与执行、有关法制建设和社会治安情况的交流和考察等。

10 月 10 日　学会邀请华东政法学院韩来壁教授、复旦大学法律系副主任王全弟教授、中国国际经济贸易仲裁委员会上海分会仲裁员徐达权等专家、学者 9 人，结合"某有限公司委托出口代理货款纠纷"一案，就外贸代理法律及其处理问题开展了研讨。

10 月 28 日　市法学会召开七届二次理事会，市委副书记孟建柱、市委政法委书记刘云耕参加，会议一致通过推举倪鸿福同志为学会会长。

12 月 3 日　学会金融法研究会举行"担保行为若干法律问题学术研讨会"。与会者对保证期间、保证责任、担保效力等问题进行了探讨，并提出加强保证人主体资格与担保能力的审查、制定格式保证合同等建议。

12 月 19 日　学会召开上海法学界、法律界纪念党的十一届三中全会召开 20 周年座谈会，马锐副会长主持会议，专家、学者及政法部门工作者 30 余人共济一堂，畅谈十一届三中全会以来的历史性转变，回顾上海法学研究的丰硕成果。

12 月　学会同虹口青少年保护办联合承办八省市"迈向 21 世纪的学校法制教育与依法治校"研讨会。薛明仁副会长主持研讨会，市教卫办主任王荣华到会讲话。

1999 年

2月9日　学会在上海友谊会堂召开 1999 年学会会员大会。中国法学会常务理事何勤华,本会常务理事王文正、顾肖荣、苏惠渔、杨鸿训等出席了大会,参加大会的法学会会员约 500 余人。常务副会长马锐传达了刚刚结束的中国法学会常务理事会扩大会议的精神,会长倪鸿福对学会本年的工作提出了要求。

4月19日　学会与市再就业工程领导小组办公室联合举行论证会,市高级人民法院、华东政法学院、上海大学法学院、华东师范大学的行政法专家、教授、法律工作者和司法工作者共 19 人参加了论证会,论证《非正规就业劳动组织证书》等有关法律问题。

5月　学会与市人大内务司法委员会、市人大常委会法制工作委员会、市法制宣传教育领导小组办公室联合举办"宪法修改与依法治国"专题座谈会。本市法学、法律界专家学者和从事人大工作的同志 60 余人,畅谈了九届全国人大二次会议通过的宪法修正案对实施依法治国的深远意义。倪鸿福会长和史德保副会长主持会议,市人大常委会副主任漆世贵同志讲了话。

6月18日　学会召开七届十次常务理事会,倪鸿福会长主持会议。会议听取了马锐副会长关于学会今年上半年的工作汇报,曹文建秘书长关于学会办公新址进展情况的介绍,讨论了学会上半年对本市 11 所法律院、校、系、所法学研究现状的初步调查问题、学会各学科研究会的建设等问题。

8月　学会与上海市刑事侦察学会和上海市社会学会联合举办"99 上海毒品问题研讨会"。上海和公安部的有关领导刘云耕、倪鸿福、易庆瑶、王刚和 80 余位专家、学者集聚一堂,本着对国家、民族、社会和人民强烈的责任心和使命感,就上海毒品问题的现状和对策,进行了关于理论和实务方面的研讨。

9月22日　学会召开七届十二次常务理事会暨顾问座谈会。顾问严佑民、杨堤、王鉴、胡瑞邦、林德明、丁升烈、王凌青、齐乃宽、黄履中出席座谈会。

倪鸿福会长主持座谈会。会议听取了马锐副会长对学会近期工作情况的汇报，讨论了学会成立新的学科研究组织问题。

11月22日～23日　澳门回归前夕，学会与澳门基金会、市社科院法学所、复旦大学法律系共同举办"迎澳门回归法律论坛"。澳门基金会管委会吴志良博士、新华社法律部赵国强副主任、中国政法大学周士敏教授以及本市法学、法律专家、教授60余人参加了会议。倪鸿福会长和市社科院党委书记程天权分别致开幕词，中国法学会为论坛发来了贺信。10余位法学、法律专家、教授向会议提供了论文，并进行了发言。会上还为社科院法学所编撰的《祖国大陆与港、澳、台地区法律法规比较》丛书举行赠书仪式。

2000 年

1月22日　学会在上海展览馆召开表彰优秀法学家大会,隆重表彰10位"上海市优秀中青年法学家"、"中国杰出中青年法学家"、"老法学家"。会议由倪鸿福主持,市委常委、市委政法委书记刘云耕出席大会并讲话。"上海市优秀中青年法学家"为:周汉民、孙潮、张乃根、顾功耘、丁伟、董茂云、吕国强、林荫茂、刘华、郑鲁宁;上海当选为"中国杰出中青年法学家"的是何勤华;当选为"老法学家"的是卢峻、丘日庆、齐乃宽、何海晏、郑兆璜、徐盼秋、裴劭恒。

2月1日　学会召开由常务理事及顾问参加的新春茶话会,严佑民、杨堤等30多位老顾问出席。倪鸿福主持会议并汇报了去年的工作和来年的工作计划。

2月18日　由上海市炎黄文化研究会和市新闻工作者协会联合主办、学会协办的"廉政文化学术研讨会"召开,会议围绕当前国内外反腐倡廉形势、腐败产生的社会和历史根源以及预防、打击腐败措施等问题进行了研讨。学会马锐副会长等出席了会议。

3月16日　学会召开《上海法学研究》编委会议。主编史焕章主持会议,副主编于秀阳汇报了去年的编务工作,并提出当年的工作目标与计划。与会编委一致肯定了编辑部去年的工作,并提出了进一步办好刊物的希望。

3月24日　学会刑法研究会召开"修订后刑法适用中的理论与实践问题"研讨会,总干事苏惠渔主持会议,100多位会员出席了会议。与会者探讨了单位犯罪、国家工作人员认定、国有企业的认定、共同犯罪等问题。

3月28日　中英文化协会在华东政法学院举办为期3天的"青少年权益与司法制度研讨会",副会长马锐等及上海法学、法律界的有关人士60余人参加了研讨会,会议就当前对青少年权益的保护和司法制度的若干改进措施进行了广泛的交流。

3月31日　学会召开"学习、贯彻《立法法》座谈会",副会长钱富兴、马锐等参加了会议。会议就《立法法》颁布的意义、存在的不足及贯彻执行问题进行了研讨。

4月25日　学会与市婚姻家庭研究会、市妇联权益部在市妇联联合召开"制止家庭暴力研讨会"，会议主题为"保障妇女权益、制止家庭暴力"，副会长马锐出席会议并作了总结发言。

5月12日　学会召开"部分在沪跨国公司法律顾问座谈会"。学会和市律协的领导，部分法律院校的专家学者，以及杜邦、西门子、菲利普、欧莱雅等公司的法律顾问参加了会议。会议就跨国公司法律顾问的职责与作用、跨国公司所处的投资环境、我国参加WTO后法律服务市场可能出现的新情况等问题进行了座谈。

7月　易庆瑶副会长率团赴台湾出席"两岸青少年成长及其权益学术交流研讨会"。

8月21日　学会迁入新址：昭化路490号，正式启用新的邮政编码、电话及传真。

8月　学会召开"2000年计算机软件执法座谈会"，对当前软件盗版的基本情况、软件盗版的行政查处以及当前软件侵权诉讼案件面临的问题等进行了探讨。

9月　学会与台湾海峡两岸经贸促进会在上海联合召开了"第六次沪台经贸法律理论与实务研讨会"，来自台湾、香港、大陆的50余位专家就两岸尤其是沪台经贸发展中有关法律保障问题，特别是就参加WTO以及改善投资环境等共同关心的问题进行了研讨。

10月中旬　2000年华东六省一市暨湖南省法学会工作经验交流会在沪召开，新疆、重庆、天津、河北的法学会代表共50多人应邀来沪参加了会议。与会者就"法学会如何在依法治国进程中发挥作用"展开研讨、交流。市委副书记刘云耕出席会议并讲话，中国法学会党组书记、常务副会长佘孟孝发表题为《繁荣法学研究，推进依法治国是法学会的首要职责》的讲话。在此期间，学会法理学研究会部分专家、学者赴南京参加"第三届亚洲法哲学大会"，与日本、韩国等国内外学者就21世纪世界法理学发展趋势进行了交流。

10月　学会与国际商标协会亚洲分会、中华商标协会联合举办"域名与商标保护研讨会"。马锐副会长和国内外专家20多人与国内熊猫电子、上海家化等 10 几家著名商标企业的代表参加了会议。该研讨会的举行为上海知识产权专家与企业界人士交流提供了一个渠道。

11月　学会行政法研究会与德国弗里德里希·艾伯特基金会联合举行报告会,邀请德国国家行政学院教授毕佳博士就"WTO 对德国行政法发展的影响"作专题学术报告。宪法学研究会总干事浦增元作为国际宪法学协会的中国执委,赴智利参加了该协会 2000 年执委会与圆桌会议。

中国法学会党组书记、常务副会长佘孟孝在上海召集部分专家、学者进行座谈,就我国加入 WTO 面临的主要问题,如法律法规修订、政府转变观念问题、与 WTO 有关案件的管辖问题,以及自由贸易、投资带来的国家安全、市场垄断问题等进行了研讨,并提出了改进 WTO 研究工作的建议。

中国法学会党组书记、常务副会长佘孟孝在上海邀请市委政法委、市人大法工委、市府法制办、法学所、政法院校的部分同志,以如何推进依法治国进程为题进行了座谈。座谈会上,与会者就此提出了一些建议,如:要加深对依法治国基本方略的认识,自觉维护和尊重法律;根据实际情况有重点地抓依法治国基本方略的实施;积极推进司法制度改革;加强立法工作的民主性、公开性和前瞻性;依法行政要迈出新步伐;进一步完善法律监督机制;重视法制宣传教育和法学理论研究工作等。

12月　"基因科学暨基因法律问题"研讨会在上海举行。来自法学界和科学界的专家、学者,重点就基因科学研究的法律规范问题作了探讨。大家提出要用法律手段保护我国基因资源,确认基因专利权、隐私权,在法律上禁止基因歧视行为,处罚基因滥用行为等建议。

2001 年

1月18日　学会刑法学研究会召开"刑法学学术研究动态交流会",副会长苏惠渔主持会议,50多位会员参加。会议着重就我国加入WTO、西部开发、加入两个人权公约等问题就刑法方面的对策进行研究。

学会召开常务理事扩大会,传达贯彻中国法学会常务理事会扩大会议精神,讨论2000年学会工作总结和2001年工作打算。

2月11日　学会召开"依法打击'法轮功'邪教组织座谈会"。与会的20余位上海法学、法律界著名人士根据我国宪法和法律有关规定,分析了"一·二三事件"的邪教本质,提出了同"法轮功"非法组织斗争的一些法律对策和建议。

2月28日　学会与复旦大学法学院商讨关于当年下半年召开"WTO争端解决机制研讨会"的筹备事宜。复旦大学法学院李昌道院长、董茂云副院长、张乃根教授和学会副会长马锐、研究部于秀阳等参加了讨论。

3月5日　学会民法、经济法研究会召开《婚姻法(修正草案)》讨论会。与会专家、学者就该法修正草案中的一些热点问题展开了广泛的讨论,并向全国人大法制委员会提交了修改的意见和建议。

3月7日　学会在光大会展中心召开"上海市法学会会员活动日"会议。薛明仁副会长主持会议,马锐副会长传达了中国法学会常务理事扩大会议有关文件精神。与会500多位会员听取了尤俊意、倪正茂、游伟等教授作的学术专题发言。

3月9日　学会金融法研究会与市律协经济法律研究会联合召开《破产与重整法(草案)》立法座谈会。

3月13日　学会与上海市政法管理干部学院联合召开"依法治国与以德治国"学术座谈会。与会的法学、政治学、伦理学专家就"依法治国与以德治国的关系"进行了热烈讨论。部分新闻媒体对此次座谈会作了专题报道。学会领导薛明仁、马锐、曹文建参加了会议。

3月23日　学会与市委政法委研究室联合召开"加入 WTO 对上海政法工作的影响与对策——公共安全部分"的座谈会。严励、游伟等20位专家参加了会议。

3月27日　根据中国法学会《关于申报2001年重点研究课题的通知》,学会向中国法学会上报了《职务犯罪预防研究》、《推进司法制度改革问题研究》以及《WTO 争端解决问题研究》等3个课题。

3月28日　学会向上海市决策咨询研究成果奖评审办公室上报了《诉讼法实施10年情况调查报告》,作为研究成果进行申报评奖。

学会组织部分专家、学者对《中华人民共和国内部审计条例(送审稿)》进行了讨论,并将修改意见和建议上报上海市人民政府法制办公室。

4月3日～5日　浙江省法学会会长夏宗烈一行来学会访问,宾主就如何进一步加强学会工作等问题进行了座谈。学会领导薛明仁、马锐、曹文建等参加了座谈。

4月10日　朝鲜人民民主共和国民主法律家协会代表团访问学会。尤俊意、肖建国、沈亮、赵靖等学者与代表团人员就上海法治建设、知识产权保护等问题进行了座谈。学会领导薛明仁、马锐、曹文建参加了座谈。

4月24日　学会行政法研究会组织会员考察本市的牲畜屠宰场及与外省连接道口检查站,并就国内特别是上海市的动物防疫及其法制建设情况进行了座谈。

5月9日　学会向中国法学会诉讼法学研究会报送参加"第四届全国中青年诉讼法学优秀科研成果评奖活动"的论文9篇。分别是周海平的《论刑事一审判决书的改革与完善》,宋向今的《民事诉讼审前准备模式探讨》,余冬爱的《对行政自由裁量权的法律控制》,章克勤、姜山的《试论审判委员会功能的调整与完善》,刘力的《当前审判方式改革难题破解及立法动议》,高万泉的《论行政诉讼立案审查程序之重构》,胡志国的《试论行政撤诉制度》,茹荣华、蔡东辉的《论推定证据规则及民事审判方式改革的启示》以及汤继荣的《论民事强制执行优先原则》。

5月18日　学会向市社联报送"纪念中国共产党成立80周年理论研讨会"论文2篇,分别是汤啸天的《市场经济与共产党人利他目标的实现》和严励的《邓小平稳定思想初探》。

5月25日　根据市人大财经委通知要求,学会组织专家、学者对《上海市市级预算审查监督规定(草案)》,进行了研究论证,并作了书面汇报。

6月27日～7月8日　以朱宝麒为团长的学会代表团一行9人,前往台湾地区参加"海峡两岸不动产法律保障研讨会",并进行考察、调研。

6月28日　学会举行"上海市法学会诉讼法研究会成立大会",市高院副院长傅长禄主持会议。大会通过了《上海市法学会诉讼法研究会活动规则》,选举黄双全为顾问,傅长禄为总干事,杨承韬兼秘书。

7月6日　学会金融法研究会与上海市保险学会召开"保险法制建设研讨会暨纪念《保险法》颁布6周年"大会。会议从规范保险市场主体和完善保险法律制度入手,就《保险法》修改、保险合同、保险监管、保险中介市场建设、保险市场反不正当竞争、反垄断问题展开了讨论。

7月10日　学会召开常务理事扩大会议。会议学习了江泽民总书记在庆祝中国共产党成立80周年大会上的重要讲话,并结合本市法学研究的实际情况研究了贯彻意见。薛明仁、马锐等10余人参加了会议。

7月21日　学会对《上海市社会治安综合治理实践与展望研究》课题进行了评审、鉴定。柴俊勇、苏惠渔、麦林华、朱华荣、张世信、张竹、徐建、丁水木、严励、吕继贵、周和等专家、教授参加了评审。

8月15日　中国法学会与学会在上海华夏宾馆举行为期3天的"WTO争端解决机制学术研讨会"。学会副会长薛明仁主持会议,中国法学会党组书记、常务副会长佘孟孝及上海市人大常委会副主任漆世贵等领导出席开幕式,并作了重要讲话,学会副会长马锐致闭幕词。全国政协副主席、中国法学会会长任建新专门发来了贺信。参加会议的还有中国社科院、复旦大学、武汉大学、最高人民法院等国内高校、研究机构、实践部门的60余位WTO问题专家。此次会议集中围绕"WTO争端解决机制"进行深入研讨,并向领导决策部门提出我国加入WTO与利用争端解决机制的应对对策和建议。

8月17日　中央政法委的同志来学会调研。该次调研的主题是"加入WTO对政法工作的影响和对策"。上海法学、法律界10余位专家参加了调研会。

8月21日～22日　学会接待台湾地区"司法院"蔡清游等5人以学者名义参访的代表团。参访期间,代表团访问了上海市中级人民法院和复旦大学法学院,参观游览了浦东开发区、东方明珠电视塔、外滩等。

8月24日　金融法研究会与上海证券报社召开"投资者权益保护与民事赔偿法律制度研讨会"。30 多位专家、学者、律师参加了会议。

8月30日～9月1日　马锐副会长参加在宁夏回族自治区银川市召开的中国法学会西部开发法律研究会年会。围绕大会发言主题——"生态环境法制建设和依法整顿规范市场经济秩序",马锐作了题为《环保为重,立法为先——对西部地区环保立法的几点思考和建议》的发言。

8月31日～9月5日　学会各学科研究会共申报 39 个课题。科技法研究会总干事曹昌桢申报的课题为《知识经济与法制创新研究》,民法研究会陈仁申报的课题为《具有中国特色的上海环境法制建设的现状评价与对策研究》,港澳台研究会庄金锋申报的课题为《内地与港澳台地区法律冲突及其解决构想》,金融法研究会宋一欣申报的课题为《资本市场法律制度研究》,诉讼法研究会总干事傅长禄申报的课题为《强制执行立法若干问题研究》,法理研究会总干事尤俊意申报的课题为《法治与德治相结合论纲》,诉讼法研究会乔宪志申报的课题为《人民法院司法改革的理论与实践》,刑法研究会沈亮申报的课题为《职务犯罪预防研究》,国际法研究会总干事董世忠申报的课题为《WTO 争端解决机制与我国对策研究》。

9月8日　学会宪法学研究会浦增元总干事参加在德国格丁根举行的"国际宪法学协会第 26 次执委会会议"。

9月28日　学会法理学研究会召开全体会员会议。会上,市人大常委会法制工作委员会主任沈国明作了《最近法理学研究动态及法律实践中的有关问题》的报告,法理学研究会总干事尤俊意通报了研究会近期工作及年底工作安排。

10月3日～9日　亚洲与太平洋法律协会在新西兰基督堂市举行第十七届大会。会议就新形势下诸多领域的法律问题以及法律制度面临的机遇和挑战展开讨论。学会刘华、郑伟出席了会议。

10月15日～19日　中国法学会刑法研究会在山东省法官学院召开 2001 年年会并进行换届选举工作。学会于秀阳、刘玫英、郑鲁宁出席了会议,刘玫英、郑鲁宁当选为中国法学会刑法学研究会第五届理事会理事。会上于秀阳作了题为《浅论挪用公款罪中"归个人使用"问题》的发言。

10 月 24 日～10 月 26 日　2001 年华东六省一市暨湖南省法学会工作会议在福建省厦门市召开。学会副会长易庆瑶、马锐,秘书长曹文建等参加了会议并介绍了学会一年来的工作情况,与兄弟省市法学会代表进行了交流。

10 月 25 日　学会行政法研究会举行"行政法学论坛",围绕"我国加入WTO 后对政府法制工作引起的影响如何应对"这一议题展开讨论,市政府法制办经济法规处处长唐明皓、市知识产权局许章林、市工商局研究室主任张伊亮、市信息办公室法规处处长陈潜等介绍了所在领域迎接入世的准备情况。100 多位会员参加了会议。

11 月 22 日　学会行政法研究会举行研讨会,就"回顾和展望本市行政法制建设和行政法学教学研究等方面取得的成果和需要研究的问题及其对策"进行研讨。市人大法工委主任沈国明、市政府法制办主任顾长浩等作了相关报告。

12 月 11 日　学会宪法学研究会、法理法制史研究会联合召开"纪念现行宪法实施 19 周年学术研讨会"。会议传达了中国法学会会议有关精神和学术动态,市人大法制委、市政府法制办的有关领导分别介绍了地方立法、政府规章与入世相适应的有关情况。

12 月 13 日　学会向中国法学会上报《中国法学会 2001 年重点研究课题计划》中的《社区法制建设研究》和《WTO 争端解决机制研究》两个课题的进展情况。

12 月 26 日　学会召开本年度第三次干事会,会议对本年度工作总结和明年学术工作安排进行了讨论。

12 月 27 日　学会举行《上海市劳动合同条例》报告会,上海市劳动争议仲裁委员会孙为新仲裁员主讲,60 多人与会。

2002 年

1月8日　学会"社区法制建设"调研课题组召开课题调研座谈会。市人大常委会综合处、内务司法委、市政府法制办、市民政局工作处、复旦、同济、社科院法学所等单位的负责人、专家、学者应邀参加座谈会。

1月21日　学会召开各学科研究会总干事会议,总结 2001 年各研究会的工作并商讨 2002 年的工作打算。副会长薛明仁、马锐参加了会议,与会者共 20 多人。

1月22日～23日　副会长薛明仁、秘书长曹文建参加在北京召开的中国法学会常务理事扩大会议。会议回顾并总结了 2001 年的各项工作并研究了 2002 年的工作任务。

1月24日　学会召开《上海市个人信用征信管理办法(草案)》和《上海市企业信用征信管理办法(草案)》征求意见座谈会。会后向上海市政府法制办公室报送了对这两个草案的修改意见摘要。

1月25日　学会行政法研究会举行"行政法论坛"报告会。会议邀请华东政法学院行政法学杨寅博士传达了全国政协副主席、中国法学会行政法研究会会长罗豪才在 2001 年度研究会年会上发表的重要讲话和年会上学术讨论的情况。市政府法制办主任徐强作了题为《我国入世后市政府在新的一年里政府法制建设方面的有关设想和举措》的报告。

1月29日　学会和易趣网络信息服务(上海)有限公司召开"电子商务法律问题研讨会",旨在给行政部门和立法部门决策提供理论依据,以进一步维护网络经济正常有序地发展。会议主要研讨了网上交易中网站与网民的关系、违约问题、索赔问题、支付和结算问题、诉讼主体和诉讼管辖等问题。

1月31日　学会在华夏宾馆召开常务理事扩大会议。会议传达了市委七届十次全会和中国法学会常务理事扩大会议精神,并讨论了学会 2001 年工作总结和 2002 年工作打算。与会人员:薛明仁、马锐、钱富兴、汪云章、顾肖荣、史焕章、董世忠、苏惠渔、曹昌桢、李昌道、杨鸿训、王文正、曹文建、浦增元、韩来璧、沈宗汉、尤俊意、李宗兴、杨敬忠、赵炳霖、王秋良、傅长禄。

学会在华夏宾馆举行学会顾问马年迎春团拜会。

2月27日　司法部《中国司法休制改革研究》课题组在学会召开"司法体制改革问题座谈会",市法院、检察院、司法局以及部分法律院校的学者应邀参加。

3月12日~13日　学会在浙江萧山国际大酒店召开《上海法学研究》杂志2002年编委会工作会议。会议由史焕章、马锐主持,《上海法学研究》编委和部分工作人员共20余人参加。会议回顾总结了去年编委会的工作,并就如何进一步办好杂志等问题进行了研讨。

3月28日　学会组织部分专家、学者就林顿大厦房屋预售案举行小型研讨会,秘书长曹文建主持会议。上海大学法学院教授王美娟、市社科院法学所副研究员徐澜波、同济大学文法学院教授杨心明和蒋晓伟,在听取案件情况介绍和阅读分析判决书等有关材料的基础上,分别阐述了各自的观点。

4月10日　"中华两岸世纪发展协会"考察团一行10人,拜访学会。副会长、党组副书记薛明仁,秘书长曹文建会见考察团。

4月11日　学会召开宪法学研究会干事会议,讨论研究会换届事宜;研究"纪念现行宪法颁布20周年理论与实践研讨会"筹备工作;研究出版《宪法理论与实践成果论文集》。会议由宪法学研究会总干事浦增元主持。

4月21日~23日　由中国法学会主办,北京市法学会和上海市法学会协办,浙江省法学会、省律师协会、省公证员协会承办的"中国基础设施与BOT投融资法学理论及实务研讨会"在浙江省杭州市梅地亚新闻交流中心举行。会议汇集了全国众多BOT专家、学者,就BOT的一些原则和政府保证、外汇管理、法律适用和争议解决等问题进行了研讨。学会薛明仁、马锐、曹文建、俞铭、于秀阳、杨幼敏、王海峰、宋一欣、陈大钢、董燕、宁海龙、彭大银、房保国、顾长浩、马贝艺出席会议,并提交了5篇论文。市政府法制办副主任顾长浩作了发言。马锐副会长对会议作了总结。

4月23日　学会向市司法局报送《关于编撰出版〈司法鉴定实用手册〉的建议》。建议与司法鉴定委员会合作,组织有关专家、学者编撰一部内容科学、表述通俗、编排合理、查找方便的《司法鉴定实用手册》。

4月24日　北京市法学会秘书长李公田等一行4人和甘肃省法学会副会长赵宏策来学会考察。学会副会长马锐,秘书长曹文建等与来访同志进行了座谈。

4月25日　学会"社区法制建设"课题调研组分别在长宁区华阳街道和江苏街道召开座谈会,听取与会者对社区法制现状的介绍及对社区法制建设的意见和建议。马锐副会长、李宗兴总干事参加了座谈。

4月28日　德国海德堡大学尼克里希教授应学会科技法研究会邀请,在本会作学术报告。报告围绕BOT投融资法律问题以及高科技发展与法律问题展开。副会长曹昌桢主持报告会,科技法研究会会员和上海大学、交通大学的代表40余人出席了报告会。同一天,学会又组织20余位专家、教授与德国海德堡大学尼克里希教授进行座谈。

5月15日　原中共上海市委副书记、上海市副市长、上海市人民检察院检察长、学会会长倪鸿福因病医治无效,在上海华东医院逝世,享年68岁。

5月20日　上午10时在上海龙华殡仪馆大厅为倪鸿福同志举行告别仪式。副会长薛明仁、马锐、王文正、汪云章、易庆瑶、高森、史德保、钱富兴、顾肖荣、曹昌桢、杨鸿训,秘书长曹文建和学会机关工作人员参加告别仪式。中国法学会、北京市法学会、浙江省法学会、山东省法学会、江苏省法学会、福建省法学会、安徽省法学会和中国法学会党组书记佘孟孝、浙江省法学会会长夏仲烈等送了花圈。天津市法学会、福建省法学会、北京市法学会、山东省法学会、河北省法学会、重庆市法学会还发来唁电表示哀悼。

5月28日　台湾地区"司法院"陈宗镇一行6人以学者名义来祖国大陆交流参访。下午,参访团访问学会。晚上,学会宴请参访团,参加接待的有副会长薛明仁、秘书长曹文建、办公室副主任俞铭等。

5月29日～30日　学会"社区法制建设"调研课题组先后到卢湾区民政局、浦东新区司法局法规处、浦东新区社会发展局民政处、南京东路街道进行调研,听取了对社区法制建设的意见和建议。马锐副会长、李宗兴总干事等参加了调研活动。

5月31日～6月1日　学会在南京召开2002年度《上海法学研究》通讯员会议。

6月25日　学会召开常务理事会议,讨论学会换届工作的有关事宜及下半年的学术活动。薛明仁主持,常务理事马锐、王树泉、王文正、史德保、杨鸿训、苏惠渔、易庆瑶、钱富兴、顾肖荣、曹昌桢、曹文建参加了会议。

7月5日~9日　应中国法学会邀请,以托尼·艾伯特会长为团长的澳大利亚法学会代表团一行4人访沪。5日下午,马锐副会长、曹文建秘书长到机场迎接,薛明仁副会长设晚宴宴请。

7月8日　学会举行报告会,由应邀来访的澳大利亚法学会会长托尼·艾伯特先生就"如何通过WTO有关规则解决国际贸易争端"问题作报告并与与会者作了研讨。与会者共60余人。

7月13日　学会金融法研究会与上海青年律师联谊会共同举行报告会,上海市证管办副主任张宁为50余位与会者作了题为《证券市场发展的历史与现状》的报告。

7月17日　根据市依法治市领导小组办公室、市委宣传部和市社联的通知,学会推荐近几年围绕依法治国方面的优秀学术论文参加"市依法治理优秀文稿评选活动"。《上海法学研究》编委会提交了由浦增元、杨心宇、蒋德海等撰写的14篇论文,经学会初评,学会有11篇论文入选。

7月25日　学会诉讼法研究会参加市第二中级人民法院成立1周年庆祝大会暨首届诉讼法学研讨会。本次研讨会主要围绕"司法公正与效率在诉讼程序上的体现"、"简易程序问题研究"以及"刑事、民事、行政诉讼证据规则及其运用"3个方面展开。中国法学会副会长,全国诉讼法学会会长陈光中教授、副会长李浩教授,上海市法学会副会长薛明仁,秘书长曹文建,上海市委政法委副秘书长林国平,学会诉讼法研究会总干事、上海市高级人民法院副院长傅长禄等出席了会议。

学会召开座谈会,邀请部分专家对"建设工程价款优先权的问题"进行研讨。易庆瑶、傅鼎生、王全弟、徐澜波、杨心明、黎兆基、王美娟等参加了会议。

7月30日　学会召开"关于《医疗事故处理条例》的座谈会"。座谈会对新条例涉及的医疗事故鉴定程序、患者权利保护、损害赔偿标准、医疗事故处理程序等问题进行了热烈的讨论。会议由研究部副主任于秀阳主持,马锐、李柏勤及法学界、医学界、司法界、新闻单位的有关人员共30余人出席了会议。

7月31日　学会与市司法局司法鉴定管理处召开《司法鉴定实用手册》编撰座谈会。座谈会就《手册》的篇章结构等内容进行了研讨。会议由曹文建、李柏勤主持,10 多位专家出席了座谈会。

学会接待广西壮族自治区法学会会长曹平等一行 4 人。

8 月 7 日　学会召开党组会议。市司法局党委书记、局长缪晓宝和党委副书记李继斌参加会议并作了讲话。学会党组副书记薛明仁、马锐,党组成员曹文建、易庆瑶、顾肖荣出席了会议。下午,市委常委、市委政法委书记吴志明视察学会工作,陪同视察的还有市委政法委副书记陈旭和秘书长吴军营等。

8 月 8 日　学会研究部召开"社会发展与普法进程课题"讨论会。上海市依法治市领导小组办公室施凯副主任,卢湾区司法局、卢湾区委宣传部的领导,华东师范大学蒋德海教授,学会曹文建、于秀阳出席了会议。

8 月 16 日　学会召开常务理事会,传达市委常委、市委政法委书记吴志明 8 月 7 日视察学会工作时的讲话,薛明仁主持会议,出席会议的常务理事有马锐、王文正、汪云章、董世忠、易庆瑶、史德保、钱富兴和曹文建。市司法局党委副书记李继斌、副局长史秋波也参加了会议。

8 月 21 日～23 日　马锐、于秀阳出席由中国法学会西部开发法律研究会在甘肃省兰州市召开的"中国法学会西部开发法律研究会 2002 年年会",并提交论文《运用刑法武器,惩治环境犯罪——加大西部生态环境保护的一点思考》。

9 月 2 日～4 日　学会接待天津市法学会副会长一行 3 人,并向其介绍了学会"三定"方案和换届的有关情况。薛明仁、曹文建接待、迎送。

9 月 9 日　学会金融法研究会举行"事件分析法在虚假陈述民事赔偿中的应用"研讨会。

9 月 10 日～13 日　2002 年华东七省市暨湖南省法学会工作经验交流会在浙江省杭州花家山庄召开。学会易庆瑶、曹文建等参加该会议。

9 月 13 日　学会行政法研究会和市行政管理学会行政法研究会在社科院举行"行政法学论坛"第三次报告会。上海市行政法制研究所王松林研究员作了《关于行政审批制度改革及如何改进完善政府管理的一些理论思考》的报告;社科院法学所尤俊意研究员介绍了参加市领导组织的行政审批制度改革情况检查后的感想;浦东新区人民政府法制办公室黄建祥处长对浦东新区工商行政管理在行政审批改革后实施"告知承诺"制的情况作了介绍;高级人民法院行政庭殷蓉蓉庭长对贯彻执行《最高人民法院关于行政诉讼证据若干问题的规定》

的基本精神作了介绍。

10月7日～8日　应中国法学会邀请,由金经昌先生任团长的"台湾中华法学会大陆参访团"一行9人访沪。参访团参观宋庆龄故居、游览外滩后,拜会了我会和第二中级人民法院。曹文建接待代表团。

10月20日～24日　应中国法学会邀请,法国比较立法学会代表团一行10人访沪。薛明仁宴请代表团,曹文建到机场迎送代表团。

10月21日　学会就"金融证券、市场经济、市场竞争、市场监督及法律制度调控"等问题召开座谈会。法国比较立法学会代表团成员与本市的有关专家、学者参加了座谈。

10月22日～24日　学会与上海大学法学院联合举办"中国法律史学会2002年年会",马锐在年会开幕式上致词。

10月24日～27日　学会接待台湾韩忠谟教授法学基金会大陆参访团一行21人。马锐、曹文建接待。俞铭等陪同代表团拜访了第二中级人民法院,游览了豫园、宋庆龄故居和苏州。

11月5日　学会召开各研究会总干事会议。会议就《上海市法学会第七届理事会工作报告(征求意见稿)》及有关换届事宜进行了讨论。马锐主持会议。

11月9日　"法学教育与司法改革研讨会"在华东政法学院举行。研讨会由华东政法学院主办,市高级人民法院、人民检察院、公安局、国家安全局、司法局、政府法制办公室等单位和学会合办,市公证处和长宁区人民法院协办。

11月20日　学会召开第七届常务理事第22次会议。与会者学习了江泽民在党的十六大会议上的报告,研究了学会换届工作事宜。会议由薛明仁主持,马锐、王文正、杨鸿训、曹文建、易庆瑶、史德保、李昌道、钱富兴、顾肖荣、曹昌桢、王树泉出席会议。

11月28日　学会召开"上海市法学、法律界学习党的十六大精神"座谈会。20余位专家、学者与会。

12月5日　学会和市法制建设研究会在建国宾馆联合召开"纪念现行宪法实施20周年理论研讨会",会议由俞子清主持。与会者100余人。

12月10日　学会召开学术委员会全体会议。会议商讨评选"上海市优秀中青年法学家"办法和评审上海市法学会会员学术成果奖具体事宜。会议由薛明仁主持,马锐、顾肖荣、苏惠渔、何勤华、王美娟、王召棠、朱华荣、浦增元出席会议。

12月15日　学会召开学术委员会会议,评选"上海市优秀中青年法学家",评审上海市法学会会员学术成果奖。会议由苏惠渔主持,薛明仁、马锐、顾肖荣、何勤华、王美娟、王召棠、朱华荣、浦增元、李昌道、张世信、沈国明出席会议。

12月30日　学会召开鉴定会议,由"宪法理论与实践研究"课题组专家孙潮、朱芒、潘伟杰、殷啸虎和尤俊意对由学会宪法学研究会总干事浦增元主持的中国法学会2002年课题《宪法理论与实践研究》的成果《宪治征程——纪念现行宪法实施20周年》一书进行鉴定,并出具了鉴定意见。

2003 年

1月22日　学会召开常务理事扩大会议,审议学会七届理事会《工作报告》和学会《章程(草稿)》;审议学会《2002年工作总结和2003年工作要点》;审批学术委员会评出的第二届"上海市优秀中青年法学家"及学术著作奖,薛明仁主持会议。马锐、易庆瑶、顾肖荣、史焕章、汪云章、董世忠、钱富兴、谢天放、王树泉、王文正、高森、曹昌桢、史德保、杨鸿训、苏惠渔、曹文建、杨敬忠、李宗兴、洪莉萍、赵炳霖、浦增元、沈宗汉、尤俊意出席了会议。市司法局党委书记、局长缪晓宝、党委副书记李继斌列席了会议。

2月25日　学会在华夏宾馆召开七届理事会第四次会议,听取关于学会第八次代表大会筹备工作情况的汇报;审定通过《第七届理事会工作报告(审议稿)》和《上海市法学会章程修改草案(审议稿)》。会议由薛明仁主持,出席会议的理事65名。市委政法委秘书长吴军营,市司法局党委书记、局长缪晓宝参加会议并作了讲话。

3月12日～14日　学会召开小型座谈会,讨论如何改进和做好法学会工作的问题。会议由薛明仁主持。

3月18日　江苏省法学会秘书长高建军、研究部主任顾虎明、办公室副主任唐军到学会考察了解学会组织建设情况、学术交流和研究情况以及经费来源和创收情况。

3月28日　市司法局政治部主任庄孝志、市委政法委干部处处长高惠芬到学会,通过个别谈话,听取学会副会长对会长人选的意见。薛明仁、易庆瑶、王树泉、马锐、史德保、史焕章、王文正、钱富兴、苏惠渔、董世忠、曹昌桢分别参加了谈话。

4月10日　学会召开常务理事会,讨论副会长、常务理事、理事名额分配实施方案事宜。会议由薛明仁主持,市委政法委副书记陈旭、干部处处长高惠芬,市司法局党委书记、局长缪晓宝、副书记李继斌、人事处处长邓骏、副处长朱剑华参加了会议。

4月14日　学会召开宪法修改小型座谈会,薛明仁主持,社联党组书记施岳群、王钰参加了会议。

6月24日　"非上市公司股份转让研讨会"在学会召开,薛明仁主持会议,15人与会。

7月5日　"上海市法学会第八次会员代表大会"在第二中级人民法院召开,会议由市委政法委副书记陈旭主持。市委副书记刘云耕和中国法学会发来贺信,薛明仁作《上海市法学会七届理事会工作报告》,马锐作《章程(修改草案)》说明,曹文建作八届理事会理事候选人产生情况说明;会议宣布荣获中国法学会十大杰出中青年法学家提名奖、第二届上海市优秀中青年法学家、首批市法学会学术著作奖名单,并向他们颁奖。会议选举丁仪等127位同志为八届理事会理事,八届理事会第一次会议选举沈国明为会长,曹文建为秘书长(兼);会议分别表决通过《七届理事工作报告》和《章程(修改草案)》。市委常委、市委政法委书记吴志明到会讲话。

出席此次大会的会员代表共246人。市高级人民法院院长滕一龙、市检察院检察长吴光裕、市委政法委秘书长吴军营、市司法局局长缪晓宝、市安全局局长蔡旭敏、市社联党组书记施岳群也出席了会议。中国法学会,浙江省、山东省、安徽省、江苏省、福建省、湖南省、广东省、陕西省、河北省、新疆维吾尔自治区、广西壮族自治区、北京市、天津市、重庆市、深圳市、厦门市、广州市、苏州市、南京市法学会发来贺信、贺电。

8月6日　学会召开会长会议,市委政法委副书记陈旭宣读市委政法委《关于同意上海市法学会党组组成人员的批复》,党组书记:沈国明;副书记:史德保;党组成员:刘忠定、吴军营、易庆瑶、曹文建、薛明仁。

8月21日　学会召开部分学科研究会总干事、副总干事座谈会,讨论研究会换届事宜。会议由副会长史德保主持,参加会议的有:王美娟、李宗兴、曹文建、杨承韬、王立民、苏惠渔、顾长浩、宋一欣、王木根、俞铭、江翔宇。

8月27日　学会召开"《城市规划管理法》理论研讨会",20位知名法学专家参加了讨论。与会者分别从行政法、环境法、民商法、法理学等角度研讨了当前城市规划管理中存在的突出问题,并着重就如何处理上海的376个已审批但违反即将出台的《新规划技术标准》的项目提出了意见和建议。

8月28日　学会召开八届常务理事会第一次会议。会议由沈国明会长主持,出席人员有曹昌桢、丁邦开、沈秋明、吴军营、汪云章、钱富兴、陶鑫良、金国华、薛明仁、徐书庵、史德保、朱兆敏、曹文建、童之伟、蒋晓伟、易庆瑶。王木根、俞铭列席会议。会议审议并通过了学会《会长会议议事规则》、《常务理事会会议议事规则》、《理事会会议议事规则》,审议聘任学术委员会委员建议名单。会议认为,学术委员会的调整应根据如下4项原则进行:(1)保持学术委员会的权威性;(2)年龄结构合理化,重视中青年力量;(3)兼顾各学科、专业和单位;(4)尊重组织和个人的意见。会议还审议并通过了《上海市法学会各研究会调整发展和干事换届的意见》。

8月31日~9月7日　以易庆瑶副会长为组长,王立民、康家、许忠伟、孙成刚为组员的上海代表组参加中国代表团,赴日本东京参加"第十八届亚洲与太平洋法理协会大会"。

9月4日　学会召开总干事会议。会议讨论了学术研究会的调整和各研究会干事会的换届问题。

9月18日　学会召开"政治文明与依法治国"理论研讨会。本市20余位知名法学专家就政治文明的含义、政治文明与执政党、执政文明与政治稳定、政治文明与公正司法等问题进行了研讨。

9月21日　学会召开"实施《城市生活无着的流浪乞讨人员救助管理办法》有关法理问题研讨会",法学、法律专家就新法规实施的有关问题发表看法。公安、民政等有关部门派员到会听取了意见。

10月10日　学会港澳台法律研究会召开研究会会员大会。会议由赵炳霖主持,出席会议50余人。会议首先选举了新一届干事会,总干事为黄来纪。会上,庄金峰作了《〈香港特别行政区基本法〉第23条立法之争和目前香港形势》的报告。

10月11日　学会行政法研究会召开研究会会员大会。会议由李宗兴主持,出席会议78人。会议选举了新一届干事会,总干事为顾长浩。

10月12日　学会法理、法制史研究会召开研究会会员大会,进行换届选举。会议由尤俊意主持,出席会议20余人。会议选举了新一届干事会,总干事为尤俊意。

10月15日　学会科技知识产权法研究会召开干事会换届大会。会议选举行了新一届干事会,总干事为蒋坡。

10月24日　学会邀请市委政法委和市公、检、法、司等单位的研究部门负责人,座谈当前形势下在法律实务部门中可供研究的课题。史德保副会长主持座谈会。

10月27日　副会长易庆瑶、曹文建等走访市国资委。市国资委张成钧副主任认为国有资产监督管理工作面广量大、新问题很多,希望法学会组织专家从理论层面上提供新的解决问题的思路,为法规、规章出台多做舆论准备。

10月28日　副会长史德保、薛明仁、曹文建等走访上海市公安局。市公安局领导程九龙、张声华、何品伟等就法学研究和学会工作提出建议。建议法学会要组织专家研究热点问题,更多地对实际工作提供法学理论支持。

副会长钱富兴、曹文建等走访市文化稽查总队,与总队领导进行了座谈。市文化稽查总队的领导认为法学会作为上海法学、法律界的群众性学术团体,具有自身的优势,应该在推动依法行政、强化市场监管、帮助实务部门释疑解惑中发挥更大的作用。

10月29日　学会金融法研究会召开换届会议,30余人出席会议。会议选举了新一届干事会,总干事为吴弘。

10月30日　学会国际法研究会召开换届会议。会议由田忠法主持,30余人出席会议。会议通过新一届干事会人选名单,总干事为陈治东。

11月2日　学会宪法研究会召开换届会议,会议由俞子清、吴振贵主持,30余人参加会议。会议选举出新一届干事会,总干事为童之伟。

11月3日　学会副会长易庆瑶等走访市工商业联合会。市工商联党组书记、副会长季晓东、副会长陈平田等介绍了工商联的情况和关注的法律问题。当前,在民营经济发展过程中,较受关注的法律问题有:一些法律和制度缺乏相应的配套法规、规章,一些政策缺乏相应的操作性文件;民营企业家对立法的参与程度不够;目前对国资、民资、外资的法律保护有较大差别等。

11月4日～7日　学会副会长史德保、曹文建等参加中国法学会第五次全国会员代表大会,大会选举史德保、何勤华任常务理事,曹文建、顾肖荣、顾功耘、洪莉萍、董茂云任理事。

11月5日　学会副会长钱富兴等走访市行业协会发展署、市场中介发展署。刘庆副署长介绍情况后提出如下需要研究的问题:(1)行业协会在社会经济活动中的法律地位;(2)本市行业协会活动的法律依据,目前,本市行业协会活动的法律依据是上海市人大制定的《上海市促进行业协会发展规定》,具有明显的地区性;(3)规范市场中介机构的活动;(4)逐步将发展署建成一个为社会利益服务的促进性机构。

学会召开社会救助制度调研报告座谈会。会议由副会长易庆瑶主持。

11月5日~6日　学会副会长钱富兴分批邀请市建委、市房地资源局、市环保局和市环卫局4个部门的法规处负责人进行座谈。大家认为,随着开放步伐的加快和"世博会"的临近,上海的城市建设、环境保护和市容市貌急需加强或改善,在"软件"建设中,尤其要注重对城市建设管理法规等配套制度的建设与完善。

11月6日　学会副会长钱富兴等走访市工商局。市工商局局长方慧萍提出市工商行政管理部门亟须研究的问题:(1)完善上海市关于反不正当竞争和反垄断方面的地方性法规;(2)为民营经济建设发展创造良好的法律环境;(3)无照经营的治理;(4)改进工商管理的手段。

学会会长沈国明和副会长薛明仁、汪云章等走访市高级法院,听取对法学会工作的意见。滕一龙院长提出了3点建议:(1)法学研究要紧跟时代潮流,为社会进步提供法律保障;(2)法学会确定的研究课题要更加贴近司法实践,有助于解决法院在审判实际中遇到的一些问题;(3)法学会可以就近期比较集中的社会热点问题组织专家、学者开展专题调查研究,为法律法规的立、改、废提供参考建议。

11月11日　学会副会长史德保、汪云章、曹文建等走访市检察院,听取对法学会工作的意见。市检察院领导吴光裕、郑鲁宁、罗昌平、邵斌元等对法学研究和学会工作提出了如下建议:(1)法学研究要坚持正确的理论导向;(2)为检察工作更多地提供法学理论支持;(3)对当前司法体制改革中的问题进行理论上的探讨;(4)加强对刑事政策与刑事司法的研究;(5)建议法学会利用自身优势,经常组织有价值的活动。

学会刑法研究会召开刑法学研究会干事换届大会暨学术交流会。会议由苏惠渔主持,50余人出席。会议通过新一届干事会名单,总干事为苏惠渔。

11月12日　学会和上海大学法学院联合召开"校园暴力的综合治理"座谈会。会议由汤啸天主持。

11月13日　学会召开会长会议,史德保主持。会议传达中国法学会第五次会员代表大会情况;通报研究会换届情况;商定八届常务理事会二次会议议程。

11月15日　学会民商法研究会召开换届大会暨学术报告会,260余人出席会议。会议表决通过新一届民法研究会、商法研究会干事名单,总干事为王全弟。会上,顾功耘教授作《关于公司法司法解释中的若干问题》专题报告;王全弟教授作《民法典制定中的若干热点问题》专题报告。

学会召开各研究会总干事会议,副会长史德保主持。出席会议的有:王全弟、乐伟中、吴弘、陈治东、龚培华、黄来纪、顾功耘、金大陆、顾长浩、童之伟、蒋坡、陈仁良、尤俊意、沈国明、曹文建、王木根、俞铭、江翔宇。会议主要内容:(1)传达中国法学会第五次会员代表大会精神;(2)通报学科研究会换届情况;(3)研究规划明年的工作。

11月17日　学会副会长史德保、薛明仁、汪云章、曹文建等赴市司法局汇报工作并听取对法学会工作的意见。司法局局长缪晓宝对学会换届以来的工作给予充分肯定,并提出建立围绕上海全局工作的服务体系、加强法制宣传服务、替法律实务部门分忧解难等建议。

11月17日～19日　副会长易庆瑶、曹文建等先后走访市政府发展研究中心和市政府法制办,听取对法学会工作的意见。市政府发展研究中心副主任朱林楚和市政府法制办主任徐强提出法学会应发挥优势,研究法学方面有价值的重大课题等建议。

11月24日　学会未成年人法研究会换届会议暨学术报告会在本会召开,30余人出席会议,薛明仁副会长参加了会议。会议通过了新一届干事会名单,总干事为肖建国。

12月3日　学会召开"政治文明与宪法发展"理论研讨会。来自本市各法律院校、研究机构以及有关政府部门的近20位专家、学者参加了会议。

12月25日～26日　科技法研究会和上海大学法学院召开第二届"科技法学论坛",史德保副会长参加了开幕式。

12月26日　学会召开八届常务理事会第二次会议,讨论明年的工作。会议由会长沈国明主持,出席会议的有:史德保、曹文建、薛明仁、易庆瑶、刘忠定、史焕章、汪云章、钱富兴、李昌道、曹昌桢、沈秋明、金国华、丁邦开、朱兆敏、徐书庵、蒋晓伟、傅长禄、陶鑫良、顾长浩。市委政法委副书记陈旭到会传达了罗干在中央政法工作会议上的讲话精神。

12月31日　市委政法委和学会联合召开"维护稳定工作课题研讨会",副会长史德保、易庆瑶和有关同志参加。

2004 年

1 月 6 日　学会港澳台研究会举行新年学术报告会,市台办副主任季平和国际问题研究所研究员郭隆隆分别作了报告。

1 月 14 日　"环境与资源法研究会成立大会"在华东政法学院举行,学会常务副会长史德保、市政府法制办副主任顾长浩、华东政法学院副院长王立民出席大会。副会长兼秘书长曹文建主持了开幕式。大家推举华东政法学院经济法学院院长张梓太教授担任"环境与资源法研究会"总干事。大会闭幕后,环境与资源法研究会即举行成立后的第一次学术活动——举办"编撰《中国环境法典》理论研讨会",与会专家、学者对编撰《中国环境法典》的必要性和可行性等问题进行了研讨。

2 月 6 日　学会与市台联在上海交通大学举行台湾大学生冬令营座谈会。出席会议的有：井涛、张正真、刘伟、黄来纪、宋锡详、郭建、陈立兴、马锐、江翔宇、程维。

2 月 19 日　"法学会讲坛"在华东政法学院开讲。市世博局副局长周汉民应学会邀请,就 2010 年上海世博会筹备情况及相关法律问题作了报告。常务副会长史德保主持了报告会,学会部分理事、会员及部分法律院校师生近 300 人聆听了讲座。

2 月 21 日　学会邀请 30 余位专家、学者参加在华东政法学院举行的"上海发展战略与上海法治环境理论研讨会"。会议由常务副会长史德保主持,学会会长沈国明、市委政法委副秘书长胡燕平出席会议。

2 月 25 日　市委常委、市委政法委书记、市公安局局长吴志明应邀在学会第二期"法学会讲坛"作关于维护社会稳定工作的报告。会长沈国明主持报告会。市委政法委副书记林化宾、秘书长吴军营和学会常务理事、各学科专业研究会总干事以及有关专家、学者共 60 多人出席报告会。

3 月 1 日　世博会与市民法律道德水平专题——世博会与上海法治化论

坛预备会之一,在学会召开。史德保、易庆瑶副会长出席会议。

世博会场馆设施建设相关法律问题专题——世博会与上海法治化论坛预备会之二,在学会召开。史德保、易庆瑶副会长出席会议。

3月3日　世博会与上海城市管理法治化专题——世博会与上海法治化论坛预备会之三,在学会召开。史德保、易庆瑶副会长出席会议。

世博会与相关知识产权保护专题——世博会与上海法治化论坛预备会之四,在学会召开。史德保、易庆瑶副会长出席会议。

3月9日　史德保、薛明仁、曹文建副会长赴苏州商讨“长三角法学论坛”有关事宜。

3月11日　学会举行专家座谈会,筹备“长三角法学论坛”,薛明仁、曹文建副会长与会。

3月12日　港澳台法律研究会在学会举行“两岸司法协助问题报告会”。22人出席会议。

3月18日　学会行政法研究会与市环保局在华谊集团召开《环保条例》修订研讨会。

3月19日　学会行政法研究会在同济大学举行“行政与法律在应对社会技术发展风险和公共危机中的作用”专题研讨会。

3月20日　学会宪法研究会在上海交通大学举行修宪研讨会。

3月26日　香港法律教育基金会主席陈小玲来学会访问。曹文建、马锐、赵炳霖、黄来纪、徐静琳、张正真、郭建、王曦等与其进行了座谈。

3月31日　学会邀请复旦大学杨心宇教授作关于“台湾大选公投的考察”报告。有关学者参加了报告会。

4月15日　学会信息法律研究会与行政法研究会召开“政府信息公开法律问题研讨会”。会议就《上海市政府信息公开规定》的立法背景、要点、有关法律问题和国内外动态等问题作了专题介绍并进行了研讨。史德保、钱富兴副会长到会,近40人参加了会议。

4月18日　学会农村法制研究会正式成立,并举行现代产权制度理论与实务研讨会。

4月27日　学会召开八届常务理事会第三次会议。沈国明会长主持了会议,16位常务理事出席。史德保副会长汇报了当前工作并传达了会字〔2004〕7

号文(《关于转发中央政法委员会〈关于加强地方法学会建设的意见〉的通知》)和政法〔2004〕5号文(《关于加强地方法学会建设的意见》)。

5月8日　由上海世博会事务协调局和学会共同主办的"世博会与上海法治化论坛"在市光大会展中心顺利召开。中国法学会会长韩杼滨、上海市委副书记刘云耕出席开幕式并作了讲话。上海市委常委、副市长、上海世博会事务协调局局长周禹鹏致开幕词。市人大副主任包信宝、市政协副主席王荣华、市委副秘书长陈旭应邀参加。500余位法学专家、律师、政府工作人员及社会知名人士参加了此次论坛。上海世博会事务协调局副局长周汉民首先就"世博会与法治环境"作了主题报告,他认为上海世博会的举办与法治环境的建设和完善是一个互动的过程,需要在立法、执法与司法以及守法四个方面加以建设。之后,与会专家围绕世博会相关立法、世博会知识产权保护、世博会投融资法律问题、世博会对上海城市管理带来的法律问题、世博会和市民法律素质等进行了深入探讨,从理论研究和实际工作相结合的角度提出了可操作的对策和建议。中央电视台、《人民日报》、上海电视台、《解放日报》、《文汇报》等60余家新闻媒体对此次活动进行了深入报道。

5月10日　第七次沪台经贸法律理论与实务研讨会筹备会在学会召开。史德保、曹文建副会长出席会议。

5月19日~20日　由亚太法协和中国法学会主办、学会承办的亚太法协自由贸易区法律问题研讨会在上海光大会展中心国际大酒店举行。中国法学会会长韩杼滨、上海市市长韩正、亚太法协主席桑希出席开幕式并先后致辞。中国法学会常务副会长刘飏主持了开幕式。来自亚太地区和世界其他地区的150多名中外代表及部分亚洲国家的领事官员出席了这次研讨会。国内代表除专家、学者外,还有来自外交部、商务部、司法部的官员和贸促会、全国律协等部门的领导人员。与会代表多是从事于自由贸易和自由贸易区工作的政府官员、学者、法官和律师,部分企业界人士也出席了会议。上海市80余名代表参加了会议。学会会长沈国明,副会长史德保、易庆瑶、薛明仁、刘忠定、余啸波、曹文建等出席了会议。

5月21日　中国法学会会长韩杼滨、常务副会长刘飏等领导来到学会看望学会机关工作人员,并与学会领导举行了座谈。陪同前往的有市委副秘书长陈旭、市司法局党委副书记李继斌。

5 月 24 日　学会召开会议讨论法学研究和队伍状况调研问题。史德保副会长出席了会议。

6 月 4 日　"法学会讲坛"第三讲——《行政许可法》实施有关法律问题在学会举行,市政府法制办副主任顾长浩作了专题报告。副会长钱富兴主持了报告会,政府相关部门工作人员、专家、学者及社会人士近 80 人出席会议。

6 月 12 日　学会商法研究会和华东政法学院公司法研究所联合召开"《公司法》实施 10 周年理论座谈会"。与会者对《公司法》实施与修改的相关热点问题进行了研讨。会议由学会商法研究会总干事顾功耘主持,常务副会长史德保和王保树、顾功耘、刘俊海等著名公司法学专家及商法研究会干事等 50 余人参加了会议。

6 月 28 日～7 月 7 日　以泰国第五上诉法院院长巴沙苏·蓬德克为团长的泰国司法代表团一行 6 人访问上海、杭州。该代表团重点考察了我国的司法审判制度、诉讼案件的法庭调解与和解的有关制度、做法和经验等。

6 月 30 日　由学会主办,市金融行业同业公会协办的"2004 年上海金融法论坛——混业经营法律问题研讨会"在社科院举行。

7 月 21 日　应中国法学会邀请并经国台办批准,台湾"中华法学会"参访团一行 6 人于 7 月 12 日至 23 日来北京、上海、南京等地参访、考察和交流。该团此行主要目的是了解祖国大陆的法官人事制度、法院组织机构改革、陪审制度、刑事审判制度等方面的情况。

8 月 4 日　学会机关组织"坚持执法为民,确保司法公正"主题教育活动座谈会。全体机关人员观看了任长霞事迹录像,并围绕国家公务员应当"忠诚、为民、务实、清廉"的要求进行了自查自纠。

8 月 16 日　市法治研究会和学会在锦江小礼堂联合召开"学习邓小平理论,推进法治化建设"依法治市理论研讨会,两会会员和其他法学、法律工作者共 100 余人出席了会议。

8 月 19 日　易庆瑶副会长因突发心脏病在内蒙古海拉尔逝世,享年 64 岁。

8 月 20 日　人民日报社华东分社和学会共同发起举办了"法学家与企业家的对话——民营经济法律问题研讨会"。薛明仁副会长主持会议。10 余名来自复旦、华政、同济等高校的法学家和 20 多位本市知名企业家应邀参加研讨会。

9 月 1 日　易庆瑶副会长遗体告别仪式在龙华殡仪馆大厅举行。

9 月 8 日　学会民法研究会召开干事会暨案例研讨会。会议由总干事王全弟主持,副会长、市司法局副局长刘忠定出席了会议。

9 月 9 日　学会与台湾"两岸经贸交流权益保障促进会"共同主办、市台资企业协会协办的"第七次沪台经贸法律理论与实务研讨会"在光大国际会展中心举行。

上海市信息法律协会一届六次理事会暨学会信息法律研究会干事会在上海国际保龄球馆召开。学会副会长、信息法律协会会长钱富兴主持会议。

9 月 10 日　为纪念我国法律援助制度建立 10 周年和《法律援助条例》颁布实施 1 周年,由学会、上海市律师协会、上海市法律援助中心联合主办的"上海法律援助理论与实践研讨会"在华夏宾馆顺利召开。市司法局助理巡视员、市法律援助中心主任沈卫主持会议。学会副会长薛明仁、市司法局副局长刘忠定、市人大法工委副主任黄钰、市律师协会会长朱洪超出席会议并作讲话。

9 月 17 日　由学会和上海市律师协会主办,上海市化工行业协会等 8 家行业协会协办,浦东新区经济管理咨询协会和上海友源会展有限公司承办的"贸易救济反倾销专家论坛"在浦东世纪公园国际会议厅举行。中国商务部反倾销协调委员会委员周世俭教授、小耘律师事务所合伙人黄文俊博士、浩英律师事务所合伙人张振安律师、美国 Garvey, Schubert & Barer 律师事务所合伙人威廉·派瑞博士、美国查尔斯商务咨询委员会国际贸易部副总裁理查德·博特克博士等 100 余人参加了会议。学会副会长史德保、曹文建出席了会议。

9 月 21 日　学会诉讼法研究会召开第二届学术研讨会。会议由诉讼法研究会副总干事、复旦大学法学院章武生教授主持,近百名会员参加了研讨会。副会长史德保、曹文建、诉讼法研究会总干事、上海市高级人民法院副院长张海棠出席了会议。

9 月 25 日　学会召开学术委员会会议,对年初学会通过招投标所委托的 17 个研究课题进行中期评审。经过审核和评议,学术委员会一致通过了 17 个课题组分别提交的中期报告。

10 月 20 日　学会申请中标的市哲学社会科学"十五"规划系列课题"上海社会稳定若干重大问题研究"课题组,向市哲学社会科学规划办公室检查人员进行了中期成果汇报。徐建、丁仪、龚介民、卢汉龙4位专家应邀出席会议并对研究成果作了点评。

10月22日　由江苏、浙江法学会和市法学会共同发起主办的第一届"长三角法学论坛"在上海华夏宾馆举行。中国法学会副会长孙在雍、上海市人大副主任王培生出席开幕式并作了讲话,学会会长沈国明致开幕词。原上海市市委副书记杨堤、原上海市政协副主席朱达人、市检察院副检察长余啸波、市高级人民法院副院长张海棠、市司法局副局长桂晓民参加了会议。

10月24日　根据市社联对"上海市第三届社会科学普及活动周"的安排,学会组织部分会员参加在静安公园举办的社会科学大型义务咨询活动。

10月27日　"法学会讲坛"第五讲——"环境保护的形势与任务"在学会三楼报告厅举行,市环保局孙建副局长作了专题报告。

11月3日　"保障司法权威若干问题研究"课题组在中共上海市政法党校召开座谈会,学会副会长钱富兴出席了会议。会议认为,课题组的中期成果报告虽然已经通过学会学术委员会的评审,但有不少地方仍需补充完善。今后,课题组将主要在如何提出对策和建议上下功夫。

11月8日　被誉为"中国反倾销第一人"的中国商务部反倾销协调委员会委员、中华全国律师协会WTO专业委员会顾问周世俭教授应学会邀请来沪,在云峰剧院作《关于反倾销和市场经济地位问题》的报告。学会常务副会长史德保主持会议,400多名学会会员参加了报告会。

11月15日～29日　学会先后9次召开工作调研座谈会,听取法学、法律界各方面代表的意见与建议。座谈会由常务副会长史德保主持,薛明仁、钱富兴、曹文建副会长及机关部、室负责人参加。

12月30日　学会召开八届常务理事会第四次会议。会议由史德保主持。会议原则通过了《上海市法学会2004年工作总结》和《上海市法学会2005年工作要点》,同意将总结和要点提交理事会审议,并决定对行政法研究会、环境与资源法研究会等6个工作突出的学科专业研究会进行表彰。

2005 年

3月2日　学会对 2004 年度招投标课题进行结项评审。

3月26日　史德保副会长主持召开今年第 1 期"法学会讲坛",邀请上海社科院副院长、博士生导师黄仁伟作学习《反分裂国家法》主题报告,400 多名学会会员参加。

4月19日　由学会、上海市法治研究会和上海海纳百川文化俱乐部共同主办的"构建社会主义和谐社会论坛"在浦东世纪公园召开。沈国明会长主持,市政治文明办常务副主任施凯出席,200 多名专家、学者和实务工作者应邀参加。

4月21日　学会召开"上海舞台艺术版权管理项目的评估理论研讨会",须建楚、蒋坡、黄武双、富敏荣等知识产权法领域的知名专家出席研讨会。与会专家对这个项目的合同、业务指引等文件进行了深入的分析,提出了大量的修改意见和建议。

4月22日　学会举行 2005 年度课题新闻发布会暨课题委托研究协议签订仪式。学会领导与 6 个重点课题和 10 个青年课题的负责人签订了委托研究协议,并为中国法学会 2004 年度三级管理课题优秀科研成果的获奖者李明良、游伟、朱树英 3 位同志颁发了奖状和奖金。

5月13日　史德保副会长主持召开"依法执政理论与实践"研讨会。尤俊意、浦兴祖、叶必丰、殷啸虎、李瑜青等 30 余名专家学者参加研讨。

5月15日　学会与上海大学法学院共同主办了"和谐社会与法治建设学术研讨会"。童之伟、尤俊意、蒋晓伟、蒋德海等 50 多名专家、学者出席。与会者从不同角度对如何构建和谐社会与法治建设在构建和谐社会中的作用发表了见解。

6月25日　学会和市律师协会主办的"2005 金融法论坛:股权分置法律问题研讨会"在锦辉宾馆举行。来自本市及北京、山东等地的律师、法学理论工作者、司法人员、证券界人士以及财经记者等 70 余人参加了会议。

8 月 5 日　学会和上海市拥军优属基金会共同召开了"纪念中国人民抗日战争胜利 60 周年"研讨会,沈国明会长主持。上海警备区、武警上海市总队、海军上海保障基地、空军上海指挥所、上海拥军优属基金会等单位的领导和上海法学界的专家学者 60 余人出席会议。上海法学界的专家学者从法学研究角度探讨了抗日战争的历史问题。

8 月 15 日　学会和市法治研究会共同组织召开了"和谐社会与依法治理"研讨会,这是上海依法治市宣传日活动的一项重要内容。沈国明会长主持,市委副秘书长、市政治文明办主任陈旭,市政治文明办常务副主任施凯,市法学会常务副会长史德保、副会长曹文建出席。来自上海各高校、司法实务部门的150 余位法学法律工作者参加了会议。与会者围绕和谐社会与依法治理的主题,着重就构建和谐社会过程中如何维护社会稳定、建立突发事件的应急机制、构建和谐的劳动关系、发挥社团组织的作用、实现城乡一体化、完善城市土地使用及农村土地征用补偿机制等几个议题展开了深入的研讨。

9 月 22 日　上海市社会科学界联合会召开构建社会主义和谐社会理论研讨会。会上,市法学会等 7 个学会被授予"征文工作优秀组织奖"。法学会向会议推荐论文共 10 篇,其中,刘宪权、蒋德海等法学专家撰写的论文被收入会议论文集。

9 月 23 日　学会和上海交通大学法学院在兴华宾馆联合举办"上海循环经济法制建设论坛"。上海法学和经济学领域的 200 余名专家学者参加了会议研讨。上海市人大常委会主任龚学平、上海市副市长周太彤、学会会长沈国明出席开幕式并致词。上海交通大学党委副书记郑成良主持开幕式。交通大学法学院副院长王曦教授、市发改委总经济师周亚分别作主题报告,市经委副主任乐景彭、市环保局副局长孙建以及郑少华、于杨曜等专家学者分别作专题发言。

9 月 28 日　学会举办今年第 3 期"法学会讲坛",沈国明会长作《关于世博会的几点思考》的主题报告,100 多名学会会员及有关人员参加。

10 月 15 日　根据市社联对"上海市第四届社会科学普及活动周"的安排,学会组织部分会员参加了在静安公园举办的社会科学大型义务咨询活动。咨询点共接待市民 120 余人次。咨询内容涉及房屋买卖、动拆迁、劳动纠纷、家庭纠纷、房产纠纷、社会保障与福利、网吧设立纠纷等多项社会热点问题。

11月11日　学会和市信访办、上海政法学院在上海政法学院联合召开信访终结工作专题研讨会。50余位宪法、行政法学者及从事信访实务工作的专家参加研讨。会议由上海市信访办副主任许仁绿主持。上海市信访办主任杨全心、学会常务副会长史德保、上海政法学院院长金国华等出席会议。会议认为确立信访终结制度，有助于规范信访秩序，降低信访成本，防止信访权滥用，对于依法做好新形势下的信访工作具有重要意义。

11月19日～21日　由上海、江苏和浙江两省一市法学会共同主办的第二届"长三角法学论坛"在浙江杭州举行。史德保副会长出席会议。本届论坛以"非公有制经济发展的法律保障"为主题，沪、苏、浙三地法学法律界的专家学者和民营企业家150余人出席。

11月26日～27日　由学会和华东政法学院主办，日本环境会议、中国政法大学污染受害者法律援助中心协办的"第三届环境纠纷处理中日韩国际学术研讨会"在华东政法学院成功举行。此次会议的参加者有来自全国人大、国务院、国家环保总局、水利部、上海市人大、上海市人民政府等有关部门的领导，以及来自中国、日本、韩国等国家的200余名环境法学专家、实务部门的专业人士。

12月14日　市禁毒办和学会共同举办"上海市禁毒理论与实践研讨会"。由市禁毒办主任周伟航主持，市委政法委副秘书长江宪法、市法学会副秘书长王福明及从事禁毒理论研究和实践工作的专家学者共100余人出席。与会者们围绕打击毒品违法犯罪、实施毒品预防教育、开展禁吸戒毒工作等问题，进行了广泛交流和热烈讨论。大家认为，应当加强对禁毒战略的研究，从传统的依赖公安刑侦部门侦办具体案件的"局部清除"战略，转变为"整体窒息"与"局部清除"相结合，以"整体窒息"为主的战略；应当对禁毒战术进行创新整合，有力控制毒品的来源、市场和流通渠道；应当对我国强制戒毒的法律体系进行反思，明确将强制性戒毒措施定性为行政强制措施，使禁毒法与刑事、行政等法律制度相衔接；应当转变毒品预防教育的方式方法，完善和发展上海的禁毒社会工作等。

12月20日　由学会与上海世博会事务协调局、市知识产权局和市工商行政管理局共同主办的"第二届世博会与法治化论坛"在上海举行。上海市副市长严隽琪、国家知识产权局副局长张勤、国家工商行政管理总局商标局局长安青虎等出席开幕式并致词。来自上海市相关政府部门工作人员、知名法学专家、资深律师及企业界人士等近 250 名中外代表出席。论坛围绕着"世博会标志的知识产权保护"、"世博会展品的知识产权保护"、"世博会商业化运作中的法律问题"、"世博会标志许可经营中的法律问题"等主题展开多层次的交流,反响热烈,取得共鸣。与会代表深信,在各方的共同努力下,世博会知识产权将进一步得到更有力的保护,为世博会创造出更多的商业价值。

2006 年

1月18日　由常务副会长史德保主持,在上海图书馆报告厅举行2006年"上海法学家讲坛"第1讲,为纪念上海市法学会成立50周年系列活动拉开了序幕。著名法学家、原中国政法大学校长、终身教授江平作了《公司法的修改和发展》的主题演讲。700多名会员和市资委等单位的相关人士冒雨与会倾听了江教授的精彩演讲。

2月23日　为纪念上海市法学会成立50周年,首届"上海法学家论坛"——"西法东渐与上海近代法文化"学术研讨会及上海市法学会外国法与比较法研究会成立大会在华东政法学院举行。上海市高级人民法院院长滕一龙,上海市法学会会长沈国明、常务副会长史德保,上海市政法委副秘书长胡燕平出席会议。来自北京、杭州、上海部分高校、研究机构的40余人应邀参加。会议选举华东政法学院院长何勤华为外国法与比较法研究会总干事。

2月25日　学会召开学科专业研究会工作会议,会议回顾总结了学会换届以来学科专业研究会的工作,对如何加强学科专业研究建设,对进一步推进学科专业研究会工作的思路和方法进行了研究和探讨。学会会长沈国明主持会议,常务副会长史德保在会上讲话。沈国明会长在总结讲话中指出,研究会是法学会的支柱,是专业人才聚合的团队,是学术交流的平台、主体,是政府与民间沟通的桥梁。学会今年的任务是,围绕贯彻"十一五"规划、科教兴市、循环经济、平安上海建设和社会主义新农村建设等重大现实问题开展法学研究活动。他希望,各研究会能与学会一起,通过多团结人,多搞活动,多作研究,多出成果,扩大上海法学界在社会上的影响。与会的总干事们纷纷发言,交流了信息与经验,对研究会的作用、研究会建设的改革和完善、下一步工作计划等问题达成了共识。

3月7日　学会副会长薛明仁同志因病逝世。学会机关于16日举行追思会,对薛副会长进行沉痛悼念和深切缅怀。

3月10日 学会宪法学研究会组织专家对"物权法草案是否违宪"的问题进行了研讨。宪法学、法理学、民法学及政治学领域的40余位专家参加会议。会议由学会法理法制史研究会总干事尤俊意研究员主持。探讨围绕当前的"物权法草案合宪违宪之争"展开。与会者认为,宪法是母法,是国家的根本大法,规定法律的总精神和法治的总原则,而物权法仅仅是部门法,应该体现宪法的原则,维护宪法的尊严。这一次争论事实上也反映了如何处理物权法,甚至是民法等部门法与宪法之间关系的问题。

尽管与会者之间的意见并不一致,但大家都觉得这次物权法草案合宪违宪之争体现了我国立法的民主性。

3月18日 学会八届四次理事会会议在均瑶国际广场召开。市委政法委副书记林化宾出席会议并讲话。沈国明会长主持会议并讲话,学会常务副会长史德保作了工作报告,回顾了学会2005年的工作,部署了学会2006年的工作任务。会议审议通过了《上海市法学会2006年工作要点》和《上海市法学会三年(2006~2008)发展规划纲要》,决定增补程九龙、施凯、徐庆镇同志为学会副会长,增补吴宏伟、张成均、陈晶莹同志为学会理事。

4月14日 学会在上海海关高等专科学校发起组织了"上海法学院院长联席会议"。会议由沈国明会长主持,学会常务副会长史德保、专职副会长徐庆镇出席会议。上海16所法学院系的负责人应邀参加。史德保常务副会长首先介绍了学会今年的工作重点和发起组织"上海法学院院长联席会议"的目的意义。沈国明会长指出,"上海法学院院长联席会议"这一平台要真正发挥作用,离不开大家的努力。法学会将根据各位院长的要求,积极为联席会议做好相关服务工作。

与会者先后介绍了各法学院、系近期的法学研究活动,希望联席会议能够经常化、制度化,并在此基础上组建"上海市法学会法学教育研究会"。

4月22日 学会召开青年课题研讨会,并通报2005年课题完成情况,公布2006年度重点课题和青年课题中标结果。学会会长沈国明、常务副会长史德保出席会议。

史德保常务副会长首先通报了2005年度课题完成情况。随后,学会领导为2005年度青年课题优秀研究成果获得者进行了颁奖。

会上,学会领导与2006年的5项重点课题、10项青年课题的中标人签约。

4月23日～24日　　全国各地从事劳动法学理论研究及实务工作的专家学者共40余人聚集一堂,在学会劳动法研究会和上海师范大学法政学院、华东政法学院社会法研究所联合召开劳动合同立法学术研讨,并对《中华人民共和国劳动合同法(草案)》提供修改意见。会长沈国明、专职副会长徐庆镇参加会议,全国人大常委会法工委副主任信春鹰研究员应邀出席。

会议由劳动合同法的总则问题,劳动合同订立中的若干问题,劳动合同的履行、变更、终止、解除问题及劳动监察和法律责任问题4个专题组成,与会者各抒己见,讨论非常充分,并就草案的规定进行了逐条分析和论证,取得了较好的会议效果。

4月28日　　为落实2005年干事会确定的汇编优秀司法文书和行政法律文书的工作任务,法学会法律文书研究会召开干事会。会议由孙建国总干事主持,市法学会副会长钱富兴到会并讲话。他指出,法律文书研究会的工作成果与各成员单位的工作密切相关,研究会的工作要密切联系实践;各成员单位可以根据自身的行业特点,收集一些优秀法律文书在上海市法学会网站上展示,也可以在《上海法学研究》上出特刊;在上述工作的基础上,可以召开"规范执法行为、促进司法公正、提高办案质量"的研讨会,各成员单位也可以围绕行业特点组织研讨。

5月10日　　学会和社会治安综合治理委员会办公室在市高级人民法院联合召开"攻克八大治安顽症,推进上海平安建设"理论座谈会。会议由市法学会会长沈国明主持,市委副书记、市社会治安综合治理委员会主任刘云耕,市委常委、市委政法委书记吴志明出席会议并讲话,市委副秘书长陈旭,市委政法委副书记林化宾,市委政法委副秘书长胡燕平,市法学会副会长史德保、徐庆镇,市检察院副检察长于啸波,市公安局副局长江宪法,市高级人民法院副院长齐奇,市司法局副局长刘忠定和本市从事法学、社会学、政治学等研究的部分专家学者及本市各区县、委办、综治办负责人、上海平安建设实事项目的各责任单位、组织实施单位、协办单位的负责人共60余人与会座谈。会上,龚培华、邓伟志、张声华、杨正鸣、关保英、肖建国和叶必丰等专家学者,围绕市委领导提出的近年来影响本市社会治安稳定、人民群众安居乐业的"八大顽症"作了专题发言。

刘云耕在讲话中希望,本市法学、社会学、政治学等各个领域的社会科学理论工作者,能以科学发展观为指导,多深入实际,围绕上海平安建设工作中的重大现实问题多作研究,同时实践部门也要为理论工作者多"开门",多提供素材。理论与实践结合之后,才能真正为实现工作提供科学的理论依据和可操作性的对策建议。

5月22日　由徐庆镇副会长主持,在上海市图书馆举办第2期"法学会讲坛",邀请著名劳动法专家、华东政法学院教授董保华作了题为《当前劳动立法热点问题》的学术报告。近400名市法学会会员慕名参加,与会者争相向董教授提问,会场气氛热烈。

5月24日～26日　学会常务副会长史德保、专职副会长徐庆镇率机关有关部室负责人,专程前往北京市法学会学习考察,得到了北京市法学会常务副会长赵云阁、专职副会长李公田等领导的热情接待。在参观了北京市法学会新搬迁的大楼后,学会领导与北京市法学会的领导进行了座谈。北京市法学会李公田副会长介绍了近几年来北京市法学会贯彻中央政法委《关于加强地方法学会建设的意见》,努力加强学会自身建设,推进法学研究繁荣与发展的经验。

学会领导十分感谢北京市法学会的热情接待和介绍,表示要认真学习北京市法学会的经验,取北京市法学会之长,补上海市法学会之短。双方领导认为,京沪两地法学会在加强自身建设,开展法学研究等方面有着各自的优势,也有许多共同点,双方要进一步加强联系与合作,共同为繁荣法学研究,推进依法治国作出贡献。

5月26日　上海市法学会经济法学研究会成立大会暨主题报告会在上海财经大学举行。中国法学会经济法学研究会、北京市法学会经济法学研究会代表及长三角地区从事经济法研究的多名专家到会祝贺。

学会钱富兴副会长出席会议并致词。会议选举产生了经济法学研究会第一届干事会,上海财经大学法学院院长吴宏伟教授当选总干事。会议还决定聘请一批德高望重的教授担任研究会顾问。

5月29日～6月2日　学会专职副会长徐庆镇和学会办公室副主任赵雄、联络部副主任汤伟家参加了在安徽省黄山市召开的"2006年地方法学会工作论坛"。会议由安徽省法学会承办,安徽、上海、浙江、福建、山东、江苏、湖南省法学会和重庆市法学会等23家省、市、县级法学会领导参加了会议。中国法学会副会长兼秘书长宋树涛到会祝贺,徐庆镇副会长作了题为《创新工作机制,推进法学研究的繁荣与发展》的专题发言。

学会历届章程

上海法学会简章

(1956 年 12 月 30 日)

第一条　本会定名为"上海法学会"。

第二条　本会以团结上海法学研究者和法律工作者,在马克思列宁主义指导下进行法学研究为宗旨。

第三条　凡赞成本会宗旨,具有一定的法学知识或法律工作经验并对法学有研究志趣者,经本会会员二人介绍,由理事会批准后,即为本会会员。

第四条　本会会员大会每年举行一次,审查理事会的工作报告、讨论会务、决定工作方针和计划、选举本会理事会。

理事会认为有必要,或者经五分之一以上的会员建议时,可以临时召开会员大会。

第五条　本会设理事会,由理事 33~55 人组成。任期一年,连选得连任。

理事会全体会议互选会长一人、副会长五人、秘书长一人、常务理事六人,组成常务理事会。

第六条　理事会每三月开会一次,根据本会工作方针及计划,讨论具体措施及其他重大会务;常务理事会每月开会一次,领导会务的进行。

会长认为有必要时,可以临时召开理事会或常务理事会。

第七条　理事会视工作的需要得设副秘书长 1~2 人协助秘书长工作。

第八条　理事会设下列各种机构,必要时经理事会决定可以增设其他机构:

一、秘书处:办理总务、文书、会计等工作。

二、联络部:办理会员组织工作及学术团体或个人的联络工作。

三、研究部：（一）拟定研究计划，组织会员的各种学习及研究工作，举办学术性的讨论会、报告会。（二）办理图书资料的采购、征集、保管、编目、交换和供应等工作。（三）办理编辑和出版等工作。各部处设主任1人、副主任1～2人，必要时并得酌设助理人员，均由理事会聘请担任。

第九条 本会视学术研究工作发展的需要，可以组织各种专门学术委员会，在理事会的领导下进行关于法学上专门问题的研究，并审查会员的研究成果。

专门学术委员会的组成人员，由理事会聘请担任。

第十条 本会经费来源如下：一、本会会员会费；二、捐助；三、申请政府补助。

第十一条 本会会员每人每年交纳会费人民币1元。

第十二条 本会会员有下列各项权利和义务：

一、选举权和被选举权；

二、参加本会各种学习和研究的权利；

三、利用本会图书资料的权利；

四、对本会提出批评和建议的权利；

五、遵守本会简章和本会决议的义务；

六、担任本会各项有关工作的义务；

七、按期交纳会费的义务。

第十三条 本简章经本会会员大会通过，呈请有关机关备案后发生效力。

第十四条 本简章修改权属于会员大会。

上海市政治法律学会章程

（1962 年 1 月 30 日上海市政法学会会员大会通过）

第一条　本会定名为"上海政治法律学会"，简称为政法学会，是上海哲学社会科学联合会的团体会员。

第二条　本会的宗旨是：在中国共产党的领导下，团结上海法学会法律工作者，马克思主义列宁主义、毛泽东著作，贯彻百家争鸣的方针开展政治法律科学研究，以促进政治法律科学的发展，为社会主义革命和社会主义建设服务。

第三条　凡赞成本会宗旨，有研究志趣者，经本会会员二人介绍，由理事会批准后，即为本会会员。

会员有选举权和被选举权，有参加本会各种学习和研究的权利、利用本会图书资料的权利。有对会务提出批评和建议、遵守本会章程、执行本会决议、担任本会各项有关工作和按期交纳会费的义务。

第四条　会员每年举行一次会务工作报告、听取学术报告、开展学术讨论，或选举理事会和会长、副会长、秘书长。

第五条　理事会由会员大会选举的理事 30～50 人组成，任期三年，连选连任。由会长、副会长、秘书长组成常务理事会主持学会日常会务。

第六条　常务理事会每三月开会一次，根据理事会确定的工作方针及计划，讨论具体措施及其他重大会务。

会长认为有必要时，可以临时召开理事会或常务理事会。

第七条　常务理事会下设秘书处，由秘书长负责领导，组织实施本会的各项计划与活动。

第八条　常务理事会视工作的需要可设副秘书长 1～2 人协助秘书长工作。

第九条　视学术研究工作需要，经常务理事会决定，可以组织各种专门学术委员会,在理事会的领导下进行关于政法学科专门问题的研究,并审查会员的研究成果。

第十条　本会经费来源主要由"社联"拨款,其次是会员每年缴纳一次会费,或捐赠。

第十一条　本章程经会员大会通过,呈请有关机关备案后发生效力。

第十二条　本章程修改权属于会员大会。

上海市法学学会章程

(1979 年 5 月 31 日上海市法学学会第三届会员大会通过)

第一条　上海市法学学会是全市法学、法律界的社会学术团体，是中国法学会和上海哲学社会科学会联合会的团体会员。

第二条　本会宗旨是团结全市法学、法律工作者，坚持实践是检验真理的唯一标准和理论联系实际的原则，促进法学研究的发展，发扬社会主义民主、加强社会主义法制、巩固无产阶级专政，为建设四个现代化服务。

第三条　本会工作任务为：（一）组织法学学术会议；（二）组织会员参加国内外的学术交流活动；（三）编辑出版法学书籍、刊物和资料；（四）开展一定形式的法律服务；（五）维护会员的正当合法权益。

第四条　凡赞成本会章程，有三年以上法学教学、科研或法律工作经验，具有一定法学研究能力的本市法学、法律工作者和其他有志于法学研究的人员，经本人申请，由本会会员一人介绍，或由所在单位推荐，经本会批准，即为会员。

会员应尽权利为：（一）选举权和被选举权；（二）参加本会组织的活动；（三）参加本会组织的学术研究；（四）优先订阅或领取本会编辑的刊物、资料。

会员享有义务为：（一）遵守本会章程，执行本会决议；（二）承担委托的工作；（三）撰写论著或调查报告；（四）缴纳会费。

第五条　本会会员代表大会由会员协商或推选的代表组成。会员代表大会的任务是：（一）审议本会会务报告；（二）修订本会章程；（三）选举理事；（四）推举名誉会长；（五）讨论和决定本会其他重大事项。

会员代表大会每三年举行一次，必要时由常务理事会决定延期或提前举行。会员代表大会必须有过半数的代表出席，始得举行。

第六条　理事会由会员代表大会选出的理事组成，理事任期三年。

理事会选举会长一人，副会长若干人，秘书长一人组成常务理事会，在理事会闭会期间主持本会会务。

常务理事会会议,由会长负责召集,如会长因故缺席时,可委托副会长召集。常务理事会会议必须有过半数的常务理事出席,始得举行。

常务理事会在必要时可增补或免除个别理事,并提请下次会员代表大会确认。

常务理事会每季度开会一次,讨论决定会务工作,并检查执行情况。

第七条 本会根据需要,经常务理事会决定,可以分别组建各专业学科专业委员会,由本会会员自愿参加各学科的学术活动。

第八条 本会会员每年举行一次年会,进行总结和交流学术研究成果,表彰先进等活动。

第九条 本会按照精干的原则,设置秘书处,在秘书长领导下,执行学会决议,做好各项工作。

第十条 本会章程自会员代表大会通过之日生效。

上海市法学会章程

(1984 年 10 月 25 日第四届会员代表大会通过)

第一条　本会定名为上海市法学会。

第二条　本会以马列主义、毛泽东思想为指导，坚持"四项基本原则"，贯彻"双百"方针，团结和组织全体会员积极开展法学研究活动，促进法学科学的发展，为发扬社会主义民主、健全社会主义法制、巩固人民民主专政、建设社会主义"四化"服务。

第三条　凡赞成本会章程，具有一定文化水平与理论素养的政法干部、教员、科研人员、业余的法学爱好者，均可提出申请，由会员介绍，经常务理事会审议通过，即可成为本会会员。

第四条　本会会员有如下权利和义务：

一、有选举权和被选举权；

二、对会务提出批评和建议；

三、参加本会学术活动，优先领取、订阅本会编的刊物、资料；

四、遵守本会章程，执行本会各项决议；

五、担负本会布置的各项工作；

六、每年交纳会费一元，自愿捐助数额不限。

第五条　会员大会每三年召开一次，审议会务报告；修订本会章程；选举新的理事会；表彰科研成果；确定研究方向。

第六条　理事会为本会的领导机构，成员由会员选举产生，每届任期三年。可连选连任。

在理事会领导下由会长、副会长和秘书长组成常务理事会领导本会日常工作。

本会聘请顾问若干人参与理事会的工作。

728

第七条　本会分设法的理论、宪法、民法（包括民诉法）、刑法（包括刑诉法）、经济法、国际法、法医学和法律文书等研究会（组）。其成员由会员自愿参加，对外不单独发展会员。研究会（组）推选总干事一人，干事 1～3 人，处理科研、学术活动。

第八条　本会设立办事机构：办公室、学术调研室、资料编辑室。分别处理日常会务，组织调查研究，举办专题讲座，进行国内外学术交流，编辑出版书刊、资料等。

第九条　会员无特殊原因，在二年内不参加本会活动、不交纳会费者，作自动退会处理，凡会员书面通知本会要求退会者，即予除名。

第十条　本章程经会员大会通过之日起生效，修订亦同。

上海市法学会章程

(1987 年 6 月 30 日上海市法学会第五次会员代表大会通过)

第一条　上海市法学会是全市性的法学学术团体。是中国法学会和上海市哲学社会科学联合会的团体会员。

第二条　本会宗旨是团结全市法学、法律工作者,坚持四项基本原则,坚持理论联系实际,坚持"双百"方针,组织、推动法学研究活动,开展国内外学术交流,促进社会主义法学的繁荣,为建设具有中国特色的社会主义民主与法制,为改革、开放、搞活和四化建设服务。

第三条　凡赞成本会章程,有三年以上的法学教学、科研基础或法律工作经验,具有一定的法学研究能力的本市法学、法律工作者和其他有志于法学研究的人员,经本人申请,由本会会员一人介绍或由所在单位推荐,经本会批准,即为会员。

本会会员要求退会的,经书面通知本会,即为退会。

本会会员无正当理由,在二年内不参加本会活动、不缴纳会费者,即为自动退会。

严重违犯本会章程,不符合会员条件的,经常务理事会研究决定,可以除名。

第四条　本会会员的权利和义务:

(一)有选举权和被选举权;

(二)参加本会组织的学术活动;

(三)对本会会务提出批评和建议;

(四)优先订阅或领取本会编辑的刊物、资料;

(五)遵守本会章程,执行本会决议;

(六)承担本会委托的工作;

（七）撰写论著或调查报告；

（八）缴纳会费。

第五条　会员代表大会行使会员大会的职权。会员代表由会员推选产生。

会员代表大会行使下列职权：

（一）修订本会章程；

（二）审议本会会务报告；

（三）选举理事；

（四）推举名誉会长；

（五）聘请顾问；

（六）讨论和决定本会其他重大事项。

会员代表大会的代表每届任期三年。

会员代表大会召开的时间，由常务理事会决定。

第六条　理事会由会员代表大会选出的理事组成，任期三年。理事会每半年开会一次，讨论和决定本会重大事务。

理事会选举会长一人、副会长若干人、秘书长一人。

第七条　常务理事会由理事会选出的会长、副会长、秘书长组成。常务理事会在理事会闭会期间主持本会会务。常务理事会每季度开会一次，讨论和决定会务工作，并检查执行情况。常务理事会成员必须务实，明确分工，各尽其责。

会长负责召集常务理事会会议，会长因故缺席时，可委托副会长代行职权。

常务理事会根据会长或秘书长提名决定副秘书长人选。

第八条　大会聘请若干有名望的学者、专家担任顾问，参与讨论学会的重大事项，并分别指导各学科研究会的学术活动。

第九条　本会设立学术委员会，对法学科研成果进行评定；对优秀科研成果的创作者给予奖励；对法学科研中有重大贡献者颁发荣誉证书，建议有关部门授予相应的学术职称。

学术委员会由常务理事会选定会员中的专家、学者交理事会审定通过后聘任。学术委员会推选主任一人，副主任若干人。

第十条　本会根据需要成立学科研究会或其他法学研究组织。各研究会由本会会员自愿参加，并可吸收非会员参加学术活动，但不得单独发展会员。

各研究会推选总干事一人,副总干事、干事若干人组成干事会,负责主持研究会的各项工作,任期三年。

各研究会每季度至少进行一次学术研究活动。

第十一条　本会为便于交流学术成果,传递信息,促进会员开展学术活动,定期或不定期地编辑出版会刊或专著。

第十二条　本会每年举行一次会员大会,进行总结、交流学术研究成果,表彰先进等活动。

第十三条　本会按照精干的原则,设置办公室、研究部、编辑部、咨询部等工作机构。

第十四条　本会按照分布情况和实际需要,按地区或部门、单位设立联络员,以加强本会与会员之间的联系。

第十五条　本会章程自会员代表大会通过之日起生效。

上海市法学会章程

（1991 年 8 月 15 日上海市法学会第六次会员代表大会通过）

第一条　上海市法学会是全市性的法学学术团体，是中国法学会和上海社会科学学会联合会的团体会员。

第二条　本会宗旨是团结全市法学、法律工作者，在党的基本路线指引下，以经济建设为中心，坚持四项基本原则，坚持改革、开放，贯彻理论联系实际和"双百"方针，组织、推动法学研究活动，促进马克思主义法学的繁荣，为建设有中国特色的社会主义民主与法制服务，为四个现代化服务。

第三条　本会工作任务为：

（一）组织法学学术会议；

（二）组织会员参加国内外的学术交流活动；

（三）组织、推动会员开展调查研究工作；

（四）组织会员参加普及法律常识，宣传社会主义法制的活动；

（五）组织有关立法、执法问题的讨论，向有关机关和单位提出立法建议或咨询意见；

（六）编辑出版法学书籍、刊物和资料；

（七）开展一定形式的法律服务。

第四条　凡赞成本会章程，有三年以上的法学教学、科研或法律工作经验，具有一定的法学研究能力的本市法学、法律工作者和其他有志于法学研究的人员，经本人申请，由本会会员一人介绍或由所在单位推荐，经本会常务理事会批准，即为会员。

本会会员无正当理由，两年不参加本会活动、不缴纳会费者，即为自动退会。

严重违犯本会章程，经常务理事会决定，予以除名。

第五条　本会会员享有下列权利：

（一）选举权和被选举权；

（二）参加本会组织的学术活动；

（三）对本会会务提出批评和建议；

（四）优先订阅或领取本会编辑的刊物、资料。

第六条　本会会员必须履行如下义务：

（一）遵守本会章程，执行本会决议；

（二）承担本会委托的工作；

（三）撰写论著或调查报告；

（四）缴纳会费。

第七条　本会会员代表大会由会员协商或推选的代表组成。会员代表大会行使下列职权：

（一）修订本会章程；

（二）审议本会会务报告；

（三）选举理事；

（四）推举名誉会长；

（五）讨论和决定本会其他重大事项。

会员代表大会的代表每届任期五年。

会员代表大会召开的时间，由理事会根据情况决定。

第八条　理事会由会员代表大会选出的理事组成，理事任期五年。理事会每半年开会一次，必要时可由常务理事会决定临时召集。理事会会议必须有超过半数以上的理事出席始得举行。

理事会会议选举会长一人，副会长若干人，秘书长一人。

理事会必要时可增补或免除个别理事，并提请下次会员代表大会确认。

理事会决定聘请顾问。

第九条　常务理事会由理事会选出的会长、副会长、秘书长组成，任期五年。常务理事会在理事会闭会期间主持本会会务。常务理事会每季度开会一次，讨论决定会务工作，并检查执行情况。常务理事会会议必须有半数以上常务理事出席始得举行。常务理事会成员必须务实，明确分工，各尽其责。

常务理事会会议，由会长负责召集，如会长因故缺席时，可委托副会长召集。

常务理事会根据会长或秘书长提名决定副秘书长人选。

第十条 本会根据对外学术交流的需要,可聘请国内外法学专家、学者和有关人士为名誉理事或名誉会员。

第十一条 本会聘请若干有名望的学者、专家担任顾问,参与讨论学会的重大事项,并分别指导各学科研究组织的学术活动。

第十二条 本会设立学术委员会,对法学科研成果进行评定;对优秀科研成果的创作者给予奖励;对法学科研中有重大贡献者颁发荣誉证书,评审会员中的学科专家,并建议有关部门聘任或授予相应的职称。

学术委员会委员由常务理事会选定会员中的专家、学者,提请理事会审定通过后聘任。学术委员会设主任一人,副主任若干人,主持学术委员会的事务。

第十三条 本会根据需要分别组成各专业学科或其他法学研究组织。各学科研究组织由本会会员自愿参加,并可吸收非会员参加学术活动,但不得单独发展会员。

各学科研究组织推选总干事一人,副总干事、干事、学术秘书若干人组成干事会,负责主持学术研究活动,任期为五年。

各学科研究组织每季度至少进行一次学术活动。

第十四条 本会每年举行一次年会,进行总结和交流学术研究成果,表彰先进等活动。

第十五条 本会按照精干的原则,设置办公室、研究部、编辑部、咨询部等办事机构,在秘书长领导下,进行会务工作。

第十六条 本会按照会员分布情况和实际需要,按地区或部门、单位设立联络员,以加强与会员之间的联系。

第十七条 本会章程自会员代表大会通过之日起生效。

上海市法学会章程

(1996 年 12 月 17 日上海市法学会第七次会员代表大会通过)

第一条　上海市法学会是全市法学、法律界的社会团体和学术团体,是中国法学会和上海社会科学学会联合会的团体会员。

第二条　本会宗旨是团结全市法学、法律工作者,以马克思列宁主义、毛泽东思想和邓小平建设有中国特色的社会主义理论为指导,在党的基本路线指引下,以经济建设为中心,坚持四项基本原则,坚持改革、开放,贯彻理论联系实际和"双百"方针,组织、推动法学研究活动,促进马克思主义法学的繁荣,为依法治国,为加强社会主义精神文明建设,为建设社会主义民主与法制,为建设四个现代化服务。

第三条　本会工作任务为:

(一)组织法学学术会议;

(二)组织会员参加国内外的学术交流活动;

(三)组织、推动会员开展调查研究工作;

(四)组织会员参加普及法律常识,宣传社会主义法制的活动;

(五)组织有关立法、执法问题的讨论,向有关机关和单位提出立法建议或咨询意见;

(六)编辑出版法学书籍、刊物和资料;

(七)开展一定形式的法律服务;

(八)维护会员的正当合法权益。

第四条　凡赞成本会章程,有三年以上法学教学、科研或法律工作经验,具有一定的法学研究能力的本市法学、法律工作者和其他有志于法学研究的人员,经本人申请,由本会会员一人介绍或由所在单位推荐,经本会常务理事会批准,即为会员。

本会会员自愿退会时,经书面通知,即为退会。

本会会员无正当理由,两年不参加本会活动、不缴纳会费者,即为自动退会。

本会会员严重违犯本会章程的,经常务理事会决定,予以除名。

第五条　本会会员享有下列权利:

(一)选举权和被选举权;

(二)参加本会组织的学术活动;

(三)对本会会务提出批评和建议;

(四)优先订阅或领取本会编辑的刊物、资料。

第六条　本会会员应履行下列义务:

(一)遵守本会章程,执行本会决议;

(二)承担本会委托的工作;

(三)撰写论著或调查报告;

(四)缴纳会费。

第七条　本会会员代表大会由会员协商或推选的代表组成。会员代表大会行使下列职权:

(一)修订本会章程;

(二)审议本会会务报告;

(三)选举理事;

(四)推举名誉会长;

(五)讨论和决定本会其他重大事项。

会员代表大会每五年举行一次,必要时由常务理事会决定延期或提前举行。会员代表大会必须有过半数的代表出席,始得举行。

第八条　理事会由会员代表大会选出的理事组成,理事任期五年。理事会每半年开会一次,必要时可由常务理事会决定临时召集。理事会会议必须有过半数的理事出席,始得举行。

理事会会议选举会长一人,副会长若干人,秘书长一人。

理事会在必要时可增补或免除个别理事,并提请下次会员代表大会确认。

理事会决定聘请顾问。

理事会决定聘任学术委员会委员。

第九条 常务理事会由理事会选出的会长、副会长、秘书长组成,任期五年。常务理事会在理事会闭会期间主持本会会务。常务理事会每季度开会一次,讨论决定会务工作,并检查执行情况。常务理事会会议必须有过半数的常务理事出席,始得举行。常务理事会成员必须务实,明确分工,各尽其责。

常务理事会会议,由会长负责召集,如会长因故缺席时,可委托副会长召集。

常务理事会根据会长或秘书长提名,决定副秘书长人选。

第十条 本会根据学术研究和工作需要,经常务理事会决定,可聘请若干名特邀理事,特邀理事享有理事同等权利和义务;经常务理事会决定,还可聘请国内外法学专家、学者和有关人士为名誉理事或名誉会员。

第十一条 本会聘请若干名有名望的学者、专家担任顾问,并组成顾问组。顾问可参与讨论学会的重大事项,并分别指导各学科的学术活动。

第十二条 本会设立学术委员会,聘任学术委员会主任一人,副主任若干人,主持学术委员会的事务。学术委员会的任务是:对法学科研成果进行评定;对优秀科研成果的创作者给予奖励;对法学科研中有重大贡献者颁发荣誉证书;评审会员中的学科专家,并建议有关部门聘任或授予相应的职称;组织学科专家组,对重大科研项目开展研究活动。

第十三条 本会根据需要分别组成各专业学科或其他法学研究组织,按本会章程原则制定的活动规则开展活动。

各学科研究组织由本会会员自愿参加,并可吸收非会员参加学术活动。

各学科研究组织推选总干事一人,副总干事、干事、学术秘书若干人组成干事会,负责主持学术研究活动,任期五年。

各学科研究组织每季度至少进行一次学术活动。

第十四条 本会每年举行一次年会,进行总结和交流学术研究成果,表彰先进等活动。

第十五条 本会按照精干的原则,设置办公室、研究部、编辑部、咨询部等办事机构,在秘书长领导下,进行工作。

第十六条 本会按照会员分布情况和实际需要,按地区或部门、单位设立联络员,以加强与会员之间的联系。

第十七条 本会章程自会员代表大会通过之日起生效。

上海市法学会章程

（2003 年 7 月 5 日第八次会员代表大会通过）

第一章 总 则

第一条 本会定名为上海市法学会。

本会的英文名称是 SHANGHAI LAW SOCIETY。

第二条 本会是上海法学界、法律界的学术性群众团体，是中国法学会和上海社会科学界联合会的团体会员。

第三条 本会宗旨是团结全市法学、法律工作者，以马克思列宁主义、毛泽东思想、邓小平理论和"三个代表"重要思想为指导，以"繁荣法学研究，推进依法治国"为主要职责，组织、推动法学研究和交流，推进法学理论创新，为建设社会主义法治国家提供法学理论支持和法律服务。

第二章 任 务

第四条 本会的工作任务：

（一）组织会员参加法学研究活动；

（二）组织法学学术会议；

（三）开展国内外法学学术交流与合作；

（四）组织、推动会员开展调查研究工作；

（五）组织有关立法、执法、法律监督等问题的讨论，提出建议或者咨询意见；

（六）参与法制宣传和法学教育培训工作；

（七）编辑出版法学刊物、书籍和资料；

（八）反映会员的意见、建议和要求，维护会员的合法权益；

（九）开展法律服务；

（十）承办领导机关交办的事项。

第三章 会 员

第五条 本会会员分为个人会员和团体会员。

第六条 赞成本章程，具有一定法学研究能力并且有志于法学研究的法学、法律工作者，经本人申请和1名会员介绍或者所在单位推荐，本会常务理事会批准，即为个人会员。

第七条 赞成本章程，热忱支持法学研究活动的法学教学、研究和法律实务等单位申请加入本会的，经常务理事会批准，即为团体会员。

第八条 个人会员和团体会员自愿退会的，在书面通知本会后即为退会。

会员无正当理由，2年不缴纳会费和不参加本会活动的，为自动退会。

会员严重违反本章程的，经常务理事会决定，可以劝其退会或者予以除名。

第九条 个人会员的权利和义务：

（一）个人会员的权利：

1. 享有表决权、选举权、被选举权；

2. 参加本会及其学科或者专业研究组织举办的学术活动；

3. 获得本会为开展学术研究和交流提供的必要的物质保障和便利条件；

4. 获取或者优先订阅本会编辑的刊物、资料；

5. 对本会工作提出批评和建议。

（二）个人会员的义务：

1. 遵守本章程，执行本会决议；

2. 参加本会及其学科或者专业研究组织举办的学术活动；

3. 向本会提供论文、论著等法学研究成果；

4. 承担本会委托的工作；

5. 缴纳会费。

第十条 团体会员的权利和义务：

（一）团体会员的权利：

1. 参加本会及其学科或者专业研究组织举办的学术活动；

2. 获得本会为开展学术研究和交流提供的必要的物质保障和便利条件；

3. 获取或者优先订阅本会编辑的刊物、资料；

4. 对本会工作提出批评和建议。

（二）团体会员的义务：

1. 遵守本章程，执行本会决议；

2. 参加本会及其学科或者专业研究组织举办的学术活动；

3. 向本会提供论文、论著等法学研究成果；

4. 承担本会委托的工作；

5. 缴纳会费。

第四章　组 织 机 构

第十一条　本会会员代表大会由会员协商或者推选的代表组成，是本会的最高权力机构。会员代表大会的职权是：

（一）修订章程；

（二）选举理事；

（三）审议理事会工作报告；

（四）决定其他重大事宜。

会员代表大会每 5 年举行 1 次，必要时由常务理事会决定延期或者提前举行。

会员代表大会须有过半数的会员代表出席方能召开，其决议须经到会会员代表半数以上表决通过方为有效。

第十二条　理事会由会员代表大会选出的理事组成，理事任期 5 年。理事会的职权是：

（一）执行会员代表大会决议；

（二）向会员代表大会报告工作；

（三）选举或者罢免会长、副会长、秘书长和常务理事；

（四）确认增补或者免除个别理事；

（五）决定聘任学术委员会委员。

理事会会议须有过半数的理事出席方能召开,其决议须经到会理事半数以上表决通过方为有效。

理事会会议每年至少召开 1 次,必要时可以采用通讯形式召开。

第十三条　常务理事会由理事会选出的会长、副会长、秘书长、常务理事组成,常务理事任期 5 年。常务理事会的职权是:

（一）在理事会闭会期间主持本会工作;

（二）决定并召集会员代表大会和理事会会议;

（三）向理事会报告工作;

（四）决定增补或者免除个别理事,并提请下次理事会确认;

（五）向理事会提出聘任学术委员会委员建议名单;

（六）决定聘任学术委员会正副主任;

（七）根据会长或者秘书长提名,决定副秘书长人选;

（八）审批或者授权审批会员入会,决定对会员的劝退或者除名。

常务理事会会议须有过半数的常务理事出席方能召开,其决议须经到会常务理事半数以上表决通过方为有效。

常务理事会会议每季度召开 1 次,必要时可以采用通讯形式召开。

第十四条　会长是本会法定代表人,行使下列职权:

（一）召集并主持理事会、常务理事会会议;

（二）监督落实会员代表大会、理事会、常务理事会决议;

（三）签署本会重要文件;

（四）其他重要工作。

副会长协助会长工作,经会长授权可代行会长部分职权。

第十五条　秘书长行使下列职权:

（一）主持本会机关日常工作;

（二）协调本会各学科或者专业研究组织开展活动;

（三）对本会副秘书长、机关各部室负责人等,提出建议名单和任用意见;

（四）处理领导机关和会长交办的事项。

第十六条　本会设立学术委员会。学术委员会设主任 1 人,副主任若干人,主持学术委员会的工作。学术委员会的任务是:

（一）评定法学研究成果;

（二）评审表彰优秀法学人才；

（三）指导重大课题的研究活动。

第十七条　本会设立各学科或者专业研究组织，并按章程制定相应规则开展活动。

各学科或者专业研究组织推选总干事 1 人和副总干事、干事、学术秘书若干人组成干事会，负责学术研究活动。

各学科或者专业研究组织，每年要提出研究计划，每年召开 1 次年会，交流研究成果。

第十八条　根据会员分布情况和实际需要，按地区或者部门、单位设立联络员，负责与会员的沟通联系。

第十九条　本会每年举行 1 次年会，进行总结、交流、表彰和评比学术研究成果等活动。

第五章　资产管理原则及章程修改程序

第二十条　本会经费来源：

（一）政府拨款；

（二）会费；

（三）捐赠和资助；

（四）其他合法收入。

经费应当用于章程规定的工作任务和事业的发展。

第二十一条　本会的资产管理执行国家规定的财务管理制度，在换届或者更换法定代表人之前应当进行财务审计。

第二十二条　本章程的修改，须经理事会审议同意，提交会员代表大会通过。

第二十三条　本章程自会员代表大会通过之日起生效。

后　　记

　　为了反映上海市法学会成立 50 年来坚持在中国共产党领导下,团结、组织、推动本市法学、法律工作者围绕社会主义革命和建设,积极开展法学理论和法律实务研究,促进本市法学繁荣和发展的情况,进一步激励广大法学、法律工作者以科学发展观为统领,更认真深入地进行法学研究,为实现依法治国,构建和谐社会作出更大的贡献,上海市法学会决定组织编写《探寻法治的岁月——上海市法学会 50 年》一书。在书稿即将付梓之际,我们特向所有关心本书和为本书付出辛勤劳动的单位和同志表示衷心的感谢。

　　本书从 2005 年 9 月开始筹划,历时一年。2005 年 11 月 5 日,本书编委会召开首次会议,研究通过了本书的编写原则和方案。随后,在市法学会会长沈国明、常务副会长史德保、华东政法学院副校长王立民的主持下,由曾毓淮、王福明、穆中杰等同志具体承担本书的组稿、编辑工作。本书在编写过程中,得到了各有关方面的大力支持。

　　市委原分管政法工作的老领导欣然为本书写稿。杨堤、王鉴、王力平、石祝三等老领导所写的文章,都经反复修改,几易其稿。市委常委、市委政法委书记吴志明同志也为本书撰写了文章。市委副书记刘云耕同志为本书撰写了"序言"。原市政协副主席王兴同志长期参与和关心法学会的工作,这次他投入很多时间和精力,撰写了追溯当年法学会工作的纪实文章。

　　市法学会和市法学会各研究会老领导都热情参与。王文正、陈天池、马锐、杨峰、李宗兴、杨良表、沈宗汉、浦增元、张中、张竹等,虽然退休多年,年事已高,但都积极地为本书撰写稿件,有的还帮助精心修改其他有关文章,订正史实,特别马锐同志还带病参加本书几篇重要文章的起草,他们认真负责的精神令人感动。

　　法律院校的师生也作出了贡献。华东政法学院、上海师范大学等院校的法学博士研究生、硕士研究生为本书编写了本市著名法学家和中青年法学家传记。祝爱珍、孙伟、郑小兵、马晓飞和朱云国等同学还根据编辑部的要求,帮助老同志记录、整理了多篇文章。祝爱珍同学作了全书的打印、排版工作。工作中,他们认真刻苦,谦虚好学,展现了当代青年学子的良好风貌。

当然,本书在编写过程中得到的支持和帮助远非上述这些,市法学会机关几乎所有工作人员都不同程度地投入了这项工作。向本书提供过相关资料、照片的部门和单位有50多个,人员有120余人,华东政法学院刘鸿钧教授对本书进行了文字修饰和编辑。因此,本书得以印刷出版,实是集体智慧和努力的结果。

由于本书涉及的时空范围宽广,法学观点和法律思想多样,法学活动和法学成果丰硕,材料繁简不一,如何更好地编辑这些材料,处理各种关系,形成比较科学的逻辑体系,我们缺少经验。虽经反复研究、征求意见和多次修改,最后形成本书现在这样的逻辑体系和结构,但仍难免有诸多疏漏和不足。由于我们编辑水平有限,本书肯定还有诸多其他不尽如人意或不妥之处,欢迎广大读者提出宝贵意见。

《探寻法治的岁月》编委会

2006 年 9 月 30 日

图书在版编目（C I P）数据

探寻法治的岁月：上海市法学会 50 年/上海市法学会
编 .—上海：上海人民出版社，2006
ISBN 7－208－06545－4

Ⅰ. 探... Ⅱ. 上... Ⅲ. 法学－史料－上海市 Ⅳ. D927.51

中国版本图书馆 CIP 数据核字(2006)第 118628 号

责任编辑　曹培雷
封面装帧　王斯佳
美术编辑　甘晓培

探寻法治的岁月

——上海市法学会 50 年

上海市法学会 编

世 纪 出 版 集 团

上海人民出版社出版

(200001　上海福建中路 193 号　www.ewen.cc)

世纪出版集团发行中心发行

上海商务联西印刷有限公司印刷

开本 720×1000　1/16　印张 47.5　插页 4　字数 738,000
2006 年 10 月第 1 版　2006 年 10 月第 1 次印刷
印数 1-3,700

ISBN 7－208－06545－4/D·1138

定价　75.00 元